casasola
www.casasolaeditores.com

Contra el poder

Nicaragua y la lucha por la libertad en América Latina

Crónicas del Ciudadano X
6 de noviembre de 2016;
25 de abril de 2018 — 23 de noviembre de 2022;
11 de febrero de 2023

Francisco J. Larios

Contra el poder: Nicaragua y la lucha por la libertad en América Latina
Francisco J. Larios
Diagramación y cuidado editorial: Óscar Estrada
Diseño de portada: Knny Reyes
Ilustración de John Singer Sargent 1856-1925,
Study of Mme Gautreau (Madame X).
Primera edición © 2023
766 páginas, 7" x 10"
ISBN-13: 978-1-942369-98-1
ISBN-10: 1-942369-98-0
Impreso en Estados Unidos.
Brimfield, Massachusetts

Contra el poder

Nicaragua y la lucha por la libertad en América Latina

Crónicas del Ciudadano X
6 de noviembre de 2016;
25 de abril de 2018 — 23 de noviembre de 2022;
11 de febrero de 2023

Francisco J. Larios

Para Flor de María, siempre.

A mis queridos hijos Flor de María y Fran, quienes enorgullecen a su madre y a mí, para que nunca olviden sus raíces y el valor de la Libertad.

En memoria de todos nuestros mártires, por todas las lágrimas lloradas y la furia que el poder opresor despierta.

Para que un día un joven curioso, como yo fui, conozca la historia que borran las élites.

En memoria de mis padres, mis ancestros, mis raíces.

Para mi Nicaragua.

Por la Verdad.

Para la Libertad.

Nota Histórica

Pocos días antes había regresado de Nicaragua a Estados Unidos. Traía la sensación de que la propaganda de la pareja reinante, enormes carteles que imploraban un momento de atención de los transeúntes apáticos, se desteñía mortalmente. Es preciso recordar que la reina, un personaje que hace lucir empática y generosa a Lady Macbeth, quería no solo ser Majestad, sino ser vista y escuchada en todos los rincones del país. A la hora del Ángelus, al mediodía, como dictaba el tono y la intención de "la compañera Rosario", su voz, modulada con autoridad reprimida hasta alcanzar la melosidad, se escuchaba en las radios y en parlantes ubicados en mercados populares, anunciando la incansable bondad de su gobierno, en la Nicaragua "bendecida y prosperada gracias a Dios y gracias al Comandante, nuestro Presidente; y gracias a nuestra virgencita; por ella vamos siempre adelante, por más victorias, en esta tierra hermosa de Darío y Sandino, socialista, cristiana, revolucionaria..." Todos los días. Mientras, en las calles, en los barrios, y en el campo, la madre amorosa y el retraído páter de la patria desplegaban de manera sistemática todos los medios de control a su alcance. Extendían y profundizaban su dominio a través del azote (como el que prometiera el primer Presidente de Nicaragua, Fruto Chamorro); la compra bajo extorsión, como hacía Somoza García; la "muerte civil" (el cierre de toda oportunidad de empleo bien remunerado a quien cayera en la mira del régimen); y, el pacto político y económico, como ha sido tradicional en las élites nicaragüenses en los *intermezzos* de nuestros estallidos sociales. De todo esto hubo, por supuesto, numerosas víctimas, muertas, encarceladas o exiladas, en silencio. De todo esto fue acumulándose una ira que, como todas las iras, tarde o temprano haría explosión o implosión. Ya se escuchaba a jóvenes universitarios, vástagos de familias antiguamente sandinistas, referirse a los líderes de la "revolución", como "viejos burgueses". Ya las concentraciones del FSLN se habían reducido a pequeños actos coreografiados y dirigidos por la compañera Rosario, quien leía el programa caminando como maestra de escuela de un lado a otro de la tarima, mientras el Comandante esperaba su turno, sentado entre criaturas púberes, para balbucear discursos que eran cada vez más el mismo, el anterior, el viejo. Más de lo viejo.

Y entonces llegó el 18 de abril de 2018. Ardía la reserva forestal de Indio Maíz, en la frontera con Costa Rica. Cuando el régimen rechazó la ayuda del gobierno de ese país para sofocar el incendio, los jóvenes universitarios reaccionaron con la certidumbre asumida por la opinión pública: el incendio servía a los intereses madereros del Ejército. Era, por tanto, culpa del régimen. Era el régimen quemando Nicaragua. Era demasiado. Para la primera generación ambientalista del país, era la hora cero: había que tomar las calles. ¿Cómo respondió el régimen "cristiano, socialista y solidario"? La respuesta automática, verdaderamente automática, la que en los tiempos cibernéticos que corren se denomina "protocolo", fue sofocar la chispa por medio de sus maquinizados antimotines. Pero la política, el arte del poder, requiere mucho más que protocolos. Requiere, hoy y siempre, en Nicaragua y en cualquier rincón del mundo, en democracia o en dictadura, cierta conexión nerviosa con la población, que el poder ilimitado o envejecido escaldan. Eso ocurrió a la dictadura Ortega-Murillo, un cuerpo envejecido, en decadencia, que actuó por fuerza de hábito, insensible su piel al cambio en la temperatura ambiental; cuerpo frío, casi cadáver. Abrumado ante la novedad, incapaz de calcular una maniobra que pudiera haber evitado la crisis con una respuesta más elástica, hizo lo de siempre: envió a sus fuerzas de choque, a sus uniformados psicodélicos de la Juventud Sandinista y otros afines, a golpear, no solo a los estudiantes, sino a los jubilados que también empezaban a protestar, en su caso contra el decreto recién aprobado por Ortega —otra muestra de su esclerosis política— y bendecido por el Fondo Monetario Internacional (el verdugo imperialista de su propaganda) que reducía las pensiones y aumentaba las cuotas de los trabajadores en activo. El lujo de violencia desplegado frente a cámaras y testigos, e incluso contra cámaras y testigos, se repitió varias veces en aquellas horas críticas de la historia del país. El régimen cruzaba así una barrera cultural, el maltrato a los ancianos, en medio del amplio descontento, y peligrosamente cerca de la chispa de Indio Maíz. En pocas horas, cuando ya había numerosos muertos, la población se desbordó como nunca en la historia nacional, ocupó masivamente las calles, obligó a la Policía a replegarse, al Ejército a guardar distancia, aparentemente dubitativo, mientras el pueblo creaba, de manera espontánea, una identidad nacional de protesta: el autoconvocado azul y blanco. Una identidad que unía los colores de la bandera de Nicaragua al rechazo de cualquier "convocante", es decir, de cualquier liderazgo. Rechazo que no solo fue simbólico y espiritual, sino físico: hay videos de protestantes expulsando de su lado, por ejemplo, a María Fernanda Flores, esposa del hasta hace poco caudillo del Partido Liberal Constitucionalista (PLC)[1].

No solo la Policía Nacional y el Ejército se vieron arrinconados por la enorme ola de la protesta. El resto de los poderes fácticos debió reposicionarse en el terreno fracturado por el sismo. La oligarquía de la media docena de milmillonarios, hasta el día anterior orgullosamente parte del régimen (complicidad grabada en

1 Partido Liberal Constitucionalista, reconstruido sobre los restos de los movimentos "liberales" que habían quedado en ruinas tras la caída del somocismo en 1979. Uno de los principales responsables de este renacimiento fue, precisamente, el mencionado Arnoldo Alemán, quien alcanzó la Presidencia en el período 1997-2002. Acusado de corrupción, pactó con Ortega, a cambio de protección legal, reformas constitucionales que hicieron posible a este regresar al poder formal, al reducir a apenas 35% la cantidad de votos necesarios para ganar una elección en primera vuelta. Para entonces se sabía que el "techo electoral" del FSLN no pasaba del 38%. Alemán y los restos de su partido son, durante el período cubierto por este libro, parte del régimen orteguista.

ley como "modelo de diálogo y consenso"), se vio inesperadamente enfrentada al tsunami. Demasiado cerca de la playa, subieron a tierra alta, donde por el momento imperaba la multitud del pueblo. La jerarquía católica, dividida ante el régimen, pero que había puesto al tanto a este cuatro años antes del descontento popular, vio a muchos de los suyos, especialmente sacerdotes y religiosos parroquiales, acercarse a la protesta, defender a sus feligreses. Vio a uno de ellos, Monseñor Báez, convertirse en líder espiritual — sin exagerar podría ampliarse esto a ideológico— de lo que otro, Monseñor Abelardo Mata, llamó una "revolución desarmada". Vio a un tercero, Monseñor Rolando Álvarez, emerger como líder intelectual y espiritual de lo que vendría a ser una resistencia prolongada más allá de lo que era posible avizorar en abril de 2018. Pero de la Iglesia también surgió la tabla de salvación del régimen, de manos del Cardenal Brenes, atrapado inicialmente entre la imagen de lealtad debida a su Iglesia, que en aquel momento mostraba a Báez, Álvarez y Mata junto a la población bajo ataque mortal, y lo que pronto se revelaría como una conducta entre dócil y servil al régimen, con la cual traicionaría incluso a sus sacerdotes. Queda decir que en la Conferencia Episcopal (el órgano rector de la Iglesia Católica), Ortega tuvo también la complicidad abierta de Monseñores Vivas y Sándigo, más el silencio y la timidez paralizantes de casi todos los demás.

Y ahí empezó el retroceso de lo que parecía la marcha inminente hacia el derrocamiento de la dictadura y el inicio de una transición democrática. Un retroceso del que aún, al escribir estas líneas, no se regresa. Se regresará, sin duda, pero el camino ha sido bañado de sangre por la insensibilidad y la incongruencia ética de quienes facilitaron el rescate de la dictadura en el 2018. ¿Cómo ocurrió esto? Ortega, a través del cardenal Brenes y la Conferencia Episcopal, en calidad esta última de "mediadora", convocó a un diálogo cuando a las puertas del Palacio de su poder se agolpaba la multitud. Lo utilizó para ganar tiempo, como también lo hizo la oligarquía, el llamado Gran Capital. Este último apostaba con cobertura, para utilizar el lenguaje de los financistas, y mientras se sentaba del lado de la oposición en las conversaciones con el régimen, invertía cuantiosas fortunas y energías para desanimar la lucha de los ciudadanos y las sanciones con las que otro poder fáctico hasta entonces parte de la cohabitación con Ortega (el gobierno de los Estados Unidos de América) buscaba indicar su preferencia -al menos esa era la retórica- por una transición democrática. En este momento, cabe recordar que quienes participaron en el diálogo fueron, ya escogidos, ya vetados, por el dictador, quien impuso una supuesta representación que la Conferencia Episcopal validó como apropiada, que luego se constituyó en la llamada Alianza Cívica, y que estaba dominada por una mezcla arbitraria de empleados y operadores de los intereses oligárquicos, de antiguos miembros del FSLN, ahora en la oposición, y de los estudiantes que encabezaron las protestas, reducidos a una minoría que luego pagaría muy cara la tregua otorgada al dictador.

¿En qué invirtió Ortega el tiempo de tregua? Dado el arrinconamiento físico de la Policía y el político del Ejército, a construir, a la vista y ante la pasividad cómplice del Gran Capital, a quien el pueblo atrincherado imploraba que pararan la economía para forzar la salida de Ortega, una fuerza de sicarios. ¿El objetivo? Arrasar, aplastar a sangre y fuego, costase lo que costase, la protesta popular. Los sicarios, muchos de ellos antiguos miembros del Ejército, fueron reclutados por sujetos como Edén Pastora, Glauco Robelo y Néstor Moncada Lau, gente leal a una u otra facción del "partido" FSLN. Es decir, servidores de Daniel Ortega o Rosario Murillo para quienes el asesinato es sencillamente un instrumento más de la política.

Fue un genocidio. Las organizaciones multinacionales y de derechos humanos no se ponen de acuerdo en cuántos cientos cayeron. ¿Fueron 350? ¿Fueron 600? "Diferencias metodológicas", nos dicen. Pero nadie puede negar que se trató de una masacre perpetrada con alevosía, por quienes Human Rights Watch ha llamado una "caravana de la muerte" en la cual asesinos a sueldo acompañados de fuerzas policiales con armas de guerra insólitas para una situación así, como lanzafuegos, recorrieron barrios y comarcas del país en una cacería humana difícil de racionalizar, a pesar de nuestra historia violenta. Fue un genocidio, y fue un genocidio que avanzó con lentitud metódica, con la paciencia de quien sabe que los poderosos han dado carta blanca, y sabe que su enemigo, los jóvenes pobres y los estudiantes, no cuentan con armas, ni con el apoyo político de quienes tienen el músculo para evitar la masacre. En las páginas de este libro, que busca ser crónica y conciencia, que ve la tierra desolada con la mirada llorosa del ciudadano, con el dolor y la esperanza de los oprimidos, con la indignación que exige justicia, se cuenta la historia de los siguientes cinco años. Una historia de heroísmo, de traición, de la lucha entre lo nuevo, lo que quiere surgir y vivir, y lo antiguo, que en nuestra sociedad es la lápida del progreso. Es también una historia por el derecho a decir la verdad, o sencillamente el derecho a decir, y la historia de cómo todo un sistema de poder y una cultura autoritaria tratan de callarnos; un sistema de poder y una cultura que incluye a muchos de los que recorren el mundo, recibiendo premios y ovaciones, con una O de oposición en su pecho, como héroes de caricatura de una libertad que ellos han contribuido a destruir, que ellos mismos impiden. El monstruo que hoy amenaza a todos, que ya incluso cobra víctimas (siempre ha sido así en nuestras guerras civiles) que creían ser, por privilegiadas, inmunes, es creación suya. Ellos son —no han dejado de serlo— parte del laboratorio del cual se ha escapado el Frankenstein perverso al que hoy critican, cuando antes llamaron "hermano". Por eso este libro no solo busca ser historia: busca acabar con la mentira que estas élites ineptas y corruptas llaman "la historia", y busca que una historia verdadera nazca sobre sus ruinas, para bien de la libertad, de la democracia y de la justicia, nuestras metas irrenunciables.

Prólogo

Confieso, de entrada, que soy nicaragüense. De los que viven fuera de la tierra, como tantos, como cientos de millones de seres humanos a través de todas las eras, lejos de su primer hogar. Confieso que no olvido, y confieso también que no soy extranjero. Veo lo humano en todas partes, y eso es lo que soy en todas partes, como todos: humano. Por eso, y no por atavismo, hasta en la distancia, desde la distancia, aún en la distancia, escribo con la misma pasión sobre mi país pequeño y sufrido y sobre el gran país que ha sido mi albergue y refugio.

En ambos vivo. La vida de ambos me toca, y es mi vida. Me toca, claro, la vida del resto del mundo, el drama en el fondo de todos los conflictos, la angustia, el miedo, la certeza del mal, y la duda del bien que mueve la marea de la guerra y la paz. La duda del bien es la fe en el bien, la aspiración que hace del miedo esperanza y cree ver la paz al final de la violencia. ¿Dónde, en qué rincón del mundo existe una humanidad libre de estos tormentos? Los sufro, como todos, y sufro los de todos, pero las convulsiones que más me agitan, porque no da para más un alma sola, son la de mi antiguo hogar y las de mi refugio.

Al final se impone en mí, porque vivo, una fe. Fe vital, por tanto. Fe en la continuación de la vida, y una fe apenas explicable en que podemos cambiar lo que parece inherente, que de ser lo que somos podemos aprender a no serlo, a vivir el conflicto y la angustia de manera menos destructiva. No es totalmente insensata mi fe; la inspección de los hechos de la historia nos muestra una persistente creación en medio de nuestro rastro devastador. La huella de la bota ensangrentada no siempre camina hacia más sangre. Hay espacios de verde y luz donde la angustia encuentra refugio, sueña nuestro espíritu, y hacemos descender la mortandad.

De construir esos sueños, de crear esos vados en la historia y hacer descender la mortandad se tratan los textos reunidos en este volumen. De enseñar para aprender. No de enseñar como quien transmite una verdad conocida o un dogma, sino de enseñar lo que los ojos de un cronista honesto ven y viven. Porque, si de aprender se trata, la efimeridad de nuestros días aconseja que vivamos, a través del lenguaje, la experiencia de otros, de todos los otros, y que ellos vivan la nuestra.

La crónica

Para otros, y para mí, recojo estos trozos de realidad, retazos con que un cronista reconstruye (o deconstruye) el velo que cubre sus tiempos. Lo hago para los de hoy, pero, sobre todo, para los que habiten el mañana. Lo hago porque he visto cómo la fuerza de la verdad es capaz de rasgar mantos urdidos con la tela falsa que los poderosos usan para cubrirnos los ojos. He visto que la verdad entra al mundo con dolor; es preciosa y, por lo mismo, cara; suprimida en el engaño, trae, tarde o temprano, la violencia. Y he visto que la ocultación de la verdad, el engaño, necesita disfraces: los mitos que pueblan las historias oficiales, creaturas del poder. De este son armas poderosas; sostienen su vida, y hasta lo sobreviven. Flotan después como naves fantasmas en el mar crispado de los nuevos conflictos.

Solo el logos, el pensamiento, es capaz, con esfuerzo denodado, de hundirlos. Por eso, quien intente escribir una crónica genuina, apegada a los hechos, no puede menos que tramar estos con el hilo de la causalidad, a pesar de que a la vista pareciesen apenas una sucesión de accidentes.

No evitará, si intenta transitar del mito al logos, el asedio feroz de los dogmas, y los campos minados por el miedo y la costumbre. No rellenará todos los baches del conocimiento. No hará sino ser lo que es la conciencia que lo hace humano; la conciencia, buscadora empedernida, condenada por una racionalidad ignota a buscar un camino que ella, solitaria, intuye, de su agobiada pequeñez a su infinita añoranza; sin saber siquiera cuán grande es lo infinito, o cuán minúscula su inmensidad. Enfrentada al cansancio de vivir y al miedo de conocer, nos mueve en sus horas de mayor aliento, o de mayor necesidad, a cuestionar las creencias que se han asentado en las mentes de hoy como capas de tierra, lodo y piedra creadas por viejas erupciones. La condición humana. ¿Qué hacer, sino ser? ¿Qué ser, sino hacer?

El poder

El *huso de la Necesidad, merced al cual giran todas las esferas*, de que habla Platón, es precisamente el motor de la conciencia en tiempos de crisis. La conciencia busca la verdad. Y nunca necesita más el ser humano satisfacer las necesidades de la conciencia que cuando tiembla todo a su alrededor, cuando sobrevivir requiere entender, cuando escapar de la destrucción requiere avanzar, salvar los obstáculos que el pasado vuelca en el camino de la vida como enormes rocas en un derrumbe de montaña.

El tiempo de crisis que atraviesa este volumen es tiempo de agonía, como todos los tiempos: algo muere. Es tiempo también de agonía en el sentido que Unamuno rescata en su *Del sentimiento trágico…*: lucha. Una lucha compleja, que en Nicaragua ha tomado a las clases tradicionalmente poderosas por sorpresa. Ha tomado por sorpresa también al resto de la sociedad, porque el Poder se ha develado como un monstruo, y las heridas causadas por la rebelión han dejado sus vísceras abiertas y su osamenta expuesta al ojo del pueblo. El poder, descubrimos cuando la conmoción y el dolor nos despierta, es más que el rostro odioso de quien ordena el disparo, y de quien dispara. El poder es una red, un sistema. Una red tejida por décadas, o más bien siglos, para proteger al poder. En medio de la humareda, de la estampida, de los cientos de asesinatos y desapariciones, de los cientos de miles de exilados, vamos descubriendo los hilos funestos de esa red. Vamos aprendiendo lecciones dolorosas, porque hemos vivido con la mentira incrustada en la piel, con un engaño tumoral haciendo metástasis en la sociedad.

El poder en Nicaragua, como en buena parte de Iberoamérica, está concentrado en poquísimas manos, en grupos familiares que pasaron de ser burócratas y propietarios privilegiados por la corona española, bajo cuyas modestas restricciones operaban, a ser irrestrictos señores en feudos provinciales dentro de los países que fundaron; feudos que por mucho tiempo guerrearon de manera sangrienta, arrastrando a mayores miserias que las conocidas antes a las poblaciones ajenas al poder, distantes de este incluso étnicamente. Lo étnico, por supuesto, es en gran medida ideológico. El mestizaje de nuestro pueblo es prácticamente total, y más amplio de lo que la ideología dominante, que oculta nuestra raíz africana con la mayor vergüenza, ha sido capaz de digerir. De todos modos, lo étnico es una dimensión del poder, y del conflicto. Pero lo fundamental ha sido la inamovible presencia, en la cima de una pirámide de afilada punta, de una minoría minúscula incapaz de crear un sistema político estable, mucho menos un orden democrático. Íntimamente ligado a este fracaso está el fracaso económico de las élites en el filo de la punta, cuyas riquezas provienen de la posesión de la tierra, de su apropiación en muchos casos ilegal, y antes que ilegal ilegítima, con apenas, en tiempos recientes, una diversificación estatista, mercantilista y corrupta en actividades de servicios financieros y de importación. Para mantener este poder, este estatus quo de estancamiento y miseria, las élites se apoyan en la violencia, y llevan al país por un calvario de guerras y conflictos que se resuelven en pactos que a su vez terminan en nuevas dictaduras, nuevas guerras, con apenas pausas para revivir y reconstruir lo poco que puede construirse cuando los recursos son monopolizados por unos pocos.

La revuelta de los *autoconvocados*

Por eso, la crónica de lo vivido en los años que abarcan estas reflexiones revela la perplejidad de las élites ante la naturaleza nueva de la convulsión social. La masiva revuelta de los *autoconvocados* colocó a todos los estamentos del poder social (la claque sandinista en el poder, la cúpula militar, la jerarquía católica y los herederos-propietarios postcoloniales que el pueblo ha bautizado como "el Gran Capital") en la disyuntiva de arriesgarse con la ciudadanía, por el derrocamiento de Daniel Ortega y Rosario Murillo, para la construcción de un Estado de Derecho, o —como en efecto optaron hacer, tras escasos días de aparente duda— buscar un entendimiento intra-élite, negociaciones que reacomodarían las cuotas de decisión dentro del Estado sin alterar en lo fundamental la estructura de poder en la sociedad.

En las páginas que siguen, el ojo del ciudadano observa críticamente las maniobras de estos grupos, las cuales tuvieron, durante este período, el resultado de rescatar del precipicio a la dictadura, que afianzó su poder ante el pueblo por medio de la violencia extralegal, organizando escuadrones de la muerte y eliminando toda ficción de legitimidad judicial. Tras cuatro años de impasse, de callejón sin salida, la dictadura desató una represión que alcanza ya hasta a los propios agentes de la oligarquía y a miembros disidentes de la Iglesia Católica. Una espada de Damocles estalinista cuelga sobre las cabezas de todos los no-orteguistas (no hace falta siquiera ser anti-orteguista), y el país ha perdido casi el 10% de su gente en una emigración solo comparable a la causada por la primera dictadura del FSLN, en los años 1980.

En las páginas que siguen, queda abierto el futuro y queda visible la herida, y queda claro que la transición democrática no es posible, o no es posible completarla, hacerla madurar, hacerla florecer, sin cambiar la estructura de poder que la crisis ha puesto al descubierto. ¿Sabía esto el ciudadano, contemplaba esto la conciencia antes de la rebelión de los autoconvocados? Todo indica que no. ¿Lo sabe ahora? El saber es construcción. La sabiduría no es posible sin la experiencia, sin el sufrimiento que ya es, en exceso, abundante para el pueblo. Pero la búsqueda de la sabiduría requiere no solo vivir sino recordar, reflexionar, cuestionar sin tregua. Dejo aquí, con ese extraño sentimiento que es amar el terruño, mi contribución para tal esfuerzo. Para que un día Nicaragua deje atrás la pesadilla del autoritarismo de manera global y final, en el Estado y en la Sociedad. Y para que otros pueblos aprendan de la experiencia de Nicaragua, que en el fondo tiene raíces similares a las suyas, porque en última instancia la raíz más profunda es la humanidad compartida, la herencia común, la inherencia que tercamente buscamos desenredar.

Poder, narrativa, e historia

Se dice que la historia la escriben los vencedores. Para que este adagio se cumpla, no basta destruir o subyugar las fuerzas del enemigo: hay que construir una narrativa que hilvane los acontecimientos, que encauce las aguas siempre tormentosas de los hechos y los haga desembocar en una imagen clara y verosímil. Cuando esta perdura, pasa a ser la verdad convencionalmente aceptada, el axioma que limita todo razonamiento posterior. El cuento, en otras palabras, deviene Historia. Caigo en la tentación de describir esta metamorfosis con la ayuda del idioma de Shakespeare, que hermosamente delinea los términos de esta diferencia-convergencia: "Story" (la narración) versus *History* (la Historia). Entender que ésta última proviene, en la conciencia colectiva, de la primera, es de suma importancia para entender el presente, para nuestra capacidad de moldearlo y así dar forma al futuro. Por eso mi objetivo, al hacer esta crónica de la insurrección de los *autoconvocados*, es que la Historia sea alimentada por la narración auténtica de los hechos vividos por un personaje que irrumpe por primera vez como protagonista autónomo en Nicaragua: el ciudadano X. Se trata de un fenómeno tan novedoso y singular que ha hecho estremecerse al sistema de poder de la sociedad, ha puesto a temblar a las clases dominantes y las ha empujado hacia un callejón sin salida en el cual el tirano, su antiguo socio (protector-beneficiario) las embosca.

Mientras maniobran para buscar la puerta que preserve sus intereses, de este lado de las barricadas[2] la gran mayoría del pueblo busca, en la oscuridad que alumbra titilante la hoguera de Abril, un camino sin regreso hacia la libertad. No es fácil. El control oligárquico dura ya siglos; manejan numerosos resortes, desde el hambre hasta la superstición, desde su capacidad de influir sobre poderes extranjeros, a los que tradicionalmente apelan, hasta su influencia ideológica a través de oligopolios mediáticos y el apoyo de la jerarquía católica. Sobornan cuando hay que sobornar, pactan cuando hay que pactar, dividen cuando hay que dividir. Usurpan el lenguaje tanto como lo hace Ortega: se cubren bajo la palabra "empresario" mientras niegan a estos la libertad de empresa; presentan cualquier justa crítica a la Conferencia Episcopal y al Cardenal Brenes, como "ataque a la iglesia"; describen la demanda de justicia y resarcimiento, de libertad incondicional de todos los presos políticos, y de transición a una democracia sin cadenas, como "demandas radicales" de "cabezas calientes" y "extremistas".

Aun así, el ciudadano X resiste, abre sus ojos y madura; empieza a asimilar la magnitud del desafío: solamente construyendo su propio poder logrará conquistar la democracia. Por eso, repudia la noción autoritaria, caudillista y vanguardista de liderazgo, aunque todavía no consiga articular una alternativa de lucha y gobierno que la reemplace. Su mayor fuerza es hasta hoy el rechazo: aplastada la protesta pacífica, se niega a participar en pantomimas electorales, tanto las que ejecuta el régimen como las que propone la oposición electorera; se comporta con desconfianza y aspereza generalizadas hacia quienes intentan alzarse como dirigentes. Insiste en llamarse autoconvocado. Habrá, como consecuencia, un difícil conflicto entre reto y ethos. El reto de luchar organizadamente contra un enemigo articulado como una maquinaria eficiente de represión, versus el ethos igualitario, no violento, de tinte instintivamente anarquista, profundamente humanista, que ha invadido el espíritu de la gran mayoría. Habrá que enfrentar el reto, y preservar el bello ethos que emerge. Habrá que preservar la verdad que tanto bien hace a la libertad, y tanto temen los poderosos. Que sepa el mundo, que sepan las generaciones que han de continuar esta lucha, que hubo, en estos años de dolor y aprendizaje, quienes usando su poder económico y con el ánimo de preservarlo permitieron que la dictadura más feroz de la historia de Nicaragua masacrara en las calles a los

2 "Y si queremos pelear / hay muchos enemigos / al otro lado de las barricadas...", Vladimir Maiakovsky.

pobres. Que queden en merecida e iluminante ignominia nombres como los de Carlos Pellas Chamorro, Ramiro Ortiz Mayorga y otros autodenominados empresarios (son más bien los herederos de la autocracia colonial); toda la clase política a su servicio; el Cardenal Brenes junto a una pluralidad paralizante de la Conferencia Episcopal; todos aquellos que, habiendo sido cómplices y beneficiarios de las dictaduras del FSLN han buscado tercamente un acomodo con el tirano que reconcilie los intereses de este con la viabilidad de un sistema del poder que a todos "los de arriba" beneficia. No en vano han llegado a decir, como Cristiana Chamorro, que "Daniel Ortega tiene tanto derecho como cualquier nicaragüense a ser candidato", después de que este ordenara asesinar a cientos de jóvenes desarmados en las calles y campos del país; a decir, como Arturo Cruz, que para encontrar la "gobernabilidad" hay que "sacrificar las aspiraciones democráticas del pueblo"; a preguntar, como hizo el Sr. Vargas en Miami junto a Juan Sebastián Chamorro: "¿no será que empujamos demasiado a Ortega?"; han llegado a defender, como ha hecho el exembajador Francisco Aguirre Sacasa, y como ha hecho el editorialista de *La Prensa*, Humberto Belli,[3] el "apego a la Constitución" del Ejército de Nicaragua; han llegado al extremo (lo hizo Belli) de afirmar que "el pueblo es injusto con el Ejército".

A esto y a mucho más han llegado. Esto y mucho más han hecho para detener la marcha de la lucha hacia la democracia. Que al escribir estas notas muchos de los mencionados estén en prisión, en detención domiciliaria, o en el exilio, es testamento de su fracaso en el intento de extraer, pagando con la sangre y la libertad del pueblo, concesiones graciosas del monstruo que ayudaron a crear. Todo esto es cierto, pero no es toda la verdad: el lector que busca esta, hoy y en el futuro, encontrará en las crónicas del Ciudadano X un tragaluz a la conciencia de la otra Nicaragua, la Nicaragua que quería ser libre, la que sufrió una opresión sin precedentes sin abandonar jamás el sueño de libertad. No sabemos cuán largo será el camino, pero sabemos que no se construye sobre la mentira y la falsedad, y que, hasta hoy, la narrativa falsa, el cuento de los grupos oligárquicos que son la espina dorsal del sistema que produce guerra y dictadura, derramó su tinta sobre la Historia que ha dominado inercialmente la conciencia de la nación. No más. Si algo ha nacido y florecerá sobre el lecho de sangre de Abril es el desafío ciudadano a la mentira. Como un ciudadano X, como un ciudadano más, como un ser orgullosamente ciudadano, he recorrido

---

3 Editorialista y miembro del Consejo Editorial de *La Prensa*, antiguo Ministro de Educación bajo el gobierno de Violeta Barrios viuda de Chamorro. Defensor acérrimo de las corrientes más conservadoras de la oposición oligárquica, aunque en ocasiones, a pesar de su defensa del "aterrizaje suave" se interrogó en voz alta y públicamente si no habría que prepararse para una guerra. Tuvo que huir precipitadamente del país para evitar ser capturado. Su familia fue sometida a asedio y su casa vandalizada por las fuerzas represivas orteguistas.

con los ojos abiertos, el corazón doliente y de la mano de mis compatriotas estos trágicos años, observando acuciosamente los hechos, contrariando las versiones oficiales, tanto las del régimen orteguista como la de los grupos que buscan recomponer el Estado, darle estabilidad, sin darle democracia. Dejo aquí mi testimonio, que no es solo mío, sino de millones de mis coetáneos, con la esperanza de que sirva para construir un futuro en libertad y prosperidad para ese pequeño pedazo de mundo que es nuestro mundo entero.[4]

4 Los textos que componen este volumen aparecieron, primero, en el blog personal del autor, Ciudadano X y luego en la *Revista Abril*, fundada como publicación digital en Abril de 2019. Algunos aparecieron también en *Confidencial* de Nicaragua, en *Polis*, y otros blogs.

Nicaragua: el triste inventario de la traición

6 de noviembre de 2016

Y con mucha tristeza lo digo: no hubo elecciones en Nicaragua. Solo una ratificación de la traición. La lista de los traidores es larga:

Los Ortegas, Arces,[5] Alemanes, Maximinos,[6] "Liberales", y demás especies de la fauna política, que con muy honrosas excepciones (la escasez les da valor) cambian de color con más naturalidad que un camaleón;

La Iglesia Católica, entre timorata y cómplice, y podría decirse más, mucho más;[7]

Las iglesias evangélicas, al servicio del poder que —dicen— "emana de Dios", y de paso engorda su diezmo;

Los mercaderes de siempre, los empresarios del Cosep,[8] la familia Pellas, y tantos otros ocupados en contar sus treinta monedas: antes apoyaron la guerra en nombre de la democracia (y también —un detalle—para recuperar sus propiedades), pero hoy que se enriquecen al lado de sus antiguos enemigos se limpian el trasero con la democracia; prefieren hacerse los que no vivieron un día la violencia que tarde o temprano entra en escena, en nuestro doloroso y repetitivo drama nacional, cuando se cierran las compuertas electorales;

Los "vivos" que hoy son orteguistas, "cristianos, socialistas y solidarios", y antes corrieron tras otros huesos; los padres y las madres que enseñan a sus hijos a "no ser baboso";

---

5 Bayardo Arce, antiguo miembro del directorio del FSLN, prominente orteguista y "empresario sandinista".

6 Maximino Rodríguez, candidato presidencial del Partido Liberal Constitucionalista en 2016.

7 Ya desde entonces era evidente la división en la Conferencia Episcopal, que se manifestó en posturas ambiguas ante el poder. Por un lado, en el 2014 advertían al régimen sobre el descontento que fermentaba en el pueblo. Por otro lado, como queda claramente demostrado por los hechos posteriores a abril de 2018, la influencia de Ortega y Murillo en el seno del máximo organismo rector de la Iglesia, especialmente sobre el Cardenal Brenes, llevaba a una separación cada vez mayor entre la minoría de obispos claramente opuestos a la dictadura y el resto de la CEN. Separaba también la postura de estos últimos de lo que parece ser la mayor parte del clero y religiosos del país, y del sentimiento generalizado de la población. Admito que la simplicidad de la afirmación hecha en esta nota oculta todos estos importantes detalles, y es, por tanto, una generalización injusta. Sin embargo, la incluyo tal y como la publiqué en el 2016 por integridad: hasta ahí alcanzaba entonces mi mirada de cronista. En ese sentido, como en otros, la secuencia cronológica de los textos de este volumen es también una progresión evolutiva de mi entendimiento, tal y como la secuencia cronológica de los eventos ha sido una progresión evolutiva de la conciencia colectiva del pueblo.

8 Cosep: Consejo Superior de la Empresa Privada, representante de la patronal nicaragüense.

Los que se mofan de la gente que se "atreve" a tener principios y expresarlos, porque en la realidad amoral de la Nicaragua "cristiana", se castiga con penuria económica y hasta exclusión social a mucho individuo íntegro, ¿pero, el corrupto? ...ese siempre tiene lugar en la mesa y el convite.

La única esperanza es que una fruta podrida al final cae. Pero es legítimo dudar —y da tristeza admitirlo— que de la semilla de esa fruta nazca un árbol mejor: la tradición de oportunismo que se va creando en nuestro joven país es una loza que aplasta el progreso.

Nicaragua: ¿A quién sirve el diálogo?

25 de abril de 2018

Yo temo mucho que las maniobras astutas de los políticos (los especialistas del poder) terminen por cerrar las puertas a una salida pacífica de la actual situación de nuestro país. Esto puede ocurrir si la crisis se alarga, si —fracasada hoy la represión sangrienta— la dictadura consigue un respiro para "refinar" sus mecanismos de coerción. En el camino quedaría la confianza de los jóvenes en los métodos no violentos, y quedaría también su paciencia. Lo que vendría después, tarde o temprano, sería —si nos atenemos a lo aprendido en nuestra corta historia— más tragedia, más violencia. Regreso al círculo vicioso. La película de horror repetida. Por eso es esencial impedir que la dictadura se ampare en el mecanismo de un falso diálogo, como ya lo han hecho antes Somoza y el mismo Ortega con consecuencias funestas.

No digo que no deba hablarse, pero no nos engañemos, que esta "conversación" no puede ser solo para que paguen las pensiones o... ¿para qué?... sino para iniciar la democratización del país, para iniciar una transición democrática, a menos que usted, lector, crea que el domingo pasado Ortega y Murillo vieron "la luz" después de misa y ahora van a permitir que el país funcione en democracia, libertad, y justicia. Si usted cree esto último, lo felicito: ya no tiene que leer el resto.

Pero si no lo cree, tengo que confesarle que me preocupa la selección del cardenal Brenes como "mediador" a un "diálogo" para el que no hay agenda clara y al que ni siquiera se garantiza que los estudiantes, el movimiento campesino, y los opositores genuinos (no los decorativos) vayan a estar presentes, con voz, con voto, y con veto.

Especulo que, a los ojos de la dictadura, como para mí, Brenes es simplemente el No-Báez,[9] incluso el Anti-Báez, un personaje que ha sido en su vida pública entre veleta y borrego, incapaz de plantarse ante el Poder en defensa de lo que se supone debe defender. Además, francamente, y sin intención de ofender, con muy poca perspicacia.

Se me hace muy fácil imaginar una situación en la que Brenes declare que las demandas de los estudiantes (y claro, las exigencias de democratización de Báez) sean "demasiado radicales", y que el gobierno haya "mostrado voluntad de paz". Me lo imagino también como a un árbitro de boxeo que está dispuesto a contar muy rápido hasta diez (¿es 10 o 12?) si tumban a los que exigen democracia, y muy lento si tumban "al que manda", porque es pequeño ante el Poder, casi mudo.

9 Monseñor Silvio Báez, obispo auxiliar de la Arquidiócesis de Managua, encabezada por el Cardenal Brenes.

Por algo es el interlocutor preferido de la dictadura, que sí entiende que en este momento su objetivo inmediato es existencial: sobrevivir en el poder, desgastar de todas las maneras posibles a quienes quieren que Nicaragua por fin alcance la soñada democracia.

Y para sobrevivir el momento, nada mejor que el método que ya conocen los autoritarios arrinconados, y que les ha dado resultado en Venezuela: un "diálogo" que lleve, a lo sumo, a "concesiones" menores, que desvíe la conversación hacia temas técnicos, nada de fondo, y que haga lucir a los que quieren libertad como intransigentes.

Hablar mientras Ortega mata

16 de Mayo de 2018

Monseñor Báez explica en sus tuits, después del anuncio de que el diálogo comenzará el miércoles, que ahora van a exigir *dentro* del diálogo el cumplimiento de las condiciones que previamente exigían *antes* de sentarse a la mesa. La explicación viene al caso porque mucha gente X, de la llanura cercana o lejana, como yo, se ha preguntado por qué la CEN aceptó iniciar negociaciones mientras el régimen sigue reprimiendo.

Desde aquí, abajo y afuera, la decisión de comenzar el miércoles se vio como impuesta a los estudiantes: si no van, entonces son ellos los que hacen colapsar esta oportunidad de paz. Al final tuvieron que aceptar. A pesar de todo, yo no dudo ni de la gravedad horrorosa de la situación, ni —hasta el momento— de la buena voluntad de Monseñor Báez. Sin embargo, como estamos a favor de la democracia, entendemos que criticar, cuestionar, preguntar, aunque sea desde la ignorancia y desde la insignificancia, no es estalinismo (acusación lanzada desde la antigua izquierda disidente, hoy ejemplo de "moderación") sino lo contrario, y que en democracia cualquiera que juegue un papel político tiene que acostumbrarse a todo esto.

Y así debe ser: aunque sea un santo, es esencial que quien juegue un papel político sienta a los ciudadanos respirándole en la nuca. Aunque sean (seamos) injustos o hasta tontos. Lo que no debe ocurrir es que se le pida a la gente que quiere libertad que, si no aplaude, calle. Ni se le puede pedir que acepte cualquier giro o cualquier decisión sin chistar, solo porque ha sido tomada por gente que tiene autoridad moral. Ni siquiera ante personas que tengan clara autoridad moral debe uno rendir su juicio propio, y no por eso se estorba o traiciona la lucha por la democracia. Todo lo contrario. No me digan que porque Nicaragua está en peligro y hay la situación que hay, cualquier crítica es dañina, por favor, no otra vez. Ya no más obediencia ciega ni "Dirección Nacional, ordene".

Además, aunque nos duela, y nos aterrorice la idea, pregunto: ¿cuántos héroes de un día han sido los traidores de otro en Nicaragua? Razones tenemos de sobra para ser escépticos, y hay que serlo. No solo es por lo de las condiciones no cumplidas y el cambio de tono de la Conferencia Episcopal de Nicaragua, sino por las dudas que mucha gente tiene sobre algunos de los mediadores y sobre la exclusión del Movimiento Campesino de la mesa del diálogo. ¿No debe uno preguntar estas cosas? ¿Debe uno nada más decir "confío" sin pensar y cuestionar?

No lo creo. Pero me imagino, por nuestra tradición, que a lo mejor si yo fuera de los que toman decisiones o están más directamente en el juego, a lo mejor me incomodaría que los demás cuestionaran o hicieran preguntas. Es la tentación de todos. Ya, por último: Desde esta angustia horrible, porque es nuestro país y lo queremos libre y en paz, solo puedo decir que ojalá que la apuesta del CEN de forzar a los estudiantes a sentarse en medio de la represión, de aceptar que quede fuera el Movimiento Campesino, y de —en apariencia— adoptar la agenda del COSEP para las negociaciones, resulte en democracia, y no en componendas cocinadas en otra estufa.

De zopilotes, revoluciones, y la necesidad de dispersar el poder

27 de mayo de 2018

De la pesadilla emerge la conciencia: ante nuestros ojos, pedazo a pedazo, la dictadura de Daniel Ortega y Rosario Murillo colapsa. No está muerta aún, y una vez muerta, vale el estribillo de la antigua canción nicaragüense: *ya el zopilote murió, ya lo llevan a enterrar, échenle bastante tierra, no vaya a resucitar.*

No está muerta todavía, pero es evidente su avanzado estado de debilitamiento. La pareja nefasta ya es un remedo de gobierno, y hasta un remedo de poder. El ejército, por ejemplo, ha hecho sus propios cálculos, y —al menos hasta ahora— decidió no volcarse públicamente a favor de Ortega. La Policía fue, por sus propios medios institucionales, claramente incapaz de sofocar una protesta que la rebasaba en números y en legitimidad. Y en el campo, que antes se supuso irremediablemente sometido ante la represión del Ejército, los campesinos han avanzado en la reconquista de su geografía.

La acción de "poder" que le resta a Ortega-Murillo es a la vez cruel y patética: el terrorismo de los sicarios y las turbas que desde el anonimato y con la complicidad de la policía disparan contra las barricadas, saquean iglesias, secuestran a jóvenes y los torturan, o incluso matan. Hordas paramilitares al margen de la ley, en un paroxismo de violencia insostenible, se apuntan "triunfos" que la Murillo atribuye al Espíritu Santo y al amor, pero que son realmente victorias pírricas.

Un "poder" así ya no es poder político. Si todas las acciones represivas del Estado tienen que ejecutarse desprovistas de uniforme, enmascaradas, y hasta sin jefe visible impartiendo las órdenes, el Estado claudica.

Este fenómeno de "remedo de poder" refleja el vaciamiento casi total de la legitimidad del régimen. Las más recientes encuestas de opinión indicaban un anti-orteguismo de alrededor del 70%. Es probable que hoy en día el porcentaje sea mucho mayor, aunque en cualquier caso esa cifra sería abrumadora para cualquier gobierno, especialmente cuando se manifiesta de manera tan persistente, tan decidida, y tan abierta como en Nicaragua.

Como resultado, todo el andamiaje de alianzas políticas del régimen se ha resquebrajado. La Iglesia Católica, por ejemplo, se mueve en dirección al "Renuncien", y está cada vez más unificada alrededor de esa consigna. Los empresarios del COSEP, a quienes la población identifica como cómplices de Ortega, han visto cómo su opción de "aterrizaje suave", que esperaban fuera bendecida en el Diálogo Nacional, no consiguió siquiera despegar; han tenido que plegarse —pasivamente al inicio; con renuencia, hay que decirlo, y no sin dañina resistencia— a la lucha cívica contra la dictadura. En el plano internacional, el informe de la Comisión Interamericana de Derechos Humanos, más la denuncia insistente de los crímenes del régimen a través de las redes sociales, y la testarudez sanguinaria de los Ortega-Murillo, quitaron lo que quedaba del maquillaje revolucionario y humanista con que la dictadura gustaba aparecer en público. El régimen va en camino, merecidamente, a convertirse en un paria, a ser identificado con lo peor de la tradición represiva latinoamericana, con las dictaduras militares y los golpistas al estilo Pinochet.

El escenario está entonces listo para el último acto: la caída del régimen. ¿Cuándo? La debilidad de su poder y la convicción colectiva de que hay que enterrar al odiado zopilote ("no vaya a resucitar") sugieren que la respuesta es "pronto". ¿Cómo? A ese nivel de detalle la historia es todavía más difícil de predecir. Pero cualquier respuesta especulativa debería incluir la palabra "precipitosamente".

Porque la caída de este gobierno no se reducirá al destronamiento de los reyes insanos. El aparato del Estado, con la excepción *posible* del Ejército, colapsa con ellos: la Asamblea Nacional, el Consejo Supremo Electoral, la Corte Suprema de Justicia y el Poder Judicial, la Policía Nacional.

De hecho, lo que está en ciernes es una singular revolución, de impulso claramente democrático. Singular, porque es la primera vez que la consigna de los nicaragüenses no es simplemente "cualquier cosa menos el dictador". Esta vez el espíritu rebelde del pueblo marcha con los ojos abiertos, en libertaria desconfianza, y reclama que no se repitan las decepciones del pasado.

Singular también porque no hay nostalgia de otros dictadores, ni ensoñación con otros autoritarismos. Hay todo lo contrario: la rebelión reescribe la épica de la revolución "sandinista" en clave nacional, y rescata los símbolos patrios y populares, desde las consignas y los héroes hasta la propia bandera.

Pero lo más importante es que hay un proceso de avance en la constitución de una identidad colectiva, en una nación muy joven a pesar de nuestras antiguas raíces. Y ese proceso pasa por un momento esperanzador: no hay otro episodio de la historia de Nicaragua en que gente de todos los variados grupos sociales, económicos, y hasta de las diferentes coloraciones de nuestro hermoso mestizaje, entrara conscientemente, por su propio pie, sin caudillos, ni vanguardias, ni coacciones, a participar en la conversación nacional.

Este es el auténtico "Diálogo", el que hace falta, el que puede dar nacimiento a una nueva era. ¿Cómo llegar a ella? Cada quién tendrá su visión. En la mía, la construcción de un futuro democrático que respete el legado de la revolución cívica iniciada en abril del 2018, y que honre el sacrificio de sus mártires, tiene que ser guiado por un principio fundamental: "Dispersar el Poder".

La falacia del "aterrizaje suave"
(Las maniobras de Pellas Chamorro,[10] Ortega y Almagro[11])

31 de mayo de 2018

La lucha del pueblo nicaragüense contra la dictadura Ortega-Murillo tiene un freno, un lastre: la renuencia de un grupo de poderosos empresarios, encabezados por Carlos Pellas, a romper de manera contenciosa su relación con la pareja dictatorial. Sus razones tendrán, y a razones todos tenemos derecho, asumiendo que estas sean éticas y legales.

El problema para Nicaragua es que el peso económico y político del grupo Pellas y de otros empresarios aliados les ha abierto puertas en círculos de poder tales como la Organización de Estados Americanos, donde actúan como si sus propuestas representaran el sentir de los nicaragüenses en general, y en particular del movimiento democrático. De esta manera pretenden imponerlas como un fait accompli, como un hecho consumado, ante el cual los demás no tendrían más remedio que aceptar, porque de no hacerlo estarían rechazando un "avance democrático", o peor aún, estarían "oponiéndose a una solución pacífica".

Por eso es que "los demás", o sea, prácticamente todos los nicaragüenses, apenas hace poco han podido enterarse de que Pellas y compañía, junto con Almagro y Ortega, ha venido de un tiempo para acá preparando una salida de la crisis que más o menos tiene los siguientes ingredientes: reforma electoral (lo que el elegante Almagro llama "saneamiento" del sistema) pero sin renuncia previa del dictador; elecciones libres y transparentes; final feliz.

Las proporciones en las que estos ingredientes serían combinados dependerían del "humor" del momento. Si el clima fuera más o menos apacible, como hasta antes del 18 de abril, no se presionaría a Ortega para salir antes de que acabara su período actual, que —dicen ellos— es "constitucional" hasta el 2021. Si de la calle vinieran ruidos, como ahora, se empezaría a hablar de "adelanto de elecciones", pero siempre dentro de lo que ellos llaman, con bastante arrojo, "orden constitucional".

Es claro que se trata de maniobras anti-democráticas, por parte de individuos y grupos acostumbrados a dibujar sobre un papel el destino de otros. Pero en las circunstancias actuales, todo esto constituye además un atropello contra los derechos humanos de los nicaragüenses, una burla cruel al sufrimiento del pueblo, de las madres y padres que han perdido a sus hijos en la insurrección cívica. Por si fuera poco, se trata de un desatino mayúsculo, que, en lugar de ayudar a establecer

10 Carlos Pellas Chamorro, cabeza visible del principal grupo económico de Nicaragua, eje de la oligarquía postcolonial, y participante entusiasta y público del co-gobierno con Daniel Ortega a partir del 2007, en un modelo de corte fascista corporativo que incorporaron a la ley constitucional como "modelo de diálogo y consenso".

11 Luis Almagro, Secretario General de la Organización de Estados Americanos.

la democracia y la paz, atrasa el proceso, da espacio de maniobra a la dictadura, y aumenta la probabilidad de más violencia.

Sobra explicar la podredumbre ética que estas maniobras exudan —excepto para recordar a todos, como si hiciera falta— que los mismos empresarios que así dicen "salvarnos" han sido no solo beneficiarios, sino constructores, de la dictadura Ortega-Murillo. Sin embargo, conviene examinar la lógica política de la propuesta Pellas-Almagro, que es, en resumen, una receta para más dictadura, más represión y más violencia —a menos que uno crea en los discursos de amor de Ortega-Murillo.

El "aterrizaje suave" que Pellas y compañía sueñan para proteger sus negocios, Ortega para extender su estadía en el poder, y Almagro para no quedar al descubierto tras haber validado el fraude electoral que tiene a Ortega en el poder, requeriría —según insisten los proponentes— que se aprobara una reforma constitucional. Esta tomaría dos legislaturas, por lo que las elecciones no podrían ocurrir al menos durante un año, período en el cual —nos dicen con expresión seria y responsable en sus rostros— el Sr. Presidente Ortega aceptaría un proceso de reformas que conducirían a elecciones libres y transparentes.

Prefiero, porque el asunto es muy grave, contener el sarcasmo que es casi irreprimible ante tal expectativa de final feliz, y señalar sencillamente lo que ya es obvio: Ortega y Murillo son, como ya han dicho comentaristas muy serios, y como cualquier transeúnte puede comprobar, genuinos sicópatas, incapaces de controlar su compulsión a reprimir con violencia sistemática, criminal, incluso si lo que tienen enfrente es una manifestación pacífica en apoyo a madres dolientes ¡en el Día de la Madre!

Asumamos, sin embargo, en un esfuerzo de imaginación alucinante, que Ortega y Murillo aceptan detener la represión. ¿Hasta dónde podrían aceptar lo que vendría después? Porque, tras ciento y tantos asesinatos en poco más de un mes, todos achacables a la pareja dictatorial, es muy ingenuo creer que la gente va a dejar de reclamar en las calles que se haga justicia. Por el contrario, lo más probable es que la movilización afine su mira y demande que los responsables —Daniel Ortega, Rosario Murillo, y sus secuaces—sean sentados en el banquillo de los acusados. Ante la previsible negativa del gobierno, que todavía estaría en manos de la pareja, la protesta popular probablemente arreciaría hasta obligar a un desenlace. Cualquiera que fuera ese desenlace, ¿puede uno razonablemente asumir que la dictadura se quedaría de manos cruzadas? ¿Puede uno razonablemente apostar a que Ortega y Murillo se entregarían sin violencia a la justicia?

De hecho, el principal problema de Pellas y compañía es que, a pesar de haber "reclutado" a un socio internacional manejable, como el Sr. Almagro, y de tener peso económico suficiente para imponerse ante algunos actores políticos dentro de Nicaragua, su principal socio doméstico en la estrategia de "aterrizaje suave" es incontrolable y descontrolado; no tiene, como ha señalado el escritor Sergio Ramírez,[12] una "vida alternativa" al poder político y —hay que añadir— sabe que será tarde o temprano perseguido por crímenes de lesa humanidad. Y como lo sabe, no busca un "aterrizaje suave", sino más bien un "reaprovisionamiento de combustible" en el aire. ¿Quién le ayuda?

---

12 Escritor nicaragüense, co-gobernó Nicaragua junto a Daniel Ortega durante la primera dictadura del FSLN (Frente Sandinista de Liberación Nacional) en los años 1980. Impulsó la fallida candidatura de Ortega en 1990, refiriéndose a él como su "hermano", y "el mejor presidente de la historia de Nicaragua". Se retiro del FSLN a mediados de los noventa, formó el MRS (Movimiento Renovador Sandinista), y luego se retiró formalmente de la política para continuar su carrera literaria, producto de la cual ha recibido el premio Cervantes.

¿A qué le temen más los grandes empresarios, al pueblo o a la dictadura?

6 de junio de 2018

La unidad nacional contra la dictadura tiene su propio tranque: la renuencia de los grandes empresarios a colaborar, más allá de firmar las proclamas. A medida que la temperatura del conflicto sube, dicha postura alimenta recelos —ojalá, injustificados— en la población. ¿Por qué lo hacen? ¿Temen —sin razón— que el cambio dañe sus intereses, como en 1979? ¿Por qué parecen negarse a quemar las naves contra el gobierno? ¿Apuestan a ambos bandos para asegurar un buen "aterrizaje"?

Al menos en público, la urgencia de sumar fuerzas para detener cuanto antes el baño de sangre inhibe, entre opositores, estas preguntas. Sin embargo, es preferible que la honestidad gobierne la lucha democrática, no solo por principio, sino porque es muy difícil avanzar si el copiloto de un vehículo pisa el freno constantemente.

Además, resulta trágico. Cada vez que el vehículo desacelera, la dictadura gana tiempo, lo que se traduce en vidas perdidas y destrucción. Ejemplo de esto: la precipitada aceptación del Diálogo Nacional al que invitó el gobierno, cuando estaba arrinconado, nos dio la satisfacción de ver a los estudiantes imprecar a Ortega en nombre de la sociedad, pero desde el punto de vista del tirano la maniobra fue un éxito táctico. La oposición acudió a las pláticas sin que el gobierno concediera mucho. La alianza de Ortega con Almagro y las esperadas complicidades regionales neutralizaron, hasta hoy, el informe de la CIDH[13] (única concesión del dictador) en el sentido de impedir que se produjeran acciones punitivas contra el régimen. Mientras tanto, la dictadura tomaba un segundo aire, preparaba la escalada represiva posterior. El Diálogo le permitió sobreponerse a la sorpresa de la explosión cívica que había desbordado su capacidad de represión, y girar hacia una estrategia de terrorismo de estado, apoyado en su jauría de pandilleros, francotiradores y fuerzas parapoliciales.

En respuesta, los estudiantes, campesinos, y hasta pequeños comerciantes, como los aglutinados en el Mercado Oriental, han llamado desesperadamente a que se intensifiquen las presiones económicas y políticas para salir de la crisis. La respuesta de los grandes capitales: peros y dilaciones. ¿Paro nacional? "Daña la economía". ¿Desobediencia civil, negativa a pagar impuestos? "Todavía no".

Ante tal comportamiento, blando e incoherente, los demás participantes en

13 Comisión Interamericana de Derechos Humanos de la Organización de Estados Americanos.

la Coordinadora Civil[14] han mostrado gran tacto político y tolerancia. Con tal de mantener la apariencia de unidad, aceptan que el COSEP firme condenas y proclamas, y poco más, mientras los miembros más pobres de la sociedad civil se lanzan de lleno a ejecutar las medidas de presión económica y política que la situación requiere. Cabe preguntarse: ¿Qué temen más los grandes empresarios? ¿Los riesgos de un experimento democrático sin precedente en Nicaragua, o los desmanes y el desgobierno de la dictadura? Deben decidir ya, por su bien y el del país. Esta lucha no es contra ellos. Pero mientras más dure la crisis (y sus titubeos y ambigüedades la prolongan) los costos han de aumentar—para todos.

14 Asociación de organizaciones de la sociedad civil.

Después de Ortega: Dispersar el Poder

7 de junio de 2018

Las revoluciones se pierden en plena victoria. Los zorros del poder aparecen en medio del humo, caminan sobre las cenizas del incendio, y comienzan a mandar sobre el cansancio de la gente y por encima de los que han luchado. Llegan frescos, han mantenido sus recursos a salvo, han pensado en qué hacer desde las cercanías del trono, mientras los luchadores arremetían contra él. Han negociado la futura paz, mientras los luchadores se defendían en la guerra. Quieren el orden más de lo que sueñan la justicia, porque suyo es el orden. Quieren la calma, más que la libertad, porque en libertad su orden puede ser cuestionado. Y tienen las de ganar, porque ven la batalla desde una colina, y hacen sus cálculos con una frialdad que les ahorra remordimientos.

Tienen las de ganar, pero hacerlos perder, o al menos retroceder, no es imposible.

En el caso actual de Nicaragua: no hay que aceptar que nos dicten la profundidad del cambio político posible. No hay que aceptar que bajo la supuestamente "civilizada" consigna de "todo bajo la actual constitución", maniobren entre los cadáveres y sufrimientos de la gente para darnos una versión más fresca de lo viejo, de una estructura que tiende perpetuamente al autoritarismo, que impide el desarrollo económico porque no es suficientemente democrática y no invierte en la mayor riqueza de todo país —su gente— de manera eficaz. Más bien urge preguntarse, desde ya, cómo dispersar el poder político, y como dar poder económico a más y más ciudadanos. Las palabras amables de "separación de poderes", "estado laico", y toda la poesía constitucional importada de la Ilustración europea son huecas si bajo ellas subyace una estructura de poder político concentrada en la cima, apoyada, nutrida y mantenida por la concentración del poder económico.

¿Cómo hacer esto? Ese es el diálogo más importante que debe darse en la sociedad. Preguntas como: ¿Debe ser "nacional" la policía? ¿No será mejor si es por departamento, o municipal? ¿Quién debe recaudar los impuestos? ¿Qué grado de autonomía económica deben tener municipios y departamentos? ¿Qué tal si la recaudación de impuestos se descentraliza, y el gobierno central 'recibe' de otros, en lugar de 'repartir'? ¿Deben ser electos por lista de partidos los representantes de la Asamblea? ¿Por qué no elegirlos por zonas, con requisito de residencia? ¿Y por qué no hacer que cada zona pague el salario de su representante, para que cada zona tenga poder evidente sobre él? ¿Cómo lograr que el sistema judicial sea, no independiente del pueblo, sino independiente del poder político? ¿Funcionará mejor la fórmula, también imperfecta, de jueces electos en sufragio popular, por jurisdicción? ¿Cómo lograr una Corte Suprema que se encargue de jurisprudencia, y que respete el espíritu de las leyes? ¿Cómo aislarlos, no del pueblo, sino del poder político? ¿Bastará con buscar unos cuantos "justos"? ¿Qué hacer con el ejército? ¿Necesitamos tanques? ¿No es mejor, en todo caso, que se transformen las fuerzas armadas en guardacostas, guardabosques y guarda-fronteras?

Creo que hay que hacerse estas y muchas otras preguntas similares, todas en la clave de "dispersar el poder". Esto, claro, si se quiere crear una democracia estable, pero capaz de evolucionar; si se quiere comenzar un proceso de transformaciones multidimensionales que contrarresten la inequidad, social y económica, que arrastra el país desde siempre, inequidad que constituye la arena movediza donde todas nuestras utopías políticas acaban por hundirse.

Postal de barricadas

8 de junio de 2018

Nicaragua es el país donde los murciélagos duermen de pie, por lo que ya florece un universo surreal en las barricadas. En un video, al mejor estilo de la tropa absurda de Monty Python, alguien (o más bien *algo*: un megáfono) reta, insulta y conmina al jefe de policía de Masaya; cuando le disparan (se oye el balazo), se escucha un comentario burlesco. En otro video, un grupo de mujeres adultas cantan, sentadas frente a la barricada, un himno a la Purísima Concepción de María. Han descubierto el lado hermoso del caos. Han convertido la barricada en altar. No dejan de fascinarme estas escenas, que muestran el sustrato generalmente callado de la sociedad desplegando su músculo y su ingenio, apelando a todas sus herencias. Ver como cooperan y como se coordinan, por ejemplo: una cadena de gritos y voces que parecen ecos; ver la bravuconada testosterónica, la exacerbada religiosidad, el culto al reto ("¡disparame ya, si me vas a disparar!", dijo el chavalo de 14 que asesinaron; "¡que se rinda tu madre!"); escuchar la descarga de insultos en serie a la madre del oponente, con exuberante contenido numérico ("hijodelacienmilparesdelagranputa") y sin pudor ante las cámaras; sentir el peso del heroísmo de sus ancestros en la memoria histórica, evidente en el caso de Monimbó[15]; el despliegue de tozudez (coherente con sus gritos "¡nos vas a tener que matar a todos, hijueputa!", "¡atrevete a venir a Masaya!"); el extraño fenómeno de una relativa moderación en la violencia contra los enemigos capturados, extraño por lo generalizado, nobleza consciente; también una escasez de mujeres en las filmaciones que muestran a los guerreros en las trincheras, aunque en la dirigencia están, y aunque en la revolución anterior estuvieron. No sé si sea porque los chavalos son más ruidosos y a los periodistas les atrae el ruido, como a los perritos las voces chillantes y a los osos la miel. Preguntas, preguntas, muchas preguntas: Una vez escuché decir al poeta estadounidense Campbell McGrath, durante el festival de Granada,[16] "Demasiada poesía, ¡mi cabeza!", mientras se tomaba la cabeza, como temiendo que explotara.

15 Comunidad de identidad indígena en la ciudad de Masaya, con una historia de rebeliones documentada y celebrada en la cultura nicaragüense.

16 Festival Internacional de Poesía de Granada, el principal evento cultural del país. Llegó a tener gran difusión y prestigio internacional. Su directiva suspendió las actividades presenciales del festival a partir del 2019, en solidaridad con el pueblo de Nicaragua: no quiso contribuir a una falsa imagen de "normalidad" mientras el régimen aterrorizaba a la población. Eventualmente, la dictadura exigió, como lo hizo con miles de asociaciones civiles, que el Festival Internacional de Poesía de Granada se inscribiera como "agente extranjero". Con esta decisión, se obligaba a cualquier organización no gubernamental a someterse incondicionalmente al régimen, quien aprobaría a capricho la recepción de cualquier financiamiento, o a desaparecer, por falta de este.

No más segundas oportunidades, no más gobiernos fuertes: dispersar el poder

10 de julio de 2018

Un sindicato de sicarios (FSLN) y un capo (Daniel Ortega): a eso se reduce el "gobierno" de Nicaragua. Van a perder, porque creen que tienen alas y se han lanzado del avión sin paracaídas. No pueden desafiar la ley de la gravedad. Van a caer.

Al resto de nosotros nos toca aprender las lecciones del caso, para que NUNCA se repita esta barbarie.

Una de ellas: NO DAR SEGUNDAS OPORTUNIDADES A NINGÚN POLÍTICO. Sin segunda oportunidad, Ortega no hubiera regresado al poder en el 2007.

Y ojo, que por ahí anda el PLC, con Arnoldo Alemán y su vociferante pareja, buscando un espacio en el banquete post-Ortega. Hay que negárselo.

Pero la lección más importante: DISPERSAR EL PODER. Hacerlo no va a ser fácil, porque hay poderes que no visten uniforme ni hablan en público pero que son de enorme peso en la política, como los tres o cuatro mega-capitalistas del país.

La democracia debe respetarles sus derechos, como a cualquiera, pero debe buscar reducir esos derechos al nivel de "cualquiera".

La democracia, en la visión de gente como Tomás Jefferson, tiene entre sus propósitos centrales —por necesidad de supervivencia— contener el poder de los grandes intereses económicos; para que todos puedan compartir en la producción y consumo de las riquezas del país, no para que el Estado expropie. Dispersar el poder, no concentrarlo.

Estas ideas calzan apretadas en nuestra mentalidad; hemos vivido por muchas décadas aturdidos por la ilusión de que los gobiernos desarrollan las economías con grandes planes y estrategias. Y claro, si es así, pues hay que tener un gobierno con vastos poderes y responsabilidades. Basta con eso y con que no nos roben, y listo, rumbo al desarrollo.

Visión ingenua. Ya ven dónde estamos, y ya ven dónde está Costa Rica. Díganme, después de 1948 —cuando nuestros hermanos ticos abolieron el ejército— si no se puede decir "caso cerrado" a favor de su apuesta. Más lento, han avanzado más lejos. Más débiles, son ahora más fuertes. Y más pobres —porque hasta el siglo XX fueron más pobres, y hasta más aislados— son ahora más ricos

Pueden dedicarse a vivir, no a luchar contra un sindicato de sicarios.

Las victorias[17] de Ortega-Murillo

18 de julio de 2018

El odio del pueblo nicaragüense.

El pueblo ya sabe qué esperar del ejército y pregunta no solo "*¿a quién sirve?*", sino —más importante a largo plazo— "*¿para qué sirve?*"

La máscara de "*izquierda*" se les ha roto. Ese soporte empieza a colapsar. Notable, pero no sorprendente, la crítica del ex-presidente Mujica de Uruguay. Notable y sorprendente, por su claridad y dureza, la de PODEMOS en España.

La Iglesia católica,[18] antes dividida, es ahora militantemente opositora.

Los Estados Unidos, antes satisfechos con el apoyo de Ortega en temas de su interés, han puesto en la mira de su poderoso sistema de sanciones económicas y legales a la camarilla dictatorial. Roberto Rivas[19] y *Los Etcéteras* va camino a una lista de Interpol.

Los empresarios, que por más de una década apoyaron activamente a Ortega, defendiéndolo incluso ante el Congreso de Estados Unidos, han tenido que romper su alianza. Quizás no sean el segmento más militante y audaz de la Alianza Cívica, pero ahí están, y probablemente Ortega mismo se encargue de que poco a poco se radicalicen en su contra.

La comunidad intelectual y artística del país se ha reanimado, ha despertado, el dictador tiene ahora otro frente, uno que es fundamental: el de las ideas que produce el pensamiento libre, con la legitimidad que da el arte.

Los nicaragüenses que viven en el extranjero, típicamente atomizados, se han unido como un puño.

Los nicaragüenses, dentro y fuera del país, han decidido que cualquier diferencia de opinión entre ellos es secundaria frente a la meta esencial: "*¡Que se vayan!*".

Miles de antiguos partidarios y militantes del otrora FSLN son hoy en día sus enemigos acérrimos.

Los nicaragüenses parecen haber desarrollado una alergia anti-caudillos. *Caudillofobia.*

17 "Vamos por más victorias" era un eslogan publicitario del FSLN.

18 El papel de la Iglesia católica se define mucho más claramente, a ojos del Ciudadano X, a través del período cubierto en este libro

19 Roberto Rivas Reyes, protegido y parte de la familia adoptiva del Cardenal Miguel Obando Bravo, a quien este logró ubicar en el aparato del poder como Presidente del Consejo Supremo Electoral. Obando y Bravo vivió por décadas en la casa de la familia Rivas Reyes, a la que heredó la Universidad Católica (UNICA) que instalaron en edificios pertenecientes al Estado de Nicaragua que la presidente Violeta Barrios viuda de Chamorro obsequió al Cardenal.

Los nicaragüenses han recuperado, han *nacionalizado*, los símbolos culturales que Ortega-Murillo, y antes que ellos, el FSLN, habían expropiado, desde Sandino[20] hasta la propia bandera de Nicaragua.

¡Todo esto lo han logrado en tan solo tres meses!

Bueno, esto y quitar unos cuantos adoquines de concreto que —por el momento— han barrido de las calles.

Y en su feliz delirio bailan, celebran.

En solo tres meses han pasado de ser, ante el mundo, los respetados administradores del "país feliz", del "país más seguro de Centroamérica", de una democracia "con algunos problemas electorales" como decía la OEA, a ser vistos como una cruel dictadura latinoamericana. Su transición, desde santos revolucionarios a tiranos de pacotilla está completa.

De tal manera que no nos queda más que desear que "*avancen*" hacia "*más victorias*".

Hasta que la final sea la de la democracia y la justicia, la nuestra.

20 Augusto Sandino Calderón. El apellido de la madre era Calderón, pero como hijo ilegítimo inicialmente utilizó este como primer apellido, la tradicional desviación de la costumbre patriarcal en la cultura nicaragüense. Aceptado eventualmente por su padre, empezó a firmar "Augusto C. Sandino", de donde algunos dieron en llamarlo "Augusto César Sandino." Héroe nacional por levantar una insurrección campesina contra la intervención estadounidense en Nicaragua de finales de los años 1920 hasta el retiro de esta, fue asesinado bajo las órdenes de Anastasio Somoza García en 1934. En los años 1960, Carlos Fonseca Amador rescató políticamente su nombre como bandera de lucha guerrillera contra la dictadura dinástica de los Somoza (ya para entonces Somoza Debayle) y lo añadió al nombre de la organización que formaría, el Frente Sandinista de Liberación Nacional.

Regresa el legítimo propietario: el pueblo nicaragüense

19 de julio de 2018

Hace 39 años comenzó una cadena de expropiaciones que el pueblo nicaragüense está en camino a revertir.

La historia, si un día se escribiera con seriedad académica desde esta perspectiva, describiría el atraco más o menos así:

1) Un pequeño grupo armado expropia el nombre del héroe nacional, arguyendo —con algo de razón, pero poca sinceridad— que lo que hace es rescatar al héroe del olvido que sus asesinos, aún en el poder, han querido imponer.

2) El grupo armado logra la confianza del pueblo, que se lanza tras ellos contra los asesinos del héroe, sufre indecibles tormentos y al final, con toda la fuerza de su inmenso coraje, derroca al gobierno tiránico.

3) De inmediato, el grupo armado expropia el triunfo del pueblo, expropia de hecho la palabra "pueblo", la redefine para significar, de ahí en adelante: "los que me apoyan".

4) El grupo armado inscribe como suya en el Registro la propiedad robada, que ahora llama "Revolución Sandinista".

Doble robo, por tanto, esconde esa inscripción: el robo de la revolución de todo un pueblo, y el robo del nombre de un héroe de la nación.

Doble gloria desfacer doble entuerto: el pueblo nicaragüense regresa a la escena del crimen, como antes volvió la sombra de Sandino a echar del poder a sus victimarios. Y esta vez el pueblo no cree en vanguardias armadas. Viene por lo suyo, por lo que siempre ha sido suyo y por lo que siendo su herencia se le ha negado tantas veces: la libertad.

Aterrizaje suave: segundo intento, después del genocidio

30 de julio de 2018

Hay poderosos sectores en Nicaragua que temen más al pueblo y a la democracia que a Ortega-Murillo y a la dictadura, y a quienes ni siquiera el genocidio hace cambiar de posición.

Al fin y al cabo, el Poder es el Poder, es el Diablo que une a quienes Dios parece haber hecho separados: los grandes empresarios, Humberto Ortega[21], la diplomacia de Estados Unidos, los políticos tradicionales, que seguramente jugarán su papel, y si no me creen pongan atención al súbito entusiasmo de los PLC.

Todo para evitar que haya una auténtica democracia, para que cualquier cambio sea un experimento controlado.

Y para el pueblo, chantaje: o más matanza o cambio de amo.

No será la primera vez que traten y triunfen los que de esta manera traicionan el sacrificio de la gente que da la cara y la vida por el país.

Ojalá que esta vez no triunfen, y que una democracia verdadera surja en Nicaragua, para que los derechos humanos no vuelvan a ser moneda devaluada en las compraventas de los mandamases de turno.

---

21 Hermano de Daniel Ortega, General en retiro. Es reconocido como el principal estratega de la victoria política del FSLN en 1979. Como tantos otros de sus compañeros "revolucionarios", amasó una gran fortuna durante su estadía en el poder, que se prolongó inclusive varios años después de la derrota electoral del sandinismo en 1990, como resultado del pacto Chamorro-Lacayo-Ortega iniciado por el llamado "Protocolo de Transición". Fue pieza central del poder represivo del Estado y de la guerra contra los campesinos organizados en la Contra (que contó con financiamiento de Estados Unidos). Responsable, aunque no acusado formalmente aún, de crímenes de lesa humanidad, algunos de ellos ocurridos después de la guerra, como el asesinato del joven Jean Paul Genie por sus escoltas, caso que fue luego sepultado legalmente por quien más tarde sería Ministro de Relaciones Exteriores de su hermano Daniel, el excoronel Denis Moncada Colindres. En los años que este libro aborda, Humberto Ortega se presentaba como (y se presumía) distanciado de su hermano, viviendo en Costa Rica, pero participando tras bambalinas en la política.

Ortega expulsa a las Naciones Unidas de Nicaragua: ¿vamos ganando?

31 de agosto de 2018

La Alianza[22] dice "vamos ganando" o "invitamos al gobierno a dialogar", los grandes empresarios (supuestos aliados del pueblo en la Alianza) dicen "... ", o "invitamos al gobierno al diálogo"; Ortega dice "ya gané, ahora váyanse".

Yo estoy consciente que hemos ganado algo: que el mundo sepa la verdad que los nicaragüenses ya sabíamos, que el gobierno de Ortega es una dictadura de derecha fascista, que están enamorados del poder y dispuestos a matar por mantenerlo, y que todo aquél que levante su voz y su protesta puede ser blanco de la furia genocida de la pareja dictatorial. Una victoria fundamental para los que queremos democracia en Nicaragua, porque sin legitimidad, el reloj empieza a correr contra este y contra cualquier régimen.

Trágicamente, el reloj puede correr por mucho tiempo si el pueblo no pasa a la ofensiva de nuevo, y para ello es necesario abandonar ilusiones que nada más convienen a pactistas sin escrúpulos como los COSEP y los partidos que Ortega permite (para su conveniencia, obvio). Como la ilusión de que basta con seguir llamando al diálogo. Como la ilusión de que la desobediencia civil, y especialmente, la desobediencia fiscal, son "para más adelante". Eso es lo que dicen los empresarios, que quieren postponer, sin fecha, un encontronazo de vida o muerte con la dictadura.

Puestos a escoger entre ese encontronazo y un re-pacto con Ortega, escogerán lo segundo.

Opinión que asusta, incluso indigna, a gente —aclaro, de buena voluntad democrática y hasta mucho coraje— que la ven como extrema, extremista o radical. Ojalá tengan razón, aunque no lo creo. A mi manera de ver, la decisión "final" que tomen los grandes empresarios del país se basará en la respuesta que ellos mismos se den, cuando se pregunten: ¿nos va a ir mejor contra Ortega, o contra el pueblo?

La respuesta dependerá del cálculo que hagan sobre la probabilidad de derrocamiento de la dictadura en su horizonte de planeación. Hasta el momento, yo me imagino que, en vista de la arremetida orteguista, del levantamiento de los tranques, del encarcelamiento masivo de opositores, y de las nada sutiles amenazas de expropiación, ya debe haber empresarios "de oposición" añorando los buenos tiempos de su maridaje con el régimen.

Por eso creo que si alguien quiere impulsar una estrategia de lucha contra la dictadura que incluya a los empresarios, necesita considerar sus motivos y

22 Alianza Cívica. Véase la Nota Histórica al inicio del libro.

sus miedos. Sus motivos no son los de la población, de cuya inmensa mayoría viven (o se sienten) distanciados en lo social, en lo económico, y —como muestra la experiencia de los últimos once años— en lo político. Sus miedos son también diferentes: aunque al igual que el resto de los nicaragüenses están expuestos a las inclinaciones terroristas del orteguismo, se preocupan fundamentalmente por el rendimiento de sus activos.

Todo esto implica que el movimiento democrático necesita encontrar la forma de persuadir a los empresarios de que su futuro es más sombrío contra el pueblo que contra Ortega. Habría que pensar en medidas de presión cívicas y civilizadas, como boicots a los productos de sus empresas, a menos que se unan a la lucha. Y que quede claro que la lucha no es contra ellos, que no se busca expropiarlos ni regresar al pasado que los empresarios recuerdan con miedo, el de la dictadura de los 1980. Dicho sea de paso, no es accidente que algunos de los "opositores legales" anden por ahí alimentando los miedos de los grandes empresarios, diseminando especulaciones en las que "los muchachos" universitarios son "peligrosos", y que por tanto hay que buscar una solución al margen de ellos, es decir, al margen del pueblo.

Y si el movimiento democrático cree imposible alterar el comportamiento de los empresarios, empujarlos a que se unan a la lucha democrática más que ritualmente, pues sería mejor estar claro de ello y dejárselo claro a la gente, y adoptar a partir de ahora una estrategia congruente con dicha evaluación.

Lo que no debe hacerse más, es cerrar los ojos a las cosas tal y como son, y mucho menos tratar de tapar el sol con un dedo, y con el mismo dedo darle atol a la gente, que no es tonta, que está dispuesta a hacer mucho, que necesita y reclama hacerlo, que ya ha sacrificado mucho, y merece que los nuevos liderazgos la traten con respeto.

Digo esto para que el trágico reloj que mide la agonía del régimen más infame de los últimos 100 años de nuestra infame historia política no corra más tiempo que el estrictamente necesario.

Marx y el poder (y la pobreza del nuevo "marxismo")

Septiembre de 2018

Marx,[23] respetable científico como cualquier otro, era lo que hoy se criticaría como euro-centrista, para ser cortés. Es más, si los políticos dizque marxistas del siglo XX y sus avergonzados (y vergonzosos) herederos en el XXI hubieran leído los textos de su presunto maestro con mínima inteligencia, honestidad y criterio laico, hubieran descubierto que en el modelo de la historia que Marx elucubró, el progreso material (el de "las fuerzas productivas") es amo de la realidad social y hasta de la ética.

La gran ausencia en la visión de Marx, y de aquí es que nacen tantos problemas en el marxismo político, es cualquier preocupación sobre el poder *en sí*. De ahí que le sea tan fácil hablar de una "dictadura del proletariado" como una abstracción hegeliana, sin contemplar en lo más mínimo la dinámica humana del poder y su efecto sobre el curso de la sociedad.

Es más, lo que muchos hoy en día condenarían como imperialismo, para Marx sería la natural (y bienvenida) expansión de un modo de producción superior. Cualquier semejanza con aquello de "la carga del hombre blanco", me imagino que es casual.

Eso creo que es una falla para la que los marxistas de viejo cuño ya vienen programados, y por eso presentan temas como el de Catalunya[24] como lo hacen, como que no aceptar el dominio de un poder central fuera necesariamente un retroceso en la marcha mística de la historia a la que han quedado atadas sus mentes. Yo pienso que las cosas son de otra manera, y que los conflictos entre nacionalismos regionales y estados nacionales (con su propio nacionalismo) son nada más que una manifestación más del problema humano del poder, un problema que hasta la fecha no parece tener solución "dialéctica".

---

23 Carlos Marx, economista, filósofo y sociólogo alemán.

24 Se refiere al movimiento independentista y republicano de Catalunya.

El Ciudadano X no está aquí
(¿De verdad queremos libertad?
¿De verdad somos una nación?)

13 de noviembre de 2018

Personas que pasan por mis páginas en las redes sociales, cuando no están de acuerdo con mis comentarios sobre el caso de Nicaragua, me lanzan con frecuencia la estocada: "vos no estás aquí".

I

Si me permiten: "no estar aquí" no es argumento.

¿Pero, hay que explicarlo?

Me parece lamentable que gente que se agrupa en el campo de la democracia utilice la descalificación para tratar de impedir que un ciudadano, esté donde esté, ejerza el derecho a la libre expresión de su pensamiento. No solo con cárcel y balas se reprime. Hay que dejar que fluyan las ideas, los argumentos; y rebatirlos--si uno cree que hace falta--con lógica y datos, no con falacias.

Señores: discutir, debatir, criticar, no debilita un movimiento democrático: es precisamente lo que lo hace democrático. Vayámonos acostumbrando, si es que en verdad queremos que la de Ortega sea la última dictadura de Nicaragua.

II

Otra alternativa que les sugiero a los descontentos de marras, y que quizás sea más eficiente, es ignorar a "ese que no está aquí". El tipo no es influyente, no tiene poder, ni dinero, ni fama, ni partido, ni siquiera ha tenido puesto en ningún gobierno, ni es un tipo arrojado, ni sabe "qué es lo que pasa". Déjenlo hablar tonterías, que de todos modos nadie lo va a escuchar, ni a leer, mucho menos a seguir.

Es un ciudadano cualquiera, insignificante. No le corresponde opinar. ¿Para qué perder el tiempo acusándolo?

III

Cuando "los que están aquí" piden su solidaridad a "los que no están aquí", estos últimos se vuelcan, se entregan al esfuerzo de contribuir material, espiritual y políticamente.

¿A eso se reduce su papel, de acuerdo con el criterio de quien "está aquí? ¿A ayudar en silencio, sin pensar, sin opinar?

Nicaragua: la dictadura Ortega-Murillo es insostenible, ¿vendrá después la democracia?

28 de noviembre de 2018

Se equivocan, pienso yo, quienes creen que la militarización de las ciudades y la cacería de activistas significan la victoria permanente del régimen, la *venezonalización* de Nicaragua: ningún gobierno puede sobrevivir si es incapaz de gobernar, si sus escasos y menguantes recursos fiscales, humanos, y políticos tienen que asignarse de manera desproporcionada a la represión del descontento popular; ningún gobierno puede sobrevivir si no sirve a segmentos significativos de la sociedad.

Este es precisamente el caso de la dictadura Ortega-Murillo, la cual, ahogada por el miedo a que estalle de nuevo la insurrección, moviliza rutinariamente a empleados públicos, policías, administradores del Estado, y fuerzas irregulares. Ya no puede servir a quienes antes fueron sus clientes y soportes: ni a los grandes propietarios, para quienes la productiva asociación con Ortega se volvió súbitamente onerosa, ni a mucha de la clientela pobre a la que pudo ofrecer en años recientes empleos estatales y recursos traspasados de la cooperación venezolana; ni a sus aliados en Estados Unidos, a quienes pudo venderse como guardián de frontera en el manejo de migración y narcotráfico. De hecho, para el mismo Ejército de Nicaragua el cálculo costo-beneficio de su lealtad debe ser cada vez más escabroso.

¿Es posible para la dictadura revertir la situación? Dice la sabiduría (o el cinismo) popular nicaragüense que en política "hasta los ríos se devuelven". Deberíamos estar preparados para nuevas maniobras del régimen cuyo propósito sea apaciguar la crisis sin perder el control del poder. No hay que descartar, por ejemplo, que anuncien unilateralmente, o propongan, amnistía y elecciones anticipadas. No hay que descartar que dicha propuesta cuente con la complicidad de partidos zancudos, y quizás incluso con la aceptación "por el bien de la patria", o "por evitar una guerra" de los poderes fácticos de la economía, que a su vez intentarían arrastrar a quienes, desde la Alianza y la Unidad, abogan por una salida "dialogada y constitucional".

Seguramente una propuesta de tal naturaleza sea atractiva para élites que anhelan despertar de la actual pesadilla en una Nicaragua donde sus derechos y privilegios se encuentren incólumes. Seguramente buscarán aprovechar cualquier oportunidad de negociación, constreñidos sin embargo por la terquedad de Ortega, quien se aferra al poder como a la vida, y por la indignación de la mayoría de los nicaragüenses, para quienes la permanencia de criminales de lesa humanidad en el gobierno es absolutamente inaceptable.

Las fuerzas auténticamente democráticas, las que se oponen tanto a un estado dictatorial como al desmedido poder de los grandes empresarios, y entienden lo fácil que es la simbiosis entre ambas fuerzas, podrían verse en el dilema de condenar o participar en un proceso negociado por las élites y que estas presenten a un pueblo desgastado por la persecución y el desempleo como la única alternativa. No me atrevo a especular anticipadamente acerca de cuál sea la decisión apropiada en un escenario tal, en principio quizás indeseable, por mediatizado, pero que puede tener muchísimas variantes y hasta abrir oportunidades.

Lo que en cualquier caso deberíamos exigir los ciudadanos demócratas —si es que no se puede ejercer la opción más directa, el derrocamiento de la dictadura— es (1) que no se permita a los poderosos usar la justicia como moneda en sus transacciones: no puede haber ni perdón ni olvido; (2) que no quede todo en un cambio de caras y de modales en el poder, sino que se reconozca el derecho de todos a establecer una constitución democrática, que se discuta en Constituyente y se apruebe en referéndum.

Más aún, deberíamos todos los ciudadanos demócratas exigirnos a nosotros mismos una reflexión seria que nos lleve a construir un modelo diferente de Estado. Creo que hay que dejar de repetir frases piadosas sobre "separación de poderes" y preguntarse por qué es que todas las generaciones anteriores han fracasado en el intento de separarlos, cuando han tratado.

Preguntarnos qué hace falta para que Nicaragua tenga un sistema en el que logren convivir la solidaridad y los derechos individuales. Preguntarse si necesitamos un sistema presidencialista, o si necesitamos, de hecho, un presidente. Ya no digamos un ejército, o una policía nacional centralizada. Seguramente algunos creerán que estas preguntas apuntan en dirección a una utopía. Yo digo que apuntan a la necesidad de evitar que la próxima transición sea apenas el comienzo de un nuevo ciclo que al final desemboque en dictadura.

Política social y económica en la Nicaragua democrática (y un torcido editorial en *La Prensa*)

29 de noviembre de 2018

Recientemente el diario *La Prensa*[25] ha dado cabida en su mezcla editorial al siguiente comentario, a propósito de la crítica que gran parte de la ciudadanía hace a los grandes empresarios: "Pretender marginar a COSEP de ese esfuerzo por recomponer nuestras vidas y el país que habitamos, es irracional y sectario. ¿Y qué sería de la Nicaragua que algunos promueven, sin capitales privados, sin gremios industriales, agrícolas y comerciales? ¿Acaso queremos un país sin inversiones extranjeras, sin exportaciones y con pequeñas cooperativas de pescadores, arroceras y frijoleras, condenando a los pobres a ser más pobres todavía?"

Mi primera reacción es no caer en defensa por contradicción, que sería caer en la falacia de quienes plantean el problema de una manera tramposa. Porque denunciar la complicidad del COSEP con la dictadura, y su indiferencia a la causa democrática, no es proponer que se impida la inversión privada, la inversión extranjera, y las exportaciones. Tampoco es oponerse a la industria y a la tecnología a favor de "pequeñas cooperativas de pescadores, arroceras y frijoleras" como dice el autor, en tono claramente despectivo.

En primer lugar, bajo las reglas de un estado democrático, y que apunte hacia el progreso social y económico, no se puede dictar a nadie que produzca tal o cual bien o servicio, o se organice de tal o cual manera, ni se puede dictar qué actividad particular va a ser "la vocación" del país.

Es cierto que buena parte de la población depende de la pequeña agricultura, o de empleos en el sector agrícola industrial, por lo que gobernar democráticamente implica atender, *dentro de lo que corresponde a las funciones del sector público*, las necesidades de dicha población.

Pero es un error (me atrevería a decir un error *conservador*) idealizar, como se ha hecho hasta en la cultura de los grupos "revolucionarios", el artesanado y la vida rural. Estos tienen su sitio en economías modernas y prósperas, pero no deben *privilegiarse* estratégicamente. Ni mucho menos —como se ha hecho en Nicaragua a partir de la visión feudal del movimiento cultural vanguardista— izarlas como representativas de la "identidad" nicaragüense.

En efecto, ver hacia adelante, hacia una sociedad moderna, sin castas y sin autoritarismo, precisa de otro tipo de economía. Necesita que haya no solo un

---

25 Diario fundado en los 1920, comprado luego por la familia Chamorro, y dirigido hasta su asesinato, por Pedro Joaquín Chamorro Cardenal. Su rol en la crisis actual es discutido ampliamente en este libro.

grupo Pellas más tres o cuatro capitales de similar envergadura, sino decenas de grupos empresariales, y miles, decenas de miles de emprendedores con acceso a recursos financieros que no dependan ni de conexiones familiares ni de adhesión a un partido. Por las características del mundo actual, esta deseable evolución nos alejará irremediablemente de la pequeña agricultura, y conllevará seguramente una mayor y más intensa urbanización e industrialización.

Todo esto no quiere decir, repito, que pueda o deba abandonarse a los más pobres, a los que están maniatados por el atraso económico, atrapados en actividades de baja productividad. No sería la sociedad solidaria a que aspiramos, ni sería la democracia sostenible que nos hace falta. No sería democrático, y no sería sostenible.

Pero el esfuerzo reformador y redistributivo de un gobierno que surja del movimiento democrático precisa ser cualitativamente diferente de la dación de tejas de zinc y cerditos de los demagogos de "izquierda", tanto como precisa ser cualitativamente diferente de la indiferencia del "pragmatismo neoliberal", el cual acepta las condiciones de nuestra desigualdad social como naturales, ignorando, por conveniencia propia de las élites, la historia y las relaciones de poder.

El gran reto de los demócratas (tan grande que desde antes de una posible transición los cañones de las élites ya apuntan en nuestra dirección) es crear un Estado con menos poder coercitivo ante los ciudadanos, y del que los ciudadanos puedan apropiarse como instrumento, no solo de democracia, sino de desarrollo. No es fácil, no hay fórmula mágica, y de hecho es —o ha sido, hasta la fecha— nadar contra la corriente de los grandes intereses, pero hay que intentarlo, porque en Nicaragua el maridaje entre atraso económico y autoritarismo no deja alternativa.

¿Qué debe hacer tal Estado? Primeramente, establecer el respeto a los derechos de todos, y eliminar los privilegios de cualquiera. Esto incluye a los grandes empresarios, tanto como a las "cooperativas" del torcido editorial.

En segundo lugar, llevar a cabo un proyecto redistributivo basado en la educación, el subsidio a las tecnologías y la apertura hacia el mundo. Que la obsesión nacional sea alcanzar cada vez mayores niveles de instrucción, que todos los recursos que hoy se pierden en militarismo, corrupción y burocracia, en exenciones de impuestos a gente que no las necesita, se inviertan (lista mínima, parcial) en educación tradicional, en expansión de acceso a internet, en becas y subsidios para que los estudiantes destacados se especialicen, dentro y fuera del país, para que se utilicen los métodos de la tecnología moderna y se explote al máximo la posibilidad de instrucción en línea.

Y que la obsesión nacional por la educación sea acompañada por otra: que se vuelquen los recursos de la sociedad a abrir espacios para que los nuevos graduados puedan ejercer su creatividad, para que tengan el entrenamiento y asistencia necesaria para emprender y competir, pero también el apoyo legal para que la discriminación laboral de cualquier tipo no sea obstáculo en sus carreras.

Nada de esto choca con la necesidad de apoyar en el corto plazo a los más pobres. Todo lo contrario, porque del seno de los más pobres deben salir, necesitamos que salgan, queremos que salgan, muchos de estos nuevos ciudadanos, armados con una educación formal y una autoestima que refleje el consenso de la nueva nación y nuestra convicción colectiva de que no tenemos por qué ser pobres mendicantes, que los grandes talentos de nuestra gente merecen ser aprovechados. Esto requiere que se apoye a sus familias. Y requiere, especialmente, que valoremos a cada persona de la sociedad por igual, y como igual: como ciudadano.

Los dejaron solos, ahora los dejan fuera

30 de noviembre de 2018

Los opositores tradicionales, y los "tradicionalizados", no han estado a la altura de los sacrificios que el pueblo ha hecho, y han permitido que los poderosos de siempre decidan la "estrategia".

Una estrategia que ha dado a la dictadura todo el tiempo del mundo para reorganizarse, e iniciar su cacería humana contra los activistas más militantes.

Una estrategia que no solo ha sido inefectiva, sino que ha distribuido los riesgos de manera injusta. A la gente le tocan las calles, las balas, la cárcel y el exilio, a los grandes intereses, que tienen el poder económico para participar en una lucha cívica con mucho más de lo que han dado, no se les pide nada más que la firma en un comunicado, si acaso.

Ahora la Unidad espera, en medio de su parálisis política, que desde Estados Unidos y la OEA resuelvan el problema, mientras ellos siguen pidiendo "diálogo", y "elecciones anticipadas" a quien no dialoga.

A suplicarle diálogo al tirano, a eso se reduce ahora la "estrategia".

En realidad, la súplica es a Estados Unidos, para que obligue a Ortega a entrar en razón, o al Ejército, para que golpee la mesa a Ortega, y puedan ellos entrar, y tomar el timón del proceso por medio de una negociación.

¿Alguien cree que ese sea el camino a la democracia?

La ciudadanía se lanzó a la calle y a los tranques, y derramó su sangre esperando que los poderosos apoyaran la desobediencia civil.

Los dejaron solos.

Ahora los dejan fuera.

El chiste cruel del Güegüense (o Cüecüence)

5 de diciembre de 2018

A esto nos enfrentamos:

Era colonial

El alguacil: "pesos duros, Güegüense"

El Güegüense: "Quesos duros de aquellos grandotes. A, muchachos, ¿Ahí están los quesos duros que trajimos de sobornal?"

2018

El Periodista: "como jefe de bancada, ¿respalda usted la posición de su partido, de que hay injerencismo de Estados Unidos?"

El diputado Edwin Castro: "¿Cómo van ustedes en este inicio de Purísima? Hoy comienza la Novena de la Virgen María… Somos Marianos todos los nicaragüenses".

En la obra de la picaresca indígena colonial, el *Güegüense*, buhonero de oficio, tramposo por necesidad y conveniencia, defiende su espacio social al margen de la ley. Lo hace desde los privilegios que le da su condición de "señor principal", la cual le habría sido concedida por ser miembro de la nobleza indígena y tornarse colaborador del nuevo poder. ¿Su táctica? Hacerse el sordo, cambiar de tema, desviar la conversación, mientras luce orgullosamente su picardía. Juzgue el lector si el truhan contemporáneo ha superado o no a su maestro.

En cuanto a mí, el paralelo entre las dos historias me lleva a la siguiente reflexión: no me sorprende que el señor diputado, corto de lealtad a principios universales, se aferre a lo que bien conoce, a los hábitos heredados, a la tradición nacida del choque entre las aspiraciones del conquistado y el poder abrumador del conquistador. En esa relación, brutalmente desigual, fruto de la derrota y de una expropiación violenta de la autodeterminación y la identidad, rebelarse es muy costoso, prácticamente imposible; la mentira y el engaño quedan como escaso arsenal para los excluidos del poder, para los desposeídos, o para quienes, siendo parte de la nación conquistada, no aceptan deshacerse de su estatus anterior. De esa manera, la mentira se legitima como arma de supervivencia; incumplir las promesas es ser listo, es "defenderse" y defender a los propios. Nace así una sociedad en la cual la duplicidad no es deshonrosa. Donde es preferible decir "si" de mentira, a decir "no" de verdad. Estas normas crean un terreno fértil para el oportunismo, la demagogia, el desorden, y el subdesarrollo: el comportamiento "güegüense" que en tiempos recientes hemos llegado a celebrar es en realidad un chiste cruel que nos impuso la historia, por el que hemos pagado y seguimos pagando un costo incalculable en vidas y sangre, y que ya no podemos darnos el lujo de aceptar, mucho menos promover. Es un chiste sin mucha gracia. Es el enemigo incrustado en nosotros, es nosotros mismos condenándonos a seguir oprimidos por las mismas cadenas que ya duran siglos. Por eso es esencial perseguir la verdad, el derribo de los tótems, la destrucción de los mitos. Por eso es esencial exigir transparencia a los políticos; y a nosotros mismos, imponernos la obligación de abandonar lealtades ideológicas, políticas, y hasta familiares, si está de por medio la verdad.

¿Tiene sentido la marcha del COSEP?

13 de diciembre de 2018

Hay que apoyar cualquier acción no violenta contra la dictadura, aprovechar cualquier espacio, arrebatarle pedazo a pedazo los derechos conculcados al pueblo. Por esa razón no puede uno menos que aplaudir que los empresarios del COSEP anuncien su intención de llamar a una nueva marcha opositora, y de ampararla bajo su personería jurídica.

Dicho esto, queda pendiente la historia del colaboracionismo empresarial[26], que por el bien de todos no debe olvidarse, y quedan pendientes, con mucha mayor urgencia, preguntas, dudas sobre el futuro de la lucha democrática y del proyecto de sociedad que se persigue. Presento algunas.

La imposible negociación con Ortega

El COSEP continúa planteando el proceso de salida de Ortega-Murillo del poder como una negociación con Ortega-Murillo. Pero por más que se oigan gritos estentóreos de "vamos ganando", la dictadura no es Japón después de Hiroshima y Nagasaki, y la oposición no está en condiciones de obligarlos a una rendición incondicional.

En otras palabras, si piensan negociar con la dictadura, tanto el COSEP como la Unidad *deben decirnos qué piensan darle a Ortega, a Murillo y a sus seguidores*. Porque el problema fundamental de negociar una solución con el régimen es que el menú de concesiones a la vez aceptables para Ortega-Murillo y compatibles con una transición democrática es una hoja en blanco.

Sicarios, Juventud Sandinista, policías, y soldados, son los pilares del poder ortega-murillista. ¿Podría Ortega-Murillo aceptar perderlos? ¿Puede haber transición si Ortega-Murillo no los pierde? ¿Puede haber elección libre si no se desarma a los sicarios y se desbanda a la Juventud Sandinista? ¿Aceptaría Ortega-Murillo someterse a la justicia? ¿Aceptaría Ortega-Murillo abandonar el país? ¿Habrá país que los acepte? ¿Sería factible para los políticos estadounidenses, ahora que la Nica Act se hace realidad, facilitarles el escape?

¿Estaría dispuesta la UNIDAD, y COSEP, a ofrecer amnistía a los genocidas? ¿Alguien cree que la ciudadanía estaría dispuesta a convivir con tan grotesca impunidad? Es más, ¿alguien cree que Nicaragua sea gobernable si Ortega-Murillo y su claque rabiosa quedan en libertad y mantienen sus riquezas?

---

26 El término "empresario" que en las primeras crónicas recogidas en este volumen fue, francamente, acrítico; repetía apenas el que entonces era lenguaje convencional. La caracterización del segmento socioeconómico se hace más precisa, y más crítica, a medida que los acontecimientos desnudan ante el cronista la estructura de poder de la sociedad.

El espejismo terrible de un "golpe de Estado democrático"

Uno puede imaginar (y quizás esa sea la verdadera ilusión, tanto de la UNIDAD como del COSEP) un escenario en el cual el Ejército, presionado por Estados Unidos, decide minimizar sus pérdidas, golpear la mesa a Ortega, y desarmar a los irregulares. Evidentemente, neutralizar a Ortega y desarmar a los irregulares es un componente esencial de cualquier transición democrática. Nadie con una onza de decencia en su alma y con dos dedos de frente puede oponerse a que ocurra.

El problema es, como siempre, el después. Un "golpe de estado democrático" llevaría, en el mejor de los casos, a una democracia mediatizada, en la cual el poder tras el trono seguiría siendo el militarismo de origen FSLN: una nueva versión del "gobernar desde abajo" que podría ser la siguiente plaga de nuestra funesta historia.

No obstante, tal "solución" podría parecer atractiva a las élites nicaragüenses, cuyo anhelo de estabilidad compite dolorosamente (y casi siempre, favorablemente) con su amor a la democracia. Quizás se convenzan ellas mismas de que es la única alternativa razonable, la madura, la posible. Pero yo dudo que el escenario de "golpe democrático" baste a las grandes mayorías, hartas ya del autoritarismo, del militarismo, de pactos y de impunidad.

Peor aún, por lo que se sabe del accionar del Ejército de Nicaragua, y de la historia de otras naciones de América Latina, el escenario de golpe —disfrácese como se quiera— podría ser una amenaza contra la seguridad de los ciudadanos, especialmente la de los activistas democráticos, cuyas vidas correrían peligro tan pronto cuestionen el nuevo modelo de poder. Y esta vez los enemigos de la libertad tendrían más amigos, en más lugares —y una mejor presencia escénica.

Conclusión

Desde mi punto de vista, para los ciudadanos democráticos el llamado a la marcha y la retórica de diálogo tienen sentido únicamente si el propósito es aprovechar la creciente debilidad diplomática del régimen y arrancarle espacios que permitan al pueblo retomar la iniciativa en la lucha. Porque lo que asoma en el horizonte es la sombra de posibles escenarios mucho más traumáticos, costosos y dolorosos que el acuerdo "civilizado" de "elecciones libres", y "elecciones adelantadas" que oficialmente persiguen tanto el COSEP como la Unidad.

No hay espacio, ni historia, ni disposición, para tal acuerdo, más que en las elucubraciones de ciertos académicos estadounidenses, quienes pueden darse el lujo de enriquecer sus curriculums y sus consultorías con nuestras tragedias.

La dictadura no caerá por las armas, pero tampoco caerá por las buenas.[27] El pueblo nicaragüense tendrá que hacerlos abandonar el poder, ya sea derrocándolos, ya sea sacudiendo la tierra hasta que caiga la última alianza vital de Ortega-Murillo, la que mantiene con la cúpula militar.

27 Este comentario reduce subjetivamente el papel de la lucha armada en el proceso de liberación. Hay una razón que sigue siendo válida: la necesidad de subordinar la violencia a la conducción política. Sin embargo, "no caerá por las armas" refleja también la percepción, en retrospectiva, ingenua, de que podía evitarse la violencia armada; de que esta podía ser enteramente sustituida por la acción unificada de todos los grupos de poder del país, arrastrados por la movilización ciudadana.

La lucha por los derechos humanos y el fantasma del comunismo

18 de diciembre de 2018

Se me ocurre que discutir los dilemas y tragedias de las sociedades latinoamericanas en términos de "comunismo" y su negación *du jour* es una pérdida de tiempo.

O quizás no, en vista de que esta perspectiva se infiltra con bastante frecuencia en discusiones del tema. Habría que decir que "un fantasma recorre la plática del "qué hacer" contemporáneo en nuestra región: el fantasma del comunismo"...

Mi punto de vista, resumido: el marxismo-leninismo, la ideología elaborada por Lenin y Stalin a partir de una lectura presuntamente científica de la metodología que ellos dicen haber descubierto en los trabajos de Marx, fue sin duda alguna una ideología de poder particularmente opresiva, y dio justificación de "realpolitik" a cuanto tirano, demente y hasta genocida pudo balbucear sandeces de manual.

Dicho esto, el marxismo-leninismo no fue, ni es, la única manera de justificar el poder despótico, ni racionalizar el crimen desde el Estado. Por lo cual nos equivocamos si creemos que al "derrotar" al marxismo-leninismo arranca la fiesta ciudadana que seguirá hasta que el paraíso nos separe.

Porque el verdadero problema es el poder; el Poder, en general. Y en particular, desde una perspectiva liberal-democrática, el reto es crear un orden de cosas en el que convivan, de la mejor manera posible, la indispensable y benéfica solidaridad humana con el derecho del individuo a su libertad.

Casi nada.

Así que no perdamos el tiempo cazando fantasmas, embistiendo a molinos de vientos. Veamos mejor qué se nos ocurre, entre todos los miembros de cualquier sociedad, y de la sociedad mundial, para ir avanzando hacia la meta de un sistema cada vez más respetuoso de los derechos humanos.

Claro, que no se nos olvide poner la basura en su lugar.

#NIPERDÓNNIOLVIDO:
¿Es incorrecto mirar hacia atrás?

24 de diciembre de 2018

Esta mañana releo una noticia que muestra cómo la tragedia actual de Nicaragua se ha venido gestando desde hace muchos años. La noticia se refiere a la represión desatada contra campesinos opuestos a la infame Ley 840,[28] que, para ellos, y a la luz de cualquier mínima inteligencia, es apenas el velo legal con el que el régimen buscaba disfrazar la expoliación de los recursos naturales del país y traicionar su tan cacareado nacionalismo.

Participaron en la represión: antimotines, fuerzas paramilitares, y grupos de choque de la Juventud Sandinista. Estos últimos "orientaban a los antimotines dónde se encontraban simpatizantes de las propuestas para detenerlos en sus casas o lugares de refugio." Se habla de maltratos a menores, de torturas a prisioneros, de decenas de campesinos desaparecidos, algunos de los cuales posteriormente aparecerían prisioneros en El Chipote.[29] Hoy los llamaríamos, con justicia: "secuestrados".

Era un diciembre 24, del año 2014.

La fiesta de los vencedores estaba en lo fino.

Y permítanme poner el dedo en la llaga y mencionar a algunos de esos vencedores:

- La nueva élite económica sandinista, que poco a poco ganaba legitimidad social en los ojos de buena parte de la tradicional;
- El Cosep de Carlos Pellas Chamorro (quien recién acababa de pronunciar su hermosa apología del "sistema abierto" de Nicaragua, en el que la gente "vota");
- El liderazgo de la Policía, donde reinaba la por años "impoluta" Aminta Granera, gran mujer, gran humanista;
- La "oposición" compuesta en gran medida por el Partido Liberal Constitucionalista, cuyos representantes retiraban —siguen haciéndolo hoy— sus jugosos salarios oficiales;

28 Ley por la cual el gobierno de Nicaragua pactó con un oscuro "empresario" chino, la construcción de un canal interoceánico. Bajo la nueva ley, todas las tierras de propiedad campesina en la ruta del canal quedaban sujetas a compra-expropiación por parte del régimen. La ley puso en movimiento a los pobladores de dichas áreas rurales, quienes marcharon centenares de veces en protesta, sin que la población urbana, a pesar de simpatizar con la causa, se uniese de forma significativa.

29 Principal cárcel de reos políticos, ubicado en las alturas de La loma de Tiscapa, antiguo centro del poder presidencial.

• La iglesia católica del cardenal Obando Bravo y su séquito de obispos convertidos al orteguismo, que —queramos o no— representaban formalmente a la Iglesia; porque si bien es cierto que gran parte del clero estaba ya en digna postura crítica, la institución tiene una entendible inclinación (humana) a cerrar filas y cerrar ventanas.

De todos estos, queda muy claro que solo la Iglesia Católica ha enmendado sus pasos,[30] con despliegues de heroísmo, integridad y apego a su misión pastoral ya conocidos por todos, a pesar de los deslices del cardenal Brenes.

¿Por qué hay que poner el dedo en la llaga?

Evidentemente, no es un placer hacerlo. De hecho, en ocasiones genera rechazo y censura. No solo porque hasta en las mejores familias hay censores, sino porque mucha gente de buena fe se aferra a la ilusión de que es mejor callar para no "atentar contra la unidad", de que "ver hacia atrás" es "hacerle el juego al dictador".

A mí me parecen falacias tales afirmaciones, sean pronunciadas con buena voluntad o vengan de un cálculo político.

Necesitamos la verdad, ante todo. La verdad no es enemiga del progreso, ni de la liberación, ni de la democracia, sino todo lo contrario. En cambio, el engaño, peor aún, el autoengaño, no construye nada que valga la pena y que sea duradero. Engañémonos hoy y pagaremos otra vez mañana, o al menos pagarán los que en nuestra tierra siempre terminan pagando: los más vulnerables, los más pobres, los más generosos, los más puros.

Hay que poner el dedo en la llaga para contribuir a un desenlace democrático, para que la sangre y el sacrificio de tantos hermanos nuestros no sea en vano, para que de una vez por todas cese la tristeza en nuestra Nicaragua.

¡No se olviden —los críticos de la crítica— de la etiqueta #niperdónniolvido que constantemente reproducen!

Conocer al enemigo, conocer al amigo.

Hay que conocer a los enemigos, no engañarse como quienes han hablado de "diálogo" y de "aterrizaje suave". "Es la única salida", nos han dicho. Y claro, nos la presentaron como alternativa única al salón de torturas. Desesperados, y con buena razón, porque la pesadilla debe acabar cuanto antes, muchos aceptaron la propuesta, que creyeron cívica y esperanzadora.

30 Sobre esto también hay una evolución a través de los textos, al examinar en mayor detalle y con más información el rol de diferentes segmentos de una Iglesia Católica dividida.

De nada sirve, de poco ha servido. Más bien, al aceptar el "diálogo" cuando el régimen estaba claramente desbordado por la manifestación popular, el cardenal Brenes dio a Ortega y Murillo la oportunidad de rearmarse, de enviar a sus delegados a reclutar y organizar los grupos de paramilitares y sicarios que después masacrarían a los ciudadanos en los tranques. Yo no estoy dentro de la mente y el alma del cardenal, ni tampoco sé quiénes más participaron en tan fatídica decisión, pero para la historia, y para nuestro aprendizaje, los hechos están ahí, documentados ampliamente. Cerrar los ojos no sirve de nada.

Por cierto, hay que conocer también a los amigos, a quienes dicen serlo, y a quienes deberían ser al menos buenos vecinos, porque vivimos muy cerca, y tenemos que compartir la calle. Este es el caso del sector empresarial del país. Hay que conocer lo que los mueve, saber de qué son capaces y qué es lo que se puede esperar de ellos; abandonar las falsas expectativas que paralizan al movimiento democrático, como la expectativa, alimentada por muchas personas con acceso a medios y círculos de influencia, de que el Cosep va a actuar con espíritu patriótico y entrar —pudiendo evitarlo— en acción contra la dictadura. Desafortunadamente para el país, especialmente para los pobres, pero incluso para el propio gremio empresarial, sus líderes padecen de una miopía aguda, que los hace obedecer, con indiferencia grosera a los derechos humanos, solo lo que perciben como maximización de ganancias o minimización de pérdidas a muy corto plazo. Hay que saber esto, no solo para no esperar peras del olmo hoy, sino para asegurarse de que la democracia que queremos construir *mañana* sea sostenible: ningún sistema democrático puede sobrevivir en Nicaragua (ni en ninguna parte del mundo) si se asume que el altruismo es la fuerza dominante, la sabiduría es virtud común, y la bondad es soberana.

El miedo a la democracia

Hay que estar claros también de que, aunque en principio la mayoría quiere un país civilizado y libre, hay minorías renuentes a dar en pago sus privilegios, o que tienen miedo a lo desconocido, en este caso, la democracia. Un reciente editorial de *La Prensa* deja en claro esas renuencias, y esos temores, al resaltar el papel del sector privado en la lucha democrática, y denunciar a sectores que presuntamente atentan, desde la oposición a Ortega, contra el empresariado. El editorial coincide con una ofensiva mediática del Cosep, que intenta neutralizar la inconformidad ciudadana expresada con furia en las redes sociales y en llamados a boicotear las ventas de Flor de Caña, producto emblemático del grupo Pellas. Esto, en momentos en que la represión de la dictadura convierte el país en un infierno y empuja la economía a una depresión sin precedentes en ausencia de lucha armada. Esto, es cerrar los ojos. Esto, es demostrar una vez más que, puestos a escoger entre seguridad para sus negocios y democracia, prefieren lo que siempre han conocido, lo que casi siempre ha existido: el autoritarismo. Esto es demostrar que su distanciamiento de la dictadura es para ellos medida extrema, incómoda incluso. Esto, además, es falsedad. Porque es falso que haya en la oposición a Ortega-Murillo sectores "radicales" que atenten contra los derechos de los empresarios ["derechos" no equivale a "privilegios"]. A nadie —a nadie que sea escuchado por nadie— se le ocurre que en la nueva Nicaragua va a expropiarse o a coartar la libre iniciativa económica. La queja ciudadana es que los grandes empresarios, que se lucraron espectacularmente durante once años de cogobierno con Ortega-Murillo, no han puesto su poderío económico al servicio de la lucha contra la dictadura que ellos ayudaron a construir.

¿Es demasiado pedir que lo hagan? Irónicamente, la miopía empresarial no solo hace que el derrocamiento de Ortega-Murillo tarde y cueste mucho más, en vidas y en pérdidas económicas, sino que los deja cada vez, más para la historia, y para la memoria colectiva, del lado errado. "Los empresarios de Nicaragua ya se equivocaron una vez", dijo recientemente el expresidente Solís, de Costa Rica, "y pueden estarse equivocando de nuevo". En democracia, esos errores acarrean costos. El problema es que ni los empresarios, ni el resto de nosotros, estamos acostumbrados a hacer cálculos en democracia, lo cual puede ser trágico para ambas partes. Puede alimentar discursos demagógicos de un lado, torpezas autoritarias del otro, y hacer perder a los dos. Armados de valor para tocar la llaga, tratemos de que no sea así.

El comandante galáctico, la dignidad, la ceguera, y las moscas fósiles

28 de diciembre de 2018

El discurso oficial del chavismo asegura haber devuelto a Venezuela su conciencia de ser la patria de Bolívar, y haber restaurado la dignidad de los venezolanos, antes perdida, dañada o extraviada. Esta es la premisa falsa de miles de discursos espumosos y cursis, al peor estilo de las peores telenovelas de la peor cadena de televisión latinoamericana. Porque, por supuesto, antes de Chávez y de su tenebroso y torpe sucesor, Venezuela ya era la patria de Bolívar, y ya Bolívar era héroe, revolucionario e independentista. Dicho sea de paso, Bolívar también era —hay que poner al prócer en perspectiva humana— el autor de una política de exterminio contra los "españoles" de aquel entonces que hoy, sin duda alguna, sería catalogada como crimen de guerra. Porque el Libertador fue, me disculpan los del templo, un político de carne y hueso, con grandes sueños y grandes fallas. Como todos, pero más, porque así corresponde muchas veces a figuras que se lanzan contra la Historia. Hay que insistir, y no solo en el caso de Bolívar, sino en el de todos nuestros héroes nacionales: aunque termine uno de perder los pocos amigos que le quedan, aunque lo castiguen a uno por volverse contra el pueblo, a favor del imperio, o de la oligarquía, o de la derecha, o de la izquierda, o de la unidad, o de la santa madre iglesia, o del culto de moda, dejemos ya de arrancarle huesos a los muertos y de ponerlos en nichos de adoración. Y hablando de nichos, y de Chávez: el "comandante galáctico" (vamos de las telenovelas a los cómics) fue a todas luces un megalómano sin muchas ideas; de hecho, sin ninguna que fuera nueva. En materia de estilo, siempre se vistió con la ropa parchada y bufonesca de algún almacén nostálgico-fascista de segunda mano. Como quien se encuentra las charreteras de Franco o la gorra de Mussolini y no resiste la tentación: "me las llevo puestas".

Todo anacrónico, burdo, basto. Y el aparato de propaganda de sus sucesores es todavía peor, porque ahora necesitan compensar la ausencia del misterioso "carisma" que el fundador de la dictadura se llevó a la tumba. O a las tumbas, si se cuenta el adefesio que Ortega y Murillo construyeron en Managua. De tal manera que el chavismo ha intentado, siguiendo el catecismo autoritario, tapar su pobreza moral y programática con un nacionalismo-escudo, una repetición monótona e histérica que le arranca el corazón a palabras nacidas con mejores intenciones, como "dignidad", "solidaridad", "socialismo", "cristianismo", y para rematar: "paz" (Véase "Murillo, Rosario" y "Ortega, Daniel", o "Nicaragua, Genocidio"). Porque la ironía cruel, muy cruel, es que fue precisamente Chávez, con su arbitrariedad cuartelaria, quien empujó a Venezuela hacia el callejón sin salida que arrincona la dignidad de sus ciudadanos, y atrapa a muchos entre la decencia y el imperativo de sobrevivir el poder opresivo de un Estado que cree no tener límites. Mientras tanto, el menú de los pobres se vuelve más pobre aún. El de los ricos, los de antes y los de la nueva clase, todavía incluye el plato de lujo, los viajes, la buena vivienda, los buenos servicios, lo de siempre. Estos son hechos, y es verdaderamente lamentable que gente que se asume intelectual, inteligente, progresista, de izquierda, y libertaria, sea incapaz de reconocerlos.

Se han quedado atrapados como moscas fósiles en el ámbar de la ideología.

Libertad en el camino hacia la libertad

5 de Enero de 2019

Creo que sin atreverse a ver y a decir la verdad, o al menos lo que uno entiende por verdad, no habrá jamás democracia en Nicaragua. Digo "atreverse" porque hay verdades que, en nuestra cultura, pobre en tradición democrática y rica en tradición de privilegios y centralismo, pueden ser muy incómodas, y atraer "castigo", y censura. Doy algunos ejemplos.

No "vamos ganando".[31] ["Es solo una herida superficial"[32] —repite el caballero mutilado de la comedia de Monty Python.] Debemos ganar, podemos ganar, sabemos que la dictadura está en su crisis más aguda, deseamos que se acabe ya la pesadilla, pero prisioneros que gritan "vamos ganando" en un campo de concentración no describen la realidad objetivamente.

La represión del régimen "socialista" es (¿plan o costumbre?) casi impecablemente clasista.

Los líderes de los Autoconvocados son el blanco principal de la represión de la dictadura; para ellos reserva el régimen su bota más pesada: están en la cárcel, en la tumba, en la clandestinidad o en el exilio. Los líderes de los Autoconvocados están, por tanto, efectivamente excluidos de la "Unidad Azul y Blanco", la cual se sirve de ellos, como nombres o personajes en una fotografía, para adquirir legitimidad.

La Unidad Nacional ha sido reducida a una presencia fantasmal, y públicamente no propone más que denuncias y apoyo a las presiones externas; Con los líderes Autoconvocados del movimiento estudiantil y campesino involuntariamente fuera de escena, el liderazgo visible de la Unidad queda compuesto en su mayoría por gente que de una forma u otra ha estado ligada a esferas del poder en el pasado; esto, por sí solo, no condena, pero no es renovación, y no es, viendo las cosas en perspectiva histórica, accidente.

La Unidad busca legitimar como opositores a segmentos de la sociedad cuyas credenciales en ese terreno son ampliamente cuestionadas, como el Cosep; ¿qué se ha obtenido a cambio?

Anatema, criticar al Cosep; hacerlo atrae respuestas furibundas de los partidarios, participantes y propagandistas de la Unidad. Por cierto, ¿ya aplicó la asociación de empresarios para el permiso a la marcha que convocaron en diciembre? Hay otros, como el cardenal Brenes, que tampoco pueden ser criticados sin arriesgar insulto y censura. Para mí esto es muy lamentable. Ningún personaje público que esté en posición de influir sobre el rumbo de la nación

31 *Leitmotiv* publicitario del periodista opositor Jaime Arellano.

32 "It's just a flesh wound!"

puede estar exento de crítica, sea laico o religioso, pobre o rico, héroe o santo. Es una cruel ironía levantar la bandera de la democracia y la libertad y a la vez suprimir opiniones que no sean "las de arriba".

Pregunte usted "¿Cuál es la estrategia?" y le dirán "no podemos hablar de eso en público", como si el movimiento democrático fuera un esfuerzo "privado". ¿Queremos el derrocamiento de la dictadura? ¿Queremos democracia para Nicaragua? Necesitamos discutir en libertad, y crear una cultura democrática.

Un video revelador: cómo la dictadura FSLN-Gran Capital extorsiona para sobrevivir

Enero de 2019

El anonimato del autor y el miedo

Para honrar la verdad, y para que un día la verdad aparezca en la Historia, publicamos este video,[33] de autor anónimo, que circula en las redes como el susurro de una conciencia en confesión o meditación: dice lo que contiene, en lo profundo, el alma y el entendimiento atormentado del cronista. Un cronista, un testigo. Que sea anónimo nos habla de los tiempos en que nace su creación. Que considere necesario su anonimato es, en sí, testimonio: nos habla de la sociedad que habita su voz, la sociedad de la que su voz necesita esconderse; la sociedad a la cual, desesperadamente, el autor intenta hablar. Nos habla de qué tipo de sociedad se trata y con qué verdades, mitos y tabúes construye esta su autorretrato.

El salvaje domesticado de la Vanguardia

Ese autorretrato, como todo retrato humano, no se corresponde exactamente con la imagen que emana del cuerpo y del alma. Ocurre, diríamos, hasta a los más hermosos modelos. Ocurre porque la realidad es proteica. Pero el caso nicaragüense parece extremo. El autorretrato esbozado por quienes no solo empuñan el poder material sino la influencia espiritual en la sociedad nicaragüense dista tanto del realismo como una deconstrucción cubista.

Sobre esto habría que reflexionar mucho más, en público, y fuera de reducidos ambientes académicos: la autoimagen, la identidad que vemos en el espejo, es una corrupción que refleja lo que creyeron ver, o quisieron ver, los ojos de los brillantes creadores de la vanguardia granadina del siglo pasado, con su glorificación paternalista de lo rural, la Nicaragua reducida al idilio campesino, y, este, reducido a la pureza del *buen salvaje domesticado*. En esa Nicaragua de los patrones y patricios, en la que el tiempo que fue mejor habría sido el que transcurrió desde la conquista hasta la independencia formal de la corona española, "los indios", según afirma José Coronel Urtecho, líder del movimiento, tras "*aceptar*",

33 https://youtu.be/KvRqBsDSjoI. En el video, el Sr. José Pallais, miembro prominente de la Alianza Cívica, secuestrado en la última ronda represiva de la dictadura de Ortega en 2021, irónicamente defiende la participación de este en el proceso electoral. "No hay líneas rojas", dice Pallais. Como un contraste trágico entre la pusilanimidad de unos y la postura implacable de otros, el video muestra paramilitares fuertemente armados, quienes tras el aplastamiento de la rebelión de los autoconvocados amenazan desde una tarima a cualquiera que quiera levantarse de nuevo contra Ortega. "Le quebramos la jícara", claman.

("*aceptaron el hecho del dominio español con su atávica sumisión a las potencias mágicas*"), "no fueron nunca, desde entonces, perturbadores de la paz, sino al contrario, *sus más tranquilos disfrutadores.*"

Con el hilo de esa nostalgia tejieron una narrativa, que —otro reto que habrá que enfrentar— permea incluso al arte revolucionario de nuestro país. La belleza producida por estos autores, iniciada por el grupo de Coronel, Pablo Antonio Cuadra y otros, y continuada en múltiples expresiones hasta nuestros días, es incuestionable. Y, creo yo sin duda, han *esculpido* nuestra identidad, lo que creemos ser; al hacerlo han moldeado nuestro inconsciente colectivo, erigiendo los límites de lo que creemos posible y la extensión de lo que creemos deseable a partir de una visión del mundo que ya en aquella época estaba rezagada.

No es accidente, desde esta perspectiva, la fijación con el concepto de "unidad total" en buena parte de la población, de manera irreflexiva, sin contemplar la irrealidad dañina de tal aspiración. Puede ser un eco de la idealización colonial de José Coronel Urtecho,[34] quien cita "*la unidad espiritual y emocional de la población tan heterogénea de Nicaragua, por encima de sus diferencias étnicas y sociales, y sobre esta unidad más que sobre otra cosa, como veremos luego con mayor amplitud, se asentaba la paz interna de la Colonia.*" Armonía entre amos y siervos, diríase —más objetivamente— *armonía entre partes*, que en realidad existen en natural pugna. Y hoy en día: "diálogo con la dictadura".

La importancia del video para la verdad, la importancia para la lucha

Por eso es importante este video, porque amplía la foto y nos muestra los detalles, nos abre la oportunidad de descubrir, detrás de las ocultaciones y deformaciones con las que convivimos, el rostro verdadero. Que lo haga desde el silencio demuestra el peso de la mentira entre nosotros. Demuestra que la mentira impone el terror y coarta la libertad, que crea tabúes y fabrica, para usar la jerga fascista que infelizmente se ha puesto de moda en algunas latitudes, "hechos alternativos". La construcción de "hechos alternativos", de narrativas de conveniencia que se emplean en las luchas sociales, es un proceso his-

34 Escritor nicaragüense, fundador y líder del movimiento de Vanguardia. Simpatizante en su juventud (como lo fue en aquella época su colega y discípulo, y también prominente literato Pablo Antonio Cuadra), del fascismo de Mussolini y Franco. Simpatizante también del primer Somoza, Anastasio Somoza García, a quien propuso como Presidente Vitalicio. Pablo Antonio Cuadra evolucionaría hacia posiciones antidictatoriales, y sufriría represión y exilio a manos del FSLN. Coronel Urtecho, en cambio, apoyó la primera dictadura de este. Algunos de sus hijos se cuentan entre los allegados a Ortega. La influencia cultural del movimiento Vanguardista ha sido extraordinaria y en gran medida definitoria de la autoimagen nacional, penetrando incluso en la lírica del canto revolucionario, a pesar de su origen conservador.

tórico permanente, de especial importancia para la estabilidad de los sistemas de poder en sociedades que nacen de la violencia y el aplastamiento, como la nuestra. La vertiente nacida en el vanguardismo granadino es apenas un caso, pero es relevante, e identificable.

Temor y terror

Declaro todo esto como un reto, porque es elemental decir la verdad, acercarse a su fuego y arriesgarse a quemaduras, si de algo ha de servir, para nosotros y para las generaciones que nos sigan, el sufrimiento a que nuestro país es sometido por la actual tiranía. Entenderá el lector que tardarse tanto merodeando el fuego, dando vueltas de un lado al otro antes de acercarse definitivamente, implica reconocer las razones del temor y del terror que han llevado al anonimato del autor del video.

No solo la bala del paramilitar y la cárcel del esbirro acallan la voz de la libertad. El veneno de la opresión está vivo fuera de los círculos de poder de la actual tiranía. No son estos los únicos círculos de poder, por supuesto, y debe entenderse que la situación actual en Nicaragua puede parcialmente ser descrita, en su origen, como la victoria (temporal, siempre temporal) de un círculo, el de la alianza fascista FSLN-Gran Capital, sobre otros clanes que aspiran a reemplazarlo. *Todos ellos s*e niegan a permitir a Nicaragua el tránsito a una modernidad liberal-democrática, en la que el espacio para constituir instancias de poder se amplia y el poder mismo se dispersa. Todos son, en cierta forma, hijos de la visión *vanguardista*, en la cual se glorifica e idealiza al "pueblo", como diríamos hoy, o al "indio" como hubiera escrito Coronel, pero no para darle derecho pleno de ciudadanía con todos los instrumentos de poder, sino como un fiel seguidor, heroico, "buen vasallo" a quien se promete "buen señor".

Y recordemos al pensador alemán (cuyo nombre, si no menciono, es para destacar una vez más el miedo) que afirmó, palabras más, palabras menos, que "la ideología de la sociedad es la ideología de las clases dominantes". Es decir, el veneno de la opresión no solo está vivo fuera de los círculos de poder de la tiranía, sino que recorre las venas y arterias de todo el cuerpo social. Esto, más aún que el temor a la bala y al encierro, silencia la verdad, aplasta la creatividad, impide la libertad. Porque resulta un sacrificio prohibitivo para casi cualquier ciudadano individual enfrentarse al monstruo poderoso de las creencias colectivas, de los hábitos y miedos que movilizan o paralizan a la sociedad.

El Chantaje

Si no logramos conquistar la conciencia de esta realidad, no solo no lograremos extraer enseñanzas para el futuro, sino que, aquí y hoy, no será posible liberarnos, desatar nuestra creatividad, abrir las puertas de la cárcel que hemos interiorizado y derribar tabúes y muros. Muros que se esconden tras la neblina que la cultura presta a los poderosos, y que da a ellos las herramientas para construir y perpetuar su dominación.

Estas herramientas están a la vista en la maniobra que el video anónimo devela. El éxito del autor es exponer, como en un escaparate, a la vista de todos, la depravación ética del sistema de poder en Nicaragua. Los perpetradores de estos crímenes contra la dignidad y los derechos humanos (de los reos políticos, y de toda la ciudadanía) recurren, uno no sabe si por total desfachatez o porque no conocen otro recurso, a trilladas tácticas de chantaje y complicidad.

Tratan la supresión de los derechos inalienables de las personas como una inversión de la que buscan rédito. Cuando digo "tratan" me refiero, por supuesto, a la claque orteguista y a la oligarquía Pellas Chamorro-Zamora Llanes-Sacasa-Ortiz Mayorga-Baltodano, etc.

Los primeros, en cumplimiento de su rol dentro del pacto fascista que ha engendrado al peor despotismo de nuestra historia, encarcelan a todo aquel que crean conveniente o necesario. Han llegado a encarcelar a empleados y seguidores de sus socios menores, los oligarcas. Y cuando se trata de buscar, una vez más, su anhelado "aterrizaje suave", es decir, de *estabilizar para su conveniencia el sistema de poder que nutren y del que se nutren*, ambas cabezas de la dictadura (el orteguismo y la oligarquía), ponen de lado cualquier disputa inter-mafiosa y se unen para extorsionar a los familiares de los presos políticos; que sean estos quienes pidan, una vez más (¿cuántas veces más habrá que desmentir la patraña?) un nuevo "diálogo".

La puesta en escena es tan burda, como corresponde a élites tan primitivas y bastas como las de Nicaragua, que no esconde siquiera la evidente coordinación mediática de su "trabajo". No parecen, tampoco, preocuparse mucho de detalles: parecen confiar en la trampa de nuestra cultura, en la cual la cárcel es dadora de pureza y filtro de intenciones políticas.

Están convencidos de que si en lugar de hacer ellos el llamado a convivir, a cohabitar con Ortega, lo hacen familiares de prisioneros políticos, la "cohabitación" será legitimada. Que su añorado modelo de "diálogo y consenso" entre cúpulas que han sembrado el terror en la sociedad será rescatado del estercolero en que lo tiene la opinión pública.

No se detienen ante nada, ni ante la dignidad de las familias de algunos secuestrados, quienes se ven en la deplorable posición de aclarar que "no olvidan" (es decir, "agradecen") el traslado a detención domiciliaria de una lista de secuestrados políticos. Explican el significado de esta acción de la dictadura: "el gobierno ya ha dado muestras de buena voluntad". Es decir, si "el gobierno" —que no es tal, sino una pandilla criminal de usurpadores— comete un crimen de lesa humanidad privando, fuera de toda ley y en atropello de los derechos humanos, a un ciudadano, y lo somete a tortura, el hecho de que pare la golpiza y lo deje encerrado en una celda podría llamarse, bajo el mismo criterio, una "muestra de buena voluntad". Hay que añadir, a esta ignominia, que el juego de gato cruel que llaman "buena voluntad" es —¡Dios mío, cuantas capas tiene la crueldad en Nicaragua!— política y socialmente selectivo, "concesiones graciosas" a un pequeño grupo de políticos conectados a familias y sectores influyentes. La "*reducción de crueldad*" en que consiste verdaderamente el encarcelamiento "domiciliar" ni siquiera aplica, ni siquiera incluye, a la inmensa mayoría de los reos políticos, a quienes se les sigue sometiendo a condiciones de tortura, muchos de ellos víctimas cuyos nombres no aparecen en los medios.

Por eso, en esto, como en todo, la verdad sea dicha: el régimen usurpador, la tiranía genocida de Nicaragua no tiene derecho alguno a encarcelar a nadie, mucho menos por razones políticas. Los oligarcas que han expropiado el Cosep a la gran mayoría de empresarios son cómplices en la maniobra que busca explotar la sensibilidad del pueblo, y la desesperación de las familias de prisioneros políticos. No podemos cuestionar los motivos —no somos lectores de almas— de las familias que se sienten forzadas a participar en la puesta en escena que habla de "nuevos comienzos", y "buenas intenciones" de parte de la dictadura.

Pero esto también debe quedar claro: el interés individual legítimo de una familia es sacar a su ser querido de la cárcel, aunque sea por un día; pero sus seres queridos no serán puestos en *libertad incondicional* mientras la dictadura esté en pie. Y mientras la dictadura esté en pie, aunque excarcelara, como ha hecho antes, *temporal y condicionadamente* al grupo actual de secuestrados, estará dispuesta a enviar a otros a los calabozos oscuros e inhumanos de la prisión política.

Por eso, la solución del problema radica en la lucha por derrocar a la dictadura e iniciar una transición democrática. Y este es un objetivo que, por ser social, colectivo, de todos, *no puede ninguna familia entregar al régimen a cambio de la excarcelación de sus seres queridos.* Esto, sin embargo, es lo que pretende la oligarquía, utilizar la excarcelación temporal y condicionada de nuestros compatriotas secuestrados para esconder su ponzoña e intentar, una vez más, volver de concubinato a matrimonio con el clan Ortega-Murillo.

¿Ni perdón ni olvido? Una Respuesta

15 de Enero de 2019

Ni perdón [legal] ni olvido [político]. Sirvan los corchetes para ensayar una respuesta, con brevedad de eslogan, al comentario de la escritora Gioconda Belli[35] sobre el significado del popular "Ni perdón, ni olvido".

La preocupación no es ociosa, el debate construye democracia. Hay que decirlo, porque en nuestra cultura existe una predisposición a pensar que si estamos en guerra hay que ocuparse solo del siguiente balazo, y no en qué vamos a hacer cuando ganemos o perdamos. "¿De qué sirve hablar de todo esto —preguntaba recientemente una amiga— si ni siquiera podemos ejercer nuestro derecho al voto?" Pues, precisamente: si la lucha por el voto es tan costosa, necesitamos pensar muy bien en qué y para qué se lucha y para qué se vota, qué tipo de sociedad quiere cada uno, cómo nos ponemos de acuerdo para construirla.

Estas son discusiones que deben darse colectivamente, públicamente, entre la mayor cantidad posible de ciudadanos, para que luego no sean unos pocos los que en secreto conspirativo decidan por los demás, para que los talentos *de todos* nos hagan, *entre todos*, llegar tan cerca de la verdad como podemos los humanos. Verdad que para Nicaragua involucra un sueño hasta ahora imposible de alcanzar: el de una sociedad libre y próspera.

Por eso hay que apreciar, y vale la pena examinar, el cuestionamiento que hace Gioconda Belli, que no solo es relevante para lo inmediato y táctico, sino que tiene implicaciones de fondo para cualquier proyecto de democracia en Nicaragua.

"Ni perdón ni olvido" versus barbarie y autoritarismo

La presunción de Belli es que "ni perdón ni olvido" hace más difícil que deserten individuos como el magistrado Rafael Solís, figura clave en la construcción de la dictadura, pero que —según se desprende del texto— regresa ahora como el *hijo pródigo* de la parábola, arrepentido; y como a aquel hijo pródigo, deberíamos recibirlo, perdonarlo, para que otros como él "reconozcan sus ye-

35 Poeta nicaragüense, una de las principales propagandistas de la primera dictadura del FSLN, embajadora cultural de esta, y defensora a ultranza, ya en medio de la crisis post-2018, de Fidel Castro y Tomás Borge, el temido jefe de la Seguridad del Estado de Nicaragua, involucrado además en saqueo del erario, en asesinatos de prisioneros políticos, en la infame "Navidad Roja" contra la etnia misquita, y en tratos con el narcotraficante Pablo Emilio Escobar. Alineada a los clanes de poder de antiguos miembros del FSLN, su papel político, aunque secundario, ha sido controvertido [Véase, entre otros, "El caso Belli: la casa robada que es Nicaragua" en este libro.]

rros y se unan a la causa de todos". Me parece que esta posición[36] es incorrecta y riesgosa.

En primer lugar, no nos llamemos a engaño: de los círculos del poder orteguista saldrán desertores en la medida en que el miedo se apodere del régimen, en la medida en que la idea de derrota y castigo avance, y no porque nadie [por cierto, nadie tiene la autoridad legal o moral para hacerlo] prometa impunidad.

En cuanto al llamado a perdonar: yo no soy confesor o psicoanalista del magistrado Solís, y no conozco, ni tengo obligación de conocer, si su deserción es "una señal de crecimiento, de avance hacia un estado de ánimo y de conciencia", como el que Gioconda Belli menciona. Tampoco soy un juez o jurado en la investigación que--idealmente--debería ocurrir para despejar la sospecha generalizada de que Solís se ha enriquecido ilícitamente. Por tanto, no puedo condenarlo, pero tampoco puedo absolverlo. De hecho, la idea de "ni perdón ni olvido" es que, por primera vez en nuestra historia, tratemos al acusado y a la Justicia con justicia, con el respeto que hace falta para garantizar una vida civilizada: ni cárcel, ni expropiación; ni absolución, ni exoneración, ni olvido, sin *debido proceso.* A eso es a lo que debemos aspirar todos, para lo cual debemos dejar atrás la fatídica costumbre de olvidar los crímenes después de cada episodio de barbarie autoritaria y guerra de los que hemos padecido, como una maldición, ya casi dos siglos.

Hay que luchar contra la fuerza de una tradición que hace que se busque cómo amortiguar la caída de algunos culpables (ya he leído por ahí una historia revisionista y compasiva del papel de la comisionada Aminta Granera, por ejemplo), y que ha hecho de Nicaragua un país donde en nombre de la paz y el perdón se fomenta la impunidad. Debemos oponernos a políticas de generosidad *excepcional* hacia quienes causan tanto daño. Y no por venganza, sino porque hay que crear —es imperativo, es esencial— un orden legal legítimo, que ponga las cosas en su sitio, que permita que la gente actúe de acuerdo con la ley, y que no la contravenga confiada en que habrá en algún momento "perdón y olvido". Debemos, además, decir la verdad: el magistrado Rafael Solís, desertor de última hora, ha sido uno de los principales arquitectos de la tragedia que ya lleva cientos de muertos, miles de heridos, y decenas de miles de exilados. El magistrado Solís es sospechoso (no puedo decir culpable, eso que lo diga un juez legítimo) de enriquecimiento ilícito y corrupción. En términos políticos, el magistrado Solís no es una víctima inocente, sino un cómplice clave de los victimarios, o un victimario él mismo. Tampoco es esta la primera masacre que ocurre bajo la férula del FSLN, en el cual el magistrado Solís ha participado prominentemente durante décadas. No debe olvidarse eso, no debe dejar de decirse. ¿Por qué? Pues sencillamente *porque es verdad.* Y decir la

36 El texto original contenía una cláusula ["aunque evidentemente bien intencionada"], que suprimo como una excepción, de las muy pocas, a la regla que me he autoimpuesto de respetar el contenido original de los artículos reunidos en este libro.

verdad no es un estorbo en la marcha hacia la democracia. Al contrario, sin verdad nos perdemos en el camino. Sin verdad lo que hay es pacto y componenda en el salón oscuro, perdón mutuo y conveniente olvido. Sin verdad hay cinismo, y hay lo de siempre, el reciclaje de todos los culpables, que luego, cuando aparece otro, pueden incluso jactarse de ser gente noble e íntegra, a la que nadie, nunca, "le probó nada".

¿De dónde la legitimidad de los *autoconvocados*?

Por último, me parece objetable la propuesta de que la resistencia ciudadana contra Ortega-Murillo confluya en cierto liderazgo vertical (electo, es cierto, pero ¿cómo?, ¿por quién?), del cual "bajarían" las consignas, y la legitimidad: "La próxima etapa de la lucha debe definir una instancia que aglutine y dé legitimidad al movimiento autoconvocado... Necesitamos quién defina los eslóganes de la resistencia." Esta visión es contraria a la actual voluntad ciudadana, que parece haber desarrollado una animadversión pronunciada, una reacción casi alérgica, a cualquier gesto que recuerde al *vanguardismo* de antaño. La gente quiere, creo yo, que este sea un momento diferente, de una lucha diferente en medios y en fines. Para eso ha sacrificado tanto y sigue sacrificando, y por eso el de los *autoconvocados* es un movimiento legítimo por derecho propio, y no necesita de ninguna "instancia" que le otorgue tal gracia.

No hay igualdad sin libertad, no hay libertad sin igualdad

26 de enero de 2019

Entre quienes se aferran a los autoritarismos de la "izquierda" una defensa favorita consiste en demonizar a sus contrarios como oligarcas, o elitistas indiferentes ante las enormes brechas sociales y económicas que tajan las sociedades iberoamericanas. Enfrente tienen a quienes en nombre de un supuesto "liberalismo" o "neoliberalismo", borran de la agenda del Estado democrático la meta de reducir las distancia sociales y económicas entre los ciudadanos. Ambas nociones subrayan la pobreza intelectual del debate en nuestro medio, y en verdad dicen más del creyente que del santo: para la "izquierda", porque ha sido incapaz, desde la catástrofe de los proyectos comunistas en la antigua Unión Soviética y Cuba, de presentar un programa que convenza en positivo; para la "derecha" "liberal" o "neoliberal", porque se trata apenas de un barniz muy flaco con que intentan cubrir la inacción quienes buscan proteger sus privilegios, sin pensar ni muy largo ni muy ancho en el futuro.

Porque en verdad no hay necesariamente una contradicción entre aspirar a la libertad política y aspirar a la equidad social y económica. Bajo todas las diferencias aparentes, somos *iguales* en esto: nacemos con la capacidad, y por lo tanto el derecho, de no ser súbditos, de no tener más sujeción a los demás que los demás a nosotros, de ejercer nuestra capacidad de ser libres sin que los demás nos la limiten más de lo que nosotros limitamos la suya en el pacto de reciprocidad que hace falta para la convivencia de todos. Por eso, porque lo que nos hace iguales es ser por naturaleza *libres, proteger la libertad es proteger la igualdad: las dos causas son inseparables.* No en vano el conflicto de Nicaragua ha puesto al desnudo nuestra doble derrota: una carencia crónica de libertad y una herida honda de desigualdad. Derrota doble que es en realidad un solo fracaso, el fracaso de construir un Estado democrático. De ahí que sea imprescindible, para poner fin a nuestros ciclos perversos de violencia y miseria, proceder a construir dicho Estado.

El paso inevitable: Constituyente democrática y referéndum

Todo ser humano, en tanto que miembro de la sociedad, debe tener voz y voto en la estructura del poder político: en la construcción, y en la eventual reforma y reemplazo, de la dimensión legal de aquello que Rousseau llamó "contrato social": la Constitución. Para Nicaragua, esto implica que no puede haber libertad sin una nueva constitución, una constitución democrática; y no puede haber constitución democrática sin que el proceso mismo de la constituyente sea democrático. Un proceso que podría resumirse en dos grandes pasos:

(1) *Elección,* en sufragio universal y libre, de representantes que preparen y propongan un proyecto de Constitución;

(2) *Referéndum,* en el que los ciudadanos aprueben o veten el proyecto.

Conviene, para asegurar la mayor libertad posible, que no se apruebe ningún proyecto de Constitución a menos que voten a favor de él dos tercios del electorado, o más.

Conviene, para que la constitución no sea un corolario del poder, sino su fundamento y límite, que se establezca una regla similar para reformas constitucionales: toda reforma debe ser aprobada en referéndum; ninguna debe ser aprobada a menos que voten a favor dos tercios del electorado, o más.

Constitución democrática: lo esencial

No basta que el proceso constituyente sea democrático. Es esencial cuidar que el contenido de la Constitución lo sea. ¿Qué quiere decir esto? Quiere decir que la nueva Carta Magna debe estructurar el poder del Estado de manera tal que guarde la libertad del individuo ante las innumerables e inevitables amenazas que surgen en la selva humana.

El nuevo orden necesita satisfacer al menos dos requisitos:

Uno es *no obligar al ciudadano a actuar en contra de su libre voluntad moral;* no dictarle comportamientos que el individuo considere contrarios a los que tendría en ausencia de contrato social, a menos que dichos comportamientos infrinjan la libertad de otros.

El otro es crear un muro de contención que proteja a las minorías [políticas, ideológicas, étnicas, sexuales, religiosas, etcétera.] *frente al poder de las mayorías.* Sin esto, no es posible mantener el mecanismo por el cual la democracia se ratifica y rejuvenece periódicamente. Es esencial permitir que quien hoy no cuenta con el apoyo o aceptación mayoritaria para sus posiciones, tenga la oportunidad de procurarla, sin antes ser aplastado por la mayoría.

La implicación para Nicaragua es que hace falta:

• *Abandonar* la idea de que el fin último de una democracia es dar poder a la voluntad de la mayoría y convertirla en avasalladora *voluntad general.* La democracia es, necesita serlo para sobrevivir, bastante más que un mecanismo a través del cual la mayoría impone su voluntad en todo. La democracia necesita precisamente ser un sistema que delimite el poder de las mayorías, el peso de la *voluntad genera*l, e impida que esta invada totalitariamente todos los espacios.

• *Adoptar* la idea de que el sistema político debe tener como objetivo asegurar la libertad de cada ciudadano. No es esta solamente una aspiración ética, sino una necesidad vital, porque sin libertad para todos, termina habiendo libertad para muy pocos, si es que se puede llamar libertad al privilegio de los opresores.

El buen gobierno no es el que hace el *bien*

En la práctica, todo esto requiere que el ámbito de las decisiones privadas del individuo y la familia queden fuera del alcance del Estado. Requiere también abandonar otra idea: que la legitimidad de un acto de gobierno depende de si ese acto es moralmente *bueno* en la opinión de la mayoría. O, visto desde otro ángulo, que el gobierno actúa *bien* si lo que hace es *bueno*.

En un régimen democrático, el gobierno no actúa bien si hace el bien. Actúa bien si actúa *con la mayor energía* posible dentro de sus límites. Actúa *mal*, aunque haga lo que es visto a corto plazo como *bueno*, si rebasa los límites de su ámbito, e invade —aunque sea *para bien*— el ámbito de las decisiones privadas del individuo y la familia.

Un ejemplo: que la mayoría sea creyente, y considere el culto a Dios como bueno, no significa que el gobierno deba apoyarlo, por la misma razón por la que no debe atacarlo: porque pertenece al ámbito privado, al de la conciencia de los ciudadanos. Demás está decir que, generalmente, los gobiernos que dicen *apoyar* la religión lo que hacen es *apoyarse* en ella y eventualmente hacer el mal *con* ella, porque el uso de la fe religiosa en el proceso político tiene un rastro fatídico en la humanidad, y en nuestra propia historia. Este es apenas una ilustración entre tantas del daño que ocurre cuando el Estado cruza la frontera e invade espacios en los que solo la conciencia de los individuos debe moverse.

Constitución democrática: bebé rodeado de coyotes

No basta crear una constitución democrática a través de una constituyente democrática. No basta establecer límites legales a la acción del gobierno. En Nicaragua la Constitución democrática es una criatura tierna y vulnerable que nacerá, si logra nacer, rodeada de peligros. Para empezar, el de la experiencia centralista, autoritaria, y recientemente totalitaria, de la política nicaragüense. Está también el de la desigualdad económica. Le sigue el de una cultura *acostumbrada*, a pesar de mucho ruido revolucionario, al racismo y a la estigmatización de la pobreza (o su igualmente vil anverso, su glorificación demagógica). Por último, en esta lista breve, el riesgo que procede de poderes externos, tanto políticos como económicos, cuyo interés fundamental no es otro —como es natural— que el de su propio beneficio, en ocasiones a expensas de nuestra libertad.

Una meta esencial: *atomizar* el poder central

Ante estos grandes retos los demócratas necesitan idear soluciones realistas, que reflejen la enormidad de los peligros y no asuman que los políticos "de la nueva era" van a ser un dechado de bondad, honestidad, e integridad: la predica moralista no basta, y ya sabemos que "el hombre nuevo" no existe, o al menos nadie lo ha visto desde hace más de dos mil años. Por tanto, hay que preocuparse de descentralizar —yo diría "atomizar"— el poder del gobierno. Y hacerlo de manera permanente, estructural, para que ningún gobernante de turno, por más popular o astuto que sea, logre entronizarse.

Este es un reto fundamental, de vida o muerte para la democracia, y de paz o guerra para la sociedad. Ya sabemos que no se trata de elegir un 'buen presidente', una persona 'íntegra y competente', sino de diseñar el sistema y dispersar el poder para que la democracia logre sobrevivir a quienes no lo son. Una idea que se me ocurre (habrá muchas y mejores) es fragmentar el poder en gobiernos regionales que no dependan para su financiamiento del gobierno central. Otra es que no haya una Policía Nacional; que los cuerpos de policía dependan de gobiernos regionales y municipales, financiadas también a ese nivel.

Y en cuanto al ejército, reemplazarlo por fuerzas no militares, con mandos separados; y que se encarguen de funciones diferenciadas, tales como: cuido de fronteras terrestres, cuido de fronteras marítimas, cuido de recursos naturales.

Otra meta esencial: reducir la influencia del fuerte, apoyar el acceso del vulnerable

La desigualdad económica es un reto particularmente complejo, que merece, aun si se tratara apenas de esbozarlo, de mucho más espacio del disponible aquí. Porque Nicaragua padece un caso extremo. Unas pocas fortunas nacionales son de nivel mundial, y su suma estimada equivale a un porcentaje del Producto Interno Bruto inusualmente alto. Convive tanta riqueza con un alto porcentaje de la población que apenas subsiste, y con una clase media pequeña, frágil, y sin muchas avenidas de progreso en una economía dominada por empresas familiares que son además de carácter monopólico u oligopólico. La tarea doble es quitar poder político y económico a los grandes, facilitar la adquisición de poder económico y político a los pequeños, para ir cerrando la brecha, todo dentro de un régimen de garantías que asegure derechos, y de leyes que combatan privilegios.

La estrategia necesita incluir regulación, tributación, y una inversión masiva en educación de matiz futurista, es decir, que prepare a la población para el mundo actual, el de la globalización, la tecnología y la alta productividad.

Nada de esto es posible si simultáneamente no se educa en la igualdad de derechos ciudadanos, si no se fomenta la autoestima de la nación en la conciencia de sus niños, inculcándoles que son, independientemente de cómo lucen, de cuánto tienen sus padres en propiedades o en el banco, de si han nacido pobres o no, ciudadanos de una república que les pertenece. Trabajo difícil, evidentemente, pero necesario, y no imposible. Dicho sea de paso, la formación de esta nueva conciencia ciudadana debe apoyarse en leyes que combatan la discriminación.

Los pies sobre la tierra

Yo no me hago ilusiones: recorrer el camino desde donde hoy nos encontramos hasta una sociedad como la que nunca hemos tenido, libre y próspera, va a costar mucho trabajo y mucho sacrificio.

Con toda seguridad que los nicaragüenses sabrán mandar a la actual dictadura al museo de los malos recuerdos, pero lo más probable es que el proceso sea mediatizado por intereses que hoy en día son mucho más organizados y poderosos que el resto de la sociedad. Estos sectores tendrán, o creerán tener, la sartén por el mango al acabar el capítulo trágico que hoy se vive, y buscarán como preservar sus privilegios. Es muy probable que lo logren en el corto plazo.

Sin embargo, los demócratas necesitan tratar la transición hacia un gobierno no-dictatorial como apenas un primer paso en la construcción de la democracia sostenible. Porque si la desigualdad que es reflejada en los privilegios de unos cuantos no desaparece, tarde o temprano estaremos de nuevo donde estamos hoy.

Por eso hay que poner sobre la mesa, debatir de la manera más inteligente, informada y amplia que se pueda, soluciones prácticas guiadas por el principio de que no puede sostenerse la libertad sin igualdad, ni la igualdad sin libertad.

Ese es el reto que me atrevo a lanzar desde mi pequeña esquina.

El "diálogo" con Ortega: ¿cuál es el precio?

29 de Enero de 2019

Entiendo, sin asumir malas intenciones de parte de ninguno de ellos, que políticos de otros países, burócratas internacionales y ciertos líderes religiosos propongan "diálogo" para Nicaragua, porque en abstracto es ideal, y porque ellos, que se manejan en los círculos de poder, creen ser quienes saben y pueden disponer, hablando entre ellos y con gente que es como ellos, gente que manda, con la que pueden jugar el juego al que todos ellos están habituados, y "ganar la partida".

Pero que nos lo digan personas que quieren representar a los nicaragüenses democráticos en lucha por un futuro de libertad me parece criticable. Especialmente, cuando quieren vender la noción de que "el diálogo es la única salida civilizada". El problema es que el diálogo con la actual dictadura *no es* ninguna salida, si adonde uno quiere ir es la democracia, porque el significado de "diálogo" en las condiciones presentes tiene solo dos acepciones, una poco realista, la otra poco ética y de dudoso valor estratégico. La primera es "dialogar" con Ortega y Murillo en los términos ('negociar su salida') que correcta y valientemente, en mi opinión, enunció Lesther Alemán.[37] La segunda es dialogar con la dictadura de la manera tradicional, es decir, dando y recibiendo, en cuyo caso quienes dicen representarnos o aspiran a hacerlo tienen que explicar —¡pero no quieren!— exactamente qué planean ofrecerle a Ortega y Murillo, aparte de justicia y debido proceso.

¿Qué pueden darle, y, sobre todo, qué tienen derecho a darle?

La verdad, queramos o no —y de esto tengo que asumir que en la UNAB[38] están muy claros— es que mientras Ortega-Murillo y sus sicarios estén en libertad, mientras no se desarme a los paramilitares y a la policía, se desbanden las principales instituciones del podrido aparato estatal, incluyendo la Corte Suprema, el Consejo Supremo Electoral, y la Asamblea Nacional, y se cambie [¡por lo menos!] los mandos del ejército, la dictadura va a continuar, Ortega (o quizás su sucesor) va a "gobernar desde abajo", y tarde o temprano estaremos de vuelta donde hoy estamos. ¿Entonces, por qué insisten en pedir "diálogo"? ¿Por qué insisten en negociar con la dictadura "elecciones anticipadas"? ¿En serio creen que basta con un nuevo Consejo Supremo Electoral y vigilancia interna-

37 Líder estudiantil, saltó a fama nacional cuando, en la primera y última reunión pública del llamado "Diálogo Nacional", conminó al dictador: "estamos aquí para negociar su salida del poder".

38 Coalición formada por la Alianza Cívica y otros grupos de la sociedad civil, mayoritaria pero no exclusivamente oenegés fundados décadas atrás por disidentes del FSLN.

cional del proceso de votación? ¿Creen que Ortega y su FSLN van a aceptar, de la noche a la mañana, convertirse en un partido "normal"? ¿Están dispuestos, quienes dicen o aspiran a representarnos, a aceptar que el FSLN, apenas meses después de dirigir un genocidio, y sin haberse sometido a la ley, participe en las "elecciones anticipadas" como si nada hubiera pasado? Esto sería sal sobre la herida de la gran mayoría de los nicaragüenses, incluidos los miles de sandinistas que han luchado y sufrido la persecución de corte fascista que su antiguo partido ha desencadenado.

Y no digan que piden "diálogo" para evitar sufrimientos al pueblo, porque más sufrimiento vendrá si continúa la dictadura. Miren el ejemplo de Venezuela. Que no nos pase a nosotros, porque será condenar a nuestra gente y a nuestro país a una agonía más larga y dolorosa, para llegar al final al punto de partida.

La "estrategia secreta" de la oposición

14 de febrero de 2019

Si uno pregunta a los representantes de la oposición sobre la estrategia del movimiento democrático, inevitablemente responden: "de eso no podemos hablar en público". Según ellos, es para que la dictadura "no sepa". ¿Una estrategia *para la lucha del pueblo*, pero que *hay que ocultarle al pueblo*? Pienso que esto implica una de dos alternativas, ambas nefastas.

La primera es que los líderes se han constituido en una organización que cree no necesitar del pueblo para alcanzar la victoria, y por tanto no necesita que el pueblo conozca el plan de lucha.

La segunda es que los líderes se han constituido en "vanguardia", un grupo de iluminados que planea su estrategia en secreto, y la comunica al pueblo como una orden, que el pueblo, en el momento justo, tiene que obedecer: "ahora".

Un total contrasentido. Porque nadie les pide que den información sobre gente escondida, casas de seguridad, redes de apoyo humanitario o nada por el estilo. Se pide que informen, y que escuchen, sobre política. Y si quieren representarnos como se representa en democracia, deben empezar ya. Y nosotros debemos empezar a exigirles que lo hagan. Porque no hay razón alguna para depositar fe ciega en nadie, por más honorable que sea su comportamiento, por más valor que haya mostrado en el conflicto. La fe ciega es una idea destructiva de la libertad. Es por eso que los ciudadanos nicaragüenses necesitamos ejercer una crítica constante, exigente y meticulosa, especialmente de quienes son, o dicen ser, nuestros amigos, y quienes evidentemente aspiran a representarnos.

No más excusas, no se puede aceptar la defensa del secretismo y la opacidad, prácticas habituales del mesianismo autoritario. La cultura democrática se construye comportándose democráticamente. La cultura democrática antecede a la democracia legal. Sin cultura democrática no hay forma de sostener la democracia. Todos los hábitos autoritarios adquiridos desde la colonia deben ser combatidos, y si un político pide una "exención temporal" bajo la excusa de que "estamos en lucha, tenemos un enemigo" la señal de alerta debe encenderse: si no practican la democracia fuera del poder, ¿lo harán una vez en él? Nos sobra experiencia para responder esta pregunta.

Tampoco vale la defensa de que criticar a la oposición de esta manera "debilita la unidad" o "le hace el favor a Ortega". Más debilita la unidad no hablar con franqueza a la población, porque se daña el vínculo de confianza en el interés compartido que nos da fortaleza frente a la tiranía. Más se le hace el favor a Ortega si para tener unidad hay que guardar silencio y aceptar las "orientaciones" de un grupo de líderes.

Vamos todos juntos por la meta más urgente, que es librar a Nicaragua del régimen demencial de los Ortega-Murillo, pero sin olvidar que este drama terrible tiene raíces profundas en la cultura autoritaria donde han perecido nuestros sueños más nobles.

La “soberanía”, último refugio de la falsa “izquierda”

30 de enero de 2019

He leído con detenimiento el artículo del Sr. Andrés Pérez Baltodano titulado “Soberanía y Democracia: Notas para una discusión”, publicado en la revista *Confidencial* de Nicaragua (Enero 23, 2019). Me interesaba porque tengo la impresión de que mientras la ola anti-Ortega y anti-Maduro avanza, hay una reacción visible de miedo que viene de la antigua “izquierda”, que de repente empieza a preocuparse por las consecuencias de la crisis de una manera diferente, a mostrar miedo ante lo que podría ser, les parece, un retroceso político ante “el imperio”. Confrontan ahora un dilema entre el terror dictatorial y abandono del dogma. Es como si la tragedia causada por ambas dictaduras, al socavar las ideologías que eran su sustento, fuera una crisis de fe.

El dogma: la “soberanía” como superior derecho y como prerrequisito para todos los derechos democráticos. Es casi demasiado irónico que esta sea la última línea de defensa de la “izquierda” en el poder y en la defensa de su poder, porque precisamente la izquierda nació como enemiga del autoritarismo, proclamó con orgullo la solidaridad internacional entre los pueblos, y sus teóricos, desde Marx, vieron con manifiesto desprecio la lealtad a un estado nacional.

Nada de eso importa ya a la falsa “izquierda”, transmutada hoy en día en cualquier nacionalismo de uniforme: mientras la dictadura de Ortega y Murillo (y la de Maduro) cometen crímenes de lesa humanidad, a la “izquierda” le preocupa más impedir a toda costa la intervención extranjera. No solo la de Estados Unidos y Europa, sino también la de la Organización de Estados Americanos, institución en la que —hay que recalcar— ambos estados participan voluntariamente, y cuyos acuerdos, tratados y reglamentos se han comprometido a aceptar. Es un “que se defiendan los nicas y los venezolanos como puedan, que *lo peor* que puede pasar es que *el imperio* se involucre, y viole los derechos “soberanos” de Nicaragua y Venezuela”.

¿Y quién es el “soberano”?

Hay que empezar por el significado mismo de “soberanía”. El autor, de un teclazo, la hace residir, erróneamente, en el gobierno, al no hacerse la pregunta obvia: ¿Es el gobierno de turno, en este caso la dictadura de Ortega y Murillo, en Nicaragua, y la de Maduro, en Venezuela, el legítimo representante del pueblo, quien —se entiende desde la Ilustración europea— es el único y verdadero soberano?

"Consenso hegemónico" versus democracia

Luego asegura el autor que la democracia presupone la existencia de un "consenso social con relación al funcionamiento y a la orientación del Estado, el mercado, y la sociedad." Esto, a la luz de los hechos, de la historia de las democracias, es una falsedad. Porque la democracia es ante todo un conjunto de reglas y procesos que buscan resolver tanto los conflictos actuales como los que emergen a medida que el funcionamiento de la economía y de la sociedad *evoluciona*.

Ni la "orientación del Estado", ni "el mercado", ni "la sociedad" son lo mismo hoy en Gran Bretaña, Estados Unidos, y Francia, de lo que fueron hace un siglo. Los llamados "consensos" [en realidad nunca lo son por completo] mudan todo el tiempo, y en un sistema y cultura democráticos el objetivo es crear espacios para que dichos cambios no sean violentos y se reflejen gradualmente en la autoridad del Estado y sus políticas.

No obstante, el autor insiste que sin un "consenso hegemónico" previo "los resultados electorales no gozan de legitimidad", otra afirmación que choca, al menos parcialmente, con el muro de los hechos. Porque lo que hace que los resultados electorales sean vistos como legítimos es, ante todo, *el proceso mismo* de las elecciones, no que la votación arroje un resultado en armonía con el preexistente "consenso hegemónico".

De hecho, la elección es un proceso político a través del cual se expresa la dirección en la que los ciudadanos apuntan de manera mayoritaria, destila qué tipo de "consenso" desean o aceptan, para que los líderes políticos ejecuten. Es decir, *de manera orgánica* la democracia *tiende* (siempre imperfectamente, por supuesto) a traducir en política y políticas las cambiantes necesidades y opiniones de los ciudadanos. Proceso democrático y formación de "consensos" van de la mano, se influyen mutuamente. No hay necesidad de "hegemonía" previa, como no la hay de "vanguardia". Al contrario, ambos conceptos son peligrosos para el desarrollo de cualquier democracia.

La muralla que nos proteja del mundo

Vale la pena leer con detenimiento la racionalización que presenta el autor, porque hace explícita la lógica de quienes en los debates sobre estrategia política en Nicaragua y Venezuela terminan anteponiendo "soberanía" a derechos humanos —una inversión de metas que en nuestros tiempos se vuelve cada vez más absurda y cara.

El Sr. Pérez Baltodano comienza por afirmar que "la soberanía es una condición necesaria para la institucionalización de un consenso social democrático efectivo". Esta frase evoca, vagamente, la noción de que "para poder elegir hay que ser libres". El problema es que identifica precipitadamente "libertad" con "soberanía".

¿Qué dice la Historia?

La historia vierte duda sobre tal identificación. Doy un ejemplo: las trece colonias que fundaron los Estados Unidos de América desarrollaron "un consenso social democrático efectivo" antes de su separación del imperio británico. De hecho, su capacidad de formar "consenso social democrático" les vino de las tradiciones del imperio, por las cuales las colonias, aunque súbditas del poder inglés, recibieron no solo diferentes grados de autodeterminación, sino que hábitos de tolerancia democrática desarrollados a través de siglos de ensayo y error.

Es decir, y esto es vitalmente relevante para nuestros países, que la cultura democrática *antecedió* a la independencia de Estados Unidos, existió *antes* de su "soberanía", y antes de la propia democracia *en tanto que estadounidense,* por lo cual puede afirmarse que la Constitución democrática de Estados Unidos no es *el origen de su tradición democrática; su tradición democrática es más bien herencia de su vida colonial.*

Y antes de que alguien recoja esta narrativa y la interprete como un llamado a 'entregarse' al imperio, recordemos que no debe confundirse el pasado tal y como ocurrió, con el futuro tal y como uno desea, y tampoco puede escogerse un pasado que 'combine' con nuestra ideología actual. El pasado es lo que es, y es importante reconocerlo, y no mitificarlo. Es parte de lo que somos, aún vive entre nosotros. Hay que entenderlo.

La teoría del "contenedor"

Este es un aspecto particularmente curioso, aunque es ingrediente común, del argumento "soberanista". En palabras del Sr. Pérez Baltodano, la soberanía "es el "contenedor" territorial dentro del cual se aplaca la turbulencia de la lucha política".

Contra esa hipótesis bastaría hacer inventario de todas las guerras y revoluciones ocurridas desde que las colonias hispanas establecieron su "soberanía". Pero la insistencia del autor empuja a más, porque a continuación afirma que la soberanía "obliga a que la disputa por el poder se desarrolle con los recursos *domésticos* —financieros, discursivos, coercitivos, políticos, etc.— a los que tienen acceso los actores políticos dentro de las fronteras del Estado".

No creo exagerar si digo que esta es una descripción francamente alucinante del mundo: ninguna "soberanía" ha hecho nunca imposible, en el mundo real, que quienes se disputan el poder recurran a alianzas con quienes quieran y puedan, menos aun ahora que la tecnología facilita los flujos de recursos e información.

Y aquel que quiera impedir esos flujos condena a su sociedad a un aislamiento y atraso extremos, como Corea del Norte. ¿Es eso lo que hay que hacer para defender "la soberanía"? ¿Hay que bloquear la Internet para que no se infiltren "recursos discursivos" foráneos? ¿Hay que prohibir libros que no sean "domésticos"? ¿Impedir que nadie que no sea "doméstico" dé apoyo "político" a quien quiera recibirlo? ¿Qué clase de aislamiento cree el autor que es posible en pleno siglo XXI para lograr esto? ¿Y por qué sería deseable? La respuesta del texto, asombrosa también en su ingenuidad totalitaria, es que "al limitar los recursos con los que legítimamente pueden contar los actores domésticos, se limita también la intensidad, la extensión y las modalidades que puede adquirir la lucha por el poder."

Es decir, la política nacional como un experimento controlado [¿por quién?], encerrada en "el contenedor".

Intervencionismo estadounidense: ¿causa o consecuencia?

Esta es una pregunta prácticamente ignorada por la historiografía nicaragüense, la cual asume como axioma la aseveración del Sr. Pérez Baltodano: "la participación de fuerzas externas…el intervencionismo estadounidense […] ha sido una de las principales causas de la inestabilidad que ha caracterizado nuestro desarrollo".

Aunque parezca mentira, el autor pone de ejemplo "la lucha por la independencia, los vaivenes de Centroamérica antes de su fragmentación". Es decir: ¡antes de que Nicaragua existiese, de que fuese "soberana", ya la intervención extranjera era la causa de sus problemas! Quizás esta singular referencia ilustre la pronunciada sensibilidad del articulista en el asunto, pero es innegable que potencias extranjeras, especialmente Estados Unidos, han tenido participación en la historia del país, haciendo valer su avasalladora superioridad militar y económica.

Lo que hay que examinar cuidadosamente es cómo han sido los procesos y las circunstancias de la intervención extranjera. La sugerencia clara en el artículo del Sr. Pérez Baltodano, y creencia bastante generalizada entre nosotros, es que las grandes potencias han maniobrado en perenne asechanza contra nuestro país, presuntamente para adueñarse de recursos que imaginamos lo suficientemente valiosos para inducir tal acción.

Esta creencia es debatible, como todo, y hay que cuestionarla. No para eximir moralmente los actos imperialistas, el *bullying* de los países poderosos, ni la imposición antidemocrática de sus intereses a otras naciones. Se trata más bien de entender en toda su complejidad nuestros conflictos, y las razones por las cuales no hemos logrado alcanzar un mayor desarrollo económico y político. Si todo fuera "culpa de Estados Unidos", si eliminando la influencia de Estados Unidos ya hubiéramos logrado desarrollarnos como una democracia próspera, pues no quedaría mucho que criticar a nuestra gestión del país. Y si todas las intervenciones de Estados Unidos hubieran sido actos decididos a distancia, sin que mediara ninguna voluntad nacional, entonces, de hecho, cualquier consecuencia adversa que hubiera resultado sería "culpa de Estados Unidos".

¿Ha sido así la historia? La verdad inconveniente, la respuesta dolorosa, es que no. Al menos no siempre, o no completamente. Fueron nicaragüenses en pugna quienes invitaron con gastos pagados a William Walker,[39] por ejemplo, y fue el autoritarismo político de Zelaya el que creó un ambiente de conflictos y represión, y al cerrar toda posibilidad de cambio pacífico llevó al país a la guerra. Y una vez en la guerra, las partes buscan cómo ganar y quién les apoye; los mismos que hoy claman patrióticamente en contra de la intervención extranjera, de Estados Unidos, y de la OEA, se apoyaron, cuando hizo falta, en la intervención extranjera, en Estados Unidos, y en la OEA para ganar. Naturaleza humana.

También es exceso de auto generosidad decir que "Estados Unidos creó el somocismo". La historia es mucho más compleja que esa. No cerremos los ojos a una realidad que más vale entender y reconocer, para no repetir: las dictaduras provienen de la incapacidad de los grupos dominantes para crear un sistema democrático. A Estados Unidos igual le hubiera dado, al abandonar el país tras la ocupación de los años veinte, o tras las anteriores, si Nicaragua fuese gobernada por Perico de los Palotes y su familia, o por ciudadanos electos cada cierto tiempo en procesos democráticos.

Y no es que no persigan y protejan sus propios intereses, es sencillamente que dichos intereses no dependen de que Nicaragua sea gobernada dictatorialmente. De hecho, sus intereses no dependen tanto de Nicaragua como muchos nicaragüenses quisieran creer. No somos ricos, somos pobres. La nuestra siempre ha sido una economía primitiva, insignificante al lado de la estadounidense. Nuestros recursos naturales no dan para ilusionar a una nación que es un continente, dueña de mucho más.

¿Y la geopolítica? Quizás en ciertos momentos la posibilidad de construir un canal interoceánico a través de Nicaragua haya entrado en el cálculo del poder regional estadounidense. Me pregunto, sin embargo, cuán determinante ha sido, y, sobre todo, algo de mayor importancia: si los gobernantes nicaragüen-

39 Aventurero estadounidense, sureño, llegó a Nicaragua en 1855 como mercenario, en el acuerdo entre el partido Democrático (los liberales) y el también estadounidense Byron Cole. Al llegar al puerto del Realejo lo hicieron Coronel del Ejército Democrático, en lucha contra los Legitimistas (Conservadores). Eventualmente tomo control de Nicaragua, restauró la esclavitud, y se hizo elegir Presidente. Fue expulsado por una coalición de ejércitos centroamericanos en 1857. Había ya intentado conquistar el estado mexicano de Sonora. Luego de intentar de nuevo invadir Centroamérica, fue apresado por la marina inglesa y entregado a Honduras, donde fue fusilado.

ses han manejado con responsabilidad, madurez y sentido de Estado las condiciones creadas por la visión del canal. Porque la primera obligación de todo gobierno es guiar a su país por las aguas sucias y tormentosas del *mundo real*, y de evitar la inmolación de sus ciudadanos como consecuencia de consignas y políticas irresponsables.

Un caso particularmente ilustrativo —porque todavía se sufren las consecuencias— de lo que ocurre cuando un gobierno falla en tal responsabilidad, es el conflicto de los años ochenta, cuando Estados Unidos apoyó a la *contra* y contribuyó con la destrucción de la economía nicaragüense.

Condenar tales acciones como imperialistas nos sirve menos que condenar a los primeros y más directos responsables del desastre: al liderazgo del FSLN en el poder, que por sus propios intereses —no los de Nicaragua— y los intereses de sus aliados internacionales —no los de los nicaragüenses— pusieron al país en medio de un conflicto geopolítico entre la Unión Soviética y Estados Unidos; fueron incapaces de encontrar un acomodamiento realista con el mundo tal y como es, no como reclamaban (hipócritamente, ya lo sabemos) que fuera. No solo eso, sino que su política interna, opresiva y represiva, alimentó una guerra civil que hizo posible, otra vez, la intervención militar foránea. Este es el verdadero origen de la catástrofe del primer gobierno del FSLN, y es más o menos generalizable en la historia de Nicaragua desde el siglo XIX: la intervención extranjera fue, descubre uno cuando escarba la superficie de las falsas narrativas de las élites nicaragüenses, más consecuencia que causa de nuestro subdesarrollo político.

Hay más

Hay, de hecho, más que criticar en este artículo, cuya especial virtud, desde mi punto de vista, es resumir cierta mitología pseudomarxista nicaragüense (y quizás latinoamericana) sobre algunos temas importantes, mientras se esfuerza en convencer al lector de que la prioridad actual, más que derribar dictaduras terribles, es impedir la "intervención" de la OEA, la que aparentemente es tanto o más dañina. "Levantar la bandera de la democracia —nos dice— y al mismo tiempo solicitar la intervención de la OEA para defender esta bandera…es una contradicción insalvable."

Es decir: si hay que escoger entre "soberanía" y derechos humanos, hay que sacrificar los derechos humanos.

Al final, esta postura resulta ser extremadamente conservadora. Preconiza una forma de nacionalismo que es blindaje tradicional de los políticos opuestos al cambio, de quienes quieren cerrarse a las influencias que vienen y van, y que son como la sangre y como el aire para el avance del pensamiento y de la civilización.

Los defensores a ultranza de la "soberanía" le hacen un favor a gobiernos reaccionarios y retrógrados, como los de Ortega y Maduro. Parecen proponer que los venezolanos y nicaragüenses luchen como burros amarrados contra tigres sueltos, al oponerse a que los ciudadanos recurran a los medios *legales y pacíficos* que forman parte de acuerdos internacionales suscritos por sus estados.

El Sr. Pérez Baltodano llega al extremo de criticar a quienes denuncian con dureza la criminalidad del régimen: "por favor, no digamos que Nicaragua bajo los Ortega Murillo ha sido transformada en un Auschwitz centroamericano (ver Rocha Urtecho, *Confidencial*, 2/12/18). Hacerlo es *contribuir a la polarización del país, distorsionar nuestra realidad*, e irrespetar la memoria del Holocausto."

O sea, según el autor, la denuncia de los crímenes terribles de la dictadura [¿hay que recordarle los muchachos violados con bayonetas, las familias quemadas vivas, los niños asesinados por francotiradores?] "polariza", es una "distorsión de nuestra realidad", y para colmo "irrespeta" a las víctimas de los nazis. Sus palabras, no las mías.

Epílogo: mitos de una nacionalidad endeble

Que yo sepa no hay evidencia alguna de que ningún filibustero hubiera incursionado o planeado incursionar en Nicaragua antes de que los contrataran. Que a los esclavistas del sur les hubiera caído bien la idea es otra cosa, pero si ocurrió en Nicaragua y no en los otros países de la región es porque, con el afán de ganar, uno de los bandos les abrió las puertas. Por otro lado, hubo numerosas conspiraciones contra Zelaya,[40] antes de que los opositores consiguieran dar al traste con él, en parte porque lograron conseguir el apoyo de la diplomacia gringa. Obvio, la diplomacia gringa creyó que tomar partido favorecía sus intereses, pero se le abrió la puerta por la incapacidad de las élites de crear un sistema estable de sucesión.

Nada de esto es idealizar la "bondad" de la política de Estados Unidos, por supuesto, ni mucho menos apoyar las intervenciones imperialistas. Pero tampoco se puede explicar todo por su "maldad". Mi interés es aterrizar el análisis en la realidad fría en la que se compite por el poder, sea uno bueno o malo, haciendo uso de todos los recursos disponibles. Yo no creo ni en ángeles ni en demonios. Es un tema difícil, porque casi hemos hecho depender nuestra escasa autoestima nacional de lo que queremos ver como nuestro heroísmo contra el Goliat abusivo que sin aviso ni razón nos agrede, y no queremos entender que estas cosas ocurren porque hemos fracasado en crear un sistema viable de gobierno.

---

40 José Santos Zelaya, rico cafetalero de Managua, subió al poder apoyado por el movimiento liberal de León, bajo cuya inspiración transformó el marco legal del país en dirección claramente modernizante, aunque traicionó el modelo de poder propuesto por los liberales y se erigió en dictador. Fue derrocado bajo la amenaza de Estados Unidos, a través de la llamada "Nota Knox".

¿Qué ocurrió el 16 de febrero de 2019?

17 de febrero de 2019

Una reunión sin avisar a la ciudadanía, entre empresarios "representativos" del sector (¡no puedo ni imaginarme los nombres!), un Cardenal que constantemente se tambalea ante la pareja de El Carmen; para él, por ejemplo, la represión del 1 de enero no fue tal, sino que los policías "custodiaban" la catedral de Managua. *Una reunión cuyo propósito evidente es oficializar las negociaciones con Ortega y Murillo.* Ese tipo de reuniones no "inician" negociaciones, sino que se dan y se divulgan cuando al hacerlo se cree darles impulso, cuando se cree que de alguna manera las partes han encontrado un posible camino, una ruta viable. *Una reunión que los ciudadanos democráticos sospechábamos podría darse,* y que la UNAB, presunta representante del pueblo nicaragüense, no tuvo a bien anunciar, y al momento de escribir estas notas, no se ha dignado siquiera a comentar. No digan que nada sabían, hágannos ese mínimo favor. Más bien parece que en estos asuntos, que son de vida o muerte, les estorba la opinión pública, la opinión del pueblo. ¡Qué maña autoritaria la que tienen todos los políticos nicas, que una vez que se ven en posición de influencia se vuelven prepotentes, ariscos, alérgicos! *Una reunión de pacto,* que espera ir a más, a arreglar las cosas con Ortega y Murillo —dicen los defensores de la iniciativa que "por el bien del país".

Un comienzo de pacto sin condiciones, con todos los presos, presos; los muertos, muertos; los exiliados, exiliados; los periodistas silenciados, en silencio; los medios confiscados, confiscados; los derechos ciudadanos confiscados, confiscados; el que se atreve a marchar, puede perder la libertad y la vida; el que muestre una bandera nacional, puede perder la libertad y la vida. Aun así, "nuestros negociadores" están felices, porque "se ha abierto una puerta". *Una claudicación de los opositores, y un juego matrero de doble discurso*; por un lado, silencio antes y durante de la reunión, por el otro, recitación de "condiciones" que deben darse "antes" del diálogo, como si nada hubieran sabido y como si el "diálogo" no hubiera comenzado. Quieren dejar sus palabras grabadas y que olvidemos su silencio. Sus palabras dicen lo que queremos los ciudadanos demócratas, lo que exige el pueblo. Su silencio dice lo que ellos en verdad hacen. *La culminación, por ahora, de un proceso de silenciamiento de las fuerzas nuevas, emergentes, jóvenes, las que encendieron la rebelión de abril.* La represión brutal por todos conocida, cárcel, muerte, clandestinidad y exilio han golpeado *la presencia pública interna* de los autoconvocados. Están ahí, volverán a la superficie, pero el momento le favorece más a los intocables de las castas políticas tradicionales, que quedan en libertad y se prestan a ser interlocutores del régimen.

A mí me llamó la atención —tengo que decir que en algunos casos con sorpresa y tristeza, joven e ingenuo que he sido yo— ver a conocidos representantes del MRS y otros respetables allegados a la propuesta de "diálogo" subir de tono sus ataques, sus descalificaciones, contra los críticos de dicha propuesta en los días que precedieron al 16 de febrero: las voces disidentes, parece ser, se vuelven ruido hiriente cuando alcanzan sus tímpanos.

Esto es lo que —creo yo, ojalá me equivoque— ocurrió el 16 de febrero. ¿Qué pasará después? ¿Se consolidará la negociación con el tirano? ¿Permitirán que queden impunes sus crímenes, que mantenga control sobre sus inmensas riquezas en el país, que vuelva a "gobernar desde abajo"? Eso es otro tema, otro momento, en este camino doloroso de los nicaragüenses que quieren creer en un futuro mejor. Por lo pronto hay que hacer de todo para que una minoría no se burle del sacrificio puro y digno de tantos de nuestros compatriotas.

La farsa antidemocrática del "dialogo" que proponen los milmillonarios

18 de febrero de 2019

Lo que emerge, poco a poco, del escándalo del 16 de Febrero, pareciera ser una jugada política secuenciada, al final de la cual los grandes empresarios quedan como únicos interlocutores de Ortega; arrastran tras de sí a una dócil Alianza, a la que claramente dominan, la Alianza da un "sí" subordinado, un suspiro. Con seguridad más adelante servirá de pantalla, en una futura ronda de "diálogo"; ellos darán la cara, mientras tras bambalinas los asuntos claves se "arreglan" entre unos pocos multimillonarios y la dictadura. ¿Qué arreglo surgirá, que sea viable? Difícil saber, porque depende de cuánto de esta farsa antidemocrática soporte, por decepción o miedo, el pueblo nicaragüense. Lo que sí me parece claro es que, si la gente no logra abrir las compuertas de la protesta, el pacto va a dar más continuidad que interrupción al estatus quo. No va a haber justicia contra Ortega y aliados, y aunque haya elecciones, la sombra de Ormur[41] seguirá dominando la vida social y política del país. Si este escenario de horror llega a materializarse —y no es nada seguro, porque el descontento popular es enorme, y vivimos tiempos de agitación regional— cargarán con otra deuda los políticos de la Alianza, la facción Brenes de la CEN[42], y todos los que, desde el MRS y grupos afines se han prestado a estas maniobras.

Caiga bien o caiga mal

Repito, caiga bien o caiga mal, por aquello de que "la verdad los hará libres": la actuación del cardenal Brenes es terrible. Muestra una enorme falta de respeto a todos, menos al "señor Presidente" y a los grandes empresarios. Este señor no tiene la menor noción de institucionalidad. De un manotazo borra todas las promesas que nos han hecho; hasta las promesas de la Conferencia Episcopal se van al mar. Y da un golpe incluso contra el resto de los obispos, a quienes ni siquiera avisa de su paseo repentino con cuatro multimillonarios cómplices de la dictadura, que van a visitar al propio dictador y empiezan a "dialogar". Y luego la Alianza Cívica, claramente en manos de los empresarios y políticos afines, da su consentimiento pusilánime ex-post. Eso es manejar el país como una finca. Esto es hacer daño, porque da oxígeno a la dictadura, justo cuando las sanciones empiezan a acumularse contra el régimen, cuando Europa se prepara para imponer las suyas propias. Terrible. Quieren manejar al país como su finca. Esto, amigos, es una conspiración contra el pueblo y su sueño democrático.

41 "Ormur", u "Ormu": Ortega y Murillo.
42 Conferencia Episcopal de Nicaragua (Católica)

Ingenuidad

Es, por decirlo con mesura, extremadamente imprudente asumir que los empresarios están con la ciudadanía, antes que con sus intereses. Me parece que en su miopía no logran entender que pierden más contra el pueblo que con el pueblo, y creen que pueden negociar su bote salvavidas separadamente. No han hecho, y se han opuesto, a todas las medidas de presión de que son capaces. De tal manera que no hay tal "unidad" con los empresarios, en mi opinión, y bien haríamos —si estoy en lo cierto— en reconocer esa realidad. Por otro lado, el reclamo de "diálogo honesto y sincero por el bien del país" que algunos hacen me parece una ingenuidad. Si fuera así el mundo, no tendríamos dictadura, y si fueran así los ORMUR y nuestra clase política no estaríamos como estamos.

Lo cual quiere decir que, si algún día va a haber democracia en Nicaragua, lo que se avecina no es más fácil, ni menos doloroso, sino lo contrario. Y no es que yo lo quiera, pero de nada sirve repetirse frases que no reflejan la cruel realidad, frases que más bien alargan la agonía, y que por engañosas más bien acarrean la semilla de la derrota. Frases como "el diálogo con Ortega es la solución". No lo creo. "Vamos ganando". Pregunten a los presos y los 50 mil exiliados.

No es que yo tenga la fórmula mágica, pero creo que la fórmula no es confiar ciegamente en los políticos que nos quieren vender una solución sin dolor. Por algo lo hacen. Y no creo que sea por "nuestro bien".

La triste historia del diálogo de cúpulas

20 de febrero de 2018

Los conflictos políticos se resuelven, inevitablemente, tarde o temprano, o la sociedad en que ocurren deja de existir. Y lo más probable es que se resuelvan a través de métodos y usos que vienen del pasado: *la tradición*. Aquello de que "el ser humano es animal de costumbres" describe una inercia poderosísima. Oponerse a ella cuesta. A veces cuesta la vida. Es oponerse a las creencias, pocas veces razonadas, que son la *herencia y testamento* de millones de vivos y muertos.

Y, sin embargo, lo nuevo siempre lucha por brotar; lo verde quiere ser verde, la hoja quiere abrirse y recibir el sol; el futuro quiere ser, y quiere ser diferente del pasado. Es una lucha perenne. Y es un choque especialmente violento de tiempo en tiempo, cuando se extiende la percepción de que el pasado se ha vuelto una carga indeseable, una condena injusta. Como en la Nicaragua actual.

Esa es la raíz de muchos dilemas que parecen tácticos, pero que son más profundos, más del alma de una nación que se debate entre aceptar otra vez la costumbre, el hábito, la inercia, y romper, sufrir el desgarre, lanzarse al viento agitado que esparce lo nuevo. Un salto que es casi un salto al vacío.

En medio de ese dilema, gente de buena voluntad puede optar por lo viejo o por lo nuevo. "Dialoguemos con Ortega", "hay que hacer la guerra", "ojalá invada Estados Unidos", son lo viejo. "Revolución democrática", "desobediencia civil", "insurrección pacífica" son lo nuevo.

Por supuesto, lo viejo puede encontrarse, en el camino, con el cambio. *Pero, si el camino del cambio es el camino de lo viejo, nos llevará, en un círculo perverso, de regreso a lo viejo.* Dialoguemos con Ortega y llegaremos a un pacto entre cúpulas, al nefasto Kupia Kumi.[43] Hagamos la guerra, y tendremos, en el mejor de los casos, el triunfo de un grupo armado sobre el otro. Invitemos la invasión, y tendremos no solo guerra, sino todas las otras cosas que las invasiones acarrean: cipayos, traidores, mártires, parásitos, más la huella permanente de otra derrota. Porque una invasión no solo subyuga (aunque sea legítimamente) al enemigo que nos oprime. También es la lápida sobre nuestra autonomía, que reza: "incapaces de gobernarse por sí mismos".

43 Expresión del idioma miskito que significa "un solo corazón", y que fue primero utilizada en 1967 para denostar el pacto entre Anastasio Somoza Debayle y el partido Conservador, liderado por Fernando Agüero Rocha, que facilitó legalmente el continuismo de la familia Somoza en el poder.

El cambio en el camino de lo viejo

Entender por qué han cambiado las cosas es tan difícil como aprender a cambiarlas. De hecho, la dificultad de la primera es causa de la segunda. El FSLN creyó en su momento haber ganado la guerra a Somoza Debayle, lo cual afianzó su visión del mundo, las inclinaciones estratégicas de sus líderes, y la fe de sus seguidores. De manera similar, es posible que quienes hoy abogan por un diálogo con la dictadura para propiciar su reemplazo vean caer al orteguismo, y crean que fue su estrategia la que lo hizo caer. Dirán, como el FSLN antes de ellos: "teníamos razón". Estos espejismos reflejan nuestra limitada inteligencia intuitiva de lo contemporáneo, que hace más importante estudiar el pasado y someter el presente a riguroso examen analítico. Porque tarde o temprano el cambio ocurre, caen las dictaduras, los tiranos se mueren, mundos nuevos nacen, las generaciones jóvenes surgen y las viejas se hunden. Y no es necesariamente por lo que creíamos hacer, aunque lo que hacíamos incidiera en el resultado. En el caso de las dos dictaduras arriba mencionadas, por ejemplo, una hipótesis alternativa es que el origen de su derrota es haber sido carcomidas fatalmente por la corrupción y la violencia irracional. Frutas que caen podridas, o árboles que mueren de pie, como alguien escribió. Por eso, que mueran no debe sorprender, que caigan es lo que cabe esperar. *De ahí que el objetivo de la lucha democrática no sea únicamente acelerar la caída del régimen opresor, sino —lo más importante— asegurarse de que la opresión no renazca.* Lograr que de una vez por todas la democracia y la libertad sean el piso de nuestras aspiraciones, que no tengamos que vernos con vergüenza en el espejo al compararnos con otros países cuyas energías de cambio no precisan ser empleadas en sacar del poder a una pandilla de sicarios, donde nadie tiene que temer por su vida si no está de acuerdo con el gobierno de turno, donde podemos luchar sin ir a la guerra y por metas más altas que la supervivencia, donde el ingenio y la belleza del pueblo pueden florecer en toda su maravillosa diversidad.

¿Tiene sentido la estrategia de diálogo con la dictadura?

Por eso, aunque el destino del orteguismo sea el de la fruta prohibida o el del árbol que muere carcomido y de pie, es imprescindible discutir la lógica de las diferentes propuestas de estrategia y preguntarse si contribuyen a *ambas* metas: *acelerar la transición y construir la libertad.* Me interesa, de entrada, la segunda interrogante: *¿puede esperarse que la estrategia de diálogo contribuya a reemplazar la dictadura con un régimen duradero de libertad e igualdad?* Lo dudo mucho. Vamos a los hechos: *El diálogo ha sido más que todo un arma eficiente en manos de la dictadura.* Cuando el régimen, desbordado por la movilización popular, se tambaleaba, Ortega logró que se diera una pausa fatídica en la protesta popular, tras llamar a un diálogo cuya aceptación sin condiciones presentó el cardenal Brenes. Lo que ocurrió después es conocido, pero vale la pena recordarlo: mientras la oposición hablaba de reformas y elecciones adelantadas (que ocurrirían en cuestión de meses) Ortega y Murillo reclutaban y movilizaban a quienes pronto serían sus renovadas fuerzas paramilitares, sus escuadrones de la muerte. Semanas después el FSLN desataría una contraofensiva brutal, criminal, sin precedente en nuestra historia, contra el movimiento de los ciudadanos autoconvocados. La contraofensiva fue un innegable éxito táctico para el régimen. También hay que recordar que los principales promotores de la estrategia del diálogo en estos momentos, los más acaudalados empresarios del país se negaron a apoyar con su peso económico a los ciudadanos que habían ocupado las ciudades y el campo de manera pacífica. *El diálogo ha sido, y sigue siendo, una estrategia de desmovilización de los ciudadanos insurrectos*, una manera de reducir el protagonismo del pueblo, y hacer que el epicentro de la lucha política regrese a los salones donde los viejos conocidos de la clase política se reúnen para decidir —por el momento— el final del conflicto. Esto ha sido así a través de toda nuestra historia. Los poderosos pactan y se reconcilian mientras la sangre de los rebeldes empapa aún los campos y las calles del país. Relatar esto no es necesariamente condenar moralmente a cada uno de los miembros de las élites que empujaron y empujan en esta dirección. En muchos casos es sencillamente la manera que han, o hemos, todos, heredado, es así como saben actuar, que se sabe actuar; es la tradición. Pero ya sabemos que la nuestra no es una tradición de democracia, sino de caudillismo y autoritarismo en todos sus trajes, desde el mesianismo vanguardista hasta el desdén oligárquico de algunos hacia el otro, el que nunca ha sido visto como un igual, como un verdadero ciudadano. *Esta tradición es más fuerte que la dictadura de turno, y es, francamente, el verdadero enemigo.* Hay algo pernicioso en el funcionamiento de una sociedad que promueve y protege esas tendencias. Una especie de anticuerpo antidemocrático. Nótese, por ejemplo, cómo vanguardistas y oligarcas se sientan a la mesa con mayor aparente comodidad que la que muestran ante la presencia o la crítica de las fuerzas ciudadanas emergentes, de las fuerzas renovadoras. Nótese, que si bien es cierto esta vez lograron entrar a los salones algunos representantes de esas fuerzas, como los estudiantes y los líderes campesinos, ya han sido en gran medida neutralizados, han dejado de ocupar primera línea; sobre ellos ha caído con fuerza desproporcionada la represión. No digo que haya sido un "plan" de los opositores tradicionales librarse así del resto, apenas describo la dinámica observable y los resultados, que son demasiado parecidos a todo lo que antes ha ocurrido en la historia de Nicaragua como para clasificarlo bajo el membrete de "accidente".

¿Puede construirse la democracia de esta manera?

Si la dinámica inherente en la sociedad nicaragüense, producto de siglos de historia colonial y postcolonial, tiende a excluir a grandes segmentos de la población de las grandes decisiones, y por supuesto, del diseño mismo del estado (lo cual implica que se les impide ser socios con plenos derechos en ese estado), cabe la pregunta: ¿Pueden los grupos que quedan alrededor de la mesa construir una alternativa democrática a la dictadura orteguista? A mi entender, si no hacemos un esfuerzo social consciente para oponernos a la tendencia "natural" descrita anteriormente, lo más probable es que no; que caminando al norte lleguemos al norte, que haciendo lo mismo que se ha hecho antes, lleguemos al mismo resultado. Ya tenemos, en los últimos acontecimientos, un triste augurio de ese posible desenlace: cuatro multimillonarios reciben el *privilegio* de entrevistarse con el dictador y presentarle —según dicen ambas partes— una invitación para reiniciar el diálogo. Llevan con ellos al solícito cardenal Brenes, a quien supuestamente invitan poco antes de la reunión. De lo que se discute, y se discute como si los presentes representaran a la ciudadanía, se sabe solo lo que los presentes deciden revelar, en pronunciamientos por demás escuetos, y en las respuestas evasivas y cantinflescas del cardenal ante las cámaras.

Aparentemente creen tener derecho a discutir en privado los asuntos públicos, como adultos decidiendo por los niños mientras estos duermen. Y si hemos llegado a este punto, en el que los únicos que pueden iniciar tales encuentros son el gobierno y los grandes empresarios, es precisamente porque el pueblo está desmovilizado, víctima de la represión infernal, pero también de la pasividad que los mismos empresarios infundieron en el movimiento opositor cuando (tengo que usar comillas) "se unieron a la lucha". Casi sobra añadir que una vez que se supo de la reunión, la Alianza Cívica se apresuró a respaldar lo actuado. Quizás no sea coincidencia que en el comunicado de los empresarios la Alianza sea nombrada como única interlocutora en un próximo diálogo.

Y yo pregunto: ¿Alguien puede pensar, después de ver este espectáculo, que sin presión popular los poderosos de las castas dominantes van a ceder sus espacios y construir la democracia? "La respuesta —como diría Bob Dylan— flota en el viento".

La danza macabra de Ortega y el pudín de la Alianza

25 de febrero de 2019

De los ingleses parece venir este refrán: "la prueba del pudín se hace al comerlo". Digamos que algo así se avecina para los nicaragüenses, que nos hemos desgañitado gritando a favor y en contra del diálogo con la dictadura. El miércoles 27 de febrero se prueba el pudín. Ya se sabrá cómo sabe, cómo cae en el estómago, cuánto alimenta. ¿Cómo sabremos si el pudín no indigesta y no sabe amargo? Como en toda experiencia de comensal: muy fácilmente, y sobre todo muy rápidamente. Veamos. El miércoles hay que estar pendiente de si el gobierno anuncia esto:

(1) Todos los presos políticos van a ser liberados, y anulados los procesos judiciales en su contra;

(2) La cacería humana en todo el territorio nacional cesa de inmediato;

(3) Se restablece el respeto al derecho (no el derecho, que es inalienable) de protesta y marcha pacífica;

(4) Se restablece el respeto al derecho (no el derecho, que es inalienable) a la libertad de prensa, por lo que se garantiza la libertad y seguridad de los periodistas exilados, y se devuelven los equipos e instalaciones a *Confidencial, Esta Semana*, y *100% Noticias;*

(5) Se desmovilizan los paramilitares y otros escuadrones de secuestradores y matones al servicio de la dictadura.

Si lo hacen, y lo cumplen, indiscutiblemente que es un paso adelante, y los prodiálogo podrán justamente afirmarlo así. Del pueblo demócrata los señores de la Alianza tendrán, de algunos, un voto de confianza, y de millones de escépticos, la voluntad de dudar de nuestro juicio anterior, de dejarlos hacer, porque algo han demostrado, y obviamente nosotros no lo sabemos todo; podemos equivocarnos—por eso es precisamente que somos escépticos.

Pero debe de ser de inmediato, porque —ahora que está de moda la analogía con una situación de secuestro— un negociador honesto no da más tiempo al secuestrador a menos que este deje de matar a sus rehenes uno a uno.

Ustedes, señores de la Alianza, no deben acompañar la danza macabra de Ortega, no deben bailar con él al paso que él desea, mientras ostenta su control ilegítimo sobre las libertades que nos pertenecen, sobre nuestros derechos humanos.

Si lo hacen, si siguen sentados a la mesa sin que se cumplan las condiciones arriba enumeradas—que no son mías, son de todos—estarán sirviendo al régimen a ganar tiempo, a espera de lo que ocurre fuera de nuestras fronteras. De hecho, estarán amortiguando el posible impacto de lo que ocurre allá. Estarán fortaleciendo la posición internacional de la dictadura.

Quienes se oponen a las sanciones, en Europa, Estados Unidos, y otros países, dirán: "intervenir ahora es un acto de imperialismo; ya los nicaragüenses dialogan; ¿ven que no es tan terrible la situación?".

Y conste, que *el cumplimiento de las demandas arriba enumeradas nos llevaría más o menos de regreso a abril 2018,* cuando explotó la olla de vapor de la opresión, e incluso en algunos casos hasta un poco después, al inicio de la represión infernal que la jauría orteguista lanzó contra el pueblo insurrecto.

En otras palabras, el cumplimiento de estas demandas no resolvería el problema, aunque sin que se cumplan de inmediato *nadie* puede insistir en continuar en diálogo con la dictadura y luego quejarse de que lo acusen de blando, ingenuo, pactista, o hasta de traidor. Y no olvidemos: nos habían prometido que iban a exigir que estas condiciones se cumplieran antes de sentarse a la mesa.

Pero bueno, vamos por pasos, logren que el gobierno ceda de inmediato a las demandas mínimas, y entonces comenzará el examen a fondo de la estrategia. Porque la dictadura estará todavía ahí, como el dinosaurio del cuento, aunque por el momento haga una pausa en su campaña de exterminio.

¿Puede haber democracia sin derrocar a la dictadura?

26 de febrero de 2019

"¿Y si no es el diálogo con la dictadura —preguntan los partidarios de esa estrategia— qué se puede hacer?" "No hay alternativa", se responden ellos mismos, "a menos que uno quiera la guerra". Y luego te imprecan: "¿Vos querés la guerra?", "Danos, vos, la solución; explicanos, vos, ¡cómo se puede salir de la dictadura sin diálogo!".

Es decir, quieren un mapa de certidumbres en una lucha que obviamente solo tiene dos: sufrimiento y dificultad. Y si alguien critica su absurdo triunfalismo ("¡vamos ganando", dicen, y luego tienen que huir al exilio) lo tachan de inútil, lo cuestionan éticamente.

Lo que no hacen es abordar el tema de fondo: si su postura estratégica tiene sentido. Su argumento principal es una falacia: si no conciben una alternativa de lucha que sea incruenta, indolora y sin costos, *entonces* el "diálogo" es la "solución", y quien se oponga al diálogo "quiere una alternativa cruenta, dolorosa y cara". Cierran entonces los ojos y repiten "el diálogo es la solución".

Qué ejemplo más triste de voluntarismo mágico es este, porque es un fracaso de la imaginación y una derrota de la voluntad. De hecho, el ciudadano insurrecto ha sido capaz, y por mucho, de superarlo, y se ha lanzado a desafiar al régimen con un coraje y una creatividad admirables, mientras los grupos de privilegio en la clase política, en rezago crónico, buscan regresar a sus prácticas habituales: entrar al salón privado de negociaciones a repartirse las ruinas de la sociedad.

En el camino inventan falsas unidades, falsas identidades, y falsas soluciones. Porque "soluciones" que no involucren sacrificio, sudor y sangre, son muy improbables cuando se tiene delante a una dictadura monstruosa cuya criminalidad ya no está en duda. Nadie que se respete, o que respete al pueblo, puede promover la ilusión de que "a través del diálogo", tal y como está planteado actualmente, se puede hacer entrar en razón a Ortega, hacer que renuncie, que abandone la idea de "gobernar desde abajo", y que se someta, junto a sus sicarios, a la justicia.

Lo más probable es que el camino sea otro, y eso hay que decirlo con honestidad a la gente: parece que el precio de la libertad será alto, no porque uno quiera, no porque uno lo diga, sino porque a veces el mundo es terrible y la realidad es amarga, y en Nicaragua hay una dictadura que no da muestra alguna de querer extinguirse. Todo lo contrario, el tirano ha respondido al reto de la sociedad con una ferocidad sin precedentes, y a estas alturas parece no tener más alternativa que resistir hasta la muerte o enfrentar la cárcel.

Qué hacer, qué se puede esperar

Esta es la primera y terrible circunstancia que hay que enfrentar, y que parece inmune a cualquier voluntarismo mágico: lo más probable, para que termine la pesadilla, si se quiere democracia en Nicaragua, es que haya que derrocar a la dictadura. Derrocar, no pactar. Derrocar, no "negociar una salida democrática". Negociaciones puede haber, pueden servir al proceso de liberación, pero únicamente si son reflejo de una correlación de fuerzas ampliamente favorable al pueblo, y si la dictadura las acepta porque sus opciones se han reducido a exterminio o rendición.

En segundo lugar, es preciso que el movimiento democrático lance por la borda el pesado lastre de la falsa unidad con los grandes empresarios. Hay que excluirlos de cualquier instancia de dirección del movimiento. Sí, excluirlos. Dejar de esperarlos, dejar de confiar en ellos. Lejos de debilitar al movimiento democrático, la exclusión del Cosep y sus representantes fortalecería la lucha contra la dictadura, la liberaría de todas las constricciones que provienen del interés particular de los empresarios, quienes nunca han lucido tan cómodos al lado de los ciudadanos insurrectos como al lado de Ortega. Desde que, pasado el estallido de abril 2018, decidieron cruzar a pie la acera hacia el lado opositor, se han negado a volcar su poder económico a favor de la lucha democrática con una onza del fervor con el que promovían al gobierno antes de esa fecha. Han cabildeado en contra de las sanciones internacionales al régimen, se han negado al paro indefinido, a la desobediencia civil, a la desobediencia fiscal, abandonaron a la gente que en las calles clamaba desesperadamente por más apoyo. Sabotean de hecho la unidad, al tomar iniciativas en su nombre al margen y por encima de todo lo prometido, de la frágil institucionalidad de la oposición (la UNAB, la Alianza). Van por sí solos y a su paso detrás de sus propios intereses, se sientan a discutir el futuro del país con el dictador y luego entregan el hecho consumado. Han demostrado, en otras palabras, que tienen su propia agenda, la que no comparten ni sacrifican. No añaden, restan. ¿Por qué insistir en que nos acompañe quien no está comprometido a estar? Padecen de una miopía histórica que les impide entender algo muy elemental: a mediano plazo pierden más contra el pueblo que con el pueblo. Porque lo que el pueblo quiere no es la destrucción o expropiación de sus empresas, ni la pérdida de derechos de sus propietarios. Queremos que tengan derechos, no privilegios, pero queremos conquistarlos para todos en esta lucha, que no debe desviarse —como tantas veces antes— hacia la consecución de prebendas para unos pocos.

El resto es lo de siempre: organización y lucha. No hay fórmulas mágicas, y no hay soluciones que no conlleven respuesta represiva del gobierno. El pueblo sabrá idear las formas, y su creatividad le permitirá crear rutas por las que el movimiento se ampliará y fortalecerá a pesar de todos los costos y dolores. En su momento tendrá que retomar la ofensiva y derrumbar el edificio del despotismo, que ya exhibe fracturas y se asienta sobre un terreno lleno de fallas. ¿Cómo serán los actos finales de este drama? Eso nadie lo sabe. ¿Alguien sabía exactamente cómo iba a darse la caída de Somoza? ¿O de Pinochet? ¿O de Fujimori?

¿Nos están "preparando" para un pacto?

Cito a Mario Arana,[44] quien ha sido designado por la Alianza como representante en la negociación del 27 de febrero con la dictadura: "Sobre los negociadores de la Alianza que buscarán una salida a la crisis en Nicaragua, aclaro: No representamos sectores, somos interlocutores de los intereses de los nicaragüenses, y estamos abiertos a consultas y aportes de los que demandan libertad, democracia y justicia."

Me sorprende sobremanera este comentario: Mario, ¿ustedes necesitan que quienes demandan libertad, democracia y justicia "aclaren" que lo ÚNICO que los satisface es:

(1) Que Ortega-Murillo deje el poder (Libertad);

(2) No "gobierne desde abajo" (Democracia);

(3) Que sea juzgado por sus crímenes (Justicia)?

¿De verdad es posible que esto no esté claro? ¿O es que piensan posible decirnos que... bueno, conseguimos "algo", o "conseguimos dos de tres, alegrémonos"?

¿Nos quieren "preparar" desde ya a que "una salida a la crisis en Nicaragua" requiere que renunciemos a nuestras demandas básicas de "libertad, democracia, justicia", para que cuando nos digan "alegrémonos", no veamos lo actuado como lo que sería, como otro pacto nefasto, a espera de la próxima explosión de violencia, y años más de tiranía?

No vayan por ese camino, porque van a quedar muy mal. Si no creen posible que Ortega, Murillo, y su séquito, acepten mansamente dejar el poder, renuncien a "gobernar desde abajo", y acepten ser juzgados por sus crímenes, y aun así se sientan a dialogar con ellos, entonces ustedes no tienen el mismo objetivo de los que buscan "libertad, democracia y justicia".

Y si creen que Ortega, Murillo y su séquito van a aceptar esas demandas mansamente... bueno, pues buena suerte por ese camino. La verdad es que yo

---

44 Economista nicaragüense, fue Ministro de Hacienda y Presidente del Banco Central hasta el 2007. Miembro visible del liderazgo de la Alianza Cívica, involucró a esta última en una notable controversia, al explicar, en una conversación con *Revista Abril*, detalles de los objetivos de la organización, como evitar sanciones internacionales a la dictadura de Ortega y postponer "para otra administración" la libertad incondicional de los presos políticos. En círculos periodísticos frecuentemente se le asocia con intereses ligados a los negocios que el Ejército de Nicaragua maneja.

no puedo siquiera imaginarme que gente intelectualmente sofisticada como vos y otros del grupo albergue la esperanza de que Ortega, Murillo y séquito, se hayan "convertido" a la razón y a la civilización, y por tanto ahora nuestros "problemas" con ellos puedan resolverse a través de "técnicas" de resolución de conflictos.

Por eso repito, como mi "aporte": cualquier arreglo que no cubra los puntos arriba enumerados es insatisfactorio, es un pacto, una componenda, sangre sobre herida para la mayoría de los nicaragüenses, y además no lleva a ningún resultado bueno, ni mucho menos sostenible.

Van a quedar muy mal, en muy mala posición, si se hacen cómplices. No lo hagan, por el bien de Nicaragua, y el de su propia reputación.

Está de por medio una herida enorme, que no va a sanar sin justicia; hay en la población una furia tal, y una indignación tan intensa, que para contenerla la dictadura necesita tener al país convertido en un campo de concentración, con torres de vigilancia y guardias armados revisando a todos los cautivos. Una represión generalizada, cotidiana, y barbárica.

Recuerden eso, respeten eso. No digan que nadie les dijo, no digan que pidieron "consultas y aportes" y nadie les dio.

Aprendiendo a contar

27 de febrero de 2019

Ahora nos quieren tener contando puntos. Ayer, después de la reunión privada entre dos religiosos de cuestionable idoneidad,[45] varios maleantes al servicio del gobierno, y varios personajes de la oposición, nos dicen que "llegaron a acuerdo" en nueve de doce puntos. No nos dicen de frente (¿para qué molestarse?) cuáles son, ni los doce ni los nueve. Apenas se "filtra" de qué hablan. "Pura carpintería" citan a alguien comentar.

Corrección: no sé qué cuentas llevarán los señores, ni cuán diestros son con la madera, pero los puntos que el pueblo de Nicaragua exige son únicamente, y estrictamente, tres:

(1) **Libertad** (*derrocamiento* de Ortega y Murillo);

(2) **Democracia** (*apartamiento* de Ortega y Murillo *del poder político y del poder económico*);

(3) **Justicia** (*enjuiciamiento* ante un tribunal creíble, y con debido proceso, de Ortega, Murillo, y sus sicarios)

También nos dicen que hay cien presos políticos que han sido puestos en libertad.

Corrección: no los han puesto en libertad, los han cambiado de cárcel. A pesar de la mejora evidente en las condiciones carcelarias (pasan de estar enjaulados en centros de tortura a estar en sus casas), el hecho fundamental es que estos cien ciudadanos, privados de libertad por ejercer sus derechos, continúan siendo reos, continúan bajo castigo por ejercer sus derechos, y podrían ser enviados de nuevo a las ergástulas si conviene al tirano. Por el momento, el tirano no lo cree necesario. Otra corrección: han cambiado de cárcel a cien, pero siguen capturando; los números de esta columna no están claros, pero van en aumento casi diariamente; podrían ser más ahora si no fuese por el ingenio de los jóvenes que siguen haciendo protestas relámpago.

Hay que hacer muchas más correcciones: aumentar la suma de prisioneros políticos, sumar al total de días sin *100% Noticias*, con ocupación de las instalaciones de *Esta Semana* y *Confidencial*, con retención de papel para los pe-

---

45 El nuncio apostólico en Nicaragua, Waldemar Stanislaw Sommertag, y el cardenal y arzobispo de Managua, Leopoldo Brenes. Según las noticias internacionales, participaron seis delegados del gobierno, encabezados por el canciller Denis Moncada, y seis representantes de la opositora Alianza Cívica por la Justicia y la Democracia (ACPD), que preside Carlos Tünnermann. Estuvo presente el también líder de la Alianza Mario Arana. Las noticias citan a "la primera dama" Rosario Murillo afirmando que "es un buen día para nuestra Nicaragua."

riódicos, con patrullaje de ocupación militar en las ciudades, con angustia y separación de familias para decenas de miles de exilados que pasan penurias. Hay que sumar otro día a la falsa unidad con los empresarios, otro día al cinismo del régimen, otro día a la desesperada credulidad de quienes por buena voluntad terminan apoyando este procedimiento intrínsecamente antidemocrático: conversaciones privadas en que se discuten "puntos"; pláticas iniciadas por dictador y cúpulas, para decidir por el resto del país no se sabe exactamente qué. Y para rematar, hay que sumar la pobre aritmética de los señores.

¿"Diálogo" contra democracia?

3 de marzo de 2019

Cuelgo de las redes este meme algo provocativo, para invitar reflexión: "Creo que lo que hay en INCAE[46] estos días es un intento de pacto entre viejos socios que habían tenido que distanciarse. ¿Podrán?"

Me responde un amigo a quien aprecio y respeto por sus conocimientos de historia y política: "*No es así de simple*". Y tiene razón: no es nada simple, ni para el observador, ni para los participantes en la política del diálogo.

Simple se había convertido para orteguistas y empresarios hasta abril del 2018; ya estaban claras las reglas y sus beneficios, y no parecían haber grandes costos. A partir de entonces los riesgos se volvieron una pesadilla para los empresarios, a quienes no quedó más alternativa que distanciarse públicamente del régimen y "cruzar la acera" hacia la oposición. En esa acera, sin embargo, tampoco han estado a sus anchas de comodidad; recelan de los impulsos más "radicales" que desde su perspectiva tiene una porción del movimiento entre los jóvenes autoconvocados.

Su preferencia, como es natural, es obviamente una solución conservadora, controlada, que no ponga en peligro, ni en cuestión, lo fundamental de su papel económico, ni los haga perder demasiada influencia en la conformación del futuro modelo político. Les caiga bien o mal el gobernante de turno, los empresarios son por hábito e institucionalmente muy capaces de hacer cálculos fríos, al margen de la retórica de "valores" que viste la política nica. De hecho, hay que reconocer que en el corto plazo han sido diestros, porque tras quedar pésimamente posicionados en abril, se han apoderado de cierta iniciativa, y son dueños de "lo que hay" en términos de negociaciones. Y en eso están, viendo cómo salen del hoyo, y cómo se redefine todo sin que ellos pierdan.

¿Sus límites? Buscan desesperadamente que el enfrentamiento con la dictadura al que han sido empujados por la insurrección cívica y por la barbarie del régimen no sea tan directo y brutal como fue, por ejemplo, el del Cosep con Somoza Debayle en 1978. También tienen que atravesar ilesos el campo minado de la indignación ciudadana.

Entre estas dos paredes se mueven, buscan penosamente un acuerdo. Es una senda muy estrecha, que encierra un problema impenetrable: no hay transacción posible que satisfaga a la vez a la ciudadanía democrática y a Ortega.

Si es así, ¿por qué perseveran? El problema es que los empresarios, aunque han sido capaces de rebotar tácticamente, y tienen una poderosa red de in-

46 Instituto Centroamericano de Administración de Empresas. Escuela de Postgrado ubicada en las afueras de Managua.

fluencia, padecen de miopía histórica y no logran dar el salto que en Nicaragua supone unirse a una revolución democrática. Entienden, correctamente, que esta conlleva pérdida de privilegios. Identifican "privilegios" con "derechos". Sienten que lo de perder privilegios "ya les pasó en 1979", y que necesitan ser precavidos. En su defensa, insisten en que la comunidad internacional quiere y apoya el diálogo. Esto es innegable, pero no es suficiente justificación. ¡Claro que es importante sumar aliados en el mundo! De hecho, en determinados momentos puede ser crucial. Pero hay de sobra ejemplos, argumentos, evidencia, de la intolerancia despótica del FSLN en el poder. Y no olvidemos que son los nicaragüenses los que cargan la cruz, y los que deben, necesitan, tener potestad sobre su destino. Tampoco olvidemos esto: la "comunidad internacional" está en la práctica constituida por burócratas y políticos de otros países, en otros sistemas, otras realidades. Cuando les toda decidir *por otros* o hacer recomendaciones *a otros*, aunque sea con la mejor voluntad, lo hacen desde esa perspectiva, que es casi la de un consultor externo que pone un plan sobre el papel. A veces esos planes dan saltos optimistas sobre las dificultades. Incluyen recetas perfectas que colapsan en el detalle.

En cualquier caso, volvamos al inicio. Los que quieren pacto no la tienen fácil, pero no parecen "ver" otra alternativa por el momento, y temen que el proceso se les escape una vez más de las manos, por lo que tratan de hacer lo que creen saber hacer, lo que han hecho antes, pactar. De los ciudadanos democráticos depende hacerlos fracasar, y de paso aprovechar cualquier desliz de la dictadura para que avance la causa democrática. Repito: hacerlos fracasar. Habrá quienes, en la élite política, y entre gente de buena voluntad que no pertenece a ella, tachen una declaración así de "irresponsable". Si tienen razón, les lanzo de nuevo el reto: expliquen cómo en la negociación con Ortega creen posible lograr que Ortega, con su séquito, acepte retirarse del poder, que renuncie a "gobernar desde abajo", y que se someta, él y su séquito, a la justicia. Es decir, cómo piensan hacer que voluntariamente Ortega abra la puerta a Libertad, Democracia y Justicia. Porque si los nicaragüenses no consiguen las tres, no consiguen ninguna. Esto no es teoría ni prosa poética, es la realidad que la experiencia con Ortega y su pandilla de sicarios ha enseñado desde que "perdieron el poder" en 1990.

Así lo veo yo. Y si me equivoco, ojalá que los que tengan la razón sean los bien intencionados que insisten en "diálogo", no los perversos que saben a qué van. Me alegraría infinitamente con los primeros, aunque ahora recomiende no seguirlos.

Borgia y las negociaciones en INCAE

3 de Marzo de 2019

Asumo, porque así es el mundo, y porque mucha gente que respeto lo dice, que entre los representantes de la Alianza hay "algunos" [palabra suya, no mía] que son "buenas personas, de confiar".

Leo, en lo que me dicen y en lo que dice mi intuición y experiencia, que *no todos* son tan "buenas personas, de confiar".

De estos últimos, ¿qué decir?: saben a qué van, y saben su precio. No será la primera vez, ni la última, que de una lucha libertaria nazca una traición.

Los primeros, por otro lado, parecieran encaminados a pagar caro el ser "buenas personas". Aparentan ser gente que cree que a un Borgia se le derrota "dejando clara las reglas del juego". Como si en el palacio, Borgia no las hubiera cambiado más de una vez. Como si le costara mucho sueño dar puñaladas por la espalda, espiar, comprar voluntades, intimidar.

Lo malo de la Alianza es que, por momentos, últimamente, pareciera una mezcla fatal de la ingenua bondad de los últimos con el frío cálculo de los primeros.

Moraleja: la lucha contra los déspotas de El Carmen hay que sacarla del terreno en que ellos prefieren, donde pueden incluso escoger con quién hablan. Cuando el pueblo recupere su voz a través de la desobediencia civil, y la lucha cívica surja de nuevo —*porque si ha de haber democracia esto va a ocurrir, lo quiera yo o no, lo quiera usted o no, lo quiera el tirano o no*— Borgia estará perdido.

La traición de la Alianza: ¿viene un "autogolpe"?

6 de marzo de 2019

Dice el conocido activista democrático exilado Félix Maradiaga: "hubiera querido que la Alianza manejara diferente el proceso de negociación, aun así, creo que no debemos lapidar a la Alianza. Hay gente buena dentro de la Alianza." Lo cito, no para personalizar el debate, sino porque resume un punto de vista que Félix logra expresar de manera sucinta, en una breve declaración.

Tal declaración ya ha agotado más de siete vidas. Repetirla es como dar una medicina vencida a un paciente que necesita tratamiento urgente. Es un placebo que hace daño.

Para empezar, es injusto llamar acto de "lapidación" a decir lo que la evidencia quiere que digamos: que cada paso de los líderes visibles de la Alianza beneficia a Ortega y debilita la lucha de los demócratas. "Hay gente buena dentro de la Alianza" no viene siquiera al caso. Hay gente buena en todas partes. A la ciudadanía no interesa si don Carlos Tünnermann es un hombre amoroso en familia, si Chano Aguerri cae bien en privado, o si Mario Arana tiene estas o aquellas virtudes y gracias. Y por supuesto, a nadie interesa si a Félix o a mí nos cae bien o mal este u otro.

Olvidémonos ya de decir con suavidad de pétalos las verdades duras que la gente sufre.

Porque en verdad, lo que todos estos señores han hecho, desde casi el inicio de sus gestiones, es prolongar el sufrimiento del país. ¿Qué los motiva, cómo sienten en su alma lo que hacen? Yo no soy lector de almas, no puedo saberlo. Yo solo puedo hacer el esfuerzo de entender a través de la lógica lo que la evidencia y la historia muestran. Y la evidencia es un torrencial que ya no solo moja, sino empapa, y que casi nos grita en el oído: ¡no confíen en la Alianza!

Hay demasiados indicios de que no sirven a los intereses de la lucha democrática, de que su voluntad ha sido contaminada por otros intereses. La secuencia de tropiezos no puede ser novatada. Estamos hablando de gente de mucha experiencia política y sofisticación intelectual. Gente que sabe lo que hace, sabe en qué está. Gente que conoce la "hoja de ruta"; la de verdad, la que hasta el más incauto entre nosotros sospecha que existe, o al menos preparan, en otros cuartos de la casa: el temido *Pacto*.

El regalo de "la hoja de ruta"

Una vez más, los señores de la Alianza acaban de dar a Ortega lo que Ortega quiere: "noticias" al mundo que dicen que "el gobierno de Nicaragua negocia con la oposición", que "la oposición nicaragüense y el gobierno de Ortega acuerdan términos de diálogo". Noticias que dicen a Europa y a Estados Unidos: "¡detengan las sanciones contra Ortega!". Noticias que los partidarios de Ortega en el mundo ayudan a traducir (¡como si hiciera falta!) en "no es tan fiero el gobierno de Ortega como lo pintan". De postre, los señores han regalado al tirano la marginación de la Conferencia Episcopal como tal, la inclusión de algún pastor evangélico orteguista, todos ellos como "testigos" en el cuarto oscuro de negociaciones de las cuales no podrán testimoniar sino hasta que su "acuerdo de confidencialidad" lo permita.

Es decir, le han dado a Ortega las reglas del juego que él quiere, los jugadores que el escoge en su equipo y en el equipo contrario, han apagado las cámaras y cerrado el estadio al público, y han prohibido que quienes estén adentro informen sobre lo que ocurre. ¿Se puede hacer más por Ortega?

Si, se puede, y también lo han hecho: han abandonado a los presos políticos, cuya libertad ya no es condición de diálogo; han abandonado a los ciudadanos que desean expresarse en las calles de las ciudades, cuyo derecho es suprimido sin que respetarlo sea una condición de diálogo; han abandonado a los periodistas, que presos, en el exilio, confiscados, o en precaria libertad, sufren el acoso económico y político de la dictadura, sin que sus derechos sean condición de diálogo.

Un panorama sombrío, en el que Ortega y Murillo dominan el terreno, maniobran, hablan, se reúnen, con la complicidad de quienes, en salones oscuros, y en nombre de los ciudadanos democráticos, les ayudan a sobrevivir, a esperas de que el desenlace de la crisis les favorezca, o al menos no dañe sus intereses.

¿Qué quieren, qué traman?

Sospecho que lo que quieren las élites políticas pactistas es alguna variante de "golpe de estado "democrático"" para salir de la crisis. Un pacto que dé un poco de respiro a la gente, pero sin perder ellos el control.

En ese *pacto*, que imagino podría ser aceptable a los burócratas del Departamento de Estado de EEUU, y a otros diplomáticos que necesitan limpiar su agenda, el ejército sería esencial.

La variante (que por la anuencia de Ortega a todo este proceso pareciera ser la que están cocinando) es una en que Ortega y Murillo aceptarían el "golpe" como un "acuerdo de reformas y elecciones libres" a cambio de protección a él y a su familia por el ejército.

Una especie de AUTOGOLPE bendecido por los poderes fácticos. Ortega se arriesgaría, pagaría el precio de transferir buena cuota de su poder al ejército para salvarse, él y su familia, aunque tenga que entregar a gente de su círculo de poder como chivos expiatorios. Gente a quienes —nos dirán— se puede imputar los crímenes de lesa humanidad de que se acusa al régimen, o que lo representan en su cara más desagradable.

Vendrían después elecciones en las que el FSLN mismo participaría, tras reformas cosméticas al Consejo Supremo Electoral (nuevos nombres, viejos poderes), con Ortega quizás sí, quizás no, de candidato, pero conservando todo su poder económico y gran influencia; en posición, una vez más de "gobernar desde abajo". Y aunque no lo deseara, su necesidad de supervivencia lo dictaría: sin ejercer poder, a través de los medios que ya conocemos de sobra, el destino de Ortega y Murillo es la cárcel y la pérdida de su mal habida fortuna.

¡Qué destino más terrible sería el de esa Nicaragua "nueva", y "democrática" a la que lleva la "hoja de ruta"! Una máscara sobre las deformaciones odiosas de la vieja dictadura, un gobierno que los empresarios, y sus nuevos socios del MRS, FAD, y otras siglas oportunistas, podrían vender al mundo como lo contrario, como un gobierno de transición a la libertad. Pero sería un sepulcro blanqueado. O algo peor. Porque ya sabemos a qué atenernos con el Ejército de Nicaragua, y la historia de otras naciones de América Latina nos enseña que el escenario de golpe —disfrácese como se quiera— pone en peligro *mortal* la seguridad de los ciudadanos, especialmente la de los activistas democráticos: sus vidas correrían peligro tan pronto cuestionaran el nuevo modelo de poder.

¿Qué obstáculos enfrentan los pactistas, por qué tanto rodeo?

Que den vueltas y revueltas por meses antes de entrar a la "ronda final" de su campaña es un indicador esencial del principal obstáculo: los crímenes de lesa humanidad del régimen, atribuidos oficialmente a Ortega y Murillo en los informes de la OEA y múltiples organizaciones internacionales de derechos humanos.

Los pactistas necesitan vender el golpe como "transición democrática", y necesitan vender la traición como "rescate". Necesitan del "diálogo" como fachada, para darles a ambos un cariz civilizado y humanitario.

No les será fácil. Hay una profunda indignación ciudadana, y la furia popular apenas puede ser contenida por una permanente ocupación militar de las ciudades y una cotidiana y feroz represión. Los señores de la Alianza y sus apoyos, ya no digamos la dictadura, tienen un campo minado que atravesar, porque para la gente la noción de que habrá impunidad una vez más sabe a veneno.

No es que vayan a detenerse. El diálogo es un cónclave de zorros del poder, de gente acostumbrada a salirse con la suya por encima de la voluntad popular, que poco les importa, porque generalmente poco ha importado a las élites en la historia de Nicaragua.

Es verdad, el mundo cambia, y hay una nueva conciencia, y eso, desde la perspectiva de los pactistas, "hay que manejarlo". Es decir, hay que buscar como manipular: en Managua reportan que ya hay organizaciones contratadas por los grandes capitales "estudiando" posibles reacciones de la gente a temas delicados, como "amnistía" para Ortega y Murillo. O "para todos", que EN este caso es lo mismo.

Uno que quiere a su país, que tiene a los derechos humanos como supremos, no puede menos que indignarse sin fin, y aferrarse a la esperanza viva que el coraje demostrado por el pueblo inspira.

Vendrá la democracia, no cabe duda, porque el pueblo ha dado un salto hermoso en la conciencia, pero su sacrificio será mayor que el que hubiera sido necesario: una imposición injusta de élites que colocan su miedo a perder control sobre el bienestar de la mayoría.

Libertad, Democracia, Justicia. No olvidemos.

Un meme inquietante, una respuesta preocupante

7 de Marzo de 2019

Una vez más. Se ha vuelto un leitmotiv. "Divisionistas". "Le hacen el juego a Ortega". "No destruyan la unidad". "Debemos confiar". "Vos no estás informado". "Vos solo criticás; no tenés idea de cómo resolver el problema".

Claro, el meme a que se refieren es intencionalmente subversivo (¿vandálico?): "*a los políticos del diálogo no les conviene que suelten a los presos políticos*". Más adelante lo explicaré.

Por supuesto que se puede estar a favor o en contra. Más preocupa el leitmotiv en sí, el mantra, la consigna, que es bastante común entre quienes se han involucrado entusiastas en el diálogo con la dictadura: gente de la Alianza, gente del MRS, otra gente, y otras siglas.

Se trata de un grupo de nicaragüenses que son —es caprichoso el azar— protagonistas del momento en el choque de la sociedad con la dictadura orteguista, por lo que uno desearía que su orientación democrática fuera inmaculada. Pero, ay, no lo es: siempre que alguien los critica responden, no con un argumento serio, sobrio y sereno (aunque apasionado se vale, ya que no somos muy flemáticos por naturaleza) sino con acusaciones o insinuaciones de "divisionismo".

Grave problema. Porque la obsesión de un demócrata no es nunca la "unidad". El pavor de un demócrata no es la "división". El estorbo de un demócrata no es la crítica. Por el contrario, la obsesión de un demócrata es la libertad. El valor de un demócrata es la diversidad. El camino de un demócrata es la crítica.

¿Cómo van a servir a la causa de la democracia, cómo van a construirla, si quieren que nos juntemos todos en un fascio de varillas endebles *atadas* para ser "fuertes"? Traigo a colación esa imagen para ilustrar que la "unidad" no es obsesión de demócratas, sino de autoritarios. Debemos tener mucho cuidado con esa tentación, sin duda profunda en nosotros, un hábito mental que nos hace rechazar lo diferente, excluir al diferente, temer la mera posibilidad de la diferencia.

En segundo lugar, un demócrata no subestima a sus compatriotas, no les lanza un reto arrogante y condescendiente, un "qué sabés vos de estas cosas". Un demócrata, si lo es, lidera escuchando, guía aprendiendo, enseña demostrando. Un demócrata oye, aunque lo que digamos quienes no estamos en los salones sea, a su juicio, producto de nuestro insuficiente acceso a la información, o hasta de nuestro pobre intelecto.

Desafortunadamente, no es este el comportamiento de la Alianza, y por eso la gente sospecha, critica amargamente, *¡a lo mejor hasta equivocadamente!*

Pero si hay error o desmesura en los comentarios adversos que la Alianza recibe cada vez con mayor frecuencia, es una tempestad que la Alianza misma ha sembrado. La Alianza no empezó desprestigiada, en su inicio fue vista como representativa de la voluntad general de cambio democrático. Si ya no es así, no es porque los ciudadanos se hayan despertado un día encaprichados a despreciar lo que antes ensalzaron.

Que no se engañen los políticos de la Alianza. Sobre todo, que no traten de engañarnos. Nadie sabe cómo va a transcurrir el resto de este drama horrible, y a lo mejor la historia oficial la escribirán los que triunfen, y los miembros y voceros de la Alianza estén entre ellos. Pero si su triunfo es un pacto que no da al traste con el sistema dictatorial, que abre la puerta a la impunidad y tranca el camino hacia una auténtica democracia, habrá muchos testigos, será difícil mentir y dejar la mentira grabada como verdad en la memoria de la nación.

Vuelvo ahora al meme.

La idea de que "*a los políticos del diálogo no les conviene que suelten a los presos políticos*" no es ni impensada ni impensable. La "mesa" está dominada por políticos, muchos de ellos de vieja data. Más de la mitad son representantes del FSLN. El resto claramente persigue una agenda que anteriormente llamaron "aterrizaje suave" (ya no usan esta expresión, quizás porque la pista de aterrizaje se ha deteriorado tanto…). Es decir, una agenda muy conservadora, a la medida de "los señores banqueros", para usar la expresión de Monseñor Mata, en la que se ha dado prioridad a una "salida" de la crisis en que ambas partes "se entiendan".

Los presos políticos —y no lo digo yo, lo dicen ellos, de palabra y con sus actos— no quieren tal "entendimiento" con el verdugo. Han querido y quieren que el pueblo nicaragüense encuentre la forma de proseguir la lucha cívica a través de desobediencia civil, desobediencia fiscal, presiones internacionales, sanciones, etc., y si hay negociaciones, que sea para acordar los términos del fin de la dictadura, sin abandonar la esencial justicia. Los empresarios, cuyo control de la Alianza es más que evidente, se niegan a esto. El quid de la cuestión es que a ellos les sería muy difícil manejar el proceso político a su antojo si los líderes auténticos de la rebelión [¡pregúntenle a la gente en quién cree más, si en los presos políticos o en el Cosep-Alianza!] estuvieran en capacidad de movilizar y movilizarse.

¿Y qué hace la Alianza para liberarlos, y hacer respetar el derecho a la protesta cívica? Nada. Si en realidad creen, como dicen, que "Ortega negocia porque está acorralado", pues oblíguenlo a soltar a los secuestrados y a permitir que la gente se exprese libremente. En lugar de intentarlo, van dóciles a una negociación en condiciones vergonzosas. Pasan cinco días discutiendo cómo discutir, se ponen fácilmente de acuerdo con la dictadura en censurar las informaciones

sobre un diálogo "nacional" —la nación no debe saber lo que discuten, a menos que los padres de la patria decidan— y luego anuncian que se reunirán de 10 AM a 4 PM, lunes a viernes, durante los próximos 20 días, y ¡ya! fin de la crisis. *¿Tan fácil es hacer que Ortega deje el poder, que renuncie a gobernar desde abajo, y que se someta a la justicia?* Porque si el 28 de marzo anuncian un resultado que no incluya las tres, el plato servido no tendrá otro nombre que "pacto". Y ese sería su estigma, de por vida.

¿Cuál es la ruta?

10 de Marzo de 2019

Lo que ocurre en Nicaragua desde abril 2018 es, para este ciudadano, uno de esos procesos misteriosos de la conciencia, como el dormir, el despertar, el pasar de la infancia en que poco se recuerda a una pubertad en la que todo nos parece digno de grabarse para siempre en la memoria.

Algo así, experimentado de la misma manera, sin manual de instrucciones.

Y como todas esas experiencias humanas individuales, la de la sociedad nicaragüense actual está abrumada de incertezas, plagada de angustias, pero llena a reventar de esperanza. Sentimos, intuimos, como intuye un alma joven, que hay mucho por pasar, y debemos vivirlo. Sabemos que nos aguarda un buen puerto, y sin saber cuál es el camino nos lanzamos en su busca. Vamos llenos de dudas, pero sin poder ni querer detenernos.

Quizás por eso la palabra "ruta" se ha colado en la conversación social por todos lados, en ambos lados del conflicto. El pueblo ha dado una respuesta clara, típicamente jocosa y procaz, para la pregunta "*¿cuál es la ruta?*".[47] Los dialogantes del *establishment*, al servicio de los *poderes viejos*, pasaron días, según ellos, acordando una "hoja de ruta" para las negociaciones.

Tras el fracaso de estas (su segundo intento de diseñar una salida a la crisis) la pregunta pasa a ser más que el blanco fácil del libérrimo sarcasmo popular. Porque en estos momentos empieza a disiparse el espejismo con el que los poderosos intentaban, no solo tapar el camino que construían en secreto, sino las huellas de su recorrido hasta la tragedia actual.

Es un momento apto, con el desierto por delante, y detrás de él la tierra prometida, de preguntarnos qué hacer para llegar, tan pronto como sea posible, y al menor costo.

¿Qué hacer?

Reitero, de entrada, que no creo ni en mesías ni en mesianismo políticos, en ungidos que conocen con precisión los pasos necesarios. La historia no es predecible en tal detalle, la recorremos a media luz, y nos guía en gran parte la intuición. Sí, creo en el ilimitado ingenio de los pueblos en lucha, en el poder de la necesidad, y en el impulso imperecedero de la libertad. Por eso estoy convencido que los nicaragüenses democráticos van a ir, por prueba y error, encontrando la ruta. Yo, como uno más que busca, dejo aquí mi contribución en medio de la cacofonía hermosa de la discusión democrática —el único diálogo en que creo de corazón.

47 "¡Que se vaya el hijueputa!"

Esbozo de mapa

Lo primero que hace falta es reconocer que la salida negociada que desean los empresarios y sus aliados de la Alianza es un espejismo. Y ha sido puesto ahí por la dictadura, y es una trampa. *No permitamos que se insista en él. La evidencia es abrumadora: la única negociación con Ortega y Murillo que serviría de algo al país sería una en que la dictadura aceptara **rendición** como alternativa a **exterminio**.* Pero una negociación de esa naturaleza no puede darse a menos que el pueblo retome la ofensiva, reactive la protesta en múltiples formas, y arrincone a la dictadura. Estuvo cerca en abril, y perdió la batalla en plena victoria, por decirlo así, cuando los viejos políticos hicieron del diálogo el centro de la lucha, se pusieron a sí mismos en el centro del espectáculo, y se sentaron a conversar con Ortega sin condiciones. Después ocurrió lo que ya todos sabemos: una pausa fatídica seguida por la represión implacable del régimen que aprovechó para aniquilar a la gente en los tranques, sin que los poderosos hicieran nada por defenderlos.

No debe cometerse el mismo error. Es esencial estar claro del papel secundario, subordinado, y probablemente notarial, de la negociación con Ortega y Murillo. Lo que cuenta es la correlación de fuerzas, y esa no se crea en una mesa de diálogo. ¿Cómo volverla favorable a los ciudadanos demócratas?

La cuerda de tres hilos

Una cuerda así —dice el texto bíblico— no se rompe fácilmente. Estos son, a mi entender, nuestros tres hilos:

1. El internacional: sanciones, divulgación de los crímenes, e invalidación de la deuda orteguista.

El régimen no puede sobrevivir por mucho tiempo en aislamiento financiero. Sin recursos, el vacío de legitimidad del orteguismo lo arrastra al colapso. No tienen de su lado los principios, ni la moral. La experiencia humana sugiere que poco a poco irán surgiendo "arrepentidos" que calladamente dejarán el uniforme y se irán a sus casas. Siempre quedarán los fanáticos de última línea, pero esos siempre son pocos, y al final se volverán estorbo, carga y prisión para Ortega mismo.

Por eso el régimen ha reclamado —¡qué cáscara!, dice la gente—que los opositores gestionen el fin de "las sanciones al pueblo de Nicaragua" como condición para soltar algunos de sus rehenes, ni siquiera todos.

Evidentemente las sanciones dañan la economía en general, pero en la tercia cruel impuesta por la dictadura son esenciales. No queda más remedio. No hay que permitir que los empresarios y sus aliados intenten detener a las organizaciones de la comunidad internacional que han puesto un plazo a Ortega. Más bien hay que presionar, desde Nicaragua, y también a través del esfuerzo de los nicaragüenses de la diáspora, para que caiga el mazo de una vez.

También hay que intensificar la campaña internacional contra el régimen, que fue debilitada por el diálogo. En esto la diáspora trabaja incesantemente. En su momento, dicha campaña puede ayudar a que se haga justicia por el genocidio orteguista, a que los culpables no tengan escapatoria ni escondite.

Como parte de la campaña internacional, quienes representen a los nicaragüenses en lucha deben dejar claro que todas las deudas contraídas por el gobierno de Nicaragua desde abril a la fecha son ilegítimas, y que todas aquellas relacionadas con lavado de dinero y fraudes asociados a la cooperación venezolana serán también desconocidas.

2. Organización para el **derrocamiento** de la dictadura.

Es verdad: no sabemos cómo será el último acto en el drama de salida de la dictadura. Bien podría ser en una mesa de negociaciones. Pero para que se llegue hasta allá, es necesario arrinconarlos. Y **para arrinconarlos, el propósito de la lucha no puede ser dialogar, sino derrocar**. La experiencia traumática de discontinuidad que nos dejó el fracaso de la llamada revolución sandinista hace que entre nosotros muchos teman esa consigna. Otros la piensan irrealista.

Pero no hay que temerla. Por supuesto que derrocar a la dictadura nos deja con la responsabilidad de manejar el cambio con mucha sensatez, para evitar que la avalancha nos lleve a caos o a una nueva forma de autoritarismo. Afortunadamente, creo que vamos madurando; he visto desde abril ejemplo tras ejemplo de que la mayoría de los nicaragüenses se oponen al autoritarismo, y pueden actuar cívicamente.

Tampoco es una meta irrealista, inalcanzable. El de Ortega-Murillo es un reinado podrido, cansado, sin futuro, decrépito, con tintes de ridiculez. Caerá. Matan, pero cada vez se les hace difícil gobernar. Si se les hace imposible —*cuando* los nicaragüenses se lo hagan imposible— será su fin, como es en todos los casos, sin excepción. Y entonces veremos hacia atrás y nos diremos: "parecían tan fuertes, y ya ves..."

¿Cómo organizarnos?

Ya existen numerosos grupos, e incluso una aglutinación que debe dinamizarse, porque incluye muchas asociaciones de ciudadanos democráticos autoconvocados: la Unidad Nacional Azul y Blanca.

Ante el posible colapso de la Alianza –un grupo cuya existencia misma está irremisiblemente atada a la del diálogo que se tambalea, y que no debería darse en las presentes condiciones—la UNAB tiene ante sí la posibilidad de convertirse en cabeza de la lucha democrática. Para que lo sean, y lo sean con eficiencia, yo consideraría lo siguiente:

a. La UNAB debe evitar convertirse, como ocurrió a la Alianza, en instrumento de una minoría económica desmesuradamente poderosa. De hecho, *yo recomendaría que el Cosep fuera excluido de la Unidad*, lo cual no quiere decir que, ***si en algún momento estos aceptan unirse en la acción***, no deba haber ***coordinación*** con ellos. Los empresarios son parte del futuro de Nicaragua, pero no han sido parte del presente de lucha, sino más bien un lastre que hay que evitar —irónicamente, también para que ellos puedan gozar de los beneficios que un Estado de Derecho confiere.

b. La UNAB debe conformar a la brevedad un Consejo Político verdaderamente representativo de sus miembros, que le de la autoridad y la legitimidad para tomar decisiones en medio de la crisis.

c. La UNAB no necesita declarar que su meta es el derrocamiento de la dictadura, pero debe llamar a toda la ciudadanía *a una lucha por la democracia, que solo termina cuando se alcance esta.* Todos entenderemos.

d. El Consejo Político debe estar preparado para medidas extremas de protección, incluida la posible necesidad de clandestinaje o exilio.

e. La UNAB debería incluso contemplar la posibilidad de conformar un Gobierno de Transición en el exilio.

f. Las diferentes organizaciones de la UNAB deberían intensificar sus enlaces con la diáspora nicaragüense. El terreno es fértil, si a los cientos de miles de exilados se les presenta una opción de unidad democrática, no pactista, para conformar comités de solidaridad que procuren recursos materiales para la lucha. Ya lo han hecho, pero de manera dispersa, y no al servicio de una estrategia común. Los recursos que se obtengan apoyarían el trabajo de organización y propaganda dentro del país.

3. Desobediencia civil.

Como pueblo, resistimos el llamado atávico de la lucha armada porque queremos evitar al máximo el sufrimiento de los nuestros. Tampoco queremos que, de ganar, gane ningún grupo armado en nombre nuestro. De tal desastre, líbranos Señor, que de los otros ya sabremos nosotros librarnos…

Pero la guerra no es inevitable. Nuestra historia indica que probablemente vendrá de nuevo si no se logra democratizar el país por medios cívicos. De ahí la urgencia de buscar formas efectivas de resistencia.

Desafortunadamente, por más que las busquemos, esta es una verdad trágica impuesta al pueblo democrático por la tiranía: la lucha contra un gobierno asesino es siempre de alto riesgo; es muy improbable que lleguemos a la meta de la paz democrática sin más sufrimiento. Otro crimen de Ortega, Murillo y sus secuaces: hacer escoger a la gente entre esclavitud y represión. Deben pagar.

Por el momento, la lucha cívica que contra toda probabilidad y pronóstico encabezan los líderes encarcelados, debe reactivarse poco a poco. No puedo yo, ni creo que nadie pueda, dar la fórmula mágica, ni juzgar cuánto sacrificio es necesario en cada momento, hasta que en un crescendo de protesta la ola vuelva a subir. Me limito aquí a reportar lo que ya hacen algunos, especialmente entre la juventud valiente que dentro del país mantiene la llama de la rebeldía ardiendo intensamente, preparando el incendio deseado:

a. Acciones de protestas en espacios relativamente seguros (como han hecho en el campus de la UCA[48]) que puedan ser empleados para divulgar el mensaje de "nada es normal", y "la dictadura tiene los días contados". Estos actos servirán para recuperar la confianza, y para que otros se unan más activamente a la lucha.

b. Acciones de protesta "express", como los que ya ocurren en algunos lugares del país, buscando no solo acompañar y potenciar la ira contenida del pueblo, sino hacer posible que se incorporen más ciudadanos a los movimientos organizados.

c. No dar tregua al régimen en la propaganda, por todos los medios posibles. Las redes sociales son vitales en este esfuerzo, y probablemente ganen en potencia si los movimientos populares muestran un rostro y un mensaje unificado.

d. Demos peso, en nuestra retórica, al componente propositivo. Esto es algo que la dictadura no puede hacer, porque no tienen causa legítima. En cambio, nosotros podemos denunciar, pero también estamos *por* la democracia, *por* la libertad, *por* la justicia.

e. Buscar cómo socavar la confianza de los seguidores de la dictadura, demostrando confianza razonada en nuestro triunfo, enfatizando que no buscamos venganza, que entendemos que algunos de ellos no tienen "otro palo en que ahorcarse", y que queremos derechos para todos, privilegios para nadie.

f. Si se puede, donde se pueda, hacerles saber que la gente conoce quiénes son responsables de crímenes, que sabe dónde están, y que Ortega no podrá salvarlos. Hay que recordarles lo que ocurrió a miles de soldados de la guardia de Somoza.

g. Mantengamos las metas [derrocamiento de la dictadura y construcción de la democracia] siempre en mente, y actuemos en conformidad: *hay que combatir la descalificación personal de nuestros interlocutores, insistir en el espíritu libertario del movimiento, en la esperanza nueva que representa.*

Después, con mayor organización, el pueblo sabrá aprovechar cualquier resquicio que se abra. Y se abrirá, porque ningún gobierno puede reprimir como lo hace el orteguismo hoy, durante 24 horas al día, 7 días a la semana, el mes

---

48 Universidad Centroamericana, regentada por la Compañía de Jesús.

entero, año tras año. Están envejecidos, decrépitos, desangrándose. Ellos no parecen saberlo, pero nosotros somos el gato, ellos el ratón que muere lentamente.

La sabia decisión del pueblo de recurrir a la resistencia pacífica les hará más difícil encontrar un blanco sencillo para sus balas. Para eso también nos servirá el espíritu democrático de la rebelión, sin precedentes en nuestra historia. Por primera vez, no vamos, ni detrás de un caudillo, ni detrás de un partido, ni detrás de una utopía: sencillamente queremos lo que todo ciudadano merece: Libertad, Democracia, Justicia.

Abecedario de una negociación

12 de marzo de 2019

La fuerza de la tradición empuja a las élites hacia un pacto político que la mayoría de la población rechaza. Tras fracasar dos veces, las élites persisten, buscan desesperadamente el Diálogo III.

El reto para ellos es la falta de legitimidad del proyecto, después de la sensata renuncia de la Conferencia Episcopal. El aluvión anti-diálogo en los medios y redes sociales ayudó a reaccionar a los obispos, mucho más cercanos al pulso de la opinión ciudadana, y mucho más sensibles que los delegados del gran capital y sus allegados.

La oposición al diálogo y al pacto es profundamente democrática: por buena que sea la intención, un acuerdo con la dictadura en las circunstancias presentes solo es posible si permite la impunidad de Ortega-Murillo, y les da garantías que involucrarían retener considerable poder o transferirlo al ejército; este les otorgaría protección y sería el verdadero "garante" del trato.

Por otro lado, oponerse a las negociaciones tal y como han sido planteadas hasta hoy no significa que nada sea, ética y políticamente, negociable. Pero hay que estar claro de qué es legítimo negociar con la dictadura, qué es negociable entre los ciudadanos, y qué no es negociable por nadie y entre nadie, si en verdad queremos democracia.

Negociable con la dictadura:

1. Salida del país o rendición.
2. Cómo desmantelar a los paramilitares;
3. Quiénes verificaran entrega y destrucción de sus armas;
4. Bajo qué leyes juzgar a acusados de crímenes de lesa humanidad; en qué prisión albergarlos para que su seguridad y el debido proceso se respeten;
5. Entrega de documentos de propiedad y de espionaje en posesión de la familia Ortega-Murillo y su círculo.

Negociable entre ciudadanos democráticos:

1. Composición del Gobierno Provisional;
2. Funciones del Gobierno Provisional;
3. Bajo qué leyes operará el Gobierno Provisional;

4. Por cuánto tiempo operará;
5. Quiénes serán los jueces en los juicios por crímenes de lesa humanidad;
6. Procedimientos para aprobar nueva Constitución, que dé forma a un Estado Democrático;
7. Contenido de la Constitución;
8. Resarcimiento a las víctimas de la represión y sus familias;
9. Apoyo al retorno de los exilados;
10. Qué hacer con los muros de El Carmen.

No Negociable con nadie, ni entre nadie:

1. Fin de la dictadura.
2. Liberación de todos los reos políticos.
3. Cese de toda represión política.
4. Retorno de instalaciones y equipos a los medios.
5. Respeto a la libertad de protesta.
6. Respeto a los derechos humanos de todos los nicaragüenses, en mayoría o en minoría.

¿Utópico? Más lo es *paz y democracia* mientras Ortega-Murillo estén libres, en Nicaragua, y con recursos.

El dinosaurio todavía está ahí

13 de marzo de 2019

La lucha entre lo nuevo y lo viejo en Nicaragua es mucho más que la lucha entre antiorteguistas y la dictadura de Ortega-Murillo. Mucho más.

Nuestro autoritarismo es de vieja data, vieja herencia, muy astuto, sabe cambiar de ropa, de discurso, y de líderes. Lo ha hecho muchas veces antes. Lo nuevo, lo que quiere asomar, es el espíritu democrático, el impulso libertario que es posible entre nosotros. Hay quienes lo creen tan natural como el impulso de la vida misma.

La lucha entre ambos opuestos del alma nacional se ha vuelto feroz ahora que el sistema político hace aguas. Puede ser que estemos en una etapa definitoria, que marque por mucho tiempo el peso relativo de ambas tendencias.

Porque tarde o temprano la actual dictadura quedará en el pasado, y lo que cuenta es en qué dirección se define la lucha entre la tendencia autoritaria y el impulso democrático que nace, endeble todavía, sin experiencia, sin músculo institucional, sin tradición que enderece el barco en medio de tormentas.

Ni triunfalismo, ni pesimismo

16 de marzo de 2019

Es parte de la diversidad humana responder de modos diversos ante las crisis políticas. Unos callan, otros hablan. Unos gritan "vamos ganando" aún en medio de la derrota, otros dicen "no podemos ganar" aún en medio de la victoria. El camino que nos lleva a la derrota del opresor ["la ruta"] se encuentra entre los dos polos, en el amplio espacio que va del voluntarismo extremo al pesimismo paralizante. No solo eso: "La ruta será encontrada por quienes la buscan" es una ley tan natural como la ley de la gravedad. Ningún poder es eterno, y un poder odiado por la mayoría está en peligro diario, puede acabarse en cualquier momento.

Bajando un escalón desde lo abstracto a lo concreto: la historia de la humanidad, al menos desde el siglo XIX, sugiere que hay conflictos que no pueden resolverse de manera 'sostenible' sin que haya una revolución, en el sentido de que se resquebraje todo el andamiaje del poder político. También sugiere que el desenlace de un conflicto tal puede ser retrasado por la voluntad de los opresores y por su habilidad, enfrentada a la voluntad de los rebeldes y su habilidad. Pero tarde o temprano, lo hemos visto una y otra vez, la fruta podrida cae.

¿Cómo aplica esto a Nicaragua?

El conflicto político en Nicaragua no tiene solución sostenible sin desmontar el aparato del Estado; es decir, sin una revolución. No debe entenderse esta necesariamente como un levantamiento armado, sino—repito—como un resquebrajamiento de todo el andamiaje del poder político. Dada toda la información y experiencia reciente, no parece realista creer que las demandas enfrentadas de la mayoría de la población y de los grupos que han detentado el poder durante al menos una década puedan armonizarse. Ortega y sus secuaces del FSLN quieren, *más bien necesitan,* si no permanecer en el gobierno [al que hasta hoy se aferran] por lo menos permanecer en el país, conservar sus recursos, y escapar todo castigo por sus crímenes de lesa humanidad. Los ciudadanos que no pertenecen a la élite del poder [llamémosles 'autoconvocados'] quieren ante todo democracia y respeto para los derechos humanos; sienten también cólera ante la enormidad de los abusos del orteguismo, y demandan justicia. Pero *no puede haber ni democracia, ni justicia mientras Ortega y su claque estén en Nicaragua, libres, sin castigo, en control de los recursos millonarios de los que se han hecho, y en el centro, de una manera u otra, de la red de influencias que han construido.* Los empresarios que buscan desesperadamente resolver esta contradicción irresoluble sin que haya cambios de fondo ['revolución'] pueden tratar todo lo que quieran de dibujar un círculo cuadrado. No es posible. Tendrán que escoger entre un nuevo cogobierno con Ortega, o aceptar una nueva realidad de poder en el país en la que sus interlocutores serán otros, no la dictadura.

La voluntad y la habilidad de la dictadura y sus antiguos aliados del COSEP ha retrasado el desenlace del conflicto. No voy a extenderme describiendo las maniobras de los grandes empresarios, que ante la necesidad de deshacer su concubinato —que antes exhibían orgullosos— con la dictadura, lograron infiltrarse en las improvisadas 'instituciones' de la oposición cívica, y efectivamente cooptar a muchos de sus participantes. Han sido un lastre cada vez más evidente en la lucha por la democracia, hasta llegar al borde mismo de la traición, o a cruzarlo.

Su mayor logro ha sido el aplastamiento de la primera insurrección cívica en nuestra historia, y el acaparamiento de las posiciones visibles de interlocución "en nombre del pueblo". Dejaron que la dictadura limpiara la mesa de autoconvocados, y quedaron ellos, los de antes, los de siempre, listos para diseñar una ruta, no hacia el cambio democrático, sino de regreso de su abismo, en una dirección que solo puede traer impunidad y un nuevo cogobierno. Todo esto se hace cada vez más dolorosamente evidente a más y más ciudadanos de buena voluntad, que han querido creer, porque es difícil no hacerlo, porque duele pensar que el bien no reine en la política. *Pero la fruta podrida cae.* En momentos de reflujo de la lucha popular es natural desfallecer, especialmente cuando uno está en el campo de batalla, viendo caer a los compañeros. Es muy comprensible llegar entonces a la conclusión de que se está, o derrotado por muchos años, o muy lejos de llegar al objetivo. Sin embargo, yo propongo a quienes dudan, a quienes el pesimismo invade en estos momentos a que consideren lo siguiente.

Es muy difícil, si no imposible, predecir el punto de ebullición de la ira popular. Pero *¿alguien puede negar que hay un fuego intenso de indignación que se niega a apagarse?* Vivimos una era en que la mentira se descubre más rápido, y la verdad puede ser conocida a pesar de la complicidad o la comodidad de los medios del establishment; una era en la que podemos desafiar el bloqueo informativo e ideológico que ha servido tan bien a los poderosos de antes. Una era más irrespetuosa del poder. En esta era, por ejemplo, no nos arrodillamos a besarle el anillo al nuncio traicionero, sino que lo denunciamos, hacemos un coro mundial y gigante desde nuestras pequeñas voces individuales.

Los poderosos que quieren un pacto con la dictadura han avanzado, es cierto, pero al no representar las demandas de la sociedad, la sociedad va quedando atrás. *Los poderosos van dejando un flanco débil, un gran vacío de poder en su retaguardia.* Los empresarios y sus aliados de la malhadada "Alianza" están en serio peligro de que al alejarse del sentir popular su imagen se haga una y sola con la dictadura. Están en serio riesgo de ser vistos como lo que no deberían ser: enemigos de la sociedad que quiere democracia.

Pero lo más importante es esto: se desvanece su influencia sobre los ciudadanos, van quedando, como la dictadura, con la cabeza muy visible y los pies de barro. Esta es precisamente la gran oportunidad de los que quieren una auténtica revolución democrática: buscar como ocupar el espacio que dejan atrás, en su gula, los de la fallida Alianza y sus patrones del COSEP.

Ese espacio hay que ocuparlo con las consignas claras de un programa democrático, que sea intransigente en Libertad, Democracia y Justicia, a sabiendas que sin las tres no puede conseguirse ninguna.

Los demócratas necesitan decir siempre la verdad a los nicaragüenses: no hay ruta hacia la democracia que no atraviese más dolor. Los demócratas también necesitan recordarse a sí mismos que los nicaragüenses, aunque no quieren morir ni ser encarcelados, tampoco quieren ser esclavos, y están dispuestos a luchar.

Del coraje de mis compatriotas no cabe duda. Mil y una vez se ha demostrado. De lo que hay que asegurarse es que esta vez el sacrificio de nuestra gente no sea en vano, que nadie lo traicione, que tenga su justo premio. Para esto, *ni triunfalismo, ni pesimismo.*

¿Quién ganó, qué pasó el 16 de Marzo?

17 de marzo de 2019

A veces quien gana no es el que domina la batalla campal, que por el momento favorece a las fuerzas represivas, sino aquel cuya interpretación del evento domina la opinión pública. La verdadera batalla es una lucha por dar forma a la percepción de la realidad, la que —ya se ha dicho antes muchas veces— en política es tan importante como la realidad misma. Desde ese punto de vista, ayer fue un día de triunfo para la causa democrática en Nicaragua.

Al reprimir la marcha, la dictadura aceptó sacrificar el escaso progreso alcanzado en su reputación internacional por los anuncios de sus conversaciones con la Alianza Cívica.

Al reprimir la marcha, la dictadura dejó sin argumentos a quienes insisten que "el diálogo con Ortega es la única salida". Si después de tantas reuniones no logran siquiera que los nicaragüenses puedan reunirse en paz, ¿de qué sirve reunirse?; y si no sirve para eso, ¿cuál es el verdadero propósito de las reuniones?

Al intentar darle protagonismo al desprestigiado Nuncio, a José Pallais, Juan Sebastián Chamorro, y Chano Aguerri en la liberación de los detenidos, la dictadura deja en evidencia su interés en continuar la farsa del "diálogo".

Se entiende, porque esas conversaciones mantienen viva una de las alternativas de supervivencia del orteguismo: un pacto que incluya, "por el bien de Nicaragua", una amnistía general; mejor dicho, impunidad para la familia genocida, permanencia en Nicaragua, mantenimiento de sus recursos financieros y redes de influencia. Esto en caso de que la otra avenida, la del improbable aplastamiento total de la resistencia, y del silenciamiento de la crítica internacional, se cerrara.

Afortunadamente, los nicaragüenses ya vienen de vuelta en estas lides, y hay muy pocos que se dejen engañar: el Nuncio continúa siendo visto como un cómplice de Ortega. Los señores arriba mencionados no tienen ni más ni menos licencia de la que tenían antes del 16 de marzo para pactar con Ortega.

Un amigo me ha hecho el divertido comentario de que la próxima movida de "diálogo" pareciera sacada de una escena de El Padrino, la famosa película sobre la Cosa Nostra dirigida por Francis Ford Coppola. En ella, don Vito Corleone, quien espera un ataque de su rival Barzini, y sospecha que este conspira con alguien de su entorno, aconseja a su hijo Michael: "*Oime bien, el que venga a proponerte una reunión con Barzini, ese es el traidor. Que no se te olvide.*"

¿Qué nos enseña la controversia sobre el Nuncio?

19 de marzo de 2019

La conducta del Nuncio Waldemar Sommertag desató un aluvión de críticas y una reacción también caudalosa de defensa. De un lado, los críticos recuerdan la imagen del enviado vaticano en la tarima de las celebraciones sandinistas del pasado 19 de Julio, fresca aún la sangre en las calles del país, y en plena marcha la operación "limpieza" de los paramilitares. Lo ven ahora negociando en silencio y soledad con la dictadura, irrespetando con prepotencia a las presas políticas a quienes habría espetado que "obstaculizan las negociaciones", e incluso que "para qué van a salir, si van a ir a hacer cosas malas". Del otro lado, los defensores del diplomático esgrimen versiones del "no ataquemos a uno de los nuestros, el enemigo es Ortega", adornadas del usual "divisionista" que endilgan a quienes critican la política de diálogo con Ortega. Aceptan que "el Nuncio cometió un error", pero acusan a sus críticos de cometer una "bajeza" contra un religioso de buena voluntad que sufrió agresiones el año pasado por acompañar a Monseñores Báez y Brenes a Masaya, en el fallido intento de estos de detener la masacre.

¿Cómo juzgar los motivos del Sr. Nuncio? Por ese camino la reflexión se hace obviamente difícil. Cada quién tiene su percepción. A mi manera de ver, habría que ser lector de almas para saber si el Nuncio actúa guiado por una generosidad tal que lo hace bondadoso ante los opresores, o porque más fríamente decidió —o decidieron quienes lo dirigen u orientan— que los nicaragüenses son incapaces de tomar decisiones autónomas, y "hay que resolverles el problema". Es decir, "hacer que se arreglen". Podría tratarse de una mezcla de ambas perspectivas, germinando en una visión, digamos, condescendiente, en la cual los bandos en disputa serían igualmente culpables de la situación, o al menos de la ausencia de soluciones, al no haber aprendido a *comunicarse* civilizadamente. Cabría entonces la entrada en acción del *diplomático europeo*, y uno podría entender la exasperación de este cuando los tercos nativos resistieran los métodos del primer mundo.

Me parece más importante considerar el papel objetivo que ha venido desempeñando el Nuncio: el de última línea de defensa de un "diálogo" con la dictadura. No cabe duda: esa propuesta se ha vuelto impopular, por la ausencia de resultados, por la falta de representatividad social de los miembros de la Alianza, y porque muchos sospechan componendas oscuras y un posible pacto de impunidad, particularmente tras el retiro de la Conferencia Episcopal y las declaraciones, muy críticas, de Monseñores Mata, Báez y Álvarez. Esto es lo más criticable: *el Nuncio, cualquiera que sea su motivación, promueve un proceso intrínsecamente antidemocrático. Antidemocrático por la forma, por los medios:* Reuniones, en el campus de Incae, alejadas de las cámaras; reuniones paralelas, secretas, fuera de Incae, incluso cuando supuestamente las partes habían descontinuado el diálogo; exclusión efectiva de las fuerzas renovadoras (el grupo negociador es ahora visiblemente dominado por los grandes empresarios y sus aliados). *Peor aún, el proceso es antidemocrático por los fines.* Se persigue un acuerdo con la dictadura, pacto que solo es posible imaginar si se ofrece a Ortega y a sus principales secuaces *impunidad y permanencia.* Sin ellas, nada puede ofrecérsele a Ortega que este pueda encontrar aceptable, que no sea una aceptación voluntaria de rendición, expropiación, y cárcel. Al Nuncio le ha tocado en suerte volverse protagonista pactista en un momento de transformación cultural en Nicaragua. Para su mal.

La solución

20 de marzo 2019

Humberto Belli inicia su más reciente editorial en *La Prensa* con una exclamación dramática: "¡Qué difícil estar en los zapatos de los negociadores de la Alianza Cívica!". Les han "fallado" los obispos, les han fallado los estudiantes, les han fallado los ciudadanos que en las redes sociales los critican, y hasta la misma *Prensa*, donde una caricatura se refiere a la Alianza como "Alianza Cínica".

El artículo es criticable por otros motivos, pero desde su inicio revela una visión antidemocrática: si los ciudadanos desaprueban de la conducta de los políticos, y los políticos persisten en contra de la voluntad popular, hay que criticar a los ciudadanos, y no a los políticos. Son los ciudadanos quienes "fallan". Como en el poema "Solución" de Bertold Brecht: *el pueblo había perdido la confianza del gobierno/y podía ganarla de nuevo solamente/con esfuerzos redoblados. / ¿No sería más simple/.../disolver el pueblo/y elegir otro?*

Porque en un país con cultura democrática, más bien se diría: "los obispos se oponen, los estudiantes se oponen, los ciudadanos se oponen, y la Alianza les falla". No en Nicaragua. En Nicaragua las élites "regañan" a los ciudadanos por no obedecerles, creen que los ciudadanos les deben lealtad, y no al revés. Esta es una visión feudal de la política, donde individuos con "buenas credenciales", convertidos por el azar y buenas conexiones en representantes de la sociedad civil, deben recibir "voto de confianza" tras "voto de confianza". Deben ser sabios, "aceptar consejos" pero... ¡no se atrevan "sus representados" —es decir, los ciudadanos— a "micro manejar sus movimientos!" Y todo esto, para que la Alianza pueda entrar en un "complejo proceso de mutuas concesiones" con la dictadura que construya una solución a la crisis "potable para todas las partes".

¿Pero, cuáles son esas concesiones? ¿Qué solución puede negociar la Alianza que sea "potable" para todas las partes? Estas son las preguntas que los partidarios de la negociación no responden. El motivo de tal reticencia es simple: no existe, en este momento, tal solución, porque para Ortega y sus secuaces, ningún acuerdo puede ser "potable" a menos que reciban amnistía, y aun recibiéndola, como cuelga sobre ellos el riesgo de Justicia Universal por crímenes de lesa humanidad, no pueden arriesgarse a dejar Nicaragua. Y para quedarse en Nicaragua, en caso dejaran el gobierno, necesitarían mantener sus recursos financieros y políticos, y necesitarían un "garante" de su impunidad. Nada de esto es aceptable para la ciudadanía, no solo por razones éticas y de justicia, sino porque mientras el clan Ortega permanezca impune en el país, con acceso a sus riquezas y red de influencias, será imposible que haya, ni libertad, ni democracia. ¿Alguien lo duda?

¿Endulzando el camino del pacto?

22 de marzo de 2019

Aquí está la imagen, un documento más para la triste historia de las componendas de cúpula en Nicaragua, digna de archivarse junto a la foto del pacto Alemán-Ortega, las del pacto Agüero-Somoza Debayle, y la del Pacto de los Generales, entre otras. Es lo que queda —en los salones de negociación, aclaro, *no así en las calles y hogares del país*— de aquel rebelde Abril: una mesa ocupada casi en su totalidad por "dignatarios" de la dictadura y por quienes fueron sus socios durante más de once años.

En el extremo izquierdo de la foto, de pie, un solitario estudiante parece a punto de salir del escenario. En el centro, sentados, el eterno presidente del Consejo Superior de la Empresa Privada, y el controvertido embajador del Vaticano, bisagra este último del esfuerzo por estabilizar las relaciones entre las élites del poder económico y político. Ya no están ni los obispos de la Conferencia Episcopal, que muy sensatamente escogieron retirarse, ni los líderes campesinos, presos o exilados, ni los principales líderes estudiantiles y autoconvocados, muchos de ellos también en la cárcel o en el exilio. No aparece tampoco el Dr. Carlos Tünnermann, quien tras la salvaje represión del sábado había expresado su parecer de que no podía continuarse negociando con la dictadura.

Que alguien se atreva a negarlo: esta es una fotografía del pasado, no de la esperada renovación; una expresiva muestra de cómo los poderes tradicionales del país excluyen al resto de la ciudadanía; de cómo logran, a pesar de sus conflictos, reagruparse; de cómo están dispuestos a impedir que una auténtica democracia, el sueño de tantos nicaragüenses honestos y de tantos jóvenes heroicos, florezca.

¿Cuánto valen las promesas de la Alianza?

No debe sorprender, por tanto, que los anuncios hechos por los personajes de la fotografía tengan "pacto en construcción" tatuado en todo el cuerpo. El lenguaje mismo de los comunicados es ofensivo, como es vergonzoso que la Alianza Cívica lo emplee. ¡Quién iba a decir que después de tantos muertos, presos y exilados, y pocos días después de la brutal represión del 16 de marzo, "nuestros representantes" estarían hablando de "fortalecer la democracia" y "fortalecer los derechos y garantías ciudadanas"! Peor aún, la Alianza, a pesar de haberlo prometido múltiples veces, ha faltado a su palabra de no permitir que los presos políticos sean moneda de cambio en transacciones con la dictadura. Más bien, y aunque parezca increíble, la Alianza presenta como un éxito la promesa de la dictadura de liberar a los presos políticos —pongan atención— "en un plazo de tres meses de acuerdo con el ordenamiento jurídico del país". Empecemos por lo obvio: la Alianza ha aceptado que la libertad de los reos políticos, detenidos arbitrariamente —mejor dicho, secuestrados— sea condicionada por un "ordenamiento jurídico" que es en realidad, ¡y ellos lo saben!, parte del aparato represor de la dictadura.

Ya Mario Arana había sugerido que quizás no todos serían liberados, porque había "visto expedientes" (o sea, expedientes construidos por la propia dictadura) que indicaban culpabilidad criminal en algunos de los presos. Además, cabe preguntar: si van a liberarlos, ¿por qué esperar tres meses? Pues, por supuesto, porque la dictadura —si es que llega a cumplir la promesa— juega por tiempo, y en típico estilo orteguiano empuja hasta la última pulgada posible, les saca el jugo a sus actos criminales.

¿Entonces, por qué la Alianza acepta hacerles el juego? Da la impresión de que, en esto, ambas partes —los negociadores del Cosep-Alianza y los del gobierno— comparten objetivo: alargar el momento "dulce" de la liberación, para convencer a un público escéptico, cuando no hostil, de que "hay progreso". De tal manera explotan los sentimientos y las necesidades de los propios secuestrados, y de sus familias: si hubiera verdaderamente voluntad democratizadora, los reos políticos deberían salir, para usar las palabras de Monseñor Báez, "Todos, y ya". No hay obstáculo legal para eso, porque el gobierno los ha encarcelado, mantenido en prisión, y hasta condenado, fuera de la ley.

Por otro lado, si hubiera verdaderamente voluntad democratizadora, no continuarían los arrestos y la represión. ¿Alguien cree realmente que van a parar en estos tres meses? Y si hubiera verdaderamente voluntad democratizadora, a la gente se le permitiría ejercer su derecho a marchar. ¿Qué dice la Alianza de esto? Nada. Más bien pareciera que lo prioritario para ellos, y para el gobierno, es el despliegue coreográfico de acciones que convenzan a la población de que el "diálogo" va a resolver la crisis, y que para que el "diálogo" de resultado, la ciudadanía debe dejar el proceso en manos de los señores del Cosep-Alianza.

Quizás por eso han invertido muchas energías en limpiar y ensalzar la figura desprestigiada del Nuncio, y de otros miembros claves del equipo negociador.

¿Qué pretenden?

Ninguna de estas movidas, nada de esta puesta en escena, es explicable a menos que ambas partes se sientan capaces de rescatar su sueño de "aterrizaje suave", un escenario en el cual los empresarios y el gobierno logran desactivar las sanciones internacionales cuanto antes, y organizan una "transición" controlada, con elecciones que a lo sumo serían adelantadas al 2020, pero quizás no serían adelantadas del todo, sino que ocurrirían de conformidad con el calendario "constitucional" que las coloca en el 2021. Los detalles dependerían del grado de presión que aplicaran sobre Ortega los Estados Unidos y Europa.

Dicha transición, que estaría comenzando de manera manifiestamente antidemocrática y excluyente, difícilmente culminaría en algo que no fuera una versión nueva de lo viejo, una reconstrucción del arreglo de cúpulas que prevaleció hasta abril del 2018.

Sobre este tema he comentado extensamente en otras notas, pero la falsedad de la promesa de la Alianza de que por esta vía, la vía de las negociaciones tal y como están llevándose a cabo, puede alcanzarse la democracia, puede explicarse resumidamente así: para Ortega y sus secuaces, ningún acuerdo de transición es aceptable a menos que reciban amnistía, y aun recibiéndola, como cuelga sobre ellos el riesgo de Justicia Universal por crímenes de lesa humanidad, no pueden arriesgarse a dejar Nicaragua. Y para quedarse en Nicaragua, en caso dejaran el gobierno, necesitarían mantener sus recursos financieros y políticos, y necesitarían un "garante" de su impunidad.

Nada de esto es aceptable para la ciudadanía, no solo por razones éticas y de justicia, sino porque mientras el clan Ortega permanezca impune en el país, con acceso a sus riquezas y red de influencias, será imposible que haya, ni libertad, ni democracia.

¿Qué opciones quedan al movimiento democrático? Solo el pueblo salva al pueblo, grita la gente.

Las lecciones del asco

23 de Marzo de 2019

Veo un video de Edén Pastora alabando alegremente la violencia del gobierno contra la población, y me siento culpable: en algún momento (ingenuidad, ignorancia, error de juicio, el peso de la cultura de la testosterona y el machismo) llegué a pensar que este individuo era, con todo lo que eso significa en Nicaragua, un héroe.

¿Qué creo haber aprendido?

Primero, que al menos no perdí la capacidad de sentir asco moral; no crucé el puente sin regreso al fanatismo. No es mérito mío, sino de mis padres y mis maestros, entre ellos—para quienes creen que todo ha sido siempre conservadurismo en las congregaciones católicas-- los Hermanos de La Salle, que me inocularon con un anticuerpo muy incómodo, pero que sobrevivió la ceguera de mi entusiasmo juvenil: la crítica.

En segundo lugar, que es de vida o muerte valorar la dimensión ética de los políticos antes de apoyarlos, independientemente de si la causa que dicen abrazar es noble y justa, y goza de nuestra simpatía. Yo diría más bien que es en esos casos cuando hay que ser más estrictos. No vas a confiarle tus seres queridos a cualquier rufián que prometa protegerlos.

En tercer lugar, que la dimensión ética no se reduce, como con frecuencia nuestra miopía cultural mal aconseja, a la bravura, a la valentía personal. Demasiadas veces he escuchado en días recientes a quienes rechazan críticas a tal o cual político o grupo de políticos diciendo que "se han arriesgado en la lucha". ¿Y qué? ¿No se arriesgó Pastora? ¿No se arriesgan todos los que luchan por el poder en sociedades autoritarias? ¿No se arriesgaron quienes desde el FSLN instauraron una dictadura que, mutando, dura ya cuarenta años? ¿No se arriesgaron Somoza García y Somoza Debayle? ¿No se arriesgan los mafiosos, los Pablos Escobares del mundo? ¿No mueren también inmolados los fanáticos? La disposición a arriesgar la vida puede ser un acto de entrega noble, y lo es en muchos casos, pero puede ser también una apuesta maquiavélica. Al común de la gente esa apuesta le parece elevadísima, y por elevadísima, admirable. Pero eso se debe a que carecen de la arrolladora ambición de los políticos.

Finalmente, he aprendido que cualquiera puede ser el Pastora de mañana, y por eso hay que ser duros al juzgar a quienquiera que actúe hoy el rol de liberador. Nuestra cultura predemocrática, casi precapitalista, casi feudal, teñida de superstición y teocracia, ha sido hasta hoy terreno fértil para el culto del héroe y del mártir, la liturgia amable del caudillismo. Si vamos a avanzar hacia la modernidad, debemos estar preparados a combatir esa tradición.

Y es más fácil decirlo que hacerlo. Hacerlo es amargo e impopular, ya que no solo requiere oponerse a lo más nefasto de la convención social, justificaciones como "le cuesta la causa", o el cínico "roba, pero hace": *no solo hay que estar dispuestos a derribar pedestales, sino a impedir que se construyan.* Estar dispuestos a cometer lo que la mentalidad popular todavía considera "falta de respeto", o "ingratitud" hacia quienes detentan cualquier forma de autoridad o dicen luchar en nombre del bien. *Por eso cuando, ojalá muy pronto, las figuras odiosas de Ortega y Murillo sean reemplazadas por rostros más frescos, jóvenes y bondadosos, hay que emplazar de inmediato, en dirección a ellos, los cañones de la crítica, sin ninguna contemplación.*

Haga usted un ejercicio mental, imagine a Edwin Carcache o a cualquiera de los jóvenes que luchan dignamente contra la dictadura orteguista, jóvenes abnegados, de mirada todavía limpia, a quienes estamos tentados de subir a un pedestal, a confiar en ellos, como confiamos en el resto de los "muchachos". Recuerde que los FSLN fueron en su momento "los muchachos". *Haga ese ejercicio, practique a rechazar la tentación. Hágales a ellos mismos el favor: no más pedestales, no más dioses, no más caudillos.* Servir a la sociedad no hace a nadie merecedor de más derechos. El heroísmo no compra privilegios. Quien quiera servir a sus semejantes que lo haga, y que su recompensa sea el bien que hace. Que no espere bondad ni cortesía ni gratitud, ni mucho menos pleitesía. Y si no puede aceptar servir a un pueblo exigente *—¡que lo es porque quiere libertad!—* que deje a otros hacerlo. Siempre habrá quienes acepten el reto, si la sociedad lo impone.

Algunas reflexiones sobre la situación de la lucha en Nicaragua

25 de Marzo de 2019

Si el gobierno necesita métodos de ocupación militar para contener al pueblo, es porque todos los otros mecanismos de control han fallado. En otras palabras, las instituciones del orteguismo han muerto, nada más les queda la represión basta y cruda para mantenerse —y precariamente— en el poder. Tarde o temprano esa represión va a ser insuficiente. Por más efectiva que parezca, a fin de cuentas, se trata de unos miles contra millones que los rechazan.

La insurrección de abril es una rebelión de lo moderno, de la renovación. Lo nuevo es como un potrillo que al nacer necesita un poco de tiempo para afianzar su paso. Lo hace, y pronto. La fuerza de la naturaleza lo empuja. La misma fuerza que empuja a la hoja marchita hacia el suelo. Es ley natural que El Carmen caiga. *Los zorros del poder han maniobrado con toda la experiencia y conexiones que tienen para aprovechar la inexperiencia de lo nuevo*, y han logrado aventajarlo, y sentarse a hacer lo que han hecho siempre: *pactar.* Pero al igual que la liebre de la fábula, confían demasiado en su ventaja, carecen de espíritu autocrítico, les pesa la vanidad y la prepotencia. No pueden ver que van quedándose solos, que su mensaje y su lenguaje y su agenda no son los de la mayoría. Ni siquiera logran comprender la intensidad de la furia del pueblo. Creen que pueden repetir 1990, que les basta con el padrinazgo de potencias extranjeras. Pobres insensatos. No saben que están, ellos y la dictadura, jugando con fuego, sobre un polvorín.

Las fuerzas renovadoras no necesitan "unirse" con los cascarones burocráticos formados por las élites. Su unión debe ser con el pueblo, y la propuesta de esa unión debe ser expresada en un programa de fundación democrática de la nación. Millones de personas están dispuestas a escuchar esa propuesta, y lo más importante, a luchar por ella. Los tiranos, y los pactistas, subestiman la disposición del pueblo. Los luchadores democráticos no deben hacer lo mismo. *Las fuerzas renovadoras necesitan, por supuesto, evitar que la represión triunfe tácticamente. Pero el objetivo principal de corto plazo es aglutinar a la ciudadanía* democrática alrededor de las consignas de un programa democrático verdadero, que necesariamente rompe con la postura mojigata, leguleya y dual de la Alianza. *Las fuerzas renovadoras no deben temer que las élites los aíslen: son las élites las que se encuentran en estado de aislamiento social y político.* Ya no monopolizan las comunicaciones, la difusión de ideas, la información. Los luchadores democráticos tienen en las redes sociales el arma más poderosa que jamás los pueblos han tenido en sus manos. Las redes son el instrumento de organización por excelencia para el movimiento democrático. A través de ellas se trama y se urde el movimiento que en su momento tomará las calles y derrumbará las murallas físicas del poder. *Las redes también son armas tácticas para mantener viva la agitación. La información viralizada mantiene vivo el ambiente de lucha.* Y los llamados a protestas coordinadas, que dispersen la represión, son posibles a través de las redes, que escapan el mando de las élites. Por eso los ciudadanos autoconvocados forman redes de redes, toda una telaraña de comunicación, agitación y propaganda, a través de las cuales puede moverse, difundirse como un fluido vital el debate alrededor de un programa democrático. No solo de consignas contra Ortega vive el movimiento. Ortega caerá, hay que crear el nuevo mundo de la Nicaragua en democracia, hay que construirlo en nuestras mentes, hay que hacerlo vivir en la imaginación diaria del día que pronto comienza.

Tras el fracaso de la Alianza: ¿quién acepta el reto?

27 de Marzo de 2019

De no ser tan trágica la situación, esto sería apenas un mal chiste: Dice un representante de la "Alianza", que "… (la confiscación y censura a medios) ha sido tocado, inclusive ha sido incorporado en el acuerdo. (…) El Gobierno lo ha aceptado (…) No va a quedar así específico en el acuerdo, pero va a quedar suficientemente claro de que hay un compromiso con el respeto a todas las libertades, incluida la libertad de expresión."

Que miembros prominentes de la "Alianza" entren en el juego del cantinflismo, a hacer declaraciones que los dejan tan mal parados frente a la opinión crítica, sugiere que no solo la dictadura busca ganar tiempo, sino que también ellos. Y si lo hacen, lo hacen porque necesitan distraer la atención. Tratan, como prestidigitadores, de moverse a más velocidad que la mirada del pueblo, pero sin moverse de su puesto en el tablero.

De otra manera, *¿qué sentido tendría que tardaran tanto en un diálogo que hasta la fecha puede resumirse así?*:

ALIANZA– Sr. Ortega, por favor, con todo respeto, sin ofenderlo, ¿podría usted ser tan amable de soltar a los presos políticos, y talvez, incluso —le rogamos que no tome esto a mal, no piense usted que intentamos romper con su Constitución— podría usted, a lo mejor respetar un poquito, lo que convenga, los derechos humanos y constitucionales?

ORTEGA– "Ahi te aviso".

Este es el teatro que presentan ante el ciudadano "de a pie", a quien de todos modos consideran *estorbo,* sin derecho a reclamar, a involucrarse, a decidir, incluso a preguntar. De vez en cuando a este ciudadano le regalan una coreografía un poco más elaborada, como la de un arresto con guantes de seda y con oportunidad de saludar al público, o la de un Nuncio que entre en escena como caballero medieval a rescatar a los presos, o de altos "líderes" que "negocian la libertad" de gente que ha sido secuestrada por gritar consignas antidictatoriales.

Mientras tanto, la obra de verdad se escribe, arma y practica, en otros salones.

Así funciona la clase política tradicional de Nicaragua. Por eso es que *a toda costa buscan impedir la participación popular.* Por eso es que para ninguno es prioritario que los activistas renovadores queden en libertad personal *ni mucho menos t*engan la libertad de movilizar al pueblo.

Por eso es que urge que quienes no quieran mancharse de traición, y aspiren a la modernidad y la democracia en Nicaragua, marquen distancia de la farsa pactista. Si va a ser la UNAB, pues así sea. Pero si la UNAB tampoco asume el reto de movilizar al pueblo alrededor de metas democráticas, van a terminar arrastrados por la misma corriente que hará de la Alianza apenas una anécdota menor en la historia vergonzosa de las élites fracasadas de Nicaragua. Porque eso son: élites fracasadas, incapaces durante doscientos años de desarrollar el país, ni material, ni institucionalmente.

La elegancia del erizo

29 de marzo de 2019

Pienso en la imagen del erizo al que Muriel Barbery compara su personaje:

"...por fuera está cubierta de púas, una verdadera fortaleza, pero intuyo que, por dentro, tiene el mismo refinamiento sencillo de los erizos, que son animalillos falsamente indolentes, tremendamente solitarios ..."

Dos realidades, dos identidades. Una, fuerte, firme, diríase tosca; la otra, engañosa.

Esta "elegancia" —añado comillas para enfatizar que su refinamiento, más que sencillo, es provinciano y retrógrado— es la marca de los políticos nicas. No solo de los que hoy detentan el gobierno, sino de los cientos de mediocres ambiciones que vuelan como polillas sobre la luz que muere en El Carmen.

Dos realidades. Pero, desafortunadamente, la realidad.

Con ella tiene que vérselas el espíritu de quienes no han sido corrompidos todavía, de todo aquel que tenga años jóvenes o joven la ilusión de hacer de Nicaragua un país mejor. Con erizos tiene que sentarse a discutir, a debatir, a negociar, a sabiendas de que, al interior de la coraza presuntamente renovadora de la mayoría de ellos, vive el de siempre, el falsamente indolente, el taimado que habla con dos lenguas, que arrastra como una corriente cansada pero terca el sedimento traicionero de nuestra historia. De ese lodo se hacen los falsos reformadores, los falsos revolucionarios, los falsos demócratas. De ese lodo nacen los engaños, y nace la perversión de valores de la sociedad.

Con todo lo repulsivo y repugnante que parezca, ese lodo no puede ser excluido de la mezcla. La casa se construye con lo que hay, con los materiales de que uno dispone. Pero anímense, hombres y mujeres de buena voluntad, que no solo ese lodo existe. Tampoco, la corriente que lo arrastra es única, ni indetenible. Hay una reserva moral en el alma de la nación, una roca debajo del fango. Y hay aguas frescas que pujan por fluir.

Si solo hubiera lodo y sedimento, el pacto entre el COSEP, la Iglesia de Obando, y la dictadura, estaría intacto, festivo en el bacanal sicodélico de la emperatriz demente. Si la reserva moral a la que hago referencia fuera apenas producto de mi imaginación idealista no habría ocurrido, desde el 18 de abril, la multitud de actos anónimos de entrega y solidaridad que nacen naturalmente, como un gesto maternal, del corazón de personas que no están acostumbradas a premio por nobleza.

Esta reserva moral debe ser la fuerza con que los soñadores se enfrenten a los cínicos, la fuerza con la que combatan la tentación que por todos lados acecha. No es una lucha fácil. No se vive como hemos vivido por doscientos años sin que nuestro comportamiento rutinario asuma como naturales los hábitos que, en momentos de mayor lucidez, momentos de rebeldía, condenamos con asco: el falso discurso, el servilismo, la voluntad de adaptarnos a un poder opresor para sobrevivir, la lealtad al clan, a la familia, el pragmatismo cínico que los políticos despliegan con orgullo.

La lucha es también difícil porque la pobreza crea un círculo vicioso de corrupción y dependencia. Las élites lo saben. Por eso hacen de todo para enfriar la rebeldía colectiva del pueblo, y comprar al detalle sus voluntades. Y no me refiero solamente al orteguismo. Noten cómo desde un inicio, cuando los grandes propietarios y sus empleados se "convirtieron" —dicen— a la causa democrática, volcaron sus esfuerzos a cooptar a cuanto líder, activista o grupo pudieran. Entre los logros de su prédica se encuentra la epifanía de antiguos revolucionarios anticapitalistas que han visto la luz y defienden al Cosep a capa y espada. Y voy más lejos, han conseguido que —por el momento — la lucha salga de las calles y entre al palacio, donde su experiencia en intrigas cortesanas les da una ventaja clara. Dentro del palacio van armando su juego, apoyados en copiosos recursos financieros y en su red de contactos internacionales. Dentro del palacio, en silencio y en secreto, pactan. Y para hacerlo al menor riesgo posible, se esfuerzan en convencer al pueblo de la "dificultad" de su "lucha" contra la dictadura. Y se esfuerzan en convencer a los soñadores más perseverantes que su causa está perdida, que el juego se juega como lo juegan ellos, que mejor se les unan, que apoyen sus maniobras, que abandonen sueños de libertad y democracia porque no son "realistas", o si algo de realista tienen, son "para después".

Les dan, además, una advertencia: van con ellos, o quedan fuera del futuro que las élites de todos los tintes diseñan con confianza, a su gusto y antojo. Porque, les aseguran, "todo está amarrado", es decir, todo ha sido decidido donde debe decidirse, no solo fuera de la vista de la ciudadanía, sino que incluso fuera del alcance de los "recién llegados" a quienes renuentemente han tenido que ceder un asiento en el palacio. A ellos los hacen sentarse en la antesala, con un pie adentro y un pie afuera. Entrarán, si aceptan servir la agenda de los señores. Saldrán, si persisten en oponerse a lo que los señores ya han decidido. Un dilema que tiene complejidad y drama para cualquier reformador. Fuera del "juego", el temor a no tener ninguna influencia en el futuro que -le dicen — es inevitable, en gran medida por falta de recursos materiales. Dentro del "juego", el temor a perder totalmente identidad, mensaje, y causa. Una disyuntiva terrible con dos posibles caminos hacia la irrelevancia.

Ante tal disyuntiva, ¿qué hacer?

Primero, lo de siempre: dudar. Parte de la magia está en el aura del prestidigitador, en el brillo del sombrero y su capa, en la anticipación que crea en la audiencia, que contiene la respiración a espera del desenlace anunciado. Es, ni más ni menos, lo que hacen los políticos del "todo está amarrado" en Nicaragua. Porque para que lo supuestamente "amarrado" sobreviva en medio de la conmoción social, necesitan que la gente esté resignada a un destino inevitable. Necesitan que todo el que tenga interés en incidir se monte al tren que ellos conducen.

Y mienten. Porque nadie, en este momento, puede estar seguro de cómo terminará la crisis. Lo que sabemos es que ha habido un cambio que solo podría llamarse revolucionario en la política nicaragüense. Revolucionario en el sentido de que las instituciones anteriores a abril del 2018 han muerto, son insuficientes para sostener el orden social. Y han muerto donde mueren las instituciones: en la mente de los ciudadanos. Porque las instituciones, al fin y al cabo, son una serie de creencias, de costumbres, de leyes aceptadas por la mayoría, y en estos momentos la mayoría rechaza, no solo lo que había inmediatamente antes de abril, sino gran parte de la tradición que lo antecede. ¿Logrará este rechazo convertirse a corto plazo en un triunfo que dé forma a nuevas estructuras de poder, verdaderamente democráticas? Eso depende de tantos factores, tanto domésticos como internacionales, tanto materiales como espirituales, que, aunque uno puede especular, no puede estar seguro.

En segundo lugar, sacar la lucha del palacio a los espacios de la sociedad que las élites no controlan. Hoy en día esto incluye las redes sociales, pero no hay todavía un sustituto virtual para la calle, para la desobediencia civil, para todas las formas creativas de protesta física que mantengan la zozobra de los opresores y la esperanza del pueblo ansioso de libertad.

En tercer lugar, concentrarse en ganar, no en "ganarle" a los grupos opositores que pujan por un lugar en el palacio. Nada es más importante para quien quiera contribuir a que el futuro de Nicaragua sea uno de modernidad y democracia, que mantener vivo el ideal, evitar que se corrompa, evitar que, por el afán de no ser excluido a corto plazo, los ciudadanos terminen pensando que uno es "igual a los demás". Este es un momento crucial en la historia de Nicaragua, en el que por primera vez el grito de ¡democracia! es la consigna generalizada.

Siempre que en nuestra accidentada historia se luchó, se fue tras un caudillo, tras una bandera partidaria, o tras una utopía importada. Y siempre se buscó el camino más corto, el de las armas. El camino más corto, ya sabemos, ha tenido resultados desastrosos, impidiendo que el sistema político evolucione y nazcan formas de sucesión y alternancia en el poder que no dependan de la guerra.

Las nuevas generaciones de nicaragüenses quieren un camino diferente. Los jóvenes luchadores aceptan el reto y saltan al frente; reconocen, sensata, sensiblemente, un cambio en la conciencia de la población. Su reto es grande, porque no solo tienen ante sí una dictadura criminal, sino que corren el riesgo de empantanarse en la tradición que aflora como basura de playa cuando el mar de la protesta se retira.

Hay mañosos y corruptos en todos los grupos, hay intereses creados y maquiavelismo, hay intrigas y alianzas oscuras, e inestables. Todas esto es bastante normal en la política, pero se mueve a paso más feroz cuando los ambiciosos intuyen el fin de un régimen y ven a su alcance la posibilidad de crear uno nuevo a su imagen y en su provecho.

Por eso es esencial restablecer el rol protagonista del pueblo, dejar a los corruptos encerrados en sus cortes, donde pelean el poder por el poder, y plantar en el terreno fértil de la nueva conciencia las ideas que tarde o temprano necesitan imponerse, las de un programa político democrático.

Vale más ese diálogo con el pueblo que mil reuniones y mil contactos con los políticos del pacto, o con los del "todo está amarrado".

Urge un programa popular de reformas democráticas.

La ética del llamado #ALaCalle

3 de abril de 2019

Uno de los aspectos más alentadores de la lucha por la democracia en Nicaragua es el surgimiento de una sensibilidad ética hasta ahora ausente en los debates sobre la acción política. Los demócratas se diferencian también de las élites fracasadas en esto: la vida humana de todos los ciudadanos es preciosa; no debe usarse como carne de cañón, no debe traicionarse su sacrificio. La vida humana debe ser punto de partida y de regreso del sistema político. No más alentar rebeliones que sirvan para posteriores pactos. No más botín de guerra, ni lealtad a caudillos de la tierra. La democracia es de todos, para todos, y con todos, o no es democracia. Este impulso ético obliga a la revisión, a la luz de sus costos humanos, de la conducta de quienes lideran o convocan a otros a la acción. ¿Es ético llamar a los ciudadanos a protestar contra la dictadura, a sabiendas de que arriesgan su libertad y su vida? Más específicamente: ¿es ético alentar a la rebelión, si quien lo hace no es soldado en la revuelta? ¿Es ético para quien está fuera del territorio llamar a sus conciudadanos a la desobediencia civil y a otras formas de protesta contra la dictadura? Permítanme enumerar algunas consideraciones que vienen al caso.

Actuar éticamente requiere servir a la verdad, no a la mentira. Servir a la verdad exige un doble esfuerzo: entender la realidad y proclamarla.

No es ético abandonar la búsqueda de la verdad, o hacerse el ciego ante esta. Esta ceguera es frecuente cuando el individuo construye un mundo ideológico sobre falsedades convenientes o cómodas. Termina haciéndosele difícil renunciar a sus creencias, porque la falsedad echa raíces y carcome la fortaleza moral y el espíritu crítico del ser humano. *No es ético callar la verdad que uno cree descubrir, como la conclusión de que un gobierno es opresor.* Lo hacen en mayor o menor medida individuos que buscan ocupar una posición favorable en más de un escenario: no "comprometerse". *O como la conclusión de que tal o cual forma de lucha puede ser más exitosa.* Si se tiene a la libertad por un derecho humano, si se la ve conculcada, si es evidente que los ciudadanos aspiran, desean, luchan por su libertad, y lo hacen de una manera que uno, tras seria reflexión, considera inefectiva, su obligación ética es decirlo, y además proponer alternativas, si es que uno consigue imaginarlas. *No es ético mentir sobre los costos de la lucha.* El respeto a la vida humana requiere que se hable a los ciudadanos con la verdad, que no se les trate de vender el castillo en el aire de una lucha sin dolor, sin víctimas, frente a una dictadura que cobra víctimas aun en tiempos de calma social. No se puede mentir a la gente: no hay camino hacia la libertad en el que nadie sufra, en el que no se exponga nadie a la cárcel, el exilio, o la muerte.

Actuar éticamente requiere convocar en contra de la opresión. No es ético inducir a la inacción ante la injusticia y la tiranía.

Inducir a la pasividad en contra de la tiranía y la injusticia es favorecer la continuidad de estas. Es contrario a la ética impedir el llamado a la lucha por la libertad, venga de donde venga ese llamado, venga de quien venga: de la legalidad o la clandestinidad, del interior del país o del exilio. *Por ejemplo, si se inhibe al exilado de convocar al pueblo a la lucha, se otorga al opresor una solución expedita de sus problemas, una forma de ahogar la protesta en el silencio: mandar a sus opositores al exilio.*

Actuar éticamente requiere respetar la libertad del ser humano, y la autodeterminación moral sin la cual la libertad es inconcebible. El imperativo ético del demócrata es el respeto a la autodeterminación del ciudadano. Para el demócrata, el ciudadano es un individuo que puede y debe decidir por sí mismo qué alternativas escoger, qué fines perseguir, qué medios emplear, y qué riesgos correr. El ciudadano no es un niño a quien haya que dictar comportamientos, o de quien haya que esconder verdades. El demócrata no es un señor feudal que construye murallas para albergar a sus siervos. El demócrata es un ciudadano más, que piensa y habla con libertad, y presenta a sus conciudadanos ideas y propuestas que estos sopesan autónomamente en ejercicio de su libertad inalienable.

Coartar este intercambio es condenable desde la ética de la libertad, porque constituye una práctica discriminatoria, paternalista, condescendiente, incompatible con el respeto a los derechos del individuo. El imperativo de respetar los derechos humanos proviene de que son intrínsecos, universales e inalienables. *El respeto de los derechos humanos no es una forma de compasión hacia seres inferiores, sino un acto de empatía entre iguales.*

Por ello, un demócrata no piensa que solo él puede decidir en libertad, ni que sus ideas, al ser presentadas a sus conciudadanos, privan a estos de autonomía. Un demócrata no asume que los demás no piensan, que solo siguen, que son incapaces de decidir por sí mismos si van a aceptar o rechazar determinada propuesta, si van a aceptar o no determinados riesgos. *Un demócrata sabe que cada uno puede decidir por sí mismo hasta dónde está dispuesto a llegar.* Esto no exime a quien convoca de la responsabilidad de actuar a conciencia, con honestidad, apego a la verdad y sensatez en la evaluación de costos y beneficios. Pero esa responsabilidad es también potestad de los convocados, y no puede limitar la libertad de expresión de las ideas, incluyendo aquellas relacionadas con tácticas y estrategias de lucha.

Actuar éticamente requiere lealtad.

Desafortunadamente, la historia de traiciones políticas de Nicaragua hace necesario recordar lo que debería ser obvio: *no puede hablarse de respeto a los derechos de las personas si se traiciona su sacrificio y su anhelo de ser libres.* La ética del verdadero demócrata está reñida con la manipulación y el engaño, tanto o más como lo está con la ocultación de la verdad, la prédica de la inmovilidad, o el paternalismo protector que no reconoce la autonomía moral del ciudadano. Lo que hace del llamado #ALaCalle un acto ético no es, en resumen, si el convocante está dentro o fuera del país, actuando legalmente o en la clandestinidad, en capacidad o disposición de batallar físicamente en las calles. El llamado #ALaCalle es ético cuando el convocante, convencido de que hace avanzar la causa de la democracia y los derechos humanos, presenta la propuesta a sus conciudadanos, a sabiendas de que estos son sus pares, individuos autónomos capaces de discernir tanto como él, y de decidir si aceptan o no la propuesta, tras considerar beneficios potenciales, costos, y riesgos. *Negar a los ciudadanos la posibilidad de optar o no a una alternativa que el convocante considera beneficiosa, que puede serlo o no, es en el fondo un acto antidemocrático*, porque impide el libre flujo de las ideas y de la información, y debilita la lucha por la democracia. Para usar el término de Gandhi, acuñado como parte de su filosofía de la lucha no violenta: nada debe hacerse que obstaculice la fuerza de la verdad, la *Satyagraha.*

Y, sin embargo, se mueve

10 de abril de 2019

Con gran pompa, como si de una victoria heroica se tratara, la Alianza Cívica presentó la semana pasada dos acuerdos tan aberrantes como largos e inverosímiles son sus títulos: "Acuerdo para la facilitación del proceso de liberación de personas privadas de libertad de conformidad al ordenamiento jurídico del país y las respectivas obligaciones internacionales de Nicaragua en este ámbito", y "Acuerdo para fortalecer los derechos y garantías ciudadanas".

Los acuerdos fueron firmados precisamente tras una semana en la que la Alianza hizo despliegue público de indignación, enojo y "firmeza", y que los titulares de los medios hablaron de un diálogo "trancado" por la intransigencia del gobierno. Es decir, la presentación de los acuerdos es en sí evidencia de la mendacidad de los "dialogantes" de INCAE. No puede llamarse de otra manera, si uno respeta la verdad y tiene el mínimo de respeto por la inteligencia del lector.

La coreografía del falso pleito: el canciller de la dictadura da una entrevista de televisión, y en su vocecita patética, haciendo un visible esfuerzo mental por mantener las comas, puntos y acentos en su lugar, da un "no", tan rotundo como le ordenan sus amos, a la demanda de democratización; todo, por supuesto, en nombre del respeto a la ley. Poco después, los miembros del flamante equipo de "negociación" de la Alianza, guerreros cívicos inigualables, emergen en solemne procesión del cuarto donde discuten a escondidas el futuro de millones, y anuncian que si el gobierno no acepta elecciones adelantadas no habrá más diálogo. "Admirable la firmeza de nuestros representantes" exclaman los corifeos, bienintencionados sin duda algunos de ellos, pero guiados por un libreto que otras manos han escrito. Y es un libreto ignominioso, publicado por entregas, cada una de ellas más bochornosa que la anterior. Las próximas serán peores, *a menos que lo impidan las circunstancias externas o la negativa del pueblo a aceptar que continúe la dictadura y se imponga los intereses de la traición.*

Serán peores, porque está claro que lo que traman las élites es su añorada paz de los negocios, el "clima" donde puedan "retomar el crecimiento", y poco más. La democracia para ellos es, fue y ha sido siempre de poca importancia, tanto como lo es la justicia. Que nadie se llame a engaño, basta con repasar la experiencia del país, no solo la de los últimos doce años, sino desde mediados del siglo XIX.

Y, sin embargo, se mueve

Permítanme aquí hacer un quiebre en la narrativa, que iba originalmente hacia a una descripción desmenuzada de los acuerdos, para hacer una pregunta que creo clave: *¿por qué se exponen ambas partes a firmar documentos que ponen en riesgo el apoyo de sus respectivas bases?* Esto es evidente para la Alianza, cuya reputación se devalúa precipitosamente tras meses de diálogo y negociación sin que haya ninguna señal de que sus métodos doblegarán a Ortega. A estas alturas, dependiendo del color del cristal, la Alianza es vista con esperanza por muy pocos, con escepticismo por la mayoría, y con animosidad por los demás.

Pero el gobierno también tiene que perder. La dictadura no puede sobrevivir si cumple enteramente sus promesas, pero tampoco puede incumplir en todo. Es probable, por ejemplo, que se vea obligada a liberar a la mayoría de los presos políticos actuales, si no a todos, pero continúe su campaña represiva para evitar una escalada de la resistencia. En cualquier caso, liberar a los reos políticos es exponer las mentes de sus seguidores a la duda, a la incertidumbre, ya que los presos son los "golpistas" y los terroristas" de la narrativa de autodefensa y martirio que ha construido la propaganda oficial.

¿Entonces, por qué han firmado estos acuerdos que parecen, a los ojos del ciudadano común, irrealizables, incluso ridículos?

En el fondo, porque no tienen alternativa. Ha habido un enorme terremoto y el sistema político ha perdido su estabilidad. Está en crisis el sistema sobre el cual la dictadura y los principales *representados* de la Alianza, los grandes propietarios, asentaron su dominio y prosperidad por más de once años; el sistema que ha servido de sustrato a las relaciones de poder por casi casi tres décadas, y que a su vez tiene columnas de mucha más vieja data.

Por más esfuerzo que hagan la Alianza-COSEP y el régimen orteguista, junto con todos los demás poderes *conservadores*, para estabilizar el edificio, hay que decir sobre él lo que Galileo Galilei dijo sobre la Tierra, cuando bajo tortura lo obligaron a renegar de su teoría de que el planeta orbitaba alrededor del sol: "*Y, sin embargo, se mueve*".

Se mueve, y esa es la realidad política y la oportunidad para los demócratas. El edificio de la opresión está dañado estructuralmente; no pueden repararlo con una capa de repello ni una mano de pintura, como quieren los pactistas, ni sostenerlo por mucho tiempo con pies de amigo *si los ciudadanos resisten.*

¿Cómo terminar de demolerlo, para empezar la construcción de uno nuevo?

Desobediencia civil, parálisis fiscal, paro económico, y una eventual ocupación de las calles.

¿Suena utópico? Más utópico es pensar que sin estas medidas habrá libertad y democracia.

¿Suena irreal? Nada es más real que el descontento profundo que une a millones de nicaragüenses de los más diversos tintes.

¿Suena imposible? Más le vale a los poderosos no subestimar la creatividad y arrojo de los nicaragüenses, que es un pozo más profundo de lo que quieren imaginar. Se les puede venir encima una ola que no solo arrase con la dictadura, sino que se lleve de paso a todos los que buscan cierto "acomodo", llámese "pacto" o "aterrizaje suave". Advertencia que vale, no solo para la Alianza, sino para la UNAB, si esta última no responde como los ciudadanos esperan.

Porque nadie es indispensable, lo indispensable es llenar los espacios que se abren a la necesidad. Lo más probable es que no sea la Alianza [que seguramente continuará dócilmente sirviendo a sus poderosos amos]. Podría ser la UNAB. Pero si no es la UNAB, habrá otros nombres, u otras siglas, que hagan lo que hay que hacer.

Monseñor Báez, la dictadura y el pactismo de la Alianza-COSEP

11 de abril de 2019

Los derechos humanos de la gente no pueden subordinarse a ningún otro interés. Este es el mensaje de Monseñor Báez que tanto incomoda a los pactistas, a quienes, en salones oscuros, llamadas telefónicas privadas, y conversaciones secretas, buscan una solución para ellos, un "aterrizaje suave" para ellos, sin importarles los derechos humanos de los nicaragüenses.

A estas alturas, los pactistas han logrado ir apartando los obstáculos que los separan de sus sucias metas, de las "elecciones" que quieren "acordar" y en las cuales Ortega, gane o pierda, es ganador, porque sobrevive su aparato represor. Peor aún, a estas alturas, los pactistas de la alianza se benefician de la represión, porque sin ella, no podrían estar sentados con la dictadura buscando la salida que "salve su dinero", para usar la frase de Monseñor Báez.

A los pactistas les conviene que los líderes de la Insurrección de Abril estén presos, que el pueblo no pueda movilizarse en las calles junto a estos. Les conviene, y en eso tienen un interés común con la dictadura, porque la movilización popular, con los líderes democráticos fuera de la cárcel, arrasaría con el régimen genocida. Ya estuvo a punto de pasar hace un año. ¿Cómo hizo la dictadura para sobrevivir? Llamó desesperadamente al diálogo.

Estas pueden ser verdades incómodas para algunos, pero la evidencia ya es suficientemente clara. La Alianza está dominada por intereses que no son los del pueblo, y no son los de la democracia. Los grandes empresarios no son demócratas, no son la solución, sino parte del problema. Ni siquiera representan la libertad de empresa que dicen defender, porque más bien usan el poder político para acaparar y proteger sus privilegios y sus monopolios.

Quien quiera libertad política y libertad económica no tiene a la Alianza Cívica por amiga. Por algo ellos se empeñan en gritar que "Ortega es el único enemigo". Falso. Ortega es el nombre del poder, pero no ha gobernado solo, no gobierna solo, no maniobra solo, no es el único culpable de la desgracia de Nicaragua. No van a ser los culpables quienes resuelvan el problema.

Yo espero que la UNAB se libere del lastre de los representantes del COSEP-ALIANZA y dé la cara por los ciudadanos. Deberían estar conscientes de que el cambio va a ocurrir, tarde o temprano, y que, si la UNAB no se define por la democracia, va a correr la misma suerte que la Alianza: vergüenza e irrelevancia.

El “Adultismo”, el Poder, y la “Alianza Cívica”

22 de abril de 2019

Que los cimientos de la tradición autoritaria en Nicaragua se fracturan es felizmente puesto de manifiesto, tanto por la crítica de muchos jóvenes a lo que ellos llaman *adultismo*, como por la agresiva, aunque casi siempre soterrada respuesta que reciben (salvo excepciones odiosas cuyos nombres no tendrán pedestal en este escrito) de ciertos veteranos de la política.

No es que exista una asociación rigurosa entre pertenecer a la cohorte de la “revolución” de los años ochenta y ser responsable del engendro monstruoso que habita El Carmen. En aquellos años también hubo muchas víctimas, se cometieron abusos atroces, hubo gente íntegra, y hubo una exitosa campaña para borrarlos del mapa político y extirparlos de la memoria del país. Revisar la historia oficial y la mitología heroica de los ochenta es tarea imprescindible, si se quiere ir al futuro con los ojos abiertos y estar mejor preparado ante las trampas del poder. No se trata apenas de un ejercicio académico.

Pero, aunque la mira de los chavalos no pegue exactamente en el blanco (la niebla del combate es así), tampoco anda muy desorientada. Ellos ven, como vemos todos, a un buen número de adultos que una vez se llamaron a sí mismos revolucionarios sandinistas, plegarse cómodamente al poder de las viejas élites de la Alianza. Los ven, como los vemos todos, caer en el ridículo una y otra vez, al justificar un “diálogo” que no libera un solo preso, no respeta un solo derecho humano, y cuyos “triunfos” miden por acuerdos insólitos, vergonzosos, en los que sus “negociadores” entregan, a cambio de nada, derechos que son inalienables, y cuyo respeto ya es promesa en la Constitución.

Los chavalos ven, como vemos todos, que los *adultos* de marras se cubren los flancos y las huellas, que cierran filas y censuran, que descalifican a quienes no siguen *la línea del partido*, el eslogan de su clan. Como han hecho siempre. Porque ellos vienen de lo más lítico de la tradición autoritaria nicaragüense, la que adoptó el credo leninista como declaración de virtud y manual de comportamiento. *¡Dirección general ordene!*, parecieran gritar. Como dije antes, no voy a dar nombres, pero seguramente no hará falta. Solo añadiré que ellos (o diré, esta vez: “ellos y ellas”) se han vuelto un obstáculo en la lucha contra la dictadura de Ortega. Podrían estar escribiendo un capítulo digno en sus ya largas vidas, en lugar de hacer el papelón de antiguos, de rancios y coléricos segundones que han aceptado interpretar.

Porque a estas alturas, hay que decirlo claramente: la Alianza a la que obcecadamente apoyan no representa las esperanzas de cambio de la nación. La Alianza está dominada, y muy ampliamente, por intereses de quienes se sienten más *adultos* que el resto de los ciudadanos: los vetustos propietarios del COSEP y los vetustos ex-revolucionarios. Permítanme citar cuatro razones para esta afirmación. Hay más, pero creo que con estas basta y sobra: la Alianza Cívica no busca el fin de la dictadura orteguista. Esto no es especulación, ni es secreto. La Alianza está dispuesta a aceptar un acuerdo en el cual Ortega permanezca en Nicaragua, y juegue todavía un papel político en su futuro.

La Alianza Cívica no busca que Ortega, Murillo y sus sicarios sean sometidos a la justicia. ¿Para qué, si eso haría imposible cualquier "acuerdo" con la dictadura?

La Alianza Cívica no busca que la comunidad internacional aplique sanciones a Ortega. Todo lo contrario, buscan que las sanciones prometidas por EEUU y Europa no se hagan realidad. No quieren más "pérdidas".

La Alianza Cívica no busca que se libere de inmediato a todos los presos políticos. ¿Para qué, si no conviene al diálogo? Y el diálogo con la dictadura es su prioridad. Si nuestros Medardos, Lucías, Amalias y Migueles tienen que seguir presos mientras se construyen "acuerdos", así sea. De todos modos, ellos no son miembros de ninguno de los clanes que se reúnen en INCAE. Son más bien incómodos "estorbos".

Estorbos, como los chavalos que valientemente retan a la dictadura, y cuestionan —como debe cuestionar todo el mundo— con libertad de errar o acertar, pero con honestidad y pasión.

Diálogo y genocidio

24 de abril de 2019

Ya se sabe que no basta con exigir a los genocidas que renuncien a su poder tiránico, que la salida de Ortega y Murillo no va a ser voluntaria, ni en respuesta comprensiva a tal exigencia. Pero es imperativo exigir que renuncien. La consigna "*¡qué renuncien!*" es una consigna de acción, un llamado a la lucha, una convocación profunda a limpiar las manchas que el consentimiento del autoritarismo deja en el alma colectiva, una purificación necesaria para encarar el futuro en democracia, y prevenir la repetición de la tragedia actual.

Se trata de qué es aceptable, de cuáles son los estándares morales y políticos de una sociedad. Porque no se debe ser "pragmático" ante el genocidio. Al adoptar esta postura, como hacen los políticos de la Alianza, se crea tolerancia a la violencia de Estado, se vuelve a la justicia dependiente —más bien servil— de los costos y estrategias de los poderosos.

Hay momentos en los que principios de ética, que a los maquiavélicos pueden parecer quimeras, se tornan asunto de supervivencia, de salvar vidas y construir defensas para las generaciones futuras. Estamos en uno de ellos, y fallamos al ir de la mano o tras la guía de políticos para quienes lo absolutamente inaceptable no existe.

Fallamos si queremos ser más güegüense que los genocidas, más "vivos" apenas, más "suecos" y entramos a su juego como si se tratara de un juego político aceptable. Lo que hacemos entonces es *volver normal* dicho juego, al hacer que sea *aceptable*, por "realismo" negociar con paciencia y pactar una salida generosa (e ilusoria) para los autores de crímenes de lesa humanidad. A nadie se le ocurriría hacerlo si el culpable se llamara Hitler y fuera una amenaza para grandes poderes. Pero los grandes poderes que participan en la negociación de las élites criollas terminan siendo laxos cuando el perpetrador es un tiranuelo caricaturesco, en un país para ellos insignificante.

Nosotros, los hijos y dueños legítimos del terruño, no podemos darnos el lujo, por demás cruel, que pueden darse en la distancia esas potencias. Porque no valen menos nuestras víctimas que las de ellos; ni las de hoy, ni las que en el futuro vendrán si seguimos por el camino en que *todo es negociable, en el que asesinar a cientos de nicaragüenses nos obliga moralmente a ser (o a volvernos, en el caso de los banqueros) "opositores", pero no a exigir que los criminales renuncien. Con esta conducta se vacía totalmente de contenido cualquier "nunca más": ¿Si no ahora, ¡cuándo!? ¿Y por qué no ahora, sino en un "después" indefinido, en el espejismo de un "siguiente gobierno", para usar la reveladora expresión del negociador de la Alianza, Mario Arana?*

Es, como dije antes, imperativo que ese cambio en nuestros estándares, que refleje un cambio en nuestras expectativas, se dé ya. Y a los "pragmáticos" hay que hacerles notar que su ciega y sorda insistencia en el mantra falaz del diálogo con Ortega no los hace más "vivos" que Ortega. *Les sirve únicamente si quieren convivir con el dictador.* Pero si en realidad quieren salir de él, aferrarse a la "estrategia" de "diálogo" los deja —como ya es más que evidente— en la lastimosa condición de mendigos políticos, mendigos de libertades, suplicantes de derechos, rogando al ladrón con voz cada vez más patética que les regrese al menos algo de lo que les ha arrebatado con violencia.

Entrevista a Mario Arana, negociador de la Alianza: ¿Cuál es la ruta?

5 de mayo de 2019

"Preocupante", escribe un lector. "Si ese es el consenso dentro de la Alianza, no representa el consenso de la sociedad", dice otro. "Debe ser mentira, no lo puedo creer" dice un tercero. "Manipulación", clama el entrevistado, después de leer sus propios comentarios. ¿Cómo es posible que la entrevista a Mario Arana, negociador titular de la Alianza, despierte exclamaciones tan intensas, encontradas? Que así sea, evidencia que la crisis política de Nicaragua es una crisis de sistema, que sacude el edificio entero del poder en un país cuya carencia de libertad y democracia va más allá del nombre Ortega: En crisis como esta caen las máscaras, queda el emperador desnudo y la gente, especialmente los más jóvenes, despiertan del letargo de la cotidianeidad a cuestionarlo todo, a preguntarse qué es cierto y qué es mentira en la historia oficial. Y la batalla no es solo por el pasado lejano. Se trata también, sobre todo, de una batalla encarnizada por la verdad de hoy. Ya existen versiones alternativas sobre lo que ha venido ocurriendo desde abril de 2018, que se presentan a la opinión pública en medio de la niebla del combate. La mirada de la ciudadanía necesita atravesar esa niebla, para evitar que el día de mañana una versión falsificada de los hechos se asiente como verdad en las mentes de los ciudadanos, deformando de nacimiento futuras decisiones. Por eso, por el bien de la sociedad, para evitar que los clanes políticos y económicos que han llevado al país a tan triste situación se salgan con la suya, es que hay que develar la verdad. Y por eso no es accidente que las élites busquen lo contrario, que prefieran negociar el destino del país con agentes extranjeros y en reuniones privadas, lejos de las cámaras y de la vista de los nicaragüenses. Actuar de esa manera les ha servido a través de la historia para ejercitar, ellos sí, la manipulación, para entregarnos su versión convenientemente masticada de los hechos.

La versión de la Alianza

Según la narración de los hechos por los voceros de la Alianza, sus operadores políticos y los medios de comunicación que los apoyan, la historia de los últimos meses transcurre más o menos como sigue: convencidos de que la única alternativa a dialogar con la dictadura es ir a la guerra, y convencidos de que es posible derrotar a Ortega en una mesa de negociaciones, de obligarlo a permitir elecciones libres, a que se aparte del poder y que despeje el camino a la justicia, los miembros de la Alianza Cívica han hecho esfuerzos denodados por resolver el conflicto a través de la construcción de acuerdos con el régimen. Una y otra vez se enfrentan a la deshonestidad de Ortega, pero perseveran, en aras de la paz y la democracia, porque "no hay otra alternativa". "Ortega está débil", dicen, "cada vez más aislado", "el país no aguanta hasta el 2021", "hay que ir a elecciones adelantadas", "dentro de la constitucionalidad". Pero insisten, ante la sospecha ciudadana, que "no habrá amnistía", que "la prioridad son los presos políticos", que deben "restaurarse las libertades democráticas" y, sobre todo, que "no hay ni habrá ningún 'pacto'". Pacto, en Nicaragua, es palabra maldita en el léxico popular: es una forma más de decir "traición".

¿Qué dice la evidencia?

Numerosas fuentes con acceso a las intimidades del proceso político que han sido consultadas afirman que la versión oficial de la Alianza no es fiel a la verdad. De hecho, tal afirmación parece ser un secreto a voces en los círculos políticos. Lo que en verdad estaría ocurriendo, informan, sería más bien lo siguiente. Bajo la influencia decisiva de los capitales de más caudal en el país, con la anuencia, por razones tácticas, del régimen, el apoyo de las burocracias diplomáticas de Estados Unidos y del Vaticano, y la aceptación del liderazgo de estas por la diplomacia europea, el esfuerzo de la Alianza estaría dirigido a construir un acuerdo en el cual la crisis sería superada a través de elecciones, posiblemente en el 2021 (o en el 2020), con la participación del FSLN de Ortega, tras haber presuntamente reformado el poder electoral, pero sin que se haya sometido a los culpables del genocidio a la justicia. Es decir, se daría una repetición del arreglo que puso fin a la guerra en 1990. Para alcanzar este objetivo, por demás difícil dadas las características del orteguismo y sus necesidades de supervivencia, habría que negociar pacientemente, evitar que los grupos que favorecen la desobediencia civil y la protesta pública extendieran su influencia y exacerbaran el conflicto en las calles. De ahí la necesidad de "disciplinar" las conversaciones, de sacarlas del ámbito público, para que los autoconvocados "no hablen a las cámaras". Dicho sea de paso, la paciencia estratégica requiere el abandono de toda condición previa, como la de la libertad de todos los presos políticos. "*Todo*", dicen con frecuencia múltiples fuentes, "*está cocinado*".

¿Qué dice la entrevista?

La entrevista con Arana parece en algunos aspectos fundamentales contradecir la versión de la Alianza, y es más congruente con la historia tal y como relatan las fuentes consultadas.

Las fuentes indican que la Alianza ha buscado impedir la protesta pacífica en las calles. La respuesta de Arana incluye este revelador pasaje: …"No es que estamos oponiéndonos a las manifestaciones cívicas, es un derecho que defendemos, pero sí, se los hemos dicho, el llamado no fue totalmente coordinado y talvez el más oportuno, en fin, había cosas que estaban moviéndose en ese momento que pudieron haberse visto afectadas."

Las fuentes también indican que, contrario a lo prometido, la Alianza ha subordinado la exigencia de libertad de los presos políticos al avance general de la negociación. La respuesta de Arana sobre este particular lo confirma: "... tomamos la decisión que no íbamos a pre-condicionar esto en el diálogo y esto era en parte la experiencia de la historia, y los expertos nos manifestaban que para qué va a haber diálogo si las precondiciones lo que hacen es que no haya diálogo."

Sobre el crucial tema de la justicia, las fuentes indican una disposición por parte de la Alianza a aceptar alguna versión de amnistía con tal de salir de la crisis. Públicamente, la postura del grupo sigue siendo contraria a tal propuesta. De hecho, Arana es, de entrada, enfático: "Nosotros no vamos a apoyar ninguna amnistía".

Sin embargo, tras la fachada inflexible de esas palabras iniciales asoman elementos de una postura muy distinta. Arana señala, por ejemplo, que como parte de los acuerdos se puede "*definir algún tipo de condena que se defina en el marco de ese acuerdo de justicia transicional que no pretende tener la típica fuerza que tendría bajo condiciones normales, que busca hasta cierto punto que esas personas vean en esta salida una posibilidad que les permita en el futuro seguir con su vida, pero luego que han pasado por un proceso, luego que hayan pedido perdón, luego que las víctimas son resarcidas de alguna manera...*". Es decir, clemencia para los acusados de crímenes políticos, o para decirlo a la usanza actual, una amnistía "light". En cualquier caso, la declaración de Arana supone una confirmación de que la Alianza estaría dispuesta a postponer la demanda popular de justicia, a no incluirla en un acuerdo que potencialmente resolviera la crisis: "*Sobre el tema de justicia no tengo grandes expectativas, verdaderamente creo que este es un tema que va a quedar para una siguiente administración.*"

Finalmente, de las respuestas sobre el tema de la justicia, y de los comentarios finales del entrevistado, parece emerger una confirmación de lo que afirman las fuentes, en el sentido de que la transición prevista por los negociadores de la Alianza no requiere que Ortega salga enteramente de escena. Las palabras de Arana: "Obviamente el partido de gobierno tiene una base, esperemos que en realidad queden en minoría, pero no es eso algo que esté garantizado." Y ante la pregunta de si contemplan un escenario de salida de la crisis en el cual Ortega permanezca en Nicaragua, en libertad y con acceso a sus recursos, la respuesta del entrevistado: "Si lo querés poner de esa manera, posiblemente sea una manera de verlo. Yo te digo, no creo que queda muy fuerte..."

Crónica de un despertar: lo viejo, lo nuevo, el dilema

18 de mayo de 2019

De entrada, me atrevo a afirmar que nadie sabe cómo va a resolverse la actual crisis política nicaragüense, por qué accidentada ruta caerá, como caen inexorablemente todos los regímenes de la tierra, el deleznable reinado de Ortega y Murillo.

Hasta donde llega nuestro limitado entender, del futuro apenas sabemos esto: probablemente existe. Y empeñados, por fe vital, en creer que vamos hacia él, trazamos trayectorias en nuestras mentes, dibujamos posibles perfiles suyos, que inevitablemente cambiarán de forma en el camino. Por eso es legítimo diferir en los pronósticos que cualquiera se atreva a ofrecer. Por eso la disputa entre defensores y críticos de la Alianza Cívica es mucho, muchísimo más que un debate sobre estrategias. En el fondo es una disputa entre dos maneras de imaginar, dos tradiciones, dos historias en ciernes, dos formas de hacer política y dos visiones del país. Una de ellas, la de los partidarios de la Alianza Cívica, es —en mi opinión— anacrónica, antidemocrática, elitista; lo viejo, lo obsoleto, lo arcaico. Del otro lado, muy imperfecto y aún temprano en desarrollo, está el embrión de la modernidad.

'Confíen en nosotros'

Lo viejo exige respeto a su autoridad, fe sin dudar, obediencia sin cuestionar, y sin reproches. A medida que la crítica a la Alianza sube de tono y crece en detalle, información y calidad, las fuerzas ultraconservadoras que la apoyan desempolvan sus cañones, cierran filas, se defienden unos a otros al punto de que demuestran recelar más de los ciudadanos que demandan sus derechos conculcados que de la propia dictadura que dicen combatir.

Según estos *adultos* de la política nica, corresponde a ellos, exclusivamente, el deber y el derecho a encontrar la "fórmula" que resuelva el conflicto actual. A puertas cerradas, por supuesto, y con toda la discrecionalidad que ellos consideren necesaria. Se supone que los demás ciudadanos deben esperar tranquilos, en sus casas, sin 'perturbar el clima de negociación' con protestas callejeras, y mucho menos con reclamos 'absurdos' de representatividad. "No todo el mundo puede estar en el palco", dijo una vez otro ilustre miembro de las élites, el Sr. Humberto Ortega.

Por eso, cuando los ciudadanos democráticos critican su proceder, la vieja guardia estira el cuello, indignada, hace un gesto de anciano honorable herido por la ingratitud del vulgo y aduce malas intenciones (o estupidez) de su parte. En esto gastan energía diariamente los operadores de la Alianza: en regañar al pueblo díscolo e insultar a los "radicales" que demandan transparencia, que exigen firmeza, y sobre todo que advierten acerca de la deriva antidemocrática de las "negociaciones".

La defensa 'victimista'

La postura del escritor Sergio Ramírez es un ejemplo impecable de este comportamiento. Al responder al comentario de un periodista de que el régimen de Ortega "sigue atacando a la Alianza Cívica", Ramírez coloca a don Carlos Tünnermann, quien por su edad y semblante concita un respeto casi instintivo en nuestra cultura, como el verdadero blanco de los "ataques", y astutamente amplía la cohorte de los ofensores: "El doctor Carlos Tünnermann, que no sabe ni disparar un arma, está bajo el fuego del Gobierno y el fuego de *gente* que, seguramente desesperada de no ver resultados, *—eso puede ser una justificación—* dispara contra la Alianza. Es decir, disparan contra quien deberían no disparar." "Mucha gente", dice también Ramírez, "le dispara a la Alianza Cívica por estar negociando."

Es decir, la bondad y la sabiduría, el afán humanitario por buscar una salida negociada, sometidas a un irracional e injusto ataque. Esto, por supuesto, es una simplificación tendenciosa de los hechos. La lluvia de críticas contra la Alianza no es por "negociar", sino por lo que esconden y pretenden las negociaciones: un pacto antidemocrático cuya motivación suprema es la estabilidad de los grandes grupos económicos que se enriquecieron en el concubinato FSLN-COSEP; un magno acuerdo que, al juzgar por los textos que ambas partes ya han firmado, y por los descubrimientos y revelaciones de muchas fuentes fiables, sacrifica la esperanza democrática del país en el altar "idolátrico" —para usar la expresión del exilado Monseñor Báez— de los grandes propietarios de ambos bandos.

El teatro del INCAE, el caldero de la impunidad

Y así prosiguen, entre quejas y manipulaciones, el absurdo y la exuberancia surrealista del "diálogo": anuncios diarios sobre las conversaciones entre la Alianza y la dictadura se combinan con declaraciones igualmente cotidianas de que las pláticas están "suspendidas".

Hasta que, de súbito, salta la palabra **amnistía** en ambos lados de la mesa. El gobierno "la propone", y la Alianza "la rechaza". A este tema de horror habrá que regresar, desgraciadamente. Pero, por hoy, interesa más insistir en el conflicto esbozado al inicio de este artículo, el de lo viejo y obsoleto versus lo nuevo, versus aquello que *quiere ser*, que causa escozor a lo viejo, y sus implicaciones de corto plazo.

¿Qué es lo nuevo?

Ojalá se haga eterno en la conciencia el momento del despertar democrático, abril de 2018. Hagamos memoria: en cuestión de unos pocos días los poderosos de la tierra, que llevaban ya más de una década en feliz maridaje, vieron el control que conjuntamente ejercían sobre la sociedad deshacerse como un terrón de azúcar. No olvidemos quiénes eran los que fueron sorprendidos en ardiente intimidad al caer las paredes: los empresarios de la vieja oligarquía y los nuevos ricos del orteguismo. No olvidemos —es preciso investigar esto a fondo y establecer responsabilidades— que su feliz unión fue lubricada con cerca de cuatro mil millones de dólares provenientes del patrocinio político chavista, flujo enriquecedor para, entre otros, los bancos controlados por un puñado de milmillonarios. No olvidemos el entusiasmo con que estos señores elogiaban al 'buen gobierno' del comandante y su amorosa compañera, ni olvidemos que incluso después del estallido social continuaron cabildeando a favor del régimen en Estados Unidos.

Para el resto de los nicaragüenses, abril fue despertar de un profundo coma. El país apagado y gris de los años anteriores ondeaba azul y blanco, las gargantas temerosas que rumiaban sus quejas estallaron en gritos; una generación entera de nicaragüenses, la misma que los más politizados criticaban por apática, saltó a las calles. Resurgió la creatividad de un pueblo sofocado por la cursilería del chayismo, y tras un forcejeo inicial en el que el régimen aplicó torpemente sus fórmulas rutinarias de represión, las calles fueron del pueblo otra vez, el espanto hizo desaparecer a las turbas de la Juventud Sandinista, y mandó a sus covachas a la policía. Lo nuevo parecía a punto de triunfar sobre el árbol podrido.

Lo nuevo: un aluvión ciudadano, unido en el rechazo al autoritarismo, y por una idea novedosa en nuestra patria, que la lucha sería para alcanzar una auténtica democracia, sin que la palabra "democracia" fuera motivo de vergüenza, como lo fue en el 79; y la lucha debía ser no-violenta, sin caudillos, al margen de los partidos existentes, transparente en agenda y decisiones; no más "el fin justifica los medios", porque no sería posible construir la democracia sin actuar democráticamente.

El espanto de las élites

Mientras a pasos alegres la gente aspiraba el aire fresco de una nueva esperanza, las fuerzas conservadoras de la sociedad quedaban expuestas en medio del estercolero, aterradas, sorprendidas por una insurrección de la que nunca creyeron capaces a sus vasallos. Cómo no recordar, por ejemplo, el rostro compungido del vocero del COSEP, Chano Aguerri, ante los reclamos de varias ciudadanas que le exigían usar su influencia para detener la represión. Hasta ese día, los empresarios hablaban con orgullo del llamado "modelo de consenso", su pacto de cogobierno con Ortega. Ahora no tenían respuesta. Compras en mano, se ve a Aguerri cabizbajo, apenas capaz de susurrar patéticamente un 'estamos trabajando en eso'.

A partir de ahí, los empresarios decidieron un cambio de postura. Imposible oponerse a la marea. Imposible defender la violencia cada vez más cruel de la dictadura. Había que establecer distancia del régimen. Pero también desconfiaban del movimiento cívico, con un recelo inscrito en el ADN de las castas nicas. Algunas de estas temían otro confiscatorio "19 de Julio". Para otras, incluyendo a gente de la supuesta izquierda sandinista reformada, los muchachos universitarios eran demasiado anárquicos, incluso "machistas".

Después del enroque, las fuerzas conservadoras hicieron todo lo posible para dispersar el vigor inicial del movimiento. Cuando Ortega, acorralado, pidió un 'diálogo nacional' por intercesión de la Iglesia, el cardenal Brenes aceptó de inmediato y sin condiciones, pasando por encima de la voluntad de los estudiantes. A partir de ahí, cada paso dado por las élites fue encaminado a alejar el proceso más y más de la voluntad popular, y concentrarlo, como han logrado hasta hoy, en manos de un puñado de negociadores que en secreto discuten, ¡mes tras mes!, "reformas" que presuntamente restablecerían el respeto a los derechos ciudadanos.

Mientras tanto, los líderes de la insurrección cívica están en el exilio, muertos, encarcelados o bajo acoso, el país se encuentra totalmente militarizado. ¿Y quiénes 'negocian en representación del pueblo'? Los que hasta abril cogobernaban con Ortega, y durante más de una década se enriquecieron desde el cogobierno; los que por años toleraron la represión que la dictadura ejercía contra cualquier manifestación ciudadana de libertad; los que cabildeaban a favor de Ortega en el exterior y hablaban con esperanza del fraudulento proyecto del canal interoceánico.

"No es el momento"

Empeñados en que la historia se olvide, y se reemplace por una narrativa de heroísmo cívico que proteja su poder, las élites insisten en que "no es el momento" de discutir culpabilidades anteriores, sino de "unirnos todos" contra Ortega. Esto es una falacia y una cortina de humo, que permite que culpables de la situación actual muden de piel y adquieran una imagen benévola que aparte de inmerecida es peligrosa para la lucha por la democracia. El lobo de la fábula está disfrazado de abuelita, ¡pero que nadie se atreva a preguntarle por qué tiene los colmillos tan grandes!

Por eso la solución democrática de la crisis requiere abandonar una dócil e ingenua creencia en la Alianza, y exigir a los demás grupos de la Unidad Nacional Azul y Blanco que empujen con fuerza hacia una estrategia de desobediencia civil, huelga fiscal, paro económico, y resistencia activa. El objetivo: volver el país ingobernable, antes de que sea demasiado tarde y Nicaragua se hunda en la violencia armada. Para ello hay que inducir a los empresarios a recalcular su riesgo-beneficio: que sepan que si quieren ser parte del futuro del país tienen que contribuir a construirlo; que sepan que pierden más contra el pueblo que con el pueblo; que acepten que necesitan --porque es el futuro que las mayorías quieren-- aprender a vivir en un régimen sin privilegios, pero con derechos.

Si los empresarios se niegan, la UNAB necesita romper con ellos, expulsar a la Alianza de la coalición. Por más difícil que sea levantar el ancla, si no lo hace quedará en el puerto, mientras el barco de la opinión popular, y el de la historia, la deja atrás.

El 18 de junio y la trampa de "elecciones" con Ortega en el poder

12 de junio de 2019

El asesinato de don Eddy Montes en la cárcel amplificó hasta decibeles ensordecedores el grito de la gente a la Alianza Cívica: ¡Dejen la "negociación", llamen a la desobediencia civil!

Algo muy profundo tocó este crimen para hacer reaccionar como un solo músculo la voluntad colectiva. Tanto, que no importó la renuencia de la Alianza, ni el escepticismo de muchos en la Unidad Nacional Azul y Blanco. No importaron las amenazas del régimen. Ni siquiera la complicidad de los banqueros logró detener el alud de silencio del pueblo. El 23 de mayo de 2019 la mirada severa que emana de la razón, la verdad y la justicia, conminó sin recurso a los que en medio del dolor buscan, antes que demoler la prisión, escapar ellos.

El paro nacional exhibió en toda su majestad el poder de la acción cívica autoconvocada. Quienes desde el gobierno y las élites están interesados en que los ciudadanos sean meros espectadores, porque no cesan en su afán de controlar antidemocráticamente la sociedad, no tienen ya ningún argumento: ¡Sí, se puede! Quienes temen que la disparidad de criterios impida la unidad en la lucha por la democracia, no tienen ya ningún argumento. Quienes pretenden convencernos de que el poder de Ortega es tan grande que retarlo es insensato, y por tanto hay que tolerar que Ortega —el criminal de lesa humanidad— sea parte del proceso 'democrático', no tienen ya ningún argumento. Quienes pretenden convencernos de que "la única salida es el diálogo", porque la represión hace imposible la lucha noviolenta, ya no tienen ningún argumento: ¡Sí, se puede!

Esto es tan evidente, que el oxígeno ha empezado de nuevo a circular en la sangre del movimiento democrático--el de verdad, el insurrecto, el que quiere romper con los ciclos de opresión, represión y violencia que hemos heredado, el que incomoda a las élites fracasadas y pusilánimes, quienes por inercia histórica buscan hacer lo único que han hecho siempre, pactar, para desgracia de una nación que puede más, mucho más.

Esto hay que advertirlo, porque la luz de la puerta que el paro ha abierto no debe cegarnos: hay mucho peligro antes de cruzar el umbral; hay poderosos intereses que no logran imaginar un futuro con justicia y democracia. Los mismos que reorganizaron la Alianza para inclinarla a sus intereses, los que han cabildeado para impedir las sanciones a Ortega, los que paso a paso trataron de obstaculizar la lucha cívica, los que, incluso, trataron de impedir la marcha que otras organizaciones de la UNAB promovieron después del paro, buscan cómo regresar las aguas a su estanque. ¿Cuál será su próximo paso?

El 18 de junio

El 18 de junio de 2019 se vence el plazo aceptado por la dictadura para liberar a todos los presos políticos. ¿Lo harán? Esta debe ser una de las decisiones más difíciles para Ortega y Murillo. Tienen poco margen para escamotear. Si el régimen no cumple, a las partes internacionales se les agotan las excusas para no asfixiarlo. A lo mejor también se les acabe la paciencia.

Quizás Ortega y su séquito intenten negar la condición de presos políticos de algunos reos, pero no podrán hacerlo con la de aquellos que la población identifica como líderes principales. Y a juzgar por la experiencia, la libertad de estos podría ser el matrimonio de la mecha y la chispa.

Un matrimonio así, de darse, representaría la amenaza más potente contra la dictadura, pero también contra el dominio de las élites que han secuestrado el movimiento democrático. Ya el paro nacional de ventas y consumo demostró en qué dirección quieren avanzar los ciudadanos. Y los hasta hoy prisioneros políticos han instado a la gente a resistir activamente, a protestar por todos los medios cívicos, a no dejarse seducir por el "diálogo". De tal manera que la actual Alianza, ya muy reducida políticamente, podría volverse irrelevante.

O sea que tanto la dictadura como la Alianza Cívica enfrentan dilemas existenciales en las próximas semanas. Estos dilemas aumentan el riesgo de que los orteguistas y los megabanqueros que mueven los hilos de la Alianza se pongan de acuerdo en una "solución" de la crisis que minimice sus pérdidas.

"Elecciones adelantadas"

Este es el escenario del horror: la Alianza y la dictadura pactan una "salida electoral", aceptando la permanencia de Ortega y del FSLN en la vida política, sin que medie un proceso de justicia. Gane o pierda, Ortega y sus secuaces quedan en posesión de sus canales de televisión, sus empresas, sus redes de espías, sus estructuras de represión, su control de la policía y del ejército. Gane o pierda, porque no se puede desmontar el aparato represivo del orteguismo sin justicia. La Alianza —esto no lo especulamos, sino que ya es conocimiento público y admisión propia— está dispuesta a dejar a la justicia como un "para después" indefinido.

Las razones por las cuales la Alianza, en representación de los megabanqueros, aceptaría un escenario así, han sido discutidas ampliamente, y responden a la prioridad más alta de los magnates financieros del país: la estabilidad de su hegemonía económica y política en la estructura de poder de la sociedad.

¿Pero, por qué aceptaría Ortega? La razón fundamental es que, especialmente si se ve obligado a liberar a los presos políticos, aceptar elecciones podría servirle de válvula de escape: las movilizaciones populares que quizás se vería incapaz de impedir ya no serían, como teme ahora, marchas para derrocarlo, embriones de un 'asalto' a El Carmen, sino que simples actos en una campaña electoral. En otras palabras, parte de un libreto en el cual lo fundamental del poder represivo del Estado sobreviviría. El propio FSLN, como ocurrió en 1990, pasaría a la 'normalidad'. Y los que hoy insisten en que "el diálogo es la única solución", dilatarían cualquier intento serio de procurar justicia, incluyendo su cacareada 'justicia transicional' que es apenas una excusa para la impunidad. ¿Qué dirían? Lo de siempre, lo de antes, lo que nos ha llevado hasta donde estamos: "tenemos que reconciliarnos".

Mientras tanto, las voces que se alzaran a cuestionar el nuevo status quo serían silenciadas, de una forma u otra. Nicaragua podría convertirse en un país donde reine la variedad de terror que campea en Colombia u Honduras, donde cientos de activistas políticos y sociales mueren asesinados año tras año sin que haya culpables, aunque todos sepan quiénes son.

¿Compartir el poder con el FSLN?

13 de junio de 2019

Parte del problema de analizar la situación de Nicaragua y pensar en posibles soluciones es la diferencia radical que hay entre el FSLN y otros grupos que encabezan regímenes despóticos.

Generalmente, ocurre que organizaciones políticas autoritarias cometen crímenes en defensa de su poder; para ellas el crimen es accesorio, es herramienta de la lucha política. El caso del FSLN es cualitativamente distinto, invierte las relaciones: el crimen es su propósito fundamental, el poder político, un accesorio e instrumento.

No es a manera de insulto o diatriba, sino como un intento de buscar la verdad y de alentar el diseño de soluciones realistas, que sugiero esta interpretación: hubo un FSLN heroico y motivado por metas políticas y sueños de reforma social, pero este murió hace décadas.

Y aunque la mutación empezó mucho antes, con toda certeza a partir de 1990 es evidente: el FSLN de hoy no es el FSLN con el cual se pactó el fin de la guerra civil de los ochenta. Es un error craso confundir a los dos. El FSLN de hoy, el que realmente existe, es una organización (1) cuyas metas son criminales (2) organizada al estilo de una pandilla criminal, Padrino incluido, que (3) emplea métodos criminales con una pasión sádica en reflejo de la psicopatía de sus líderes, a quienes los miembros de la pandilla necesitan complacer; para el FSLN (5) el poder político es, ante todo y sobre todas las cosas, método de extorsión y escudo de impunidad.

Si esto es así —como al menos yo creo— no puede hablarse de estrategia política, ni de democratización, ni de 'justicia transicional', mucho menos de arreglos políticos o 'acuerdos', sin tomarse en cuenta.

Por supuesto, la dimensión política, en el sentido esencial de "asunto de poder" está presente, como lo está también en el medio de una negociación de carteles criminales, o de la lucha de poder en una pandilla. Pero para los ciudadanos no existen los remedios que 'resuelven' conflictos en una mafia: lucha a través de asesinatos o distribución de zonas, o de 'mercados' entre las pandillas. Para que la nación sobreviva, no puede entregarse Medellín a Pablo Emilio Escobar y Cali a los hermanos Rodríguez Orejuela a cambio de la paz de Bogotá. Y a eso nos enfrentamos: a un grupo criminal que se ha enquistado en el poder político nacional y ha convertido las instituciones del poder del Estado en herramientas de su empresa.

En esa mutación las instituciones públicas como tales han cesado de existir, y con ellas deja de tener sentido todo aquello que se asienta sobre su legitimidad, cuando esta existe, como el apego al orden constitucional. Y deja de tener sentido pensar en reconciliación y convivencia con el FSLN, como no tendría sentido para el gobierno de Estados Unidos pensar en reconciliación y convivencia con la Cosa Nostra, como no tuvo sentido para el gobierno de Colombia buscar acomodo con Escobar —ya se sabe cómo acabó la historia—. Porque al final, cuando una sociedad sucumbe ante la extorsión del crimen, el crimen termina adueñándose de la sociedad. Los nicaragüenses en su mayoría buscan cómo evitar que esto ocurra, en lucha aparentemente desigual si se anota el encuentro en términos de voluntad destructiva, de la cual el FSLN hace gala, pero en la cual la ciudadanía posee una desproporcionada superioridad moral y política. La tiene por el impulso de la vida, que tiende a la bondad, frente a la psicopatía del adversario. Pero también la tiene porque las metas ciudadanas son políticas, mientras que el objetivo del contrario es criminal.

Con toda seguridad habrá quienes, si se molestan en leer esta opinión, dirán que es cierto, que la dictadura es criminal, pero todas las demás lo han sido —todo tirano necesita matar para sobrevivir— y que, por tanto, como en otros casos, es posible la solución 'negociada' en la cual ambas partes ceden y se encuentra un camino a la convivencia. Dirán que, en ese camino, poco a poco, 'después', construiremos la justicia, 'entre todos', cuando 'todos' incluiría —porque así es de testaruda la lógica de la realidad— a los propios efeselenistas.

A mí me da miedo pensar en la caja de Pandora que de este modo se abre. Trato, precisamente, de argüir que la dictadura Ortega-Murillo *no es como las demás*. Y si como las demás la tratamos, si cerramos los ojos ante la brutal diferencia, podemos estar condenándonos nosotros mismos y a nuestro país al destino de un ciego que se va en el abismo por no verlo.

Tampoco es el mío un llamado a la lucha armada, ni a que nadie lleve o traiga mensajes a los Ortega-Murillo. Mi insistencia es en que debemos abandonar la ilusión de que el 'empate' es posible con ellos, de que la convivencia es posible con ellos, de que la democracia es posible mientras ellos y su pandilla tengan poder en la política nicaragüense, ya sea desde El Carmen, o en el tristemente célebre "gobernar desde abajo". No es que vaya a ser fácil, ni indoloro, pero el clan criminal que ha usurpado el Estado debe ser sometido a la justicia. Y no porque seamos idealistas, ni puristas, ni intolerantes, ni ilusos, sino porque de ello depende de que exista al menos la posibilidad de fundar una república democrática después de doscientos años de fracaso. La alternativa puede ser verdaderamente macabra: entregar el país a un sicariato que podría durar décadas. *El espectro de un Estado-Mafia, peor aún que el Estado-Hacienda del que ansiosamente queremos escapar, se sienta también en las negociaciones.*

Lo menos que podemos hacer es estar alerta, y alertar también al mundo. Todo el valioso esfuerzo que hacen nuestros conciudadanos en los foros internacionales para gestionar el apoyo de los países democráticos necesita informar acerca de la naturaleza intrínsecamente —no incidentalmente— criminal del FSLN. Y entre nosotros, el objetivo de la lucha debe reflejar nuestra conciencia de este hecho: el propósito no puede ser compartir el poder con el FSLN, en la esperanza de que estaremos en mayoría y 'controlaremos' la situación. A mí me parece que, para desgracia nuestra y de nuestro país, ya ese escenario no es realista. No es nada pragmático, ignora los hechos.

Pero eso es lo que este ciudadano piensa, tras mucho reflexionar sobre el asunto; y por supuesto, este ciudadano, que apenas cumple con el deber de ocuparse de temas dolorosos de la familia, y de expresar con honestidad sus conclusiones, podría estar equivocado.

¿Usted cree que lo está?

Hacia la desobediencia total: un pacto ciudadano con los empresarios

22 de junio de 2019

"Olvidémonos de ellos", me dice un prominente opositor, "al final no les quedará más remedio que unirse". Se refiere, por supuesto, a los más ricos empresarios de Nicaragua, a quienes multitud de voces democráticas han implorado por meses que consumen con mayor claridad su divorcio del régimen y apoyen la desobediencia civil. La percepción generalizada es que su enorme poder económico facilitaría la asfixia financiera y política de la dictadura, a través de la desobediencia tributaria y de una diplomacia más agresiva. "No se lanzan contra Ortega porque tienen miedo de que se haga justicia, porque están embarrados, involucrados en la corrupción, especialmente por lo de la ayuda venezolana", dice otro. 'Embarrados' repiten muchos en conversaciones privadas, y lo repite en público gente de a pie que no cuida sensibilidades ajenas por prudencia táctica. Parece que esta es una hipótesis de aceptación muy amplia, y que acompaña a otra, más siniestra: que el gran capital no puede enfrentarse a Ortega porque quiere mantener los privilegios que este les garantizó por doce años.

¿Nos 'olvidamos' de ellos?

No debe detenerse la lucha del pueblo por la democracia, aunque los empresarios no se integren a ella con todas sus fuerzas, por la razón que sea. El enemigo que asesina, secuestra y tortura, el socio principal del cogobierno del que se acusa a los empresarios, sigue en El Carmen, comandando con impunidad a su Policía, a sus paramilitares, a su ejército, y a sus sapos. Hay que desalojarlo del Estado, por ser fuerza usurpadora. Hay que hacerlo lo más rápido posible, y procurar que cueste lo menos posible en vidas humanas. Para esto es preciso golpearlos con contundencia. Y para golpearlos con mayor contundencia conviene tener a los grandes empresarios de nuestro lado.

En búsqueda de ese apoyo, cabe examinar las consecuencias de las dos hipótesis arriba ofrecidas acerca del comportamiento, entre indeciso y cómplice, de estos últimos. La segunda hipótesis, de ser acertada, indicaría una inmoralidad sin medida, pero también sería indicio de una torpeza inimaginable en gente con acceso a información y asesores. El propio Ortega (Padrino traicionado o bestia herida, escoja usted) se encargará de demostrar a los empresarios que 'todo tiempo pasado fue mejor'. No solo porque a la racionalidad maquiavélica de la pareja de El Carmen la cala una sed enfermiza de venganza, sino porque la paz que sueñan en el COSEP, 'la paz de los negocios' no puede consolidarse mientras el genocidio permanezca impune. ¿Qué pueden hacer los ciudadanos democráticos para borrar de las mentes empresariales el espejismo de la vuelta al redil? Todo aquello —desde charla hasta boicot— que recuerde a los grandes capitalistas que su futuro está en Nicaragua, y que será mejor con el pueblo que contra el pueblo.

Los temores del COSEP

Algunos empresarios inicialmente justificaron su comportamiento por el miedo a que, de la mano de un manojo de chavalos 'radicales', arribara un nuevo "19 de Julio" anticapitalista. Esta racionalización, si es que fue en algún momento sincera, no puede pesar mucho a estas alturas, ya que nadie ha planteado, ni logra imaginarse, que de la dictadura corporatista de Ortega pasemos a una dictadura totalitaria en la cual el sector privado desaparezca en manos del Estado.

Pero existe otra posible explicación para la conducta de la cúpula empresarial que pareciera más factible: el temor a que un cambio abrupto de régimen desate represalias contra ellos, por su complicidad política, y sobre todo por la sospecha, bastante extendida en la sociedad, de que se han beneficiado directamente de la corrupción del orteguismo.

En un mundo ideal, ese tipo de conducta merecería no solo sanción moral sino legal, de comprobarse, por ejemplo, rentas del flujo de la ayuda chavista, beneficios fiscales indebidos, o cualquier vínculo comercial corrupto con miembros de la tiranía. Pero no estamos en un mundo ideal, sino en el infierno que regentan Ortega y su FSLN. Hay que salir del infierno, y para eso, si es preciso *amnistiar* pecados menores —ciertamente menos graves que el genocidio y la *gulaguización* del país— hay que hacerlo. Además, el acuerdo de lucha con los empresarios calzaría en la agenda de democratización que debemos acordar *entre todos* y que pasa por la construcción de un tejido ideológico en el cual las diferencias de opinión y los conflictos de clases se arbitren civilizadamente.

¿En qué podría consistir tal acuerdo?

En primer lugar, hay que definir el objetivo inmediato: desalojar a los usurpadores que ilegítimamente detentan el poder en Nicaragua, paso indispensable para fundar un Estado democrático.

Dada la total ilegitimidad del poder que se ejerce desde El Carmen, y de todas las instituciones bajo su mando, la única negociación que cabe es la que puede establecerse con secuestradores o atracadores de bancos *cercados* por la autoridad legítima, en este caso, el pueblo, soberano de la nación.

¡Pero hay que cercarlos! Hay que hacerlos entender que su fin no está en duda, que lo único que queda por aclarar es cómo será el último acto de este horrible drama. Hay que cercarlos a través de la desobediencia generalizada, total, pacífica, *antes de que la maldad del régimen conduzca al país a una guerra.*

En esta lucha noviolenta comienza la construcción del *después.* Los empresarios, con el resto de los ciudadanos, deben participar activamente en la construcción del Estado democrático, en el cual los derechos de todos, incluyendo el derecho a cosechar los frutos de la iniciativa económica, sean los pilares de la convivencia y de la organización del poder político.

Claro, no basta con invocar principios abstractos, ideales patrióticos, o culpas, por muy válidas que sean, ante la realidad humana de los intereses personales y gremiales. Esto debemos entenderlo todos. Así como el ciudadano común necesita garantías de que toda esta lucha y todo este sacrificio no servirá nada más para que medren élites privilegiadas, nuevas o advenedizas, los empresarios necesitan garantías para sus intereses. La ciudadanía democrática puede, razonablemente, ofrecer algunas, incluso comprometerse a ellas ante garantes internacionales. Los tecnicismos jurídicos de un compromiso de tal naturaleza rebasan los límites de este texto, y de mi formación profesional; pero, si los políticos y diplomáticos han creído ver espacio en las doctrinas legales para que una elección incluya a candidatos acusados de genocidio, seguramente podrán encontrarlo para un pacto de renovación social entre los gremios empresariales y la ciudadanía democrática.

En ese pacto podría ofrecerse *amnistía limitada* para aquellos empresarios que hayan podido estar implicados en tratos corruptos con Ortega, pero sin renunciar a que se establezca una Comisión de la Verdad que rescate para la memoria histórica todo lo acontecido en este triste episodio de nuestra vida nacional. El pacto debe establecer el compromiso de ir a una Constituyente democrática, que fundaría un Estado en el cual el derecho individual, incluyendo el de quienes *emprenden* negocios, sea central; una Constituyente que ponga la protección del derecho individual frente al gobierno —y el de las minorías frente al Estado, y frente a las mayorías— en el centro intocable del sistema.

Si los empresarios, en lugar de luchar por privilegios que al final terminan esclavizándolos a la dictadura de turno, aspiran a derechos grabados en la piedra sólida de la estabilidad democrática, deben suscribir este pacto.

Destraben así, con el resto de los ciudadanos, el camino a la justicia, para que Nicaragua no se hunda en la guerra, para que el sicariato orteguista no se prolongue, y se detenga la destrucción de nuestro país.

Los motivos de Almagro
(¿quién escucha la voz de nuestros muertos?)

27 de junio de 2019

Es casi demasiado cierto que la unión hace la fuerza, y que hace falta mucha fuerza para extirpar a una dictadura enquistada y dispuesta a matar antes que irse. Igual de cierto, sino más, es que para que dicha unión exista debe haber voluntad de extirpar. Y digo, conscientemente, extirpar: "*arrancar de cuajo o de raíz; acabar del todo con algo, de modo que deje de existir.*"

Esa es la voluntad de la abrumadora mayoría del pueblo nicaragüense, la que sufre la ausencia de más de quinientos muertos, cerca de ochenta mil desterrados; la que quisiera que los mil desaparecidos fueran encontrados con vida, pero alberga la sospecha macabra, casi una convicción, de que muchos serán encontrados en fosas comunes, algún día; simple epílogo triste.

Decencia, prudencia

Esto es lo que el pueblo desea, por decencia, pero también por prudencia: sabe que no es posible libertad sin democracia, y democracia sin justicia. Y lo sabe, no porque lo ha leído en grandes tratados, sino porque ha tenido de maestro al dolor, y conoce el mal de cerca —ha convivido con él durante cuarenta años. Después de tanto padecer, las verdades se aparecen diáfanas un día, despejan toda neblina de la conciencia, se dejan ver, a quien no cierra los ojos: ¿quién puede negar que en Nicaragua existe una dictadura terrible, que ha ocurrido un genocidio, y que los culpables arriesgan su libertad y sus riquezas si aceptan abandonar el poder? ¿quién puede negar que ya una vez ellos dialogaron, dejaron el poder formal, pidieron perdón, prometieron "corregir sus errores"? ¿quién puede negar que mentían? ¿quién puede decir que ilícitamente acumularon grandes riquezas antes de "regresar" y acumular muchas más, también de forma ilícita? ¿quién puede proponer honestamente que con estos individuos puede llegarse a un "acuerdo" que permita una transición democrática incruenta? ¿quién puede creer que, sin enjuiciar a los culpables y expropiarles sus enormes y mal habidas riquezas, sin desmontar su red de sapos, sus paramilitares, sus policías, su control sobre el Ejército, pueda impedirse que "gobiernen desde abajo?

¿Quién?

Uno hace esta pregunta bajo la mirada arrogante y furiosa de gente con inmenso poder económico y acceso a los alto círculos de la diplomacia, que creen que el país es suyo y suyo es con exclusividad el derecho de representarlo. Ha sido así desde que los criollos centroamericanos, más por inercia que por voluntad, se separaron de España en 1821, y desde que los criollos granadinos y leoneses, más por mezquindad provinciana que por haber descubierto una nueva 'patria' se separaron de la República Federal de Centroamérica en 1838.

Por eso hay en nuestros pueblos poco registro y memoria histórica, y mucho hermoseamiento del camino feo que hemos recorrido. Pero antes era menor nuestra conciencia, y más pobres los medios de expresarla.

Así que hay que sacar al sol la historia oculta, la de antes y la que hoy intentan construir los descendientes de aquellos criollos del siglo XIX. Hagamos constar que sus voces no son verdaderamente representativas del sentir de la nación, y que —independientemente del desenlace de la lucha actual por la democracia, que ellos mediatizan— no pueda engañarse a las generaciones del futuro.

¿Quién?

Los voceros más visibles de la Alianza Cívica, Mario Arana Sevilla, Juan Sebastián Chamorro, y José Pallais Arana, afirman que sus negociaciones son la clave para lograr la democratización de Nicaragua. Hay que decir que estas negociaciones se conducen en el más oscuro secreto, o, mejor dicho, sin permitir que los nicaragüenses se enteren de lo que ocurre, hasta que los *notables* de ambas partes informan lo que los señores tienen a bien sobre nuestro futuro.

En esas negociaciones los representantes de la Alianza Cívica han firmado acuerdos insólitos, que aceptan reducciones de derechos por debajo de lo que la propia Constitución establece. Los negociadores alardean de haber logrado sacar de la cárcel a la mayoría de los presos políticos, pero estos salen a una cárcel mayor, a vivir bajo el asedio constante de la dictadura y la amenaza de ser regresados al calabozo si "repiten", es decir, si hacen uso de sus derechos ciudadanos. Dicho sea de paso, no se ve a la Alianza reclamar con fuerza que liberen a los restantes prisioneros de la lista (unos 89), ni a los que la dictadura ha venido secuestrando recientemente. Y el silencio acerca de los aproximadamente mil desaparecidos que documenta la Asociación Nicaragüense pro-Derechos Humanos es inmoral.

Lo peor es que las negociaciones dejaron en claro que para el régimen el diálogo es poco más que un descanso en la escalera de la represión. El diálogo, en efecto, ha salvado a la dictadura, y la dictadura impera con más prepotencia hoy que cuando comenzaron las conversaciones. Ha logrado, por el momento, apartar a los opositores más decididamente democráticos, y permite —si es que lo considera conveniente— que se sienten a la mesa solo los interlocutores que dependen de sus antiguos socios del gran capital. Porque para nadie es secreto que la Alianza Cívica, aunque exhiba nominalmente la presencia de algún estudiante, sigue los dictados de los grandes empresarios.

El plan fatídico

Que quede constancia de todo esto, y que quede constancia de que, hasta la fecha, a fines de junio de 2019, más de catorce meses desde que la insurrección cívica fuera seguida por un genocidio, la Alianza Cívica, de la mano de los grandes capitales del país, no lucha por poner fin a la dictadura de Daniel Ortega, Rosario Murillo, y su partido, el FSLN.

Porque ponerle fin, extirparla, acabar del todo con ella [*"de modo que deje de existir"*] no es su objetivo declarado, ni es compatible con su estrategia. Lo sabemos por confesión propia de los líderes de la Alianza, por inferencia de sus acciones, y por información sobre sus maniobras. En contra de los deseos del pueblo, pero siguiendo las directrices de sus patrocinadores, la Alianza está dispuesta a aceptar que Ortega, Murillo y el FSLN, acusados con amplia documentación de crímenes de lesa humanidad, sean *legitimados* como participantes en un proceso electoral presuntamente democrático, a través del cual la Alianza espera—nos dicen– ganar control del Ejecutivo y una 'mayoría calificada' en la Asamblea Nacional. La justicia por los asesinatos, torturas y desapariciones vendría "en una futura administración" según Arana, y la "mayoría calificada" que obtendría la Alianza en la Asamblea le permitiría llevar a cabo "reformas democráticas", que presuntamente incluirían a la Policía.

Este escenario idílico, el de la transformación indolora de Nicaragua en Suiza, de la epifanía del FSLN, triunfo bondadoso de la justicia universal que la "comunidad internacional" regalaría a los agobiados nicaragüenses, es la trampa más peligrosa y potencialmente cruel que pueda imaginarse para un pueblo que ha sacrificado tanto por salir de la barbarie.

A los lobos

Lo que Arana Sevilla, Pallais Arana, Aguerri Chamorro, Chamorro García, Pellas Chamorro, Zamora Llanes y resto de la élite financiera y política empujan incansablemente, es un "arreglo" que resuelva la crisis, no con la democracia por meta suprema —nunca ha sido su prioridad— sino en busca de una 'paz de los negocios' que en la práctica será la paz de los sepulcros para muchos, y la tumba de otra oportunidad de sacar al país del atraso.

Es un arreglo que protegería lo que a ellos interesa, sus intereses comerciales, sacrificando lo que al resto de los ciudadanos interesa, la libertad. Porque incluso de libertad carecen menos que el resto de sus conciudadanos los señores de marras, ya que la injusticia en Nicaragua es tan estructural que en la práctica los derechos reflejan fielmente las disparidades y los abismos entre clases. No hace falta añadir una sílaba más para que un lector medianamente enterado y honesto asienta.

Además, es un arreglo que lanza al pueblo de Nicaragua a los lobos; que puede dejarlo en manos del sicariato por décadas, y en última instancia conducir a una nueva guerra, como tantas veces antes, por la incompetencia y falta de visión de las élites.

Ya he explicado este escenario macabro en múltiples textos. Tiene su origen en que la Alianza Cívica, como interlocutora 'oficial' en el diálogo, abdica y abandona la exigencia de que la dictadura desaparezca, de que los genocidas sean juzgados, y más bien acepta que participen como cualquier ciudadano impoluto en elecciones 'libres'.

Sin justicia previa, el orteguismo elige alcaldes y diputados en el nuevo gobierno, ganen o pierdan, y mantiene el control de todos sus bienes, de todos sus espías, sicarios y mandos en la Policía y el Ejército, instituciones en las que cabría esperar, a lo sumo, cambios cosméticos, "en una futura administración".

Ortega, Murillo, y sus secuaces, quedan entonces en condición de gobernar "desde abajo" si es preciso, lo cual con seguridad se traducirá en "asesinar desde las sombras". Y esta vez, como para la comunidad internacional ya habrá "pasado la crisis", cualquier queja ante las instituciones regionales recibirá la misma simpatía que inspiran a Luis Almagro, Secretario General de la Organización de Estados Americanos, los asesinados de Colombia: no deberían matarlos, por supuesto, pero los acuerdos de paz "van bien, el gobierno cumple".

El diablo se viste de Almagro

Dice, por cierto, don Luis, que "la excarcelación de la mayoría de los presos políticos demuestra niveles de compromiso del sandinismo para lograr una solución negociada". El Secretario General aparenta sentirse muy confiado—políticamente hablando– en su postura amistosa hacia Ortega; tanto, que se atrevió a dedicar al dictador estos versos: "Ortega, por otro lado, teniendo muchos menos recursos, trata de resolver el tema de salud, el tema de educación; sigue tratando de resolver los temas sociales de su país".

En otras palabras: el diálogo con Ortega funciona, el gobierno es legítimo, es 'bueno', hay que evitar la aplicación de la Carta Democrática que lo expulsaría del sistema interamericano. Y como en estos menesteres no hay coincidencia, es de notar que casi simultáneamente el embajador de Estados Unidos ha resaltado que la excarcelación de los reos políticos revivió "las esperanzas de que sería posible seguir avanzando en la negociación". Su texto, por supuesto, es mucho más crítico del régimen que la carta de amor de Almagro. Pero ese es el empaque, no el regalo.

Las huellas

Sin ánimo de detener la merecida lapidación de Almagro en las redes sociales, permítanme sugerir que, aunque las virtudes morales del Secretario no impresionen, quizás deberíamos orientar nuestra furia más productivamente, en otra dirección: si seguimos la huella del discurso del embajador y del panegírico de Almagro, llegamos fácilmente a los pies de la Alianza Cívica.

Apenas días antes de las declaraciones de Almagro, Juan Sebastián Chamorro se preguntaba en voz alta si no habría una estrategia mejor que la aplicación de la Carta Democrática al régimen orteguista. Y no olvidemos que antes del "compromiso del sandinismo para lograr una solución negociada", de Almagro, está el "alguna voluntad tiene el gobierno", de Mario Arana. Esto sin contar con los múltiples reportes fidedignos de que miembros de la Alianza y sus patrocinadores del gran capital visitaron Washington en días recientes, buscando aminorar el paso hacia sanciones más severas contra el gobierno. De nuevo, las palabras de Arana: "más bien hay que evitar las sanciones".

¿Qué explica estas confluencias?

Una explicación plausible de este coro a tres voces es la terca insistencia de la élite nicaragüense, a despecho de la voluntad popular, en un proceso electoral que incluya a Ortega, Murillo y su FSLN. Esta postura es tan difícil de defender desde el realismo político que, por mucho que traten de hacerla pasar por 'pragmática', se enrosca hasta estrangular la lógica de sus proponentes, y los obliga, primero a defender los 'logros' de la negociación, y luego a defender la 'credibilidad' de las promesas hechas por la dictadura. De ahí al elogio hacia el tirano el puente es corto: basta un poco de la nostalgia 'revolucionaria' de Almagro, o el recuerdo dulce de sus tardes afables en El Carmen antes del estallido libertario de Abril. En cuanto al resto del coro: para el embajador Sullivan, y en general para los diplomáticos involucrados, nada es más reconfortante, nada ansían creer con más afán, que "hablando se entiende la gente"—especialmente, la gente de los círculos de poder—. Al final se trata de burócratas; necesitan reunirse para administrar el mundo.

La gran mentira

Por tanto, es muy posible que nos equivoquemos —sopladores de cuajadas imperiales que somos— si asumimos que la Alianza hace "lo que la comunidad internacional y Estados Unidos quiere". Esto es, más bien, lo que los señores de la Alianza quieren que creamos, para darle un sello de *inevitabilidad* a su proyecto de pacto, y para refractar la culpa si algo sale mal.

En el fondo se trata de una lógica, y un discurso, que guarda similitudes con el de Ortega, quien hizo carrera política acusando al 'imperio' de cualquier estrago ocurrido bajo su mando. Los resultados, tan terribles, deberían llevarnos a revisar y revalorar nuestra relación con el mundo a través de la historia. Es verdad: Nicaragua es pequeña; pero es un error peligroso atribuir al juego geopolítico de las potencias la raíz de todos nuestros males. No somos —y no son las élites— simples, inocentes, pasivas víctimas. La realidad es mucho más compleja. Tenemos —tienen las élites— más responsabilidad en los hechos de nuestra trágica historia. Tenemos —tienen las élites— rutas alternativas, y opciones.

En familia no hay engaño

Es falso, por ejemplo, que Estados Unidos necesite obsesionarse con una salida electoral que incluya a Ortega. Es falso que la OEA tenga que hacer lo mismo. Nicaragua apenas cuenta en el interés estratégico de Estados Unidos; y, en cualquier caso, no hay razón alguna por la cual no pueda aceptar que la sociedad nicaragüense, desde los propietarios más ricos hasta el habitante más pobre, se niegue a vivir bajo un régimen genocida, y exija su renuncia o busque su derrocamiento para establecer un sistema democrático. La dinámica de la respuesta internacional depende en gran medida de la fuerza y determinación de los nicaragüenses en lucha por su propio país. Las metas de la Insurrección de Abril son sin duda aceptables, y hasta amables, para las naciones americanas, exceptuando el puñado de autocracias con las que de todos modos no se puede contar, cualquiera que sea la estrategia.

La transferencia de responsabilidad que hace la Alianza me recuerda una anécdota que me contaba mi padre. Una historia de herencia, tierra y abuelo, como nuestra política. Resulta que el mío había dejado unos terrenos en el interior del país, al norte del lago Cocibolca. Las tierras colindaban con una propiedad de su hermano. Decía mi padre que pidió muchas veces a su tío que lo llevara a verlas, para tomar posesión, pero que siempre recibió esta respuesta: “me gustaría llevarte, pero es que hay un hombre metido en la propiedad”. Años después, mi padre descubrió que aquel misterioso “hombre” era...su tío.

Nuestra deuda

Por eso, insisto en que hay que recordarles a quienes dicen negociar en nuestro nombre que permitir a Ortega, a Murillo y al FSLN perpetuarse en la política a través de elecciones y aceptar su impunidad no solo es una puñalada en el futuro de la nación, y un dar la espalda a las decenas de miles de exilados. Es, por sobre todas las cosas, traicionar a estos compatriotas, hermanos nuestros, cuyas voces no pueden alzarse ya, más que a través de la nuestra y de nuestros actos: Darwin Manuel Urbina, Hilton Rafael Manzanares Alvarado, Richard Bermúdez Pavón, Álvaro Manuel Conrado Dávila, Alvis Yamíl

Molina Hodgson, Carlos Alberto Bonilla López, Erick Andrés Cubillo Solis, Gerardo Antonio Castillo Mendoza, Hammer Joel García Salinas, Harlington Raúl López García, Juan Carlos López Martínez, Marlon Manases Martínez Ramírez, Michael Humberto Cruz Sánchez, Moroni Jacob López García, Harvin Samir Solano García, Francisco Giovanny Sobalvarro Altamirano, Jairo Mauricio Hernández, José Abraham Amador, Franco Alexander Valdivia Machado, Orlando Francisco Pérez Corrales, Álvaro Alberto Gómez Navarro, Axel Yuriel Bonilla Romero, Marlon Maneses Ramírez Sandino, Gerald Antonio Campos, Jaison Antonio Chavarría Urbina, José Adán Bone Díaz, José Luis Muñiz Cortéz, Lester Adán Vindell Picado, Lester José Flores Bracamonte, Marcos Antonio Saborío Anderson, Álvaro Gómez Montalván, Carlos Manuel Sandino Hernández, Ángel Eduardo Gahona López, Christian Emiliano Cárdenas León, Carlos Manuel López Monimbó, Bismarck Antonio Cuadra Castro, Celso José Díaz Sevilla, Danny Stanley Rivas, Eduardo Antonio Sánchez Flores, Francisco Javier Rodríguez Urgalín, Ismael Isaías Pérez Martínez, Ismael Josué Pérez Vílchez, Jerson Alexander Flores Medrano, Jonathan Steven Valerio López, José Daniel Sánchez López, José David Morales Pérez, Josué Rivas Yesner, Juana Francisca Aguilar Cano, Luis Alberto Muñiz, Nesker Eliezer Velásquez, Ramón Antonio Rodríguez, Richard Javier Bustamante López, Jimmy Jaime Paiz Barahona, Carlos Antonio Flores Ríos, Celso David Robles Díaz, José Daniel Sánchez García, Alfonso José Ramírez González, Roberto Carlos García Paladino, Darwin Elías Medrano Pérez, Kevin Josué Rivas González, Apolonio Delgadillo, Edwin Bismarck Gómez, Manuel Antonio Montes, Nelson Enrique Téllez Huete, Yamil Ronaldo Obregón Bustos, Elías Josué Sánchez Cuesta, José Antonio Arana Salinas, Kevin Roberto Dávila López, Jimmy José Parajón Gutiérrez, Javier Alexander Munguía Mendoza, Kevin Joel Valle Aguilar, Alejandro Estrada Vega, Carlos Alberto Miranda, César Castillo, Heriberto Antonio Rodríguez Canales, José Alfredo Leiva Chavarría, Jostán Abdel Gutiérrez Koock, Wilmer José Zúñiga García, José Israel Cuadra Aguilar, Violeta del Socorro Campos, Carlos Abel Aguilar, José Andrés Pérez, Humberto Antonio Parrales Reyes, Noel Calderón, Wilder Reyes Hernández, Henry Arauz, Erick William Espinoza Mendoza, Holman Eliezer Zeledón, José Alfredo Urroz Jirón, Ezequiel Rivera Hernández, Gilberto de los Ángeles Sánchez García, Bismark Enrique Chavarría, Benjamín Castillo Castillo, Luis Ramón Cruz Alvarado, Manuel de Jesús Chávez Ramírez, Marlon José Orozco Largaespada, Jaime José Reyes Téllez, José David Oviedo, José David Martínez Rivas, Cándida Rosa Herrera Rizo, Jorge Gastón Palacios, Keller Esteven Pérez Duarte, Alejandro Tomás Hernández Estrada, Yader Castillo, Rudy Chávez, Douglas Mendiola Viales, Gerardo Antonio Aburto, Erick Eduardo Pacheco, Heriberto Maudiel Pérez Díaz, Michael González Hernández, Orlando Daniel Aguirre Córdoba, Daniel Reyes Rivera, Fredy Josué González, Jefferson Kevin Reyes Benedi, Jorge Guerrero Rivas, Daniel García Reyes, Víctor José Valerio López,

Jairo Antonio Osorio, José Manuel Quintero, Marvin Meléndez Linarte, Ruddy Antonio Hernández Almendarez, Juan Alejandro Zepeda, Marvin Meléndez Núñez, Carlos Manuel Díaz, Jonathan Morazán Meza, Darwin Alexander Salcedo Vílchez, Adolfo Enrique Castellón Arauz, Sixto Henry Vera, Donald Ariel López Áreas, Eduardo José López Mendoza, Rigoberto Carballo García, Javier Junior Gaitán Hernández, Geovanny Miguel Reyes, Carlos Evenor López Figueroa, Carlos Erick López López, Jeison Alexander Putoy, Camilo Javier Valle Martínez, Marvin Solórzano Salinas, Salvador de Jesús Arévalo, José Abraham Martínez, José Antonio Maltez Ramírez, Jahairo Antonio Espinoza, Chester Javier Chavarría, Francisco Zeas Orozco, José Casco Berrios, César Oniel López Vega, Marcos Antonio Padilla Díaz, Bismarck Badilla López Carazo, Chris Montana, Víctor Cabrera García, Cristian Salvador Gutiérrez Arteaga, Abraham Jarquín Castro, Juan Roberto Gutiérrez Rodríguez, William Fuentes Torres, Héctor Manuel Tinoco, Noel Baldivia, Alejandro Enrique Cárcamo Gago, Marco Antonio González Briseño, Dixon Bismarck Soza Enríquez, Carlos José Zamora Martínez, Justo Jarquín, Michael Alexander López Medina, Roberto Pablo Corea Chávez, Ariel Ignacio Vivas, Marcos Gutiérrez Jinotepe, Guillermo Méndez, Marcos Antonio Villalobos, Teodoro Ruíz, Winston Saballos, Lucas Antonio Sirias Pineda, Leopoldo Pavón Pérez, Jean Kerry Luna Gutiérrez, Ezequiel Martínez, Gilberto Urroz, Sandor Pineda Dolmus, Marlon Javier Medina Toval, Glen Mac Donald, Misurry Molina, Ulises Santiago Gogo, Wilton Cornejo Peralta, Óscar Velásquez Pavón, Maritza López, Alfredo Velásquez López, Mercedes Ráudez, Daryeli Velásquez Muñoz, Matías Velásquez Muñoz, Francisco Ramón Arauz Pineda, Antonio Fernández, Elizer Isaac Collado, Darwin Ramón Postome, Oscar Barberena, Marvin de los Santos López, Marcelo Cailagua, Edgar Guevara Portobanco, Eduardo Jessi Spiegler Szejmer, Francisco Javier Reyes Zapata, Kevin Antonio Cufi Reyes, Liliam Jaquelin Martínez, Michael Cipriano Gonzáles Hernández, Pánfila Alvarado Urbina, Jorge Castro, Lester Martínez Cubilla, Eliezer del Carmen Espinoza Aguirre, Jorge Zepeda Carrión, Cristian José Pineda, Cruz Alberto Obregón López, Dodany Castiblanco Blandón, Mauricio López Toruno, Freddy Antonio Dávila, Jackson Manuel Somarriba Vallecillo, Franklin Javier Mercado, Eddy Montes, y cientos más, a quienes con profundo respeto, admiración y gratitud añadiré a este texto en cuanto pueda completar la lista.

En su nombre, y en el de quienes la dictadura ha de asesinar si no se consigue la extirpación del orteguismo, reclamo una vez más: por decencia, por prudencia, la Alianza Cívica y los grandes empresarios deben abandonar la ruta de las componendas electoreras, y unirse a la ciudadanía en un pacto democrático. Una unión que construya la desobediencia cívica total, noviolenta, a la dictadura, hasta desalojar de El Carmen a los usurpadores genocidas. Solo así será posible construir la democracia y asegurarse que el holocausto de Abril no se repita jamás.

Elogio de la ambición
(¿quién abandera la agenda democrática?)

2 de julio de 2019

Seguramente sorprenderá que alguien que preconiza democracia y agita contra la tiranía se lance a escribir un panegírico a la ambición. No quiero dejar duda: deseo la mayor dispersión posible del poder, a través de toda la sociedad. Y no solo del poder político, sino de su hermano, padre e hijo en trinidad maligna: el poder económico. Pero, por más irónico que parezca, la vacuna requiere del virus: para derrotar al poder y dispersarlo es preciso, primero, acumularlo.

Tienen que hacerlo grupos e individuos conscientes de que blanden una espada de mango hiriente, un rifle que dispara por cañón y por culata. Y a estos individuos el resto de la sociedad debe a su vez tenerlos en la mira, seguirlos con tanta desconfianza como fe se tiene en la causa. No es nada fácil esta maniobra, y eso lo demuestra la dificultad que han tenido todas las naciones del mundo, a través de la historia, en crear y mantener regímenes democráticos.

¿Qué quiere decir esto en el contexto de la Nicaragua actual?

Primero, significa una advertencia, contra dos enemigos de la democracia. Uno es, claramente, la dictadura brutal del FSLN. Contra esta dictadura hace falta, además del ímpetu *autoconvocado*, la coordinación que haga de este un puño demoledor. Para ello se requiere un liderazgo al cual se le ceda alguna autonomía táctica, porque no es posible someter a referéndum cada decisión en medio de la batalla.

La otra amenaza es la tradición, y la agenda política, de las clases económicamente dominantes en el país. Aquí, de entrada, otra aclaración: la agenda democrática de nuestros tiempos excluye la idea de oprimir o suprimir a una clase a través de la fuerza. A nadie en posesión de al menos unas pocas neuronas funcionales se le ocurre, luego de tanto experimento fracasado, que el mundo pueda subsistir, ya no digamos progresar, sin empresa privada y libertad económica, circunscrita esta racionalmente por regulaciones sociales y de eficiencia.

Los grandes empresarios nicaragüenses pueden dejar de temer, o de utilizar como argumento, la presunta amenaza 'anticapitalista' de los 'radicales' autoconvocados que los presionan y hostigan por sus posturas políticas. Dichas posturas son legítimamente problemáticas, y no son accidentales.

Es la historia, hombre…

No es especulación, sino un fenómeno verificable de la historia nicaragüense, que quienes detentan el poder económico carecen, han carecido siempre, de convicción o hambre de democracia. Hambre, necesidad, como la que los empresarios de las nacientes burguesías industriales europeas tuvieron, de erradicar los controles económicos de las noblezas feudales, cuyo poder se organizaba alrededor de reyes y emperadores.

Los 'burgueses' europeos, en busca de espacio comercial y político, derrocaron o emascularon aquellos regímenes, y abrieron así el camino áspero, escabroso y desigual--pero sin retorno--hacia las democracias que conocemos hoy en día. No es esa la historia social de los grandes empresarios nicaragüenses. No son ellos fruto y agente del desarrollo capitalista enfrentado a un régimen feudal. Más bien son los herederos directos de las castas propietarias y burocráticas de la Nicaragua colonial tardía.

Esto explica su cultura de poder, los hábitos políticos que como grupo exhiben actualmente, y que van reproduciendo en su ADN social, y hasta familiar. Es notorio, por ejemplo, que las élites postcoloniales no han dudado en batirse en guerras intestinas por intereses inmediatos, locales, estrechos, arrastrando a la población que lograban controlar o influenciar, pero nunca fueron capaces de llenar el espacio geográfico de Nicaragua del aire de unidad que requiere una nación. Han sido incapaces de articular una visión de país, de crear una estructura de poder político que la refleje—y con ella armonizar de alguna manera sus intereses con los de la sociedad. Si no han logrado abrazar la idea de nación, si no sienten la democracia como una necesidad existencial, ¿puede esperarse que abanderen la lucha contra la tiranía? La historia sugiere que lo harán solo si se ven arrinconados, condenados al destino que el filibustero resumió en aquella declaración que más o menos reza: "todo hombre pelea si a ello se le obliga".

¿Llegó el momento?

Por ahora el comportamiento de los grandes propietarios sugiere que no sienten tanta necesidad de enfrentar al régimen como sintieron en las dos grandes crisis anteriores de Nicaragua. Durante la primera, en reacción contra lo que llamaron "competencia desleal" de Somoza Debayle. En la segunda, en resistencia desesperada contra la política expropiatoria del FSLN en los años ochenta del siglo pasado. ¡Cuán 'historia lejana' suena esto! Y cabe destacar que en ambos casos —conectados, claro, entre sí— las acciones del empresariado fueron tardías, y podría decirse que manchadas por el fracaso: fueron incapaces de desplazar a Somoza y reemplazarlo por un régimen de su preferencia, a la medida de sus intereses; regresaron, después de 1990, luego del baño de sangre de la primera dictadura del FSLN y de la guerra de los Contras, a entregarse de nuevo a la corriente y acabar atrapados una vez más en una represa social que se desborda.

¿Con el pueblo, o contra el pueblo?

No conviene a los empresarios, en este siglo XXI que pinta poco amable para rancios verticalismos, oponerse a la ola social--si la ola se alza de nuevo. La ola, ya se sabe, es democrática, es la fuerza de una sociedad que quiere un Estado de Derecho: derechos para todos, privilegios para nadie. Dentro de ese Estado no solo caben, sino que son tan esenciales como el resto de los ciudadanos, quienes se dedican a la empresa privada.

Así que la razón indica que la clase empresarial puede ser llevada, superando su reticencia, y guiados por su instinto de preservación, al campo de la lucha democrática. Opondrán todos sus recursos a la pérdida de privilegios. Sin embargo, puestos en el trance, en el punto de quiebre del sistema actual, es dudable que apuesten por el perdedor.

Es decir, antes que perecer aplastados por la ola democrática, los empresarios se sumarán a ella. Pero para eso, la ola ha de resurgir. Si no lo hace, los empresarios se acurrucarán de nuevo al lado del poder político, como gigantes patéticos, subyugados por un puñado de matoncillos, salteadores que en otro lugar y en otro país serían siervos, no amos, de cualquier pretendida 'clase dominante'.

¿Quién habla por la democracia?

De lo anterior se desprende que los grandes empresarios nicaragüenses son —por cultura, historia y tradición; por falta de visión de país; por el peso de cadenas que no logran entender, mucho menos romper— incapaces de aprovechar la ventaja que su peso económico les da para liderar, y definir ellos, el contenido de la lucha contra la tiranía orteguista. Su peso ha sido más bien un lastre. Con él, y gracias a la brutalidad selectiva y clasista de la represión oficial, han logrado muy poco contra Ortega, pero han temporalmente reducido, maniatado, al pueblo que se alzó desde Abril pleno de coraje a exigir el fin de toda tiranía.

Los grandes propietarios han fracasado. Y estaban destinados a fracasar, porque su meta no ha sido vencer, sino proteger sus nichos. Quizás sea más exacto decir que su definición de triunfo es más estrecha de lo que la ciudadanía espera y el país necesita: la erradicación, el derrocamiento, de una de las dictaduras más sanguinarias, totalitarias y retrógradas de la historia americana. No son, pues, las élites propietarias que la gente identifica como "el gran capital", la avanzada de la modernidad, ya que si algo los distingue es el peso que en su conducta tiene el resabio colonial, más que el pulso democrático.

La promesa de cambio que nos tiene a todos a la vez inquietos, angustiados e insatisfechos, esperanzados e ilusionados, viene de otros segmentos de la sociedad. Viene de los jóvenes estudiantes que han podido evadir el atavismo autoritario por su entronque con el mundo globalizado, de influencia liberal-democrática. Viene también del movimiento campesino, sometido al choque de intereses foráneos (o intereses nativos con disfraz o complicidad foránea); de los activistas que buscan una sociedad más tolerante de la natural diversidad humana; de emprendedores quizás más representativos del espíritu empresarial moderno que los grandes propietarios del Cosep, especialmente de la acaudalada élite financiera; y de un puñado de intelectuales y disidentes que desde la sombra o el silencio han arado por años una tierra que otros creían infértil: han organizado oenegés, enseñado seminarios de liderazgo, discutido teorías del poder y del Estado en las universidades; o, en el caso de los movimientos feministas y los chavalos de #OcupaInss, han peleado valientemente —y hay que decirlo: sin mucho apoyo popular— el espacio público que el fascismo orteguista expropiaba rotonda por rotonda, pulgada a pulgada.

La propuesta democrática

¿Alguien duda que todos ellos encarnan la ilusión democrática de los nicaragüenses? Son ellos los que han traído a la superficie, y expresado en reivindicaciones claves, concretas, el ansia de libertad, el hastío de los ciudadanos comunes con el estancamiento secular del país, con una realidad que nunca mejoró para la mayoría. Hastío incluso con las promesas presuntamente revolucionarias que lograron, a lo sumo, que un grupo privilegiado de políticos engrosara la membresía del club de potentados del país, mientras las casas de zinc, los niños mendigos, la inequidad y la discriminación llenaban las ciudades polvosas y los campos cada vez más deforestados.

Hoy, gracias a los grupos e individuos que han emergido a través de la rebelión de abril, se habla de refundación nacional, de Constituyente democrática, de buscar la dispersión (o descentralización, u horizontalidad) del poder político, de que los ciudadanos puedan ser electos sin necesidad de pertenecer a un partido político (subscripción popular), de reformas económicas que reduzcan la obscena concentración del ingreso, de que los grupos económicos más ricos no evadan impuestos y que con ellos se financie generosamente la educación, que se abandone el "sálvese quien pueda" que bajo diferentes disfraces, como 'neoliberalismo' o el irrisorio 'socialismo' orteguista ha sido el sustrato intelectual del manejo económico desde 1990 —o más bien la excusa para privilegiar a los más poderosos.

Elogio de la ambición (y de la transparencia)

Esta agenda, sin embargo, no está en el menú de la Alianza, no cabe —por las razones discutidas anteriormente— en la angosta mira de los grandes propietarios.

Pero es la agenda del nuevo momento, de la nueva generación, y si no la enarbolan, promueven, empujan, los jefes de la Alianza; si los empresarios, para colmo, fracasan en lograr hasta el más mínimo suceso en la lucha contra la dictadura, es hora de que los nuevos actores levanten la bandera, presenten al pueblo la agenda que representa la alternativa democrática.

Para ello, necesitan lanzarse abiertamente y sin remordimiento a la conquista de poder político. Necesitan, cada uno de ellos, expresar la ambición que en el contexto de la democracia no solo es aceptable, sino sana; no solo deseable, sino *indispensable*: la de ocupar espacios que permitan hacer realidad los programas y proyectos que el progreso de la sociedad requiere.

Ninguno de ellos, llámese Edwin, Irlanda, Yubrank, Nahiroby, Félix, Victoria, Medardo, María Adilia, Francisca, Christian, por citar a unos cuantos, debe caer en el error de rebajar su propio perfil para no lucir ambicioso. Yo entiendo que hay un sentimiento bastante generalizado entre nosotros, los demócratas nicaragüenses, de rechazar el caudillismo y el vanguardismo. Pero liderazgo, la capacidad y la voluntad de dar un paso adelante y tomar con firmeza una bandera colectiva, no es necesariamente ninguna de esas dos cosas. Que no se convierta en ellas depende en gran medida de nosotros, de que no endiosemos a los líderes ni les concedamos privilegios, que los sometamos a una crítica pública, tan constante y justa como sea posible.

Mas no nos engañemos: necesitamos que los rostros identificables de la disidencia y la rebelión sean también su voz, y que reflejen la voluntad popular de adueñarse del destino de Nicaragua. Nada ganamos si no ganamos poder, ni siquiera la posibilidad de dispersarlo.

Es necesario que nuestros abanderados proclamen la agenda democrática, que la presenten sin miedo al pueblo, que la hará suya, porque surge de su espíritu y de su experiencia. La misma agenda nos permitirá protegernos de extravíos antidemocráticos, que son siempre posibles —así es la condición humana.

Pero lo peor que podemos hacer, y lo que más complace a las élites, es renunciar a competir por el poder, no solo contra Ortega, sino contra las élites mismas. ¡Estas no parecen siquiera decidirse a salir de Ortega, mucho menos a aceptar la transformación democrática del país!

Y hay más: ninguno de nuestros líderes debe ampararse en el espíritu de igualdad en la lucha del movimiento autoconvocado para no definirse con claridad. Ya sabemos que no basta maldecir públicamente a Ortega. Sabemos que hay quienes lo hacen y secretamente buscan pactos y reparticiones electoreras. Sabemos, repito, que la agenda de la oposición representada en la Alianza representa más la claudicación y la debilidad política de las élites económicas que las ansias intensas de libertad y democracia de la mayoría de la población.

Por tanto, no permitamos que entre los nuestros se cuele la ambigüedad que generalmente esconde los intereses personales de los políticos. Necesitamos saber quiénes son realmente los agentes que pueden encabezar la transformación democrática. Necesitamos que, al igual que el pueblo en las calles ha puesto el pecho y el alma, quienes tienen en sus manos la posibilidad de conducir el país hacia una nueva era den la cara, que nos muestren su corazón y su mente, que sean —ellos mismos— ejemplo de la transparencia a que dicen aspirar para la administración de Nicaragua.

Los *chayopalos* y el psicoanálisis

17 de junio de 2019

La pregunta de Martha Patricia Molina, abogada defensora de derechos humanos, en la Nicaragua ensangrentada por Ortega y su excéntrica consorte, la Chayo: "¿Considera usted que deben desaparecer los *chayopalos*?" La respuesta usual se abre en luces, como una candela romana, corolario soñado de la caída de los déspotas: ¡Claro que sí!

Y nadie debe sorprenderse. Quienes viven el surrealismo sádico de la familia de El Carmen querrán borrar los restos de la pesadilla, volar sin piedad todo aquello que recuerde el sufrimiento. Es posible que la prisa sea en vano, porque solo el tiempo logra sepultar el dolor en la memoria. Pero al final ocurrirá: algún día habrá que explicar en una nota al pie de página que un *chayopalo* es una enorme estructura de fierro, inspirada en la versión colorida, obra de Gustav Klimt, del arquetípico árbol de la vida ubicuo como un eco del inconsciente humano en las mitologías del mundo. Y así, al final, al fin, podremos desplazar a la insignificancia de una breve referencia a figuras crueles pero mediocres, que nunca debieron —no deberían— ser personajes centrales en la historia del país. Para esto, sin embargo, la sociedad debe tumbar estructuras más fundamentales que un árbol de lata: el autoritarismo y la tradición cínica del borrón y cuenta nueva, del "perdón y olvido".

En la búsqueda de este objetivo, propongo —digo, dudo, pienso— la siguiente reflexión: ¿no convendría negarnos el placer de arrasar con todo? Lo hemos hecho repetidamente, aniquilar todos los símbolos de todos los pasados bochornosos que dejamos atrás, cada vez que uno de esos pasados muere [y esquivemos, por ahora, el misterio de su resurrección].

Claro, algún símbolo habrá que derribar; los nicaragüenses son seres humanos sometidos a opresión extrema; algo tiene que caer, o rodarán cabezas en lugar de construcciones. Pero es deseable que, si algo se va a destruir, pensemos no solo en la política de hoy, sino en la función de memoria histórica de ciertos artefactos, de su lugar en la estética urbana y el orden social democrático que soñamos para el futuro. Se me ocurre, por ejemplo, que no existe orden social democrático y belleza urbanística capaz de digerir sin envenenarse las murallas grotescas y expropiatorias de El Carmen. Ahí, sin duda alguna, o de casi nadie, la demolición sería un paso adelante, un construir, más que una mirada justiciera hacia atrás.

¿Se salvarán así del cementerio de chatarra al menos algunos chayopalos? No lo sé, aunque ya habrán inferido, por el tono, mi renuencia a despintar murales, derribar estatuas, quemar archivos, demoler cuencas acústicas y fuentes musicales como forma de castigar a regímenes defenestrados. Por eso abrazo, como a una señal hermosa de los tiempos, que Martha Patricia Molina lance su pregunta de forma abierta, transparente y sin dogma. Me ha dado el coraje que faltaba para abordar un tema espinoso, que he ponderado largamente en silencio. Alguna vez incluso contemplé escribir, a manera de amigable provocación intelectual, un artículo que a estas alturas cualquier psicoanalista vería como arranque suicida: "En defensa de los chayopalos". Después de Abril, entré en razón. Mejor dicho, decidí recurrir al disfraz que los cobardes llamamos prudencia. *No vaya a ser*, me dije, *que me arranquen a mí las tuercas de la base y me hagan caer de panza en medio del polvo y el jolgorio.*

19 de Julio

18 de julio de 2019

Hablando del 19 de Julio, dice Mónica Baltodano que "la memoria de aquella gesta se entrelaza, como continuidad histórica, con la resistencia cívica del presente".

El problema —quiero ser objetivo, aunque duela— es que la memoria de aquella gesta, y aquella gesta en sí, se entrelaza también con el despotismo actual, y con todos sus crímenes.

Somos eso, somos el bien y somos el mal, somos el error y el acierto; seres humanos al fin, constructores de mitos que nos van explicando lo que poco entendemos. Hoy los practicantes del mercadeo político llaman a esos mitos "narrativas".

¿Cuál de ellas triunfará? ¿Cuántas manos ensangrentadas serán lavadas por la mentira? ¿Cuántas mentes serán llevadas por uno u otro camino según la versión de la historia que prevalezca? ¿Cuánto seremos capaces de aprender, y al costo de cuánta sangre y destrucción?

Preguntas que me hago; hago y dejo flotar, nubes de culpa en el insomnio.

Carta al PEN Internacional/Nicaragua acerca de la defensa de la libertad

23 de julio de 2019

Gioconda Belli

Presidenta

PEN Internacional/Nicaragua

Estimada Gioconda, y colegas del PEN,

Si me permiten, aquí entre nicas: qué tiempos estos; tanto sufrimiento innecesario, por no haber aprendido ciertas lecciones básicas en casi 200 años de soledad. No logramos aprender, por ejemplo, que ni un decreto legal, ni la palabra autoritaria de un político, otorgan los derechos humanos de un ciudadano, por lo que tampoco pueden rescindirlos. No aprendimos que la defensa de la libertad, como la caridad, comienza por casa: por los actos de cada uno, en cada uno de los grupos humanos a los que pertenecemos. Tampoco aprendimos que no puede haber lealtad superior a los derechos humanos. Y, por último, para acabar esta corta e incompleta lista, no aprendimos que es esencial rodear al poder —en cualquiera de los fuertes en que se refugia— de un cerco de vigilancia, antes de que la bestia se escape y embista con toda la crueldad de que es capaz. Los escritores deberían ser, uno supone, soldados en ese cerco, en permanente alerta. Que no sea siempre así es otra cosa; al fin y al cabo, se trata de seres humanos, a veces obramos bien, a veces mal.

No creo que sean discutibles estas premisas (¿lo son?). Asumiéndolas como axiomas de la libertad que perseguimos, escribo a ustedes, colegas del PEN. Les pido actuar de acuerdo a la carta constitutiva de la asociación, que compromete a sus miembros en todo el mundo a defender el principio de la "transmisión sin trabas de pensamiento dentro de cada nación", "a oponerse a cualquier forma de supresión de la libertad de expresión en el país y la comunidad a la que pertenecen", porque "el necesario avance del mundo hacia una mayor organización política y económica hace imperativa la existencia de la crítica libertaria hacia los gobiernos, administraciones e *instituciones*."

Mi solicitud es simple: que el PEN Internacional/Nicaragua exprese su descontento con la decisión de la vocería de la Alianza Cívica, que utiliza la cuenta @marioaranasevil para divulgar informaciones, recibir comentarios y debatir con el público, de bloquearnos (a mí y al medio de comunicación que represento, *Revista Abril*) acceso a ese flujo de expresión y pensamiento.

Aclaro: mi interés es la libertad de expresión, y para ello combatir las "trabas", como dice la Carta del PEN, que se usen para impedirla, *sean estas legales o extralegales.* En el caso que nos atañe, por ejemplo, ni el PEN ni yo podemos hacer nada contra el resquicio técnico donde se esconde la intolerancia, porque en efecto, la cuenta es legalmente propiedad de Mario Arana Sevilla, vocero de la Alianza, y por tanto él tiene la prerrogativa de bloquear a quien se le antoje.

Pero eso es apenas la forma, el disfraz, no el fondo del asunto.

El fondo es el siguiente: @marioaranasevil es un vehículo de información y debate público de una institución social que juega un papel clave en la vida de todos los nicaragüenses en este momento; ese es su único propósito, y todo su contenido. La cuenta es "personal" apenas en el sentido de que fue abierta bajo el nombre de una persona (es la usanza moderna, vean @realDonaldTrump, @nayibbukele, etc.). El Sr. Arana la emplea como una manera de privatizar lo público, de excluir al público a su sola discreción. Digamos que es una forma más de albanisación[49]. Y como estos medios son nuevos, no existe contexto ni precedente legal para cuestionarla. Quizás eventualmente lo haya, al menos en países con tradición democrática.

Doy un ejemplo. En Estados Unidos los clubes privados excluyeron por muchos años a negros y otras minorías. Su argumento: esto es propiedad privada, y podemos aceptar o rechazar (bloquear) a quien se nos antoje. Las organizaciones de derechos civiles (los PENs de distintos gremios) no se tragaron el cuento, y se opusieron. Eventualmente, las cortes estadounidenses decidieron que el criterio de "propiedad privada" no podía usarse como mampara para la exclusión de los ciudadanos, y han forzado a los clubes a cambiar de política.

Yo no me hago ilusiones, aunque sueño con el momento en que nuestra jurisdicción alcance esos umbrales de libertad. Pero como demuestra el ejemplo anterior, todo comienza con la conciencia ciudadana del derecho, empieza en el momento en el que damos el beneficio de la duda, no al poderoso "propietario" sino al ciudadano que quiere acceso. Este es el espíritu del PEN Internacional, y debe ser el espíritu del PEN Internacional/Nicaragua.

Por eso, por este medio pido a ustedes que me indiquen cuál es el procedimiento formal institucional para solicitar que los miembros del PEN Internacional/Nicaragua consideren mi petición, que imagino —sería grave, a la luz de la experiencia trágica de nuestra nación— no es a discreción de una sola persona.

Yo debo insistir que se haga, porque la respuesta inicial que recibí de Gioconda Belli me pareció, quizás porque en la premura nos arrastra la tradición, alejada del espíritu y la letra de la Carta del PEN Internacional.

Algunos pasajes de la breve contestación de la Sra. Belli en las redes sociales

49 Albanisa fue una corporación creada por el régimen orteguista y el de Venezuela a través de la cual la ayuda oficial de este al Estado de Nicaragua se canalizó, fuera del presupuesto oficial, a manos privadas bajo el control del FSLN."

(desestimando sumariamente mi queja y defendiendo la postura del Sr. Arana) me parecieron particularmente perturbadores, como el paralelo que estableció entre la molestia que mis comentarios analíticos pueden causar a un personaje público, el Sr. Arana, y la que causarían las prédicas de la esposa del dictador. No creo que debamos esperar la misma conducta de Arana que la que observamos en Rosario Murillo. Y, por supuesto, una cosa es la crítica política y otra es la homilía siniestra de una psicópata.

Aún más difícil de digerir se me hace, desde el punto de vista democrático, la referencia de la Sra. Belli a mi "discurso" como "insólito" y, por tanto—se infiere fácilmente— indigno de defensa. Una vez más, nuestra herencia antidemocrática se infiltra, silenciosa, en el lenguaje. Porque el derecho a la libertad de expresión no se conquista —no hace falta— para que el ciudadano repita las verdades convencionales, cómodas, convenientes al poder o a la tradición. El derecho a la libre expresión es, ¡precisamente! el refugio del discurso 'insólito' [según el diccionario de la Real Academia de la Lengua Española: a*dj. Raro, extraño, desacostumbrado.*]

Mi interés, reitero, es que hagamos honor a los ideales que predicamos, y a las metas de la organización a la que pertenecemos. Yo no tengo expectativa alguna —ojalá me equivoque— de que el Sr. Arana desista de su actitud intolerante (sin mencionar que es, miren que ironía, *insólito*, que un hombre público no quiera escuchar ni ser escuchado por ciudadanos interesados en su labor). Pero sí espero que el PEN Internacional/Nicaragua actúe conforme a principios, más que a la inercia cultural autoritaria que tanto daño nos ha hecho, o a cualquier conveniencia política o lealtad personal; y que se coloque, sin ambigüedades y vigorosamente, del lado de la libertad.

Es lamentable, porque nos hunde en lugar de ensalzarnos, no dar voz a la lucha contra la intolerancia, venga de donde venga, y en lugar de eso presentar a don Mario Arana como expositor en un foro del PEN Internacional/Nicaragua sobre… ¡la importancia de las libertades públicas en el desarrollo económico! Hay quienes me han dicho: "no te compliqués la vida, así son las cosas en Nicaragua". Pero yo lo que quiero llegar a decir es "así *eran* las cosas en Nicaragua" hasta que *decidimos que no fueran así*, hasta que cada uno, en su conciencia, su casa, su gremio, su trinchera, hizo su parte para que el sacrificio de todos nuestros chavalos y ciudadanos autoconvocados no quedara en nada, como tantas veces antes-- *hasta que nos volvimos alérgicos a la intolerancia.*

Atentamente,

Francisco J. Larios

¿Cuándo?

26 de julio de 2019¡

Ayer, 25 de julio de 2019, la bota fascista del FSLN cayó de nuevo sobre estudiantes que combaten a la tiranía sin más armas que su hermoso descontento. A pesar de la 'victoria' que cree haberse apuntado el régimen —la mediocridad y la arrogancia del viejo poder prolongan la crisis cobardemente— no me cabe duda de que esta generación verá la libertad ocupar las calles.

Entretanto, han tenido los muchachos que aprender terribles verdades. Han descubierto —lo gritan ya, con la potencia de su pureza— que hay que hacer de la rebelión un cambio profundo, radical. Los chavalos entienden que el problema no es solo que un clan psicópata habite El Carmen; que por algo una pandilla de criminales se adueñó del estado desde hace ya cuarenta años; que hay una fortaleza autoritaria en construcción desde hace siglos.

La cizaña y el trigo

Una segunda gran verdad se les viene encima: esa fortaleza tiene dueños; el sistema de poder del cual mana la opresión que los nicaragüenses sufren, y la represión que enfrentan a diario, tiene nombres y apellidos (y no solo los de Ortega y Murillo), identidades que hay que conocer para poder separar, como en la parábola bíblica, la cizaña del trigo.[50]

Por si no la conocen, o si no la recuerdan, se trata de la historia de un sembrador de trigo. Alguien, un enemigo, ha plantado cizaña entre las buenas semillas. Los peones preguntan al propietario si deben arrancarla. *No, les dice el dueño, porque al arrancar la cizaña, corren el peligro de arrancar también el trigo. Dejen que crezcan juntos hasta la cosecha, y entonces diré a los cosechadores: Arranquen primero la cizaña y átenla en manojos para quemarla, y luego recojan el trigo en mi granero.*

¿Por qué decide esperar el dueño del sembrío? Porque la cizaña, hierba mala, se parece demasiado al trigo cuando apenas brota del suelo; pero el tiempo logra diferenciarla claramente; solo entonces es seguro, y necesario, apartarla.

50 **La parábola de la cizaña** «El Reino de los Cielos se parece a un hombre que sembró buena semilla en su campo; pero mientras todos dormían vino su enemigo, sembró cizaña en medio del trigo y se fue. Cuando creció el trigo y aparecieron las espigas, también apareció la cizaña. Los peones fueron a ver entonces al propietario y le dijeron: "Señor, ¿no habías sembrado buena semilla en tu campo? ¿Cómo es que ahora hay cizaña en él?". Él les respondió: "Esto lo ha hecho algún enemigo". Los peones replicaron: "¿Quieres que vayamos a arrancarla?". "No, les dijo el dueño, porque al arrancar la cizaña, corren el peligro de arrancar también el trigo. Dejen que crezcan juntos hasta la cosecha, y entonces diré a los cosechadores: Arranquen primero la cizaña y átenla en manojos para quemarla, y luego recojan el trigo en mi granero"»

Yo creo que algo parecido ocurre desde el año pasado en Nicaragua. El estallido de abril de 2018 esparció por todos los territorios de la nacionalidad el trigo bueno, la semilla de la democracia, de la mano de jóvenes estudiantes, moradores de los barrios, ciudadanos autoconvocados de todo tipo hastiados del estancamiento secular, hartos del ejercicio cínico y criminal del poder.

Obligados por el sismo, algunos representantes del viejo orden, como los empresarios, se declararon —ellos también— opositores a Ortega; otros, ya disidentes, buscaron como aprovechar la crisis. Ambos segmentos se unieron a la negociación (no necesariamente a la lucha), a través de la recién conformada Alianza Cívica. La cizaña entraba al terreno donde el trigo intenta germinar.

Al principio se hacía difícil, para la población, distinguir entre cizaña y trigo, entre oportunistas y demócratas, entre camaleones políticos y luchadores, entre autoritarios dizque "reformados" provenientes de la primera dictadura del FSLN y representantes genuinos del nuevo espíritu. Pero el tiempo ha corrido ya lo suficiente, y la hierba mala, que roba la tierra y el sustento al trigo, va siendo cada vez más distinguible.

"No están 'ahí'..."

Por eso traigo a colación una breve anécdota, porque tengo fe y creo que la hora de la siega se aproxima.

Hace más de un año pregunté a Juan Sebastián Chamorro cuándo se iban a lanzar los empresarios a la desobediencia. La gente en Nicaragua había trancado las calles; había —como hoy— muertos y secuestrados casi a diario. La población pedía con angustia —era asunto de supervivencia— el apoyo de los banqueros y grandes dueños de empresas del COSEP, quienes hacía muy poco sonreían felices al lado de Ortega, celebrando su alianza, enriquecidos por la amistad más rentable de su historia. ¿Qué respondió Juan Sebastián? "*Los empresarios todavía no están 'ahí'...*"

Hoy, vivido lo que hemos vivido, y viendo el país transformado en un campo de concentración, hay que preguntar: ¿Y dónde están los empresarios ahora? ¿Dónde estuvieron el 25 de julio de 2019? ¿A qué velocidad caminan desde la complicidad con la dictadura hacia la decencia? ¿Por qué "no están ahí" todavía? ¿Por qué en lugar de buscar un pacto salvador con Ortega no buscan con inteligencia un sitio en la Nicaragua democrática que queremos para todos?

¡¿A qué temen tanto?!

¡¿Cuándo, Juan Sebastián, veremos 'ahí' a los empresarios?!

"¡Dejá de andar jodiendo!"
(El país murillizado y Chespirito)

27 de julio de 2019

Es el país de las trágicas maravillas:

—Sale libre el paramilitar que asesina a una estudiante; entra a cárcel la abogada defensora de un secuestrado político; la acusan... ¡de haberse defendido de acoso sexual!

—El Jefe del Ejército de Nicaragua, que ha apañado (más bien, como la evidencia indica, participado) en un genocidio contra su propio pueblo, lloriquea ante las cámaras de televisión por los ataques *horribles* que recibe en las redes sociales; no es justo, pero promete mantenerse firme, defendiendo la constitución; uno no puede menos que conmoverse;

—Llamar a los ciudadanos a la calle, a poner el pecho ante la represión orteguista, es razonable, pero pedirles a los poderosos que se sumen a la lucha es "locura". Es que los empresarios todavía "no están ahí" dice Juan Sebastián Chamorro, uno de sus voceros; claro, hay que entender que un divorcio toma tiempo;

—La Policía Nacional desfila con banderas del FSLN, baila en honor al caudillo. Matan por un mísero salario, bailan por un mísero bono. Su droga es la migaja de poder, la pertenencia a una banda —o a una compañía de danzas;

—Empiezan algunas voces (Humberto Belli, por ejemplo, en *La Prensa*) a sugerir que quizás Aminta Granera sea más víctima que cómplice. Triste para ella, pero su entrada al club de los "rehabilitables" se complica cuando el tirano la envía a la calle el día del "Repliegue"[51] con la misión de echarle rosas y besos al bus de turismo donde él viaja —o marcha, dicen ellos— con su adorable consorte;

—El vocero de la Alianza "Cívica" [repito: "¡vocero!"] bloquea en su cuenta a ciudadanos y medios cuando siente que lo "ofenden" las opiniones políticas contrarias. En respuesta, Gioconda Belli, presidenta del PEN Internacional / Nicaragua, asociación de defensores de la libertad de expresión, premia el despliegue de intolerancia del vocero con un púlpito para predicar sobre... "la importancia de las libertades"; criticar esta ironía atroz es convertirse uno en "violador de la libertad de expresión";

Es el país del chayido, el hogar de la frase "*¡Dejá de andar jodiendo!*" y las múltiples *variazioni* que con deleite entonan frente a cualquier disidencia las

51 Conmemoración anual del FSLN de lo que en la mitología sandinista fue una heroica y exitosa retirada de sus fuerzas de Managua a Masaya durante la insurrección de 1978.

élites prepotentes de Nicaragua --desde el orteguismo hasta la Alianza Cívica, pasando por el mar de camaleones y zorros que son la fauna del fracaso. Una de esas *variazioni* es el contundente "*sabemos lo que hacemos*" del vocero de marras, Mario Arana. Por cierto, si en verdad "saben lo que hacen", pues entonces la situación en la que se halla Nicaragua debe ser parte de su plan. De lo contrario, quizás a lo mejor no "sepan tanto". ¿O será que "todo está fríamente calculado"? Lo sospeché desde un principio.[52]

52 Remate cómico en las alocuciones del personaje "Chapulín Colorado", del cómico mexicano conocido como Chespirito, quien para disimular su ineptitud y no reconocer su error aducía haber "sospechado" la realidad que, evidentemente, no había comprendido.

Los escritores y el poder
(El caso del PEN Internacional / Nicaragua)

30 de julio de 2019

El apoyo de Gioconda Belli, presidenta del PEN Internacional/Nicaragua, al vocero de la Alianza Cívica Mario Arana, es a la vez preocupante y aleccionador. Su negativa a respaldar a miembros de la organización que preside ante la postura intolerante de uno de los más visibles personajes públicos de este momento fue prácticamente refleja: un NO rotundo, acompañado inmediatamente de descalificación de los quejosos; posteriormente, una carta producida y distribuida con celeridad inusitada. Y para rematar —nunca falta la ironía en Nicaragua— una invitación al Sr. Arana para que diserte sobre la importancia de las libertades públicas en el desarrollo económico. En ningún momento invitó la Sra. Belli a debatir cuál sería la posición adecuada de una institución que nació precisamente para preservar los espacios de debate.

Esto habla de vacío institucional y escasez de pensamiento democrático al interior del PEN Internacional/Nicaragua--males que la sociedad en su conjunto padece y paga con sangre en nuestros días. Así como Ortega ve todo el territorio nacional como su feudo, existen, dispersos en el cuerpo de la nación, mil feudos. "El PEN *es de la Gioconda*" me dice un escritor. "Esa mujer descarada", me dice otro, comentando la respuesta de la presidenta del grupo. "Francisco Larios tiene sobrada razón" escribe un tercero en un mensaje, cuya copia me enviaron, dirigido a otro representante de la Alianza, el Dr. Carlos Tünnerman Bernheim. La respuesta del Dr. Tünnerman es, en sí, digna de triste comentario. Educada, pero autoritariamente, el buen señor pasa la página con un sencillo e inverosímil decreto: "Mario Arana no es vocero de la Alianza Cívica". Ajá.

Un detalle importante es que todas estas críticas se hacen generalmente en silencio. Aun cuando los escritores expresan su inconformidad por escrito, lo hacen privadamente. Yo respeto absolutamente, por lealtad y por cariño, su voluntad, pero me interrogo angustiosamente acerca de qué motiva su aprensión. Y es que pareciera ser este un caso estudio de la genética antiliberal del poder en Nicaragua. Imagínense, en la filial de una organización mundial de escritores dedicados a la libertad de expresión, ¡que exista un mecanismo —misterioso para mí, lo confieso— que induzca a miembros a inhibir su propia libertad de expresión! ¡Díganme ustedes si esto no da razón a la gente que desconfía del cambio en Nicaragua, "porque todos son iguales"! Yo, cuando comenzó esta crisis, tenía la impresión de que muchos de mis compatriotas se habían vuelto paranoicos, porque en las sombras veían fantasmas de un MRS manipulador, de partidos zancudos, de pactos y políticos conspiradores por todos lados. ¿Será que tenían razón?

Lo cierto es que existe también la conciencia crítica, y existen quienes pueden darse el lujo que ejercerla pareciera ser en Nicaragua. A ellos me dirijo: la democratización de la patria, si va a ocurrir, no consiste únicamente en arrancar el tumor del orteguismo; hay que erradicar de todo el cuerpo social el cáncer de la mentalidad autoritaria. Por eso el caso del PEN Internacional/ Nicaragua no es una disputa trivial, ni mucho menos personal.

¡Por supuesto que el conflicto mayor en este momento es con Ortega! pero no es Ortega, como quieren hacernos pensar los políticos de las élites tradicionales, "el único enemigo". Eso es querer distraernos del verdadero objetivo, que es la democratización permanente y estructural del país. Por ese objetivo la lucha es en mil terrenos; no solo en la política nacional, sino en nuestras propias mentes, en nuestros hogares, nuestros barrios, nuestros gremios, etcétera.

En el camino hacia ese objetivo, organizaciones como el PEN tienen el rol que tiene la conciencia: luz de la ética deben ser en medio de tanta incertidumbre, de tanta corrupción, y de todo el estiércol que el pasado amontona como un tranque fétido entre nuestra voluntad y nuestros sueños. Por eso es crucial que la asociación no se convierta, por las opiniones particulares, preferencias ideológicas o simpatías personales del actual liderazgo, en apéndice o agencia de propaganda de ninguna instancia de poder, llámese Gobierno de Nicaragua, Mario Arana, o Alianza Cívica; llámese como se llame.

De este lado de las barricadas

12 de agosto de 2019

Apenas desciende la marea emocional del intercambio, queda mi ánimo atrapado en la tristeza, como si un mar trajera, desde el pasado, restos de un naufragio, y los abandonara en una playa sin esperanza. Pero se cruza otra vez en mi camino un texto que pareciera cortado a la medida, escrito para hacerme sonreír y restañar mi espíritu: "*Y si queremos pelear / hay muchos enemigos / al otro lado de las barricadas...*". Estimado lector: si estás preguntándote a qué viene tanta divagación lírica, gracias por tu paciencia; te prometo que hay método en esta locura.

Gracias también al infortunado Maiakovski, autor del texto citado, porque me ha dicho dónde comenzar: a*quí, de este lado de "las barricadas"*. Hablo de democracia, de libertad, de respeto a los derechos humanos. Hablo de que es muy fácil culpar de su ausencia a quienes están "al otro lado", y olvidar que estuvieron antes 'de este lado'. La cuestión clave no es si la tiranía orteguista va a desaparecer (lo hará, sin duda, es ley de vida). Más bien, debemos preguntar: ¿cómo hacemos para que quienes rebasen las barricadas no se den vuelta y apunten (su nuevo poder) contra el pueblo que los sigue?

Benditas sean la desconfianza y la duda

Por eso aconsejo apasionadamente a los más jóvenes, quienes se han echado a tuto la responsabilidad de enderezar un país que lleva siglos a la deriva: desconfíen del poder, del ajeno *y del propio*; no hay que inventar escuela filosófica, basta con recordar la sentencia de Acton: "el poder corrompe".

Desconfíen de todos, establezcan únicamente acuerdos verificables, en los que cada uno ceda lo mínimo. Desconfíen *especialmente* de aquellos a quienes ustedes admiran y aparentan ser buenos, valientes o inteligentes. Nadie lo es tanto como para entregarle las llaves del destino. *Desconfíen, ojo al cristo por la libertad, de las personas que han participado en la vida pública de Nicaragua en generaciones anteriores.* ¿No es evidente que dejaron un rastro de destrucción a su paso? Hagan la cuenta de los muertos, los presos, los exilados, de la miseria injustificable —porque hoy Nicaragua tiene una economía que produce un quinto de la de Costa Rica, y hace unas cuantas décadas estaba a la par. Pregúntense quiénes han sido responsables de esta tragedia.

Es vital que descorran el velo que para su conveniencia han tirado sobre la historia, desde las distintas esferas del poder, gente que no intenta perderlo, ahí donde lo tienen, y busca recuperarlo si se les ha disminuido.

Un feudo, un oasis

Jóvenes rebeldes de hoy: no permitan que los viejos lobos del poder los engañen. ¡Y no esperen que luzcan como lobos! Hay que esculcar la piel de las ovejas que se acercan con astucia al rebaño. Muchas de ellas ya caminan entre la manada, emiten los mismos balidos, y empujan para colocarse al frente. No les conviene a ustedes, ni a Nicaragua, ni a la causa del bien y de la libertad, pasar por alto la trayectoria de quienes participan, con ambición evidente de liderazgo, en la vida pública del país. Y no se trata de negarles su derecho ciudadano a involucrarse en la vida política: simplemente no es prudente darles espacio cerca del poder, para prevenir desmanes, para hacer posible la construcción de una sociedad democrática y próspera.

Y a los mayores, o a quienes han dedicado mayor curiosidad a la historia: digamos la verdad, al margen de preferencias ideológicas, lealtades personales o sociales, y aspiraciones financieras. Esto es muy fácil decirlo, especialmente porque es lo que el pueblo quiere escuchar, pero es muy difícil de practicar. El cáncer del poder tiene un tumor, el orteguismo, pero está presente en todo el cuerpo social. Está incluso en nuestras propias mentes: muchas veces nuestra actuación refleja es autoritaria, porque no hemos ejercitado el músculo de la libertad, tanto como hace falta, en doscientos años.

Y así se cuela —buenas o malas intenciones de por medio— la manía censora, supresora, y la tolerancia de la exclusión en todos los ámbitos de la sociedad, y hace muy difícil que construyamos instituciones gobernadas por reglas y espíritu de inclusión. Más fácil construimos un feudo que un oasis.

El asunto PEN

Por eso he insistido en el tema, para algunos quizás arcano, de la actuación del PEN Internacional/ Nicaragua en meses recientes. Que parezca alejado de las trágicas urgencias del momento no quiere decir que lo esté. Ya he dicho antes que el tumor tiene nombre, pero la enfermedad afecta al cuerpo entero de la sociedad. El PEN de Nicaragua es sencillamente un ámbito más en el cual se desarrolla la vida de los nicaragüenses, la filial doméstica de una organización mundial de escritores por la libertad de expresión.

Como tal, tiene el doble reto de enfrentar al poder abusivo de otros, y expurgar del ejercicio del propio el chingaste autoritario de nuestra tradición. No es fácil, pero hay que hacerlo. No basta proclamar en abstracto las bondades de la democracia ni la maldad de la dictadura. Hay que enfrentarse a los hechos, luchar contra los obstáculos que estorban el camino a la libertad en todos los frentes, incluidos los gremios. El PEN Internacional/ Nicaragua es parte del mío, y por eso es mi derecho y mi deber contribuir para que ayude a la transformación que los demócratas deseamos en Nicaragua.

Desafortunadamente, creo que estamos fallando. Yo mismo intenté, aprovechando mi condición de miembro del PEN en Estados Unidos, involucrar a este más activamente en el caso de Nicaragua. Recibí en Miami, el año pasado, la visita de un delegado del PEN, filial de Nueva York, y descubrí que muy poco sabían de la enorme tragedia de nuestro país. Ofrecieron programar eventos a favor de Nicaragua en 2019, y enviaron una carta a un grupo de abogados internacionales de derechos humanos, en la que añadieron, a petición mía, los nombres de algunos de nuestros escritores perseguidos. No pude hacer más, porque no quise irrespetar a las autoridades del PEN de Nicaragua arrogándome una representación que no me corresponde, y no pude conseguir una respuesta vigorosa y ágil de nuestra junta directiva. Debo aclarar que solo comuniqué mis esfuerzos y solicité asistencia a nuestra presidenta. Ignoro si ella transmitió la información a los demás miembros.

Más recientemente, se han producido dos hechos que aumentan mi inquietud, la cual he expresado de manera respetuosa y —tratándose de asuntos de incumbencia social— públicamente. Uno es el ya conocido acto de censura del Sr. Mario Arana, vocero de la Alianza Cívica, al bloquear de sus redes a la *Revista Abril* por su inconformidad ante ciertas opiniones publicadas en la revista. Pedimos al PEN Nicaragua que se pronunciara a favor de la libertad de información, que creímos violada, y en cuestión de horas teníamos respuesta: la presidenta del PEN nos comunicaba que más bien apoyarían, como política oficial de nuestra organización, el derecho del Sr. Arana a bloquearnos. Demás está decir que estoy en desacuerdo con dicha decisión. He publicado mis razones. Otros escritores, inclusive miembros del PEN, lo han hecho también. Remito al lector a lo ya publicado si desea conocer los detalles, aunque sí quiero recalcar que la respuesta se produjo a una velocidad notable, y que el Sr. Arana disertó días después, auspiciado por el PEN Internacional / Nicaragua, sobre la importancia de las libertades democráticas en el desarrollo económico. Si no me equivoco, esto podría considerarse una ironía.

El segundo incidente es más grave. Se trata, en mi opinión, de una doble falta. Como ya es sabido, bajo presión de la dictadura la Universidad Americana canceló la ceremonia de graduación de sus nuevos profesionales, para impedir que estos ejercieran su derecho a la libre expresión y dedicaran el acto a la memoria de una compañera asesinada por el régimen. Yo solicité en la página del PEN Internacional/ Nicaragua que nos pronunciáramos como gremio en contra de tal violación. Mi entrada nunca fue aprobada por los administradores de la página. Insistí el 30 de Julio, en carta pública, y luego el 9 de agosto, de la misma manera. Apenas ayer recibí comunicación, primero privada, luego pública, de la presidenta del PEN Internacional/ Nicaragua.

A la comunicación pública me referiré primero, aunque las implicaciones de la carta privada son quizás más alarmantes. En todo caso la carta pública es digna de preocupación.

De inicio, una falsedad: "no se te contestó la carta anterior porque pensamos que ya habíamos aclarado como directiva nuestras consideraciones sobre el ámbito de acción de PEN". No fue sino hasta ayer, transcurridos catorce días, que se produjo un intento de explicar por qué mi entrada en la página del PEN Internacional/ Nicaragua ha sido ignorada o censurada.

Acto seguido, el primer intento de descalificación, que rebaja indignamente la calidad del debate civilizado: "nos preocupó...*las intenciones tuyas de seguir cuestionando a la organización*".

Luego, la minimización del evento acerca del cual solicité que nos pronunciáramos: "pedías a PEN que se pronunciara porque *a un grupo de estudiantes de la UAM* les habían negado su libertad de expresión al no permitirles dedicar su promoción a Rayneia Gabrielle Da Costa Lima".

"Un grupo de estudiantes de la UAM"

¿Hay que aclarar que no se trataba de la demanda específica de "un grupo de estudiantes de la UAM", sino de un evento de altísimo simbolismo e impacto noticioso directamente relacionado con la agresión autoritaria de la dictadura orteguista, y la respuesta rebelde, libertaria, de nuestros jóvenes? Esto parece haberlo entendido todo el mundo, menos el PEN Internacional/ Nicaragua.

¿Cómo es posible que sea precisamente la organización de escritores y poetas la que invalide el enorme significado de suprimir la voz y la palabra de los universitarios? ¿Cómo es posible que se desestime, sin que medie siquiera cortesía profesional, la solicitud de un miembro de la organización para *por lo menos* —aunque no debería hacer falta— discutir qué postura adoptar?

No quiero entrar en una revisión extensa de la carta constitutiva del PEN (su Constitución), pero aseguro al lector que no hay en ella (¡por supuesto!) nada que justifique no defender la libertad de expresión de los estudiantes. Tampoco veo cómo hacerlo pueda poner "en riesgo el trabajo del PEN". Y me parece inverosímil la explicación que atribuye nuestro quietismo a que "En Nicaragua PEN es una organización pequeña. Sólo tenemos una persona que trabaja de manera fija. Todos los demás somos voluntarios."

¿Cuántos escritores, en una organización de escritores, hacen falta para componer uno o dos párrafos en defensa de la libertad, especialmente ante hechos de gran simbolismo como el de la UAM?

El infierno son los otros

No es mi intención someter a nadie al terror de una crítica injusta ni a un ataque infundado, a la implacable mirada, al infierno que pueden ser los otros. No se trata de destrucción personal, sino de aprendizaje y construcción institucional. Por eso, si algo me ha impactado es la indignación en la respuesta privada de la presidenta del PEN Internacional/ Nicaragua. Como mis actos son guiados por la buena voluntad, y porque aspiro más que a nada a que alcancemos una sociedad de altos estándares intelectuales y morales, me abstengo de publicar dicho escrito. Sin embargo —lo digo aunque me apena— debo recordar a la señora presidenta que solicitar a una institución gremial, a la que uno pertenece, que actúe de cierta manera —que uno, errada o correctamente, cree apropiada— no es un acto de traición; que pedir que la organización responda a sus miembros, y se pronuncie a favor de una causa que uno entiende es su razón de ser no equivale a "armar una tormenta en una taza de té"; y, sobre todo, que el debate entre personas pensantes y de bien no tiene como propósito que "rueden cabezas".

¿Por qué es tan difícil entender esto entre nosotros? Esta interrogante es la que me ha obligado, por el fuero de mi conciencia y a costa de mi tranquilidad, a hacer los comentarios que dejo en este artículo. Termino con un cierto amargo regusto: me queda claro lo extendido de nuestro mal, nuestra incapacidad de lidiar de manera tolerante y constructiva con la crítica, nuestra tendencia a sentirnos soberanos de un feudo antes que reconocernos ciudadanos de una república. Pero no hay vida si no hay esperanza. Los jóvenes que hoy cuestionan, critican, protestan, sospechan y dudan, son vida para Nicaragua, son el renacer de la nación, son la vida misma de nuestros tercos sueños. Por eso los exhorto, una vez más: *estén alertas; la escuela de las dictaduras ha dejado hábitos muy malos entre los mayores.* Muchos de ellos han sido en el pasado entusiastas colaboradores de esas dictaduras, y están aún activos, caminan al lado de ustedes, pero representan el pasado, representan exactamente lo que ustedes quieren reemplazar--aunque estén de este lado de las barricadas.

“Traigo división”

19 de agosto de 2019

A ver si les gusta esto a los que (en público, no en privado) aplauden a Monseñor Báez, y que al mismo tiempo gritan histéricos "¡Unidad, Unidad, Divisionista, Divisionista!" para ahogar con sus chillidos otras voces, para que solo se escuchen las suyas, para que solo sus intereses cuenten, para disfrazar su mezquindad. Quiénes son, en el fondo, se descubre así: dedican gran parte de su tiempo y esfuerzo a criticar la crítica, a inventar las mil y una razones por las que hay que regresar al silencio y a la obediencia, y dejar que sus amigos de las élites decidan todo.

¿Eso es ser libertario? ¿Eso es ser demócrata? Eso es ser lobo con piel de oveja. No es ser amigo de la democracia. No es 'estar del lado del pueblo'. No es "unidad contra la dictadura". Más bien es la trampa de autoritarios expertos que se disfrazan con las máscaras de moda, las del *antiorteguismo*, para seguir cerca del poder. Las visten con toda la naturalidad de quien está acostumbrado al baile de disfraces. Y sonríen. Su vida es una interminable gala. Un bacanal de lobos que tiene un rastro de sangre.

Para vivir en libertad —no en el cautiverio ordenado de carceleros amables que imaginan para Nicaragua— debemos hacer precisamente lo contrario: que se oigan las voces de todos, todo el tiempo; que se escuchen todas las opiniones y todas las críticas sin que nadie sea bozal para nadie.

Habrá, por supuesto, opiniones idiotas al lado de opiniones sensatas; opiniones basadas en datos y lógica al lado de opiniones que flotan sin raíz racional; opiniones honestas al lado de opiniones tendenciosas. Pero hay que permitirlas todas, ¡hay que animarlas todas! Hay que alentar a todos a que abran su mente y su alma y su corazón y griten su verdad. Tiene que correr el agua del río o el río se muere. No porque haya basuras en el agua debe uno detenerlo, estancarlo; estancar las aguas es matar el río, llevarlo a la pudrición de toda la vida que alberga. Esto es lo que quieren, esto es lo que necesitan, los que constantemente critican la crítica, y reaccionan alarmados ante ella, como si el exceso de crítica o su excesiva dureza fuera el problema nacional, y no la falta de libertad. No han entendido mucho del nuevo mundo, al que ven con aprehensión; ven la crítica como si fuese un puñal o una daga, un instrumento que mata, y que por tanto habría que controlar. Falso. No se detengan. No callen. Exprésense. Adueñense de su país, su mundo, su libertad. La crítica es asunto diario, permanente y sin censura en las sociedades más libres.

No se detengan. Lo que no logra aplastar la bota fascista del soldado y el mazo de un juez venal, que no lo supriman voces impostadas, cantos de sirena. Más bien recuerden el pasaje de la biblia que Monseñor Silvio Báez menciona:

"¿creen que estoy para poner paz sobre la tierra?". "Les aseguro que no", dice Jesús, "más bien traigo división". No puede ser de otra manera, no puede haber unidad entre la buena semilla y la cizaña. Hay que saber distinguir una de la otra. Hay que cuidarse de los lobos vestidos de ovejas que nos piden ignorar que una es enemiga de la otra, que le roba su espacio y su sustento.

¿En serio?

20 de agosto de 2019

Mi comentario antipático del día —y digo antipático no porque yo quiera ofender— a alguien que dice estar confiado que la dictadura se acaba a más tardar el 22 de noviembre DE ¡2021!, y que "entregan el poder' el ¡10 de enero del 2022![53] ¿En serio?

¿En serio? Esta narrativa alucinante es de una ingenuidad tal, que si yo fuera Ortega estaría feliz, feliz, feliz de leerla. Y debe estarlo, como deben estar sus socios del gran capital. Pero yo insisto: Es incomprensible que esta sea la posición que va asumiendo la Alianza Cívica, y que muchos adoptan porque les han dicho que "es esto o la guerra".

Y es especialmente impresionante porque se dice en AGOSTO DE 2019, ¡más de DOS años antes de que la "profecía" se cumpla!, sin mencionar que ocurre 14 meses después de que comenzó un genocidio, y que ocurre en un país sometido al imperio de paramilitares, con más de 70,000 exilados, sin libertad alguna y sin que la dictadura dé ninguna señal de que va a permitirla, y además con una "oposición" cuyos líderes son los mismos que construyeron las dos dictaduras del FSLN. Es como una obra del teatro del absurdo. Solo es vagamente explicable como la racionalización de lo que parece ser la única decisión firme de los grandes empresarios y de la Alianza Cívica: *no enfrentarse a Ortega.*

La racionalización, en sí, rebasa, sin embargo, las fronteras de lo racional. ¿Qué piensan, los que creen estas cosas, que el FSLN va a estar haciendo durante 26 meses? ¿Será que esperan que Ortega, tan devoto, se entregue a Cristo? ¿Será que la Chayo volverá a escribir poesía y a cuidar a sus nietos? ¿Será que Laureano se irá a Italia, a cumplir su sueño operático? ¿Será que los paramilitares van a construir un hogar de retiro, y que la cúpula del FSLN va a dedicarse a construir un partido democrático, y a preparar una elección justa, libre y sin violencia? ¿Será que los grandes empresarios van a abandonar voluntariamente los privilegios que les ha concedido Ortega? ¿Será que el país va a olvidar, como si fueran nada y fueran nadie, durante 26 meses, a todos los muertos? ¿Será que los exilados volverán, sin problemas, a estudiar, trabajar e involucrarse cívicamente en paz, sin ser perseguidos?

---

53. Esta era, palabras más palabras menos, la postura de los defensores de la "estrategia electoral" patrocinada por el Gran Capital. La defendió en público, en este caso sin desviación del libreto, es decir, sin palabras más ni palabras menos, el viejo político Noel Vidaurre, en un programa de entrevistas producido en cadena internacional por el periodista peruano Jaime Baily, quien terminó mofándose y sacando del aire sin demasiado protocolo a su entrevistado. Baily llegó a afirmar, ante un humillado Vidaurre, que si él fuera Ortega "le regalaría una botella de vino" a la oposición que mantenía la expectativa de "victoria electoral" para la transición democrática.

¡¿Qué disparates son estos, ¡Dios mío!?! ¡¿Alguien puede, razonablemente, esperar que el mundo del horror que vive Nicaragua se transforme tan mágicamente en placidez?! Esta visión es casi como una creencia supersticiosa, un capricho de la imaginación a prueba de lógica y de evidencia. Lo malo es que es una creencia costosísima, trágica.

¿Hay Censura en el PEN?

22 de agosto de 2019

Estimada Gioconda, y resto de miembros de la directiva del PEN Internacional/Nicaragua:

Ojalá no hubiera necesidad de invertir valioso tiempo —valioso por escaso— en el tema de la institucionalidad y la libertad de expresión dentro del PEN Internacional/Nicaragua.

Desafortunadamente, no es así. Ha quedado atrás el caso —vergonzoso en mi opinión— de la fácil aceptación de la censura ejercida por el Sr. Mario Arana contra *Revista Abril*.

Ahora se presenta una situación que podría ser aún más grave, porque tiene que ver, como sugiero arriba, con el respeto a la libertad de expresión dentro de nuestra organización. Explico: el 27 de julio de 2019 escribí en la página de Facebook de PEN Internacional/Nicaragua una solicitud de apoyo a los estudiantes de la Universidad Americana (UAM) que decía esto (aunque quizás haya habido cambios menores de edición cuando lo reproduje en mi página personal):

"Quisiera solicitar a mis colegas del PEN Internacional Nicaragua que protestemos formalmente contra la decisión de la Universidad Americana de impedir que los estudiantes expresaran su sentir y sus puntos de vista durante la ceremonia de graduación oficial, llegando al extremo de cancelarla.

Para quienes no están al tanto, los estudiantes pensaban dedicar la graduación a Raynéia Gabrielle Da Costa Lima Rocha, estudiante brasileña asesinada por la dictadura orteguista el año pasado; el paramilitar que fue condenado por el crimen ya está en libertad, "amnnistiado" por el propio gobierno. Una nieta de Ortega está entre los graduandos.

No se puede retroceder ante la censura en ningún frente. Cada agresión autoritaria de la dictadura es una oportunidad para desarrollar la tradición de tolerancia que queremos. El PEN Internacional/Nicaragua tiene una responsabilidad especial en este proceso."

La entrada, que hice como miembro del PEN Internacional/ Nicaragua, requería aprobación del administrador, la cual aparentemente no fue otorgada hasta hoy agosto 9 de 2019. De hecho, el 30 de julio solicité por segunda vez, a través de mi cuenta personal de Facebook, etiquetando a los directivos que tienen páginas en la red, y conversando directamente con otros, que se publicara mi solicitud, que creo relevante y que fue presentada con el respeto y la claridad debida.

Pero ha sido inútil. No ha habido ni siquiera un formal acuso de recibo, tampoco una explicación de por qué mi entrada no fue publicada. Un silencio total. Y no es que la página esté inactiva: desde el 27 de julio han sido añadidas alrededor de 45 entradas, 40 de ellas después de mi segunda solicitud.

Yo quisiera creer que se trata de un error. Sería preocupante, porque estamos en tiempos durísimos para la libertad, y el PEN debería, no solo reaccionar con sensibilidad y rapidez, sino aceptar que sus miembros se involucren con entusiasmo, como yo he tratado de hacer.

De no tratarse de un error, estaríamos entonces ante una situación más deplorable, grave, porque se trataría de un acto de censura de la libertad de expresión en contra de un ciudadano que además es miembro de la organización en Nicaragua y en Estados Unidos.

Yo les hago un llamado a los miembros del PEN Internacional/ Nicaragua para que resuelvan esta situación. Demos un ejemplo de institucionalidad y respeto a la libre expresión. Que no sea nuestra organización una víctima más de los hábitos que nos han impedido tener una democracia que se sostenga y funcione.

Abrazos a todos,

Fran

Elogio de la desconfianza

6 de septiembre de 2019

Al político, como al negociante, le interesa que los clientes confíen en él. Al ciudadano, que no debe ser *cliente*, porque es el *propietario* de la sociedad, le conviene desconfiar del político, someterlo a un examen riguroso, y darle poco poder, porque al final no se puede confiar sin límites en nadie.

Recordemos, porque es cierto, que "el poder corrompe, y el poder absoluto corrompe absolutamente". Lo sabemos de sobra: hay que desconfiar, y por eso hay que luchar por un sistema que disperse el poder, que dé poco poder a cada uno, y que filtre rigurosamente a quienes se les dé, limitado y por poco tiempo.

Necesitamos, por tanto, instituciones construidas sobre la base de la desconfianza en la ambición humana. Que nos una la convicción de que el bien colectivo requiere que no permitamos a nadie, por más bueno que parezca, acumular poder. Unámonos en ese espíritu vigilante y responsable para mantener la codicia bajo control y permitir que la libertad florezca.

La Prensa y el *Nuevo Diario*:[54] el salario del pecado

8 de septiembre de 2019

Tendré que ser breve, porque la indignación es mucha, y porque las imágenes son más elocuentes de lo que nunca serán mis palabras. *La Prensa* y *El Nuevo Diario* publicaron hace poco, como un suplemento especial, el homenaje de la tiranía al Ejército de Nicaragua, que no solo celebra a una institución acusada de complicidad en el genocidio, sino que hace despliegue del grotesco culto de personalidad al "comandante". *¿No deja esto en claro la prioridad de quienes controlan La Prensa y El Nuevo Diario? ¿No deja esto en claro que hay un pacto gestándose (o ya preparado, según muchas fuentes) entre el dictador y la oposición "oficial"—es decir, entre Ortega, la Alianza Cívica y los grandes empresarios?*

Sobre lo primero, si algo hay que agregar, es que tanto *La Prensa* como *El Nuevo Diario* se manchan las manos de sangre. La población debe estar alerta, escéptica más bien, ante los consejos que emanan de las páginas editoriales de estos medios, cuyo respeto a las víctimas de la represión es apenas un espejismo demagógico, y que son capaces de colocar afán de ganancia financiera por encima de las aspiraciones democráticas que dicen defender. Sobre lo segundo: es evidente que tanto *La Prensa* como *El Nuevo Diario* han hecho méritos para que la dictadura les abra las compuertas del dinero oficial, miles y miles de dólares en pago a publicidad e imprenta. Pregúntense ustedes: *¿cuándo fue la última vez que tanta generosidad fue a cambio de nada?*

---

54 De estos diarios, el más antiguo era *La Prensa*, fundada en 1926 y pronto después adquirido por la familia Chamorro. En 1980, Xavier Chamorro Cardenal, que había dirigido junto a su asesinado hermano Pedro Joaquín Chamorro el diario original, se separó de este, llevándose buen número de empleados, y fundó el pro-FSLN *El Nuevo Diario*. Tras el regreso de Ortega a la Presidencia, los herederos vendieron el diario al grupo financiero Banpro, que actúo, como se sabía desde entonces, de testaferro del dictador.

Attonitus

10 de septiembre de 2019

Leí ayer dos comentarios que me dejaron, uno reflexionando, el otro atónito. Para mí es casi imposible usar esta última palabra, tan respetablemente sonora, cuando se trata de mi terruño. Así que aprovecho. Después de todo, "atónito", del latín *attonitus*, significa, según la RAE, "pasmado o espantado de un objeto o suceso raro." El espanto en Nicaragua es el horror, pero ya no es suceso raro; más bien, lo raro es lo normal, lo absurdo es lo cotidiano, y hasta termina volviéndose aceptable, de tanto repetirse; como habíase vuelto aceptable que la mafia del poder económico paseara su concubinato con el poder político a plena luz, por todas las calles, y hasta tuviera la sombrilla de un cardenal para abrigarse.

Así que empiezo por el segundo comentario, el que me deja *attonitus* porque, damas y caballeros, ya cuando uno piensa que lo ha visto todo, que el cinismo de los cínicos lo ha vuelto a uno cínico, o que al menos lo ha vacunado contra el golpe moral del espanto, viene un soplo de viento frío desde las cavernas del poder y lo despierta: siempre hay más cinismo del que un pobre ciudadano puede imaginarse.

Tanto rodeo para tomar aliento, para poder contar, sin ahogarse uno, lo que ya todos saben pero que hay que recontar y repetir, como ejemplo de la historia que se vive, hasta que quede grabado en el misterio de la conciencia; antes de que los mismos cínicos que producen la anécdota la borren; antes de que la eliminen del manuscrito tergiversado de la Historia que ellos mismos producen para seguir engañando y manipulando y así preservar su dominio sobre la hacienda.

El buen ejército

Por estos vericuetos llegamos al editorial que firma el Sr. Humberto Belli, miembro del consejo editorial de *La Prensa*, el diario que apenas hace unos días aceptó hacer publicidad al ejército de la tiranía orteguista, señalado ¡por ellos mismos! de complicidad genocida. Dicho sea de paso, múltiples reportes de derechos humanos contienen evidencia, y en varios casos, conclusiones contundentes, de la culpabilidad del cuerpo armado.

¿Qué dice el Sr. Belli? Resumo: se comete una "injusticia con el ejército" (precisamente ese es el título del artículo; respiren profundo), al creer que el Ejército "se ha plegado al orteguismo". Por el contrario, dice Belli —quien, les recuerdo, fue "arrestado" hace unos meses, con tiempo apenas suficiente para posar y hacer la V de la victoria, antes de ser "liberado"— que el Ejército ha hecho un gran esfuerzo para mantenerse "neutral" en el conflicto político. Y ahora les presento el diamante en el fondo de la mina: dice Belli que los "injustos" que acusan al Ejército de no desarmar a las fuerzas paramilitares de la dictadura muestran un "*menosprecio ingenuo de las implicaciones que hubiese tenido tratar de desarmar por su cuenta a los matones armados por Ortega. ¿No hubiese causado esto graves choques armados*?"

Dejemos de un lado la evidencia que el Sr. Belli conoce perfectamente, como conoce todo el que quiera conocer--porque es pública--de la relación entre los paramilitares y el Ejército. Prestemos atención a lo que es verdaderamente cruel y escandaloso, la fuente del *attonitus* en el artículo publicado en *La Prensa*. Según la *lógica* del Sr. Belli, es preferible que "los matones armados por Ortega" asesinen a ciudadanos inermes, manifestantes pacíficos, niños y familias en las calles y casas del país, a que el Ejército "neutral" sostenga "graves choques armados" con los paramilitares.

El mal mayor, queda implícito, no es que el Estado mate civiles, sino que el Estado se desgarre al interior. Es decir, la prioridad no es que el Ejército cumpla su función y desarme a los matones, sino que no se enfrente a ellos, que evite "graves choques armados". Sería bueno —me imagino que sería muy "cristiano"— que nadie tuviera que morir así, pero si alguien tiene que morir, que sea el ciudadano de la calle. Todo por la estabilidad del reino.

¿No recuerda esto a los esfuerzos y malabares que actualmente empeñan a las élites en una marcha desesperada hacia el pacto con Ortega, a legitimar a Ortega en "elecciones", a cooptar como puedan a quienes puedan, dentro y fuera del país, a sofocar como puedan la movilización independiente de los ciudadanos? Se trata del mismo desprecio a los derechos de las personas de carne y hueso que habitan más allá del mundo de las élites, desprecio a la vida de los nicaragüenses; desprecio que apenas disimulan, y que —quizás por torpeza literaria— aflora como la piel detrás de una camisa gastada en el discurso de gente como Belli y otros representantes del *establishment*. No exagero. El léxico que incluye "puchitos" e "insignificantes"[55] viene del fondo sucio del alma del Poder.

Elecciones versus referendo

Por eso vale la pena pensar y repensar con sumo cuidado —en esto se va la vida del país, el presente y el futuro de millones de ciudadanos— las opciones que como "únicas" las élites colocan en el presunto menú de soluciones. La principal, por supuesto, es la de la "vía electoral", que envuelven delicadamente en el papel dorado de "vía cívica". Al respecto, el Sr. Israel Lewites Cornejo ha escrito el siguiente comentario, al cual me refería al inicio de esta nota: "*El derrocamiento de la dictadura podría ocurrir en medio de un sangriento alzamiento popular. Eso es algo que las personas sensatas deseamos evitar y por eso vemos en un*

55 Términos con los que Rosario Murillo acostumbra referirse a los opositores autoconvocados.

referéndum y/o en las elecciones oportunidades para que orteguismo recapacite y deje de obstruir el paso de Nicaragua hacia la libertad. La mayoría de ustedes dirá: "Israel, no seas ingenuo, esos criminales no van a abandonar el poder por las buenas". Y si, temo que tienen razón. Pero aun así debemos agotar hasta la última opción cívica ... aunque ya no nos quedan muchas".

Comparto el deseo de que Nicaragua se democratice sin que haya guerra; comparto incluso el escepticismo generalizado de que una guerra pueda democratizar a Nicaragua; quisiera que fuera realista esperar que la sensatez prevaleciera, pero no tengo razón alguna para creer posible que "el orteguismo recapacite". El breve comentario que quisiera hacer a la reflexión angustiosa y bien intencionada del Sr. Lewites es este: creo que la propuesta de elecciones, en las que el FSLN controlado por Ortega-Murillo, y probablemente la propia pareja genocida, competirían, no es "opción cívica"; creo que el referendo lo es.

No es cívico permitir que criminales de lesa humanidad queden legitimados como actores de un proceso democrático. Ni es cívico que esos criminales retengan, independientemente del resultado electoral, las armas, los espías, los recursos financieros (mal habidos, claro) que les han permitido secuestrar un país entero y cometer crímenes indecibles. Tampoco es cívico que reciban, como recibirán, inmunidad parlamentaria, puestos en los gobiernos, salarios y pensiones pagados por las víctimas. Ni que tengan sus jueces, diputados (el mismo Ortega, de perder, sería diputado si la obsesión "constitucionalista" triunfara), y por supuesto, sus soldados. No olvidemos que esos soldados fueron fieles al "comandante" durante los dieciséis años de gobiernos conservaliberales a partir de 1990.

Yo no creo que pueda democratizarse el país por esta ruta, y temo que cientos, o miles, sean asesinados si se intenta. Pero tengo que aceptarlo: nada es imposible en este mundo. Ya ven que no es imposible, desde la página editorial de *La Prensa*, regañar al pueblo por ser "injusto con el Ejército". ¿Qué diría Pedro Joaquín Chamorro?

En cualquier caso, la opción del referendo me parece más limpia, no solo por razones éticas, sino prácticas, como un primer paso para que el NO de la ciudadanía al continuismo dictatorial se exprese en lenguaje que —de poder realizarse un proceso medianamente legítimo— es indiscutible e indisputable, el de los votos.

Sería apenas un principio, y habría que llegar a ese principio a través de la lucha, porque ni al FSLN ni a las élites aliadas, o que buscan, a lo sumo, un divorcio amistoso, les interesa un camino que pudiera llevar a cambios fundamentales en la organización del poder económico y político en Nicaragua. A ellos les bastaría con que la Presidencia tuviese otro nombre, un nuevo René Schick para la versión aún más siniestra de Somoza que oprime el país actualmente. Un cambio para que nada cambie.

Y que nadie se atreva a ser injusto con el Ejército.

De cómo las élites, en su pánico, suplican al Ejército que las salve, y tratan de organizar elecciones con Ortega, y otras historias de horror

3 de octubre de 2019

Contar esta historia sin usar términos escatológicos requiere un enorme esfuerzo. Según Francisco Aguirre Sacasa, uno de tantos vividores de la corrupta clase política nicaragüense, diplomático (que, en nuestro triste país, hasta la fecha, quiere decir o turista de lujo o traficante de influencias pagado por el Estado), el Ejército "tiene gran prestigio entre los productores rurales del norte". Dice Aguirre Sacasa: "para Mario Arana y yo, el ejército de Nicaragua es parte de la solución"; "el ejército ha obedecido la constitución"; "el ejército ha venido llamando repetidamente al diálogo"; "el ejército debe continuar cumpliendo su misión"; "el ejército tiene gran prestigio ante el Comando Sur de los Estados Unidos" (esto a él le parece de lo más cool, como quien dice); y por supuesto, está de acuerdo en lo afirmado por otra joya del establishment, Humberto Belli, quien firmó en *La Prensa* (el diario que sacó un suplemento espectacularmente inmoral de propaganda del Ejército de Nicaragua, no olvidemos) que el pueblo era "injusto" con la institución. Díganme ustedes: ¿es posible "unirse" con él, con Mario Arana y con Humberto Belli? Mi respuesta: NO —si es que uno quiere democracia para Nicaragua. Esa es una verdad, queridos amigos, que hay que enfrentar. No es que yo divida o intente dividir, sino que esta gente está irremediablemente apartada, separada, "dividida" del pueblo democrático; en contra— a pesar de su doble discurso--de las aspiraciones democráticas de la nación, insensibles ante los asesinatos, incapaces de la menor empatía hacia las familias de los muertos y presos, muchos de ellos a manos del Ejército que ahora desvergonzadamente defienden. Para estos individuos, que representan lo peor de las élites tradicionales de Nicaragua, la "estabilidad" se ha vuelto una obsesión, y el cambio es la peor pesadilla. Estaban conformes con el arreglo corporativista [es decir, fascista] que tenían con Ortega, y lo celebraban en público. Le tienen horror a un Estado de Derecho, y el miedo a perder sus privilegios los hace descender éticamente al infierno, a entregarse en los brazos del Ejército, a suplicarle a los guardias de Ortega que los protejan.

Todo lo que ellos y sus amigos banqueros proponen tiene como norte esa estabilidad, aunque sea a costa de la justicia por los crímenes de la dictadura, y aunque sea a costa de futura violencia contra el pueblo, y aunque traicione --¡qué les importa a ellos! --la esperanza de los nicaragüenses que han demostrado estar listos a construir una sociedad libre. De eso se trata el plan, sucio de origen, sucio de intención, sucio en los procedimientos, antiético, y para rematar impráctico, de "elecciones con Ortega": de asegurar que las élites pasen la tormenta, incólumes, intactos sus beneficios. Y si para eso hay que dejar a Ortega y sus secuaces en la impunidad, que así sea. Si para eso hay que dejar al "comandante" en control de sus enormes recursos financieros, sus canales de televisión, sus paramilitares, sus espías, su policía, y por supuesto, su muy "constitucional" ejército, ¡pues que así sea! Si para asegurarse el "aterrizaje suave" que añoran los Belli, Arana, Aguirre Sacasa, Pellas, Ortiz Mayorga, Baltodano, Montealegre, etc., hay que legitimar a Ortega (podría ser el inmune 'diputado Ortega' si "pierde" las elecciones) ¡pues, que así sea! Que nadie diga que no había evidencia, que no sabía, que no se sabía, que nadie advirtió. Porque hay muchas voces que se levantan, y hay un coro popular contra las componendas y el pacto, y el grito del pueblo ha sido desde un comienzo "¡que se vayan"!

Que nadie diga que no escuchó nada. Si lo dice, es que no quiso escuchar.

¿Quién gana con el pactismo-eleccionismo?

11 de Octubre de 2019

Si Ortega calcula que es de su conveniencia, una nueva camada de oportunistas opositores tendrá por unos cuantos años ministerios, presidencia y vicepresidencia, curules en la Asamblea, prebendas, privilegios, viajes, carros, gasolina, sobresueldos, etc., mientras el diputado Ortega (porque eso dice la "constitución", y la "vía constitucional" es la niña de los ojos de los eleccionistas) "gobierna desde abajo" una vez más. Regresa, mejor dicho, a sabotear y a matar desde abajo.

¿Y la justicia?: "Después".

¿Y la policía?: "Ya la iremos 'profesionalizando' poco a poco, con ayuda de Estados Unidos y otros países amigos. El comisionado Díaz trabaja con el gobierno democrático para avanzar en esa meta".

¿Y los asesinatos?: "Condenamos la violencia, venga de donde venga; vamos a ordenar a la policía que investigue".

¿Y el ejército?: "Como ustedes saben, el Ejército de Nicaragua ha cumplido su misión constitucional".

¿Y la democracia? "Algún día; tenemos que ir en fases; poco a poco".

¿Y la verdad? "Eso es todo por hoy, gracias. ¡Viva Nicaragua Libre! [Porque ya somos libres, así que, por favor, cada uno a su casa; y despreocúpense, que nosotros nos ocuparemos del resto]."

La historia de la crisis nicaragüense desde Mayo de 2018, en un párrafo

22 de Octubre de 2019

Los grandes empresarios y sus agentes se apoderaron, con ayuda de la represión orteguista, del nombre Alianza Cívica, y desde ahí cumplieron su tarea prioritaria: evitar que triunfara el movimiento *autoconvocado*. Luego se pusieron a trabajar para "resolver la crisis" a su favor, apartando a los incómodos "radicales", desde jóvenes autoconvocados hasta Monseñor Báez. Buscan ahora cómo estabilizar la economía y sus ganancias, pero saben que algo tienen que hacer para mojar la pólvora que hay en las calles de Nicaragua, y por eso arrastran los pies, engatusan, organizan la farsa. Poco a poco se va viendo el plan que intentan poner en práctica: lograr que se abandone la lucha cívica (desobediencia civil, paros, etc.), desalentar la organización independiente de la población opositora (todo el mundo a seguir a su partido, el CxL[56]), y esperar, durante dos largos años, a que Ortega permita elecciones (dicen ellos que libres... ¿ya vieron Bolivia?). En otras palabras, la Alianza y sus patrocinadores del gran capital son parte del problema, no parte de la solución. ¿Por qué? Porque el gran capital es parte del sistema dictatorial. Nadie debería mostrarse sorprendido: el concubinato Ortega-Cosep se exhibió sin pudor hasta que el pueblo explotó en abril de 2018. En cuanto a la UNAB, los que no son Alianza deberían definirse pronto, porque el camino al que los arrastran es, ni más ni menos, el de un nuevo Kupia Kumi. Nada raro en nuestra historia: una dictadura masacra, y las élites pactan. Dictadura, pacto, guerra civil, es lo único que le han recetado al país en los casi doscientos años desde que Nicaragua se separó de la Federación, en 1838.

56 Ciudadanos por la Libertad. Partido cuyas características distintivas durante este período fueron una definición ideológica marcadamente de derecha y una disposición sin cortapisas a participar en un proceso de elecciones con el FSLN. De hecho, a diferencia de los otros grupos autollamados "opositores", el CxL aceptó participar en las elecciones regionales del 2019, apenas pasado el genocidio.

La corrupción como método de lucha del gran capital (Intento de diálogo con un joven excarcelado)

29 de octubre de 2019

Francisco Larios: La foto[57] me llena de preocupación y tristeza. Estos jóvenes, dignos y prometedores, en las fauces del lobo, cerca de gente cuyo propósito es corromperlos. En un país tan joven, a veces no conocen los antecedentes de la clase política delincuencial y autoritaria del país tan bien como les hace falta, para no caer en las trampas de los viejos zorros.

Bayron Estrada: Qué podemos hacer, ahora todo es malo, todos son malos y todos somos traicioneros. Lamentable lo que nos pasa en este país. Pero aun así no soy enemigo de nadie les quiero a tod@s.

Bayron Estrada: pero también es responsabilidad de uds. de tratar de entender que como Hnos. debemos trabajar juntos en Unidad con tod@s y todos, el objetivo no es quién sale a mi lado o a quién pueda yo ver que florece o se seca como el árbol, yo me siento feliz xq tengo mi conciencia tranquila que hice y hago lo mejor desde lo que puedo.

Hay que trabajar por Nicaragua, por los más pobres y sufridos. Feliz tarde a tod@s.

57 Se refiere a una foto de estudiantes exprisioneros políticos (en ese momento; algunos fueron recapturados después) con el notorio mercenario político Arturo Cruz, uno de los principales arquitectos de la "estrategia de aterrizaje suave" promovida por la Alianza Cívica y por personajes tan oscuros como el antiguo amigo y suegro de Cruz, Humberto Ortega, hermano del dictador. La foto fue tomada en un hotel de lujo de Managua, tras una presentación y almuerzo en el que las fuerzas de la oligarquía convidaron, como parte de su trabajo de cooptación, a buena parte de la camada de rebeldes surgida de las protestas de abril.

Francisco Larios: Saludos Bayron Estrada. Mi comentario asume que vos, Dolly Mora Ubago y los otros muchachos son gente, como dije, digna y prometedora. Mi intención es constructiva, en espíritu de amistad y cooperación, y producto de la experiencia y el conocimiento acumulado; espero que más bien te sirva para protegerte.

Lo que me ha dejado preocupado y triste (y a mucha gente que conozco) es que ustedes aparecen sonrientes y satisfechos junto a un señor que francamente es responsable de lo que ustedes mismos han sufrido y el pueblo de Nicaragua continúa y va a continuar sufriendo. Durante décadas ha flotado para su propio beneficio personal en medio de las tragedias del país, siempre arriba, muchas veces en las sombras, de lado a lado, de bando a bando: sandinista, luego "Contra" (no de los de rifle en mano, sino de los del mundo "diplomático"), luego cuate de Humberto Ortega, después —no se olviden— arquitecto e ideólogo en la construcción de la actual dictadura, embajador de Ortega en Washington en el período anterior, propagandista del pacto con el poder económico que hizo a Ortega y a los señores del gran capital más ricos de lo que nunca pudieron soñar--"populismo responsable", lo llamaba, otra de esas sandeces perversas para las que tiene habilidad y por las que logra aplausos pero que, o no significan nada, o son maldades escondidas, como "soberanía paralela", o "no arriesgar los 'intereses vitales' de Nicaragua para salir de la dictadura.

Su función actual es la de siempre: servir al poder, haciendo lo que sabe, que es aparentar "sentido común" y "sabiduría".

Ni él, ni Chano Aguerri, ni Mario Arana, por mencionar una lista corta, están ahí para ser parte de ese "todos" que supuestamente "luchan" contra la dictadura. Ese es un engaño, peor que el de un alacrán en la camisa. Ellos son constructores de la dictadura, sus intereses están atados —aunque ahora incómodamente— a ella, y buscaron activamente, desde el inicio, impedir que la insurrección cívica derrocara a Ortega. Esto no es especulación, sino información.

¿Qué quieren ahora? Controlar cualquier proceso hacia adelante, aunque esto signifique convivir con Ortega. Van en esa dirección, y van a arrastrar a cuantos puedan en ella, con el enorme poder económico que los sostiene, y al que ellos sirven.

No tienen ni tendrán el menor escrúpulo. Porque no es la primera vez que han sacado provecho a una dictadura, ni la primera vez que han traicionado a la población después de una masacre. Eso es parte de la historia de Nicaragua [Kupia Kumi].

Acordate de las palabras de Monseñor Báez sobre los poderosos que compran conciencias y a quienes no les importa sacrificar la vida humana. Ahí los tenés.

Si yo estuviera en tu lugar —joven, involucrado a alto costo personal en una causa justa— cuidaría mi nombre, me protegería a mí mismo del peligro político que esta gente significa, y sobre todo, estaría alerta, cuidaría mi alma, porque somos humanos, y estos zorros son expertos en corromper, saben cuánta droga darle a la vanidad de cada quién, empezando incluso por dosis pequeñas: un viaje aquí, un almuerzo allá, las cámaras, las apariciones, las reuniones 'importantes', la figuración, el trato especial de un 'enviado' como Cruz, y si te descuidás en unos meses o años estás atrapado, y has empezado a justificarte a vos mismo las cosas que antes criticabas; al final pierde uno el pudor y deja de justificarlas, y ya para entonces ha cruzado sin remedio hacia la pudrición moral.

A muchos pasa, y a todos nos puede pasar. Así que no tomés a mal estos comentarios, tomalos mejor como lo que son, como información que puede salvarte, que te entrego con respeto y en un espíritu de amistad.

Y en serio, busquen los antecedentes de las personas que andan alrededor de ustedes, porque el diablo no es feo ni el lobo muestra siempre los colmillos, y el zorro pierde todo menos las mañas. Yo te aseguro, como dije en mi comentario original, que te vas a dar cuenta que están en las fauces del lobo, en una cueva de ladrones.

Lo siento, la verdad nos hace libres. Te dejo un abrazo.

Francisco Larios: Bayron Estrada, Dolly Mora Ubago, ¿qué piensan de este comentario de Yaser Morazán en *Revista Abril*?: "Arturo Cruz es la personificación en vida de la fusión entre el gran capital y el FSLN, es el ejemplo de lo que les estoy describiendo. Un arlequín de la política criolla que sirvió como embajador del sandinismo en Washington del 2007 al 2009, incluso llegó a afirmar de forma pública que la gestión del régimen Ortega-Murillo era «populismo responsable». Esto sería el equivalente a que, dentro de 10 años, el actual embajador sandinista en Washington nos venga a dar clases de DEMOCRACIA, ¡PAR FAVAR!"

¿Creen que es cierto, o falso? Y si es verdad ¿creen posible la unidad con la "fusión entre el gran capital y el FSLN"?

Los dilemas de la UNAB

30 de Octubre de 2019

Comento aquí una nota que Félix Maradiaga, del Consejo Político de la UNAB, publicó recientemente. Pero antes, debo aplaudir el gesto del autor al pedir a sus lectores que se sumen a la lucha, no como borregos que avanzan al grito de consignas, sino como seres pensantes capaces de proponer. Otras figuras de oposición, particularmente en la Alianza Cívica, permiten únicamente interlocución con individuos y medios que se muestren dóciles, sea por pereza analítica o por la intimidación suave que ejerce el poder económico en la devastada Nicaragua. No es tanta, en ese sentido, la distancia que los separa de un dictador.

Si estamos realmente comprometidos con un futuro democrático, no podemos darnos el lujo de pasar por alto ese problema. Porque cuando Mario Arana bloquea el acceso de *Revista Abril* a su cuenta política de Twitter, cuando Juan Sebastián Chamorro ignora numerosas solicitudes de entrevista del mismo medio, cuando políticos ligados a la Alianza presionan a medios opositores para que no publiquen artículos de comentaristas independientes, como este servidor, cuando logran que se cierren programas de radio independientes, como el caso del periodista Aburto, ¿quién gana? Gana el poder mezquino del político, y pierde la democracia, pierde la sociedad, pierde la decencia, sufre daños la lucha contra Ortega porque, ¿no es evidente?, enfrentamos a un régimen monstruoso, dirigido por sujetos que –lo digo sin exagerar--cabrían cómodos en un destacamento hitleriano, y por tanto ningún esfuerzo sobra, ninguna idea sobra.

En lugar de buscar aplausos, vítores y obediencia, los políticos que dicen representarnos y que tanto reclaman "unidad", deberían promoverla abriéndose a la diversidad de opiniones que inevitablemente existe y existirá entre nosotros. Parece, sin embargo, que no tienen el instinto democrático muy desarrollado, y los domina el miedo a perder control y perder protagonismo.

Una tesis derrotista

¿Qué dice el artículo de Maradiaga? Trataré de resumirlo de manera sucinta pero fidedigna. Dice, en pocas palabras, que la UNAB hace lo que puede en circunstancias terriblemente adversas, fuera de su control, y que son responsabilidad de la dictadura orteguista.

A simple vista, se trata de una tesis incuestionable. El régimen comete asesinatos en el campo con una regularidad que delata su afán de exterminar a sus adversarios reales o potenciales; acosa sin descanso en la ciudad a los activistas más vulnerables, aquellos a quienes no parece cubrir el manto protector de algún poderoso; despliega fuerzas policiales y paramilitares de manera aplastante para sofocar cualquier chispa de protesta antes de que el polvorín llamado Nicaragua estalle.

El problema con la explicación de Maradiaga es que contiene un sesgo que impide reflexionar sobre cómo el movimiento popular, que acorraló a la dictadura y la hizo tambalearse en abril de 2018, llega a finales de 2019 más bien acorralado. Si la postración actual del movimiento se debe exclusivamente a la dictadura, pues es lógico inferir que no ha habido error de parte de la oposición. En ese caso no hay nada que aprender, ni tampoco queda esperanza; porque si todo depende del adversario, y nada de nosotros, hay que esperar a que el adversario se derrote a sí mismo para salir victoriosos. Esto explica que la oposición parezca adoptar una actitud lastimosa de espera paciente y mendicante ante Ortega.

¿Hay alternativas?

Conviene a la UNAB, y conviene al pueblo de Nicaragua, abandonar esta racionalización derrotista. La UNAB debería preguntarse de qué manera y hasta qué punto ha contribuido a que la correlación de fuerzas en la calle se haya revertido dramáticamente a favor de la dictadura. Esta no es una pregunta académica. Es necesario entender qué ha pasado, para calibrar de manera realista nuestro entendimiento del conflicto. Si no se tiene claridad acerca del comportamiento, la naturaleza, y la fuerza relativa de los diferentes participantes, difícilmente se puede articular una estrategia y un plan de lucha.

Con ese fin, propongo una tesis alternativa: la UNAB ha contribuido al reflujo de la protesta popular por seguir el camino estratégico de uno de sus miembros, la Alianza Cívica. Error craso, y además costosísimo para la Unidad, porque a estas alturas la población poco puede distinguir entre unos y otros: critica a ambos con los mismos argumentos y atribuye a ambos los vicios y la corrupción que encuentra en los peores, en aquellos personajes con pasado orteguista a quienes identifica como el verdadero poder en la Alianza.

El tren zancudo

De seguir así, cuando la Historia sea escrita con seriedad en Nicaragua (hay que soñar, y para eso es que documentamos lo más posible) la UNAB podría terminar reducida a la insignificancia más triste, ya no como un grupo *zancudo*, privilegio que correspondería a quienes conducen el tren que lleva a elecciones con Ortega, sino peor, como *zancudos* de aquellos, gente que tuvo una oportunidad pero no quiso arriesgarse por miedo a perder recursos o apoyos externos que al final llegan más cómodamente a otros beneficiarios, a los poderes fácticos establecidos.

Mientras la historia estira su larga forma, los políticos hoy agrupados en la Unidad probablemente se desgranarían, unos para cruzar el umbral del *zancudismo*, otros para denunciar con rezago la traición, y refugiarse en una derrota honorable.

El fracaso de los "cívicos" de los setenta y el triunfo del FSLN

Nada de esto sirve al pueblo de Nicaragua. Nada de esto sirve para que viva en democracia. Yo invito a los políticos honestos a que reflexionen sobre esta hipótesis: el triunfo de la guerra como propuesta en 1978-79, y del FSLN en el río revuelto de aquellos años, reflejó el fracaso de los liderazgos "cívicos" de entonces, dedicados también a formar siglas, coaliciones y propuestas de diálogo con la dictadura de turno; incapaces de conectar orgánicamente con el ciudadano común, con el soberano; de inspirarle confianza y ponerse al frente de su lucha. Una oposición patética, de salón y amiguismo, de círculos de confianza y poca beligerancia. ¿Suena familiar? Mientras tanto, el régimen somocista administraba violencia contra la oposición de la calle y del campo; una violencia terrible, sin duda, aunque para nuestro mal, la irrupción del fascismo sandinista en la cultura política hace que parezca apenas prólogo y presagio del infierno que hoy se vive.

El precio de "participar en el juego"

Para seguir a la Alianza, la UNAB ha tenido que sacrificar, por acción u omisión, su apego a la verdad. Por ser "tácticos" o "vivos", por no ser excluidos del juego —justificación que incluso emplean, lo digo con tristeza, algunos líderes del Movimiento Campesino—han pretendido no ver, para no hablar; han escogido callar verdades terribles y dañinas que el pueblo sagazmente intuye.

Digo sagazmente y reconozco que cada vez es menos necesaria la sagacidad, porque la evidencia es cada vez más pública. La gente sabe de muchas de las acciones de menoscabo que figuras prominentes de la Alianza Cívica han emprendido en contra de la lucha cívica a lo interno, y de las sanciones contra el régimen en el exterior.

Los líderes de la UNAB lo saben también, pero temen bajarse del tren de la cacareada "unidad". Temen enfrentar la maquinaria aceitada con dólares de la Alianza-Cosep y quedar aislados, marginados sin protección ante enemigos de gran poder.

Pero al plegarse a la Alianza, la UNAB deja a los opositores beligerantes, y al pueblo mismo, precisamente en esa posición: solo, ante lo que —he tenido que aceptar, a pesar de mi escepticismo inicial— el líder autoconvocado Fidel Narváez ha caracterizado inteligentemente como "la dictadura bicéfala", el matrimonio de conveniencia entre la arraigada oligarquía económica y el fascismo sandinista.

Esto es doloroso para el pueblo, porque retarda el cambio. El pueblo, sin embargo, no puede ser abolido (como ironizara Brecht); su vida y su necesidad de lucha seguirán adelante; eventualmente nacerán de su seno otros liderazgos. Para la UNAB, por otro lado, puede que no exista una segunda oportunidad.

La verdad y el poder

Si la UNAB quiere salvarse del precipicio, y servir a la causa democrática, deben sus políticos abandonar espejismos y entender que el poder de una insurrección cívica no se construye con fondos de la AID, ni votos en la OEA, ni visitas a Washington, New York o Bruselas, o almuerzos de apariencia fastuosa en hoteles fuera del alcance de la mayoría. ¡No fue así como Gandhi y Martin Luther King lograron sacudir imperios!

El poder de una insurrección cívica se basa en la verdad; la autoridad de sus líderes es moral, su poder político se construye sobre esta fuerza, o se destruye si optan por el lenguaje ambiguo, el doble discurso, la mojigatería, la "viveza", ese lujo cínico de quienes detentan poder y privilegios. Y no olviden: tampoco se trata de quién tenga más dinero. De ser así, la oligarquía nicaragüense no tendría necesidad de compartir su lecho con Ortega.

¿Quieren la confianza del pueblo, y el poder político que esa confianza tarde o temprano genera? Demuestren su entereza e inteligencia, demuestren que saben reconocer la verdad en los hechos, y demuestren, por sobre todas las cosas, que respetan al pueblo y no le ocultan —artera o condescendientemente— la información que cada ciudadano necesita para sopesar riesgos y oportunidades. De lo contrario, el pueblo resistirá sus llamados y dará la espalda a sus proclamas, para evitar ser usado una vez más como carne de cañón.

Nunca ha sido más necesario que el liderazgo democrático construya esos vínculos éticos, sencillamente porque la lucha demandará sacrificios y perseverancia. Solo los demagogos y los oportunistas pueden seguir gritando que "vamos ganando", o prometer que la libertad se alcanzará sin un preso más, sin un muerto más, sin un exilado más. La situación es más que "extremadamente difícil", es trágica. La brutalidad del orteguismo y la complicidad del gran capital han hecho del camino a la democracia un campo minado, han reducido las opciones a aceptar el sufrimiento del cautiverio en un campo de concentración o aceptar los altos costos humanos del escape a la esperanza.

¿Cómo empezar a reconstruir el movimiento popular para que vuelva al país, esta vez definitivamente, ingobernable para la tiranía? Lo primero es trazarse esa meta, lo cual implica casi seguramente apartar de la UNAB a los políticos de la Alianza, a menos que estos acepten enfrentar a la dictadura y cambiar de señor: no se puede servir a Dios y al diablo, a quienes están dispuestos a pactar con Ortega y a quienes quieren que se haga justicia por el genocidio.

Y que quede claro: oponerse a las maniobras de la oligarquía no es estar en contra de la empresa privada, mucho menos de la libertad económica que, de hecho, la oligarquía suprime en complicidad con Ortega. Ni siquiera es un anuncio de venganza. Lo deseable es un sistema de derechos para todos, privilegios para nadie. Así de simple.

Pero antes, si es que los líderes de la UNAB quieren contribuir con el cambio democrático a partir de la posición de relevancia institucional que ya tienen, este es mi llamado: apuesten por el pueblo, denle al pueblo en quién confiar.

#Cambalache en la embajada

31 de octubre de 2019

En primer plano de la foto, el Tenor[58], chigüín del genocida; a la derecha, la Diseñadora, hija del genocida; atrás, Gioconda Belli, escritora presidenta del PEN Nicaragua. En otras fotos de este evento, Juan Sebastián Chamorro, Mónica Baltodano, Chano Aguerri, y hasta (lamento verlo y decirlo) Violeta Granera y la Dra. Vilma Escorcia. Había también otros funcionarios de la tiranía, diputados, diplomáticos, etc...

¿Qué decir de esto? Pues que #NadaEstáNormal, excepto que en los corrillos del poder y la farándula #TodoEstáBien. Hay presos y hay privilegiados, luchadores y aprovechados, turistas gastos pagados, y hay exilados con hambre, y torturados. #TodoNormal, #TodoEstáBien, #TodoEsCordialEnLosCorrillos-DelPoder

Y una vez más, antes de echarse uno a llorar; antes de darse por irremediablemente confundido, viene Enrique Santos Discépolo a explicarnos. ¡Qué sería de las ciencias sociales sin su *Cambalache*!:

"Vivimos revolca'os en un merengue,

y en un mismo lodo

todos manoseados.

Hoy resulta que es lo mismo ser derecho que traidor;

ignorante, sabio, chorro, generoso, estafador.

Todo es igual, nada es mejor;

58 Laureano Ortega, enamorado de la ópera y *delfín* ("chigüín" en Nicaragua). El poder lo hizo vivir su fantasía de cantante lírico, a costa del pueblo nicaragüense. En el Teatro Nacional Rubén Darío produjo extravagancias mediocres de las que él, con voz rústica, desentonada y sin promesa, era la estrella.

lo mismo un burro que un gran profesor.
No hay aplaza'os, ni escalafón
los inmorales nos han iguala'o.
Si uno vive en la impostura
y otro roba en su ambición,
da lo mismo que si es cura
colchonero, rey de bastos
caradura o polizón."

Tal vez por eso las élites nicaragüenses se muestran tan pacientes, tan dispuestas a esperar y tolerar a quienes han cometido un genocidio y usurpado los derechos de la gente. #LaGenteQueNoFueInvitadaAlJolgorio.

Tal vez la respuesta esté en las fotos. En el mejor de los casos, demuestran una gran insensibilidad ante la tragedia. El diario La Prensa demuestra eso y más, o, mejor dicho, peor. Convertido en órgano oficial del pactismo y de la continuidad oligárquica-autoritaria, relata en un tono de satisfacción provinciana que el embajador anfitrión habló de "diálogo" como el método para solucionar la crisis, a "su atenta audiencia nicaragüense que estaba captando el mensaje". Seguramente dirán los distinguidos invitados que estaban ahí porque "había que estar". Seguramente que habrán decidido soportar el tedio, el vino tinto y la adorable compañía de tanta gente buena, todo por la causa: #SOSNICARAGUA. Y si hay algún simplón que no lo entienda, a lo mejor sea porque la envidia le nubla los sentidos.

Francamente, #YoNoQuieroAndarConEsosLobos.

#QuienConLobosAndaAAullarAprende. #AlertaMuchachos

Francamente, #ElCambioNoEstabaEnLaEmbajada

Francamente, todavía creo en la ética.

#ÉticaNoEsUnHashtagPopularEnLaManada

Francamente, prefiero apostar por los que siguen en resistencia.

#ResistenciaEsOtraCosa.

"Siglo veinte, cambalache, problemático y febril.
El que no llora, no mama, y el que no afana es un gil.
Dale no más, dale que va,
que allá en el horno nos vamo'a encontrar.

No pienses más, siéntate a un la'o,
que a nadie importa si naciste honra'o;
que es lo mismo el que labura
noche y día como un buey,
que el que vive de los otros,
que el que mata o el que cura,
o está fuera de la ley."

¿No importa la moral?

7 de noviembre de 2019

Dice *La Prensa*, y dice Cristiana Chamorro Barrios, que el asesino de estos muchachos tiene tanto derecho como cualquier nicaragüense a ser candidato en las elecciones que ellos buscan pactar con el asesino. [¿Qué diría Pedro Joaquín Chamorro Cardenal, su padre?]

Dice Mario Arana, Humberto Belli (el de "el pueblo es injusto con el ejército") y Francisco Aguirre Sacasa (el de "el Ejército tiene mucho prestigio y ha cumplido su papel constitucional") y dice Juan Sebastián Chamorro, y dice Arturo Cruz (que también dicen lo que dicen) que hay que ir a elecciones con Ortega para "resolver" la crisis y que no se dañe más la economía, etc.

Mientras tanto, ¿qué dicen las otras organizaciones de la UNAB?

Y lo más importante, ¿qué dice el resto de los nicaragüenses, los que al final de este Via Crucis no pueden esperar ministerios, viajes, presidencias, diputaciones?

¿No importa que alguien asesine a mansalva?

¿No hay límites?

¿No importa la moral?

¿Todo es una transacción, una maniobra, un negocio?

¿Hay que ser así de cínicos?

No, Cristiana, Ortega no tiene tanto derecho como cualquier nicaragüense

8 de noviembre de 2019

Ante la insólita declaración de Cristiana Chamorro, que *La Prensa* utiliza en su página editorial para respaldar su postura de que Daniel Ortega, autor de crímenes de lesa humanidad, tiene tanto derecho a ser candidato como cualquier nicaragüense, mostré la foto del niño Álvaro Conrado y pregunté si su asesino —Ortega— tiene "tanto derecho a ser candidato como cualquier nicaragüense".

No sé si motivado por propia convicción o porque a lo mejor —como escribiera un economista alemán— la ideología de la sociedad es la ideología de la clase dominante, un lector ha respondido en tono de resignación jocosa que estaría "encantado" de no tener a Ortega de candidato en las "próximas elecciones" pero que me "devuelve la pelota", con evidente incredulidad, para que le explique cómo se logra eso; me la devuelve con una descarga final de condescendencia y sarcasmo: "Hermano, tú que tienes la luz dame la mía".

El comentario de este lector no es, por supuesto, muy original; más bien representa —lo digo por la frecuencia de uso de su "argumento" entre los defensores de la Alianza Cívica— una visión del mundo y de la ética humana bastante común en sus círculos: que Ortega no fuera candidato los dejaría "encantados" (y de entrada rechazan cualquier esfuerzo para que no lo sea).

Independientemente de sus méritos prácticos, muy dudosos por cierto (la lógica y la experiencia así lo sugieren) esta postura es profundamente inmoral. Porque "encantado" pone a la ética en la categoría de consumo suntuario, de un lujo; como si un día alguien nos regalara una experiencia que nosotros jamás podríamos costearnos. Quedaríamos "encantados", porque nunca hubiéramos podido, aunque quisiéramos, darnos el lujo de un crucero por las islas griegas, ¡y en primera clase!

Así de inalcanzable ven la conducta moral en la política quienes están imbuidos de la ideología de las élites nicas. A ese nivel de inmoralidad lleva la tradición cochina que inspira el "tanto derecho tiene Ortega como cualquier nicaragüense".

Es una tradición cínica, porque resta valor, más bien ridiculiza, cualquier posición de principios. "Yo estaría encantado" quiere decir "si el mundo fuera ideal"; pero el mundo no es "ideal"; por tanto, quienes actúan como si lo fuera no son realistas, no son "prácticos", son dignos de burla, mientras que los que "entienden" cómo es el mundo, y actúan con "realismo", no solo son astutos, sino que están justificados moralmente cuando pasan por alto principios que para ellos no valen nada porque, aunque "estaríamos encantados" de que valieran, ese "ideal" no se corresponde con la realidad.

De esta forma queda invalidada cualquier actuación ética, si va en contra de la corriente o de las circunstancias del momento.

Todo esto se trata, simplemente, de justificar el oportunismo a través del cinismo. Es también renunciar a cualquier aspiración a transformar las circunstancias, a crear cualquier cambio en dirección al norte moral. No en balde la idea es tan popular entre las élites moralmente putrefactas de Nicaragua, las que "devuelven la pelota" jocosamente cuando alguien propone actuar de acuerdo con principios que para ellos valen tan poco como nada. Se la "devuelven" a quienes ridiculizan como "iluminados", como si necesariamente se tratara, o de impostores, o de fanáticos enajenados que alucinan con la verdad. Las élites no pueden siquiera conceder que quienes proponen una postura ética actúen de buena fe, mucho menos con inteligencia, porque sería reconocer que ellos se quedan cortos en ambos terrenos.

En las presentes circunstancias de Nicaragua este rechazo a la guía de la ética es trágico, porque hunde al país más y más en la corrupción y en la continuidad autoritaria. Sirve para presentar como inevitable la convivencia con Ortega que han escogido las mayores fortunas del país; su concubinato con la dictadura se ha vuelto algo incómodo, es cierto, pero tras pensarlo, lo ven ahora como un riesgo más manejable que el de una revolución democrática que los expondría a pérdidas de privilegios y al ojo amenazante de la justicia.

En cambio, para la ciudadanía que busca la democracia, para la gente de buena voluntad que no tiene en el altar al dios de su conveniencia a cualquier costo, no hay nada más repugnante que el oportunismo que se esconde detrás del falso "pragmatismo" de las élites. Porque, aunque el tirano pueda imponerse como candidato —quiere imponerse también como tirano hasta que la muerte lo retire del trono— no hay nada que nos obligue a legitimar su voluntad. Ortega y Murillo han cometido crímenes monstruosos, han perpetrado una masacre ante nuestros ojos y los ojos del mundo, y nadie está obligado a aceptar a un criminal como presidente.

Si los que se dicen "opositores" al régimen tienen algún principio que no sea el principio de la oportunidad, si creen en algo diferente a "mantenerse en el juego", si quieren construir un país libre de las maldiciones que nos han perseguido hasta la fecha, deben —¡y pueden!— empezar por sentar un precedente básico, por establecer como primera norma de la convivencia social que el genocidio no paga, que asesinar a mansalva a ciudadanos que tratan de ejercer sus derechos es inaceptable, que el asesino de mi hermano no equivale a mi hermano, que no es cierto, Cristiana Chamorro, que Daniel Ortega tenga tanto derecho como cualquier nicaragüense a ser presidente de la república.

Bolivia y Nicaragua

10 de noviembre de 2019

Al momento de escribir esto, la rebelión popular contra Evo Morales se extiende. Cuerpos de policía de muchas ciudades se unen al pueblo, el ejército se pronuncia renuente a reprimir, la cómplice OEA, de la mano del taimado Almagro, tira una última tabla de salvación a Morales: nueva elección con nuevas autoridades electorales, aunque de paso no tiene más remedio que confirmar el fraude, reducir a cero la legitimidad del régimen. Qué sucederá después es incierto, como es normal, pero ya podemos sacar algunas conclusiones iluminadoras para el caso de Nicaragua. Las mías son estas: el rumbo de la rebelión en Bolivia ha sido distinto al nuestro porque los bolivianos han dicho NO al diálogo, porque el ejército es Nacional, no del clan Sandinista, lo mismo que la policía; porque los empresarios no tomaron partido por Evo, como lo hicieron a favor de Ortega en Nicaragua; es decir, se unieron al clamor popular en lugar de DIVIDIR a la oposición, como han hecho en Nicaragua; debe ser que no están enlodados hasta el cuello en la corrupción dictatorial, como en Nicaragua.

Gente de buena voluntad que ha caído en la trampa de la Alianza Cívica, ¡abran los ojos!: Bolivia respira, Venezuela agoniza, Cuba es un cadáver que flota en el Caribe. ¿Y Nicaragua? ¿Cuál de los tres destinos queremos para ella? Hay que salvar a Nicaragua. Hay que volver el país ingobernable para la tiranía. Desobediencia total debe ser la meta. Si no hay esclavo no hay amo.

No pierdan las esperanzas, el pueblo tiene la fuerza; pero hay que apartar a los lobos vestidos de oveja de la falsa oposición. No dejen que los que construyeron la dictadura los convenzan de que es imposible derrocarla. Lo dicen para desmoralizar y dividir, y repartirse el pastel sobre nuestros muertos. Ustedes saben de quiénes les hablo; no tengo ningún problema en dar ejemplos. Que se hagan los indignados o continúen sus sucias maniobras para salvar sus intereses al lado de Ortega. A ellos también hay que pedirles cuentas en democracia. No es venganza, es esencial y necesaria justicia. Mucho de lo que hemos perdido se lo han llevado a casa ellos. Nunca hubo un festín tan fastuoso como el de los grandes capitales y la dictadura criminal que construyeron. "Esto es extraordinario, revolucionario", decía en público, lleno de orgullo, Carlos Pellas. Por eso impiden la lucha.

Ni perdón ni olvido, para que haya paz y libertad. Derechos para todos, privilegios para nadie. Hay que salvar a Nicaragua. Hay que volver el país ingobernable para la tiranía. Desobediencia total debe ser la meta. Si no hay esclavo no hay amo.

No me digan, los que sirven a los viejos amos, que "no es fácil". Tampoco es fácil perder a tus hijos a manos de francotiradores y sicarios, pasar penurias en el exilio, o ver a tu país en llamas a lo lejos.

Tampoco es fácil que Nicaragua flote como Cuba, cadáver en el centro de América.

Hay que salvar a Nicaragua.

¿El plan Alianza/Arana?: elecciones "con o sin reformas"

11 de noviembre de 2019

Esto es el colmo: ahora Mario Arana de la Alianza Cívica, presidente de Amcham, dice que hay que ir a elecciones con Ortega "*con o sin reformas*", y "*si pretenden robárselas, pues ya sabemos qué hacer esta vez organizados con un ejército de al menos 100 mil*".

Si yo fuera ingenuo, de aproximadamente 5 años de edad, creería que la estrategia puede funcionar porque qué bandidos son los comandantes de la Alianza, no cuenta Ortega con su astucia, el plan es impecable, genial: esperamos 25 meses a que Ortega no cambie nada, y luego, calladitos, en puntillas, sin que nada sospeche el dictador, nos vamos a votar por CxL; después, el pobre incauto de El Carmen se roba las elecciones (no se imaginará que eso es parte de *nuestro* plan, ¡lo habremos engañado!) y entonces ¡zas! ahí mismo le hacemos un alboroto, marchas, protestas (pero nada de paro, no hay que dañar la economía) y lo hacemos renunciar, en diciembre de 2021 o enero de 2022.

Si yo fuera ingenuo, de aproximadamente 5 años de edad.

Y confieso que a veces quisiera serlo, para adaptarme al mundo de fantasía y alucinaciones de nuestros políticos. Pero no lo soy, por lo cual se me hace evidente que la afirmación de Arana refleja cuán desesperados están los "opositores" por irse a elecciones con Ortega, abandonando incluso la mascarada de "reformas". ¿Para qué, si vamos a tener un "ejército" de "al menos 100 mil"?

Lo del "ejército" es tema aparte, misterio aparte, porque no sé si se refiere a 100 mil exilados, a 100 mil desempleados, a 100 mil presos políticos, a 100 mil pronunciamientos... ¿o a qué?

Ni Cantinflas supera estas gárgaras.

Lástima que no estemos para chistes, porque, aunque pareciera escapárseles a los señores de la Alianza y su séquito, en Nicaragua se vive una tragedia de la cual ellos y sus patrocinadores del gran capital también son culpables.

Abajo transcribo el "trino" del presidente de Amcham.

Mario Arana

@marioaranasevil

Se hacen diferentes conjeturas con lo de Bolivia. Mi lección es simple. Se requiere acá una oposición bien organizada para enfrentar a este régimen con o sin reformas. Y si pretenden robárselas, pues ya sabemos que hacer esta vez organizados con un ejército de al menos 100 mil.

Translate Tweet

2:16 PM · Nov 10, 2019

Después de Bolivia, ¿por qué no responde la UNAB?

11 de noviembre de 2019

Durante muchos días he venido pidiendo públicamente a la Unidad Nacional Azul y Blanco (UNAB), que responda a una pregunta muy directa: "*¿Aceptan al genocida Ortega o su designado como candidato legítimo en un proceso electoral?*"

La respuesta, tanto desde el punto de vista moral como estratégico, debería ser un categórico NO. Creo que la dimensión moral no requiere explicación. Desde el punto de vista estratégico, hago un resumen: permitir a Ortega o su designado como candidato legítimo en un proceso electoral implica que se den al tirano garantías que para él son *mínimas*, como impunidad legal y la manutención de su control sobre los recursos que lo protegen —paramilitares, espías, sicarios, policías, soldados, empresas, canales de televisión.

Así de simple, y así de claro. Nadie que no pueda obligarlo a renunciar puede obligarlo a renunciar a estos recursos siniestros, ni a su voluntad de usarlos. Y si pueden obligarlo a renunciar, ¿por qué conformarse con menos?

Ortega está dispuesto, porque fuera del poder lo pierde todo, a resistir con todo, a mantenerlo todo, a impedir todo lo que sea una amenaza. Esta es una situación que no se ha vivido antes en la historia moderna de América Latina. Otros tiranos han tenido la opción de gozar sus fortunas en Estados Unidos o Europa. Pero la espada de Damocles de los crímenes de lesa humanidad pondría a Ortega, a Murillo, y a otros de su círculo cercano, en una posición parecida a la de los nazis alemanes en la postguerra, blancos legales y legítimos de una cacería. Él lo sabe. ¿Puede dudarse que lo sepa?

Por tanto, la propuesta de elecciones con Ortega, aparte de ser repugnantemente inmoral por legitimar el genocidio y al genocida, es repugnantemente inmoral por condenar al pueblo nicaragüense a la esclavitud más áspera, bajo un reino de sicarios que con seguridad sería heredado por el Chigüín.

¡¿Por qué entonces les cuesta tanto a los opositores ponerse del lado de la moral y de la democracia, de los derechos humanos y de la justicia y decir, simplemente: no aceptamos que Ortega o su designado sean candidatos en el proceso electoral que buscamos para Nicaragua?!

La respuesta de la Alianza Cívica

La respuesta oficial de la Alianza ha sido pasar por alto la historia y la lógica política, y vender la ilusión de un proceso electoral limpio, pacífico, democrático, en el cual una aplastante mayoría de votantes se expresarían contra Ortega, quien entregaría el poder dócilmente; luego la nueva Asamblea Nacional aprobaría leyes que democratizarían las instituciones. Es decir, una transición casi incolora, como las gratamente olvidables que podrían ocurrir de una administración a otra en cualquier democracia europea. ¿Por qué lo hacen? Porque de esa manera domestican a la bestia de la rebelión; porque de esa manera adormecen a una parte de los ciudadanos que quisiera, de buena voluntad, que el mundo fuera así. Quieren creer, y algunos creen, a pesar de la evidencia terrible, a pesar de saber que quienes venden el espejismo del oasis son precisamente los constructores del desierto. Y a juzgar por las últimas declaraciones de Mario Arana, presidente de Amcham, la cosa va de mal en peor: Arana ya habla de irse a elecciones con Ortega "con reformas o sin reformas". Que se entienda: sin reformas quiere decir con el mismo Consejo electoral, con la misma policía y los paramilitares sueltos intimidando a los votantes, con el mismo control autoritario en todas las instituciones; y significa también que Ortega, de aceptar su derrota, se convertiría en el Diputado Ortega, inmune por ley.

La respuesta de la UNAB

Casi un total silencio, excepto algunos comentarios dados en entrevista por Haydée Castillo, del Consejo Político, y en escrito reciente de Félix Maradiaga, también del Consejo Político de la UNAB. Ambos dicen estar en contra. Más adelante comentaré lo expresado por Maradiaga, quien es hasta la fecha el único político de la agrupación que ha tenido a bien contestar por escrito, en bastante detalle; pero primero permítanme añadir que desde la Unidad vienen, en privado, comentarios, y se ponen en contacto con el suscrito, para insistir en que "no podemos controlar si Ortega es candidato, y por tanto..." Ante mi insistencia en los temas ético y estratégico, la respuesta es más o menos un "vos no entendés la política de este país". Y yo pregunto: *¿si es tan evidente mi ignorancia, y si ellos tienen razón, por qué entonces no dicen SI, vamos a elecciones con Ortega, y nos convencen a todos de que tal proceder es ético y práctico?* Yo los invito, como decimos en Nicaragua, a que me azareen, a que demuestren mi "mal análisis", para usar la frase de Mario Arana, y dejen claro, para que el resto de los ciudadanos sepa, cuál es el camino que piensan correcto.

La respuesta del vocero de UNAB

La UNAB, me dicen todos, no tiene voceros. No hay nadie a quién preguntarle la postura oficial de la organización. Los miembros de la UNAB que se atreven a hablar en público acerca del tema que me ocupa, insisten que "esta es mi posición personal, yo no puedo hablar en nombre de la UNAB".

La postura de la UNAB

La UNAB, me dicen todos, no tiene una postura oficial sobre el tema de aceptar o no ir a elecciones con Ortega. Esta *imposturación* aparece en varias modalidades. Una es "somos 90 y tantas organizaciones, y es difícil ponerse de acuerdo". Otra es, "primero vamos a organizarnos y después estudiaremos los *escenarios*" (la UNAB existe desde mediados del 2018, hace más de un año; los escenarios son de vida o muerte y todo el mundo parece haberlos estudiado ya). Finalmente, una tercera: el único órgano de la UNAB que puede pronunciarse es la "Asamblea Ciudadana" (no sé cómo expresar mi perplejidad).

La explicación de Maradiaga

Como soy, dicen algunos de la UNAB, un "obstinado", voy de sabueso buscando el rastro de la respuesta a mi pregunta. Y entonces me topo con la huella que deja Félix Maradiaga en mi Facebook. No me tomen a mal. Yo aprecio la inclinación de Maradiaga a mostrarse respetuoso, y a hacer lo que la inmensa mayoría de los nuevos políticos no hacen: detenerse, dar la vuelta y dar la cara, y aceptar que los ciudadanos tenemos derecho a preguntar, a insistir, y a incidir. De paso dejo aquí la campanita de alerta, porque si así son en la llanura, imagínense las ínfulas que desarrollarán en el poder que anhelan. ¿Qué dice Maradiaga? Lo primero, y esto también lo distingue de casi todos, es la contundencia de su postura personal: "sería inmoral", dice, "tener a Daniel como candidato", y "no creo que el dictador Ortega tenga derecho a ser un candidato legítimo a ninguna elección". Con estas palabras en el registro público el pueblo podrá juzgar la conducta futura de Maradiaga. Y es muy decidor que los demás no quieran comprometerse con similar firmeza.

El misterio de la "Gran Coalición"

Sin embargo, hay aspectos de la explicación que sigue —las razones por las cuales no habría una postura oficial de la UNAB—que me parecen problemáticos. Según Maradiaga, lo que pasa es que "la Unidad Nacional y la Alianza Cívica están llevando a cabo un proceso de construcción de una Gran Coalición". ¿Una "Gran Coalición"? ¿Y no era eso la UNAB, la Alianza Cívica más 90 organizaciones que no logran ponerse de acuerdo ni para nombrar un vocero? He preguntado a Haydée Castillo y a otros que quién falta en la coalición, y me han dicho que "faltan partidos políticos" y faltan organizaciones tales como la "Unidad Médica". Esta última se ha vuelto importante en las racionalizaciones de los políticos. Lo digo porque vi, en una reciente conferencia de prensa, que la Alianza mencionaba la adhesión de este grupo de médicos como un hito. Muy bien, pero ¿cuántos trámites y negociaciones y cuántos meses hacen falta para que más organizaciones de ciudadanos digan "yo me incorporo a la lucha"? ¿Y cuántas más hay que han quedado "huérfanas"? ¿Qué es lo que hace tan difíciles estas negociaciones? ¿Y por qué todas tienen que estar bajo el mismo techo? ¿Y cómo, si no pueden coordinarse entre los que están desde hace más de un año, van a meter a más gente a una organización que parece no encontrar la forma de caminar juntos?

¡Ah, los partidos!

Lo peor es, sin embargo, lo de los partidos. Cuando se habla de "los partidos", en la UNAB cunde el pánico: nadie quiere aceptar que se trata de los partidos zancudos de Nicaragua, con los que la dictadura se maquilla y a los que compra por unas escasas pero suculentas migajas. El PLC, por ejemplo, cuyos miembros reciben salarios en altos puestos del gobierno y la Asamblea Nacional. Ídem el Partido Conservador. Y por supuesto, la estrella de Belén de los políticos pactistas, el ya infame CxL, partido que aceptó, sin el menor remordimiento, y después de la masacre del año pasado, acompañar al FSLN en su farsa de elecciones regionales a comienzos de 2019.

Los rubores, y un tren

Hay que reconocer que en la Alianza Cívica no exhiben rubor alguno al hablar de "los partidos", pero de nada nos sirve ver el rojo en los rostros de la UNAB si de todos modos terminan haciendo lo mismo. ¿Cómo se justifican? De esta manera: los políticos de la UNAB pueden estar "en contra" de que se busque un pacto con los partidos zancudos, pero como la Alianza tiene, para citar a Maradiaga "autonomía en sus decisiones y… tienen un plan de acercamiento con diversas expresiones políticas del país", pues la Alianza se encarga de la tarea. La UNAB no toca al cadáver, no deja huellas en la pistola, pero el muerto está ahí. Al final los políticos de la UNAB están en la vela porque "hay que estar", pero "no es que quieran". Esta es una manera de evadir la responsabilidad moral y estratégica, sin bajarse del tren. ¿Qué tren? Pues el tren [duele decirlo] zancudo, el tren que lleva a las elecciones con Ortega que en la UNAB no se atreven a declarar inaceptables, el tren donde viajan todos los políticos de viejo cuño que, junto a los personajes y patrocinadores de la Alianza, son precisamente los culpables de la tragedia nicaragüense.

Bolivia, Bolivia

Después de lo que hemos visto en Bolivia, la claridad en la postura personal de Félix Maradiaga debería extenderse a la organización en la cual él es dirigente. Porque no basta con decir "estoy en contra de elecciones con Ortega" si siguen construyendo la alternativa que únicamente sirve a "elecciones con Ortega". La "*Gran Coalición*" no tiene otro propósito que este. No hay que ser un politólogo genial o un mago para entenderlo, ya que ni siquiera lo ocultan los principales actores políticos de la Alianza, y hasta uno que otro personaje cercano a las organizaciones de la UNAB. Todos leen del mismo libreto. Todos parecen dispuestos a atravesar cualquier tormenta intempestiva, a ignorar cualquier queja, a hacerse los sordos ante el clamor del pueblo de Nicaragua que no quiere más Kupia Kumis, a pasar por encima de cualquier duda, a olvidarse de la historia y de la lógica política, porque "hay que estar ahí", en el tren del futuro poder, el que justifican como vehículo de democratización, e imaginan como una repetición del adquirido por la UNO[59] en 1990, que trajo alguna distensión política (relativa, al menos se detuvo la guerra civil, aunque hubieran asonadas y asesinatos), y muchos, muchos puestos, becas, ministerios, embajadas, presidencias, y diputaciones.

De nuevo, Bolivia.

Pero Bolivia ha sido una especie de tribunal y juicio para los impulsores de todas estas sopas de siglas, de estos diálogos nebulosos, y sobre todo para los que se negaron a apoyar al pueblo cuando el pueblo tenía las calles, y luego han hecho de todo para quebrar la voluntad de cambio de los jóvenes. Miren los resultados, miren las fotos de la oposición actual; y mírenlas pronto, porque si pensaban que era un contrasentido que en ellas aparecieran agentes del gran capital que hasta el 18 de abril de 2018 eran propagandistas del orteguismo, las imágenes que el pactismo construye son todavía más ofensivas, más insensibles, y más destructivas. Ya se ven surgir, desde las sombras más tristes de nuestro pasado reciente, los perfiles, los fantasmas que creíamos por siempre sepultados. Pero no, ya está Alfredo César en la foto. ¿Quién seguirá? ¿Y de qué servirá? O, mejor dicho: ¿a quién servirá?

---

59 Unidad Nacional Opositora, la coalición que derrotó al FSLN en las elecciones de 1990.

La mentira perfecta: el caso Brenes y el problema de la verdad en Nicaragua

21 de noviembre de 2019

"Olvidate de Brenes" —me dice una persona cuya opinión respeto mucho en Nicaragua—"de todos modos, *todo el mundo sabe*". Lo que *todo el mundo sabe*, por supuesto, es que el cardenal Brenes está bajo control o influencia, por intimidación, conveniencia o simpatía, de la pareja sociópata de El Carmen.

Todo el mundo incluye al ciudadano de ojos abiertos--siempre el primero, no en enterarse, sino en aceptar que se ha enterado. Incluye también a los políticos de uno y otro bando, e incluye, y de esto no cabe la menor duda, a curas, a obispos y a laicos vinculados al entorno institucional de la Iglesia.

Es decir, *todo el mundo lo sabe* quiere decir que todo el mundo lo sabe, y por tanto el propósito de este breve artículo no puede ser explicar a nadie lo que ya es sabido: que el cardenal Brenes de Nicaragua traiciona su misión pastoral; que, al aceptar el rol de peón de una tiranía renuncia a las enseñanzas del evangelio que predica. Lo hace de una manera aberrante, desde la cabeza de su iglesia acosada por haberse volcado mayoritariamente al lado del pueblo y de los derechos humanos. Su iglesia, que ya ha puesto muertos y exilados, y ha arriesgado vidas en las calles atormentadas por la represión de Ortega.

La mentira perfecta

Más bien, mi objetivo es examinar el tratamiento que damos en nuestra cultura a la verdad. En otro momento he comentado que la interpretación generosa —hasta orgullosa— de nuestra agilidad cantinflesca es más bien trágica. Nunca han sido más claras sus consecuencias, ni más graves. Porque si México bajo el PRI fue —en la acertada y controvertida frase de Mario Vargas Llosa— "la dictadura perfecta", la Nicaragua de Ortega y Murillo hasta el estallido de Abril bien podría considerarse "la mentira perfecta".

La coreografía era impecable, las actuaciones, aunque vacías, bastaban para convencer al público superficial, especialmente aquel que en el extranjero busca información que no incomode sus prejuicios. No era muy difícil para ese público aceptar la fábula ortegamurillista de un país en progreso armónico: un libro de cuentos ilustrado con imágenes de buena parte de la jerarquía católica (entre ellos el difunto cardenal Obando), más los principales pastores evangélicos, los más poderosos magnates del capital, y los partidos de oposición más conocidos. Y para limpiar cualquier mancha sobre el papel, para acallar cualquier sonido discordante, el régimen diseñó una represión efectiva por veloz, por ser casi instantánea y de poca huella mediática.

El rey desnudo

Es cierto, el emperador caminaba desnudo; había un cierto querer creer, o un cierto temer decir, una complicidad de temor, con visos de hipnosis colectiva. Así fue, hasta que llegó Abril, hasta que el espíritu joven nos hizo despertar, nos hizo ver al emperador en sus carnes gastadas y su pose ridícula; al gritar la verdad, exhibió la mentira, dejó en transparencia el absurdo, hizo que la alucinante distorsión de la realidad construida por el régimen se hiciera evidente en toda su cruel locura.

Abril fue, en pocas palabras un retorno de la verdad al país empantanado en la mentira. Con el retorno de la verdad, regresa también la esperanza de un futuro mejor. Que "la verdad os hará libres" es una de las frases más potentes y certeras, incluso fuera de contexto teológico.

Pero los viejos hábitos pesan; la mentira no es invento de Ortega, ni de Murillo; y la aceptación cultural de la mentira entre nosotros, su práctica habitual —especialmente corrupta en la política— viene de tan lejos que tiene refugio en profundidades donde para entrar a limpiar hay que pasar por mucha oscuridad y quitar muchos obstáculos.

Diccionario de mentiras

Esto ha quedado claro después del estallido de Abril, cuando a punta de mentiras el pasado ha hecho retroceder al futuro con todas las falsedades del arsenal del poder: "diálogo" para matar el ímpetu de la protesta; "solución negociada" para ocultar transacciones inmorales con el genocida, dispuestas como han estado las élites a pagar una "solución a la crisis" (otra mentira) con la impunidad que —también falsamente— rechazan en público; "elecciones democráticas", para inducir a un pueblo oprimido a tragarse el dolor y aceptar a un genocida como candidato legítimo; "reformas electorales", para hacer creer que se avanza a la democracia por la vía de elecciones con Ortega, cuando en verdad dichas elecciones serían nada más la culminación de un nuevo pacto entre élites; "unidad" para suprimir las críticas ciudadanas; condena al "divisionismo" para aplastar a quienes no aceptan la imposición vertical de los de siempre; "paz", la consigna de Murillo, para convertir el país en un gulag; "amor", para exaltar el asesinato y la tortura como sacrificios virtuosos —Orwell, Orwell, Orwell.

Miedo, verdad y libertad

De estos hábitos no están exentas ni siquiera las instituciones cuya misión declarada es la verdad, como la prensa, y como la propia Iglesia. La mentira en manos del poder las afecta también, ya sea por corrupción de costumbres o por un reflejo adquirido a punta de sufrimiento e intimidación. Mi experiencia personal desde el comienzo de la crisis ha sido un aprendizaje muy revelador en este aspecto. Un aprendizaje triste. Editores en publicaciones de bandera democrática han en algún momento borrado comentarios críticos que he hecho sobre —por ejemplo— el cardenal Brenes y el Cosep. Mario Arana, claramente una de las voces de la Alianza Cívica, bloqueó mi acceso y el de la revista que coedito a sus redes de difusión política. La presidenta del PEN, Gioconda Belli, apoyó la censura en lugar de defender nuestros derechos, que no solo son universales, sino que correspondía a su institución proteger con especial entereza, por ser nosotros miembros de la organización. Lo peor es que desde el propio entorno de la Belli llegó en más de una ocasión un mensaje espeluznante: no podemos oponernos en público a ella, porque se sufren consecuencias. Me costó mucho entender esto, porque he hecho mi carrera fuera del alcance del poder, pero no me ha faltado el consejo de muchos que conocen mejor las reglas del juego en Nicaragua: "tené cuidado con criticar a la Gioconda o a Sergio Ramírez; son poderosos y te pueden bloquear". También he escuchado "no critiqués a la Iglesia", aunque en este caso no por la expectativa de venganza institucional, sino porque —se supone, dicen— debo temer a la reacción de masa de la mayoría cristiana. Es decir, un ambiente de temor en el seno mismo del campo libertario. Intimidación entre quienes denuncian la intimidación, censura entre quienes denuncian la censura, imposición ideológica entre quienes denuncian la imposición ideológica, mentira entre quienes denuncian la mentira. ¿Debe uno ceder ante esta amenaza con frecuencia apenas insinuada, subrepticia, pero efectiva en cuanto siglos de tradición autoritaria la fundamentan? El gesto de ceder es a veces asunto de supervivencia cuando el poder opresivo es tan abrumador como el que crean las oprobiosas desigualdades de Nicaragua. El gesto de ceder da flujo a la corrupción venenosa, al cinismo, al cantinfleo a veces rebelde, a veces cómplice. El güegüense se burla del poder, pero es también corrupto. Por eso hemos de aprovechar el momento y las circunstancias para hacer tanto daño como sea posible a tan maldita tradición. En particular debemos hacerlo quienes formamos parte de la nación en diáspora, lejos del alcance del clientelismo, ajenos a la necesidad de prebendas o protección de que se valen las distintas mafias del poder. Y en particular en este momento, porque el momento reclama más verdad, más claridad, más transparencia. Ya se ha visto que la esencia de Abril es esa, que la lucha por la libertad avanza cuando avanza la verdad, y retrocede cuando avanza la mentira. De tal manera que no hay que detenerse ante ningún Alto, y estar alertas, porque hay Altos incrustados en el fondo de nuestro ADN. Quiero dar un ejemplo de esto, a propósito de la conducta del cardenal Brenes. Ya mencioné que el cardenal ha sido con anterioridad *incriticable* en publicaciones opositoras. En aquel entonces, quizás pudo alegarse que la evidencia de su complicidad con el régimen era insuficiente. Esto no parece ser más el caso, y sin embargo el reportaje sobre la actuación del prelado en ciertos medios es un ejercicio a todas luces incómodo y cada vez más implausible de ocultación.

Véase, por ejemplo, la presentación de la entrevista al cardenal Brenes publicada en *Confidencial* el 20 de noviembre de 2019, y firmada por la periodista Ivette Munguía. El tono y contenido de las respuestas del Cardenal es el de siempre: un lector de otro tiempo, o que esté ajeno a la situación que padecen la Iglesia y pueblo nicaragüenses, no podría imaginarse, leyendo las palabras de Brenes, que hay una dictadura, que hay represión, que hay acoso contra párrocos y feligreses, y que hay un sacerdote católico encerrado con madres de reos políticos en huelga de hambre en una parroquia de Masaya, a quienes el gobierno de su propio país ha cortado el agua y la luz y rodeado como antaño se rodeaba a una ciudad enemiga, hasta someterla por inanición. No. Porque todo el güegüense, todo el baile cantinflesco de Su Eminencia alrededor de la tragedia está orientado a minimizarla, a limar el filo de cualquier aspereza de la realidad que la tiranía impone, insertando en la conversación frases que difuminan la culpa, que bajan una neblina gruesa sobre la verdad. No se fíen de mi relación. Lean la entrevista, para que con sus propios ojos se enteren, por ejemplo, de que las madres de San Miguel Arcángel no están sitiadas, sino que "entraron libremente y en el momento que ellos dispongan yo pienso que pueden dejar el templo". Es más, nos cuenta Brenes, muy sereno, que ha "escuchado de parte del Gobierno que si ellos deciden salir se irán tranquilos." Entérese también de que *todo normal, no hay novedad* en las parroquias que el gobierno mandó a rodear de policías y turbas para impedir que otros huelguistas las tomaran: "algunas patrullas de la policía rondaron esas parroquias, pero no hubo ningún hostigamiento a los sacerdotes, de manera especial estaban en Santa Marta, pero el sacerdote realizó la misa en la tarde con tranquilidad, no hubo ningún problema. De igual forma, en Las Colinas y la Divina Misericordia, fueron las tres parroquias de Managua en las que yo tuve conocimiento, *pero se realizó la vida normal*." Entérese de lo difícil que se le hace a Su Eminencia, ya no denunciar el acoso del gobierno contra la Iglesia que él encabeza, sino al menos reconocer que existe tal acoso: "¿La iglesia de Nicaragua se siente perseguida? —Mirá, cuando hay todo este hostigamiento pues de alguna u otra forma se piensa, *pero yo no diría que se nos esté hostigando directamente, quizá* indirectamente." Y, para el cardenal Brenes, las turbas que con violencia invadieron la catedral de Managua para acabar la huelga de hambre de otras madres de reos políticos, son en cierto modo moralmente equivalentes a estas: "la Catedral de Managua que el día de ayer (lunes) fue ocupada en un primer momento por las madres en su demanda y *luego por simpatizantes del Gobierno que fueron ahí para contrarrestar esa posición de las madres, se quedaron toda la noche y gracias a Dios no hemos tenido que sufrir víctimas.*" Es más, cuando la periodista le recuerda al cardenal Brenes que las turbas dijeron que venían "a reclamar el templo porque la iglesia es de todos", la respuesta de Brenes, increíblemente, comienza así: "Creo que la frase que ellos decían, eso no es mentira." Y luego esto, que pone en entredicho el miedo que sienten los feligreses católicos ante la represión del régimen: "¿Pero la presencia constante de la policía afecta la realización de los servicios religiosos? —En algunos momentos sí, pero también algunos sacerdotes me dicen "si yo no los provoco ahí están", yo también hago lo mismo, llego a una parroquia y si miro una patrulla le digo adiós y si me contesta bueno, pero yo digo, *si no los provoco ellos tampoco me van a provocar*. Como te digo lo importante es sentirse libre y seguir celebrando la eucaristía. *Claro, la gente cuando mira una patrulla siente temor, pero eso hasta los conductores cuando ven una patrulla en la carretera siente temor*." ¿Pueden ahora imaginarse el título que *Confidencial* dio a esta entrevista?: "Cardenal Brenes: tengo que cuidar al padre Edwin".

La verdad y la prisa

El lector casual, el apresurado que apenas tiene tiempo para enterarse, se marchará con la impresión de que el prelado ha puesto la defensa del padre Edwing Román en el primer renglón de sus prioridades. Uno no puede, en honor a la verdad, saber qué afectos siente el cardenal Brenes. Pero sus actos indican que cualquiera que estos sean —asumamos que son de cercanía con "su sacerdote", como él dice— no lo desvían de su actitud complaciente con la dictadura, ni lo hacen orientar sus energías a la denuncia profética de la injusticia y de los atropellos que la Iglesia sufre a manos del régimen. Que miente, engaña y traiciona el cardenal no lo digo yo, lo dicen sus actos, y sus propias declaraciones.

¿Por qué, entonces, debe la prensa lanzar un velo que proteja su imagen, que lo presente como un líder abnegado, cuando hasta la fecha no lo es?

"La verdad os hará libre"—la frase retumba en mi mente.

Ojalá la escucháramos todos, y actuáramos acorde. De lo contrario, será imposible vivir en paz y libertad.

Ya es hora.

Los motivos de Brenes, el periodismo nicaragüense, y la reconstrucción moral del país

23 de noviembre de 2019

¿Cuáles son las razones por las que Brenes apuesta al régimen?, pregunta Óscar René Vargas Escobar. Yo, por mi parte, pregunto: ¿cuáles son las razones por las que el Papa Francisco apuesta a Brenes, las razones por las que la cabeza nominal de una institución ecuménica con dos mil años de antigüedad y evangelio permite a Brenes apoyar a un régimen genocida? ¿Qué intereses pueden ser tan poderosos como para que un Papa permita el acoso diario, la crueldad pública, la violación impune de sus templos, acciones que en otro tiempo y en otro lugar hubieran sido suficiente para lanzar excomuniones y llamar a curas y feligreses a defender la fe?

Sé que nada está oculto entre cielo y tierra, pero los secretos del Vaticano están en catacumbas. Ojalá que puedan periodistas investigadores penetrar en los salones oscuros donde estas misas negras se practican. Para nosotros, nicaragüenses, responder a la pregunta del Sr. Vargas es mucho menos difícil. Ya hay información, y si no se ha profundizado en ella y publicado, es porque el periodismo nicaragüense, dominado por un círculo estrecho de individuos a través de generaciones y sometido a los mismos prejuicios que el resto de la población, con frecuencia se detiene en el umbral de la verdad.

Tradicionalmente el *Alto* ha venido de los dueños de los medios, la pequeña oligarquía de la información a la que me refiero arriba. La aparición de las redes sociales y el debilitamiento de la prensa tradicional y de otros medios a los que la dictadura ha detectado en su mira, crean un paisaje algo distinto, más libre, hasta caótico, en el cual la información se resbala de las manos de los antiguos controladores como un pescado lucio. Sin embargo, el periodista nicaragüense vive, en estos tiempos de crisis, prácticamente al borde del hambre, vulnerable por tal motivo a presiones cuyo objetivo es domesticarlo, desarmarlo, impedir que sea parte de la fiscalización ciudadana y se vuelva más bien micrófono y parlante de las distintas facciones en disputa.

Hay además otra amenaza: la autocensura. La valentía del reportero nicaragüense ante el poder dictatorial y ante las condiciones que este crea es indudable, pero también es aparente que el reportero ve ciertos tópicos como tabúes; ciertos temas hay que tratarlos con extrema mesura, ciertas falsedades hay que dejar pasar a ciertos que las emiten, ciertas insistencias hay que evitar, hay que darle a ciertos personajes el beneficio de la duda, hay que darles el tiempo que necesiten en el micrófono, y no hay que contrariarlos ni contradecirlos. Personajes, por ejemplo, como el más alto prelado de la Iglesia Católica, e incluso los altos exponentes de la Alianza Cívica. Y así, el mismo reportero que cuestiona y desafía con justa altanería al funcionario orteguista, calla ante la incongruente respuesta del opositor, ante el cinismo del prelado, y calla incluso la noticia que sabe sobre éste, evita profundizar en ella, no dedica tiempo a escarbar la verdad que yace apenas a milímetros de la superficie.

Por eso, investigar (¡y publicar!) las razones por las que Brenes apuesta al régimen, develar sus motivos, constituye una contribución fundamental--desde el gremio periodístico--al cambio de dirección que busca la sociedad, a la construcción de aquello que uno de los periodistas más emblemáticos de Nicaragua, Pedro Joaquín Chamorro, llamó la "estructura moral" del pueblo. Un reto que el nuevo periodismo, el que apuesta por un futuro en democracia, no puede rehuir.

La idea que no dejan morir: "la solución es elecciones"

4 de diciembre de 2019

Ciertos políticos nicas exhiben un apego *codependiente* a la idea de que puede "resolverse" la crisis y arribar a una genuina democracia participando en elecciones organizadas bajo la dictadura orteguista. Si tras los años pudiese regresar la ingenuidad a nuestros ojos creeríamos verlos sinceramente convencidos de que avanzan hacia esa meta desgastando al régimen a punta de proclamas, de llamados a la cordura, y hasta de cartas a Rosario Murillo que recuerdan a la compañera cuánta nobleza había en su alma cuando era joven…añada usted un poco de Miel de Almagro, y ¡listo!: la puerta al Estado de derecho ha de abrirse sin que suene una bisagra; ni un preso ni un herido ni un muerto más, sin perder ni un día de trabajo en el producto interno bruto, ni que haya que sacar a la carretera los tractores del señor Healy. Una transición indolora, sin trauma, en la que a nadie se le ocurrirá hacer más preguntas incómodas sobre los amarres de los "empresarios" con *il capo di tutti i capi*; nadie tocará con las manos sucias el manto del cardenal, ni investigará los antecedentes de la fauna política. El reciclaje de las élites podrá consumarse. Todos los camaleones renovarán felices sus colores. Los muertos, muertos están, y seguirán estando; hay que ser *prácticos*: "es imposible derrocar a la dictadura".

"Tenemos que estar preparados"

Este es, por supuesto el mensaje nada sorprendente de los aliados y beneficiarios de la dictadura que hoy posan en la mesa opositora. Sorprende un poco que haya entrado en el flujo sanguíneo de la oposición *autoconvocada*, pero es precisamente en estos grupos donde se esbozan racionalizaciones dizque analíticas para justificar su docilidad ante la imposición dictatorial-oligárquica de un *Kupia Kumi* del Siglo XXI.

"Otro Abril es imposible" dicen con suprema autoridad quienes lograron predecir Abril solo después de que Abril ocurriera. Y ya que "otro Abril es imposible", pues no queda más que ir detrás de los que antes construyeron las dictaduras, esperando que la pesadilla termine, que la acaben *ellos*, que "negocien" *ellos*, porque *nosotros* no tenemos ningún poder, y "no tenemos recursos". Lo único que podemos hacer es "prepararnos" para el acuerdo al que lleguen las élites, organizarnos para participar en las elecciones que las élites pacten. Los muertos, muertos están, y seguirán estando; hay que ser *prácticos*: "es imposible derrocar a la dictadura".

El hombre de la calle tiene la culpa

"Además", nos dicen algunos, "la gente no está dispuesta a la lucha". Otros llegan a afirmar que "el pueblo es indiferente". Díganme ustedes si esto no arrastra ecos de Bertold Brecht:

Tras la sublevación del 17 de Junio
la Secretaría de la Unión de Escritores
hizo repartir folletos en el Stalinallee
indicando que el pueblo
había perdido la confianza del gobierno
y podía ganarla de nuevo solamente
con esfuerzos redoblados. *¿No sería más simple*
en ese caso para el gobierno
disolver el pueblo
y elegir otro?

Peor el predicamento en que tienen al pueblo nicaragüense las hadas del destino. No solo quisiera *disolverlo* la dictadura, sino también muchos en la oposición. Porque en Nicaragua, tras la sublevación del 18 de abril, el pueblo perdió la confianza del gobierno cristiano, socialista y solidario, y poco después perdió la confianza de políticos que dicen querer democracia, pero que han aprendido —*decepcionados*— que no pueden contar con el pueblo en la tarea.

El espejo del discurso

Esta visión de la sociedad revela más sobre el autoritarismo en la cultura del poder de las élites que sobre las inclinaciones, disposición y capacidades del resto de la sociedad. "El hombre de la calle", para regresar al lenguaje de Brecht, ha sufrido la traición de los poderosos que oportunistamente se declaran su aliado, es víctima de su escasa moralidad, y es presa de su pobre imaginación. Pero para ciertos políticos opositores, "el hombre de la calle" carga con la culpa.

La verdad, la verdad, la verdad

Una postura más coherente con la aspiración de democracia, pero que pone en riesgo la manipulación que buscan ejercer los ambiciosos, es buscar o al menos no evadir la verdad, cuando esta se vuelve obvia.

La primera obviedad a que quiero referirme es que, así como Abril no pudo ser *pronosticado*, Abril no puede ser *descartado*. La Historia incluye demasiadas voluntades individuales y circunstancias fortuitas. Pregúntenles a los marxistas lo bien que les fue en el negocio de predecirla.

Otra obviedad es que el pueblo democrático nicaragüense no está sobre un lecho de rosas, no tiene ante sí salidas que no involucren enormes costos. Eso lo entiende "el hombre de la calle", en disonancia de sensatez con el discurso repetitivo de los políticos de "la solución electoral". Por algo a veces pareciera que este discurso estuviese dirigido a otros ciudadanos, en otras naciones, más que a nuestros sufridos compatriotas. ¿Hay algún "hombre de la calle" en Nicaragua que crea que Ortega, acusado de crímenes de lesa humanidad, tiene intenciones de salir del poder por las buenas? Esto quiere decir que el pueblo de Nicaragua no conseguirá evitar la violencia del estado, aunque quiera, aunque insólitamente decida no luchar contra el dictador; en su pánico, este y sus seguidores continuarán matando, encarcelando y esparciendo sufrimiento por todo el territorio.

Por tanto, el camino más doloroso puede ser el de la resignación. El camino de la lucha al menos ofrece la posibilidad de liberarse de la fuente del dolor, de la opresión que se sufre a manos de una banda de criminales que no actúan como un partido político, que no resuelven conflictos a través de mecanismos políticos como negociación y elecciones, que entienden que cuando la eternidad de su reinado infame acabe, su próximo hogar bien podría ser una cárcel.

Si cansa la explicación, es por lo obvio. Y si hay que repetirla, y cansar al lector, es porque se sigue escuchando a los políticos, nuevos y viejos, decir "preparémonos para las elecciones (contra Ortega)", "necesitamos una Gran Coalición que no sea solo electoral", es decir, que sea *electoral* (contra Ortega) *plus*, "debemos aliarnos con los *partidos* (es decir los partidos zancudos PLC, CxL y PC) porque ellos tienen *tendido electoral*".

Las frases bonitas

Pero como la mejor manera de vender una política claudicante es disfrazarla de combativa, los mismos políticos no cesan de llamar al pueblo a resistir y a organizarse, porque "no descansaremos hasta que haya justicia y democracia" u otros clichés del mismo corte. ¿Resistir cómo? ¿Organizarse para qué? Ciertamente, no es para conseguir ocupar las calles nuevamente, como en Abril, porque "*Abril es imposible*". Tampoco para unirse a un paro económico indefinido, porque "no conviene" (¿a quién?). Menos aún para acciones violentas, por supuesto. Y entonces, ¿para qué?: "Hay que estar preparados para las elecciones".

Luego convocan a un plantón y se quejan de que "la gente no llega". Para mí, que pocos acudan a sus llamados es una demostración de sensatez y racionalidad de parte del pueblo al que estos políticos quieren usar. Abril ocurrió fuera de su control, y si vuelve a ocurrir, los dejará en el olvido--o en la memoria, pero como un gran fracaso.

Y si "es imposible", ¿para qué convocan?

Además, no se puede llamar a la gente a la lucha proclamando que la reconquista de *la calle es imposible*, insistiendo en que la victoria más reciente de la voluntad popular, traicionada por los ahora "líderes democráticos", la presencia masiva del azul y blanco en las calles de Nicaragua es imposible.

Esto es decirle a la población algo contradictorio, algo así como "ilusiónense, pero no sueñen".

Si en verdad son demócratas convencidos, sin ataduras, de otro corte ético y otro ADN cultural, deben trabajar incesantemente para hacer que Abril sea de nuevo posible, sin exponer (¡sin usar!) a la gente como carne de cañón, ni como peones inconscientes en un ajedrez que se juega en otro hotel.

Invitado especial: el olvido ("¡ni perdón, ni olvido!")

10 de Diciembre de 2019

Hoy, en el día de los derechos humanos, me parece irónico que mientras el público que asiste al evento del Cenidh en un hotel de Nicaragua grita "¡ni perdón, ni olvido!", el olvido aparezca en la mesa principal como invitado de honor. Entre los beneficiarios de esta amnesia conveniente figura —pronunciando solemnes palabras de bienvenida— el Dr. Carlos Tünnermann Bernheim.

Don Carlos fue Ministro de Educación entre 1979 y 1984, de tal manera que no puede escapar responsabilidad por el giro de la educación pública hacia el proyecto orwelliano del FSLN, de adoctrinar a la niñez a favor del sandinismo; esfuerzo, por cierto, de tinte guerrerista (Vean, abajo, la foto de Barricada[60]).

Don Carlos fue también Embajador del gobierno del FSLN entre 1984 y 1988, ya con Daniel Ortega como presidente y el escritor Sergio Ramírez Mercado como vicepresidente. Su misión, para quien no quiera ser sordo y ciego, fue defender a la primera dictadura sandinista ante la opinión pública y la diplomacia internacional.

Hay que recordar además que aquellos fueron años de una represión a tal escala, de una opresión tan descarnada y una destrucción económica tan vasta, que cientos de miles de nicaragüenses (podrían ser más de un millón en una población mucho menor que la actual), y decenas de miles de jóvenes reclutados a la fuerza (se dice que más de 50,000; se citan cifras de hasta 100,000) tuvieron que huir al exilio o perecieron en los campos de la guerra en Nicaragua.

¿De verdad no quieren olvido? ¿Quién gana con estos borrones de la memoria social? ¿Por qué tenemos que callar la verdad? ¿En nombre de qué permitimos la mentira, el reciclaje de la mentira, el dominio de la mentira? ¿A qué le tenemos miedo?

¿Se atreverían, quienes inevitablemente van a intentar tapar esta verdad entre tantas, sobre el personaje aludido (hay muchos más como él, y mucho peores, ya beatificados), a desmentir los hechos que cito?

---

60 Hoy extinto diario oficial del FSLN, dirigido durante la década de la primera dictadura del FSLN por el periodista Carlos Fernando Chamorro Barrios. La página literaria, que contiene la foto en la que se ilustra una de tantas manifestaciones de la militarización de la escolaridad infantil, lleva la aclaración "a cargo del Ministerio de Cultura". Era Diciembre 29 de 1979. El FSLN había tomado control del país escasos cinco meses atrás. Después vendrían los manuales de primeras letras y educación primaria diseñados para crear, desde la infancia, seres humanos cuyo universo fuera dominado por referentes al servicio del poder de "la revolución". Chamorro Barrios perdió, tras la derrota electoral del FSLN, su puesto de Director. En los noventa pasó a ser disidente del partido. Pocos después, Barricada dejó de existir.

Los reto.

La próxima vez que quieran gritar "¡ni perdón, ni olvido!" no se olviden de no olvidar.

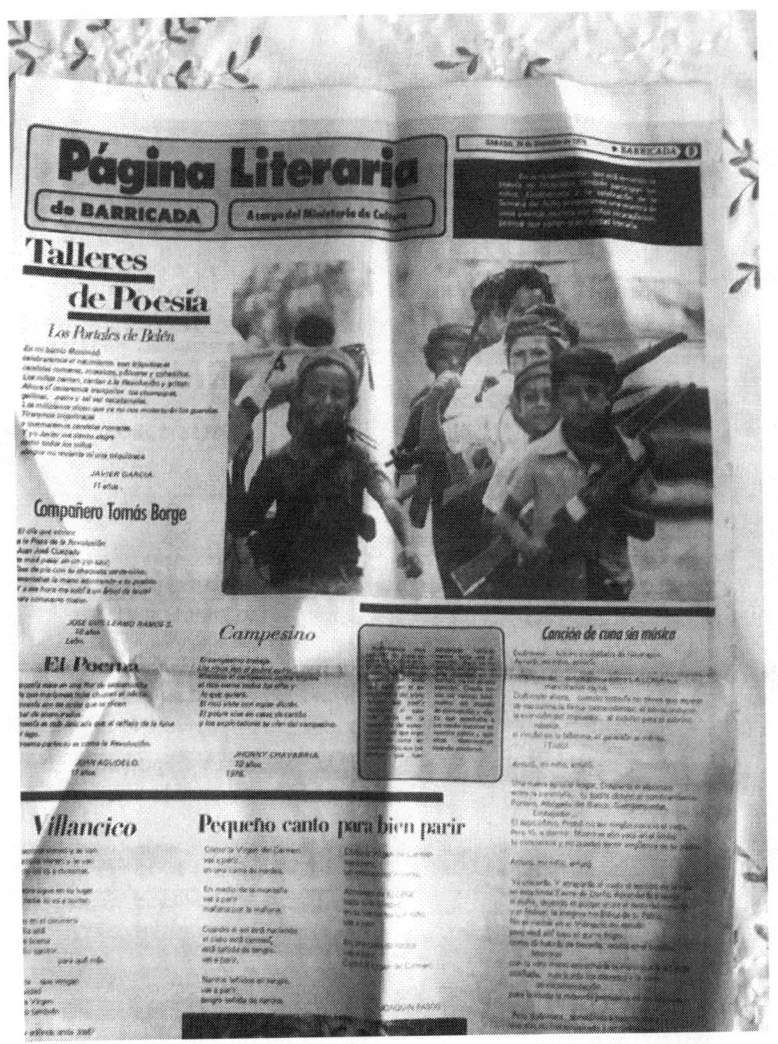

Página Literaria

de BARRICADA

A cargo del Ministerio de Cultura

Talleres de Poesía

Los Portales de Belén

JAVIER GARCÍA
11 años.

Compañero Tomás Borge

El Poema

Campesino

Canción de cuna sin música

Villancico

Pequeño canto para bien parir

Como la Virgen del Carmen
vas a parir,
en una cama de nardos.

En medio de la montaña
vas a parir
mañana por la mañana.

JOAQUÍN PASOS

El terror de la dictadura, el miedo de las élites

12 de diciembre de 2019

Una vez más, la represión aparentemente absurda contra nicaragüenses pacíficos demuestra el pánico de la dictadura.

Digo "aparentemente absurda" porque no lo es. Es perfectamente racional que no quieran ceder, porque en el momento en que cedan se puede desbordar el descontento y arrasarlos.

Por eso Ortega no tiene intenciones de dejar el poder. No se va a ir por las buenas. Ojalá así fuera, pero el suyo no es un régimen autoritario "normal".

Se trata de criminales casi convictos, que prefieren morir antes que ir a la cárcel. Ese es el gran problema y la gran tragedia de Nicaragua. Y por eso es un engaño, una trampa cruel, todo el juego de élites que pretenden, dicen ellos, "salir de Ortega a través de elecciones".

Yo no creo que ignoren que esa alternativa no es viable. Pero se empeñan en ella porque también tienen miedo. Lo han tenido desde el 18 de abril de 2019, cuando cientos de miles de cámaras alumbraron el cuarto donde vivían felices su concubinato con Ortega y Murillo.

Si yo fuera su asesor les diría que aún es tiempo, que la gente sabe lo que han hecho, pero al final el sentido de justicia y la sensatez del pueblo democrático los protege. Les diría que pasen de una vez el trago amargo y apuesten por la democracia: "atrévanse a ser verdaderos empresarios, arriesguen algo, no busquen más el cobijo del poder político corrupto; escojan, o al menos acepten, una sociedad con derechos para todos. Podrán beneficiarse si el país evita los ciclos de guerra, pacto y dictadura que nos regresan siempre a la cola de los más pobres. Dudo que muchos de ustedes sean capaces--son prácticamente siglos de andar en descarrío--de enmendar el rumbo. Pero tampoco pierdo la esperanza. No apelo solamente a su humanidad, sino a su sentido práctico, a su habilidad de sopesar los riesgos: la bestia herida que ustedes creyeron domar no reconoce más autoridad que su propia fuerza; tarde o temprano tendrán ustedes que escoger entre un total sometimiento o enfrentar su furia."

Contra el demagogo

19 de diciembre de 2019

El demagogo se adueña de algo oscuro en el alma humana. Se adueña de sus miedos, de su inseguridad. El demagogo ofrece santuario a sus futuras víctimas, a quienes invita a entrar en lo que ofrece como un señor feudal podría ofrecer sus muros: la jaula en que alucina su delirio de persecución y en la que busca defenderse del enemigo que cree omnipresente.

Una vez atrapados con él, en la misma jaula, los seguidores del demagogo sienten que al defenderlo se defienden a sí mismos. Llegan a perder la capacidad de distinguir entre sus propios intereses y los de su presunto benefactor. Pierden la capacidad de examinar racionalmente las acciones del demagogo, de ver cómo este los arrastra al precipicio.

De hecho, con frecuencia no ven el precipicio, aunque esté cerca, porque pierden también el sentido de la distancia. Y si un ataque súbito y molesto de racionalidad les hace intuir que el precipicio existe, lo creen tan lejano que descartan el peligro de caer en él: la amenaza mayor siempre es la que el demagogo señala, contra la que el demagogo presuntamente los defiende.

Así su miedo adormece primero, atrofia después, su sensibilidad ante la indecencia, el autoritarismo y la crueldad del demagogo. Poco a poco este acumula crímenes con el mismo apetito angustioso con el que sus seguidores construyen el autoengaño. Es una dinámica misteriosa de miedos insaciables que solo pueden crecer, porque inducen violencia y rencores. Hasta que un día la espiral colapsa, cuando el terror acaba con el miedo, y abre las puertas de la furia.

¿Para qué esperar hasta entonces? ¿Para qué esperar a que el demagogo y sus hordas cautivas arrasen con la civilización y la humanidad? Hay que detenerlos temprano. Cuando no se hace, acumulan excesivas páginas en la historia humana (páginas que son sangre y vómito) gente como Mussolini, Hitler, Castro, Chávez, Ortega, Stalin, y tantos otros.

Por eso me parece inconcebible estar en contra de Ortega y no estar en contra de Trump o cualquiera de la misma calaña. Demagogos al fin, demagogos todos, monstruos construidos con las sombras más densas del alma humana.

Una foto en las tripas del poder

20 de diciembre de 2019

Cuando uno habla de que conspiran, de que son una macolla de corruptos, de que no hay que confiar en ellos, el coro que dirige la maquinaria propagandística de las élites lo ataca a uno de mentiroso, calumniador, divisionista, etcétera.

Pero hay que insistir en buscar y presentar la verdad. Queridos compatriotas, dejen que sus ojos vean lo que sus ojos ven: hay un mundito corrupto en Nicaragua, enlazado por intereses económicos, parentescos de sangre, conveniencia e inmoralidad. Vive en las nubes del poder y en medio del hedonismo más egocéntrico que pueda imaginarse.

Desde esas alturas, queridos compatriotas, las vidas de ustedes tienen el aspecto de un espejismo lejano, de números pequeños, de detalles "minúsculos". En ese mundo todo es negociable; lo importante es procurarse espacio cómodo en la mesa.

Miren esta, por ejemplo.[61] ¡Cuántos ilustres salvadores de la patria! Está el difunto Antonio Lacayo, cuya viuda, Cristiana Chamorro parece estar, hoy en día, políticamente muy activa. Se la rumora con frecuencia candidata en la elección que las élites anhelan para salir de su inesperada crisis. Está también el excanciller "liberal" Francisco Aguirre Sacasa, quien hace poco hiciera una defensa rastrera del Ejército de Ortega ("el Ejército de Nicaragua sigue cumpliendo su papel constitucional"). Y está Arturo Cruz, hijo de uno de los miembros de la Junta de Gobierno de Reconstrucción Nacional al inicio de la primera dictadura del FSLN, y luego del directorio de la Contra. Arturo ha dicho públicamente —cínicamente— que "a lo mejor" (parafraseo) *haya que sacrificar las aspiraciones democráticas de los nicaragüenses, para tener gobernabilidad.*

¿En quién se apoya cariñosamente Arturo? Posa su mano sobre el hombro, nada más y nada menos, que, de Humberto Ortega, el hermano que da "el buen consejo" al dictador de El Carmen. La alabanza, por si no lo saben, viene del diario *La Prensa,* también propagandista pagado del Ejército.

¿Quién más en esta foto de próceres? Que no se nos escape el mercenario más reelecto del grupo, el tristemente célebre Chano Aguerri, asignado por sus patronos Pellas y Cía., hasta el 18 de abril de 2018, a la labor de construir la dictadura

---

61 Foto de convivio privado en los jardines de una mansión localizada en los altos que rodean la ciudad de Managua. La imagen fue filtrada a los medios, y muestra a los personajes descritos en la nota. La foto es evidentemente anterior a la crisis del 2018, ya que Antonio Lacayo falleció en un accidente de helicóptero cerca de la frontera de Costa Rica a finales del 2015. A la época, la información conocida es que Lacayo trabajaba como alto ejecutivo del grupo Pellas Chamorro.

a imagen y semejanza de sus intereses comerciales, y desde el 19 de abril, transferido a la tarea de desmontar la crisis sin que caiga de la vitrina de sus jefes ni un vaso de cristal. A partir de entonces, Chano *representa al pueblo*, según quisieran que creyéramos los propagandistas de la Alianza Cívica. También está Nicho Marenco, exalcalde FSLN de Managua, y —aunque no lo parezca— excrítico de Ortega. Marenco regresó abyectamente al redil dictatorial en julio de 2019, durante la celebración sandinista conocida como "Repliegue". Sonrían, compatriotas, que aquí la historia les hace un guiño irónico.

Completo mi lista —hay otros personajes en la foto que no identifico; ayuden ustedes—con el general Álvaro Baltodano, antiguo miembro del ejército sandinista y en años recientes (que incluyen probablemente la fecha en que la foto fue tomada) convertido en "delegado presidencial para inversiones". Hermoso título.

¿Qué aconseja esta foto? Desconfianza. ¿Qué documenta? La existencia de élites que escenifican disputas en público cuando la paciencia de los ciudadanos se agota y los corruptos necesitan acusarse mutuamente para salvar su propio pellejo. Pero la mesa en que se sientan está ahí, ha estado ahí por largo tiempo; en ella al final buscan arreglo, a expensas del resto del país. Así ha sido siempre. En 2038 cumpliremos 200 años de existir como país independiente, pero las élites de herencia semifeudal colonial de Nicaragua vienen arrastrando estas mañas desde antes de aquella fecha.

¿Y nosotros? ¿Vamos a caer en la trampa de cerrar los ojos y confiar en la "unidad" que predican, supuestamente contra la dictadura en la que —cinismo de cinismos— todos ellos participan? ¿Vamos a caer en la trampa de resolver *para ellos* el problema —sí, *para ellos*— asistiendo a la farsa cruel de "elecciones" diseñada para redistribuir las sillas en su mesa? ¿Aceptaremos una vez más que la cruel recomendación de Arturo Cruz, de abandonar "por ahora" la aspiración de democracia caiga como una tonelada de concreto sobre las tumbas de nuestros mártires? ¿Seremos eternamente borregos de esta gente, por demás mediocre, hábil únicamente en las artes de la estafa?

Que no se diga en el futuro que no sabíamos. Queridos compatriotas, dejen que sus ojos vean lo que sus ojos ven.

El optimismo de un *pesimista*

25 de diciembre de 2019

Dice el viejo adagio que más vale prevenir que lamentar. Prevenir, para no lamentar. No en Nicaragua. No si depende de los políticos nicaragüenses, los que aceptan serlo y los que —bañados en colonia *azul y blanco* y bajo el manto "*autoconvocado*"— intentan cubrir sus efluvios lupinos. Si en sus manos queda, podemos prevenir y lamentar, podemos reclamar y lamentar, podemos exigir y lamentar.

Y lamentaremos, si no logramos encontrar la forma de obligarlos, de ponerlos —como corresponde— a nuestro servicio, pues los viejos mandamases y los nuevos aspirantes tienen en común la prepotencia, la habilidad para cerrar sus oídos a quienes dicen representar, de ser *todo oídos* únicamente ante el poder extranjero. Viven para "la comunidad internacional" (léase aquí el patrocinio político y financiero de Estados Unidos, especialmente, y de la Unión Europea, en segundo lugar). Allá es donde buscan aprobación. Para pasar la prueba de los políticos de esos estados es que se esfuerzan, mientras asumen que el resto de los nicaragüenses aceptará lo que allá decidan, porque no les quedará más remedio (ellos dicen "porque no queda más remedio") que aceptar las decisiones de sus presuntos representantes, los nuevos "libertadores". Unos cuantos adornos retóricos, frases a la medida de cada audiencia, la "corrección política" que haga falta, para quienes quieran cultivar la etiqueta, y listo: la cena—la de ellos—estará servida. Ya estarán, sueñan ellos, de regreso en 1990: diputaciones, ministerios, embajadas, puestos de poder y prestigio, carros, viajes, "adelante señor ministro", y vanidades de esas que a los más ambiciosos embelesan.

El pesimismo optimista

Eso, queridos compatriotas, es lo que hay; es lo que tenemos. ¿Pesimista? Creo que fue Saramago quien dijo que él no era pesimista, "más bien lo que ocurre es que el mundo es pésimo". Yo añadiría que el pesimista —ciudadano de ojos abiertos que descubre que el mundo es, en realidad, pésimo— no puede darse el lujo de no ser optimista. Algo así como la fe de Unamuno, la fe vital, la que está implícita en abrir los ojos y levantarse de la cama para arrancar un nuevo día. Sin esa fe no se vive. Y es una fe racional, porque es claro que en el pasado ha habido innumerables comenzares de nuevo y vivires de nuevo y nuevos días, por lo cual es sensato esperar que la esperanza no sea una alucinación. Así que, ¡vamos adelante!, y a pesar de lo que ya sabemos —más bien, precisamente, porque lo sabemos— prevengamos, reclamemos, exijamos. Porque la mayoría de nosotros no quiere un regreso a 1990, sino unos cuantos pasitos adelante, que nos dejen entrar, aunque sea en el último vagón del tren de la democracia que en el mundo arrancó allá por finales del siglo dieciocho. 1990 *fue, tenemos claro, el fin de una pesadilla y el embrión de otra.*

La dura vida de un alfayate

Hace tiempo que he querido usar esta palabra: alfayate. Hermosa palabra que infelizmente ha sido desplazada a sótanos, áticos, cofres y bahareques por una más rasposa: sastre. Digamos, por cumplir con el capricho, que a cualquier alfayate, por más habilidoso que sea, va a costarle mucho hacer el vestido de los nuevos 1990. El monstruo del poder ha engordado, de sus fauces babea sangre, y los gestos de los nuevos libertadores nos recuerdan demasiado a las decepciones que han consumido nuestra inocencia. Somos menos inconscientes. Estamos más sedientos de libertad que nunca. Más ariscos que nunca. Menos dispuestos a creer las fábulas y a degustar los atoles que con el dedo pretenden darnos.

El espejismo hermoso

La imagen que los políticos electoreros nos pintan del futuro es, como todos los espejismos, de una belleza inaprehensible: Ortega acepta ir a elecciones libres, democráticas, limpias, sin intimidación, con garantías para todos los participantes; pierde las elecciones abrumadoramente; respeta los resultados, y luego el nuevo poder, centrado en la Asamblea Nacional, lo desarma y lo somete a la justicia. De ahí en adelante, Nicaragua bien podría llamarse Suiza o Suecia.

¿Qué tan grande el milagro?

Y es verdad, cualquier cosa puede pasar en este valle de lágrimas, por lo cual un milagro de tal magnitud (si es que entre milagros hubiese variedad de tamaño) no puede descartarse. Confieso que es este mismo inquietante sentimiento el que me induce con frecuencia a apostar a un milagro menor, y comprar la lotería.

Pero es preciso —disculpen mi aparente terquedad— seguir llamando milagroso al resultado que describen los políticos electoreros; uno que no puede ser explicado por lógica y datos, por la dinámica política previsible y por la historia. [***Milagro.*** *1. m. Hecho no explicable por las leyes naturales y que se atribuye a intervención sobrenatural de origen divino. 2. m. Suceso o cosa rara, extraordinaria y maravillosa. —RAE*]

"Nadie puede dar inmunidad a Ortega"

El "milagro" tendría que saltar *sobrenaturalmente* dos obstáculos. Uno es que Ortega no puede darse el lujo de dejar el poder sin poner en peligro su libertad, y hasta su vida, y las de su círculo íntimo. Bien podría ser este el obstáculo que impidiera el *Kupia Kumi del Siglo XXI* que las élites anhelan desesperadamente… A menos que alguien garantice a Ortega *inmunidad*, lo cual, después de cometidos los crímenes, equivale a garantizarle *impunidad*.

Esta garantía no es tan difícil de erigir como los electoreros quieren hacernos creer. Es verdad que los crímenes de los cuales Ortega puede ser acusado en tribunales no son, técnicamente, amnistiables, ni prescriben en el tiempo. Pero eso es solo en Derecho Internacional. Si los estándares del Derecho se aplicaran en Nicaragua, Ortega no sería presidente, ni podría ser candidato, ni controlaría todos los poderes del estado, ni podría chantajear a la nación entera.

Y por las mismas razones que deforman la relación del Estado de Nicaragua con el Derecho, razones de poder, los políticos electoreros en la Alianza Cívica, y también en la UNAB, pueden aceptar —¿no lo ha dicho ya con claridad angelical Mario Arana?— que la justicia, o sea, la aplicación de los preceptos de Derecho a que aluden, quede "para una futura administración", e insisten en que la presunta salida de la crisis sea "constitucional", es decir reformando las reglas *dentro* del andamiaje actual. Peor aún, empiezan ya a sugerir (lo han hecho recientemente el mismo Arana y Michael Healy, el de los camiones heroicos) que "hay que ir", aun "sin reformas". Ellos saben, y a nadie debe escapar, que esta decisión implica que Ortega, de "perder" las elecciones, se convertiría automáticamente en el *diputado* Daniel Ortega.

Pero, apartando estas tersuras jurisprudenciales, el meollo del asunto es este, se busque por donde se busque: *¿Puede alguien imaginarse que Ortega acepte, si algo de poder le queda, un trato que excluya inmunidad para él y su círculo?* Hacerlo, insisto, podría significar su muerte a manos del propio círculo, persecución legal y cárcel por crímenes de lesa humanidad, o un exilio bochornoso en Cuba, indigno ya del paladar primermundista del clan Ortega-Murillo.

"Que nadie proteste"

El segundo reto para las fuerzas sobrenaturales de los electoreros es que Ortega tiene un miedo racional y razonable a permitir la movilización ciudadana que tendría que ser permitida para dar un barniz de legitimidad a cualquier proceso electoral. *¿Qué creen ustedes que pasaría si policías, paramilitares y francotiradores no impidieran el ejercicio de la protesta pública?*

La celeridad y brutalidad de la represión, aun cuando se trata de pequeños grupos de manifestantes, demuestran más allá de cualquier duda que Ortega se sabe rodeado de odio, que Nicaragua es un polvorín, y que precisa sofocar la mecha antes de que el fuego haga contacto con la dinamita. Siendo así, no parece sensato esperar que el Ortega que diga "acepto elecciones", acepte también la movilización ciudadana que es norma en procesos electorales libres de sociedades democráticas… *A menos que alguien garantice* a Ortega que cualquier movilización será contenida, controlada, minimizada, de ser posible evitada.

¿Quién puede dar tal garantía?

El descontento es tan generalizado que el reto de encontrar un "liderazgo" capaz de hacerlo es enormemente complicado. Los burócratas que desean y financian el esquema electorero desde el exterior, y los políticos de las élites, en la Alianza Cívica y —hasta la fecha, por más que digan "golpear la mesa"— en la UNAB, quisieran poder convencer a la población de esperar calmadamente dos años más, luego caminar en silencio sumiso al local de votación, confiar en sus libertadores sin chistar, aguardar los resultados que redistribuirían entre los poderosos el pastel del poder, y al final regresar a casa o ir a un templo a dar gracias porque el milagro ha sido consumado.

Eso quisieran, y para que el Kupia Kumi del Siglo XXI sea factible, tendrían que completar su tarea de desmovilización del pueblo democrático, iniciada con simbolismo siniestro en el momento en que Chano Aguerri Chamorro deja de lanzar loas a Ortega en nombre de sus patronos Pellas Chamorro, Ortiz Mayorga y compañía, y aparece como "representante del pueblo", sentado en primera línea de la Alianza Cívica.

¿Quién tendría la misión de pedir a la población que no proteste? Pues por lo previsible hasta el momento el honor tendría que recaer sobre la "Gran Coalición", el enjambre que dicen estar construyendo la Alianza Cívica, la UNAB, y los partidos zancudos que súbitamente —eso nos dicen, sin sonrojarse, los electoreros— son esenciales para la "unidad contra la dictadura".

No es la "unidad", ni la "separación": es la desconfianza (el fracaso de la Alianza Cívica y de la UNAB)

8 de enero de 2020

¿Representan la UNAB y la Alianza Cívica al pueblo democrático nicaragüense? En sentido estricto, científico, no sabemos. Aunque es mucho menos arriesgado afirmar que la Alianza Cívica no representa la *diversidad* de intereses de los nicaragüenses, porque lo que impera ahí, a todas luces, es el interés de la minoría que controla el poder económico. Y aunque el respetado movimiento campesino que lidera Medardo Mairena forme parte de la Alianza, su participación carece de protagonismo, de entusiasmo, y se caracteriza por la insistencia de que los campesinos son autónomos y están en contra del "aterrizaje suave" que la Alianza persigue.

En cuanto a la UNAB: el perfil de —por ejemplo— su Consejo Político, está *diseñado* para parecerse *un poco más* al de la sociedad, al incluir organizaciones que *presuntamente* están conectadas con grupos sociales "populares" y "regionales". Sin embargo, la mayoría de la población no conoce a estas organizaciones o a sus dirigentes, que nunca —esto sí se sabe—tuvieron huella visible en el ámbito político. Por el contrario, una corriente de escepticismo y sospecha baña al conglomerado de oenegés y pequeños grupos políticos constitutivos de la UNAB, justa o injustamente, con conocimiento de causa o no. Y cabe añadir que los campesinos —incómodos miembros oficiales de la Alianza Cívica— apenas esconden su desconfianza de la UNAB, y han rechazado múltiples intentos de estos por atraerlos.

Estando así las cosas, tanto la Alianza Cívica como la UNAB buscan para sí la representatividad popular de una manera indirecta, publicitaria: reclamando la bandera de la insurrección cívica de abril de 2018, convertida en fuente potencial de legitimidad para cualquier fuerza opositora, al punto de que, si alguien lograra persuadir a la población de que encarna el espíritu de la insurrección y sus metas, probablemente adquiriría un estatus hegemónico en la oposición.

Hoy por hoy, ni la Alianza Cívica ni la UNAB han conseguido ganar esa batalla en las mentes y en los corazones de los nicaragüenses. La aseveración de Monseñor Silvio Báez, a quien muchos consideran líder espiritual (o más ampliamente, ideológico) de la rebelión, lo resume así: "no existen liderazgos confiables en Nicaragua".

Valentina (In Memoriam)

7 de enero de 2020

Terminaba de escribir este texto, que por respeto a nuestras tradiciones funerales dejé reposar, cuando recibí la foto de una joven que, de espalda a la cámara, contemplaba el letrero de protesta que ella misma —me dicen— había pintado sobre un muro de Managua.

El mensaje de la pinta: "patria libre para vivir". Qué cruel una sociedad en la que el joven que quiere libertad y quiere vida se siente forzado (lean a Valentina, piensen en nuestra historia reciente) a sacrificar una para obtener la otra.

Valentina (In Memoriam)

Leo la noticia del suicidio de Valentina, Valentina Gutiérrez Blandón, una joven rebelde, de las *atrincheradas* de la UNAN.[62] No la conocí en persona. Leo el texto en que dejó su despedida. Nunca he leído un testimonio que me conmoviera más.

Entre otras cosas, dice:

"*No quiero saber nada de reunioncitas de salón con discursos melosos; la moralidad performática de ese juego político se reduce a espejos del ego y anhelos de poder. Solo eso queda. No estoy obligada a envejecer siendo otra espectadora más del canibalismo, sobreviviendo a punta de esperanzas infantiles, como si yo no supiera ya que todo es cuestión de dinero, que el dinero pudre, y que al final las*

62 Universidad Nacional Autónoma de Nicaragua. La más antigua y mayor institución pública de altos estudios del país.

cúpulas más podridas son siempre las que deciden."

Yo, que todavía sueño, sé que lo hago a pesar de que ella tiene razón.

Valentina cita a Camus. El Camus de Sísifo, el personaje mitológico condenado por los dioses a empujar una roca hacia la cima hasta que, alcanzada esta, la roca rueda de regreso a la base de la montaña, desde donde Sísifo tiene que empujarla otra vez hacia arriba.

Así hasta la eternidad. Así, en el tiempo, y en la distancia; como la distancia que separa el sueño de Abril de la comedia de batallas ("*espejos del ego y anhelos de poder*", dice Valentina) que coreografían los políticos de mi país. Van, estos héroes de paja, de salón en salón, de unidad a alianza, de alianza a separación, para preparar entonces una "*gran coalición*"; van de "*grandes avances en la lucha"* a oscuras realidades y secretos; de hablar de libertad a intentar acallar a todo el que no esté de acuerdo con ellos; de apagar la voz que pedía la renuncia del tirano a encender el quejido suplicante que implora al tirano una casilla electoral a cualquier costo.

Y todo el tiempo esputando sus "*discursos melosos*".

Creo que nunca ha habido una situación como la actual en Nicaragua, una distancia tan grande entre lo que piensa y siente la gente de a pie, la que vive y sufre la impotencia y la pobreza, y lo que piensan y sienten los políticos opositores. Por algo estos quieren que solo midamos la distancia que separa al pueblo de la dictadura: para que olvidemos cuán lejos están ellos, la supuesta oposición, de representarnos. Esa distancia es un vacío que hace al país intrínsecamente inestable. Porque tarde o temprano habrá quienes lo ocupen, quienes lo llenen. En nuestra historia los vacíos se han llenado de violencia.

A eso nos está llevando el fracaso de los que han reclamado para sí la bandera de Abril, sin tener o hacer méritos, sin respetar la memoria de quienes dieron su hogar, su carrera, su libertad personal y hasta su vida por una causa necesaria y noble. Para estos no serán los ministerios y las grandes convenciones. No conocerán el mundo del lujo y de los viajes, de los salones alfombrados y llenos de luces y cristales. No recibirán *grants* de ningún gobierno extranjero; sus madres los llorarán hasta el final de sus días; sus hijos tendrán que atravesar la niñez en desamparo.

Y los políticos, como siempre, hablarán de los muertos como hablan de Dios, como si de un amuleto se tratara.

Que la voz de Valentina sople sobre ellos como una condena.

Que los demás podamos convertir en *patria libre para vivir* el inmenso dolor y el indescriptible coraje de Valentina.

¿Elecciones con el FSLN: farsa de mafias?

12 de enero de 2020

Hay una gran incongruencia (si inocente o intencional, no sé) en el discurso anti-Ortega y anti-FSLN en Nicaragua. Trato de describirla aquí, en pocas palabras.

Se dice —creo que correctamente— que el FSLN es *una banda criminal*, cuya motivación es el crimen, y cuyo método es el crimen.

¿De acuerdo?

Si se está de acuerdo, entonces no puede aceptarse la participación del FSLN en elecciones legítimas, y cualquier "elección" con el FSLN en la boleta se convierte en una farsa de mafias. No es que el FSLN no pueda, con la ayuda de cómplices zancudos, escenificar una "elección". Es que tal "elección" se convierte en una farsa de mafias, es ilegítima.

Y no es tampoco que deba "prohibirse", o "ilegalizarse" al FSLN. *Prohibidas* están todas las bandas criminales; todas las bandas criminales están fuera de la ley; todas las mafias son ilegales.

El asunto es más sencillo, se trata de un corolario que cae por su propio peso: *una contienda electoral es para que los ciudadanos decidan entre partidos políticos, no entre bandas criminales, ni entre criminales.*

A nadie se le ocurrió, que yo sepa, que cuando Pablo Escobar asolaba Colombia en sus guerras de carteles y contra el gobierno, había que hacer una elección para que la gente decidiera entre él, los capos del Cartel de Cali o el Cartel del Valle, y el gobierno.

Las elecciones son para que resolvamos de manera pacífica las desavenencias ciudadanas sobre programas políticos o ideológicos. No son para decidir qué criminal se queda con qué parte del botín.

¿Me van a decir ahora que para los ciudadanos el FSLN es "un partido político legítimo con el cual tenemos desavenencias de programa o ideológicas"?

¿Cuál de las dos versiones creen ustedes?

No pueden ser las dos.

La lógica es inescapable.

El reto de la verdad, el mercadeo de engaños, y un gatito doméstico llamado Daniel

14 de enero de 2020

Desde hace unas semanas, los políticos que tratan desesperadamente de vender "elecciones con Ortega" han hecho circular preguntas como: "¿por quién votarías, por Medardo Mairena o por Félix Maradiaga?", y ¿no te gustaría ver juntos a Juan Sebastián Chamorro y a Amaya Coppens? Incluso empiezan a probar la consigna que —dicen algunas fuentes dentro del liderazgo de la Alianza— podría ser su verdadera intención: "Cristiana Chamorro será presidente".

Hay mucho que decir sobre el contenido de esas preguntas, pero nada debe decirse antes que esto: están diseñadas para distraer al pueblo, para engañarlo con una ilusión, para hacer que la población viva como una realidad —sino actual, inevitable— el espejismo de una elección entre buenos. El truco es evadir totalmente la verdadera pregunta, sobre si esa hipotética elección haría posible liberar a Nicaragua de la dictadura.

¿Cuál es la ruta?

La pregunta que honestamente debe hacerse cualquier persona de buena voluntad, y cualquier político que lo sea, es esa. Hagámosla aquí, de la manera más clara posible:

¿Cree usted que es posible desmantelar la dictadura de Ortega-Murillo y su FSLN a través de elecciones en las que participe Ortega-Murillo o su designado y su FSLN?

No es válido responder con "¿y qué más podemos hacer?", porque esa pregunta es, por necesidad —y honestidad— posterior. Hay que hacerla, se hace, se discute; y hay otra gente, *fuera de la oposición "oficial"*, trabajando en esa dirección. *Pero ustedes, señores de la Alianza y de la UNAB, necesitan, tienen el deber de responder si lo que nos plantean como "solución" puede serlo.*

Los políticos en la Alianza Cívica y en la UNAB (algunos en esta última dicen estar en contra, pero no actúan acorde a sus palabras, 'manejan' un doble discurso) exigen a cualquier crítico que presente una propuesta detallada sobre "qué otra cosa podemos hacer que aceptar elecciones con Ortega"; sin embargo, no logran hacer lo mismo con su propia propuesta, su plan de elecciones.

Cuando lo han intentado, a regañadientes, entran a arenas movedizas…

El "pragmatismo" de la alianza

Está, por ejemplo, la posición públicamente enunciada por representantes de la

Alianza, como Mario Arana, Arturo Cruz, y —más clara y más recientemente— José Pallais: de ganar las elecciones, vendría un arreglo con Ortega y el FSLN, para normalizar (se supone que 'democráticamente', pero no explican cómo) la situación. En tal arreglo habría (¡si acaso!) un remedo de justicia, justicia simbólica. Orgullosamente (¿o, cínicamente?; juzgue usted) Pallais anuncia que ya ellos propusieron (¡!) un esquema de "justicia transicional", en el cual se aplicarían (¿quiénes, los jueces del FSLN?) "penas inferiores a las normales" a los acusados de "violar la ley y participar en persecución" contra los ciudadanos.

Todo este baile en un ladrillo para decirnos, con la maña gastada de un viejo político, que "daremos impunidad a Ortega, Murillo, y a todos los que cometieron crímenes de lesa humanidad, para ver si nos deja gobernar".

En una ruleta se juegan la vida de la gente. Apuestan con "cobertura": ganan en cualquier "escenario", porque todos los costos y todos los riesgos los tiran sobre el pueblo.

La postura de la UNAB: derrocar sin derrocar

Y está la posición que, con más frecuencia, viene desde la UNAB. Retóricamente más beligerantes en cuanto a la justicia, levantan el rostro un momento y gritan con el pecho a reventar "¡Ni perdón, ni olvido!"; luego regresan a sus deberes, en busca de "coaliciones" con la misma gente, con la Alianza Cívica de Pallais, Arana, Cruz, etc., que ha decidido dar "*impunidad a Ortega, Murillo, y a todos los que cometieron crímenes de lesa humanidad, para ver si nos deja gobernar.*"

Dan, es cierto, unos cuantos pasos más allá que la Alianza en su descripción de "cómo" se democratizaría Nicaragua sin derrocar a la dictadura de Ortega-Murillo y el FSLN... Escribo esto ("*cómo se democratizaría Nicaragua sin derrocar a la dictadura de Ortega-Murillo y el FSLN*") y me da escalofríos el contrasentido lógico e histórico de la propuesta. ¿Alguien cree posible que Ortega y Murillo actúen como políticos, y el FSLN como *partido político*, para rematar, *democráticos*, y rindan su poder sin matar más?

Pero sigamos con los pasos de la UNAB: "ganamos las elecciones; conseguimos mayoría absoluta en la Asamblea; los diputados de nuestra "gran coalición" con la Alianza votan para desaforar a Ortega-Murillo y enviarlos a los tribunales (¿quiénes controlan los tribunales? No explican); votan también para cambiar la policía, el ejército, y todo lo demás." Misión cumplida. Como he dicho antes, de ahí en adelante Nicaragua bien podría llamarse Suiza o Suecia.

Un gatito doméstico llamado Daniel

Félix Maradiaga añade un giro interesante, que al menos reconoce la ingenuidad (¿ingenuidad?) de la propuesta antes mencionada, la cual prácticamente asume que Ortega-Murillo y su FSLN es un gato doméstico que se echa a dormir después de las elecciones: el nuevo gobierno, dice Maradiaga en entrevista concedida a *Revista Abril,* tendría que estar compuesto por gente que esté dispuesta a mucho más que a ocupar un puesto administrativo en el Estado; porque para derrotar la resistencia del FSLN (o sea, el ya "derrotado" FSLN) haría falta un enfoque "insurreccional", con el pueblo en las calles para acabar, se entiende, el sabotaje del "partido" sandinista.

"¡A las trincheras!", grita el ministro de agricultura

Aparte de parecerme esta una versión light de la fábula del gato doméstico, según la cual el "partido" sandinista, al ver a los nuevos ministros del gobierno Alianza/UNAB, se asustaría y se echaría a dormir en una esquina, me parece que requiere imaginarse a Pallais, Arana, a Arturo Cruz, a Kitty Monterrey, y quién sabe, quizás a Alfredo César, a María Fernanda Flores y otros, liderando a "las masas" en una "insurrección". Extrañísima idea, especialmente si uno figura a estos personajes ya cómodamente instalados en el gobierno. Imagínense ustedes… "el señor Ministro de Agricultura convoca al pueblo (empezando por los pobres empleados públicos del Ministerio de Agricultura que serían el primer "pueblo" a su disposición) a salir a la calle a enfrentar a los motorizados, paramilitares y "militantes" del FSLN."

El reto de la Verdad

Estoy convencido de que todas estas contorsiones están motivadas por la inclinación natural de los políticos a esconder del pueblo realidades dolorosas pero aleccionadoras, cuando estas no calzan en su narrativa estratégica.

¿Puedo estar equivocado? Por supuesto, aunque mi juicio, mi experiencia y el estudio de la historia de nuestro país y del mundo me indican que, si mi visión de lo ocurrido contiene desaciertos, estos tendrían quizás que ver con el papel de *algunos individuos o grupos* cuyo comportamiento no es muy conocido en público. Esta crítica me la ha hecho —y acepto que es razonable— Félix Maradiaga. Se trataría, digamos, de miembros de la Alianza o de la UNAB que genuinamente creen la coartada de los más poderosos, o que intentan operar bajo la cubierta de la estrategia oficial para propiciar una auténtica salida de la dictadura.

En todo caso, el reto de la verdad es permanente, como la *necesidad* de la verdad, y yo aquí lo lanzo de nuevo a gente como Félix Maradiaga, Juan Sebastián Chamorro, Violeta Granera, y otros que se han constituido en el rostro de la "gran coalición electoral": expliquen, por escrito y en detalle (como hacemos quienes estamos en la oposición) cómo es posible *desmantelar* la dictadura de Ortega-Murillo y su FSLN a través de elecciones en las que participe Ortega-Murillo o su designado y su FSLN.

El reto, la invitación

En otro país, quizás estaría de sobra decirlo; no en Nicaragua, donde los medios de comunicación han tenido tradicionalmente lealtades financieras, partidarias o ideológicas con diferentes grupos de poder: como editores de la *Revista Abril* estamos comprometidos única y exclusivamente con la búsqueda de la verdad; nuestra revista nació para abrir un camino al debate: tanto quienes están en la oposición como quienes están a favor de elecciones con Ortega-Murillo o su designado, y su FSLN, pueden cumplir su deber de presentar su argumento de manera seria y detallada en las páginas de Abril al pueblo de Nicaragua.

Aquellos entre ustedes que sinceramente quieran construir una Nicaragua democrática —y sin cultura democrática no es posible hacerlo— deberían aceptar el reto. En lugar de bloquear en sus redes a los críticos, como ha hecho Juan Sebastián Chamorro (y antes de él Mario Arana), los animamos a que tengan el coraje de enfrentarlos en un debate racional. No es cerrando los oídos, para escuchar solamente la voz propia, que se construye un país en libertad. Tampoco se construye un país en libertad mofándose de quienes como ciudadanos exigen explicaciones a todo aquel que aspire a representarnos. Mucho menos —y esto es lo más grave, porque refleja e induce cinismo— mofándose, como hace la escritora Gioconda Belli (irónicamente, presidenta del PEN, asociación de escritores por la libertad de expresión) de quienes exigen que la Justicia sea un criterio sagrado de cualquier proyecto político en Nicaragua. "*Hemos encontrado parece al padre de la "ética y la corrección" con su espada de Damocles*", dice Belli, cuando debería decir: "ética y corrección son también mis demandas, y las de mi gremio, y no son negociables".

Pues bien, queda el reto sobre la mesa; es permanente, como el impulso de libertad en el corazón humano. Y esta advertencia a los poderosos: en otras épocas no fue posible que quedara en el registro histórico quién hizo qué, cuál fue el papel de cada quién en el (hasta ahora) desdichado camino de Nicaragua. Fue así porque no era posible siquiera que la población, fuera de una pequeña oligarquía de herederos antidemocráticos, tuviera acceso a los medios de comunicación, mucho menos control sobre ninguno de ellos. De aquí en adelante —y la Rebelión de Abril es apenas el comienzo— los ciudadanos nos encargaremos de que no sea así, de que no solo sea la verdad inventada por las élites la que se divulgue y quede escrita, y se apodere de la memoria de futuras generaciones.

Aceptamos el reto de la verdad, y no cederemos.

Preguntas de vida o muerte para los políticos que quieren ir a elecciones con Ortega. (Los ciudadanos tenemos derecho a respuestas claras)

17 de enero de 2020

Cuando uno critica el camino desastroso de la Alianza/ /UNAB (¿o ahora se llaman Gran Coalición Celeste, GCC?), muchos de sus partidarios, gente de buena voluntad que simplemente está desesperada por que acabe la pesadilla, lanza la pregunta que los manipuladores políticos han plantado: ¿Si no es por elecciones, cómo vamos a salir de la dictadura?

Es una pregunta legítima, sin duda; de hecho hay muchas personas discutiendo y trabajando para darle respuesta, con la meta de derrocar a la dictadura.

Pero la meta de la Alianza/ /UNAB/Gran Coalición (¿con CxL, PLC, PC?) NO ES derrocar a la dictadura, es ir a elecciones con y bajo la dictadura. De esa manera, arguyen, "salimos de la dictadura".

¿Han explicado cómo? No.

¿Deben hacerlo? Por supuesto.

Si la propuesta de los políticos es ir a elecciones con Ortega, bajo la dictadura de Ortega, bajo las reglas de Ortega (porque ya han explicado que hay que ir "con o sin reformas"), entonces, *si son honestos*, deben explicar el cómo, participando en elecciones con Ortega (legitimándolo de paso, porque aparentemente cometer un genocidio no descalifica a nadie como candidato) harían que acabara la dictadura de Ortega.

Para empezar, tienen que explicar cómo es que vamos a tener elecciones libres, sin intimidación, en las cuales los cientos de miles de exilados políticos puedan ejercer sus derechos ciudadanos (¿o ya no cuentan, cuentan solo para enviar dinero y hacer propaganda?), y cómo se logrará que los nicaragüenses dentro del país puedan hacer campaña, manifestarse, reunirse, y todo lo que es norma en cualquier elección democrática.

Después, queda una pregunta aún más difícil de responder: ¿Cómo es el proceso en el cual, al perder las elecciones, si las pierde, si acepta que ha perdido, Ortega dejaría el poder real, es decir, sus paramilitares, su mal habido e inmenso poder económico, su red de espías, sus Consejos de Poder Ciudadano,[63] y su control del Ejército y de la Policía? Expliquen, *si son honestos*, ¡cómo es que esto ocurriría!, y explíquennos por qué, si no ocurrió en 1990, cuando Ortega fue tomado por sorpresa y tenía menos recursos que hoy en día, va a ocurrir

63 Organizaciones vecinales de colaboradores del FSLN cuyo propósito político ha sido incrustar el poder centralizado de la cúpula sandinista entre la población.

de aquí a 24 meses. Y no olviden la promesa de Tomás Borge después de que Ortega regresó al poder: "todo puede pasar, menos que el Frente Sandinista deje el poder".

¿Van a decirnos, señores de la GC, Sr. Félix Maradiaga, Sr. José Pallais, Sr. Mario Arana, Sr. Juan Sebastián Chamorro, Sra. Azahálea Solís, etc. etc. que estas no son preguntas legítimas?

¿Por qué no las responden con claridad?

¿Quieren que nos unamos todos, que nos unamos a ustedes en esta estrategia? Pues, ¡contesten! ¡Convenzan a la ciudadanía con argumentos e información veraz!

¿No tenemos, los ciudadanos, derecho a que al menos lo intenten? ¿A que hablen claro, sin escudarse en "mercadeo", en "algo grande viene", en "ahora somos celestes", o en acusaciones infames de "divisionista", o "sapo"?

¿O, es que quieren que los sigamos ciegamente, como borregos, como masas que siguen a caudillos?

¿Esa es la idea que tienen de democracia?

El candidato Pedrarias Dávila

19 de enero de 2020

Políticos: ¡pongan su nombre junto a sus propuestas! Por ejemplo, que Félix Maradiaga y Juan Sebastián Chamorro asuman con su nombre y apellido la política de su partido, Coalición Nacional:

"Cometer un genocidio no descalifica a ningún candidato".

¿Es mucho pedir?

Que no digan que no están de acuerdo con esa política, porque si no lo están tienen dos opciones: (1) abandonar el partido; (2) cambiar la política del partido.

Si dicen que no pueden cambiar la política del partido y se quedan, entonces, es una de dos: o no creen que sea tan importante el tema, lo cual quiere decir que, en efecto, están de acuerdo con que "COMETER UN GENOCIDIO NO DESCALIFICA A NINGÚN CANDIDATO"; o, ponen otros intereses políticos por encima de lo que creen, en cuyo caso habrá que preguntarse cuáles son esos intereses, y sobre todo cuáles son sus verdaderos principios.

Porque cometer un genocidio, ser un criminal de lesa humanidad, es un descalificador universal.

Aunque parece que nuestros políticos están dispuestos a convertir a Nicaragua en una excepción. En Nicaragua, es "mate hoy, y pague nunca".

¿Ese es el cambio, "la nueva manera de hacer política" que prometen?

Dicen "*no más Pedrarias Dávila*", pero si Pedrarias viviera, bajo la política de la Coalición Nacional, el padre atávico de nuestras tiranías podría ser candidato, y sus sicarios podrían esperar, *si acaso* algún día los juzgaran, "penas inferiores a las normales", como dice el prominente coalicionista José Pallais.

¿Van a decir ahora que este reclamo es "radical", "divisionista", "extremista"? ¿O, como les ha dado por insinuar, "sapo"?

¿Van a ignorarlo, a seguir su camino con la sordera que da la ilusión y el sueño de poder?

¿Van a ignorar a los "minúsculos" que exigen que el genocidio no sea recompensado en Nicaragua?

¿*Van a aceptar a Pedrarias Dávila (o a un títere suyo, da igual) en sus soñadas "elecciones"*?

"Después desaforamos" (Mentiras perversas, ingenuidad peligrosa)

21 de enero de 2020

Un argumento de quienes proponen ir a elecciones con Ortega es que "después lo desaforamos" (a lo mejor entonces sea el "diputado Ortega") y "después hacemos justicia".

Un lector lo resume así: "Con la mayoría en la Nueva Asamblea se puede desaforar a los criminales y procesarlos."

Me parece que eso NUNCA ocurriría, por 3 razones.

1. Si hay pacto para elecciones, habrá pacto para después; conociendo nuestra absoluta carencia de hábitos institucionales, no es paranoia asumir que los políticos establecerán acuerdos que les garanticen cuotas de poder. La "Nueva Asamblea" sería una "nueva repartición". ¿Lo duda? ¿Le parece imposible? Revise la historia de Nicaragua en los últimos 100 años.

2. La historia de Nicaragua también enseña —vean, si no creen, lo que pasó después de 1990; vean, de hecho, cómo fue construyendo su camino a la presidencia Daniel Ortega— que las coaliciones parlamentarias "reformadoras" no sobreviven a los golpes de dinero e intimidación de los poderes fácticos: habrá algunos —o muchos— que entrarán a la "Nueva Asamblea" como antisandinistas, como reformadores democráticos, y terminarán abandonando la causa; la historia sugiere que su "unidad" se desintegrará tan pronto como empiecen las amenazas, y sobre todo, los "cañonazos" financieros.

3. El FSLN conservaría TODO, hasta los paramilitares; en la nueva "Nueva Era" sus sicarios se encargarían de asesinar a quienes "agarren la vara" y exijan que se profundicen los cambios y que se haga justicia. ¿Lo duda? ¿Le parece imposible? Revise la historia de Nicaragua en los últimos 30 años.

Nada de esto quita el sueño a los ambiciosos que se empecinan a ir a elecciones con Ortega. O son privilegiados, y quieren conservar sus privilegios, o quieren serlo: se sueñan en la vida de los burócratas y políticos que a partir de 1990 asumieron embajadas, ministerios, altos cargos, y con ellos las prebendas que desde pequeñas a grandes satisficieron su mediocridad material y moral.

La decisión inevitable: ¿Cuánto me importa el genocidio?

21 de enero de 2020

Tenés que empezar por el *principio*, antes de pensar en estrategia.

Tenés que empezar por decidir si querés legitimar un genocidio y un sistema genocida, o no.

De cuánto te importe la diferencia depende el resto.

Si no te importa que haya habido un genocidio, entonces estás dispuesto a decirle a Ortega y su pandilla: "¿Cometió genocidio? No importa, puede inscribir su candidatura."

Si te importa, y creés que es inaceptable, entonces empezás a pensar en todo lo que puede hacerse para construir un proceso de derrocamiento de la dictadura.

No digás "es difícil". Ya se sabe. De hecho, es horriblemente difícil, es la tragedia impuesta a los nicaragüenses por la ambición de unos pocos.

Pero no es imposible. Y es esencial.

Y la primera decisión que tenés que tomar es si para vos es ACEPTABLE que sea candidato legítimo quien ha matado a cientos a plena luz del día; quien ha torturado, destruido familias, enviado a cientos de miles al exilio.

La decisión es tuya.

Y es inevitable.

¿Mató a 600? "No importa, inscriba su candidatura"

23 de enero de 2020

Me llega, no sé si de alguien o de un sueño, este mensaje de un ciudadano, un ciudadano X.

"A los que insisten en que hay que ir a elecciones con Ortega, a la Coalición electorera que dice que sí, que es para elecciones, pero que no, que no es electorera (¡¿*sueñan* ser el partido hegemónico del futuro?!), les pido por favor que nos saquen del enredo, que nos expliquen —porque en la calle no se entiende, los minúsculos no tenemos la sabiduría de ustedes, no entramos a sus reuniones; ¡si hasta nos las cambian de país para que *no nos arrimemos* a preguntar!: *¿Cómo funciona eso de que si vamos a elecciones con Ortega y el FSLN se acaba la dictadura de Ortega y el FSLN?* Por favor, me lo explican d e s m e n u z a d o, paso a paso; ya no sirven esos discursos bonitos que nos hacen sentir fuertes por un momento. Como el de la "unidad". ¡Expliquen, por favor! Entiendan que el que hace una propuesta debe explicarla (a menos que lo que ustedes quieran sea obediencia y "Cayetano es buen muchacho").

Pero antes, porque esta pregunta es antes, explíquenme por qué para ustedes es ACEPTABLE como candidato cualquier genocida. Esto--sobre todo esto--necesito entenderlo. Porque a mí me parece que--ingenuo yo; según uno de ustedes pienso "que la mierda es soplar chimbombas"-- que cualquier sociedad que acepte el genocidio, una sociedad que diga "*¿cometió genocidio? No importa, inscriba su candidatura*", NUNCA podrá tener un sistema decente, de libertad y democracia. Es como que me digan que van a hacer una casa con madera podrida.

Y no me vengan con que "hay que ser prácticos", que "nuay diotra". Con ese cuento se nos ha hecho gorda toda la fauna oportunista que vive del cinismo de la sociedad: los arrastrados del orteguismo y los zancudos del PLC, CxL y el Partido Conservador; los desesperados de la Coalición que ya *juran* que el próximo ministerio es suyo; los vivianes de siempre, los grandes herederos-propietarios que hacen lo que sea y apoyan a quien sea para mantener sus privilegios… Y bueno, no quiero dejar fuera de nuestro *cuadro de honor* a los propagandistas que se burlan —como hizo recientemente Gioconda Belli, como hacen otros en sus gavillas y clanes—de la gente que exige un comportamiento ético. La verdad es que, por más que les moleste, la mayoría de nosotros no somos tan corruptos como ellos. O sea, no somos santos, claro; pero piénsenlo bien: sencillamente nos levantamos todos los días a ver cómo sobrevivimos honradamente, a como mejor podemos. Seguramente ellos creen que es porque no nos queda más remedio, porque los minúsculos no tenemos las oportunidades que tienen ellos de pegar un mordisco, y que es "pura envidia la de estos resentidos".

Siento decepcionarlos, pero no es así. Lo que pasa es que para ellos la desigualdad de poder, la corrupción, y los privilegios con que el poder los premia, son tan "normales", como la idea del "dame que te doy" recientemente defendida con orgullo por Arnoldo Alemán. Es lastimoso, pero han perdido la noción de que hay principios *sagrados*. De que hay cosas que no se venden ni se compran porque no tienen repuesto ni remedio, como la vida humana.

De ahí el principio de que asesinos y torturadores comprobados, gente que tiene en su haber crímenes de lesa humanidad, no puede *bajo ninguna excusa* ser candidato legal en una elección democrática. No aceptar esto es despreciar la vida de la gente, es despreciar la vida. Y si la vida de otros se puede usar como moneda en una transacción política, entonces ya no hay ningún límite, ninguna moral, ninguna esperanza.

Si el genocidio que ocurrió en 2018 "no importa, inscriba su candidatura" el próximo genocidio será "parte de lo normal".

Además, para rematar, damos al mundo este mensaje: "Estos individuos a quienes ayer condenábamos *por asesinar 600 ciudadanos desarmados, por decapitar campesinos, por quemar viva a una familia, por secuestrar y hostigar a cientos de personas, hoy para nosotros son candidatos legítimos y legales en nuestras elecciones*".

¿Qué tal el mensajito?

Un cuento (¿un cuento?)

26 de enero de 2020

La fórmula para la supervivencia de Ortega es esta: elecciones en el 2021 frente a la Coalición Nacional. Por algo es lo que el dictador pidió (impuso) desde el comienzo de la crisis. Y es exactamente lo que los opositores Alianza/ UNAB (ahora, por hoy, Coalición, sucias ya las otras siglas) están dispuesto a darle:

Ortega o su designado participan en elecciones, Ortega acepta "perder", pero se queda con todos sus recursos; ya no es presidente, y sin embargo tiene todo el poder represor que antes tenía: todos sus espías y paramilitares, en puestos intocables dentro del Estado, las universidades, los juzgados, en el ejército y policía; sus canales de televisión y muchas otras empresas; y su red de jueces (podría decirse que su propio sistema judicial).

Ellos se encargan de neutralizar, por las malas o las pésimas, a cualquiera que piense en hacer justicia, ahora que "estamos en democracia"; de castigar a todo aquel que "agarra la vara" de que el sandinismo ha sido derrotado.

Ante el mundo, ya es imposible quejarnos: el gobierno ha sido "libremente electo"; la presidenta Cristiana Chamorro pide que seamos prudentes, que "vayamos poco a poco; cada paso nos acerca al sueño de mi padre". El vicepresidente Arturo Cruz (o si no vicepresidente, Canciller) se encarga de calmar a unos pocos escépticos en Estados Unidos y la Unión Europea (aunque la mayoría tachan muy alegremente el "problemita" de su agenda). "Gracias a Dios", nos dice, "los nicaragüenses son muy sensatos y saben que lo más importante es la gobernabilidad. Salvamos el Cafta. Es tiempo de atraer más inversión". En la Asamblea, el líder de la Coalición, Juan Sebastián Chamorro, ve el poder que esperaba desmoronarse por la deserción de políticos aliados, quienes súbitamente descubren que no pueden oponerse frontalmente al FSLN. Han aprendido que "no es lo mismo estar en la oposición que gobernar; aquí tenemos que asegurarnos de que se aprueben proyectos y de que entre dinero al país; no podemos estar siempre como perros y gatos; los sandinistas son también nuestros hermanos nicaragüenses". Otros de la ya difunta alianza electoral, como el nuevo alcalde de Managua, Félix Maradiaga, contemplan el espectáculo desde espacios donde esperan construir su base de poder, para después recoger los "tucos" de la Coalición en un futuro proceso electoral.

Van apareciendo cadáveres de exilados que regresaron después de la "derrota" del FSLN. El ministro de gobernación, José Pallais, especula que los asesinatos podrían ser obra de "extremistas" que quieren sabotear la "*reconciliación con justicia*" (el nuevo lema del gobierno). "No sabemos exactamente, pero no vamos a descansar hasta que esto se aclare, incluso hemos recibido ofertas de asistencia técnica del FBI. Pero que quede claro que estos crímenes no reflejan la voluntad de la mayoría, que todos estamos trabajando para construir un país mejor, por fin en paz; no dejemos que nadie nos desvíe de esa ruta. ¿Se acuerdan cuando la gente gritaba "¿cuál es la ruta?". Pues, esta es la ruta."

Mientras tanto, Ortega sigue ahí, como el dinosaurio del cuento, más rico que nunca, preparando la elección del Chigüin.

Algunas ideas sobre verdad, coraje y Libertad

28 de enero de 2020

La verdad nos hace libres.

Si uno renuncia a ponderar, a proclamar, a cuestionar, a exponer a cuestionamiento lo que uno considera *verdad*, se condena a sí mismo a una vergonzosa servidumbre; a vivir, doblada la cerviz, murmurando entre dientes; a vivir sombría existencia. No es exagerado decir que también condena a otros a sufrir opresión, y ayuda a quienes hieren el derecho universal a una vida digna. Y si en el cálculo aparece una tiranía, renunciar a la verdad es condenar a otros a muerte.

Pero decir la verdad requiere coraje moral, especialmente cuando la verdad es dicha en el espejo individual o colectivo. Es fácil criticar a nuestros enemigos, o a quienes nuestros amigos —o presuntos amigos—consideran enemigos. En cambio, es doloroso criticar a nuestros amigos; y acarrea costos muy altos criticar a quienes, en nombre de la amistad, o de una presunta comunidad de intereses, suponen tener derecho a nuestro silencio, a nuestra complicidad. Robert Kennedy resaltó con elocuencia —dio en el clavo proverbial— la magnitud de este reto. "El coraje moral", escribió, "es un bien más escaso que la valentía en combate, o que una gran inteligencia". Piensen en todos los arrojados que se vuelven héroes en una trinchera, en la toma de un palacio, o en la cárcel, y luego revelan su miseria humana ante los débiles, ante los vulnerables, ante otros seres humanos que quieren asentar su verdad en tierra libre. Piensen en los rostros frescos y las miradas inocentes que gritan con toda la fuerza de su joven testosterona, y luego aparecen del otro lado del abismo moral.

Pensando en todo esto, me encuentro esta definición en las redes sociales; no sé quién la ha escrito, pero tiene buena carga, y buena luz: "El coraje moral permite actuar correctamente a pesar de recibir por ello descrédito, vergüenza, deshonor o represalias sociales."

Verdad y tolerancia

El coraje moral requiere también tolerancia. De lo contrario, la expresión de nuestra verdad (adopto esta taquigrafía para no repetir "lo que creemos verdad') puede encarnar la negación del derecho de otros a expresar la suya.

Advierto, en este punto, la trampa artera de los adoradores del silencio ajeno: bajo una máscara de tolerancia buscan desinflar el entusiasmo de quien se atreve a hablar, rehúyen el reto del debate, acusan al interlocutor de intolerante a cuenta de la energía y el ímpetu con que este presenta sus argumentos. Visten de tolerancia su indisposición a escuchar ideas contrarias; dicen que su sordera es legítima defensa ante la perversidad de quien cuestiona.

Hacen de todo, menos exponerse —exponer sus conciencias— a que la fragilidad o fortaleza de sus puntos de vista sean puestas a prueba. Al hacerlo, infectan la cultura de la sociedad de una aversión venenosa al flujo libre de las ideas. De esta manera nos condenan al choque irracional, a la violencia en sus múltiples formas, desde el desdén por los desposeídos hasta el asesinato del rebelde.

Por eso es necesario recordar, o aprender, que la tolerancia no es pasividad, ni es pereza. Es cierto: la pasividad y la pereza calzan dentro de la fórmula amable, el trillado "respeto tu opinión". Esta es, sin embargo, más un alto al debate civilizado que un avance en su dirección. Porque el ascenso hacia lo racional se construye sobre terraplenes: subimos de un nivel a otro una vez que acumulamos (siempre temporalmente, siempre provisionalmente, por supuesto) evidencia que nos hace descartar o validar creencias. "La tierra es plana", a estas alturas, no es una opinión respetable. Tampoco lo es "Hitler fue un buen gobernante". ¿Qué sentido tiene decirle "respeto tu opinión" a un fanático sandinista que grita que "el comandante no ha matado a nadie"? ¿En qué sentido es esa una opinión respetable?

Más bien, diría yo, la formulación de la tolerancia genuina es "respeto tu derecho a opinar". Y con ese respeto, nuestra obligación —más bien nuestra imperiosa necesidad— es aprender y activar la *tolerancia activa*, la que busca el combate de ideas, para el cual no solo precisamos estar dispuestos al esfuerzo intelectual y moral de construir argumentos y presentarlos sin miedo, sino que también a escuchar los argumentos de los demás.

¿Quién dijo miedo?

Si algo hay que temer es al silencio impuesto por el terror social o la ignorancia. Las ideas no nacen para ser respetadas; deben ser escalones, más que ídolos sobre un pedestal; deben ser más gladiador que emperador, deben batirse entre ellas sin tregua para que demuestren su fortaleza o perezcan. No hay nada más peligroso que hacerles un trono, un altar, o un cuartel. Una idea protegida de tal manera se convierte en dogma. Y de los dogmas, líbranos Señor.

El caso Belli (la casa robada que es Nicaragua)

1 de enero de 2020

El nombramiento de la poetisa Gioconda Belli como Suplente del Coordinador de la Alianza Cívica por la Justicia y la Democracia (Carlos Tünnerman Bernheim), y por ende su ascenso a las altas esferas oficiales de la Coalición Nacional, es rica en enseñanzas sobre la triste historia, el triste pasado de Nicaragua; sobre su triste presente, y sobre el triste futuro que le espera si las élites se salen una vez más con la suya.

Triste, por ser un nombramiento más "de dedo" en las esferas del poder, un acto más de autoritarismo, es decir, de ejercicio de autoridad sin barreras institucionales. La Alianza no intenta ocultar tras maquillaje, como hizo recientemente la UNAB, que todo es decidido a la manera tradicional. Una "orden de arriba", o un "arreglo" tras bambalinas, seguido por un "comunicado al pueblo" que es casi medieval: "ante vosotros el nuevo rey, o la nueva reina; inclinaos."

Triste, porque nos hacen entender la distancia entre el mundo del poder y el mundo de la ciudadanía. Los ciudadanos no tienen acceso a los salones (y las ciudades, en el extranjero) donde individuos a quienes los ciudadanos no han electo se reúnen y deciden *en nombre de los ciudadanos.*

Triste, porque después de tanta sangre y tanta esperanza de renovación, la política sigue en manos del pasado. No solo porque la tiranía, además de psicópata, es geriátrica, sino porque en la oposición oficial el poder de decisión está en manos de antiguos miembros del FSLN en sus distintas reencarnaciones (o sus discípulos) junto al gran capital. Han añadido algunos rostros jóvenes, para dar cierta frescura a las fotos, pero el mando pertenece a autoritarios y totalitarios de amplia trayectoria.

Entre ellos se encuentran el Coordinador de la Alianza y su nueva Suplente. El primero estuvo a cargo del Ministerio de Educación en la primera dictadura sandinista, a la cabeza de uno de los más grotescos programas de adoctrinamiento del mundo: *enseñar las primeras letras como si de entrenar niños soldados se tratara.*

Luego, como embajador en Washington, tuvo como misión defender los desmanes de la dictadura. Hoy nos horrorizamos de la barbarie del FSLN en el 2018, con justa razón; con justa razón debemos impedir que se olvide la que el FSLN perpetró en los ochenta: decenas de miles de muertos, cientos de miles de exilados, cierre de medios, expropiaciones injustas y sin debido proceso, intolerancia total, totalitarismo.

A la Suplente designada correspondió también abogar por la dictadura, como miembro del departamento de Agitación y Propaganda del FSLN y como escritora oficialista. La señora Belli no hace ningún esfuerzo por ocultar su indiferencia moral ante ciertos criminales: recientemente (2016) escribió un emocionado panegírico al tirano Fidel Castro, de quien dijo —y ha repetido después— que "valieron la pena sus sueños".

No parece importarle —así de distantes están ellos del sufrimiento de "los de abajo", que Castro y el régimen que fundó tengan tanta responsabilidad en la opresión y asesinatos de las dictaduras FSLN en Nicaragua. Tampoco parece molestar a la Sra. Belli la brutalidad del siniestro Tomás Borge, carcelero, torturador y genocida, involucrado —esto es público— en las actividades del narcotraficante colombiano Pablo Emilio Escobar.

Para botón de muestra, transcribo parte del obituario que la suplente del Coordinador de la Alianza Cívica escribió en 2012 sobre su amigo Tomás: "*Por ser un líder y estar en la mira, las debilidades de Tomás fueron quizás más evidentes; pero también lo fueron sus gestos magníficos… Así era él: contradictorio. Ni buen, ni mal ejemplo; era un hombre con sus pasiones y sus maldiciones. Y así vivió.*"

Habría que preguntar a los presos políticos de aquellos años, y a los miskitos, acerca de los *gestos magníficos* del buen Tomás (el pobre, *ni buen, ni mal ejemplo* era; su pecado era estar "en la mira"). Y dudo que haga falta una encuesta para saber si los nicaragüenses a quienes la Coalición dice representar veneran a Castro y a Tomás Borge.

Triste, porque la percepción popular es acertada: el baile de máscaras que es la política nicaragüense es también un festival de camaleones. Las fotografías de la clase política muestran a los políticos en combinaciones casi aleatorias. Van de grupo en grupo, de partido en partido, de una orilla a otra según convenga; y cuando conviene, o cuando el asunto es de gozo, se reúnen todos, celebran, se unen entre familias como las antiguas noblezas europeas, con quienes comparten el hábito de llevar a sus naciones a la guerra para después sentarse a la mesa y celebrar nuevas alianzas.

Triste, porque confirma la confianza de las élites en nuestra pobre memoria histórica. Por eso pueden darse el lujo de gritar con nosotros "¡ni perdón, ni olvido!", porque hasta la fecha se las han ingeniado para no ser sometidos a juicio legal ni moral alguno. Maestros de la hipnosis colectiva, prestidigitadores de la mentira que logran pasar de una escena a otra con distinto disfraz, nos han convertido en una nación de cínicos que por mucho tiempo había rechazado la esperanza, hasta que estalló la juventud en Abril. Desde entonces, buscan cómo apuntalar el edificio de su poder por todos los medios, desde la violencia descarnada de los paramilitares hasta la supresión de cualquier crítica.

En ambos lados de lo que se supone es un cisma, el poder de los políticos nicaragüenses depende crucialmente de sofocar la verdad, de cerrarle las puertas; de que veamos, como los caballos cocheros, solo hacia delante, ciegos a lo que va quedando atrás, y a lo que ocurre a nuestro lado.

Para ser libres, debemos arrancarnos las anteojeras; despojarnos del miedo de descubrir la verdad, por más incómoda que sea, por más que hasta hoy y por mucho tiempo la hayamos tratado como un tabú, como un secreto de familia del que se habla —cuando se habla— solo en privado.

Esto he aprendido en mi incursión, forzada por las circunstancias, a los medios periodísticos y políticos: se dice oficialmente mucho menos de lo que se sabe; se sabe mucho menos de lo que se sospecha; y de esto se investiga menos aún.

De esta manera se hace mucho daño a la sociedad. Para que no muera la esperanza, para que no se la roben los magos de la impostura, hay que romper con la ocultación. Los políticos opositores dicen, a cada paso, que hacer esto es estar del lado de la dictadura orteguista, o hacerle el juego.

Mienten.

Abrir las ventanas y dejar que entre la luz para ver la podredumbre no es un estorbo en la lucha contra la dictadura actual; es más bien un seguro contra la instauración de otra.

En el complejo caso de Nicaragua, donde las élites han tejido una red incestuosa de intereses antidemocráticos y antipopulares, escarbar la verdad es incluso más importante: el pueblo necesita estar claro de quiénes están verdaderamente de su lado, de quiénes son sus enemigos (¡los hay, no todos estamos "unidos" por el ideal democrático!), y de quiénes son los camaleones, los que eligen su causa y estrategia del menú de la conveniencia.

¿No son preguntas legítimas, por ejemplo, si un político se ha beneficiado, cuando tuvo oportunidad, del poder? ¿No es relevante saber si gente que (¡después de Abril! ¡después de cientos de muertos!), llega a nosotros desde un pasado totalitario, ha usufructuado, o comprado con subsidios que el país todavía paga, propiedades urbanas o rurales? ¿Cuáles de los políticos actuales, particularmente los que vienen del FSLN, han vivido o viven en casas *piñateadas*? ¿Y por qué nuestros periodistas, que citan nombres y robos en privado, y que son valientes en la denuncia del actual dictador, no se atreven a hacer estas preguntas? Y hay más: ¿de dónde han salido las propiedades y fondos de los que surgieron y se han mantenido las oenegés que pueblan el espacio de la UNAB? ¿Quiénes en el sector privado se han beneficiado —junto al clan Ortega— de los más de 4 mil millones de dólares que en términos netos parece haber dejado la ayuda venezolana?

Todas estas preguntas tienen que ver con muchísimos de los personajes que hoy se presentan como libertadores.

Ya se han apropiado de Abril. No dejemos que se queden con la casa robada que es Nicaragua.

Las excusas de la indecencia

10 de febrero de 2020

En esta breve nota omitiré nombres propios, tanto de inocentes como de culpables. En el tema del que trato son escasos los primeros (porque atañe a la cultura de la sociedad), y los más prominentes entre los segundos tienden a ampararse en el victimismo, creando una neblina lacrimosa que busca ocultar sus faltas. Hablemos, pues, del pecado, y no del pecador.

"Le cuesta la causa"

Vieja excusa del oportunismo entre nosotros. La escuché muchas veces, pero la que cuento tiene que ver con la historia reciente de Nicaragua.

Pasaba un controvertido expresidente en su caravana de vehículos de lujo. El gerente propietario de un negocio comentó a su empleada, vendedora de piso en el establecimiento: "mirá cómo viven; por eso no avanzamos". La empleada, con la fluidez de una lección asimilada plenamente, respondió: "está bien que así sea; *se lo ganó*, le cuesta la causa".

"Roba, pero hace"

Una versión anodina de "le cuesta la causa". Mientras que en la versión original se hace aceptable que los recursos públicos —o sea, el dinero de los demás— sean premio al tesón de un político ambicioso, y por tanto el despliegue de lujo del poderoso no es vergüenza sino laurel de triunfador, en el "roba, pero hace", se acepta a regañadientes que el político es corrupto—pero se acepta de manera fatalista: no hay opción diferente, porque "todos roban, este por lo menos hace".

"Mata, pero construye hospitales y carreteras"

La versión deshumanizada de "roba, pero hace". En ella, se degrada a la vida humana en pago de presuntos avances materiales. Pero también se habla de estos como si fueran producto de la generosidad extraordinaria del político, como si vinieran de su bolsillo o no fueran su obligación.

"La casa no era robada, era del banco"

Esta es, digamos, una variante un poco vergonzante de la desvergüenza, a medio camino entre la negación del crimen y la confesión desafiante. En cualquier caso, el infractor se sabe impune, pero parece aún sentir la necesidad de cubrir su flanco; quizás no está seguro de haber escapado definitivamente a la justicia, o al juicio moral de la sociedad. Y si es así, es porque hablamos de crímenes recientes, y los miembros del jurado, los ciudadanos de Nicaragua, apenas ocupan sus escaños.

¿Qué es lo que busca ocultar esta excusa? En la primera dictadura del FSLN muchos de sus militantes privilegiados recibieron en "asignación" del partido-gobierno una casa para vivir, sin pagar, por supuesto. Las casas estaban en manos del Estado (si no, ¿cómo podría el Estado asignarlas?) como producto de las expropiaciones llevadas a cabo por la dictadura. Se expropió primero a la familia Somoza y a los "allegados" al régimen somocista. Nunca se estipuló en qué consistía el allegamiento, ni qué grado de este justificaba la expropiación; no se estipuló el requisito de probar la adquisición ilícita de un bien para poder expropiarlo. Luego se extendió la ola expropiadora (por cierto, bastante común en las luchas políticas de Nicaragua) a propiedades declaradas en abandono, ya que sus dueños estaban fuera del país más de seis meses al año. En muchos casos, se trataba de gente amenazada por la dictadura, o que no quería exponerse, ni exponer a sus hijos, a la opresión del régimen. La mayoría de estas propiedades estaban, en la escala de la propiedad urbana y rural del país, entre las más valoradas.

¿Por qué "del banco"? Excusa doblemente pérfida. Por un lado, muchas propiedades ocupadas por el régimen (algunas de las cuales ni siquiera fueron formalmente "expropiadas") fueron puestas bajo la administración del Banco de la Vivienda, institución estatal. Claro, "eran del banco". Otras, no ocupadas por decisión política, tenían aún hipoteca bancaria; al huir sus dueños y verse imposibilitados de seguir pagando, el banco (estatizado) embargaba el activo. Claro, "eran del banco".

Los nuevos ocupantes, auténticos *mimados de la revolución*, vivirían en ellas por años sin pagar ni incurrir en gastos de mantenimiento, sin que los dueños legales pudieran decir una palabra, mientras sufrían, en muchos casos, las inclemencias del exilio.

Dejaré para otra oportunidad comentar sobre la vicisitud de calvarios de muchas familias para regresar a sus casas después de la derrota de la primera dictadura FSLN en 1990. Algunas lo lograron, otras no. Lo que espero dejar claro en este texto es que quienes habitaron propiedades "asignadas" por el FSLN no pueden lavarse las manos con un "era del banco". Sabían, tan bien como sus dueños (a quienes no pagaron un centavo) que aquellas casas pertenecían a otras personas; que estaban disfrutando ilícitamente de los bienes de otros; que era un privilegio que gozaban por pertenecer a la cúpula de un partido. *Deberían, al menos ahora, especialmente si se involucran de nuevo en la política, pedir perdón y pagar reparación a sus víctimas.*

"Devolví la casa al banco"

Pero ya muchos de estos personajes parecen ser incapaces de examen de conciencia; se han construido una coraza, tienen el músculo de la contrición atrofiado. Más bien se indignan como el más inocente si alguien se atreve a cuestionarlos. Contaminan nuestra cultura con antivalores que harán imposible, si no se les contradice efectivamente, cualquier renovación social.

Tal es la preocupación que motiva este escrito: los personajes de marras trabajan para volver aceptable su pasado, y de paso vuelven aceptable una conducta que atenta contra cualquier orden democrático, porque no puede haber orden donde la rapiña es legítima, ni democracia donde los privilegiados de una dictadura toman lo que quieren de quienes no quieren —ni tienen obligación— de entregárselos.

Hay ejemplos de esta calamidad moral en medios noticiosos. Un entrevistador pregunta: ¿usted se quedó con alguna propiedad? La respuesta llega serena, satisfecha, presuntamente vindicadora: "ninguna, en el 90 regresé las llaves de la casa". Es decir, todo bien, todo normal, dentro del derecho, sin que nadie pueda quejarse ni clamar corrupción. Y como prueba de la distorsión ética de nuestra cultura, no se habla más del asunto. Parece quedar implícito que, al "regresar" la casa ajena tras años de usufructo ilícito, nada malo ha ocurrido, ninguna transgresión ética y legal de importancia ha sido registrada, y el personaje puede marchar, frente en alto, a recorrer la pasarela política como cualquier ciudadano impoluto.

"Compré la casa al banco"

No todos "regresaron la casa". Hay, por supuesto, quienes se quedaron con grandes propiedades urbanas y rurales sin pagar un centavo, amparados en una ley aprobada en gran medida para ese propósito. Otros no se acogieron a la ley, pero fueron también beneficiarios de la rapiña, de las tantas modalidades de rapiña que infectan el pantano político nicaragüense.

Una de ellas se resume en la frase "compré la casa al banco". Un ejemplo, entre tantos. La dictadura persigue a un ciudadano, lo obliga a exilarse; el "banco" deja de recibir los pagos; el gobierno, ahora en control del "banco", "asigna" la casa a un "allegado" (las palabras regresan, como los fantasmas). Tras la derrota del FSLN, y en medio de la conmoción y la *piñata*, el ocupante ilícito "regulariza" su situación legal "comprando al banco" la propiedad por una fracción de su valor.

En el mundo ficcional de la legalidad de Nicaragua, muchas variantes de esta y otras malversaciones han ocurrido y continúan ocurriendo. De tal manera que el país es una selva donde el derecho está al servicio del poder, y no al revés;

donde no hay siquiera Registro de la Propiedad confiable, porque ha sido tal el relajo que existen a veces dos y hasta tres títulos para un mismo bien.

Cuál de ellos es "legal" depende de quién tiene el poder en el momento. Quién tiene la razón y a quién hay que tratar con guantes de seda y dejar hablar, dejar decir, dejar mentir, depende de quién tiene poder o parece cercano a tenerlo.

Por eso la putrefacción ética representada por las frases a que hago referencia, y por los personajes que las emplean, es un enemigo mortal del orden democrático.

Hay que insistir: *no puede haber orden democrático donde la rapiña es legítima.* Y si los nicaragüenses queremos democracia, no podemos darnos el lujo de aceptar como legítimos a quienes, para justificar su pasado, no solo se niegan a pedir perdón por sus transgresiones, sino que nos quieren obligar a aceptarlas como normals.

Imagínese el lector que lo saco de su casa a la fuerza, vivo en ella durante años, sin permiso y sin pago, y luego "se la regreso". ¿Confiaría usted en mí para que yo la administrara en el futuro?

¿Vamos a grabar esta conducta bajo el título de "aceptable"?

Epílogo: las circunstancias, las pobrezas

La insurrección de Abril ha activado fallas geológicas en lo que durante años pareció ser una roca impasible, el pensamiento y alma de la nación, y restaurar la sensibilidad de los ciudadanos ante cuestiones de ética que son insoslayables en la lucha por la libertad. ¿Hay límites para la búsqueda del beneficio personal? ¿Qué constituye una conducta aceptable, compatible con la convivencia en democracia?

En esta discusión, que inevitablemente implica escudriñar el pasado reciente, hay quienes dicen que nuestro juicio debería relativizarse, que nuestro veredicto debería quizás suavizarse, porque cuando ciertas transgresiones ocurrieron "las circunstancias eran otras", y que la opinión *generalizada* en la sociedad era entonces distinta a la actual.

No estoy de acuerdo.

En primer lugar, hay que preguntarse si en verdad toda la sociedad encontraba aceptable que una minoría privilegiada habitara casas consideradas de lujo sin pagar un centavo durante años, que se quedara luego con muchas de ellas, e incluso con vastas propiedades y riquezas que un día fueron incautadas en nombre del bien común. ¿Alguien cree eso?

Pero supongamos que así fuera: sería entonces más apremiante cuestionar tal *consenso social*, y sobre todo evitar que lo siguiera siendo, porque —permítanme repetirlo una tercera vez— *no puede haber orden democrático donde la rapiña es legítima.*

En cuanto a la *circunstancialidad*: la crítica contenida en este escrito no se basa en conceptos éticos novedosos, ni inventados desde el privilegio. Habitar una casa robada, vivir en ella sin permiso del propietario, es una violación grave de la ética hoy tanto como lo fue antes. No cabe justificación al robo, ni al usufructo de lo robado, el cual incluso es visto como un crimen bajo las leyes comunes.

Y digo "no cabe justificación", porque he escuchado el extraño alegato de que "el gobierno me pagaba muy poco". ¿Acaso da eso licencia para despojar a otra persona del uso de su casa? ¿En qué clase de sociedad, qué clase de mundo, podremos vivir si este comportamiento se vuelve aceptable? ¿Es esa la Nicaragua que queremos? ¿Podemos confiar en quienes todavía, a estas alturas, en medio de la rapiña de la segunda dictadura FSLN, normalizan, legitiman —para legitimarse ellos mismos— las prácticas de la primera?

De cómo respondamos esta pregunta, me parece, depende en gran medida que logremos pasar de dictadura a democracia, y no tropezar en la corrupción para caer de nuevo en dictadura.

No le hagamos eso a Nicaragua. No obliguemos a las generaciones venideras a cargar el fardo de nuestras carencias éticas.

Abandonemos las excusas de la indecencia.

Pedro Joaquín Chamorro Cardenal, y un dilema recurrente (¿qué hacer para lograr la democracia?)

11 de febrero de 2020

¿Cómo responde a la crítica la corrupta élite opositora, la camada de camaleones, zombis políticos, grandes propietarios, y oportunistas de trayectoria que hay usurpado el movimiento cívico y marginado a los luchadores, estudiantes, campesinos, a la gente que da la cara y pone el pecho por el país? *Responde con una estrategia de desmoralización*. Mientras negocian en secreto, intentan convencernos de que ya nada se puede hacer para derrocar a Ortega, que ya el turno de los luchadores pasó y ahora es el turno de los negociadores; es decir, ¡de ellos!, de quienes han construido dictaduras (en plural) y han saboteado la rebelión.

¿Qué pueden hacer los demócratas? El primer paso--y estamos atascados en él, precisamente por el exitoso sabotaje del gran capital y sus políticos--es resolver el dilema que en su tiempo señalaba Pedro Joaquín Chamorro Cardenal ante los pactistas. Se trataba, desde su punto de vista, de "*salir de la dictadura, no transar con ella*".

Después: luchar de todas las formas posibles, dentro y fuera.

Esta es la discusión feroz de hoy en día, entre quienes rechazan transar con la dictadura, y quienes buscan cómo llegar a un acomodo con el *sistema dictatorial* a través de elecciones con Ortega, quizás porque sus intereses han sido nutridos a la sombra de la corrupción y comparten con el tirano su miedo a la justicia, al Estado de Derecho, a la democracia misma.

Esta es la discusión que deben ganar quienes quieren libertad y rechazan el dominio perenne de media docena de familias y un sicariato.

Después: luchar de todas las formas posibles, dentro y fuera.

Después: emplear todas las tácticas disponibles, de las tantas que los luchadores han intentado desarrollar, y que el gran capital, por medio de sus políticos —quienes se atrincheran en la Alianza y extienden su influencia más allá de sus frontera— ha bloqueado, saboteado, disminuido: desobediencia civil, paros escalonados, promoción de sanciones internacionales severas y de la clasificación del FSLN como organización terrorista, de la cancelación del CAFTA, y un muy largo etcétera. En última instancia, las formas de lucha las escoge el pueblo, las adopta y adapta, según las circunstancias. Los objetivos tácticos también pueden mudar, y mudan, como muda el mundo a diario. Lo que debe estar claro es el objetivo final; no cabe ambigüedad: *o se quiere transar con la dictadura, o se quiere derrocarla. Regresa el dilema que observó Pedro Joaquín Chamorro Cardenal. Sigue siendo válida su postura.*

Algo más hay que añadir, para quienes continuamente (por carencia de argumentos) lanzan la cortina de humo del "divisionismo": el pueblo no tiene un problema de "unidad contra Ortega". Los problemas de la lucha no nacen de una "desunión" de la ciudadanía en ese propósito, sino del sabotaje de las élites contra el esfuerzo de la ciudadanía.

Michael Jackson y la propuesta de orteguismo sin (¿o con?) Ortega (todo en una entrevista de Bayly a Noel Vidaurre)

14 de febrero de 2020

Confieso que me resistía a ver la entrevista que el periodista peruano Jaime Bayly hizo ayer al político nicaragüense Noel Vidaurre. Y confieso por qué: el Sr. Vidaurre es un sujeto corrupto, parte del pus de zombis que brota de la piel llagada de mi país desde que la dictadura de Ortega, con la anuencia tácita del gran capital, aplastara la Rebelión de Abril.

Caminan, los zombis, al estilo del famoso *Thriller* de Michael Jackson: en la noche de la tiranía recorren nuestro lóbrego camposanto de mártires, buscando puestos, prebendas y ganancias. Estos cadáveres políticos (y morales) han visto en la muerte de cientos, en la agonía de todo un país, la oportunidad de erguirse torpemente en simulacro de vida.

Esto, mi entender y sentir, tuve que vencer, dada la insistencia de amigos y conocidos que creían informativa la entrevista. ¿Valió la pena el sacrificio? Al principio pensé que no. El Sr. Vidaurre no dijo nada que no hayan dicho, o digan, los opositores "oficiales". Mentiras burdas, interpretaciones incoherentes, mitos en construcción: todo lo que produce la pobreza intelectual y ética de las élites al estrellarse con la realidad.

Una vez más, por ejemplo, la culpa de que el primer diálogo no haya forzado la salida de Ortega la tiene Lesther Alemán (o su grupo) ¡por exigir la renuncia de Ortega! "Un grave error", dice con gesto de sagacidad el político, "había que aprovechar *que estaba presente el cuerpo diplomático* (¡!) para pedir elecciones adelantadas… en lugar de eso, *se hizo a Ortega endurecer su posición*" (¡!). Luego, añade que fueron los presidentes centroamericanos quienes obligaron a Ortega a dialogar (y no la presión del pueblo en las calles), "para que los camiones de carga centroamericanos pudieran cruzar Nicaragua". Cuando la ingenuidad parece inverosímil es porque la mentira se esconde tras ella.

Una lección importante

Al cabo de un rato, y tras un final de entrevista humillante para Vidaurre, abrí los ojos a una dolorosa lección: *si Vidaurre quedó en ridículo declamando las mismas sandeces que los políticos en Nicaragua repiten a diario como verdades incuestionables, es porque el periodismo nicaragüense (dentro y fuera del país) no los cuestiona.* Bayly extrajo de Vidaurre, el político experimentado, una exhibición patética de incoherencia. Y lo hizo sin sudar, con una facilidad pasmosa y hasta un guiño de condescendencia ("te he dado *generosísimos* 25 minutos; creo que estás *profundamente* equivocado…"). Punzante, hiriente.

¿Cómo lo hizo? Pues, muy sencillo: preguntando lo obvio, señalando las incoherencias sin timidez, exigiendo al entrevistado que aclarara. No puede decirse que fue descortés. De hecho, no hace falta serlo. Pero hay que estar dispuesto a enfrentarse al poder, potencial o real, que estos individuos representan. Desafortunadamente, la mayoría de nuestros periodistas no parece estarlo. Razones las hay, o las habrá, y con seguridad cada quién tendrá la suya. Pero es notorio el contraste entre el enorme coraje y determinación del gremio ante la tiranía, y su relativa docilidad ante la oposición oficial. ¿Será por presiones económicas o amenazas políticas de los poderes fácticos, los que a fin de cuentas pagan publicidad o la bloquean, y son capaces de castigar con muerte civil a quien se ponga en su camino? ¿Será por falta de tradición democrática? ¿Será, en algunos casos, por lealtades partidarias o familiares? Cualquiera que sea la explicación, lo cierto es que se le hace un enorme daño a Nicaragua y a su gente, se hace más cara y dolorosa la marcha hacia un futuro democrático, si el periodismo entrega el micrófono a los políticos que se dicen opositores; si sirve apenas como un medio para la divulgación de sus mensajes, sin filtro alguno, sin crítica. No es accidental que Bayly detectara en minutos algo que la inmensa mayoría de los periodistas nicaragüenses no se atreve siquiera a sugerir: que la oposición representada por Vidaurre no presiona ni tiene intenciones de presionar a Ortega; que pide a "la comunidad internacional" que lo haga [evaluación generosa de Bayly, estoy convencido de que con poco esfuerzo adicional descubrirá la siniestra realidad] pero está dispuesta a esperar "dos largos años" para competir con Ortega en elecciones.

Una botella de vino para la oposición

Es vergonzoso que sea un periodista peruano, en Miami, ante una audiencia internacional, quien tenga que restregarle en su cara a la oposición nicaragüense que "no le puedes conceder graciosamente dos años a Ortega" … "Si yo fuera Ortega", remata Bayly, "les enviaría una botella de vino". A estas alturas me siento obligado a invitar al lector aún no enterado a ver la entrevista; a ver, con sus propios ojos, cómo se desmorona, apenas con el soplo de unas cuantas preguntas, la propuesta "opositora"; cómo queda en evidencia el "plan" (creo que Bayly más bien lo llama "fantasía") de esperar "dos largos años" para que Ortega dé "elecciones libres y transparentes" ("¡lo hará!", afirma, confiado, Vidaurre); para que después entregue el poder ("¡lo hará!", insiste Vidaurre), porque si no lo entrega, entonces —¡ya estamos hablando del 2022!— el pueblo… saldrá a las calles. ¿Qué hacen los opositores mientras tanto?, pregunta Bayly. "…el esfuerzo por criticar a la dictadura" ...arranca, otra vez, Vidaurre. Hay mucho más, estimado lector. Bayly ha tenido que 'explicar' al opositor que la dictadura de Ortega no es un régimen constitucional, que el tirano ya ha cometido fraude electoral, y que está dispuesto a cometerlo una vez más; que perder no está en sus planes; que tenemos, para escarmiento, el trágico caso de una Venezuela que sangra ya por 20 años.

Un llamado al periodismo nicaragüense

Por todo esto, permítanme apelar como ciudadano a los periodistas: por el bien de Nicaragua, por la vida de los nicaragüenses de bien, por la verdad y la democracia, abandonen su blandura frente a los opositores oficiales. Detengan el flujo de su propaganda, de sus incoherencias y sus mentiras. Ustedes saben más de lo que publican, y preguntan menos de lo que deben saber; pero tienen capacidad y tienen mucho coraje, y pueden ayudar a impedir que una vez más la clase política arrastre a nuestra Nicaragua, tantas veces mancillada, al matadero. Porque en esa ruta vamos si la propuesta actual triunfa: a la construcción de un orteguismo sin (o incluso, con) Ortega, al establecimiento de un sicariato legitimado por las firmas de la oposición y una farsa electoral. Nada va a cambiar para bien, nunca vamos a salir del atraso y del autoritarismo, si no colocamos la verdad por encima de cualquier otra consideración. El pueblo se los va a agradecer.

La Coalición Nacional y la política del avestruz

16 de febrero de 2020

Siento tener que decirlo, pero para honrar la verdad hay que decir lo que haya que decir: si para la dictadura "todo está normal", también pareciera estarlo para los políticos de la "Coalición".

Vean (abajo) el mensaje, y las imágenes que lo acompañan, que copio de la página de Facebook de la Alianza Cívica con fecha 14 de febrero de 2020.

El lenguaje mismo de la propaganda denota una frialdad y una distancia del terror que viven otros que —a mí, al menos— me deja absolutamente pasmado. Pareciera el reporte mensual de una corporación de negocios ["*sesión de trabajo de coordinación, seguimiento y evaluación de nuestra Alianza con la UNAB*"]. A continuación, informan… ¡sobre sus reuniones de la semana!...

Permítanme hacer dos comentarios al respecto. Primeramente, el tratamiento de *rutina corporativa* que la propaganda de estos políticos da a sus actividades es el tono perfecto para la publicidad del régimen, que bien podría usarlo y añadir, por si quisieran dar aún más fuerza a las imágenes: "miren, todo está normal, nuestros opositores se reúnen libremente, cómodamente; lo hacen con quienes quieren; lo anuncian, lo publican… todo está normal en nuestra Nicaragua democrática, socialista, cristiana y revolucionaria".

En segundo lugar, y de manera igualmente *corporativa*, los políticos de la Alianza creen haber satisfecho, con anuncios como este, el requisito público de *transparencia.* Informar mal, y decir nada, para cerrarle la boca a los ciudadanos "entrometidos" que exigen claridad sobre las negociaciones en las que, según múltiples fuentes, se comercia —ofreciendo impunidad al genocida y a su claque— el acceso de cúpulas de escasa representatividad a un proceso electoral que desde ya es ilegítimo, inmoral de origen, que preservaría el poder real de Ortega y condenaría a la nación a un régimen de sicariato por tiempo indefinido, posiblemente incluso con sucesión dinástica, porque, no olviden: ya existe el *chigüín* Ortega.

"La próxima semana", concluye la propaganda de la Alianza Cívica, "estaremos conversando con el *sector de víctimas...*" Más lenguaje corporativo, más mercadeo, más... "segmentación de mercados". Más torpeza. Más insensibilidad. Y más lenguaje orwelliano. Sí, porque lo que buscan los representantes de la Alianza en estos momentos, en esas reuniones (también, nos dicen múltiples fuentes) es empujar a las víctimas de la dictadura a que acepten "posponer" el reclamo de justicia. Así los opositores de la "Coalición Nacional" se librarían de un obstáculo importante en su desesperada marcha hacia elecciones con Ortega o su designado. Tales elecciones se han convertido para ellos, en la Alianza y en la UNAB, en una especie de ruta sagrada, camino de vuelta al *paraíso* de 1990. ¿Paraíso? Que a nadie sorprenda esta expresión: a partir de la derrota del FSLN, una camada de políticos disfrutó de las prebendas que el Estado-botín puso a su alcance, mientras el FSLN gobernaba desde abajo y Ortega preparaba su camino de regreso al poder absoluto.

Quizás por eso, mientras la dictadura encarcela, hostiga y amenaza; mientras sigue asesinando campesinos; mientras en la televisión internacional la defensa de la estrategia de la Coalición se desploma ignominiosamente, arrastrando como una corriente de lodo a su presentador de turno, el Sr. Noel Vidaurre; mientras salen más luchadores al exilio; mientras importantes periodistas, como Luis Galeano, ponen el dedo en la llaga sobre la incoherencia de la estrategia opositora; mientras las redes sociales explotan en críticas contra las cúpulas aliadas en la Coalición...mientras todo esto pasa, incapaces de dar respuesta, tercamente opuestos a cambiar de rumbo, los políticos de la Alianza y de la UNAB se reúnen para "dar seguimiento y evaluación". Es la política del avestruz, la política del "avanzamos con normalidad".

Triste decirlo, pero hay que decir lo que haya que decir.

¿Puede servir la Coalición Nacional?

26 de febrero de 2020

Si los políticos se estuvieran uniendo para no dividir al pueblo en lucha, o para coordinar a sus diferentes partidarios en la lucha contra la dictadura, hoy habría algo que celebrar. Si algún día, por esos avatares del destino, la Coalición sirviese para ese propósito, habría que apoyarla.

Hoy por hoy, desafortunadamente, no es así. Buena parte de la clase política presentó el 25 de febrero un documento que los medios describen como la proclama que lanza una *Coalición Nacional.* El texto, sin embargo, es mucho más comedido: "...nos comprometemos a continuar trabajando en la construcción de una Coalición Nacional." Traducción: "no hemos logrado cerrar los acuerdos necesarios para afirmar nuestra alianza".

"Estar, para no estar fuera" (*tu utopía es utópica*, la mía no)

¿Qué dice la proclama sobre el proyecto? Muy poco, aparte de declaraciones líricas, de esas que sus firmantes descartarían como utópicas si su autor fuera otro. No hay mención de programa, ni mucho menos definición de estrategia. De hecho, no es difícil leer entrelíneas que el anuncio de la unión, y la unión misma, son camisas incómodas para los diferentes miembros de este grupo abigarrado. Para muestra un botón: las decisiones, nos dicen, serán por consenso, no por mayoría de votos. Traducción: la desconfianza mutua es tal, que nadie está dispuesto a participar en la Coalición a menos que tenga *poder de veto* sobre los demás. La única decisión estratégica en la que todos coinciden es en "estar, para no estar fuera".

Los jugadores del poder

¿Qué motiva esta hambre de pertenecer? Cada organización, cada individuo, racionaliza su postura a su manera, pero habría que ser puerilmente ingenuo para no reconocer la fuerza gravitacional que ejerce el acceso a financiamiento y apoyo diplomático. Además, con la ciudadanía desmovilizada a punta de asesinatos, de secuestros, y de la militarización de la sociedad, los políticos entienden que el juego del poder está donde están los jugadores, la gente como ellos, empujando a codazos para colarse en el Gran Salón tan pronto como se abran las puertas: "hay que estar cerca, no lejos, de la entrada". Oportunismo político, en estado natural.

¿A quién teme la dictadura?

Haga usted el ejercicio mental de colocarse sobre Managua como un dron estacionario, o un satélite, y observe las historias paralelas que ocurren, a metros de distancia, a ambos lados de la rotonda Rubén Darío. Del lado occidental, varias decenas de políticos se reúnen cómoda y seguramente en el edificio de la librería Hispamer. Medios de comunicación simpatizantes anuncian que el edificio está rodeado por fuerzas policiales, pero el evento transcurre sin interferencias ni interrupciones. Mientras tanto, en el costado oriental de la rotonda, la bota militar y paramilitar es aplastante. En un gesto de autoritarismo extraordinario, policías antimotines ocupan en formación de combate el centro comercial en el que ciudadanos desarmados gritan consignas a favor de la democracia. Una cacería humana se desata al interior de la propiedad (privada, valga recordar); hay periodistas agredidos y algunas detenciones. En otras partes de la ciudad, la bota se muestra igualmente aplastante. El trato diferenciado (tolerante con los políticos de salón, brutal con los ciudadanos que quieren ejercer su derecho y protestar en la calle) es revelador, en tanto que la represión obedece a cierta racionalidad costo-beneficio. ¿A cuál de los dos grupos teme la dictadura? Dígame usted si no lo tienta repetir la frase de Bob Dylan: "la respuesta, amigo mío, flota en el viento".

¡¿Quién me dijiste que estaba?!

Mientras tanto, la ciudadanía, los cientos de miles de cuerpos y almas que antes ocuparon las calles de Nicaragua exigiendo la renuncia del dictador, se ve reducida —por el momento— al papel de espectadora. Siente, en muchos casos, un deseo intenso de creer en la unidad que dicen construir los políticos de la Coalición. Pero hay un aire de amargo escepticismo en el ambiente. Hay, en algunos casos, decepción. En otros, la reacción es de estupor. La furia contra el régimen se acumula, como el vapor en una olla de presión, pero la gente ha perdido en gran medida la esperanza de una rápida salida de la dictadura, la meta por la que más de 500 personas fueron asesinadas en la Insurrección de Abril.

¿A qué se debe el desánimo? Una simple revisión de la lista de participantes en la ceremonia de lanzamiento de la Coalición Nacional dice mucho al respecto. Se trata de un "Quién es quién" de lo peor de la clase política, individuos y grupos que han dejado un rastro de corrupción financiera y moral a través de las últimas décadas, y que han sido —en muchos casos— constructores y defensores de tiranías, e incluso responsables de que Ortega regresara al poder absoluto en 2007. Es la basura que queda en la playa cuando se retira la marea con su limpia espuma. Es lo que queda después de que la dictadura, con la complicidad del gran capital y otros poderes fácticos, detuviera la ola del pueblo que intentaba derrumbarla.

Lo hizo, recordemos, a sangre y fuego, mientras los poderosos se negaban a apoyar la lucha democrática y más bien saboteaban los esfuerzos por obtener apoyo internacional efectivo. Lo hizo mientras María Fernanda Flores, esposa de Arnoldo Alemán, *dueños* ambos del Partido Liberal Constitucionalista, continuaba [continúa todavía] cobrando su jugoso salario en la Asamblea Nacional. Recordemos también que cuando los jóvenes se levantaron cívicamente en 2018 la Sra. Flores y sus compinches intentaron unirse a la foto, y fueron expulsados ignominiosamente; en público —lo vimos todos— los jóvenes gritaban "aquí no queremos políticos corruptos". Recordemos también que doña María Fernanda no es el único miembro del clan Alemán que sigue a sueldo de Ortega. Y recordemos que la dictadura es el hijo monstruoso de la corrupción de Alemán, y del pacto con que él compró a Ortega su libertad. Los 600 muertos y más de 80,000 exilados, y todo el indecible sufrimiento del país, son simple moneda de cambio para estos políticos. Todo para que hoy la Coalición presente orgullosa, como miembros destacados, a la Sra. Flores y a su pandilla. Presentan también, como gran presea, al reverendo Saturnino Cerrato, sempiterno oportunista y pieza del tren de regreso de Ortega al poder absoluto.

Pero el censo de esta fauna del horror no termina con Cerrato, Alemán y Flores. Estos son apenas los últimos "patriotas" que han visto la luz, y se juntan a figuras cuya presencia ya no sorprende, pero que son también responsables de la tragedia, como el eterno presidente del Cosep, Chano Aguerri y otros a quienes aparentemente los arquitectos de la Coalición esperan que aceptemos y sigamos, porque "en unidad somos más fuertes".

Entre ellos, por decirlo así, *hay de todo*. El grupo abarca, por ejemplo, a antiguos burócratas, militares y ministros del FSLN, participantes en la primera dictadura. En la mayoría de los casos se trata de individuos que ni siquiera muestran contrición por los abusos cometidos bajo su anterior gestión. Muchos de ellos, según múltiples fuentes, pertenecen a la camada de nuevos ricos que dejó la piñata de 1990. Y si algo peor puede achacárseles, es que nunca lograron abandonar el hábito autoritario, el reflejo leninista del *Dirección Nacional Ordene*, y conducen hoy campañas para silenciar a quienes disienten de la Coalición, como antes silenciaron a quienes disentían del FSLN.

Junto a estos antiguos estalinistas se sientan numerosos políticos conocidos ampliamente como corruptos y tránsfugas, unos cuantos jóvenes identificados más cercanamente a la insurrección (una presencia, por escasa, apenas simbólica), más uno que otro político "nuevo", como Félix Maradiaga, y como Medardo Mairena, el líder campesino.

Estos dos aparentan apostar a un "estar ahí, para no quedar fuera" que reclaman como posicionamiento *legítimo* en vista de la correlación de fuerzas. De ninguno de ellos se conoce—al menos yo no conozco—antecedentes de corrupción o autoritarismo, pero su postura me parece, de todos modos, cuestionable: obedece a un cálculo táctico que es antidemocrático en esencia, porque privilegia la consecución de palancas de poder por encima de la aspiración a que sea el pueblo, los ciudadanos que no entran a los salones ni viajan por las capitales del mundo, quienes decidan el curso de la lucha y el destino del país. En otras palabras, Mairena y Maradiaga han aceptado jugar la política en la cancha y con las reglas de la élite nefasta del país. *Variopinto* no hace honor a esta mezcolanza insólita de caracteres, unidos en tenue coalición por el cordel del interés. Insólito también es verlos gritar consignas de rebeldía revolucionaria. Qué triste y surreal es mi Nicaragua.

¿Y la estrategia?

Repito aquí lo que dije al inicio: Si los políticos se estuvieran uniendo para no dividir al pueblo en lucha, o para coordinar a sus diferentes partidarios en la lucha contra la dictadura, hoy habría algo que celebrar. Si algún día, por esos avatares del destino, la Coalición sirviese para ese propósito, habría que apoyarla.

El problema, objetivamente —apartando las sospechas que merecen la gran mayoría de los líderes de la Coalición, apartando sus culpas sin reconocer, sus crímenes sin pagar, apartando (temerariamente) consideraciones éticas— es que la propuesta que estos políticos defienden, y la única que parece unirlos, es la de ir a elecciones con Ortega. En días recientes, con sus abundantes recursos financieros y la política de captación y cooptación que dichos recursos facilitan, han intensificado el redoble propagandístico alrededor de dos ejes.

Uno es que "no hay otra alternativa". Esto es, lo dice la historia, una enorme falsedad. Si cada dictadura que surge terminara solo si el tirano acepta elecciones democráticas, habría dinastías eternas en el planeta. Hay que añadir que tampoco es cierto que no haya alternativa que no implique guerra civil. De nuevo, la historia demuestra lo contrario.

El otro eje, una trampa un poco —pero no tanto— más sutil, es reescribir la historia de los últimos 40 años a conveniencia. Según la versión revisada de los hechos, los políticos nicaragüenses dejaron a un lado sus intereses, formaron un puño vigoroso en la UNO alrededor de doña Violeta Barrios de Chamorro, fueron a elecciones libres con Ortega, y acabaron con la dictadura del FSLN.

Tanto hay de falso en esta fábula, que se hace difícil decidir por dónde empezar a rebatirla. Permítanme comentar en esta nota apenas su final. No es, como quieren hacernos creer en versión Disney, un final feliz. Más bien es el origen de la actual tragedia: *las elecciones del 25 de febrero de 1990 desplazaron a Ortega de la presidencia, a Sergio Ramírez de la vicepresidencia, y al FSLN del control de la Asamblea Nacional, pero nunca lograron despojarlos del poder real*, del que se ufanó Ortega al lanzar su infame "vamos a gobernar desde abajo". *Que lo haya logrado, y que a partir de ahí volviera al poder absoluto, debería ser para nosotros una advertencia tan dramática como los huesos cruzados y la calavera que se coloca sobre las sustancias venenosas.*

Pero el nuestro es un caso terrible de repetición de la tragedia por olvido de la historia. Y hay que añadir dos agravantes. Primero, que el Ortega que sería presuntamente "derrotado" en elecciones libres en el 2021 es inmensamente más rico y tiene mucho más poder represor —y mucha más experiencia— que el Ortega que fue sorprendido por la avalancha opositora hace 30 años. Penden además sobre él acusaciones de crímenes de lesa humanidad que lo exponen, junto a su familia y aliados cercanos, a persecución legal en caso de perder el poder. Y lo exponen a peores consecuencias ante su mafia de apoyo, si intenta salvar a su familia traicionando a sus secuaces.

Hay que estar claros de esto: Ortega está atrapado en el poder; el carcelero es también prisionero; no puede darse el lujo de ceder; sería un acto suicida. *¿Tiene entonces sentido apostarlo todo, apostar el destino del país y la vida de la gente, a que el dictador vaya a aceptar los resultados de una votación democrática y ceda —no los ministerios y la presidencia— sino* ***el poder real****?* ¿De verdad creen posible que Daniel Ortega y Rosario Murillo entreguen a sus paramilitares, se desprendan de sus canales de televisión, empresas comerciales, espías, jueces, sindicatos, etc.? ¿De verdad creen posible que los paramilitares, espías, jueces, miembros de CPCs, sindicalistas oficiales, etc., descubran súbitamente que deben su lealtad a "la patria", a "la ley", o a "la constitución"? ¿De verdad creen que confiarán en la sociedad democrática, que no sentirán necesidad de que el Padrino de su mafia los proteja? Si no lo logró la elección de 1990, cuando Ortega aún era visto como legítimo, y no era presa del miedo (razonable, racional) a lo que puede sucederle a él y a los suyos fuera del poder, ¿cómo podemos esperar que lo logre la elección del 2021?

Los políticos de la Coalición no dan respuesta a estas interrogantes cruciales, que son de vida o muerte. Explotan la angustia y la desesperación del pueblo para vender, sin explicar los términos del contrato, sin entrar en la letra fina, un producto que bien podría ser (yo me atrevo a llamarlo así) una quimera.

Hay muchísimo más que criticar, y muchísimo más que se niegan a explicar, en la propuesta de elecciones con Ortega de la Coalición. Tanto, que uno se pregunta cuál es el verdadero objetivo de la ruta que plantean. Porque no es insensato especular que su estrategia, tal y como está trazada prácticamente desde el inicio de la crisis, puede a lo sumo llevar a un reacomodo entre las élites y algunos rostros nuevos en el Estado, pero no a una auténtica democratización del país. De hecho, "elecciones con Ortega" muy probablemente implique "orteguismo sin (o incluso con) Ortega" y colocar al país en el camino a una posible sucesión dinástica. Para muchos políticos, eso no es un problema mayor mientras puedan acceder a puestos, ministerios, embajadas y resto de prebendas obtenibles en la hacienda-botín. Para Nicaragua, décadas más de tragedia, de estancamiento, más la carga de la injusticia acumulada en el olvido de las víctimas de la dictadura orteguista. Porque es difícil (¿imposible?) imaginarse una salida como "elecciones con Ortega", que no legitime a quienes han perpetrado un genocidio.

¿No quiere esto, pero tampoco se atreve a rechazar la "unidad" que la Coalición dice ofrecer? Pues, entonces, exija desde ya que los políticos que se llaman a sí mismos democráticos (de vieja data o reciente "conversión") expliquen el cómo, el detalle de su plan; exíjales que no impidan las sanciones internacionales, sino que empujen para que se amplíen; exíjales que pongan su cuota de esfuerzo los grandes empresarios que dicen ahora ser "aliados" del pueblo democrático. Póngalos a prueba. Exíjales que no abandonen a los presos políticos hasta "la próxima administración" para usar el lenguaje de uno de los más locuaces voceros de la élite política.

Y exíjales sin temor, sin timidez, sin contemplaciones, a ellos y a cualquiera que pretenda "representar" nuestros intereses.

De lo contrario nunca habrá libertad en Nicaragua.

Ernesto Cardenal: algunas reflexiones sobre su papel y su legado

3 de marzo de 2020

En las redes sociales, el activista Yaser Morazán pregunta, con su habitual franqueza y claridad: "¿Cuál es la diferencia entre Ernesto Cardenal y Tomás Borge, Carlos Tünnermann o Humberto Ortega? Todos ministros en la década de los 80 en Nicaragua, responsables del exilio, secuestro, torturas, confiscaciones y asesinatos de seres humanos que vivieron lo mismo que ahora vivimos nosotros." Decidí responderle, porque la muerte de Cardenal, en estos días de autoexamen colectivo, no puede pasar sin que hagamos preguntas como esa.

Preguntas difíciles, que en otros tiempos hubieran sido zona prohibida al debate, de las muchas que desafortunadamente han bloqueado nuestro desarrollo cultural. Permítanme ofrecer aquí una versión ampliada —y un poco más ponderada— de la contestación que publiqué en las redes:

Es necesario que la gente evalúe el papel que juegan en la historia política los personajes públicos. Por supuesto, se trata de un ejercicio delicado, controversial. Requiere de mucha reflexión y mucho estudio de detalles, mucho trabajo de historiador. De lo contrario es difícil pronunciar un juicio realista, ya no digamos justo.

Con la información que tengo, esta es mi opinión: Ernesto Cardenal no fue--nadie lo es--perfecto, y sí, jugó un papel, cuyo peso no sé valorar, en la propaganda de las ideas que construían apoyo para el régimen cubano y para la estrategia de toma del poder del FSLN. No es una actuación con la que yo simpatice. Veo a la revolución cubana como el fraude más costoso, y más grande, perpetrado contra una nación independiente en Latinoamérica, seguido ya de cerca--y reduciendo distancia--por el del ascenso al poder del FSLN y los 40 trágicos años que este ha significado.

¿Hasta dónde es criticable éticamente la postura del poeta? ¿Hasta dónde, alguien que comparta mi opinión sobre el castrismo y el FSLN, puede condenarla a la sombra de los crímenes de ambos, y no como un error de entendimiento, de los que comete hasta el más benigno de los bien intencionados? Porque no es lo mismo decir que "los sueños de Fidel valieron la pena" en 2016, ni llamar "ni bueno ni malo" a Tomás Borge en 2012, como hiciera otra escritora nicaragüense, Gioconda Belli, que participar en la euforia de los primeros tiempos de la revolución cubana; tiempos rápidos, de rápidas corrientes, que lo hacen a uno imaginar las circunstancias en las que los enemigos del viejo orden feudal europeo articularían excepciones morales para Napoleón. Son épocas-aludes que arrastran a no pocos; arrastran a las masas, y hay muy pocas "cabezas claras" [para usar la expresión de Ortega y Gasset] que logran salirse antes de quedar, de una manera u otra, cubiertas de lodo.

No hay que olvidar que lo que hoy vemos como opciones éticas *puras*, quizás porque hemos aprendido, quizás porque del alud queda solo suciedad, en su momento tuvo al menos algo de opaco. Latinoamérica, en aquellos entonces, era un territorio lóbrego para la justicia y la libertad. Nuestros problemas siguen ahí, sin solución, pero la forma en que domina la injusticia ha variado. La América Latina de los años 60 y 70 yacía bajo una bota ensangrentada cuya marca era "Hecha en Estados Unidos" y cuya referencia era un presunto credo democrático "occidental". Hay que añadir que la región estaba (lo está hoy, pero lo está menos, por la globalización) en un atraso cultural degradante: la idea democrática era sencillamente ajena para moros y cristianos. Por eso, la fascinación del poeta con la Cuba que decía resolver, por decirlo así, *la mitad del problema*, el hambre acuciante, la opresiva desigualdad social, al precio de la libertad política —que de todas maneras era una quimera en casi toda la región— me parece a veces comprensible. Supongo que la crítica que debe hacerse a él, tanto como a la mayoría de los intelectuales latinoamericanos de la época, es que sucumbieron al facilismo de una presunta solución que venía *del poder*, y venía de ideologías y filosofías europeas ya para entonces desgastadas por la tragedia de la Unión Soviética y de la China comunista. No fueron capaces, con escasísimas excepciones, de colocarse al margen del glamur napoleónico, de identificar *al poder* como la raíz de los problemas sociales, y desde la autonomía moral esforzarse por buscar, en postura creativa, las causas del estancamiento social, político y económico de nuestros países. Desperdiciaron, en este aspecto, su enorme talento y su intuición, gente de tan variadas historias personales como Galeano, García Márquez, el mismo Vargas Llosa; y por supuesto, Cardenal. Cada uno es un caso diferente. En el que nos atañe, debo confesar que no logro llegar (o regresar, en mi caso) a una conclusión categórica a la pregunta inicial de este párrafo. Quizás sea imposible, sin ser Dios, cuando se trata de caracteres muy complejos que transitan tiempos de gran agitación.

Pero una vez fuera de esa zona de controversia, creo que hay muy poco que pueda usarse para comparar a Cardenal con Tünnerman, Borge y Ortega. El poeta duró casi nada como ministro de Cultura, duró aún menos con la autoridad de un verdadero ministro, y de hecho el Ministerio en sí duró poco. Lo destruyó, como es bien sabido, la gula de poder de Rosario Murillo.

Que yo sepa, ni Cardenal ni el Ministerio se embarcaron en proyectos como la educación militarista y partidaria de la que Tünnermann sí es responsable. Evidentemente que sería un débito en su contra. Y aunque la imagen de cura revolucionario hubiese contribuido al mercadeo de su obra, no puede decirse de él que haya usado su posición en los 80 para impulsar a nivel internacional su carrera literaria, como hicieron otros; la de él ya era estelar.

En cuanto al ejercicio del poder que tuvo Cardenal, cuando lo tuvo, la cosa es, me parece, mucho más simple y clara: no hay punto de comparación alguno con el carcelero Tomás Borge, asesino como Humberto Ortega, y responsable, con el resto del directorio sandinista, de crímenes de lesa humanidad y de hundir al país en la guerra civil. La verdad es que Cardenal, siendo poco 'político', y aparentemente poco dotado en las artes de la guerra cortesana, fue más bien *instrumento* de los zorros del poder, y muy pronto quedó inerme ante los más maquiavélicos, como Rosario Murillo.

Después viene el lado del "haber", el lado que es positivo sin controversia: Ernesto Cardenal dejó una obra que es patrimonio para Nicaragua; no fue un ladrón; vivió austeramente, despreocupado de los lujos materiales; parecía identificarse genuinamente con el dolor del país; fue valiente contra Somoza, y fue valiente, aún desde su fragilidad de anciano, contra Ortega, quien lo acosó. No era un hombre apacible, podía ser muy áspero, pero muchos lograban saltar por encima de estas imperfecciones humanas para descubrir sinceridad, bondad y sabiduría. Lo he escuchado de gente que a través de los años estuvo cerca del poeta. De nadie he escuchado que exhibiera malas intenciones, ni que maniobrara o conspirara para acumular poder o riquezas.

Hasta ahí lo que puedo decir. Cada quién hará su propia suma. En la mía, no puedo ubicar al poeta cerca de los sujetos que menciona Morazán en la pregunta que ha dado origen a estas reflexiones. A ninguno de ellos considero decente; hay asesinos en el grupo. ¿Me equivoco? A lo mejor, pero esto es lo que puedo concluir *hoy*, meditando honestamente sobre lo que sé…

Además, no puedo pasar por alto que Cardenal nos ha dejado armas como esta:

"Escucha mis palabras, Oh, Señor

Oye mis gemidos

Escucha mi protesta

Porque no eres tú un Dios amigo de los dictadores

ni partidario de su política

ni te influencia la propaganda

ni estás en sociedad con el gánster."

Usémoslas.

La profanación de la misa de Cardenal y el cruel engaño que organizan los políticos

4 de marzo de 2020

Tras el insólito despliegue de barbarie totalitaria durante y después de la misa de cuerpo presente del poeta Ernesto Cardenal, lancé en mis redes sociales la siguiente pregunta: "*¿van a decirnos, Félix Maradiaga y Juan Sebastián Chamorro, que se puede ir a elección con esta gente; que esa es la única opción "realista"?*". La dirigí a ellos dos, como representantes de la Coalición Nacional, pero evidentemente no solo corresponde a Maradiaga y Chamorro responder, sino a toda la dirigencia de su partido. Por tratarse de una preocupación ciudadana legítima, y por la naturaleza extrema de los hechos que hemos observado, no deberían ignorar la pregunta para dejar que se "enfríe" nuestra indignación y después seguir haciendo lo que les da la gana. Tengan, se los pido, la amabilidad de dar respuesta clara y directa. Tienen obligación de responder.

¿Hay que explicarles la gravedad de las transgresiones ocurridas? La conducta de la dictadura no es solo permanentemente ilegal, inconstitucional y violatoria de los derechos humanos. La dictadura ejerce una represión que rebasa la racionalidad de respuesta política a una amenaza; su ámbito es el terror; su propósito es aplastarlo todo y al capricho; si parece demencial es porque Ortega y Murillo se han colocado al margen y en contra de todas nuestras normas culturales; ya no respetan nada. ¿A quién podría ocurrirse que en la Nicaragua que admira a sus grandes poetas, y que es mayoritariamente religiosa y católica, un régimen tuviera la osadía de enviar turbas de facinerosos a organizar la invasión de la principal iglesia del país, y que ante la jerarquía del clero y el cuerpo presente de su poeta más famoso, desataran gritería y violencia, interrumpieran el sermón, insultaran a la familia y los amigos del finado, y luego esperaran en las afueras del templo para golpear con saña a periodistas que cubrían el evento? ¿En qué país, fuera del mundo de las crueldades fascistas, podría darse este tipo de agresión contra los momentos más sagrados, íntimos, y dolorosos, de la gente?

¿Y en qué cabeza cabe que hay que aceptar como legítimos en una elección nacional a una pandilla que rechaza todas las normas de la legitimidad? ¿En qué cabeza, señores Félix Maradiaga, Juan Sebastián Chamorro, y demás representantes de la Alianza Cívica, de la UNAB, y de las otras organizaciones que propugnan la "vía electoral", cabe que quienes no respetan ni el sepelio de un prócer cultural, ni la presencia de diplomáticos y de la alta jerarquía de la iglesia; que quienes atropellan las más caras y antiguas tradiciones y creencias del pueblo, como el respeto a los muertos, van a respetar un acuerdo de elecciones, si es que se dignan aceptarlo en principio? Varios comentaristas han señalado esta obviedad: no puede dudarse que la violencia ejercida dentro de Catedral

y en sus afueras, ante las cámaras de televisión nacionales y extranjeras, es el modelo de intimidación que la dictadura aplicará en cualquier proceso electoral que ocurra en el futuro. Lo hará cuando quiera y cuando lo considere útil a sus propósitos. Quien espere del FSLN escrúpulos, mesura y palabra está ciego, o quiere estarlo.

Y no nos vengan con más declaraciones vacías sobre "reforma electoral", o "presión internacional", o "resistencia", porque están "en pie de lucha" contra el régimen. Nada de esto es cierto, nada de esto ocurre, nada de esto tiene sentido. Seríamos ahora nosotros, los ciudadanos, los que tendríamos que estar ciegos o querer estarlo, para creer tales afirmaciones. Es más que evidente que la intención de quienes dicen estar construyendo la Coalición Nacional es ir a elecciones con la dictadura, y que están dispuestos a hacerlo bajo las condiciones que la dictadura permita, y que gastan su tiempo, sus energías, y considerables recursos financieros en la competencia entre grupos e individuos para posicionarse favorablemente. Han logrado detener, porque no tienen interés y parece más bien ser un obstáculo para sus intereses, todo proceso serio de sanciones internacionales. Ya lo ha dicho al diario *La Prensa* el estelar Coordinador de la Alianza Cívica por la Justicia y la Democracia, el Sr. Carlos Tünnerman Bernheim: "*Nosotros no gestionamos sanciones*". Ya lo ha dicho otro personaje avieso de esta desdichada historia, el Nuncio Waldemar Sommertag: "*No tengo ninguna idea sobre una eventual negociación. En este momento no creo porque estamos ya casi en un año electoral, reformas electorales, campañas electorales, el voto que es lo más importante*". Lo ha dicho José Pallais, lo ha dicho Mario Arana, lo dicen abiertamente, y luego--cuando creen conveniente--lo niegan con descaro: buscan desesperadamente cómo "entrar" en alguna casilla electoral, y esperan de esa manera "entrar" al gobierno.

Mientras esto hacen, lanzan cortinas de humo, proclamas inocuas, protestas pusilánimes, regaños apocados al régimen. Dos años casi llevan en eso, mientras el sufrimiento del país se acumula, mientras se acumula también la amenaza de una escalada violenta, ante el fracaso de quienes dicen estar por la lucha cívica. Y cuando ocurren episodios como el del entierro de Cardenal, que muestran a toda la nación el absurdo de la propuesta de elecciones con Ortega, su táctica es esconder la cabeza en la arena, hacerse los suecos, esperar a que pase la tormenta, para volver en unos cuantos días a lo suyo, a las batallas palaciegas para ver en qué casilla fulano o zutano puede "meterse" a la elección o amenazar a otros del grupo con "irse por su cuenta" si no le conceden tal o cual puesto. Vuelven también al falso discurso de lucha, al cruel engaño de que sus patrocinadores del gran capital no necesitan arriesgar nada, ni las sanciones internacionales deben aplicarse, ni hace falta lucha no violenta y resistencia civil, fiscal, y política, para democratizar el país.

Es un cruel engaño.

Por eso los ciudadanos no solo tenemos el derecho, sino el deber, de exigir que respondan: *¿Nos van a decir que se puede ir a una elección nacional para democratizar el país con la gente que profanó de la forma más brutal imaginable las exequias de Ernesto Cardenal?*

Capitalismo, socialismo, y el sandio[64] borracho

7 de marzo de 2020

Palabras como “capitalismo” y “socialismo” expresaron en algún momento conceptos útiles que pensadores serios emplearon para proponer hipótesis sobre el funcionamiento de la sociedad.

Pero hoy en día, en manos de la ignorancia y saturadas de emociones primarias, significan lo que le dé la gana al más borracho; le sirven para insultar, para dejar de pensar, y para escoger sin reflexión, guiado únicamente por un rencor, con frecuencia, más que irracional, *antirracional.*

"¿Y quién diablos es Umberto Eco?"

Ejemplos sobran, por desdicha. Uno reciente es el del candidato presidencial estadounidense Bernie Sanders. Es muy curioso —pero indicativo— que, a los europeos y canadienses democráticos, sean de derecha, de centro o de izquierda, les sorprenda que las propuestas de política doméstica del viejo socialdemócrata conciten tanta controversia en el país norteamericano; peor aún, que sean a veces presentadas como una conspiración que convertiría a EEUU en Venezuela y disparates similares.

Doy este ejemplo y puedo dar uno más grotesco: la defensa 'ideológica' de la atroz dictadura del FSLN en Nicaragua, o del régimen de Maduro en Venezuela, bajo la excusa de que quienes se oponen a estas dictaduras son "de derecha", o "neoliberales", gente que —por supuesto— "odia a los pueblos" y ha venido a este mundo a destrozarlos.

Ambos lados de esta moneda de la sandez se dan, como corresponde a una moneda, la espalda. Pero no son muy diferentes en estructura mental, y en el fondo, aunque digan tener valores opuestos, son como el mismo motor con distintas carrocerías. Funcionan igual, aunque luzcan distintos. Y los dos atropellan.

En condiciones democráticas, la única esperanza es que la gente pensante no baje la guardia y promueva sin cesar la crítica y la difusión del racionalismo, eterna causa noble condenada a victorias temporales, frágiles siempre, y siempre bajo asedio.

Porque los sandios y sandias (con "corrección política", pero sin acento, estimados paisanos), no solo son ciegos, sino que usan anteojos oscuros: para ellos no importa cuánta gente mate o exile Ortega, Maduro, y hasta el régimen cubano; y del otro lado, no importa que, a quien Trump verdaderamente se parezca, en estilo y visión del poder, en su irrespeto a la institucionalidad democrática y a los derechos del individuo, sea al tirano Chávez.

64 Muchos opositores han dado en llamar “sandías”, a los partidarios del FSLN. El acento hace, en este caso, la diferencia y el juego.

Ni perdón ni olvido (¿excepto para el FSLN y el Ejército?)

18 de marzo de 2020

Me pregunto si la fecha en el video es correcta (11 de marzo de 2020). Mi primera inclinación es dudarlo, limpiarme los ojos, volver a mirar, abrirlos ancho para comprobar que me he equivocado. No quisiera, lo digo con total honestidad, hablar de este tema hoy, con la pandemia del Coronavirus extinguiendo tantas vidas y con la economía mundial al borde de la parálisis. Pero la actividad de los políticos no se detiene. En medio de la crisis, o al amparo de su sombra, aprovechan que la gente mira en otra dirección, y buscan avanzar en su estrategia. Hay que estar alertas, siempre "ojo al Cristo", como dice el viejo refrán. Por eso vuelvo a revisar la noticia, pregunto a amigos y conocidos, pero la fecha, 11 de marzo de 2020, sigue ahí. Es posible que alguien la haya alterado, por supuesto; en ese caso, hay que preguntar a Félix Maradiaga si su manera de pensar ha cambiado desde que dio esa entrevista.

Porque a mí me parecería escandaloso que a estas alturas (¿hay que contar la historia de nuevo?) Maradiaga se refiriera al Frente Sandinista en un tono tan respetuoso, tratando de "institución" a lo que ha demostrado ser una banda criminal al servicio del Padrino y la Madrina de El Carmen. Peor aún, que él, una de las voces y rostros de la (anunciada pero no nacida) Coalición Nacional, dijera que la lucha "*no es contra el Frente Sandinista*".

En otra parte de la entrevista, Maradiaga sugiere (porque se lo han dicho, nos dice, en el Congreso de Estados Unidos) que no hay pruebas suficientemente específicas del involucramiento del Ejército en los crímenes de la dictadura.

Francamente, me quedo hecho un hielo.

¿Por qué? Porque este es un distinguido político nicaragüense, en Nicaragua, diciéndole a los nicaragüenses que no crean lo que saben, que no crean a su lógica ni a su intuición, que no crean lo que dicen expertos tan respetados como el Dr. Álvaro Leiva y su prestigiosa Asociación Nicaragüense Pro-Derechos Humanos (ANPDH).

Me aterra también porque la defensa implícita del Ejército que hace Maradiaga se une al coro de la élite política, desde *La Prensa* hasta la cúpula de la Alianza Cívica. No olvidemos el panegírico de Francisco Aguirre Sacasa ("el ejército es muy respetado entre los productores del norte, y en el Comando Sur de los Estados Unidos"). No olvidemos el suplemento especial de homenaje al Ejército, incluyendo un discurso de una página de Daniel Ortega, y otro del general Avilés, que publicó el diario *La Prensa*, en edición de lujo, mientras decía no tener papel por el bloqueo del gobierno. No olvidemos la afirmación de Humberto Belli de que "el pueblo es injusto con el Ejército".

Todo esto me hace reflexionar, con gran pesar, sobre la distancia —ya grande— que existe entre estas cúpulas políticas y los sentimientos e intereses de la población, distancia que va en aumento. Que Maradiaga, quien ha querido fabricarse una imagen pública 'distante' de las élites tradicionales, haya adoptado el discurso de la Alianza, es un indicador elocuente de la deriva de la oposición nicaragüense, a la que cada vez con más frecuencia la voz popular antepone la palabra "supuesta".

Da tristeza pensar que en esto quedamos, después de tanto sufrimiento. Pero al hecho pecho. El cambio no es solo posible: es indispensable. Si este grupo de políticos es incapaz de liderarlo, si, en lugar de hacerlo, se embarcan en un nefasto proyecto de elecciones con la pareja demencial y su banda de asesinos, tarde o temprano surgirán otros.

Ellos creen que no. La historia dice otra cosa. No hay que desanimarse. Y hay que hacer de la verdad nuestra luz y nuestra fortaleza, para que el oportunismo y la manipulación de los prestidigitadores de la mentira no arrastren al país a un futuro más sombrío que el presente, una era dominada por el *sicariato*, y por una nueva dinastía. Una era de negra noche y roja sangre que mancharía todo el territorio nacional por décadas.

No puede uno menos que desear que quienes conservan la capacidad de imbuir sus actos de buenas intenciones recapaciten. Que quienes tienen una legítima aspiración de escalar a la cima del poder político no sacrifiquen todo en el intento. Que apuesten a ser viables en una Nicaragua democrática, y no se resignen al destino que han sufrido en el pasado tantos aspirantes que prefirieron montarse al pedestal sin honra, en lugar de alcanzar la gloria de construir un país mejor.

El monstruo, la Coalición Nacional, y algunas propuestas para prevenir la mortandad que podría causar el Coronavirus

24 de marzo de 2019

Hablemos (como dijo Suetonio refiriéndose a Calígula) del monstruo: Rosario Murillo no tiene cabida en la realidad; vive su delirio a costa de millones de personas que serán, tarde o temprano, y sin exclusión, sus víctimas. Como en el caso del emperador insano, el desquicio de la Murillo no tiene remedio, ni límite, ni freno. Llegado el momento, el monstruo es incapaz de distinguir entre quienes lo adversan y quienes lo alimentan.

Puede ser que ese trance sea ya inevitable, a juzgar por la respuesta que la Presidenta de facto ha dado a la mortal amenaza del Coronavirus. *¿Presidenta de facto, o Dictadora en funciones?*: el monstruo parece haber despojado al tirano oficial, su marido, del poder real. ¿Qué está haciendo con el poder? Dar rienda suelta a la orgía surrealista que habita en su mente, pero esta vez no es el escudo nacional, ni el paisaje urbano, el que deforman sus alucinaciones psicodélicas.

Esta vez la fuerza mortal de que es capaz no es dirigida a un grupo específico, sino a toda la sociedad. Ha convertido la pandemia del Coronavirus en un circo. En un circo tan real y cruel como el que organizó, con payasos y demás, el domingo 23 de marzo en la costa del lago de Managua. La campaña "contra el Coronavirus", ha incluido desfiles escolares, asambleas, marchas, y un carnaval grotescamente titulado "El amor en los tiempos del Covid-19".

Único en el mundo en esta postura, el Estado de Nicaragua bajo el mando de la Murillo no ha llamado a sus ciudadanos a combatir la propagación de la epidemia aumentando la distancia corporal. Su política ha sido exactamente, increíblemente, la opuesta, y no es nada audaz la hipótesis de que la dictadora en funciones haya procurado inducir el contagio, no prevenirlo.

¿Qué hacer? Algunas ideas para el ciudadano común

Este es un momento en la historia de Nicaragua en que la *desobediencia civil* se hace esencial para sobrevivir. Para la mayoría de los ciudadanos, seres que no han perdido el instinto de conservación, la respuesta es fácil: *desconfiar* de toda autoridad política, exigir, pero no esperar, de ningún supuesto liderazgo —*todos están en lo suyo.* Buscar cómo aprovisionarse lo mejor posible, dadas las restricciones de la pobreza, y exponerse lo menos posible al contacto físico; cubrirse la boca y la nariz a como sea, y mantener una distancia de al menos dos metros si tiene que salir a la calle. El lavado de manos, por supuesto, y otras medidas de higiene que se anuncian en otros países y circulan en Nicaragua a través de las redes.

¿Qué hacer? Algunas ideas que los políticos que dicen representar al pueblo deberían contemplar

Siempre que uno los critica, espetan el trillado "*vos solo criticás, no proponés*". Bueno, pues aquí van varias propuestas, que presento a quienes dicen ser la Coalición Nacional, gente que acompaña en lista a Juan Sebastián Chamorro, Félix Maradiaga, José Pallais Arana, Mario Arana, Carlos Tünnerman Bernheim, Azahálea Solís, y otros. Se las presento, con nombres y apellidos, porque los políticos deben hacerse responsables con nombres y apellidos, y no escudarse en siglas ni en palabras vacías:

1) La vida de millones de personas está en peligro por la evidente incapacidad mental de quienes controlan los poderes del Estado. *Desalojarlos del poder pasa de ser una meta de mediano plazo a un asunto urgente*: la amenaza para todos, pobres, pero también ricos; opositores, pero también partidarios del gobierno, es inminente. Estos no son momentos para disertar sobre "vías constitucionales". Si yo fuera un oficial del Ejército, por ejemplo, tendría que pensar en la plaga que amenaza la salud de mi familia. Del seno de la Coalición ha salido un volumen considerable de elogios al ejército. ¿De qué sirve esa cercanía si no vale para proteger a todos de una hecatombe medieval?

2) El poder económico de un puñado de milmillonarios se sienta a la mesa con ustedes, participa a través de sus representantes en el liderazgo de la Alianza, y de hecho tiene una deuda enorme con el pueblo nicaragüense, tras 12 años de dictadura FSLN-Cosep. Los políticos de la Coalición Nacional deberían pedir a sus aliados del gran capital que pongan sus enormes recursos a trabajar de inmediato para salvar miles de vidas:

A. Que den vacaciones con goce de sueldo a sus empleados por los próximos 30 días. Sería como un adelanto y un aumento de las vacaciones de Semana Santa, y sería menos de lo que, en otras ocasiones de la historia, decidieron parar por otros motivos. El gran capital puede absorber las pérdidas, que de todos modos serán peores si la pandemia arrasa y disloca. Como mencionaba el presidente salvadoreño, no van a quedar en la pobreza por hacerlo.

B. Que *organicen* un fondo de apoyo económico significativo para los pequeños productores afiliados a sus cámaras, para ayudar a que también estos puedan absorber el golpe y enviar a sus empleados a refugiarse por tiempo prudencial.

C. Que pongan sus recursos, dentro y fuera de Nicaragua, a trabajar para asegurarse que los hospitales no carezcan de mascarillas, guantes, y de ser posible, que busquen como aumentar de emergencia la cantidad de respiradores disponibles en el decrépito sistema de salud del país.

Nada de esto está fuera del alcance de las fortunas que, combinadas, poseen el equivalente de más de dos terceras partes (estimado conservador) del Producto Interno Bruto de Nicaragua, un número que ilustra la inequidad económica grotesca del país.

Pueden hacer esto, y pueden hacer más: pueden unirse de una vez al resto de los ciudadanos para que el país tenga, no necesariamente un gobierno ideal, ni un gobierno en el que todos estemos representados (estaremos lejos de eso, en el mejor de los casos) pero al menos un gobierno que no esté en manos del monstruo.

La propuesta de tregua de Maradiaga, la política genocida del FSLN y un llamado urgente a defender a la población del Coronavirus

29 de marzo de 2020

Escribo estas notas en medio de la mortandad creciente de la pandemia, cuando empiezan a filtrarse desde Nicaragua nombres y datos que anuncian el arribo del Coronavirus a mi sufrida tierra.

No aspiro más que a ser parte de una conversación civilizada sobre este drama doloroso. En esa conversación no puede ignorarse la importancia de aquellos interlocutores que juegan o aspiran a jugar un papel de liderazgo en la sociedad. Pero hay grandes ausencias, y grandes silencios, y los ciudadanos vemos apenas las espaldas altivas de muchos de nuestros presuntos representantes mientras dialogan cordialmente entre ellos, con los agentes de la dictadura, o con embajadores de algún poder extranjero. Muy pocos aceptan la comunicación de doble vía con sus conciudadanos, que es como el flujo de sangre en la vida democrática. Por eso, bastante de lo que aquí comento sobre la postura de la oposición oficial nicaragüense se basa en declaraciones del Sr. Félix Maradiaga, uno de esos *pocos*.

El segundo miembro del dúo mediático que con un abrazo intentó convencer al pueblo —y a la "comunidad internacional"— de que se unían en "Coalición Nacional", el Sr. Juan Sebastián Chamorro, ha ignorado cuanta invitación le hemos hecho desde *Revista Abril*, medio independiente con el cual ya ha conversado un buen número de sus colegas, incluyendo al propio Maradiaga, a José Pallais, a Medardo Mairena, Mario Arana, y otros.

No debería ser así, si es que en verdad desean un día gobernar la Nicaragua democrática que es todavía sueño. Para ello, Sr. Chamorro, los líderes precisan demostrar coraje cívico, capacidad de debate, y no deben buscar solo plataforma propia o micrófono amistoso, o servil. Lo esperamos.

Dicho esto, procedo a comentar sobre este tema gravísimo, de vida o muerte: el manejo de la pandemia por parte del Estado nicaragüense, y la respuesta de la Coalición Nacional ante el peligro que se cierne, inminente, sobre la población.

Cuestión de embrujos

La política de la dictadura Ortega-Murillo ante la pandemia es, en el mejor de los casos, criminalmente negligente. En la práctica el régimen ha promovido contagio, al alentar y organizar aglomeraciones, resistirse a adoptar medidas mundialmente aceptadas de prevención, y desatar una campaña insidiosa contra aquellos que llaman a aplicarlas.

¿Por qué lo hacen? Es posible que se trate sencillamente de una manifestación de la paranoia de aislamiento que sufre cualquier régimen políticamente agotado: ante retos de la magnitud de una pandemia, los gobiernos necesitan de la colaboración de la sociedad civil, necesitan que los ciudadanos se movilicen bajo la guía de su legítima autoridad. Esto ya no es posible en Nicaragua. Para la gran mayoría de los ciudadanos el gobierno es un instrumento privado del FSLN, mientras que para Ortega no hay sino enemigos en eso que llamamos sociedad civil. Su temor a que la sociedad extienda el rango de la movilización sanitaria y la enderece contra El Carmen es tan grande que los hace encerrarse en sí mismos, agazaparse tras los muros y los tranques de su *ciudad prohibida*, lanzar sus embrujos y encantaciones y esperar tras la neblina del fanatismo que todo pase sin que pase nada, para luego volver a la normalidad demencial que han instalado en el país.

Hay una explicación alternativa aún peor, más horrífica, pero que tiene muchos adherentes: la dictadura, bajo el control de Rosario Murillo, ha decidido emplear la pandemia como un arma contra la sociedad, el contagio como un vehículo para concentrar la atención del pueblo en tareas inmediatas de supervivencia, y el sufrimiento de los ciudadanos para apuntalar las finanzas estatales a través de la ayuda financiera internacional. Quizás esta hipótesis parezca inverosímil al lector poco versado en la insana crueldad de la dictadora en funciones, pero no alcanza a sorprender a los nicaragüenses.

La tregua de Maradiaga

¿Qué propone la oposición para contrarrestar la política criminalmente negligente o intencionalmente genocida de la dictadura? Las acciones de los políticos de la Coalición son elocuentes, pero la expresión concisa la provee Félix Maradiaga, en un video publicado ayer: "*una tregua*", dice, en la lucha contra la dictadura. *Una tregua* (si, *una tregua*) que permita a "todos", es decir, idealmente incluso a Ortega y Murillo, "unirnos" para luchar contra la pandemia. Debemos evitar, dice Maradiaga, "politizar" el problema, para "hacer patria", entregando el liderazgo del esfuerzo de rescate sanitario a "la comunidad científica nicaragüense". Si esto, estimado lector, le parece inverosímil, incongruente con la realidad del país, y lo hace sospechar que incurro en distorsión por motivos propagandísticos, lo invito a ver el video y comprobar que he descrito fielmente la postura de Maradiaga, tal y como expresan sus propias palabras, que de hecho empleo para no desviarme ni siquiera accidentalmente. También quiero representar con fidelidad la intención que declara el político: patriotismo ("hacer patria"); e implícitamente, una preocupación fundamental: la vida de los nicaragüenses que enfrentan la pandemia en medio de lo que llama un "vacío de liderazgo" en el país.

Permítanme sugerir, someter a consideración de mis conciudadanos, que nada de esto tiene ningún sentido, si lo que se quiere es proteger la vida de la población frente a la pandemia, y conquistar la libertad y la democracia para el país. Las razones son numerosas; su peso es contundente, su realidad es evidente, y deben motivar una evaluación aséptica, descontaminada de preferencias ideológicas ni apegos partidarios, sobre el camino que han dibujado para la sociedad no solo los crueles dementes que se esconden en El Carmen, sino los políticos que se cubren con la bandera celeste. Quizás mi enumeración de razones aburra, por ser, la lista, de una obviedad que solo políticos en maniobras tácticas pueden pretender ignorar. Pero debo hacerla, por orden mental y porque hay que dejar registro de la sofistería que emplean los opositores nicaragüenses en su juego de sillas. A este juego regresaré más adelante.

La extraña utopía: la comunidad científica nicaragüense al rescate

En primer lugar, el problema de manejo de la pandemia en Nicaragua es, ¡¿alguien puede dudarlo?!, un problema político. El daño que pueda causar la pandemia no es culpa de los médicos, que no controlan el proceso *ni pueden controlarlo*, más allá de hacer lo suyo, que es la administración de consejos profilácticos, diagnósticos y provisión de cuidados. El control de la pandemia no es una responsabilidad que pueda, aún en la mejor de las democracias, asumir la "comunidad científica". Por tanto, *decir que no hay que "politizar" el tema de la emergencia pandémica es un soberano disparate desde la lógica y la información, y una negación de la realidad que desborda las pupilas de los nicaragüenses que aceptan creer lo que ven, y no lo que les ordenan ver los políticos.*

¿Puede usted imaginarse a Rosario Murillo y Daniel Ortega cediéndole el mando del país a médicos y científicos? ¿Puede imaginarse a las fuerzas del Estado, desde ministerios hasta Ejército, obedeciendo las instrucciones de médicos sin que medie la guía o el interés del régimen? ¿Dónde, en qué universo funcionan así las sociedades? ¿Cómo es posible que un político —y para rematar, un político que se esmera en aparecer "pragmático"— trace una "estrategia" semejante ante una amenaza inminente y monstruosa como la que acarrea el Coronavirus?

"Despolitizar", "hacer patria", claudicar

La "*despolitización*" que sugiere Maradiaga sirve únicamente para sostener su propuesta de ofrecer una tregua a la dictadura, como si existiese una guerra activa de dos bandos, en la que ellos estuvieran asediando al régimen. Lo que todos sabemos, lo que todos vemos, es que la dictadura arremete sin descanso, y prácticamente sin respuesta por parte de la Coalición, contra cualquier vestigio de libertad, y contra todos los derechos humanos de los nicaragüenses, incluyendo el derecho a proteger sus vidas ante la pandemia.

Entonces, ¿qué tregua ofrece Maradiaga, qué *acciones hostiles* propone que la oposición detenga? Es más: ¿qué actitudes de la oposición, o más ampliamente, de la ciudadanía democrática, han hecho difícil que el gobierno maneje adecuadamente la crisis? De hecho, lo contrario es cierto: las únicas medidas que se han tomado en Nicaragua mientras el virus se esparcía en el país han sido *en contra* de las indicaciones y de las órdenes políticas del régimen. La única protección de los nicaragüenses ha sido desobedecer al régimen. Y esto lo sabe cualquiera: darle una tregua al régimen orteguista solo puede traducirse en darle obediencia a Rosario Murillo. ¿Alguien cree que someterse a la demencia de la dictadora en funciones sea "hacer patria"?

¿Será esta la puerta discreta para que, en nombre de "la patria", *el Gran Capital y la Gran Ambición* se sienten a un nuevo "diálogo" con Ortega, esta vez por la excusa de "salvar vidas"?

¿Qué puede, qué debe hacer la oposición?

La responsabilidad de los opositores nicaragüenses no es pedir a la población que se "una" al gobierno que practica genocidio contra ella. Ver a nuestros políticos negar, como ha ensayado Maradiaga, que el problema del control de la pandemia esté indisolublemente ligado a la dictadura es, francamente, escandaloso. Si no reconocen lo que los ojos de todos ven, que la dictadura no solo *no lucha* contra el contagio, sino que lo promueve, tendremos que concluir que padecen de ceguera total.

Solo esa ceguera les permite, en las graves circunstancias actuales, tratar la eliminación de la dictadura como un problema a ser *pospuesto*, para después de una tregua que nos permitiría a "todos" unirnos en el combate a la pandemia. Solo una ceguera de tal intensidad les impide ver que deben abandonar el paso de tortuga y la tolerancia zen que tienen ante el orteguismo. Porque hoy, más que nunca, la supervivencia del poder de El Carmen es una amenaza directa a millones de ciudadanos. La oposición debería estar poniendo el grito en el cielo en todos los foros, por todos los medios, empujando a los aliados internacionales de quienes se jactan a que desconozcan a la dictadura, informando a la opinión pública internacional día tras día que la dictadura de Ortega no solo comete genocidio en el país, sino que se convierte en propagador mundial del Coronavirus. ¿Por qué no lo hacen? ¿Qué les impide declarar ilegítimo al régimen, ponerse del lado de la justicia y, sobre todo, de la realidad? *¿Creen posible que el mundo ayude a los nicaragüenses a deshacerse de una tiranía sin que los nicaragüenses renuncien a ella, sin que apelen al interés propio del mundo para impedir que la mortandad que podría darse en Nicaragua sea un foco más de la enfermedad?*

¡¿Qué esperan?! Maradiaga sugiere que es poco lo que pueden hacer, y que no tienen recursos. En otra parte ha escrito, sorprendentemente, que "**la so-**

lución (refiriéndose al problema de la pandemia) **no está en el Estado**." Esto último es una afirmación que debería inyectar terror en las venas de cualquier ciudadano: ¿diría lo mismo el Presidente Félix Maradiaga si le tocara enfrentar una emergencia similar? Dejo esta pregunta flotando. Piense usted bien en sus graves implicaciones.

Por el momento, quiero insistir: **hay mucho que la Coalición debería y podría hacer, pero no hace.** Quizás la inacción tenga que ver un poco con la psicología del *juego de sillas* que predomina entre los políticos opositores. Cada uno busca quedar cerca de una *silla* cuando pare la música. En este caso, la silla es una *casilla*, una casilla electoral, y la música, están convencidos, la controla Ortega irremediablemente y se detiene (cruzan los dedos) en el 2021.

Por un Plan de Rescate

Entre las acciones que deberían tomar está empujar a sus aliados milmillonarios, que son el verdadero pilar (o ancla, escoja usted) de la Coalición, a que pongan de inmediato sus inmensos recursos financieros (unos pocos nombres tienen riquezas acumuladas equivalentes, insólitamente, a más de la mitad del producto interno bruto del país) al servicio de un Plan de Rescate.

Si estos señores, que han sido parte de la dictadura FSLN-COSEP, quieren integrarse verdaderamente a la Nicaragua democrática, que sacrifiquen algo de las abultadas ganancias que cosecharon bajo la protección de Ortega. Como ya dijo el presidente de El Salvador, no quedarán en la pobreza.

Que no pidan sacrificios a quienes no pueden más, que no solo les digan "quédense en casa", como si fuera posible para la mayoría aislarse por semanas sin llegar a la hambruna. Que den, los más poderosos, 30 días de vacaciones con goce de sueldo a sus empleados, que organicen un fondo de apoyo financiero a las pequeñas empresas que están afiliadas a sus cámaras, que inviertan de inmediato (mientras haya tiempo, habrá esperanza) para ayudar a adquirir respiradores, mascarillas, y otros equipos esenciales sin los cuales no hay defensa contra la pandemia.

¿Es hora de pensar en un gobierno de transición?

El Gran Capital puede hacer esto, y más, y puede hacer lo más importante: juntarse al pueblo democrático en la demanda de *fin de dictadura*. Pueden unirse a la exigencia de deslegitimar, de quitarle al régimen reconocimiento internacional, de trabajar con sentido de urgencia para que el mundo vea al gobierno de Ortega como lo que es, como una amenaza para la salud regional y mundial. Pueden, y probablemente deben, empujar a que se conforme un gobierno de transición, ante la eventualidad de que la crisis del poder sandinista se profundice por el colapso casi seguro de la economía y la respuesta demencial de El Carmen a la crisis.

Esta es la prueba de fuego, quizás podría ser la última oportunidad, que tienen ellos y que tienen los políticos como Félix Maradiaga y sus colegas de la Coalición Nacional. No habrá excusa que valga si nos explota la pandemia como lo ha hecho en otras partes del mundo y causa una mortandad que ya varios estudios técnicos estiman podría alcanzar decenas de miles.

No podrán decir que no fueron advertidos. No podrán decir que no es su culpa, que *es del otro*; ni podrán afirmar, como (decepcionantemente) hace Félix Maradiaga en su video, que distorsionamos sus palabras desde el anonimato.

Yo, Francisco Larios, dejo aquí mi nombre y apellido, a conciencia, con pleno conocimiento de lo que digo, y sin buscar —nunca he buscado; para mí sería un lujo fuera de mis posibilidades— un cargo público en Nicaragua. Y de las prebendas, líbrame Señor.

10 preguntas sobre la "tregua política" propuesta por Maradiaga, y (horas después) por CxL y otros opositores

30 de marzo de 2020

Presento aquí algunas preguntas a Félix Maradiaga y a quienes en la oposición oficial se han unido —súbitamente— a su llamado a una "tregua política" con la dictadura. Estas preguntas tratan de ir al fondo del asunto, no quedarse en la superficie, donde flotan las palabras bonitas y los discursos ambiguos. Al fondo, que es donde se esconden los detalles, y donde el diablo arregla su covacha:

1. ¿La tregua que proponen incluye posponer cualquier esfuerzo para intensificar las sanciones contra la dictadura?
2. ¿Y qué pasa si la pareja genocida les dice: "está bien, nos "unimos" a ustedes contra la pandemia, pero ustedes tienen que exigir el fin de las sanciones"?
3. ¿Se ven ustedes sentados en una "mesa" con Rosario Murillo, Porras[65] y Arce, coordinando "acciones de emergencia" para combatir la epidemia?
4. ¿Quién daría las órdenes, o es que se imaginan que "entre todos" van a tomarlas, y que la dictadora en funciones va a ceder su poder, y permitir que un opositor, digamos, por ejemplo, Félix Maradiaga, o Lesther Alemán, "dirija orquesta" con ella?
5. ¿Qué les hace pensar que, de repente, la política Coronavirus de la Murillo va a pasar de carnavalesca a racional?
6. ¿Van a dar instrucciones al público conjuntamente? ¿Van a aparecer al lado de quienes tendrían entonces que llamar Presidente, o Vicepresidenta, para citar un formalismo, de los tantos con los que legitimarían a quienes han llamado —y el pueblo continúa llamando— genocidas, criminales, ilegítimos, etc.?
7. ¿Y qué va a pasar cuando todo acabe? ¿Van a decir, "ahora volvemos a la lucha contra la dictadura"?
8. ¿Y terminada la emergencia, comienza de nuevo la cacería humana del régimen?
9. ¿Y terminada la emergencia, van a ir de nuevo a la OEA a decirles, "ya, ahora sí, sancionen"? ¿Cómo esperan que reaccionen los diplomáticos del continente?
10. ¿Y mientras tanto, los presos?

Estas son preguntas que requieren respuestas honestas y directas de parte de

65 Uno de los colaboradores más cercanos (y violentos) de Daniel Ortega y Rosario Murillo, presidente, durante el período cubierto en este libro, de la Asamblea Nacional.

todos los políticos, desde Maradiaga hasta CxL; aclaren que la propuesta de tregua no es solo un disfraz de humanismo para una táctica política de propósito cuestionable. Quedo a la espera.

Un mensaje ciudadano al Incae sobre su "Mensaje a la nación"

1 de Abril de 2020

Me ha llegado el "Mensaje a la nación" del Instituto Centroamericano de Administración de Empresas (Incae), firmado por su presidente, Roberto Artavia, y su rector, Enrique Bolaños Abaunza. No conozco al Sr. Enrique Bolaños, más allá de saber quién es su padre, a quien respeto. Del Sr. Roberto Artavia tengo un vago recuerdo; creo que lo vi, aunque no lo traté, cuando hace muchos años, todavía un estudiante, trabajé en Incae. No puedo, por tanto, y porque no soy lector de almas, juzgar las intenciones de ambos a la ligera. Tampoco quiero discutir el papel del Incae en el engranaje del poder de la sociedad. Mi propósito en esta nota es reflexionar sobre el contenido del Mensaje. Intentaré hacerlo de la manera más sucinta y ordenada posible.

Unámonos "todos"

El comunicado contiene dos partes. La primera es un llamado a que los nicaragüenses enfrenten "unidos y de forma coordinada" la pandemia del Coronavirus, para lo cual habría que pensar en "salvar vidas y dejar a un lado diferencias de cualquier índole". Estas son palabras hermosas, pero inaplicables; una proposición en la clave de "paz en la tierra a toda la gente de buena voluntad" de los ritos religiosos, pero que va más allá, y cae en la irrealidad, porque —¿de verdad necesitan que se los recordemos?— en Nicaragua hay diferencias que no pueden dejarse de lado, ya que son precisamente las que causan muerte y las que amenazan al país con una devastación medieval ante la plaga. ¿Cómo van a pedir que nos olvidemos de la diferencia entre hacer de la pandemia un carnaval, impulsando políticas que promueven contagio, y adoptar una política racional que lo combata? Las "diferencias" que existen en Nicaragua no son las que existen entre gente de diferentes ideologías, sino las insoslayables que hay entre asesino y víctima, entre secuestrador y secuestrado. Al llamarnos a deponer nuestras "diferencias", el Mensaje equipara *injustamente*, y, sobre todo, *alejado de la realidad*, el papel y el poder de la dictadura Ortega-Murillo con el de los ciudadanos. Señores Artavia y Bolaños: los ciudadanos no pueden "unirse" al "gobierno" para protegerse del Coronavirus. *Más bien han necesitado, y necesitan, desobedecerlo. Si no lo hacen, la política "sanitaria" del régimen causará un daño mucho mayor.*

En lugar de imprecar a los ciudadanos de esta manera, convendría al país, y a los millones de nicaragüenses cuyas vidas están en juego, que ustedes denunciaran por todos los medios, y con la urgencia que reclama la crisis, la conducta de la dictadura. En lugar de presentarle al mundo esta imagen de falsa equivalencia, de *dos bandos* que se agreden en medio de una crisis y necesitan "dejar a un lado sus diferencias", deberían ayudar a que el mundo sepa que el pueblo de Nicaragua se encuentra *solo, indefenso* frente a un Estado que explota la pandemia para fines políticos y sin detenerse en el umbral del crimen.

¿Ayuda al pueblo financiar a la dictadura?

La segunda parte del Mensaje es una "solicitud a los organismos internacionales para que consideren liberar recursos ya comprometidos con el país para dedicarlos a las prioridades de la pandemia". ¿Y cuáles son esas "prioridades de la pandemia"? ¿Y quién las establece en el país? Señores, ¿no se han dado cuenta de que en Nicaragua reina (si, *reina*) una pandilla criminal, dirigida por una pareja de psicópatas, que son los únicos que deciden las "prioridades de la pandemia"? Esas prioridades podrían resumirse en una: mantener el poder absoluto. De esta depende todo lo demás, y para esta harán lo que sea, sin los escrúpulos que generalmente frenan a los políticos, porque, señores Artavia y Bolaños, ustedes deben estar enterados de que quienes rigen el poder estatal en Nicaragua no actúan dentro de los márgenes de la psicología normal. ¿O no lo saben? De tal manera que "liberar recursos ya comprometidos con el país" es simplemente *darles dinero para que lo empleen en lo que interesa a Daniel Ortega, a Rosario Murillo y a su pandilla de sicarios: en mantener, a costa de lo que sea, su régimen de terror.*

Los pies sobre la tierra

Si viviéramos en un mundo sensato y justo, y dado que no se puede extirpar la pandemia si quedan focos, y que no se puede extirpar un país-foco del mundo, la solución sería que se desalojara de inmediato del poder, usando una fuerza internacional legal, a los criminales que propagan la epidemia; luego se enviarían ventiladores, medicinas, mascarillas, e incluso personal médico, a sofocar el brote y su expansión. Pero no vivimos en un mundo así, y mucho me temo que lo único que puede hacer el pueblo nicaragüense es atrincherarse en sus casas de la mejor manera posible. *No es dándole dinero a la dictadura que el mundo va a ayudar a mitigar los estragos de la pandemia.*

Mensaje al Incae

La dictadura Ortega-Murillo, entiéndanlo por favor, señores Artavia y Bolaños, es enemiga irreconciliable del bienestar ciudadano, enemiga *mortal*; su actuación ante el Coronavirus lo demuestra. En lugar de recomendar que los ciudadanos se "unan" a quien induce la muerte; en lugar de darle más poder a un gobierno criminal, dándole más recursos; en lugar de darle legitimidad como uno de dos "bandos" comparables en una lucha, sean fieles a la verdad y a la ética: denuncien la política sanitaria del Estado de Nicaragua como lo que es, como una estrategia en el mejor de los casos criminalmente negligente, y en el peor, intencionadamente genocida.

Quizás podrían ustedes, dado su entronque con el sector empresarial más rico del país, apelar a que estos den la cara y actúen de manera decidida, por dos vías. La primera es poner sus inmensos recursos (unos cuantos milmillonarios, ustedes lo saben, tienen una riqueza equivalente a mucho más de la mitad del producto interno bruto) al servicio de una campaña de mitigación de la pandemia. Les recuerdo lo dicho por el presidente de El Salvador recientemente: no van a quedar pobres si lo hacen. La segunda, y esta es crucial, es que muevan su inmenso poder económico, y sus conexiones regionales y en los grandes Estados del mundo, para salir cuanto antes de una dictadura que no solo no defiende a la población de la pandemia, sino que —insólitamente— *usa la pandemia contra la población.*

Este es el "Mensaje a la nación" que correspondería emitir a un centro de altos estudios. No sorprende, por tanto, que el que han publicado suscite enormes sospechas e insatisfacción ciudadanas.

Trumpismo y orteguismo, dos variedades del mismo virus

3 de abril de 2020

Sigo de cerca las acciones y políticas del gobierno de Estados Unidos, e incluso observo el proceso de formación de políticas, y de las estrategias que los políticos emplean para hacerlas avanzar. No hago afirmaciones caprichosas ni basadas en banderas, ni mucho menos en puntajes de encuestas. Procuro, aunque no soy imparcial, ser objetivo. Por eso, independientemente de mis simpatías (o, en este caso, antipatías) afirmo basado en los hechos una conclusión que los hechos me impiden pasar por alto: *lo de Trump ha sido y sigue siendo negligencia criminal.*

El *ethos* de Mr. Trump no dista mucho, para dar ejemplos que quizás sorprendan a la distancia, del de Rosario Murillo en Nicaragua, o el de Jair Bolsonaro en Brasil. [Este último ha declarado, sin sudar vergüenza, que "*hay que enfrentar el virus, pero como hombres, no como mocosos*" y que, aunque hay que cuidar a los viejos, "*el empleo es esencial; y es la vida, todos nos vamos a morir...*"]

En el caso de la comparación Trump-Murillo, la diferencia fundamental es que el Presidente de Estados Unidos de América no tiene el poder absoluto. Afortunadamente, las defensas estructurales de la democracia estadounidense han sobrevivido, aunque golpeadas, el embate del populismo trumpista, que prácticamente transformó un partido de centro-derecha, o derecha democrática, el partido Republicano, en una marabunta neofascista con tintes de integrismo religioso, que se deleita en el desdén de su *caudillo* por las minorías étnicas y sexuales, los inmigrantes, las mujeres, los intelectuales, los periodistas, y cuanto grupo le parezca representar "debilidad".

El paralelo entre el discurso de Trump y el culto a la superioridad y a la fortaleza étnicas del arquetipo nazi es escalofriante. Este hombre no es apto para gobernar un país como Estados Unidos, que es la imagen del mundo, con toda la diversidad humana habitando, en relativa paz, y relativa dificultad, su territorio. Trump carece además de equilibrio mental y emocional. Sus rasgos narcisistas y sus delirios de grandeza van mucho más allá de la vanidad que es común entre políticos de alta ambición. Esto se hace cada vez más evidente a medida que la presión de la crisis global revela el alma de los líderes.

La respuesta del jefe del Poder Ejecutivo de Estados Unidos a la amenaza de la pandemia está causando una destrucción que él más bien tenía la obligación, y el poder, de evitar, tanto en vidas como en bienestar económico. Ningún presidente de EEUU, ni Republicano, ni Demócrata, se ha comportado jamás tan incompetente e inmoralmente en medio de una crisis. Nunca, un diario de prestigio nacional, como el Boston Globe, se había atrevido a publicar un editorial afirmando que "el presidente tiene sangre en sus manos". Nunca había tenido que atreverse.

Pero los hechos son los hechos. En este caso están clarísimos, muy bien documentados y públicos, para quien quiera ver. El que no quiera es, ni más ni menos, como un fanático orteguista que repite la narrativa de "golpe" y para quien no importan videos, fotos, ni documentos, porque su "comandante" lo es todo, como para los trumpistas Trump es "enviado de Dios".

Las comillas las coloco porque muchos de ellos usan esa frase, que ha sido promovida desde el púlpito por numerosos pastores evangélicos. Este es un fenómeno extraño, y que revela una enorme hipocresía, ya que los acaudalados líderes del evangelismo han sido farisaicamente estrictos con otros políticos estadounidenses, cuando estos fueron descubiertos transgrediendo sus códigos morales; pero en el caso de Donald Trump, y su largo historial de corrupción personal y comercial, los pastores repiten, iluminados, que "Dios se sirve de hombres imperfectos".

¿Qué más agregar? Que, si bien me produce escalofríos observar la similitud en la estructura mental de trumpistas y fascistas, más lo hace el entender que el orteguismo representa una variedad del mismo virus.

Los resultados son trágicos. Y me temo que aún no hemos visto lo peor, ni en Estados Unidos, ni en Nicaragua.

China, Trump, y el encantador de serpientes (Tres lecciones para Nicaragua)

4 de abril de 2020

El gobierno de China es una pesada dictadura, y tiene las culpas que tiene, haciendo lo que hacen las dictaduras, entre otras cosas inventar su propia realidad a punta de mentiras, y de impedir que la información real circule libre y circule rápido. Pero esa dictadura no gobierna en Estados Unidos. Trump no es culpable del virus, y no se le puede achacar todo el daño, pero su conducta aberrante impidió que el gobierno de Estados Unidos cumpliera su deber y usara los enormes recursos a su disposición para proteger la salud y la economía del país, durante más de dos meses en los que repetidamente se burló de las advertencias de los científicos y de los organismos de Inteligencia de Estados Unidos con la ayuda del conglomerado noticioso Fox, una fuerza verdaderamente siniestra en la sociedad estadounidense.

Hasta la segunda semana de marzo, casi dos meses después de que el primer caso de Coronavirus fuera confirmado en EEUU ¡el 20 de Enero de 2020!, Trump afirmaba que no había tal pandemia; que se trataba de una conspiración de sus enemigos; que en realidad el virus era igual a una influenza común (para la cual existe vacuna); que quienes hablaban de pandemia querían sembrar el pánico para atacarlo, a él, el mejor presidente de la historia junto a Lincoln; que era todo "fake news" de CNN y el New York Times; que había habido 15 casos y ya solo quedaban 2, pronto serían cero, y que "como un milagro" el Coronavirus desaparecería del país, porque él estaba haciendo "un trabajo maravilloso", al que él mismo asignaba una nota, en la escala de uno al diez, de "diez".

La conducta negligente del Presidente de Estados Unidos continúa hasta la fecha. No daré más detalles porque son públicos, y es otro el interés ulterior de este artículo, y no cansar al lector con un registro de la incompetencia del actual ocupante de la Casa Blanca. Porque, en efecto, Donald Trump es un hombre excepcionalmente inepto para administrar la cosa pública, a consecuencia de deformaciones psicológicas muy pronunciadas: carece de empatía; es un narcisista con delirios de grandeza que recuerda a Mussolini, que actúa con la torpeza de Maduro y crea un mundo paralelo, como la Murillo.

Afortunadamente, hay dispersión en la estructura de poder político del Estado estadounidense. Los gobernadores y alcaldes tienen *poder real y recursos propios* que, aunque inferiores a los del gobierno federal, permitieron que la sociedad iniciara, a tropezones y empujones, una respuesta racional a la crisis, mientras Trump y sus partidarios montaban su campaña negacionista, su carnaval, y daban tiempo y espacio al virus de instalarse a sus anchas en el país.

Pero no puede haber duda (solo la hay entre los fanáticos que siguen a Trump como el mesías evangélico que acaudalados predicadores protestantes han vendido a sus ignorantes masas): la negligencia de la administración Trump, con el oportunismo de sus cómplices Republicanos, es causa de que miles de vidas que pudieron ser salvadas, y millones de empleos que pudieron mantenerse, se estén perdiendo.

Por una Nicaragua democrática: Hay que dispersar el poder

Para los nicaragüenses que sueñan y luchan por la democracia en nuestros días, las enseñanzas de la tragedia estadounidense son importantes.

En primer lugar, que hay que construir un Estado con poder disperso. Hay que encontrar la forma en que el gobierno central *dependa* de lo que han dado en llamar "territorios"; en que departamentos, regiones, municipalidades, tengan fuerzas de defensa civil y recursos propios, y atribuciones constitucionales bien definidas, protegidas de la intrusión de cualquier autoridad central. *Un gobierno central débil, de funciones limitadas, debe ser el norte constituyente de nuestro esfuerzo de fundación democrática.*

Cuidado con el encantador de serpientes

En segundo lugar, debemos perder el respeto a los políticos. No digo a la dignidad de las personas, sino a los políticos como tales. El peligro del encantador de serpientes, del individuo que sabe utilizar la *psicología del lenguaje* para esconder su deshonestidad y cubrir sus intenciones con un manto de nobleza y altruismo siempre es inminente, y siempre es grave. El momento de atajar a estos sujetos no es cuando ya están en el poder, aunque al poder oficial haya que atacarlo constantemente, para mantenerlo a raya. *A los políticos hay que someterlos a la dictadura de la opinión ciudadana desde un inicio.* ¡Mucho cuidado con aquellos que invocan conspiraciones en su contra, o falta de comprensión del público, y se dan golpes en el pecho proclamando su humildad y amor al país! ¡Mucho cuidado con aquellos que buscan incesantemente la pantalla! ¡Y mucho cuidado, también, con aquellos que la evitan si no la controlan!

Necesitamos ser expertos en medir la mesura, en evaluar quién merece nuestra confianza *limitada y siempre condicional.* Para esto, el primer paso es comportarnos como escépticos que han sido quemados por la sopa demasiadas veces, y que de ahora en adelante soplarán hasta la cuajada más fresca.

No más pedestales para nadie. No más cheques en blanco ni apoyos incondicionales, ni fe, ni votos de confianza: "piensa mal y acertarás". No importa si estuvo preso, si hizo un despliegue heroico alguna vez, si viste uniforme de gloria o hábito de santidad. Debajo de los trapos y después de la valentía queda la ambición humana, esa mala levadura de que hablaba Darío.

Digo todo esto y pienso en personajes que hoy son oposición, pero mañana serán gente de poder en el poder. Algunos de ellos me hacen recordar la anécdota según la cual Luis Somoza dijo de su hermano Anastasio que "*lo difícil no es que suba, lo difícil es que baje*". ¡Hay que estar alerta! Y para estar alerta, precisamos desoír a las sirenas que cantan "*¡no hablemos de estas cosas hoy, no critiquemos, ¡unidad, unidad!, no le hagamos el juego a la dictadura!*"

Todo lo contrario: la dictadura caerá, tarde o temprano. Será más temprano si depuramos las filas de la oposición de los más peligrosos oportunistas, de los más ambiciosos. Tendremos después democracia, y no una nueva dictadura, si hoy, no mañana, cuando ya podría ser demasiado tarde, ejercemos nuestro derecho a la crítica implacable frente a los políticos.

Si quieren trabajar para nosotros, que sepan que somos jefes inflexibles, insoportables, que no vamos a permitir que se nos robe, por omisión o comisión, ni un centavo, ni una gota de sudor, ni un solo destello de la luz de nuestros sueños. Si no pueden aceptar el trabajo en esas condiciones, que sepan que sus lloriqueos serán inútiles, y deben buscar otra ocupación.

Política y religión

Una tercera enseñanza es que hay que separar la religión de la política. La fe sincera es una fuente inagotable de esperanza y gozo, aun en las peores condiciones materiales. De la fe nace una fuerza que va más allá de músculo y dinero. La fe puede mover montañas. Pero lo hace desde el corazón, desde lo más íntimo, y ahí es donde debe cultivarse, crecer, y ser guardada.

Hay que desconfiar de los políticos que la invocan en público, porque si lo hacen, no es para bien. Una fe sincera, benigna, no puede sino expresarse a través de la bondad, a través de las acciones. Para ser fuerte, un hombre de fe no necesita gritar ante las cámaras la palabra Jehová, ni la palabra Dios, ni la palabra Alá, ni ningún nombre que en su cultura represente la deidad suprema. Quienes esto hacen, buscan más bien ocupar--yo diría que hasta sacrílegamente--un lugar en la mente del oyente, junto a la fe de este; quieren que este asocie al político con su fe, con su religión, con su Dios.

Se trata de una manipulación clásica, parte de la *psicología del lenguaje* de que hablaba antes. Así que, repito: hay que separar la religión de la política, quitar el tinte religioso al discurso político, impedir que la codicia humana representada en la lucha por el poder corroa la espiritualidad y la explote para fines macabros.

Nótese que hay otro aspecto del asunto que es esencial, y que solo mencionaré: para ser ciudadano no es requisito tener fe religiosa, mucho menos pertenecer a una religión organizada. A nadie puede negársele derechos humanos (que eso son los derechos ciudadanos) por no creer en Dios, o por creer en Dios de una manera diferente a la mayoría. De eso se trata el estado laico: un pilar de libertad; no es accidente que los peores regímenes, incluyendo el de Rosario Murillo en Nicaragua, exploten una religión, o hasta la inventen.

El reclamo inextinguible

8 de abril de 2020

La foto es elocuente: un paramilitar encapuchado dispara contra la población civil. La guerra contra la paz. La muerte contra la vida. La opresión contra la libertad. El escritor Roberto Carlos Pérez ha puesto la foto en perspectiva actual: "*Estamos en otro abril tan cruel como el de 2018. Y sigue la impunidad en Nicaragua. Las muertes no cesan. Al paramilitarismo creado en 2018 a Daniel Ortega y Rosario Murillo se le deben imputar otros crímenes de lesa humanidad: exponer a los nicaragüenses a la pandemia mundial.*" ¿Alguien duda de la justedad de su demanda? Los principios elementales de justicia, y el instinto de supervivencia mismo de la sociedad obligan a buscar el castigo para quienes ordenaron la masacre de 2018 y continúan aplastando los derechos humanos de los nicaragüenses.

Nada puede extinguir este reclamo

Hay que decirlo, y repetirlo, y repetirlo, para que escuche cualquiera que, arrogándose derechos que nadie le ha dado, quiera pagar con inmunidad (impunidad) una "salida" negociada con la dictadura, si es que la dictadura —terca, enfermiza— acepta una. *Y cuando digo dictadura, digo la mafia constituida por Daniel Ortega, Rosario Murillo, las cúpulas del Ejército y Policía, Pellas, Ortiz Mayorga, Zamora, Baltodano, Montealegre, et. al., más la cúpula y tropas de sicarios del FSLN.*

Todos ellos son la dictadura

Y son cómplices de la dictadura todos los que les sirven como operadores políticos, actores secundarios que ejecutan las órdenes de las oligarquías, aunque quieran presentarse al mundo como líderes de conciencia autónoma. A todos ellos *hay que arrancar del poder político, y del monopolio del poder económico,* para que no reemplacen un nombre por otro con el fin de mantener el sistema de poder que produce tiranías como la tierra fértil entrega sus frutos.

En Venezuela, "colectivos", en Nicaragua, "turbas", en Estados Unidos, los "maga"

17 de abril de 2020

La estupidez antirracional del trumpismo es una amenaza a la democracia y a la vida de la población en Estados Unidos. El aspirante a dictador incita a sus turbas (que financian sus aliados en la plutocracia) a que salgan a las calles y se aglutinen, a que desobedezcan y hagan desobedecer a los gobernadores que han decretado medidas de distanciamiento social para combatir la pandemia.

Esto es difícil de explicar, pero para Trump es motivo de orgullo. "*I think they're listening. I think they listen to me,*" dice, "*creo que escuchan, creo que me escuchan*", se jacta. Y no se equivoca, lo escuchan bien. Lo escuchan, de hecho, como si no existiera otra voz en el mundo.

Es el mundo del "MAGA" (del "Make America Great Again", o "Hagamos otra vez grande a los Estados Unidos") el mundo del odio y de la ignorancia, del culto a la personalidad del matón de patio, del rechazo a la racionalidad, a la ciencia, y a la humanidad, en colisión con las instituciones democráticas, y peor, en colisión con las medidas que los científicos aconsejan para proteger la vida humana ante el Coronavirus.

Díganme los venezolanos si no les recuerda esto a los colectivos chavistas; nicaragüenses —díganme— si no les recuerda a las turbas; debería también recordarles a los cubanos las movilizaciones "de repudio" que organiza su dictadura.

Lo que separa a estos grupos no es su mentalidad, sino el grado de poder que poseen en cada país. Hay que derrocarlos ahí donde detenten el poder de manera absolutista. Y hay que impedirles que se fortalezcan más en Estados Unidos, antes de que causen más daño, un daño que —por ser este país la primera potencia mundia— sería mucho mayor del que son capaces monigotes minúsculos como Ortega, Maduro, y el heredero de los Castro, de cuyo nombre (imagínense) no me acuerdo.

Las culpas de P.J. Chamorro, Sandino, Darío y Fonseca

19 de abril de 2020

Me escribe alguien cuya identidad debo respetar porque, aunque no solicité su comentario, este llegó a mí —ni siquiera sé si solo a mí— de manera privada, y me dice: "*me siento orgulloso de Pedro Joaquín Chamorro y Rubén Darío, pero no me siento representado ni por Sandino ni por Carlos Fonseca Amador, mucho menos cuando ambos son referentes del dictador.*"

Cuando la historiografía sea tomada más en serio en Nicaragua, cuando el trabajo de examinar la historia salga de la oscuridad del anonimato académico, o escape de la luz de la farándula oligárquica, las vidas de personajes como los antes mencionados se estudiarán —no puede uno menos que desearlo— con mayor objetividad, y su papel en la cadena de hechos que llamamos Historia quizás pueda ser mejor entendido.

Seguramente ocurrirá con ellos lo que ocurre con la mayoría de las grandes figuras en países de mejor o más profunda memoria, y más tocados por el racionalismo: los procesos de beatificación se volverán más prolongados y estrictos, las penas del infierno llegarán al personaje tras más detallado juicio.

Por el momento, nación joven, huérfana e insegura que somos, cortada con violencia de todas sus raíces, llenamos la escasez de pensamiento propio y reflexión con mitos y supersticiones. Lo hacemos, demasiadas veces, con una convicción que no reconoce que ayer quizás creíamos lo opuesto, que hoy sabemos lo mismo que antes, que no hemos meditado ni aprendido más, que apenas respondemos a la urgencia del instante, mudando nuestra percepción de personas, circunstancias y movimientos por asociaciones primitivas, que son el terreno feliz de todo propagandista demagógico, y para mal de la sociedad, un plano muy superficial del entendimiento.

Así caemos habitualmente en el vicio de la idolatría, tanto como en su opuesto, la descalificación absoluta. Somos adictos a la construcción de pedestales, aunque las estatuas que colocamos sobre ellos nos caigan después encima. La lógica que nos lleva a esa idealización es la misma que nos lleva a la demonización de otros: la de la ignorancia, la del desprecio efectivo a la inteligencia y a la crítica. Todo esto necesita ser combatido, no solo porque nos priva de una civilización propia, sino porque impide que disfrutemos de los frutos de otras civilizaciones, y hace de nuestra vida social un ciclo interminable de sufrimiento y barbarie.

"*Me siento orgulloso de Pedro Joaquín Chamorro y Rubén Darío, pero no me siento representado ni por Sandino ni por Carlos Fonseca Amador, mucho menos cuando ambos son referentes del dictador*"... Yo leo estas palabras y siento la angustia de mi país, la frustración y el llanto de su alma joven, que busca salida de la cárcel que la Historia pareciera haber edificado alrededor de su inocencia, pero encuentra en cada puerta un mito. La ruta de escape, se le figura, debe ser la otra puerta, el otro mito. Pero no es así. Crecer, sobrevivir el mundo tal y como es implica convivir con duras verdades: no hay una puerta, hay muros que derribar; los asuntos del mundo no son conferencias de ángeles; hay más espejismos que aguas claras, más carceleros que profetas, más neblina que claridad, más santos de manos sucias que villanos de pura cepa.

Por eso, crecer, sobrevivir el mundo tal y como es requiere aguzar nuestros sentidos de la única manera que esto es posible: nutriendo con entusiasmo nuestro espíritu crítico, afilando nuestra voluntad de descubrir, más que nuestra disposición a adorar o despreciar; y, sobre todo, puliendo nuestra inteligencia, nuestras preguntas, nuestro lenguaje. Con lo cual, regreso al texto que motivó estas reflexiones para concluir, o más bien recordar a mi interlocutor, a todos, y a mí mismo, que Rubén Darío fue partidario, y si no partidario, tolerante, del dictador José Santos Zelaya —personaje, a su vez, de perfil proteico, según el ángulo del cual se le mire—; que ser "referente" no es culpa de nadie (no olvidemos que Jesucristo es "referente" de Rosario Murillo); que tampoco es aconsejable anclar nuestro buen juicio en las caricaturas que nuestra ignorancia forma de personajes cuya complejidad no intentamos siquiera resolver. Esto es una tentación humana que incluso las grandes sociedades penosa e incompletamente controlan con dificultad.

Los "hombres prácticos" escribía John Maynard Keynes con los ojos puestos en la historia europea, "que se creen exentos de cualquier influencia intelectual, son usualmente esclavos de algún economista difunto". El reto para sociedades como la nuestra, huérfanas del árbol filial, muertos unos padres, extraviados otros, es todavía más agobiante. Pero ante el paso rápido de la historia, por los vientos que soplan desde el progreso tecnológico y la globalización, deben enfrentarse —si es que aspiramos a ser *nación*.

La locura del rey Donald
(Lysol y los votantes Republicanos)

24 de abril de 2020

Hoy vi dos noticias que (uno podría decir, con el humor más trágico y triste), dan para ir a buscar al Coronavirus y decirle de una vez: "nos rendimos".

Vi al Presidente de Estados Unidos sugerir lo siguiente a la Dra. Deborah Birx, Coordinadora del Equipo Anti Coronavirus de la Casa Blanca, y al Dr. William Bryan, Jefe de Ciencia y Tecnología en el departamento de Seguridad Nacional:

"Pues supongamos que golpeamos el cuerpo con una luz tremenda, que puede ser ultravioleta o sencillamente una luz muy poderosa —y creo que ustedes dijeron que no se ha verificado pero que van a experimentar— y luego yo pensé, supongamos que llevamos esa luz al interior del cuerpo, lo cual se puede hacer a través de la piel o de alguna otra manera. Y creo que ustedes dijeron que van a hacer el experimento también. Suena interesante. Luego veo el desinfectante, que lo elimina en un minuto, un minuto. ¿Hay manera en que podamos hacer algo así por inyección hacia adentro [sic]? O casi una limpieza, 'que ya ves que se mete en los pulmones y hace un tremendo 'número' en los pulmones. Pues sería interesante chequear eso. Pues tendrían que usar doctores en medicina, pero a mí me suena interesante, así que vamos a ver, pero el concepto de luz en general, la forma en que lo mata en un minuto, eso es bastante poderoso."

Debo aclarar que la gramática desvencijada y el léxico infantil no son producto de una mala traducción. Es, sin negar *traduttore traditore*, una transcripción fiel del lenguaje chapulinesco[66] de Trump. El asunto de fondo, sin embargo, es que el Jefe del Ejecutivo más poderoso del planeta actúa como un monarca desquiciado, poseído a tal extremo de sí mismo que en su total ignorancia compromete la gestión de la crisis con sandeces y consejos médicos que aparte de ser demenciales son (lo explico más adelante) peligrosos: desde el atril presidencial, el líder de un movimiento cuyos miembros, según afirma confiado el propio Trump, "votarían por él aunque matara a alguien a plena luz del día en la Quinta Avenida de New York", deja flotando en el aire la noción de que inyectarle un desinfectante puede salvar la vida de un enfermo de Coronavirus.

Luego vi —aquí viene lo más triste y trágico, la fuente del peligro— el resultado de encuestas recientes a votantes del Partido Republicano. La primera, publicada hace unos 15 días, concluye que los Republicanos confían más en Trump como fuente de información sobre el Coronavirus que en la institución científica del Estado que ha sido, a través de los años, responsable del combate a epidemias:

66 Referente al lenguaje infantil y fantasioso del personaje conocido como Chapulín Colorado, producido por la televisión mexicana.

el CDC (Centros de Control de Enfermedades). 80% de los entrevistados dicen depositar su fe en Trump, versus 74% que prefieren al CDC. Otra encuesta indica que el 47% de los Republicanos confía en las afirmaciones que Trump hace en sus diarias y prolongadas presentaciones desde el salón de prensa de la Casa Blanca. Es decir, casi la mitad de su partido, según esta pesquisa. En contraste, apenas 7% de los votantes Demócratas lo hacen. Las encuestas contienen mucha más información que concuerda con la división Republicanos versus Demócratas e Independientes: el apoyo a Trump entre los primeros es abrumador, y aparentemente inmune a razonamiento; mientras 80% de los Republicanos aprueban el manejo de la crisis por Trump, la cifra cae a 37% entre gente sin afiliación política, y a solo 11% entre votantes que se declaran Demócratas.

Los votantes que aplauden al rey insano no están dispuestos a ver caer a su monarca; siguen atrás del profeta aunque el profeta desvaríe; ellos están en la raíz del problema, y por ellos la vida política de Estados Unidos se vuelve surreal, como ilustra este urgente aviso que la compañía que produce el desinfectante Lysol se vio obligada a producir en cuanto se supo que el Rey había sugerido usar el detergente en inyecciones: "*como líderes globales en productos de salud e higiene, tenemos que ser claros de que bajo ninguna circunstancia nuestros productos desinfectantes deben hacerse entrar en el cuerpo humano (a través de inyección, ingestión, o cualquier otra ruta).*" Así estamos.

El doble discurso de los políticos versus las metas irrenunciables de la ciudadanía

25 de abril de 2020

Si quiere leer mi lista de *metas irrenunciables,* vaya directamente al ítem 8 de este escrito. Si quiere entender mis razones, y reflexionar conmigo acerca de la actual situación, la puerta se abre aquí:

Entre lunas

El panorama de la política nicaragüense en plena pandemia es contradictorio: parece en la superficie un desierto de decencia, y hasta de inteligencia, pero hay un potencial caudaloso bajo el suelo. Lo vimos surgir en abril de 2018, explotar como un volcán de agua.

Lo veremos de nuevo en el futuro. Las mareas suben y bajan, y el reflujo deja basuras sobre la playa. La marea alta de la rebelión mostró en su espuma el germen de una sociedad diferente; nos hizo ver que en la nación subsiste, a pesar de todos los errores y todos los accidentes de nuestra historia, la reserva de un espíritu autogestionario, embrión del autogobierno democrático.

La marea alta no fue la marea de partidos, organizaciones a medio hornear y políticos reciclados que hoy —en el reflujo— dicen representarla. Estos son los restos que la próxima oleada cívica deberá limpiar. Si un beneficio hay de este período cruel entre lunas, es haberlos dejado tirados al descubierto, sobre la arena, ahí, donde todos podemos identificarlos por lo que son.

Al lado del árbol

Los políticos del reflujo actúan también como quien quiere comerse un mango sin cortarlo, y prefiere esperar a que caiga la fruta. Para quedar tan cerca del árbol como sea posible, y atrapar la fruta del poder al vuelo, es que luchan cuando dicen que luchan. Luchan, cuando dicen que lo hacen contra la dictadura, por quedar cercanos o en posesión de acceso a una casilla electoral. Así transcurren sus días, esperando a que la fruta podrida del orteguismo caiga, por su propio peso y quizás por un golpe de vara de los gobiernos extranjeros que obligarían (ese es su "plan") a Ortega a ceder espacios. Llevan ya muchos meses jugando a la silla musical, y están dispuestos a seguir haciéndolo hasta que el régimen les "conceda" elecciones supuestamente "libres".

Por muy fantasiosa que parezca esta descripción, no tiene origen especulativo. Numerosas fuentes con acceso a las interioridades de la Coalición Nacional confirman que su vida cotidiana es dominada por las luchas feroces y maniobras entre diferentes facciones. Solo en la Alianza Cívica parece haber al menos tres grupos enfrentados, más por las agendas y aspiraciones individuales de políticos que se sienten *presidenciables* que por cuestiones programáticas o estratégicas. Sobre estas últimas están más o menos de acuerdo: aceptan que se mantenga a rasgos generales el sistema político diseñado por el pacto FSLN-COSEP, que la crisis se resuelva a través de elecciones en las cuales participaría el sandinismo, y quizás el mismo Ortega, y que la demanda de justicia por los crímenes de la dictadura quede "para después". Hay segmentos de la UNAB en las que esta propuesta causa algunas agruras, pero al final, nadie se atreve a despegarse mucho del muelle donde creen estar seguramente anclados, y desde donde pueden acceder a apoyos financieros domésticos y externos. La UNAB, poblada en gran medida (aunque, para ser justo, no exclusivamente) por una colección caleidoscópica de oenegés que ahora se dicen *movimientos sociales*, padece también de lo que en su propio seno algunos activistas llaman la "infiltración" de la Alianza Cívica.

Que haya fricciones y conflictos, por supuesto, no es sorprendente, pero ofende que ocurran a expensas de esfuerzos que la población reclama como más urgentes, tales como la organización de la lucha contra el régimen orteguista en una coyuntura que parece clave, con la epidemia amenazante y un clima internacional claramente más adverso para Ortega.

El doble discurso

El pueblo, que observa la pasividad, el faranduleo, y la lucha por intereses individuales o de grupo de la mayoría de los políticos del reflujo, observa, examina, aprende. La inmensa mayoría no cae ya en engaño. Muchos han pasado del entusiasmo por la nueva oposición al desencanto, al rechazo, y hasta a la náusea. En general existe una desesperación reprimida, una arrechura que los ciudadanos rumian en forzado silencio, impotentes —por hoy— ante la brutalidad del régimen y la venalidad de los supuestos líderes democráticos. Estos últimos, incapaces de desmarcarse de la ruta electorera, de abandonar el espejismo antidemocrático del *aterrizaje suave*, buscan en el doble discurso una vacuna contra el repudio popular. Cantan con el cachete izquierdo y silban con el derecho, se muestran un momento indignados y radicales, exigiendo la renuncia de Ortega, prometiendo "intensificar las presiones", y en cuestión de segundos deslizan una vez más la "opción electoral".

Para muestra, el reciente artículo de Juan Sebastián Chamorro en su blog personal, titulado "Estamos ganando el futuro, no perdamos la esperanza". Tras la letanía usual en este tipo de escritos, el dirigente de la Alianza Cívica proclama con solemnidad que *"la conciencia crítica de nuestra sociedad despertó hace dos años. Y pesar de toda la represión, le sigue exigiendo a la dictadura que renuncie."*

Lo que no dice el Sr. Chamorro es que durante la mayor parte de estos dos años ni él ni su organización han buscado forzar la renuncia de Ortega, y en las raras ocasiones, muy escasas, en que la han invocado, ha sido como un deseo, como un sueño, como un acto que tendría que ser iniciado —no se sabe a cuenta de qué inexistente ética— por el tirano. Pero cualquier individuo y político *pragmático, realista*, sabe que lo *práctico* no es apelar a la "buena voluntad" de un dictador, sino organizarse para derrocarlo.

¿Ha cambiado de postura el Sr. Chamorro?

Hasta el momento, ni él ni su organización, ni sus patrocinadores en la minúscula oligarquía de milmillonarios del país, han abandonado la búsqueda de un *aterrizaje suave* en el que los socios de la dictadura FSLN-COSEP se bajen del avión sin sudor y sin arrugas después de la turbulencia. "*Líderes de diversas organizaciones" continúa el escrito de Chamorro, "...siguen exigiendo al régimen que respete los derechos humanos y que propicie las condiciones para que puedan realizarse elecciones libres y democráticas.*" Una vez más, en un respiro, de regreso al plan de elecciones con y bajo el tirano. Todo esto, además, coincide con la información filtrada desde círculos cercanos a los liderazgos dentro de la Coalición, y otras fuentes, acerca de las persistentes pláticas entre representantes del gran capital, políticos de la Alianza, y la dictadura, en busca de medidas económicas que les sirvan para proteger sus intereses de la recesión Coronavirus.

No es solo Chamorro

Para no cansar el cuento, que además mis conciudadanos conocen de sobra, he citado apenas el escrito engañoso de Juan Sebastián Chamorro. Pero podría uno referirse a cientos de declaraciones dadas por otras figuras que dicen representar a la oposición, y que han, por decirlo así, pronunciado discursos paralelos, a veces dentro de un mismo texto, a veces por separado: "Ortega está a la cabeza de un gobierno ilegítimo de origen, y por genocidio; es incapaz de respetar los derechos democráticos", ("¡ni perdón, ni olvido!", gritan) y, renglón seguido, "Vamos a elecciones con Ortega". Esto incluye a la otra mitad del dúo mediático que lanzó la (todavía inconclusa, esa es otra historia) Coalición Nacional, el Sr. Félix Maradiaga, parte —para ser justo— de una lista muy larga, que va desde Lesther Alemán, el estudiante que en el primer día del primer "diálogo" exigió la renuncia de Ortega, hasta grupos presuntamente "radicales" en la UNAB, pasando por los antiguos sandinistas del MRS, y por casi todo lo que ha dejado sobre la playa el reflujo de Abril.

Los riesgos del *aterrizaje suave*

Este es más o menos el panorama: hay más divorcio entre los políticos de la Coalición y el pueblo de Nicaragua del que hay entre las élites (milmillonarios y políticos) y el *sistema dictatorial.* Mientras el pueblo quiere democracia, y entiende que sin justicia es imposible alcanzarla, y que para que haya justicia hay que derrocar a la dictadura, las élites (milmillonarios y políticos) buscan tercamente un *aterrizaje suave.* De darse este, quedarían en pie todos los instrumentos de poder del FSLN, y el país podría quedar permanentemente en manos del sicariato. Eso no importa a los milmillonarios, quienes persiguen únicamente ganancias comerciales, y es un riesgo que los políticos parecen muy dispuestos a correr, quizás porque se sienten protegidos.

El ciudadano de la calle, de a pie o en carro, sabe esto muy bien, y en su sensatez, bajo una dictadura capaz de cualquier crimen, observa. El ciudadano de la calle ha sido excluido de un juego al que solo tienen acceso las dos partes del binomio FSLN-COSEP más un puñado de políticos de viejo y nuevo cuño que maniobran para posicionarse cerca del nuevo arreglo de poder de las élites. El ciudadano de la calle tiene por el momento pocas opciones: no tiene la protección de nadie, lo asesinan en el campo, en Ometepe, en los barrios; no puede movilizarse tranquilamente por la ciudad, reunirse en hoteles de lujo, pagar agencias de publicidad y contratar manejadores de opinión pública y estrategas para su 'campaña presidencial'. El ciudadano de la calle no conspira junto a los partidos zancudos, como el PLC y el CxL, para adueñarse del rol oficial de "oposición". El ciudadano de la calle no tiene asiento cerca de personajes como Carlos Pellas, Humberto Ortega, Arturo Cruz, Mario Arana, Noel Vidaurre y Alfredo César, y no puede conspirar con ellos junto al embajador de Estados Unidos y el Nuncio, ni conseguir que la maquinaria mediática de las élites dé cabida a su voz.

¿Qué puede hacer el ciudadano común?

Por todo lo anterior, quisiera someter a consideración de mis conciudadanos la siguiente reflexión: cualquiera que sea el resultado de los nuevos pactos de las élites, cualquiera que sea la forma que tome el *aterrizaje suave* —si es que lo consiguen— el ciudadano de la calle deberá (necesitará) seguir empujando, luchando contra el sistema dictatorial, exigiendo cambios reales, no cosméticos, demandando que se respeten sus derechos; *el ciudadano de la calle es el soberano, y como soberano es el actor indispensable en la fundación de una democracia.*

¿Cuáles son las metas irrenunciables?

Hace falta desmantelar el sistema dictatorial, hace falta una **Convención**

Constituyente Democrática; hace falta que esta *redacte y proponga* una nueva Constitución que disperse, que atomice, que descentralice el poder; hace falta que la nueva Constitución sea *aprobada en referendo popular*; hace falta construir desde la base el sistema judicial, desmantelar la Policía, *desmilitarizar* el Ejército (convertirlo en varias fuerzas de protección civil y defensa, sin tanques ni armamento de guerra); hace falta democratizar la economía, para que no sea más la finca de media docena de oligarcas ni la fuente del caudillismo político; hace falta **justicia para los genocidas** y sus cómplices ante un tribunal legítimo; hace falta **que las víctimas y sus familias sean resarcidas** (siempre será incompleta la compensación) usando para esto las riquezas que los culpables del crimen acumularon a través de la corrupción; y hace falta también que se haga **justicia en el caso de los políticos:** que queden los pactistas, los electoreros, los cómplices del *aterrizaje suave*, fuera de todo poder, que surja —ya ha surgido en parte, pero se encuentra reprimida, marginada, o exiliada— una nueva cosecha de líderes auténticamente democráticos. La gran mayoría de los que ya conocemos no lo es; no son confiables, ya lo han demostrado; son más bien autoritarios, sordos a la voluntad popular, demagogos, oportunistas, mentirosos, taimados, adictos al doble discurso, gente de desmedida ambición personal que actúa sin escrúpulos a espaldas del pueblo. Todo esto en la llanura. ¡Imagínenselos en el poder! Para rematar, algunos de ellos hacen recordar la anécdota que vive en la tradición oral nicaragüense, según la cual Luis Somoza Debayle habría dicho de su hermano Anastasio que "lo difícil no es que suba, lo difícil es que baje". ¿Queremos, o no, evitar que se repita esa historia?

La quema de libros, un vuelo de langostas, y otras reflexiones sobre cultura política criolla

26 de abril de 2020

Para "conciliar visiones e intereses" (frase que cito de un amigo), no hace falta parar de pensar (la única forma en que el ser humano puede dejar de cuestionar su mundo, siempre imperfecto). Que el llamado a suavizar o detener la crítica se escuche con frecuencia en círculos opositores de Nicaragua se debe en parte a que la cultura política de las élites criollas y de las pequeñas clases "medias" (que como en todas partes del mundo, las imitan) es alérgica al pensamiento analítico. Las élites nicaragüenses son visceralmente anti-modernas. Padecen una miseria intelectual que es dolorosamente evidente. Desdeñan la cultura con toda la prepotencia que les da una letal combinación de poder e ignorancia.

Los principitos intocables

Es imperioso cambiar el rumbo que ellas han marcado para nuestra cultura política. En este siglo XXI, que amanece fértil para la auto-convocación, para la autogestión, podemos hacerlo. Precisamos hacerlo. La democracia requiere buscar perennemente la verdad; solo puede subsistir en aguas que corran limpias: los charcos estancados y oscuros son paraísos de sapos de todos los colores. Por tanto, si para hacer alianzas y dirigir consensos los políticos exigen que se les trate como *principitos intocables* —eso quisieran aparentemente muchos de los "nuevos opositores"— hay que obligarlos a buscar otra ocupación. Que los *principitos* no conquisten el poder o, cuando termine el actual, estaremos en camino hacia un nuevo ciclo autoritario.

¿Cambiar las personas, o cambiar el poder?

Por eso no se trata solo de quitar a un tirano. No es solo cambiar las personas que ocupan el poder. Esto ocurrirá, naturalmente, si se atiende lo esencial: *cambiar el poder mismo. Descentralizarlo, dispersarlo, atomizarlo. Y no solo el poder de las instituciones políticas, sino el poder económico.* Es la forma y distribución del poder lo que hay que cambiar radicalmente.

¿Puede ser "excesiva" la crítica?

Me dice una amiga, lamentándose, que el proyecto democrático de don Enrique Bolaños fue víctima del exceso de la prensa, que exigía demasiado a un gobierno bien intencionado pero débil. "Criticaron sin piedad al buen presidente", me dice. Yo pienso que el problema *no fue* que criticaran a don Enrique, sino que no criticaran con igual determinación a sus adversarios. Había que hacerlo, no solo por el peligro inherente del poder, que es universal, sino porque en Nicaragua existía una deformación particular: *había dos gobiernos, pero solo se criticaba a uno, al oficial, al de don Enrique.*

"El enemigo es Ortega, unámonos todos, no seamos divisionistas"

De todos modos, la experiencia que cita mi amiga contiene una gran lección para el presente, ya que hay un coro interesado en que la crítica política se dirija exclusivamente al círculo más estrecho del orteguismo. No solo pretenden que se exima de cuestionamientos a los opositores actuales —*gravísimo error, porque ser opositor a una dictadura no hace a nadie demócrata*— también quieren que se trate con guantes de seda a gente que ha participado o participa en las estructuras de poder del Estado, como la cúpula militar. "El pueblo es injusto con el Ejército", dice Humberto Belli. "El Ejército tiene gran respeto entre los productores del Norte", dice Francisco Aguirre Solís, mientras *La Prensa* publica un suplemento especial en homenaje a las fuerzas armadas, con sendos discursos de una página cada uno firmados por el tirano y por el jefe del Ejército.

A ellos, y a todos, pregunto: ¿No estaría mejor Nicaragua si después de 1990 se hubiera hecho crítica constante, implacable e insistente a la oposición de entonces? ¿No estaría el país en otra situación si el objetivo primordial, fundamental, dominante, supremo, hubiera sido desmantelar la capacidad de intimidación del FSLN?

El vuelo de las langostas iletradas

Parte del problema, permítanme proponer, es esta: la ausencia de una visión de país, y falta de vocación democrática, entre los grupos de la élite que capturaron la Presidencia y el Congreso a partir de 1990.

Poco interés en construir la democracia demostraron. Incluso podría decirse que en cuanto a democracia demostraron ser analfabetas. Yo diría que fue (y es) tanta su ignorancia en estas artes, que no son siquiera conscientes de su ineptitud (¿una manifestación más del conocido efecto Dunning-Kruger?).

Al faltarles *conciencia*, su conducta es dictada por el *hábito*, por la maña aprendida y heredada. Por eso los noventa del siglo pasado, vistos desde el aire, muestran una nube de langostas llegando del extranjero a Nicaragua, en busca de lo suyo, a costa de lo que fuese, siguiendo los métodos de siempre, en la persecución del interés más estrecho. No regresaban como patriotas llenos de sueños, reformados por la experiencia de vivir la democracia en otros lares: regresaban los mismos, a lo mismo, y por eso estamos igual que estuvimos siempre, hundidos en el lodo del autoritarismo y la corrupción. ¿Queremos más de eso? No "dividamos", "el enemigo es Ortega", "no le hagamos el juego a la dictadura", "vamos al diálogo", "vamos a elecciones", "construyamos *acuerdos*", "negociemos con la *embajada*". Si es lo mismo de siempre, ¿puede esperarse un resultado distinto?

Aritmética del sueño democrático (y un tanque de guerra)

27 de abril de 2020

Democratizar = desarmar al Estado = *no más* Policía Nacional, sino policías municipales *independientes* del gobierno central = *desmilitarizar* y *descomercializar* el Ejército = dispersar, atomizar el poder del Ejército, transformarlo en fuerzas separadas e independientes entre sí, de Defensa Civil, de Protección de Fronteras, y de Recursos Naturales, sin tanques ni armas de guerra, sin negocios "propios", *dependientes exclusivamente del presupuesto nacional* = todas las empresas "del Ejército" deben regresar al Estado, y de ahí, si amerita y conviene, deben ser vendidas = dispersar el poder del Estado, atomizarlo, descentralizarlo=dispersar el poder *dentro* de los partidos políticos = que los partidos políticos no puedan reelegir a sus líderes, que sus líderes sean electos de acuerdo a votación bajo leyes nacionales = *disminuir el poder de los partidos* políticos a través de todos los mecanismos posibles, incluyendo la suscripción popular, la elección de candidatos por zona, *no por lista de partido* = todo para aumentar el peso, el poder y el papel del ciudadano, para que todos los centros de poder sean más débiles y dependan de la voluntad de la mayoría. *Junto a esto*, en paralelo = *democratizar la economía* = eliminar monopolios y luchar por medios legales, tributarios, crediticios, políticos, educativos, y de comercio internacional, contra la grotesca concentración de la riqueza en manos de unas cuantas familias que hace *imposible* la democracia. *Junto a esto* = hacer que la Constitución no pueda cambiarse fácilmente, que cualquier iniciativa de propuesta tenga que pasar primero, por abrumadora mayoría, en la Asamblea, luego ser aprobada en Convención Constituyente, y que NUNCA NINGUNA reforma reciba aprobación final sin un referendo con amplia participación popular y *amplia mayoría*. Junto a esto = *que la Constitución destaque los límites del poder ante el derecho del individuo, y haga de esos límites una muralla sagrada. Junto a esto* = que seamos, los ciudadanos, feroces centinelas de esa muralla = Ni perdón ni olvido; no más segundas oportunidades a políticos que deshonren sus promesas, que hablen con lengua retorcida, con doble discurso; ¡tolerancia cero para ellos! especialmente si ya estuvieron en el poder y abusaron de él —o apoyaron el abuso = *¡Justicia!*

Si esto le parece difícil, si le parece costoso, compárelo con la penuria y los costos de vivir bajo opresión, dictadura tras dictadura, sin nutrición y educación adecuadas, sin salud pública, con el escape a otras tierras convertido en la única esperanza, dejando atrás el país hermoso que entregamos al futuro transformándose en desierto y ruinas. Haga usted su propia aritmética. Empiece por recordar que la economía del país hace medio siglo estaba más o menos a la par de la costarricense, y hoy produce, año tras año, una quinta parte. Sume, calcule. Dígame que los números del sueño democrático le parecen ilusorios, utópicos, que hay que ser "realista", que no se puede, y que por tanto no se debe intentar, que no hay remedio.

Y me explica también de qué sirvió comprar este tanque de guerra, matar con él, luchar contra él, capturarlo, exhibirlo, dejarlo morir bajo el sol y el sarro. ¿Cuántas vidas costó este esperpento de lata? ¿Cuántas costó antes de disparar? ¿Cuántas en combate? ¿Cuántas desde que es *monumento*?

Un tanque —deberíamos repetírnoslo todos los días— mata, aunque no dispare.

¿Todavía no le salen los números?

La primavera del patriarca, Acto I
(Teatro: El Salvador)

29 de abril de 2020

Ojalá que el pueblo salvadoreño y sus circunstancias no permitan que Nayib Bukele llegue hasta donde tipos como él pueden llegar (un Chávez, por ejemplo, o cualquier Mussolini tropical). Que estén alertas, que no caigan embelesados ante *el poder de hombre fuerte*, por hoy una ilusión de prestidigitador, con que el aspirante a caudillo intenta hipnotizarlos. Tras fracasar su primer intento de subyugar abiertamente la institucionalidad, que relato a continuación, el nuevo profeta —porque habla directamente con Dios, lo ha dicho él mismo— vuelve a la carga. *Volver a la carga* es lo que hacen personajes como él, hasta aplastar o ser aplastados. Con ellos no hay empate.

Permítanme entonces, en pocos brochazos, describir la invasión al Congreso democráticamente electo que el flamante *presidente milenial* puso en escena, para que no quepa duda de que estamos ante un sujeto peligroso.

Insatisfecho con la actuación de los diputados, la mayoría de los cuales son obedientes a Arena, la vieja derecha de los asesinos de Monseñor Romero, y al FMLN, la vieja izquierda de los asesinos del poeta Roque Dalton (y su antiguo partido), Bukele decidió encargarse del asunto *a su manera.* Entró, muy *cool* y muy *hands on,* cosmopolita tirano fuera él, al edificio parlamentario, en su mejor *jefe de maras look*, al mando de una tropa de policías y soldados armados. Se sentó en la silla del Presidente del Congreso y 'ordenó' que se abriera la sesión. Orden dada, pero impracticable, ya que la mayoría de los diputados estaban, según los despachos noticiosos, ausentes. ¿Qué hizo el *héroe de la película* ante el nuevo imprevisto? Dobló su apuesta, y su ridículo, alegando, tras una oración, que Dios ahora le pedía abandonar el edificio. Iluminado, salió a la calle, saludó a sus seguidores, y de paso —como habría hecho cualquier buen cristiano— llamó a una *insurrección popular*. Pero una función gloriosa merece un epílogo, y de funciones Bukele es *connoisseur*, a pesar de ser graduado reciente en las artes populistas. Fue así como, aunque parezca inverosímil —a los cuerdos, digo, a los cuerdos— ese fin de semana la Presidencia salvadoreña, o sea, el mismo Bukele, pidió calma al pueblo ante "la demanda de insurrección".

Regresemos ahora a la *vuelta a la carga* del *enfant terrible.* Para conveniencia de Bukele y desgracia de los salvadoreños —incluso de aquellos que creen haber visto a su mesías— hay toda una enciclopedia sobre cómo destruir la democracia desde dentro, e incluye volúmenes firmados por autores de triste fama: Chávez bajo la C; Mussolini en la M; Ortega en la O. Todos ellos construyeron un enorme poder personal demoliendo instituciones que estorbaban su camino ("la letra con sangre entra", parecen decir sus partidarios).

¿Cómo lo lograron? Nadie gobierna sin consentimiento social. Acabado el consentimiento, el tictac del final empieza. Los políticos autoritarios buscan crear ese *consentimiento* erigiéndose en salvadores de la nación, o de sus mayorías, ante enemigos internos o externos, reales o imaginarios. Los aspirantes a tiranos necesitan que gran proporción de la ciudadanía se sienta vulnerable a peligros que la institucionalidad democrática no logra controlar; que sienta que esta es incapaz de proteger su seguridad física, política, o económica. *Necesitan, en otras palabras, que fracase la democracia,* que la gente pierda fe en la habilidad de procedimientos colectivos cuyo alcance constriñen derechos individuales, ¡esos incómodos derechos humanos *de los otros*! Cuando esto ocurre, entra en acción el *salvador*, presta su voz y su puño a los airados indefensos, exalta la maldad de la amenaza, demoniza a sus adversarios, ridiculiza los métodos democráticos, se pone en el centro de la escena y grita, como Donald Trump, "*I, alone, can fix it*" ("soy el único que puede, yo solo, reparar esto.")

Y en estas anda nuestro *enfant terrible*. Ha identificado la amenaza que sufren sus conciudadanos, la zozobra ante el desenfreno de las pandillas, o *maras*. No necesita esforzarse mucho en exaltar el peligro: la persistencia del mal, y su crueldad, son reales. Ha identificado un punto débil en la inmunología de la institucionalidad: el desprestigio de los partidos dominantes. Pero en lugar de promover reformas democráticas y modernizar, haciendo más efectiva su acción, el trabajo de protección del Estado, y en lugar de indagar y resolver las causas que hacen de las maras un problema crónico, aprovecha el infortunio de su pueblo para intentar convertirse en caudillo. Usa lenguaje engañoso, que aparenta defender el innegable derecho a la defensa propia de ciudadanos y policías, pero el grito que sus seguidores escuchan es el grito de *¡muerte!* Y como en todos estos casos, en todas estas historias que, trágicamente, se repiten, los partidarios corean *¡muerte!*, en el entendido de que se trata siempre de *otros*, de que Bukele los protege como padre protector frente a individuos que por su maldad no *merecen* derechos humanos. De esta forma el aspirante a tirano se abre espacio en la psique de las masas para constituirse en *padre*; un *padre autoritario*, quizás, pero que *resuelve* la situación: hace correr puntualmente los trenes en Italia, distribuye comida y vacunas en Venezuela, tejas de zinc y cerditos en Nicaragua, y cadáveres de supuestos maleantes en El Salvador. Ese es el primer acto de la tragedia, y quizás el único que contiene particularidades. El resto es el mismo en todos los teatros.

Dos editoriales infames (dictadura, gran capital, y los esperadores)

30 de abril de 2020

En un foro de redes, un respetado economista ha comentado que la oposición nicaragüense, junto a sus aliados internacionales, debería dar un plazo perentorio de tres meses a la dictadura para establecer condiciones en las cuales pueda darse una elección democrática. De lo contrario, se estaría marchando hacia un proceso fraudulento e inútil, porque el pueblo se abstendría de participar. No tendría sentido, desde su punto de vista, seguir esperando.

Si algún problema tengo con este argumento, es que de entrada considero imposible que los tiranos den un viraje radical y permitan elecciones libres, reconozcan los resultados, y den paso a los procesos judiciales que inevitablemente enfrentarían. Pero como un desafío a la seriedad de los políticos y un llamado a despejar cualquier remanente de duda acerca de la voluntad del régimen, no tengo nada que objetar a la propuesta del Dr. Medal: que demuestren, los participantes en esta danza macabra de dos años, que no se trata nada más de tácticas dilatorias que solo consiguen alargar el sufrimiento del pueblo y causar desesperanza.

¿Por qué no lo hacen?

Mi hipótesis, y la de cada vez más ciudadanos democráticos, es que la dictadura es mucho más que una pareja de psicópatas encerrada en su *ciudad prohibida* de El Carmen. Enfrentamos todo un sistema, que incluye a los milmillonarios que antes del 18 de abril de 2019 sonreían en la foto con Ortega, pero ahora conversan con él en privado lo que sus agentes en la Alianza Cívica y la fantasmagórica Coalición Nacional balbucean en un acto barato de ventriloquía. A este acto se han plegado los *esperadores*, políticos que quizás no gozan de un afecto de primera marca entre los potentados, pero tampoco están dispuestos a enfrentarlos, ni a luchar por el derrocamiento de la dictadura; han decidido esperar a que caiga de pudrición, y atrapar al vuelo, la fruta del poder; o, si se quiere una imagen menos vegetal, abalanzarse, como los niños hacen, sobre los dulces que caen de una piñata que otro quebró.

La dictadura, los conspiradores del gran capital, y los *esperadores* de la oposición, son culpables de que el sufrimiento de las grandes mayorías se extienda en el tiempo. Y quienes se dicen opositores y aceptan participar en este juego merecen la condena de la ciudadanía, hoy moral, mañana política: que no logren su cometido, que no alcancen los cargos y prebendas por los que sacrifican el bienestar del pueblo.

En el fondo, el trío *dictadura-conspiradores-esperadores* representa colectivamente los intereses de élites distantes de la mayoría de los nicaragüenses; élites que juegan sus juegos a espaldas del pueblo, que desconfían del pueblo, y hasta le temen. Sus razones tendrán, digo yo, para temerle. Pero es muy claro que tienen algunas metas en común. En particular, todos han trabajado casi desde el inicio de la crisis, hace dos años, para que el sistema político *aterrice suavemente.*

Dos editoriales infames

Con la torpeza prepotente que es habitual en ellos, y que es solo menor que su alevosía, el *trío* nos da evidencia tras evidencia de sus intenciones. La más reciente es la publicación simultánea, *por casualidad,* en la misma fecha, en *La Prensa* y *Confidencial,* de dos editoriales que —aparentemente alarmados ante las exigencias de la población— llaman a los nicaragüenses a seguir… esperando.

Ambos son a cual más insultantes escupitajos en la cara de los nicaragüenses democráticos, sal en la profunda herida del pueblo, y una grosera e inhumana expresión de desprecio hacia las víctimas y sus familias.

El de *La Prensa* —que dicho sea de paso avergonzaría moral y literariamente a Pedro Joaquín Chamorro y Pablo Antonio Cuadra— es particularmente agresivo. "*Algunos opositores sostienen que no se puede ni se debe hablar de elecciones mientras Daniel Ortega y Rosario Murillo permanezcan en el poder*", inicia. "*Se trata de personas radicales…*", prosigue, en tono desesperado, atropellando la lógica, la historia y la sintaxis, para concluir (yo diría que, prácticamente *confesar*) que hay que ir a elecciones con Ortega, ya que "*ningún gobierno cae si no se le hace caer*". Esto, en la mejor traducción que conozco, está a milímetros de "*mirá, no lo vamos a sacar, mejor entendámonos con él*".

En el mismo espíritu, y debe ser un *espíritu* el que crea estas *casualidades* transoceánicas, el conocido político español Ramón Jáuregui nos envía desde la distancia la *hoja de ruta* de un *pacto.* Que don Ramón use esta palabra, en público y sin pudor, ante nicaragüenses, da una idea de cuán poco entiende el país. Pero el resto de su muy autoritativo texto merece, en algunos puntos claves, traducirse del fariseo al castellano. Que el Sr. Jáuregui sea vasco y yo nicaragüense no quiere decir que no tengamos una lengua en común.

Lo primero que llama la atención —y enciende la indignación— es que salga otra vez con el cuento de que somos como una familia dividida, en la que ambas partes son "legítimas". "*Dos Nicaraguas viven juntas*", dice don Ramón, "*Un gobierno legítimo…*" …De ahí en adelante, por más críticas que haga al régimen, al que sin embargo llama "*heredero de una revolución heroica…que sostiene un aparato partidario…muy extendido en el territorio*", el punto de partida lo ha contaminado todo. No se le hubiera ocurrido, al político del PSOE,[67] exaltar la legitimidad de Franco, por ejemplo. Pero nosotros, en la lejanas Indias, no merecemos tales consideraciones.

Y lo que viene después es peor, y es ahí donde dictadura, conspiradores y esperadores coinciden:

"Las elecciones deben celebrarse en 2021, en la fecha prevista para el fin del mandato presidencial actual."

Traducción: ¿Cuál es la prisa?

"Cese absoluto de la represión, acompañado de un compromiso de paz ciudadana. La paz social y económica del país no debe ser puesta en cuestión por nadie. La oposición debe reiterar su apuesta pacífica por la democracia."

Traducción: Que la dictadura diga que permite las protestas, a cambio de que la oposición las impida. Que los políticos le digan a la gente: "no protestemos, mejor esperamos al día de la votación".

"Memoria y justicia sin revanchas. Pasadas las elecciones, el Parlamento debería crear una comisión de investigación sobre lo ocurrido en el país a partir de abril de 2018 bajo la premisa de una memoria reconciliada y no repetición, otorgando justicia reparadora a todas las víctimas. Memoria y justicia sin revanchas."

Traducción: "Justicia sin revanchas" quiere decir "justicia sin sentencias, nadie puede ir a la cárcel, ya pasó todo"; "memoria reconciliada y no repetición", es "hagan las paces con los asesinos, pero escriban un reporte y prometan que no vuelve a pasar"; "otorgando justicia reparadora" es "denle algo a las familias para que puedan pasar la página; algo, una casita, una pensión".

Todo esto es de una bajeza moral y un cinismo tan extremo, que lo menos que podría esperarse de quienes conservan alguna decencia y algún pudor, o como decían antaño los mayores, *temor de Dios*, es que lo rechazaran, lo denunciaran, y buscaran como hacerlo imposible.

Tienen la palabra, políticos opositores. El pueblo los observa. Escojan: o participan en un pacto que es compraventa de esclavos, o se ponen del lado de la lucha democrática.

67 Partido Socialista Obrero Español, en el poder durante este período.

Carta a una escritora española (sobre la historia de nuestros males, y sobre ser 'disidente' del feudalismo en pleno siglo XXI)

8 de mayo de 2020

La periodista y escritora María Teresa Bravo Bañón comenta, un poco perpleja, sobre el revuelo que ha causado en Nicaragua el artículo de su compatriota, el exparlamentario Ramón Jáuregui, que el diario *La Prensa* ha invocado como "hoja de ruta" y que por venir —dice el editorial del periódico en mención— de "observadores extranjeros", contiene más "lucidez y realismo" del que cualquier nicaragüense (cuya opinión sea contraria, claro) pueda amasar. Nada me sorprende, más bien me parece razonable, la perplejidad de la Sra. Bravo Bañón, porque desconectadas de la Historia no tienen sentido, al menos no el sentido 'democrático' que aducen, las palabras de *La Prensa*; son palabras verdaderamente abyectas, llagas que hay que supurar, huellas que dejan en la carne las cadenas herrumbrosas del atraso. Por eso decidí escribirle a nuestra amiga esta breve nota, que presento a ustedes también, porque urge que meditemos sobre este asunto:

"Querida Mayté,

todo esto tiene que ver con la historia de la oligarquía nicaragüense, historia de fracaso nacional, dependencia del exterior, y de acumulación grotesca de poder económico, con disputas periódicas entre facciones que han impuesto la guerra al país cada cierto tiempo, y han permitido a grupos nuevos meterse por las fisuras del sistema, enriquecerse desde el poder político, para después integrarse a la oligarquía a través de enlaces comerciales, matrimonios, alianzas, y otras prácticas de las noblezas medievales. Por algo son aproximadamente 6 o 7 grupos familiares los que tienen una riqueza acumulada equivalente a cerca de dos tercios del producto interno bruto, una proporción insólita. Este dominio sin competencia les ha hecho también mediocres, y ha embrutecido políticamente a la sociedad; y por eso hoy, que muchos jóvenes están más conectados al mundo exterior, y ven que hay otras alternativas para la inevitable convivencia social, los aplastan por un lado, los silencian por otro, y empujan la ola del sueño democrático hacia atrás, desatando sus jaurías represivas y mediáticas contra los "disidentes".

¡Imaginate vos, qué trágico!: que pasadas ya dos décadas del siglo XXI tenga que llamarse "disidentes" a quienes proponen ideas *ya universales* —incorporadas, de hecho, a la legalidad internacional moderna— de la Revolución Francesa de hace 240 años (1789), y de la Constitución de Estados Unidos (1787), y que ya para entonces habían circulado durante al menos un siglo, desde los liberales ingleses hasta los enciclopedistas franceses. A nosotros nos quedó como una lápida la Contrarreforma, el despotismo peninsular, y la herencia de burócratas coloniales tardíos (familias llegadas a Nicaragua en los aproximadamente 50 años que precedieron a la independencia de Centroamérica) que aprovecharon el rompimiento formal con España, no para fluir sobre corrientes liberales —que fueron suprimidas y no han logrado levantar cabeza— sino para avanzar en un mayor despojo material contra la gran masa mestiza y pobre y establecer un **permanente despojo político.** A esto, y no solamente al dictador de turno, nos enfrentamos. El único consuelo es que al menos podemos decir —confieso que con algo de vergüenza— que ya empezamos a encarar el problema. He dicho muchas veces que apenas luchamos por iniciar nuestra propia Revolución Francesa.

Todavía somos *disidentes.*

Brenes, Estado Laico y el aplastamiento de la Rebelión de Abril

14 de mayo de 2020

"Los estudiantes exigen fin de asesinatos y represión para poder dialogar. Esa condición ya fue presentada al gobierno, que aún no cumple. Sin los estudiantes, no hay diálogo." Esto escribí el 14 de mayo de 2018, y hoy 14 de mayo de 2020 una reflexión post-mortem se me hace imperativa. Sigue aquí, muy brevemente.

Hicieron caso omiso a la demanda de los estudiantes. Prácticamente horas después el cardenal Brenes convocaba a todos a sentarse a "dialogar". Salvaba, de esa manera, a la dictadura. Esto tampoco hay que olvidarlo.

Confieso que no estoy al tanto de los detalles de la dinámica que hizo posible que Brenes pudiera hacer el llamado público en representación de la Iglesia Católica. Quizás me engañe al mencionar únicamente el nombre del Cardenal. Quizás injustamente juzgue, no la responsabilidad de este —puesta en claro, en mi opinión, desde aquel momento y en su posterior conducta— sino la inocencia de otros miembros de la Conferencia Episcopal. Prefiero arriesgarme a cometer la posible injusticia de eximirlos, una falta que —siento— sería más venial que culparlos sin tener suficiente evidencia, aunque fuesen culpables.

Pero, por interés humano, ciudadano y democrático, extraigo de aquel momento esta lección: no puede haber democracia cuando hay que depender de personajes no electos para la resolución de amplios y profundos conflictos sociales. Dejo para otro escrito, habida cuenta de que es el vaciamiento de la institucionalidad lo que llevó a la crisis nicaragüense, reflexionar sobre maneras de legitimar la representación —y ampliarla— cuando se intenta salir de lo profundo del hoyo de la opresión. Por hoy, deseo hacer énfasis en que el problema (para la democracia, y para la democratización) se vuelve más grave aún si la supuesta legitimidad de los no-electos se deriva de un cargo de liderazgo en una iglesia, a la que los ciudadanos pueden pertenecer o no, de la que los ciudadanos pueden gustar o no, por ser la fe un asunto de conciencia íntima, y que para rematar —esto, hemos comprobado, y por esto hemos pagado con sangre y sufrimiento— debe lealtad y obediencia a intereses foráneos, externos a la sociedad. Puesto a escoger, hasta el más cívico de nuestros sacerdotes se ve obligado a seguir las directrices del Vaticano, antes que los deseos del pueblo nicaragüense. Y como bien se ha visto en esta crisis, no podemos asumir que haya confluencia entre ambos. Por eso, lo del "Estado Laico" no es un lujo, ni un capricho ideológico: es una necesidad. Con todo el dolor y la vergüenza que siento al tener que defender esta postura, defenderla siglos después de que las sociedades democráticas del planeta la adoptaran, no queda remedio, hay que tomar el toro por los cuernos y decir la verdad que tiene que ser dicha, si es que vamos a salir de la barbarie.

Demás está decir que los propios religiosos deberían, por fidelidad a sus votos, ser apasionados defensores de esta separación entre poder político y vida espiritual, dado el poder corrosivo de aquél sobre esta, del cual tenemos, lamentablemente, no solo ejemplos ajenos en la distante historia universal, sino abundante prueba en la de nuestro joven país. A mi manera de ver, criado como he sido, en ambiente y escuelas católicas, la fidelidad auténtica y profunda, por ejemplo, al evangelio, requeriría una crítica frontal al poder, y a la mentira que engrandece a este hasta la monstruosidad. Verdad y poder compiten por espacio en la conciencia. Es una escisión lacerante en el corazón humano, con la que todos en un momento u otro debemos contender. He aquí una batalla en la que la espiritualidad de quien humildemente —o sea, inteligentemente— busca la Verdad (no la de quien se ve a sí mismo como privilegiado receptor de una revelación inamovible que a otros discrimina) puede ayudar a que la sociedad se robustezca moralmente y deje atrás lo que un filósofo político inglés asoció con el caos de la desintegración social, la vida "repugnante, brutal, y corta" que aguarda a los pueblos incapaces de un contrato social legítimo.

Por todo esto, tanto los ciudadanos laicos como los seglares necesitamos de la verdad. Todos debemos buscarla. Por eso es por lo que hay que examinar la historia, escarbar, y expurgar la mentira. Este es un reto, repito, para todos. No se puede construir el mundo de paz y justicia que queremos sin transparencia, sin verdad. Y en tiempos como los que transcurren, hay que examinarlo todo con especial rigor, sin quedarse en el umbral porque en la puerta esté el poder, el dinero, un uniforme militar, un hábito religioso, o sencillamente nuestra propia imagen reflejada en un espejo ensangrentado.

Pestes del siglo XXI (fanatismo, el regreso del 'hombre fuerte' y los derechos humanos)

19 de mayo de 2020

Es prácticamente imposible persuadir con lógica e información a partidarios de movimientos que se nutren de un odio visceral a la inteligencia y marchan gritando las consignas que les da un caudillo. Su falta de autonomía intelectual es tal que apenas pronunciada la consigna la siguen, hasta el despeñadero si es preciso; parecen desconocer la lógica como el más extranjero de los lenguajes; la información, para ellos, es un libreto, el guion que su líder les hace representar. Con especial acritud atacan a quienes simbolizan ciencia y razón para el resto de la sociedad. Lo hacen porque el suyo es un odio nacido del miedo: la ciencia y la razón son las hojas de una tijera libertaria, capaz de cortar el mecate que amarra la voluntad del seguidor al designio del caudillo, y crea para aquel una servidumbre abrigadora que le da certeza, fuerza a través de la multitud, una explicación universal para todos sus males, y una solución sin baches a los retos arduos de la vida.

En Estados Unidos se atraviesa un momento así. ¿A quién se le iba a ocurrir que, de repente, el Dr. Anthony Fauci[68] sería el *diablo* en todas las conspiraciones absurdas que imaginan los extremistas estadounidenses? ¿Quién hubiera imaginado que una palabra del Presidente de Estados Unidos bastaría para que sus seguidores empezaran a coro a recitar exorcismos contra el famoso epidemiólogo? Esto, después de cerca de 40 años de ejercer sus funciones, bajo gobiernos tanto Demócratas como Republicanos, durante los cuales mantuvo —como buen médico— fuera de vista y conversación sus preferencias partidarias.

¿A quién, en sus cabales, podría ocurrírsele que Bill Gates, el inventor convertido en filántropo, y que junto a un puñado de genios hizo posible la revolución tecnológica de los últimos cincuenta años, se convirtiera de la noche a la mañana en un personaje siniestro, un mefistófeles, un leviatán al que hay que atajar antes de que nos encierre a todos en una prisión totalitaria mundial, tras imponernos su vacuna-veneno y ensartarnos en la mollera un chip a tra-

68 Epidemiólogo estadounidense, director del National Institute of Allergy and Infectious Diseases (NIAID), y en esa capacidad, máximo responsable de las políticas de combate al Covid desde que el virus apareció en Estados Unidos, bajo la administración del presidente Trump. Este convirtió al Dr. Fauci en blanco de las acusaciones de sus seguidores, que negaban, primero la existencia de la pandemia, luego la gravedad de sus implicaciones, y argüían que las medidas sugeridas por el Dr. Fauci y la comunidad científica eran parte de una conspiración mundial para controlar a las poblaciones de Estados Unidos y otros países, en la lucha por construir un "nuevo orden mundial".

vés del cual nos controlaría el perverso (y todavía clandestino) "Nuevo Orden Mundial"?

Probablemente se escuchen 'teorías' más congruentes con la realidad en un manicomio. ¿Y qué defensa proponen ante tan vasta conspiración? Pues, por supuesto, seguir a su caudillo, al hombre fuerte que *Dios nos ha enviado* [no les miento, lo dicen, no exagero] para impedir la vacuna y el chip. Urge hacerlo, exclaman, porque los invasores ya están aquí, agazapados en el "Estado Profundo". Por si no están al tanto, el 'concepto' de *Estado Profundo* se refiere a funcionarios del servicio civil que 'habitan' profesionalmente "las profundidades" del gobierno. Hagan, por favor, el esfuerzo de imaginarse, *en lo profundo de sus cubículos*, a miles de contadores, auditores, economistas y abogados limpiando y ordenando los chips de Bill Gates.

Esta es la oscuridad de nuestros tiempos, más nefasta que la peste, potencialmente más asesina, posiblemente más difícil de parar. Es la ignorancia, el hongo oscuro del fascismo que crece sobre la bosta, el odio a la inteligencia, a la libertad, y la fascinación por el padre autoritario, el hombre fuerte que arrastra a sus seguidores a capricho.

A mí me provoca terror el fenómeno en ciernes, que crece igual pero distinto en diferentes partes y diferentes eras, y ya se ha visto que puede acabar en orgías de sangre. Puede resumirse así: hombres moralmente pequeños e intelectualmente insignificantes descubren una ruta hacia el miedo y el resentimiento en el corazón de ciertas masas y lo explotan hasta que el resto de la sociedad, por lo general tardíamente y tras dolor extremo, enfrenta el problema como lo que es, como una lucha por la supervivencia. El apellido del hombrecito puede ser Ortega, Bolsonaro, Maduro, Bukele, Trump, o tratarse —como en Cuba— de un fantoche tan insignificante que cueste encontrar su nombre en la memoria. Pero da igual. Todos estos sujetos son enormemente dañinos. Llegan hasta donde la sociedad les permite, cruzan las defensas que pueden arrollar; aplastan a quienes pueden, como pueden; hacen retroceder el progreso material o lo emplean contra la vida; nos hacen pagar caro el pecado de abandonar a las primeras víctimas, las del famoso sermón del pastor luterano Martin Niemöller que dejo aquí en *arreglo* de Bertold Brecht:

«Primero se llevaron a los judíos,

pero como yo no era judío, no me importó.

Después se llevaron a los comunistas,

pero como yo no era comunista, tampoco me importó.

Luego se llevaron a los obreros,

pero como yo no era obrero, tampoco me importó.

Mas tarde se llevaron a los intelectuales,

pero como yo no era intelectual, tampoco me importó.

Después siguieron con los curas,

pero como yo no era cura, tampoco me importó.

Ahora vienen por mí, pero es demasiado tarde.»

Por eso, aunque no creo poder convencer a quienes ya han caído en las garras de la peste, no puedo *—no podemos—* dejar de alertar, de prepararnos y denunciar a quienes esparcen la enfermedad para su conveniencia. Sobre todo, es esencial que evitemos caer bajo el embrujo de nuestro propio falso profeta, de uno que nos protegería del *otro profeta, el de ellos*. Y no hay que hacer excepciones por presunta conveniencia táctica, o falsa 'filosofía política': los derechos humanos no son un *ideal*, una meta del "después", en una isla imaginaria llamada Utopía.

Demasiadas veces he oído decir, a gente que se dice enemiga de alguna dictadura, que defender los derechos humanos "no es realista", que "en teoría están bien, pero la práctica es otra cosa". Demasiadas veces. Porque los derechos humanos no son una aspiración inalcanzable, sino una necesidad intrínseca de la existencia para cada ser humano de carne y hueso. No pueden darse, ni expropiarse, ni renunciarse. No pueden negarse sin negar la condición humana del individuo. Dejarlos "para después", porque la amenaza de hoy "es otra" es además condenarnos a estar, tarde o temprano, atados al capricho del hombre fuerte que iba a ser nuestro salvador.

¿Otra vez, el canto de sirenas del Diálogo? (esta vez, caer en la trampa es inexcusable)

25 de mayo de 2020

¿Cómo se salvó la dictadura orteguista en abril de 2018? Consiguió al interior de la Conferencia Episcopal de la Iglesia Católica palancas suficientes para echar a andar el motor del Diálogo Nacional I. En ese momento, todas las instituciones represivas del régimen habían sido inesperadamente rebasadas por la protesta popular. Se desquebrajaba el aparato del Estado Fascista que había erigido la *famiglia* FSLN en alianza con el Gran Capital, y —no olvidemos— con una parte de la jerarquía católica anteriormente bajo la sombra del cardenal Obando y Bravo.

Para que el llamado de la Conferencia Episcopal surtiera efecto, la Iglesia tuvo que recurrir a su autoridad espiritual, llenando el proceso político de símbolos religiosos y ceremonia. De esta manera, los fieles, y muchas personas que podrían en justicia definirse simplemente como *de buena voluntad*, se convencieron a sí mismos de que similar voluntad sería impuesta al resto de los nicaragüenses por la fuerza del espíritu benevolente que imbuía a los obispos.

Y así marcharon todos, marchó el país, al matadero de junio y julio de 2018.

¿Qué pasa hoy?

La dictadura se desliza hacia un rincón cada vez más apretado y estrecho. Políticamente agotada, fiscalmente sostenida por un hilo que por otro lado hiere, desangra a la población a través de altos precios de servicios públicos mientras la economía, que ya había colapsado, pareciera haber encontrado un fondo de arenas movedizas donde se sigue hundiendo sin esperanzas: el país está efectivamente —físicamente— bloqueado; las noticias internacionales ya registran, en medio de la multitud de noticias insólitas de nuestros días, el grotesco espectáculo de un gobierno que parece empeñado en enviar a sus partidarios como un rebaño sumiso a inmolarse, y al resto de la sociedad a buscar protección como sea y por su cuenta.

Un anciano confuso y media docena de solitarios

Nunca ha sido el régimen más débil desde el punto político. Nunca ha estado su discurso ideológico en contradicción más aparente con la realidad. Nunca ha sido esta contradicción más cercana a las casas y hogares de los partidarios sandinistas. Las muertes de la pandemia son mensajeras brutales.

Nada ilustra mejor la acelerada decadencia del régimen, su caída en senilidad y anacronismo, que las recientes apariciones públicas de un Ortega confuso, pálido, tieso en el paso y balbuceante en su habitual, arrastrada incoherencia. Nada ilustra mejor el vacío de sucesión dinástica que el espectáculo de Juan Carlos Ortega leyendo un discurso en tono tan heroico que se disuelve en tragicomedia por inverosímil, por ser los mensajeros apenas media docena de jóvenes parientes y amigos que si algo mostraban era una perturbadora soledad.

Media docena de jóvenes en la casa vacía del padre de Sandino, leyendo y releyendo un texto escrito —quién puede dudarlo—por la nefasta Rosario Murillo. Repito: *media docena*. Porque el *chigüín*[69] se encargó de filmar y transmitir por las redes sociales la lectura del discurso en voz e imagen de sus compañeros. Este gesto, en sí, pone una lupa gigante sobre la debilidad del reinado orteguista: si el mensaje estuviera vivo, si el caudillo conservara su vigor, el caudillo leería el mensaje y lo aplaudiría una masa. Pero esos tiempos ya no están. Ahora el niño Ortega (y uno ve la sombra de su madre como titiritera compulsiva) tiene que entrar en las calles desiertas de Niquinohomo para que media docena de jóvenes lean, uno tras otro, como un credo, o como una confesión estalinista, el mismo texto. Buscando un paralelo en la intención, uno se topa muy fácilmente con el mafioso que precisa, en su inseguridad paranoica, comprobar y asegurar la fidelidad de posibles traidores, entregándoles la pistola para que maten en su presencia a un policía secuestrado.

La dictadura del gran capital y sus políticos

Esto es lo que queda del glorioso régimen revolucionario, cristiano, socialista y solidario. Esto es lo que queda del FSLN. Esto, y una minoría confusa, que sufre los embates de la pandemia por obra y gracia de sus líderes, más —probablemente— unos cuantos centenares de pistoleros, violentos que en cualquier sociedad organizada son más el objeto de la acción policial que actores en la política. Esto es todo. No hay más. El régimen es un cascarón. Y si aún se sostiene, es porque otros poderes reales, particularmente el poder fundamental, el de los grandes capitales, teme que, al deshacerse el espejismo, la sociedad pase de la estupefacción al reclamo de Estado de Derecho, y empiece la verdadera Justicia a hacer sus cuentas. Por eso no es una exageración —y si lo es, lo es poco— afirmar que la dictadura de Nicaragua actualmente es menos la dictadura de Ortega y Murillo y del FSLN que la dictadura del gran capital y de los políticos subordinados a este. Subordinados, ya sea por acción, ya sea por oportunista omisión. Subordinados. Si les llaman, dentro y fuera del país, *oposición funcional*, es justamente porque de esto sirven a la dictadura de cuya estructura forman parte.

69 "Niño", "chavalo", se usa en Nicaragua, desde la dinastía de los Somoza, como equivalente al "delfín" de las antiguas coronas francesas, el heredero del trono.

El mensaje de la Conferencia Episcopal: ¿otra vez pide "diálogo" Ortega?

Todo esto para volver a preguntarse "¿qué pasa hoy?", a sabiendas del estado de descomposición terminal de la dictadura y a sabiendas de cómo se salvó la dictadura en 2018. La pregunta es motivada por estas tres líneas, insertadas con cierta timidez en medio de una carta de tres páginas y media de la Conferencia Episcopal de Nicaragua, con fecha 24 de mayo de 2020: "*Exhortamos a los gobernantes y a todos los sectores del país a abrirse a las alianzas y consensos para buscar y encontrar alternativas y soluciones conjuntas que nos eviten una mayor catástrofe humana*".

Dada la opacidad que, naturalmente, cubre los procesos deliberativos de dicha institución, y en vista de las circunstancias conocidas, uno tiene que preguntarse si la exhortación es *ritual de esperanza* —como corresponde a la dimensión espiritual de la Iglesia— o si fue plantada ahí como un clasificado discreto, para que de él se sirvan quienes insisten, contra la voluntad mayoritaria, en buscar un pacto con el régimen, bajo la cubierta de elecciones. Uno, un ciudadano seglar, no puede estar seguro de estas cosas, pero es buena práctica asumir que, si está en el comunicado, llegó ahí de la mano de alguien; y ya sabemos que hay en la Iglesia quienes en el pasado han favorecido arreglos con Ortega. Alerta.

Alerta, porque no es imposible que el llamado venga del mismo régimen, siguiendo la misma estrategia del 2018, y por razones similares: está arrinconado, y sus aliados en el gran capital han perdido, con las sanciones al jefe del Ejército, una parte importante de su argumento de "estabilidad". Si Estados Unidos, de cuyo gobierno hablan casi como si tuviese potestad de enderezar nuestros entuertos, y a cuyo temor de "inestabilidad" y exigencia de "elecciones" atribuyen la necesidad inescapable —según ellos— de ir "contra" Ortega por la "vía electoral", está dispuesto a arriesgarse y condenar a la institución pilar de la "seguridad", y de la "estabilidad", ¿qué pueden ahora hacer para defender su "aterrizaje suave"? A los políticos de la oposición funcional no les incomoda, para nada, aprovechar con cinismo el sufrimiento de la pandemia para adoptar la pose "humanitaria", y defender su propuesta como una propuesta de "salvar vidas".

Como si la principal amenaza a la vida no fuera la misma dictadura, con la complicidad de los poderes fácticos a los que los políticos electoreros sirven. La primera vez, pudo aducirse inexperiencia, inocencia o ignorancia, para dejarse llevar por las maniobras de estas élites. La próxima vez no habrá culpables inocentes.

El asesinato de George Floyd
(algunas reflexiones sobre el racismo en la cultura mestiza)

1 de junio de 2020

Acabo de ver una frase de esas que revelan más de lo que dicen, que vienen del subconsciente de una cultura, y que se escapan como un lapsus linguae, un desliz freudiano.

En este caso, la cultura es la nuestra, la cultura de millones de mestizos triples: europeos-indios-negros. Una cultura atormentadamente racista. Tanto, que niega el tercer elemento del mestizaje, borrándolo explícitamente de la identidad, y se avergüenza del segundo, usándolo como insulto; lo trata además de una manera torpemente incongruente, cuando no hipócrita: en tiempos de rebelión habla del indio valiente, y *viva Monimbó* y su coraje, y otras melosidades conmovedoras. Pero en los distintos ámbitos de la vida cotidiana, mientras más *monimboseño* luce el ser humano, menos respeto infunde. A tal punto que la sociedad entera —que, desde fuera, al ojo de un observador despegado del prejuicio nativo, luce hermosamente mestiza, con múltiples acentos, pero muy india y muy 'mulata'— padece una carencia de autoestima que la afea y la derrota. Es notoria la facilidad, por ejemplo, con la que el compatriota se esconde tras acentos foráneos y da la espalda a sus raíces. Es también notorio--no creo que esta afirmación sea discutible, aunque algunos quieran fingir sorpresa o enojo-- cómo se asocia la apariencia europea con la respetabilidad, con la belleza, y hasta con la bondad, por ser muy humana la asociación de esta con la anterior.

De todo esto hay que hablar, porque es parte del problema nacional: sin autoestima no puede haber progreso, ni puede haber autogobierno efectivo, ni democracia. Sin autoestima siempre se anda en busca del favor extranjero, de la solución que nos traiga el gringo o el europeo. ¿No es esto lo que hemos vivido desde que —en 1838, no en 1821 como por error creen muchos— se declaró independiente Nicaragua? ¿No es esto lo que todavía vivimos?

De esto hay que hablar, y mucho.

Que nos sirva de arranque la frase a que he venido aludiendo, y que a continuación transcribo y comento. Tiene que ver con el asesinato del Sr. George Floyd en Estados Unidos a manos de un policía que lo torturó a la vista de todos por más de 8 minutos, hasta dejarlo muerto en la calle, frente a la cámara de una joven ciudadana que rescató la fatídica escena para juicio e indignación de la gente de buena voluntad del país y del mundo.

Aquí la frase, que yo encuentro aterradora: "*algo tuvo que haber hecho la víctima para que él lo detuviera (y) también se destruyó la vida de ese oficial*". Quiero advertir que no conozco personalmente a la persona que escribió estas palabras; de hecho, no sé absolutamente nada de ella, pero veo su foto y es innegable que en sus rasgos viven la América indígena y África, y sabrá Dios qué otro continente. Sin embargo, es difícil juntar más racismo eurocéntrico del que la frase resume densamente, elocuentemente. Es un lapsus freudiano, una ventana que la tempestad social abre de golpe, por un instante, y deja ver el fondo de nuestra psiquis colectiva.

"Algo tuvo que haber hecho la víctima" claramente implica que el Sr. Floyd tiene, aunque sea 'en última instancia' culpa de lo que le pasó. De entrada, da el beneficio de la duda al asesino de uniforme. El *negro* —parece asumir, sin denotar más información sobre este ser humano que la clasificación étnic— *debe haber cometido algún crimen; de lo contrario, no hubiera ocurrido su muerte.* Elimina así la presunción de inocencia (elemental para la Justicia), y carga los dados a favor del asesino, por el simple hecho de que su víctima fue un negro. Este es precisamente el patrón en los jurados anglosajones de Estados Unidos, y es una de las razones por las que muchos policías creen tener carta blanca para matar afroamericanos, y más generalmente gente de piel morena.

Cierro mis ojos, y el dinosaurio no está

Decir "*algo tuvo que haber hecho la víctima*" después de que el video de su tortura y muerte ha circulado por todas las redes sociales, por todos los periódicos y canales de televisión del mundo, después de que ha conmovido a la opinión pública internacional y agudizado la crisis política de Estados Unidos, demuestra una resistencia pétrea a contemplar *la mera posibilidad* de una injusticia en el incidente. Se trata de una forma de *negacionismo* desesperado que revela también mucha fragilidad moral. El terror de quien así reacciona no es solo a abrir los ojos y reconocer las crueldades que ocurren en su entorno, el infame dinosaurio; es pavor de verse en el espejo y reconocerse *hermano* de la víctima. Peor aún, miedo a volver los ojos hacia adentro y examinar su propia conciencia; pavor a entender el fondo y la fuente de su inseguridad, de los complejos que ha dejado la historia clavados en el alma colectiva como un puñal oxidado.

George Floyd *destruyó* al policía

La segunda parte de la frase es quizás más atroz, pero calza tan perfectamente en el molde, que, aunque azote la sensibilidad del lector ya no toma a este por sorpresa: "*también se destruyó la vida de ese oficial*". Es decir, no solo es, el Sr. George Floyd, *culpable* de 'algún crimen', porque "*algo debe haber hecho"*; no solo —de esa manera— causó indirectamente su propia muerte, sino que arruinó, "*destruyó*" la vida de su asesino. Un lector despistado podría creer que Sr. Floyd está vivo y que fue él quien mató al policía.

Que entre la luz, que cese la violencia: abramos los ojos y el corazón

Ni una palabra de compasión para el asesinado o su familia. Todo el pesar se reserva para el hombre que lo torturó y ejecutó. Queda uno incrédulo, pasmado, lamentándolo todo: la tortura y asesinato de un hombre que en ningún momento representó peligro alguno para sus captores; la parsimonia con la que las autoridades rumiaron el arrestar o no al policía asesino y sus cómplices; la violencia que este hecho representa, en sí y como parte de una cadena interminable de asesinatos similares; la violencia que estalla en la sociedad, violencia que como todo aluvión arrastra en su camino lo limpio y sucio, lo corrupto y lo puro, pero que no habría explotado si no fuera por el justo descontento que se acumula como un magma en la opresión de los negros y otras comunidades 'de color'; el fariseísmo de quienes afectan santa indignación ante los crímenes (robos y saqueos) que manchan los bordes de la revuelta, pero callan —porque comparten sus prejuicios motores— el crimen mayor, el que ha llevado a la muerte a George Floyd, y que mantiene a la población negra en virtual estado de sitio permanente en sus comunidades. Queda uno inquieto, deseoso de hacer entrar la luz al fondo de esa habitación oscura y cerrada donde nuestra cultura, nacida de la opresión y la crueldad, guarda sus llagas, y limpiarla de una vez, aunque duela.

Sobre pólvora y esbirros (democracia y liberalismo político)

14 de junio de 2020.

Las tensiones sociales, por razones económicas, étnicas, y —esto puede ser determinante— *generacionales*, se han venido acumulando desde hace años en Estados Unidos. Las caricaturas ideológico-partidarias que hacen algunos del conflicto que niegan la raíz estructural del conflicto vienen del fanatismo, ciego a la evidencia, o del desconocimiento involuntario de esta. Pero la crisis de Estados Unidos es profunda. El sistema político, diseñado con bastante acierto para asimilar circunstancias y mentalidades cambiantes y diversas, y traducirlas a transiciones pacíficas, está bajo un enorme estrés, atraviesa una prueba muy difícil.

¿Conseguirá superarla? Hay, de hecho, indicios positivos en los numerosos cambios que empiezan a gestarse en las leyes locales, estatales y federales. Es posible (yo quisiera decir "*probable*") que por esa vía se dé una reforma sustancial, una modificación importante, revolucionaria incluso, en las relaciones sociales, a través de la transformación de leyes y costumbres. Ha ocurrido antes en este sistema.

El reto, sin embargo, es de gran envergadura, ya que, con la excepción del conflicto que llevó a la Guerra Civil en los 1860, no había ocurrido en Estados Unidos otro que fuera empujado y explotado por un movimiento tan poderoso como el *trumpismo*; un movimiento que atentara —como hace este— contra la inspiración (cultural y políticamente) liberal de los pilares del sistema.

Esto es grave, porque no existe democracia sin liberalismo político, lo cual no quiere decir que el gobierno de turno en un sistema democrático no pueda pintar con tintes diferenciadores sus políticas económicas y sociales, desde socialdemocracia o socialismo democrático hasta centroderecha o mercadolibrismo; pero sí, quiere decir que todo gobierno democrático está obligado —para la supervivencia del sistema— a respetar los derechos fundamentales del ser humano, que en el caso de Estados Unidos fueron enumerados, con tinta que se creía indeleble, en su Constitución.

Por ejemplo, un gobierno democrático no puede pasar por encima, en ninguna circunstancia, del derecho que tienen los ciudadanos a reunirse pacíficamente y protestar, como hizo Trump en la ya tristemente célebre fecha de Junio 1, 2020. No puede, un Presidente democrático en un Estado federal, amenazar a los gobernadores estatales (libremente electos por sus ciudadanos) con una invasión del Ejército Nacional si lo desobedecen. No es permisible que un Presidente democrático pretenda hacer del Ejército Nacional un instrumento de su poder personal. No puede —y afortunadamente los militares de Estados Unidos le han negado esa oscura predilección hasta la fecha— someter las armas a los caprichos del *hombre fuerte*. Tampoco se puede permitir, como abiertamente ha hecho Trump, que el Presidente de una nación democrática y de leyes llame a sus partidarios a la violencia, a la Policía al maltrato de detenidos, y a las fuerzas del orden en general a "*dominar*" a los ciudadanos que ejercen su derecho a la libre expresión, usando por excusa la necesidad (que nadie niega) de impedir que grupos paralelos a las protestas —o incluso, si son salidos de las protestas — aprovechen el desorden para cometer crímenes. No es permisible que un gobernante democrático dé apoyo moral a manifestantes que gritan "*ningún judío va a reemplazarnos*" ni a afirmar, comentando sobre la agresión de un grupo de neonazis en contra de manifestantes pro-derechos humanos, que "*hay gente muy nice en ambos grupos*". Pero lo peor, lo que realmente asusta, es haber visto alrededor de la Casa Blanca, traídos ahí bajo las órdenes de Trump, a soldados, armados hasta los dientes, que no portaban ninguna identificación y de hecho se negaban a identificarse a los reporteros.

¿Cómo los llamaríamos en otros países? Pues, por supuesto: *paramilitares*. O peor. Por eso cito la advertencia que hace el comentarista Mario Burgos, y que alude a la temida posibilidad de que los conflictos actuales no se solucionen a tiempo por vía institucional. "*Solo falta*" —dice Burgo— *que uno de los esbirros de Trump mate a alguien para que esto reviente. Espero que guarde sus perros antes de que sea demasiado tarde.*"

De aquí envío al lector a los primeros párrafos de este texto: las tensiones acumuladas son profundas, las heridas sangran, la frustración ha venido en aumento, y con ella ha decaído la fe de algunos en soluciones institucionales; los jóvenes, en particular, exhiben ya bastante hastío ante el mundo que los adultos aceptaron secularmente como "*normal*". Por otro lado, hay duros choques al interior del aparato estatal, que ya incluyen: un cisma entre Presidencia y Fuerzas Armadas, la casi paralización del Legislativo por el temor que los senadores Republicanos tienen al poder populista de Trump (el *clown* que creyeron poder manipular convertido en *Godzilla*); enfrentamientos públicos de muchos Gobernadores con la Casa Blanca, mientras otros prestan a Trump tropas de sus respectivas Guardias Nacionales para ir a Washington, D.C. a ejercer la labor represora que el Estado Mayor Conjunto de las Fuerzas Armadas se niega a llevar a cabo.

En suma, un potencial polvorín. No porque se trate de Estados Unidos y de sus tradiciones deja la pólvora de ser pólvora. ¿Puede evitarse que esto "reviente", para usar la expresión de Mario Burgos? Por supuesto, hay mecanismos, hay esperanza, y hay la voluntad de millones de seres humanos. Pero la historia es impredecible, y a veces la bala disparada por un idiota, por un esbirro, puede cambiarla.

Afortunadamente, como dijo el escritor Carlos Alberto Montaner[70] en un artículo reciente ("*Disturbios para un perturbado*", Cibercuba.com, 6/6/2020) "*las*

70 Escritor y editorialista de origen cubano, exilado, tras sufrir prisión política en su país, en los Estados Unidos.

elecciones están a la vuelta de la esquina". *Fortuna* (o *Providencia*) nos da una oportunidad de rescatar la democracia de su crisis, de salvarla del corrosivo y volátil populismo *trumpista*. Hay que aprovecharla.

Un meme revelador, un diálogo (la insignificancia del Ciudadano Nadie)

16 de junio de 2020

En su página pública de Facebook, el Sr. Luis Fley publica un meme, que firma "FDN", y que dice, textualmente: "Sin miedo, sin odio, sin violencia. La Coalición Nacional va... *NADIE* nos apartará del rumbo trazado"; un breve texto que valdría la pena analizar en detalle —será en otro momento, con otra urgencia, y quizás por una persona más experta en desenterrar las huellas de la cultura en el lenguaje— y que a mí me parece revelador, especialmente para el momento actual de la política nicaragüense. El meme está escrito en el tono heroico-machista que desafortunadamente es la música de nuestra tradición autoritaria (seguramente yo mismo la habré tarareado en algún momento), donde el hombre *arrecho* no retrocede ante "*nadie*", ya sea desde la cima del poder, ordenando como lo hicieron los comandantes sandinistas en los ochenta, o en la obediencia, como quienes desde el pavimento de la plaza gritaban "¡Dirección Nacional, ordene!".

Ese tono heroico-machista esconde una gran fragilidad moral y de pensamiento. No tenemos más que recordar al largamente agonizante (a estas alturas es posible que ya sea de "los muertos que nunca mueren") Edén Pastora, rostro publicitario insuperable de la testosterona política tropical, ejemplo de manual de que el coraje más grande no es el de lanzarse a matar o morir por el poder. El verdadero coraje es más cotidiano, y con frecuencia más discreto. Para mí está, por ejemplo, en el estoicismo de muchas mujeres nicaragüenses, que, frente a múltiples formas de opresión, y en medio de la descomposición social secular, son la columna de la supervivencia para sus críos, y son el corazón de la lucha por una vida digna. Está también en la testarudez del ciudadano de principios, frente a los "pragmáticos" que dicen que "hay que arreglarse con el *hombre*"; o, "no hay que ser *pendejos* [para ellos, el ciudadano de principios es un "pendejo"]; o, "después resolvemos lo otro; si de todos modos se va a morir"; o, "ni modo, esto es lo que quieren los gringos"; o, "no hay plata para otra cosa"; o, "es más peligroso que suban estos chavalos al poder"; o, "vos no *entendés* que la política se juega así"; o, "seguimos incrementando las presiones contra Ortega"... y tantas otras joyas del cinismo, que luego revisten con una capa tenue de barniz heroico-machista para esconder su verdadero talante.

Por eso el meme del que hablo me cayó como un rayo, y por eso entablé esta conversación con el caballero que lo publicó; y aquí la reproduzco, porque hay que decir estas cosas, hay que buscar cómo romper estos moldes anticuados y fatídicos de los que sale el desastre que es nuestra Nicaragua. Y, por el momento, con sentido de urgencia, *hay que empezar a trabajar para que los mismos de siempre no se salgan con la suya y arrastren al país a lo mismo de siempre: el ciclo sangriento de pacto, dictadura y guerra.*

Aquí el intercambio con el propagandista de la Coalición Nacional, mínimamente editado por razones de presentación, sin alterar contenido:

Francisco Larios: Avanzan —si es que avanzan— con toda la paciencia, a legitimar a un genocida participando con él en elecciones. Y si "*nadie les aparta del rumbo*" es porque desprecian la voluntad popular.

Luis Fley: Francisco Larios, ¿y cuál es su propuesta?... ¿tiene algunos millones de dólares para comprar armas y armar una rebelión? ...espero su respuesta, yo, que puedo ayudar, ponga La Plata. Unos 10 millones de dólares...yo no le cobraré.

Francisco Larios: Propuestas hay, y hay varias, y bien esbozadas, dentro y fuera del país. Ustedes no pueden, a estas alturas, decirle a un pueblo que ha sufrido tanto que las únicas opciones son

(a) "*vamos a una guerra civil, financiada con 10 millones de dólares de Francisco Larios*" (si los tuviera no haría las cosas de esa manera, señor Fley), o

(b) "*legitimemos a Ortega y Murillo, hagamos como que no ha pasado nada, y vamos a elecciones con ellos; a lo mejor, con suerte, quedamos de diputados, embajadores, y quién quita, hasta de "Presidente".* "

Eso es oportunismo puro, atol con el dedo a gente que ya no es infante. Sigan por su camino, que por ese camino van a quedar marcados para siempre con la palabra con la que se marcó para siempre a los pactistas que han desbaratado nuestro país, a los Agüeros y Emiliano Chamorros, y a todos los demás...: "*zancudo*". *Decirle a Nicaragua que las únicas opciones son estas dos es francamente una falta de respeto cruel.* La gente mayoritariamente sabe esto, y ustedes saben que la gente lo sabe, pero apuestan a que no les va a pasar factura política, que ustedes tarde o temprano se van a dividir con éxito el pastel, como ha ocurrido antes. Bueno, esa es la apuesta de ustedes. *La apuesta nuestra*, de quienes queremos democracia real y justicia en nuestra patria, es por la verdad, una lucha por completar el vaciamiento del poder del régimen, de deslegitimarlo internacionalmente, de forzar su salida de manera cívica y desmantelar la estructura dictatorial que ustedes pretenden dejar en pie con apenas cambios cosméticos, cambios de nombres, y con el orteguismo otra vez "gobernando desde abajo".

Ustedes deben saber que quienes tenemos esta convicción vamos a hacer todo lo posible para sabotearles la farsa electoral que traman a espaldas del pueblo de Nicaragua. ¿Lo conseguiremos? Yo tengo fe en que así será. Pero pase lo que pase al menos nosotros queremos algo diferente en nuestro país, y no estamos dispuestos a cambiar muertos, exilados y destrucción por un remedo de cambio, más ministerios, embajadas y prebendas.

Aunque para ustedes el ciudadano de la calle sea un "puchito" al que hay que ignorar, un "*nadie*" que no los apartará "del rumbo trazado", *sepa que vamos a trabajar apasionadamente para sabotear la farsa electoral que ustedes quieren montar.*

El Innombrable clon, y el infierno

22 de junio de 2020

No es del todo exagerado afirmar que el discurso del Innombrable[71] en Tulsa, Oklahoma, el pasado 20 de junio, podría haber sido escrito para (o por) Mussolini o, más precisamente, Hitler. Esta no es una afirmación hecha a la ligera, con intención propagandística, sino porque el tono y la estructura del discurso es la misma: la partitura del Innombrable es esencialmente un plagio de sus maestros.

El tema que los enlaza es la venganza: el *padre de la patria* apela al sentimiento de derrota de sus seguidores, revuelve las aguas estancadas de su desesperanza, administra el odio como medicina, y les señala un blanco. Y para que el sentimiento de *derrota* no los lleve al *derrotismo*, a creer que ganar es imposible, el redentor fascista apela al orgullo *tribal*; de esa manera el nacionalismo los ayuda a sublimar su sufrimiento, a hacerlos sentir que no son una banda de "fracasados" (palabra que el Innombrable se deleita en escupir a sus críticos), sino que representan, de hecho, a la nación gloriosa que despierta, a su última línea de defensa; y al ser "la nación", los "auténticos *Americans*", los "*true Americans*", poseen la herencia legítima, la fuerza y el fuego para expulsar al opresor, que--por supuesto-- tiene un perfil "extranjero", representa una *otredad* hostil e inferior, pero maligna y matrera.

La otredad hostil, la extranjería del enemigo es un elemento esencial en la Cruzada que dirige el redentor fascista. No es ningún accidente que el discurso del Innombrable, aparte de la afirmación ostentosa de su autoridad patriarcal, y de un victimismo nacional lastimero, sea una recitación de supuestos enemigos que comparten entre ellos el pecado de la diferencia.

El sueño del Innombrable: repetir la historia trágica de la deportación masiva e indiscriminada de gente de origen mayoritariamente mexicano, llevada a cabo en 1954 bajo el increíble nombre oficial de "Operación Espalda Mojada", en referencia despectiva a los migrantes que cruzaban el río Grande, frontera entre Estados Unidos y México. Los transportaban enjaulados como animales.

En particular, es notorio —por eso me espanta la idea de "*Hispanos (o Latinos) por El Innombrable*"— que, para este caudillo, el *criminal* que invade una casa a medianoche, en el ejemplo terrorífico con que agita a sus seguidores, sea un *hombre*; dicho así, en español, en castellano, en medio de una perorata en deficiente inglés. Y por si alguien se inclinara a asumir que se trata de un guiño esnob, el Innombrable regresa a la palabra, no quiere dejar duda, le recuerda a su audiencia que la ha dicho a propósito. "Criminal" y "latino", una vez más, re-

71 Presidente de los Estados Unidos de América entre el 20 de enero de 2017 y el 20 de enero de 2021.

vueltos, convertidos en sinónimos. De igual manera "mexicano" vibra en el oído de sus fieles con la misma amplitud de onda que "violador, y "narcotraficante": en el habla del Innombrable, *hispano* e *inmigrante* aparecen solo como *pandillero* y *violador de la ley*; los únicos hispanos a quienes da cabida en sus diatribas de odio significan la corrupción, el fraude al erario y al sistema electoral; pero, sobre todo, significan *peligro* para el *ciudadano*.

Hay que añadir que, en la dialéctica del Innombrable, "*ciudadano*" es [¿casi?] una categoría étnica. En ese sentido, la perorata de Tulsa, Oklahoma, este pasado 20 de junio del año de la Pandemia fue simplemente más de lo mismo. Y no solo por la referencia al *hombre*, ese individuo que por su maldad habría de ser llamado *hombre* en español, en castellano. Hubo más. Hubo, por ejemplo, la mención de los *gangs* salvadoreños. "*¡Animals!*", grita, y luego, en medio del coro de cólera de sus partidarios, la burla, con gestos de idiotez, a Nancy Pelosi, la lideresa Demócrata de la Cámara de Representantes. Esta habría cometido la imperdonable, o más bien *incomprensible* transgresión, a ojos del caudillo, de insistir que todos los miembros de la sociedad, incluso los criminales, son "seres humanos".

Pero la demonización de hispanos e inmigrantes, la conversión de seres de carne y hueso en el equivalente *Siglo XXI* del judío en el medioevo antisemita no podría completarse sin extender el hilo de la maldad un poco más allá, hasta quienes *aparentan* inocencia, como los *marranos* de Castilla *aparentaban* cristianismo.

El primer asalto contra estos peligrosos herejes fue dirigido a la congresista neoyorquina Alexandria Ocasio-Cortez, la mujer más joven electa al congreso estadounidense en toda su historia. Con gran trabajo y mucha intención, el caudillo logra abrir las vocales al máximo, fuera del rango del idioma, para que sus seguidores se enteren de lo fundamental: AlexAAndrriAA OOcAAsiOO COOrrtEEZ es...bueno...*hispana*. ¿Y qué quiere AlexAAndrriAA OOcAAsiOO COOrrtEEZ? "Dejar sin trabajo a todos los trabajadores de la industria del petróleo", "la *gente buena* de Texas, Oklahoma y North Dakota", ya que AlexAAndrriAA OOcAAsiOO COOrrtEEZ aconseja al candidato Demócrata (en realidad, habría que decir simplemente, "candidato demócrata") invertir en fuentes de energía no contaminantes. Sobre esto habrá que comentar también, porque en el discurso del Innombrable, esas fuentes de energía se reducen a "máquinas que matan pájaros", una referencia obvia, de un simplismo cavernario, a la producción eólica de electricidad. Pero, por el momento, sigamos el hilo de la maldad que deja el Innombrable a sus seguidores, y lleguemos a destino: sus enemigos, dice, se empeñan en gastar millones de dólares para proveer cuidados médicos a "los ilegales". El caudillo no entiende de necesidades humanas, solo de privilegios en disputa: Esos privilegios son *nuestros*, *ellos* vienen a arrebatárnoslos.

Pobrecito país que era yo

La diatriba racista y xenófoba, aunque plena de odio contra los hispanos, se extiende a otras geografías: el Coronavirus es "el virus chino", insiste; Alemania "debe" a Estados Unidos un billón de dólares ("a trillion") en concepto de "defensa". Esto último se trata, por supuesto, de una falsedad, pero es un elemento central de la narrativa de victimización a manos del mundo —"tantos países, plañe el Innombrable— han *estafado* a los Estados Unidos"...

De cómo prevenir un Apocalipsis

Luego, mientras la imagen del país sangra y flamea en las mentes de sus seguidores [una nación excepcional bajo ataque, socavada desde dentro por invasores hispanos, oportunistas negros quejosos por capricho, necesitados de "dominación", y por la infiltración musulmana], el Innombrable procede a describir el Apocalipsis, la muerte del país, la muerte de la mítica "*America*" que sería inevitable en su ausencia. El mismísimo Hieronymus Bosch, pintor de tormentos infernales, envidiaría lo barroco del detalle: Estados Unidos sin el Innombrable, convertido en una Somalia dominada por señores de la guerra; exactamente —nos dice— lo que trama la diputada de origen somalí Ilhan Omar, otra joven congresista, otro blanco frecuente del caudillo, por razones ya evidentes: Ilhan Omar es mujer, es musulmana, es culta, es exitosa, y es morena.

¿Cómo evitar esta maldición? La respuesta es simple: los *ciudadanos* precisan escoger entre *él* —su *redentor*— y la muerte. Nadie, solo él, puede salvar al país verdadero, a los auténticos "Americans" de la debacle.

El infierno son los otros, es la frase que se cuela en mi mente después de escuchar tanto disparate perverso. Tiene algún sentido, porque, al final, estamos encerrados *con ellos*, y esto lo podemos decir ambos bandos. *Ellos*, bajo el embrujo conspiranoico de un clon de los fascistas del siglo XX; nosotros, porque tendremos que lidiar con la herencia del clon, si es que evitamos que destruya la democracia. Hay demasiado en todo esto que recuerda, trágicamente, a la realidad de un país amado —por hoy— en la distancia.

Esta vez no hablo de Groucho:[72] "¡uníos!" (Por arriba de todas las banderas, la de los DD. HH.)

2 de julio de 2020

Cuando Marx[73] habló, hace ya caminando a dos siglos, de la lucha que él avizoraba como internacional, y de los luchadores como agentes conscientes de cambio, la globalización era ya una realidad que rebasaba los límites de todos los imperios del pasado, que siempre fueron constreñidos por el desarrollo tecnológico a ámbitos regionales. Y aunque se trataba de una expansión dependiente de la rapiña, el alemán no se equivocó (la intuición es un arma poderosa de los grandes pensadores) en que acarrearía consecuencias insólitas para la historia humana: en adelante, la lucha por el progreso social, para ser exitosa, tendría que ser transnacional, como el sistema que empezaba a desplegarse.

Nosotros, numerosas generaciones después, vivimos en un mundo mucho más integrado, mucho más "*un mundo*"; la globalización, con todo y su dimensión depredadora —inclinación humana de todos los tiempos (el artificio leninista de atribuirla al capitalismo es falacia de agitador)— dio un salto cualitativo que la hace excepcional: nunca como antes hubo, en tan amplias zonas del planeta, tanto potencial para que, de víctimas impotentes, pasen los seres humanos a ser eficaces rebeldes; que de sumisión forzosa se pase a luchar por *ciudadanía*; y que quienes no controlan grandes ejércitos o grandes fortunas crucen las fronteras que el Poder erige para encorralarlos.

El Poder, ya se sabe, hace puertas y puentes para sí, pero guarda celosamente los cupos. El capital y los amos de la política se mueven con salvoconducto por cualquier latitud, pero traban las entradas al ciudadano común, y en muchos casos impiden, no solo que salga de su redil, sino que a su redil entren los recursos que necesita para levantar cabeza.

Por eso, quienes no queremos un dictador a la carta, un tirano de repuesto, o un imperio en lugar de otro, sino *modernidad democrática y comunidad internacional*, no tenemos más camino —y nunca ha habido un mejor camino— que abrir los ojos y darnos cuenta de que nuestras luchas, que inevitablemente son locales, regionales y nacionales, son también universales, porque tienen en común el ser *luchas por los derechos humanos.*

Así se enlaza la rebeldía de un indígena mapuche, de un opositor nicaragüense o cubano, de un disidente chino o ruso; la de un manifestante de Black Lives Matter; la de todas las minorías que sufren abuso a manos del Poder, cual-

72 Groucho Marx, cómico estadounidense, famoso por su ingenio.

73 Carlos Marx, economista, sociólogo y filósofo alemán.

quiera que sea la fuente de tal vulnerabilidad: económica, ideológica, religiosa, sexual, etcétera; y la de las grandes mayorías expropiadas del derecho a decidir por una minoría opresora.

Construcciones

Estoy convencido de que este es el camino, independientemente de cuán certeros sean los cuestionamientos filosóficos *postmodernos* sobre "la verdad": izar por encima de todas las banderas·la bandera de los derechos humanos. De hecho, no tengo problema en conceder, si en algo importa, que esta *verdad* pueda ser una construcción. Ninguno; desde que acepto que humanidad es en sí una *construcción*, y no veo que pueda haber *construcción* más beneficiosa para la *humanidad* que la de los derechos humanos.

De lo contrario nos devorará el desaliento, o quedaremos para siempre empantanados en esos pleitos pendulares de las llamadas "izquierdas" y "derechas" tercermundistas, que para rematar no son ni siquiera la más gris sombra de sus supuestos referentes en la matriz europea de la cultura occidental; en esta última, un tira y encoge de luchas y de pensamiento libre, a través de varios siglos, ha abierto un amplio espacio social-democrático en el que cabe mucho, en el que puede moverse un péndulo que no mata.

Apuntes sobre "la unidad" en la lucha democrática

20 de julio de 2020

Ortega, Murillo, y sus aliados no pueden darse el lujo de que haya una verdadera transición democrática solo porque consiguieron menos votos que sus opositores en una elección. Los mecanismos prácticos a través de los que se impondrían, y los diferentes escenarios posibles, son numerosos, pero el tema aquí es que no debe forzarse la unidad sin tomar en consideración la estrategia. Porque juntarnos todos para caer en el abismo una vez más, para hundirnos todos y arriesgar inútilmente la vida de los nicaragüenses en una campaña que beneficia a lo sumo a pequeñas minorías poderosas, entre ellas el clan FSLN-Gran Capital, no es la meta democrática. "La unidad", a secas, sin una serie de condiciones y calificativos, no es necesariamente una meta democrática.

No se debe unir suprimiendo la diversidad. La diversidad es lo natural entre seres humanos, y para que un orden democrático sustituya a la dictadura, la construcción de lo nuevo debe hacerse respetando esa diversidad. Muchas veces, quienes gritan "unidad", lo han hecho para acallar las opiniones o voces 'disidentes' de los dictados de gente y grupos tradicionalmente poderosos, que están acostumbrados, en la historia autoritaria del país, a que los pleitos y disputas sean "entre ellos", sin que el ciudadano que vive fuera de esos círculos tenga derecho a aportar su punto de vista. Para los poderosos, este ciudadano *tiene* que "unirse" a ellos, simplemente, es lo que corresponde en el orden de la sociedad tal y como ellos lo entienden en la psicología y cultura fermentada en dos siglos de privilegios. Y esta es la cultura, no solo de las oligarquías tradicionales, sino que —por contagio— de la sociedad. Por eso es que el comportamiento autoritario aparece incluso en las formaciones políticas nuevas, que se dicen contrarias al autoritarismo; así de pesada es la tradición. *No se debe unir suprimiendo la diversidad. Somos diferentes, cada uno es cada cual. En la cultura autoritaria existe el prejuicio de que esta diversidad debilita.* Pero lo cierto es que la ***diversidad debilita al poder autoritario***, al poder centralizado, al poder, y por eso no solo hay que protegerla y preservarla, sino cultivarla, darle espacio para que todo ser humano en la sociedad pueda aportar sin dejar de ser quien es. Esto fortalece al individuo, pero hace que la sociedad sea más humana, más creativa, más vivible, y más productiva.

Esta es la meta y el espíritu de la democracia, buscar formas de organización en las que podamos ***convivir en diversidad, con derechos para todos y privilegios para nadie. ¿Cómo buscarlas? La comunicación democrática entre ciudadanos libres, no la imposición de consignas.*** *Los líderes que quieran construir una democracia que por fin eche raíces y crezca frondosamente en las ruinas del autoritarismo necesitan cultivar persistentemente la comunicación horizontal, democrática, que no sea nada más una formalidad ritual para 'hacer como que escuchan'.*

En la tradición autoritaria, no es nada inusual que los poderosos, "los señores principales" den "audiencia" al pueblo, sin que sus actos reflejen lo que el pueblo quiere, porque además el pueblo que les habla en la audiencia no acude en plena libertad.

En este punto tengo que decir: "alto y alerta", porque hay muchas maneras de coartar la libertad del pueblo. No solo por la intimidación armada. Amplificar gritos como "*el que no brinca es sapo*", "*Dirección Nacional, ordene*", o "*el que no me siga es divisionista, le hace el juego a la dictadura de Ortega*" son formas de impedir la libre expresión, de intimidar a quienes piensen de manera diferente; tienen como consecuencia (sino propósito) hacer al que se atreve a pensar por cuenta propia minoritario, impotente, especialmente si el amplificador de sonidos de que disponen los autoritarios está bien financiado.

No se debe unir lo que no es unible. En las luchas políticas es fundamental, de vida o muerte, saber diferenciar entre amigos y enemigos en cada momento del proceso. Aclaro que estas "amistades" y "enemistades" no son necesariamente equivalentes a las que en las relaciones emotivas llevan al cariño y al odio mortal, respectivamente. Más bien se trata de identificar intereses que coinciden o chocan. Equivocarse en este mapeo del terreno de la lucha es sumamente peligroso, y puede hacernos perder tiempo, recursos, vidas, y a veces hasta la esperanza.

En Nicaragua, por ejemplo, el coro mediático de los grupos, clases, y élites en el poder ha insistido en que todos debemos unirnos contra la dictadura. Una frase que a oídos de quienes quieren salir de la pesadilla orteguista puede sonar como una música hermosa, porque nos deleitamos en soñar que logramos tener más fuerza.

Pero el diablo está en los detalles, el camino del infierno está cubierto de buenas intenciones, y esa palabra de apenas cinco letras, todos, esconde el más grave peligro, uno que ya ha tenido consecuencias trágicas para Nicaragua, y amenaza con tener más. Porque arteramente, los viejos zorros del poder oligárquico explotan el legítimo deseo de sumar fuerzas contra Ortega-Murillo para debilitar la lucha contra el sistema dictatorial.

De esta manera pueden pretender ser "amigos" de la lucha por la democracia cuando toda la evidencia y toda la historia indica que no solo han sido parte del sistema dictatorial hasta abril de 2018, sino que han seguido estando muy dispuestos a sacrificar la meta de democracia si eso les permite evitar el peligro que muchos de ellos ven en el Estado de Derecho. La "unidad" con ellos impidió el triunfo de la insurrección de Abril, y ha sumido al país en una crisis más prolongada y dolorosa de la que pudo haber sido si los grandes capitales y los políticos de las élites fueran verdaderamente "amigos".

No se debe unir "burocracias": la unidad que respeta la diversidad y logra alcanzar las metas colectivas es una unidad de lucha que se libra con los ojos abiertos para entender en cada momento quiénes son amigos, quiénes no, quiénes pueden ser aliados temporales, quienes están con la causa democrática en todo el trayecto. La lucha democrática no-violenta contra una dictadura es un enorme reto, exige muchos sacrificios, mucha creatividad, mucho ingenio, y por tanto habrá diversidad en los medios que se empleen; cada quién aportará de modo diferente y desde una perspectiva e intereses diferentes. El esfuerzo organizador que hace falta es juntar todas estas luces en una dirección: en acabar el sistema dictatorial y crear una república democrática, en la que todos los grupos y seres humanos puedan convivir, lo cual será posible si no ignoramos que todos tenemos intereses diferentes, muchas veces encontrados. Hay que negociar, pactar, los espacios donde esos intereses puedan convivir sin que se violen los derechos humanos de nadie, y así poder beneficiarnos de la contribución de todos.

No se debe unir a ciegas, sin estrategia. Si la meta es una república democrática, por ejemplo, hay que estar claro de quiénes están en disposición de apoyar la lucha en esa dirección y procurar la unidad en acción con ellos; ***esta unidad puede darse solo alrededor*** *de una estrategia que sea congruente con la meta.*

En el caso de Nicaragua, por ejemplo, la estrategia de "elecciones con Ortega" no es congruente con la meta "república democrática"*, porque la experiencia y la lógica indican que no puede haber transición a la democracia en el país mientras Ortega y sus aliados estén en posesión de amplios recursos represivos y económicos.* Y la estrategia de "elecciones con Ortega" no resuelve este problema, sino que busca una repetición —que presentan como un gran éxito histórico, cuando en realidad es el origen de la crisis actual— del modelo de "transición" de 1990, en el cual Ortega y su clan quedaron impunes, "gobernando desde abajo".

Peor aún, **la estrategia de "elecciones con Ortega" implica *necesariamente* impunidad para Ortega y su clan: no puede esperarse que acepten elecciones cuyo resultado sea *una pérdida de su poder real;*** Ortega, Murillo, y sus aliados, no están en condiciones de ceder en este punto, para ellos mantener el poder real en Nicaragua o perderlo equivale a seguir en libertad o en la cárcel, a vivir o morir.

De tal manera que no pueden darse el lujo de que haya una verdadera transición democrática solo porque consiguieron menos votos que sus opositores en una elección. Los mecanismos prácticos a través de los que se impondrían, y los diferentes escenarios posibles, son numerosos, pero el tema aquí es que no debe forzarse la *unidad* sin tomar en consideración la estrategia. Porque juntarnos *todos* para caer en el abismo una vez más, para hundirnos *todos* y arriesgar inútilmente la vida de los nicaragüenses en una campaña que beneficia a lo sumo a pequeñas minorías poderosas, entre ellas el clan FSLN-Gran Capital, no es la meta democrática.

El escupitajo de la Coalición en tu cara (los partidos zancudos en la Coalición)

25 de julio de 2020

"Di que vienes de allá, de un mundo raro..."

José Alfredo Jiménez

Una amiga personal, amiga de Nicaragua, y amiga de la democracia, pregunta cómo es eso de que en mi país haya políticos y "partidos" cómplices de la dictadura a los que la llamada Coalición Nacional no solo acepta en su seno, sino que coloca en los niveles más altos de la dirección "opositora". Están, para que quede claro, en el gobierno y en la oposición. Son parte, a la vez, de la dictadura y de quienes dicen luchar contra la dictadura. Son parte de lo que los nicaragüenses llamamos, resignadamente, "la realidad".

Mi amiga, como podrán imaginarse, no entiende semejante disparate de circo. En su terruño las fronteras de la racionalidad están más claras que en la casi inexplicable Nicaragua. El suyo no es un mundo ni de lejos perfecto, pero casi es, comparado con mi tierra, "un mundo raro" —y lo digo pensando en José Alfredo Jiménez.

Así que me mueve el cariño a explicarle que en Nicaragua los polos no solo están invertidos, sino amalgamados, fundidos en uno solo. Es el país donde la oposición oficial reúne a: expropiadores y expropiados; "compensados" y "piñateros"[74] (gorrones expertos, querida amiga, atracadores de la propiedad pública que se llevan a sus casas un 'bono' que ellos mismos aprueban por su infatigable servicio a la revolución); derechas oligárquicas y feroces "antiimperialistas" dedicados a tiempo completo a mendigar la ayuda del *imperio*; antiguos represores de uniforme que se dicen indignados ante el autoritarismo orteguista mientras con alto penacho censuran a quienes disienten de ellos; "demócratas" que cierran las puertas al pensamiento libre; "empresarios" que limitan la libre empresa, que han inventado poco o nada y viven de la herencia y del privilegio que cultivan a través del "consenso" con el poder político; "patriotas" que gastan más tiempo en embajadas y capitales extranjeras que en los barrios y campos de su país. Es, querida amiga, una fauna de colección, sin olvidar que poseemos las más variadas y astutas especies de camaleones.

Por ejemplo, el PLC, recién integrado al liderazgo de la Coalición Nacional.

74 Beneficiarios del saqueo de bienes del Estado conocido como "la piñata", durante la cual, en 1990, funcionarios y partidarios del derrotado FSLN se adueñaron de grandes y pequeñas propiedades, negocios y otros activos propiedad hasta entonces del Gobierno de Nicaragua.

Esta organización [con vergüenza ajena te revelo que las siglas "L" y "C" significan "*liberal*" y "*constitucionalista*"] es el "partido" de Arnoldo Alemán, el ex-presidente acusado de corrupción que pactó con Ortega su "libertad" a cambio de cambiar las leyes electorales para que este pudiera "ganar" las elecciones sin segunda ronda con solo 35% del voto. Ya te imaginarás la popularidad de que goza el señor, y el prestigio que acarrea su empresa política, de la cual se reporta que tiene actualmente más de 270 personas con altos cargos en la administración pública, incluyendo a su hija, quien es Contralora, cargo que (reír para no llorar) se encarga en teoría de impedir la malversación del erario. El PLC tiene además magistrado 'propio' en la Corte Suprema de "Justicia", delegados en ministerios y departamentos y otros puestos de confite. En el pacto entre Ortega y Alemán, a este último le corresponde hacer la finta de oposición; a cambio, Ortega hace posible que Alemán mantenga control sobre su ejército de sumisos "liberales". ¿Cómo? Vamos de regreso a la cifra: 270 o más individuos; Alemán los nombra, Ortega firma el cheque, los nicaragüenses ponen el lomo tributario, y para complementar lo hacen también, sin saberlo, la gente que paga impuestos en países que donan o prestan dinero al honorable gobierno de Nicaragua. Algo de tu honrado sudor hay en el almuerzo del clan "liberal", querida amiga.

¡Ah! Se me quedaban sin píxeles [o "en el tintero" como decían antes los caballeros respetables], un par de detalles. Uno es que la esposa de Alemán tiene un curul en la grotescamente decorativa Asamblea Nacional, que los nicas llaman con toda justicia "*la chanchera*". El otro es que una escolta oficial pasea por las calles de Managua al señor marido de la señora diputada (y ahora lideresa en la Coalición).

Te digo, querida amiga, que cuando el barroco y el surrealismo se mezclan en el trópico nacen estos adefesios.

No se sabe si es el calor o la humedad. Es un misterio que no sabemos si ubicar en el atavismo de nuestras borrosas tradiciones o atribuir a la deformación del entendimiento que viene de tantos choques en tan poco tiempo. Lo cierto es que se siente todo como un escupitajo en la cara, si uno no es —perdón por el retruécano— *descarado*.

Porque lo que *la Coalición Nacional nos quiere hacer tragar es eso, un escupitajo de sangre*: vestir a los verdugos como liberadores, premiarlos como si fuesen gente de comportamiento ejemplar, darles el timón de una lucha que arrancaron al pueblo con ayuda de la represión militar del régimen que ellos mismos crearon. Encima de todo, quieren que los aplaudamos. Y si no los aplaudimos, entonces —en el giro más esperpéntico de este cuento de horror— nos califican de quinta columna de la dictadura.

Exactamente, querida amiga, la dictadura a la que pertenecen sus socios en la directiva de la Coalición; la misma dictadura que les ha dado a muchos de ellos, en sus dos encarnaciones, la buena vida.

Recuerdo aquí lo que escribió cierto pensador: que *buena vida* no es lo mismo que *vida buena*. Y acabo en esta nota de esperanza: siempre habrá "*chorros y maquiavelos*", como dice el tango, pero siempre habrá gente que quiera el bien, que no quiera buena vida a expensas de vida buena, que no sacrifique a los demás por su ganancia. Y, sobre todo, que se involucre en la búsqueda colectiva de la verdad, que es *acción*. Con estos hay que estar, no con los que escupen indecentemente a la cara de un pueblo que ya ha sacrificado inútilmente bastante, demasiado, demasiado. Demasiado.

#NoALaFarsaElectoral #NoALaDictadura #NoALaImpunidad #Democracia

Nicaragua: momento de barbarie, hora de la verdad

31 de julio de 2020

Sicarios del FSLN han lanzado una bomba molotov dentro de la Catedral de Managua, incendiando la venerada imagen de la Sangre de Cristo. Con su habitual cinismo, Rosario Murillo sugirió que el incendio fue causado por "*veladoras que encienden los feligreses que buscamos cómo pagar promesas a nuestros santos, en este caso a nuestra sagrada Sangre de Cristo*".

Ojalá que la respuesta de los políticos que dicen representar a la ciudadanía democrática marque un contraste radical con la que ha dado la Murillo. Ojalá que no veamos apenas gestos superficiales de indignación en nuestro nombre, en nombre de los ciudadanos que estamos opuestos al régimen genocida. Que no sea esta otra ocasión para un comunicado más de paquete. Que el acto insólito de terrorismo perpetrado por el régimen abra los ojos a los políticos: si quieren futuro, necesitan echar a la dictadura en el basurero del pasado; si aspiran a ser líderes de la nación, no pueden evitar el costo de comprometerse hoy con la lucha popular; si quieren democracia, no pueden continuar jugando a la política como si la democracia ya existiera, o como si fuera imposible derribar a la dictadura. Si quieren paz y justicia, tienen que comprometerse a erradicar la barbarie. Porque lo de Nicaragua es barbarie, es un estado de cosas brutal, digna de un campo de concentración nazi; es una violencia declarada en contra de toda la sociedad, de todo lo que la sociedad considera sagrado y valioso, desde el derecho a la práctica de la fe religiosa hasta el derecho a la vida misma.

Que quede claro, esto es lo que ilustra el acto de ferocidad diabólica perpetrado hoy en Managua: solo hay dos caminos para el pueblo, ambos muy dolorosos. El primero es luchar por el **derrocamiento** de la dictadura, abandonando toda ilusión de que se puede pactar, convivir y realizar "elecciones" con el FSLN. El otro es rendirse y aceptar la esclavitud permanente bajo una pandilla de sádicos dispuestos a ejercer el terror con tal de mantener a la sociedad bajo su bota. En ambos casos habrá dolor y sufrimiento, pero en solo uno de ellos cabe la esperanza: en la lucha para DERROCAR a la dictadura; no para "ganarle por votos" y dejarlos en la IMPUNIDAD, sino para desmantelar el sistema dictatorial. En esa lucha nos podemos y debemos unir todas las personas de buena voluntad.

Y ya no quedan excusas, porque no hay manera de convencerse o convencer a nadie de que sea posible llegar a un arreglo con el clan Ortega-Murillo y sus cómplices. Si algo confirma el acto terrorista de hoy, es que no hay empate posible con la pandilla criminal dirigida desde El Carmen. No existe línea que la dictadura no cruce, ni derecho que respete; no hay promesa que cumplan, ni ningún principio que los contenga. No hay, por tanto, razón alguna para esperar que sea posible cerrar un trato con Ortega y Murillo para lograr que se vayan por medio de elecciones: *siguen acumulando crímenes, siguen acumulando razones para no dejar el poder, porque para ellos y sus aliados abandonar el poder real sería inexorablemente el inicio de su marcha hacia la cárcel.*

#NiPerdónNiOlvido

#DemocraciaParaNicaragua

#NoHabráDemocracia

Sobre una propuesta de exorcismo para Nicaragua

6 de agosto de 2020

Me llega rebotando desde la oscuridad salpicada de luces de las redes sociales una propuesta de un cierto sacerdote que hace un tiempo parece que propuso algo que el titular llama "un exorcismo magno" para Nicaragua.

No soy ducho en la materia. Con todo y mi crianza, y que me interesa sobremanera el estudio de la religión, no paso de algunas encíclicas católicas, de textos que me fueron administrados académicamente por intérpretes de los escolásticos; de Spinoza, y de un cierto filósofo español que últimamente me ayuda a navegar las espumosas aguas de la Ética, entre el Caribdis del caos y el Escila de la opresión dogmática. Más que eso, poco. Tampoco soy muy dado a supersticiones, aunque mi índole, proclive a ciertas manías, escoja las que ayudan al optimismo. Un buen mito es como una peliculita de final feliz: no hace daño a nadie.

De tal manera que cuando vi la noticia del preocupado exorcista me atreví a empuñar el sarcasmo, fiel amigo, siempre dispuesto a ensartarse a carcajadas en la piel de una realidad que mata. Defensa propia.

Hubo quienes no entendieron. Pensaron que era un regreso reflejo, irreflexivo, a ciertas creencias, o peor aún, a la desesperanza, decir que a estas alturas de la tragedia de mi país yo estaría dispuesto a probar de todo. Por eso, para recuperar algún margen de maniobra en mi defensa, corrijo: ya estoy *casi* dispuesto a *casi* probar de *casi* todo, ¿y usted?

Y luego, la mente racional, con su apego al *caveat emptor*, ha terminado hundiendo más el puñal, lo ha hecho más pesado. Me ha hecho imaginar que a ciertos leguleyos puede atormentarles la idea de que la propuesta de exorcismo sea "inconstitucional". Que a la Chayo y a su cadavérico consorte les parecerá, con toda seguridad, la intervención más extranjera. Que el Gran Capital la verá como una amenaza de sanción. Que para el cardenal Brenes será un alivio ("no lo tengo que hacer yo"). Que al padre López, exorcista de la Iglesia nicaragüense, le molestará que "prefieran marca extranjera", mientras que la Coalición, que en esto de pedir ayuda está más globalizada, pedirá que le hagan uno a ella. E imaginar que algunos en la UNAB pedirán un taller, y que en la Alianza "Cívica" el batallón de exateos exsandinistas, sus colegas de la beatería conservadora y aspirantes a la nueva imagen del "nuevo modo de hacer política" se irán con los chavalos a comprar guayaberas blancas, medallitas y prendedores en forma de bandera.

Y los más expertos en el arte de aparecer *nuevos, puros, "espíritus de Abril"* invocarán a Dios en público, aunque algo en su interior tiemble.

Una propuesta de lucha noviolenta contra la dictadura de Ortega

2 de agosto de 2019

"El diálogo ha muerto", dice un meme, *"viva el diálogo"*. Como cuando un rey moría, y se anunciaba, porque era la única realidad posible, que había nuevo rey. Es el caso de las élites que detentan los poderes, el económico y el político, en Nicaragua. Tanto Ortega-Murillo como sus contrapartes del gran capital están conscientes —o deberían estarlo— que tienen que construir una salida del embrollo, que la crisis sigue, que hay frustración y violencia contenida en la sociedad, que el país se hunde bajo sus pies, y que, en algún momento, porque la ley de la gravedad existe, el techo se les viene encima.

No en vano hay más de cobardía que de coraje en las bravuconadas recientes de los dos. La Alianza —hoy la máscara opositora de los grandes empresarios frente al extranjero, y entre nicas cada vez más raída— emite un inverosímil ultimátum a la dictadura: "estaremos en el INCAE el 31 de julio; exigimos que se presenten, o de lo contrario..." Para no quedarse atrás, porque en mezquindad no puede ser derrotada, la dictadura envía comunicación de que da por terminado el diálogo, por " la ausencia definitiva de la otra parte". ¿La fecha? 30 de julio. Unas cuantas horas, y se habrían cruzado por casualidad en la estación.

Preparando el siguiente acto: Almagro al rescate

Pero no se preocupen los adictos al circo de las élites, que ya les preparan una nueva temporada, otra vez bajo el patrocinio de un viejo filántropo del espectáculo del poder, don Luis Almagro. ¡Ah, las coincidencias de la vida...! *La Prensa* informa el mismo 31 de julio lo siguiente: "*En la Organización de Estados Americanos (OEA) se empezó a conformar la comisión de alto nivel diplomático, que presionará al dictador Daniel Ortega para que vuelva a sentarse con la opositora Alianza Cívica (AC) y lograr un acuerdo sobre la crisis sociopolítica que afecta a Nicaragua desde hace más de 15 meses.*" En el mismo reportaje, el vocero y negociador propietario de la Alianza, el exPLC y ahora FAD-MRS José Pallais informa que al fin, este fin de semana, "logró activarse" la comisión que —una vez aprobada por el Consejo Permanente de la OEA— tendría a cargo la revisión del caso Nicaragua. Una vez que la comisión reciba *oficialmente* sus órdenes, tendrá otros 75 días de plazo. O sea, por lo menos 75 días más antes de que pueda *considerarse* la aplicación de sanciones regionales bajo la Carta Democrática.

Pero no se sorprendan si hay más plazos, como los ha habido desde que las palabras "diálogo" y "negociación" reemplazaron a las palabras "derrocamiento", "salida" y "democracia". En el mismo período los señores Aguerri, Arana, Healy, Pallais, y otros participantes felices en el festín de la dictadura reemplazaron a los líderes autoconvocados, campesinos y estudiantes. En ese mismo tiempo tuvo que exilarse el sacerdote César Augusto Gutiérrez, y las fuerzas combinadas de la nunciatura, el gran capital, y El Carmen lograron sacar del país a Monseñor Báez, la figura más respetada por la ciudadanía, vista por esta y por el régimen como líder espiritual del movimiento democrático.

Cito apenas estos dos personajes, pero todos sabemos que hay cientos de líderes populares en el exilio, que ha habido más de quinientos muertos, que hay cerca de 80,000 exilados pasando penurias indecibles. Sabemos, sobre todo, que Nicaragua está convertida en un campo de concentración, en el cual los únicos que tienen libertad, aunque sea condicionada, para hablar, son los partidarios del régimen y los interlocutores que este tolera. Además, el carácter fascista con ribetes incluso nihilistas del régimen se revela a diario. Aparecen cadáveres en el campo y la ciudad, y las manifestaciones grotescas de triunfalismo por parte de los seguidores de Ortega no tienen pausa.

"Pero es que no hay alternativa al diálogo"

Así estamos, y así iremos, en una deriva apocalíptica, hasta que no haya resolución verdadera de esta crisis. La solución requiere (¿por qué no es esto evidente para los propagandistas de la Alianza?) que se logre la erradicación, el derrocamiento de la dictadura. Meta costosa, dolorosa, pero ineludible, a menos que nos resignemos a un país dominado permanentemente por sicarios. Ya se ha visto que es imposible convivir, acordar, pactar civilizadamente con Ortega y Murillo. Y si algo hemos aprendido colectivamente en estos meses es que con ellos no es posible el empate.

¿Qué hacer entonces? Queremos, mayoritariamente, evitar que la crisis lleve a una guerra civil. Pero quienes dicen que una explosión de violencia fratricida es 'imposible' necesitan echar un vistazo a todas las guerras imposibles que han asolado nuestra patria, donde más bien uno a veces, cuando el espíritu flaquea, se pregunta si la paz es posible. Como la ansiamos, y creemos que la paz no puede darse sin democracia y justicia, y ya que —tal y como se explica adelante— es de ilusos concebir la salida de un tirano porque "dialogamos" con él, hay que buscar de urgencia alternativas efectivas de lucha.

Hay que buscar también que los liderazgos populares autoconvocados escapen al embrujo de la propuesta adormecedora de la Alianza y los grupos tradicionales del poder. Hay de sobra evidencia para demostrar que el mantra de "no hay alternativa al diálogo" es una trampa mortal, y que a fin de cuentas deja más víctimas en el camino de las que promete evitar.

Hay que agruparse, unirse, alrededor de la meta de democratizar el país, pero con la claridad de que es preciso salir de la dictadura como prerrequisito, con el entendimiento de que el eslogan "solo el pueblo salva al pueblo" es más informativo que nunca, dado el fracaso del diálogo —del 1.0 y del 2.0. Hay que movilizarse, dentro y fuera de Nicaragua, para poner en marcha un plan de lucha en el espíritu— no necesariamente la letra —de lo que abajo proponemos. Sería un plan que busque infligir el máximo daño al régimen sin convertir a los nuestros ni en carne de cañón ni en soldados de ningún ejército— al final todos los ejércitos terminan siendo ajenos.

Sin presión no hay liberación:
Plan Nacional de Desobediencia Civil.

¿Qué dictador en la historia de la humanidad ha declinado su poder político a través de un dialogo nacional? ¿Adolf Hitler, Muamar el Gadafi, Fidel Castro, Hugo Chávez, alguno de los Somozas? Ninguno. Por lo tanto, ¿Qué nos hace creer que el régimen Ortega-Murillo lo hará? ¿Por qué los nicaragüenses nos sentimos tan exclusivos de los designios naturales de un dictador? He aquí la trampa del dialogo, negociación, pacto o quimera nacional, cuyo único objetivo es servir de muro de contención ante la insurrección popular.

En la historia de la humanidad, las luchas de poder están vinculados a las luchas de clases, porque el pastel de las riquezas se tiene que repartir entre sus protagonistas, tradicionalmente representados en el poder económico, político y religioso. Esta forma de repartir las riquezas se deriva, entre otras razones, de la capacidad que tienen estos grupos de ponerse de acuerdo entre sí y someter a las grandes mayorías a la voluntad de las élites de turno. Pero como todo sistema social es vivo, cambiante y dinámico, hoy en día hay un nuevo actor social con capacidad de poder, *el pueblo,* que ahora se comunica entre sí, comparte ideas, tiene propuestas y grita sus necesidades a través de las nuevas tecnologías de comunicación y las redes sociales. Adiós al monopolio de las voces únicas. Que tiemble el poder tradicional.

El poder es la capacidad que tenemos para hacer que otros nos obedezcan, incluyendo gobiernos, empresarios, pueblo, dictadores, etc. En contextos civilizados solo quien tiene algo que dar (dinero, favores, alianzas, etc.) puede ofrecer, pero en contextos de violencia, solo quien usa la fuerza puede someter. El pueblo de Nicaragua tiene la capacidad social, política, institucional y económica para someter la voluntad política del gran capital y el régimen Ortega-Murillo a través de un proceso nacional, sistémico, contundente, responsable y eficiente de resistencia civil y pacífica.

Un plan nacional de desobediencia civil es un mecanismo ciudadano que busca desestabilizar política, social, institucional y económicamente al sistema corrupto y violento que sostiene una dictadura. Es un mar de posibilidades que ofrece a los ciudadanos la capacidad de resistir sin morir, porque a diferencia de los métodos tradicionales de protestar a través de marchas, plantones, protestas, etc. en los ejercicios de desobediencia colectiva no habrá cuerpos humanos a quienes arrestar, secuestrar, mutilar, herir, torturar, disparar y asesinar. El nuevo poder del pueblo son las acciones anónimas desde la clandestinidad. Autoconvocarnos utilizando las redes sociales, las nuevas tecnologías de la comunicación, mensajes de WhatsApp, correos electrónicos, medios de comunicación independientes en el exilio, los púlpitos de las iglesias, etc.

No es necesario que el pueblo se organice a través de una estructura formal, la gente ya está organizada en el dolor e impotencia que sienten de vivir bajo una dictadura. Detrás de cada celular, computadora, tablet, etc. se encuentra un nicaragüense que pertenece a una familia, hogar, barrio, ciudad, país y, por consiguiente, es un actor político con capacidad de convocatoria, acción e influencia. Ejemplos sobre la efectividad de este poder abundan en la nueva Nicaragua: El Boicot a empresas como PetroNic, Colgate, NicaBus. La cancelación de eventos como El Concierto de Carlos Vives. La declinación de artistas invitados a actividades del régimen como El Nicaragua Diseña, Festival Incanto, etc. Las convocatorias para ir a marchas, plantones, paro nacional, etc. O actividades más creativas como las pintas azul y blanco, lanzar globos, lobby internacional de la diáspora, paro temporal de remesas familiares, etc.

¿Cómo? II
(Desobediencia Civil y Noviolencia)

9 de agosto de 2020

La ***Noviolencia***, así, junto, incluye todo tipo de actos de desobediencia civil, pero persigue avanzar más allá de esta, hacia el reto directo al poder. Por ejemplo, la toma de una iglesia es *más* que "desobediencia civil"; va *más allá*. Rebasa el "*no obedecer*", el "*no hacer*". *La lucha Noviolenta busca construir una dinámica de desafío activo al poder*; persigue quitarle el monopolio del espacio público y del miedo. *La estrategia de lucha Noviolenta tiene, como toda acción política contra un régimen autoritario —y como también lo tiene la sumisión ante este— un costo humano.* Sin embargo, el costo de la guerra es mayor: el régimen autoritario es más débil ante la Noviolencia que ante la sedición armada.

La lucha Noviolenta requiere construir cohesión social alrededor de reivindicaciones que la población pueda sentir como *urgentes*, y que el régimen autoritario se resista a aceptar, porque entiende que ceder lo debilita. De hecho, la lucha Noviolenta busca que *el miedo a ceder*, la negativa del régimen a respetar los derechos ciudadanos, lo debilite de manera relativa, fortaleciendo al pueblo a través de la acción (o inacción) *noviolenta*. En otras palabras, la lucha Noviolenta busca cambiar la correlación de fuerzas a favor del pueblo, de hacer que la dictadura *pierda si cede, y pierda si se resiste a ceder.*

Un ejemplo: la lucha por la libertad de los presos políticos es una reivindicación urgente. Hay que rescatar a todos los secuestrados del régimen. *Pero lo esencial es eliminar —con la destrucción de la dictadura— la fuente del problema.* Que estemos avanzando en esa dirección no se mide porque el régimen libere algunos presos políticos [deja otros presos, captura otros a capricho]. De hecho, podría liberarlos si llega a sentir que ya no está en peligro, o que el peligro ha disminuido. Por eso, *el progreso hacia la meta de erradicar la dictadura se mide por la capacidad del pueblo de* ***forzar*** *a la dictadura a retroceder*, a liberar a nuestros secuestrados porque los hacemos pagar un costo político, aumentando el desgaste de sus fuerzas domésticas e internacionales.

La lucha Noviolenta contra la dictadura debe atacar a esta con inteligencia en todo flanco donde choque la aspiración legítima de los ciudadanos con el fracaso y la opresión del régimen. Quienes aspiren a liderar al país en *democracia* no pueden esperar lograr su meta sin liderar la lucha *por la democracia*. Para el pueblo, una manera de distinguir entre legítimos opositores y oportunistas cazafortunas es observar quién convoca, inicia, participa en acciones y campañas concretas, dentro y fuera del territorio, versus aquél ocupado en poses, gestos, reuniones y condenas retóricas que a la dictadura ni siquiera inquietan, y por tanto no busca impedir, porque ocurren en su espacio de confort: son la "*función*" en "*oposición funcional*"; son parte del espectáculo que la dictadura necesita para amenizar su juego, y el que los grandes capitales necesitan para legitimarse internacionalmente mientras buscan un reacomodo en el *sistema dictatorial* al que fingen renunciar. En pronunciado contraste, un liderazgo Noviolento comprometido con la lucha por la democracia busca sacar a la dictadura de su zona de confort, busca desestabilizarla ocupándose, no de preparar elecciones en las cuales legitima a quienes en otras ocasiones llama "criminales", ni a disputar a otros grupos puestos en directivas burocráticas, sino de *agitar con persistencia, articular con inteligencia, y acercarse con humildad a los puntos de fricción entre la dictadura y el pueblo*, que son cada vez más, desde el criminal manejo de la epidemia (incluyendo manipulación del precio de las medicinas para favorecer a amigos y familia del régimen), hasta el inmisericorde saqueo de las empobrecidas finanzas familiares por medio de abusivos cobros de electricidad y otros servicios públicos.

Todos estos puntos de fricción representan puntos de debilidad política y financiera del régimen, representan reivindicaciones urgentes e inmediatas en las que el interés de la minoría genocida en el poder choca diariamente con la población. Deberían ser consignas de acción inteligente, imaginativa, prudente, incluso de bajo riesgo para los ciudadanos, con un resultado potencialmente muy dañino para el régimen. Ciertamente, tendrían más peso, más impacto, y más significado, que invitar al Papa Francisco a visitar el país, gesto que demuestra una ignorancia lastimosa de las realidades del mundo y de la diplomacia, y de una verdad fundamental que los políticos de la disminuida oposición pasan por alto: *la dictadura caerá a manos del pueblo de Nicaragua, o no caerá*. Si algo grita a los cuatro vientos la movida de invitar al pontífice, es una confesión lastimosa de desaliento, de no saber qué hacer, de necesitar la intercesión, digamos, milagrosa, de la Iglesia. En resumen, si querían gritar que "los nicaragüenses no podemos", o que "ya no sabemos que hacer", lo han logrado.

Para alcanzar sus objetivos, la lucha Noviolenta necesita ser flexible en la táctica, no darle al régimen blancos fijos (como fueron los tranques en el 2018), *sin fuerte blindaje político*, ni hacer nada que dificulte organizar la movilización *simultánea* que dispersa a la represión. *La dictadura no puede reprimir en todas partes a todo el mundo con igual fuerza.*

La dinámica de la lucha noviolenta, basada en una creciente cohesión social, empodera al pueblo, causa un punto de quiebre en el despliegue de los represores y en su moral. En ese momento pasan de intimidadores a intimidados, de sentirse guardianes todopoderosos a darse cuenta de que están *rodeados* por una mayoría que los desprecia, y ya no está dispuesta a tolerar su dominio.

La lucha Noviolenta es, en sí, desde el inicio, construcción democrática, construcción de paz, ejercicio —forzado por la necesidad de ampliar apoyos— de comunicación civilizada y tolerancia. Planta así la semilla de los hábitos que hacen falta para que un régimen autoritario no sea sucedido por otro, y luego otro, y luego otro, como en el ciclo inacabado de violencia y tregua que ha sumido a Nicaragua en la miseria.

El fantasma del orteguismo sin (o con) Ortega, la crisis de la Coalición, y el grito de "auxilio" de sus políticos

12 de agosto de 2020

El político Félix Maradiaga ha publicado en sus redes una breve nota, una especie de circular, sobre la reunión que —nos dice—sostuvo junto a otros políticos con el Subsecretario de Estado de EEUU para América Latina, el Sr. Michael Kozak.

Antes de entrar en detalle, aclaro que no me refiero a Félix como "político", a secas, con ánimo de insultar. Ya sabemos que en la patria esa palabra últimamente no suena muy bien. Tampoco —y tengo que aclararlo para no ser yo parte de la tradición de descalificación injusta de nuestro país— quiero que se interprete lo que pregunto y digo en esta nota como un intento de destrucción moral del ciudadano *privado*, un ser humano de nombre Félix Maradiaga, ni de los demás aludidos. Pero la justicia, y estos días hasta las necesidades de supervivencia de la sociedad, requiere que se hable claro acerca de la conducta *pública* de los *actores políticos*. En este caso, es imposible evadir la obligación de referirse a la conducta y postura de Maradiaga, y de otros a quienes no puedo referirme por nombre, porque no fueron mencionados por nombre en la arriba mencionada circular.

Empecemos, pues, por esto: no estoy claro en nombre de quién nos informa, ni a quién representa en transcendentales reuniones durante las cuales aparentemente se discute el futuro de mi país. Hago extensiva mi perplejidad al resto de los participantes en estas conversaciones, que afectan la vida de millones de personas cuya aquiescencia parecen asumir, *sí* o *sí*. Debo confesar que, en medio de tanto movimiento de silla, cambios, coaliciones, rompimientos, vuelta a coalescencias, nuevos rompimientos y vueltas a empezar, me he perdido.

En todo caso, compatriotas, parece que tenemos representantes en negociaciones. Y esta es la primera noticia que habría que comentar, pero debo —con resignación— pasar a otra. Ya sabemos que en Nicaragua el asunto de la "representación" es algo caprichoso, y no tengo, como un ciudadano X, incidencia alguna en el asunto. Más bien me queda la impresión de que Félix Maradiaga cree actuar con impecable etiqueta democrática y generosidad al contarnos lo que han hecho en nombre nuestro, las decisiones que han tomado para redirigir la vida de más de 6 millones de personas, contando a los que están en el territorio nacional y a los que han sido forzados al exilio y al destierro.

Maratón y calvario

Pasemos, pues, a algo que—si se pudiera medir el escándalo en cansancio—

sería algo así como un maratón de Boston de la tragedia nicaragüense. Lo resumo aquí de la manera más concisa que puedo: todavía humea la imagen de la Sangre de Cristo, acaban de vapulear al padre Edwing Román, acosan a la joven lideresa independiente Zayda Hernández una vez más, los presos políticos siguen presos, y los secuestradores siguen secuestrando; más y más voces se unen al clamor popular de que los políticos, si dicen representarnos, y si quieren mañana ser líderes en la democracia, deben luchar por ella, comprometerse en una campaña de Noviolencia para erradicar la tiranía y evitar la guerra. Que *las verdaderas alternativas son sumisión, lucha Noviolenta, o guerra,* y que *mientras esté Ortega en el poder no podrá haber reformas,* se ha escuchado decir recientemente a figuras que difícilmente pueden ser tachadas de "radicales", como Humberto Belli y monseñor Abelardo Mata.

Todavía humea la imagen de la Sangre de Cristo… un atentado que simboliza, como todos entendemos, la imposibilidad, política y moral, de pactar y convivir con Ortega y sus sicarios…

¿Y qué nos dice la circular, una vez más? ¿Qué propuesta trae?: "*Seguimos apostando por una salida electoral*". Es decir: ignoraremos el clamor popular, nos haremos de la vista gorda ante la saña del régimen, iremos hacia la meta de Ortega ("elecciones en el 2021"), legitimaremos por tanto a un clan genocida, al que daremos un barniz de legalidad, y garantizaremos que sus crímenes queden impunes, porque a nadie con dos dedos de frente puede ocurrírsele que Ortega acepte "elecciones libres" si sabe que al final va a perder y tendrá que someterse a la justicia.

No hay *cantinfleo* que pueda oscurecer esto, que por ser tan claro se refleja en el rechazo —cada vez más cercano a desprecio— de la inmensa mayoría de la población nicaragüense hacia las propuestas de la Coalición. Y digo *cantinfleo* con cierto remordimiento, porque quizás irrespete el genio creativo de Cantinflas; el enrevesado de la circular no luce nada fresco, es más bien una rutina que perdió desde hace mucho todo el brillo y el filo que pudo haber tenido: "*no podemos ir a elecciones en estas circunstancias… sólo si se dan las reformas y condiciones necesarias.*"

¿Será posible que nuestros 'representantes' sean los únicos que no entiendan que "las circunstancias" no son temporales, o tienen la misma "temporalidad" que el régimen, y que "las circunstancias" persistirán mientras persista la dictadura del FSLN? ¿Será posible?

La crisis del proyecto electorero de la Coalición

Aunque parecen no respetar nuestra inteligencia, demostremos respeto hacia la suya. ¿Cómo? pasando por alto la obviamente falsa explicación que nos dan, e investigando sus verdaderas motivaciones.

Para esto no hay que escarbar mucho. El proyecto de "elecciones con Ortega" atraviesa una crisis evidente, por varias poderosas razones. Una es la renuencia del pueblo nicaragüense a creer la fantasía electorera. Otra es la negativa de la dictadura a permitir el más mínimo espacio de expresión ciudadana —el clan FSLN está tan claro como nosotros de que no hay empate posible en esta lucha; de que los intereses del pueblo y los de su pandilla son absolutamente irreconciliables, y que una "elección con Ortega y bajo Ortega" no soluciona nada. Finalmente, los políticos de la Coalición empiezan a pagar un precio por su torpeza "unitarista". Al dejar entrar, en caballo de Troya, a los partidos zancudos, han hecho posible que el PLC y otros grupos comiencen a dictar reglas y condiciones, sometiendo *de facto* a la Coalición a los dictados del régimen (no olvidemos: ¡el PLC es parte del gobierno!), y hundiéndola aún más ante los ojos de la población.

Una vez más, una vez más, ¿cuándo aprenderemos?

¿Y cómo responden a la crisis los políticos de la Coalición? ¿Se dirigen al pueblo, se acercan al pueblo, se preguntan, ***con el pueblo*** *cómo organizar la lucha Noviolenta para erradicar la dictadura?* No faltaría más. Ingenuo sería el sueño. No es así como estamos acostumbrados a actuar en la cultura política nicaragüense, en la vieja cultura, la que domina los círculos palaciegos, la que actúa—dice—en nombre de Abril, pero nada tiene que ver con el espíritu igualitario y democrático y transparente de aquella fecha.

¿Cómo, entonces? Van y ponen la queja al poder extranjero por el cual se sienten (o son, no puedo afirmarlo ni negarlo) apadrinados. Lo que sigue es lo esperable: el *poder extranjero* —que es, en realidad, un burócrata o un político de otro Estado— se "*pone de acuerdo con los nicaragüenses*" que son, en realidad, un grupo que opera de espaldas a la población, y cercano a grupos minoritarios de poder local, y buscan cómo, una vez más, imponer una "*solución*", que para ellos luce bien sobre el papel, que menea las aguas lo menos posible, y que por tanto es del agrado de quienes en mi pobre país tienen como más alta prioridad hacer que las aguas regresen a la quietud. Aunque estén sucias. Aunque estén llenas de sangre. Aunque de aquí a un tiempo el proyecto de orteguismo sin Ortega —que podría también terminar siendo *con* Ortega— desemboque una vez más en violencia armada. Aunque en el entretanto se pierdan vidas, se marchiten los presos en las cárceles, se seque más el potencial de riquezas materiales y espirituales de la patria. Hermanos, nunca ha sido más relevante esto:

#NiPerdónNiOlvido.

La crisis de Estados Unidos

26 de agosto de 2020

Estados Unidos es un polvorín: Un movimiento neofascista en ebullición, el *trumpismo*, que tiene su propio culto a la personalidad, la sumisión ante su Comandante Supremo; la continua incitación de este a la violencia y el miedo (a los inmigrantes, a los negros, a los hispanos, a los judíos); una mayoría anglosajona armada hasta los dientes (33% de la población acumula todas las armas de fuego, incluso de guerra; hay más armas que población en Estados Unidos); una crisis social y económica sin precedente en los últimos 100 años; tensiones raciales azuzadas desde la Presidencia; brutalidad policial que ya agota la paciencia de las comunidades más afectadas, y de mucha gente de buena voluntad y espíritu pacífico; un gobernante impopular que quiere reelegirse y busca deslegitimar el proceso electoral a toda costa, y de impedir el voto de las minorías étnicas a las que ataca; un gobernante que insinúa, perversamente, que podría no reconocer el resultado electoral si le es adverso, porque según dice a sus seguidores "la única manera de perder es si nos roban la elección".

Y hay mucho más.

El país es un polvorín.

Los que piensan que esto es un juego de fútbol donde uno escoge su equipo y lo único que cuenta es ganar, o los que se han convencido a sí mismos de que la oposición al ocupante de la Casa Blanca es un capricho ideológico en el molde de la Guerra Fría, o una conspiración de extremistas: tengan cuidado, que aquí podemos perder todos, no solo los residentes en Estados Unidos, sino el mundo entero.

Porque la violencia en este país, y la erosión de su democracia a manos del movimiento neofascista del actual Presidente, incluso el peligro de que la democracia colapse, afecta al planeta entero. Estos peligros son muy reales. Es más fácil comenzar un incendio que apagarlo.

No sean insensatos.

Hay que evitar que sigan en el poder estos energúmenos, irresponsables y corruptos, que se parecen más a Chávez, Ortega, Franco y Mussolini, que a los políticos tradicionales de sistemas democráticos. A los buenos y a los malos.

Contra el terrorismo de estado en Nicaragua (paramilitar o fiscal): derechos para todos, privilegios para nadie

5 de septiembre de 2020

El respetado periodista Guillermo Osvaldo Cortés Domínguez publica afirmaciones que creo vale la pena comentar. La primera: "Me viene llamando fuertemente la atención que haya personas que, con una extraordinaria disciplina, metódica y sistemáticamente se han dedicado a atacar a los grandes empresarios privados desde el mismo mes de abril del 2018, pese a que ellos cortaron drásticamente con la dictadura..." La segunda es que quienes así critican a los grandes empresarios privados siguen "instrucciones precisas desde un cuartel general orteguista."

Hago estos comentarios porque yo soy uno de esos que consideran al gran capital parte del sistema dictatorial que oprime a Nicaragua, y soy uno de los tantos que consideran los actos de sus representantes, el proyecto de "aterrizaje suave" y sus gestiones fuera de Nicaragua para atenuar las sanciones, como un esfuerzo de evitar que el sistema dictatorial caiga. Quedarían felices con un rostro maquillado que les permitiera decir "ya somos democracia" sin que nada fundamental cambiara.

No han logrado hacerlo porque las heridas en el pueblo son muy grandes y recientes. No han logrado hacerlo porque su socio principal, capo di tutti capi, Padrino de todas las famiglias, no quiere soltar la jefatura de las mafias de Nicaragua, y como el mismo Sr. Cortés Domínguez ha comentado, no va a dejar el poder a menos que lo saquen los ciudadanos por la fuerza (no por las armas, necesariamente; pero si, necesariamente, por la fuerza).

¿Cómo se llegó a esta situación?

En un giro de la historia que debería ser la más trágica ironía–para quienes aceptan la fábula sandinista de pureza revolucionaria y socialismo– el FSLN se convirtió en el brazo armado de la oligarquía post colonial. Y como ha sido lo común en el país, el brazo armado terminó imponiéndose sobre una cabeza oligárquica que es, políticamente, tan incompetente y débil como es cruenta, implacable y excluyente en su dominio económico.

Terminó imponiéndose porque usa contra sus socios el poder monstruoso que sus socios lo dejaron acumular, para ellos engordar riquezas cómodamente. Y como ha ocurrido también antes en la historia, desde Emiliano Chamorro y Zelaya hasta los Somoza, si los socios quieren rebelarse contra il capo di tutti capi el tirano los ataca donde a estos más duele, donde la ambición de ellos reside: en sus fortunas. Solo entonces, en ocasiones, se ven obligados a un enfrentamiento directo con la dictadura militar, que la esperanza de democracia del pueblo puede aprovechar.

El dilema de las famiglias

En esas estamos.

Las famiglias tienen muy pocas opciones. Una es aceptar que no pueden arriesgar "los permisos de exportación", como increíblemente declara Michael Healy ante las cámaras, y soñar con que sus aliados en "la comunidad internacional" operen el milagro de una transformación estética del régimen dictatorial, la cual todavía creen necesitar, porque sienten ira en el aliento del pueblo.

Otra, si la primera falla, es hacer como que nada ha pasado, y resbalarse de nuevo hacia el silencio, salir en puntillas de la crisis, esperando que nadie note que el pacto con Ortega sigue en pie: cada uno a sus millones, y al tirano los cañones.

La tercera, que representaría un salto cuántico para las élites nicaragüenses, sería cruzar verdaderamente la calle y poner sus enormes recursos del lado de la ciudadanía, para acabar con la tortura de un país entero y emprender el camino hacia un Estado de Derecho.

No hay ninguna indicación de que esta sea la preferencia de los "grandes empresarios", ni que hasta la fecha se sientan obligados por las circunstancias a optar por ella. Ortega es capaz de administrar abusos de acuerdo con la jerarquía social que tiene la maldad política en Nicaragua; la regla general parece ser balas y cárcel para los pobres, terrorismo fiscal para los díscolos acaudalados. De esta manera les recuerda a estos últimos que lanzarse a la desobediencia real les traerá costos, y busca cómo mantenerlos en el limbo de la duda, bamboleándose entre las primeras dos opciones.

Ortega, por supuesto, no es infalible, y por la persistente aspiración democrática del pueblo y su propio temor (los crímenes de lesa humanidad cuelgan como espadas sobre él y su clan) podría empujar a los socios oligarcas hasta un punto en que no tengan más remedio que enfrentarlo.

No sería la primera vez que un tirano calcula mal la cantidad de veneno y termina intoxicándose a sí mismo. A propósito, creo haber visto en una copia de *La Prensa* de 1978, cuando las famiglias se rebelaron y abrieron las puertas al ascenso del FSLN, un titular que decía algo así como "Abajo el competidor desleal".

Contra todo abuso del poder: derechos para todos, privilegios para nadie

Independientemente de las maquinaciones maquiavélicas de uno u otro bando, en nombre de la democracia que soñamos, y del Estado de Derecho indispensable para sostenerla, los ciudadanos debemos denunciar cualquier atropello de la dictadura militar, sea contra quien sea; no porque las víctimas sean siempre ajenas a toda culpa en la pesadilla, sino porque no queremos, punto, no aceptamos, bajo ninguna excusa, que ningún régimen utilice impunemente la autoridad que se supone del pueblo, la del Estado, para mantenerse en el poder en contra de nuestra voluntad, y no aceptamos que viole los derechos humanos en nombre nuestro.

En pocas palabras: exigimos un Estado de Derecho, con derechos para todos, privilegios para nadie. Aunque los grandes capitales y sus políticos ignoren esta demanda, porque prosperan y se sienten casi siempre protegidos en sus privilegios, el ciudadano común debe exigir respeto al derecho de todos y cada uno, para que nadie pueda ejercer el poder en su contra. Llámese Álvaro Conrado, Eddy Montes, Cristhian Fajardo, doña Francisca, o Juan Pedro X; trátese de la familia del exilado Norwin Orozco, que como muchas otras es víctima de amenazas de sicarios; o de la familia de Juan Sebastián Chamorro; sea laico o seglar, católico, evangélico o agnóstico, hombre o mujer, heterosexual o LGBTQ; liberal, conservador, socialdemócrata, sandinista, aliancista, unabista, vayan por donde vayan sus preferencias, el Estado está en obligación de ejercer nuestro mandato de que cada quien se exprese libremente, y de no reprimir a favor de los intereses de un grupo particular.

Esto es esencial. Y no es que nos llamemos a engaño acerca de quiénes luchan y quiénes estorban la marcha hacia el sueño de una república democrática. Porque estamos muy claros de que si alguien trabaja "con extraordinaria disciplina, metódica y sistemáticamente"—cito la frase que el Sr. Cortés Domínguez dirige a los críticos de la oligarquía— para que la voluntad popular de democracia no triunfe, es el gran capital y sus representantes políticos.

¿Qué me queda por decir?

Solamente (lo digo para que crea quien quiera creer, o que quien pueda demuestre lo contrario), lo siguiente: hacer las críticas que arriba resumo, basadas en estudio y experiencia, y que ya son de amplia aceptación entre los ciudadanos demócratas, no es "seguir instrucciones precisas desde un cuartel general orteguista." Esta última afirmación del Sr. Cortés Domínguez es un ad hominem, un truco retórico que desvía del argumento; una manera de no debatir el mensaje, sino atacar al mensajero. Pero no estamos ya en tiempos de "Dirección Nacional Ordene", ni de "el que no brinque es contra". El debate democrático debe darse.

Para la dictadura y sus colaboracionistas electoreros, los presos políticos son simples fichas de cambio

15 de septiembre de 2020

Para Ortega y sus colaboracionistas electoreros, liberar presos políticos es "parte del juego". Un juego cruel, juego de prestidigitadores que piensan que la mano que pacta con Ortega es más rápida que la vista del pueblo; que ellos, por ser los mandamases de la hacienda ensangrentada, pueden engañarnos fácilmente. Parece que hay que recordarles que no somos tan tontos como imaginan desde la prepotencia de su poder y la comodidad de sus privilegios. Así que los retamos: si dicen querer elecciones libres bajo la tiranía, *que la liberación de los presos ocurra YA, y que sea PARTE de un MÍNIMO de condiciones, no su totalidad.* ¿Por qué? Porque de lo contrario liberar reos políticos *será sencillamente parte de la coreografía del fraude*: poco antes de las elecciones, Ortega los dejará ir, cuando ya esté seguro de que todo está en marcha y de que no necesita retenerlos; cuando el beneficio de soltarlos para legitimar la farsa electoral sea mayor.

Ahí estarán, listos a aplaudir al tirano, los colaboracionistas electoreros, que imitando torpemente un gesto solemne dirán en cualquier hotel de lujo que "*es un paso necesario, pero falta más; de todos modos, el gobierno* ("el señor Presidente" como algunos de ellos le llaman) *ha dado muestras de que hay voluntad política; esto hace posible que sigamos avanzando hacia las elecciones*". El coro de "la comunidad internacional", junto al solista Almagro, confirmará que "*los nicaragüenses dan muestra de madurez política al escoger la vía civilizada de las elecciones; hemos pedido al gobierno de Nicaragua que facilite esta salida, y creo que vamos progresando en ese sentido.*" Mientras tanto, la dictadura no dejará de intimidar y de matar. De vez en cuando, los colaboracionistas electoreros harán su pantomima de protesta en papel, alzarán débilmente el puño, sin arrugar sus camisas de blanco inmaculado, y pedirán a la gente paciencia; les dirán "*mejor protesten con el voto*". De esta manera, todo quedará como el experimento controlado que las clases en el poder quieren. Al amparo de esta cortina de humo se repartirán una vez más la hacienda. Tras la gaza se verán las manchas de sangre de la gente que quiso tener fe, que creyó que era posible de esta manera, que los colaboracionistas electoreros eran honestos patriotas. *Una vez más, una vez más, la muerte de unos y la viveza de otros.*

Porque, si en verdad quisieran elecciones libres, *si en verdad fuera posible* realizar elecciones libres antes de derrocar al clan genocida, la dictadura tendría que, además de liberar a los presos políticos ya, permitir movilización sin represión ya, periodismo sin intimidación ya, desarmar a los paramilitares ya, detener el terrorismo fiscal ya, alto a la complicidad del ejército en la represión ya, alto a los secuestros de opositores ya. todo esto, para la dictadura, sería suicidio ya: ¿alguien duda lo que le ocurriría al clan FSLN —a ellos y a sus cómplices en la falsa oposición— si decidieran cumplir estas demandas? ¿Cuánto durarían en el poder? ¿Por qué insisten tan desesperadamente los colaboracionistas electoreros en promover la estrategia de Ortega?

Algún día, cuando haya JUSTICIA y ESTADO DE DERECHO, lo sabremos. Y si hay justicia, habrá juicios, y habrá verdad, y habrá castigo.

La bestia y los buenos (¿quién será el próximo dictador de Nicaragua?)

15 de Septiembre de 2020

[Escenario: Un salón de conferencias de un hotel de lujo. En un descanso entre sesiones, se sirven comida bufé, discuten.]

—¿Quién será el próximo dictador *oficial* de Nicaragua? ¿Será Félix Maradiaga? ¿Arturo Cruz? ¿Será un Baltodano, o un Montealegre-Monterrey? ¿Será un Mario Arana? ¿Será un Juan Sebastián Chamorro? ¿Será uno de los muchachos *buenos* que quedaron, como restos de marea, en la arena? ¿Será un Lesther, o un Medardo? ¿Será un Hallesleven, un Avilés? ¿Será, como parecen delirar algunos, algún prelado que cuelgue los hábitos y encabece un nuevo caudillaje?

—"¡Estás loco!, ¡Alucinás!", "¡Decir eso ayuda al orteguismo!", "¡Qué falta de respeto!".

—"No. El próximo dictador *oficial* de Nicaragua está en el vientre de la bestia, que es el *sistema*; el *sistema*: la estructura monstruosamente desigual de propiedad, dominada por una clase parasitaria de herederos postcoloniales, apenas diversificada a actividades de importación y comercio, que depende del Estado para protección económica y militar; el *sistema* es lubricado por la *cultura* que la vida social en opresión, aislamiento, e ignorancia secular, ha parido y nutrido: la mediocridad intelectual, la chapucería profesional, la mentira cotidiana, la viveza, el "Le cuesta la causa", el "No hay que ser baboso", el "No es tan malo como el otro", el "Es un hijueputa pero ni modo", el "Hay que pedirle ayuda a los gringos", el "Todo es culpa de los gringos", el "Quieren nuestros (grandes) recursos", el "Dejémoslo todo en las manos de Dios", y el "El que no brinque es contra", o su versión siglo XXI (¡en algo tenía que lucir más 'moderna' la vieja cultura!), el "Divisionista".

—"Aquí el único dictador es Ortega", "Hay mucha gente buena en la oposición, es imposible que haya otra dictadura, vos estás loco".

—"No. El próximo dictador *oficial* será probablemente uno de los *buenos* de hoy, aunque no es imposible que sea uno de los *arrepentidos*. Ya se sabe que en Nicaragua los ríos dan marcha atrás. [*Ríen los dos*] También se ha visto a malvados salir del infierno con permiso; se les ve beatos, puros, apegados al dogma de la religión; reciben el *ego te absolvo* de sus pastores, comulgan y se casan como Dios manda, y luego ejercen el sacerdocio ellos mismos."

—"Vos te creés sabio", "No sabés lo que es dictadura".

—"No. Invitarte a pensar, a conversar, a ver de cerca la llaga, no es creerse uno *sabio* [pronuncio *sabio* con el desprecio con que vos la pronunciás, con el desprecio que tiene nuestra cultura por el pensamiento, por el aprendizaje, por la independencia moral del pensante]. Y si me tomo el tiempo de decirte estas cosas es más bien porque creo que el buen camino no lo encuentra un solo guía, sino todos los guías que exploraron antes, y todos aquellos que acompañan la marcha. ¿Que no sé qué es *dictadura*? Por desgracia, sí. La verdad, me parece que no cuestionarías tan ingenuamente mi entender si tuvieras mejores argumentos. En cualquier caso, ya sabrás que muchos de los que más *sabían* de *dictadura* terminaron siendo ellos mismos dictadores. De la misma manera que algunos de tus héroes carecieron de valentía moral, la más difícil. De la misma manera que muchos de tus libertadores te quitaron el grillete solo para marcarte la frente con un hierro."

—"Y entonces, ¿qué proponés?".

—"Para empezar, que pensés en mi pregunta: ¿quién será el próximo dictador *oficial* de Nicaragua?"

—"Y qué es eso de "oficial"?"

—"Bueno, por lo menos notaste el calificativo. Me alegra. Ya es avance. En realidad, yo debía haberte preguntado: "¿a quién aceptarán, como nuevo *rostro* del *sistema*, los poderes dominantes?" ¿Quién podrá, por ejemplo, captar —al menos en el momento de un nuevo *parto de dictadura*— la conformidad de los señores de la tierra, la tolerancia de los señores de la guerra, el beneplácito de los señores de afuera, y mejor todavía, la bendición de los señores de Dios? Porque si hay algún obispo o pastor en la ceremonia, mejor. Acordate del "Dejémoslo todo en las manos de Dios". Pero lo esencial es que estén los otros señores…Y fijate bien que digo *señores*; ¿vos me entendés, o no?"

—"¿Y quién dice que va a haber un nuevo "parto"?", "¿Por qué tendría que haber uno?"

—"Pues, porque la bestia está con achaques, embarazada, y el rey se muere. Y porque "a rey muerto rey puesto".

[Se oyen voces. En un salón cercano prueban el sonido de unos amplificadores. Segundos después una voz estentórea anuncia: "Queremos informar al pueblo sobre el Plan de Nación que le hemos preparado."]

FIN del ACTO I

Pollux, de Sid Hart

23 de Septiembre, 2020

Sobre *Pollux*[75] de Sid Hart (Siddharta Sebastián Kapoor Cardenal, conocido en Nicaragua como Sebastián Cardenal, mitad de un talentoso dúo con su hermana Nina) quiero compartir la alteración espiritual y sensual que ha causado en mí. No es un placer "vacío", como el que Vargas Llosa atribuyera a ciertos espectáculos; está lleno, colmado, pero su interior es tan misterioso como el título que cuelga, persistente y evocativo, sobre su música, su letra, y sus imágenes: Pólux, la estrella más brillante de la constelación de Géminis, nombrada a su vez por los gemelos Pólux y Cástor.

Pólux habría sido concebido por Zeus, el Dios supremo, quien se habría transformado en cisne para seducir, engañosamente, a Leda. Cástor, por su parte, habría sido hijo de Tíndaro, rey de Laconia. Gemelos, entonces, pero de diferentes padres. Es más, el parto de Pólux y Cástor (nacidos de dos huevos de cisne) habría sido también el de Helena (más tarde de *Troya*) y el de Clitemnestre. En uno de los huevos, Clitemnestre y Cástor. En el otro, Pólux y Helena. Pólux, inmortal de nacimiento; Cástor, mortal. Más tarde, gracias a la intercesión de Pólux ante Zeus, los dos *Gemini* (*gemelos*, entre los latinos) o *Dióskuroi* (*hijos de Zeus*, en griego antiguo), llegarían a habitar el Olimpo, y a compartir la condición de deidades imperecederas. Tras la bruma mitológica de la antigua Grecia participarían en misiones audaces. Rescatarían, por ejemplo, a su hermana Helena, cuando esta fuera secuestrada por Teseo, y acompañarían a Jasón hasta la Cólquide, a recuperar el *vellocino de oro*.

Todo esto en un nombre: cuatro criaturas enlazadas por una misma madre en destino y en luchas, en agitado movimiento de lo humano a lo divino; héroes en la turbulencia de un mundo exuberante, lleno de sangre y conflicto, de sorpresa y belleza, de una interminable cadena de aventuras, y de intensa e irrefrenable sensualidad. ¡Nada nuevo sabemos que los griegos antiguos no supieran! Casi todo está dicho ya en la colorida fábula de los helenos. A veces me pregunto si es que encontraron, por razón o accidente, como ciegos en una oscuridad irremediable, los linderos del *saber*; y si es que desde entonces vamos, de cultura a cultura, de generación a generación, apenas traduciéndolos a nuestro propio verbo. Lo hacemos por impulso vital, y aunque nuestro *saber* no aumente, nuestro *saber hacer* se afina y nuestra angustia amaina bajo el bálsamo de lo bello. Porque hay belleza en nuestra búsqueda terca de una verdad imposible. Por eso no es accidente que sea el arte su mejor resultado, ni su mejor espejo. ¿Y cómo nos la muestra Pollux? Cada quién sentirá la radiación de

75 https://youtu.be/saLsstrxV88
Pollux (2017), música y letra por Sid Hart. Video (2020) producido por Nina Cardenal.

esta obra audiovisual de manera diferente. Pero nadie escapará al movimiento de la diversidad humana en múltiples dimensiones; en color, postura, sonido; en la afirmación, a través de la belleza, del espíritu humano, que no esconde la nostalgia, la añoranza, el dolor; que los resiste.

El espectador nicaragüense, por ejemplo, tiene ante sí un homenaje, quizás el más potente a esta fecha, a nuestra voluntad de ser, a la llama interior que no se apaga en nuestra larga noche lóbrega. Bajo su luz, frágil y fuerte, vemos el baile ancestral y la bandera, la madre que acoge a su hijo con dulzura; vemos aparecer los rostros que entre todos los rostros dicen ser nuestros. Pero son también los rostros que inquietamente ocupan los espacios que dejamos atrás; con el acto de estar los cambian; luego también los abandonan. Es la tierra de todos, el "*aquí*" para todas las raíces que canta Sid Hart ("My roots are here").

Esto fue lo que hizo que esta pieza me impresionara y me atrapara [y me motivara a escribir una breve nota, que como todas, es una forma de meditación personal]: a pesar de su distancia aparente de la cultura de origen del autor, desde el idioma inglés —que en Nicaragua es minoritario— hasta su total rompimiento con la melosidad nacionalista, el machismo guerrero, la lírica autocompasiva, o el costumbrismo condescendiente, he sentido en *Pollux* la fuerza de ese amor, inexplicable como todos los amores, al terruño. Eso es humano, y es universal. Y el universo, en *Pollux*, somos todos.

Pólux

Nadie puede devolver el amor que le diste
Nadie puede quitar la luz que brillaste
Nadie puede restaurar el cambio que hiciste
Una vez hecho, ya nunca será lo mismo
Nadie puede reemplazar el espacio que dejaste
Nadie puede convertirse en el que eras
Todos mis planetas giran en torno a tu sol
Una vez que te hayas ido, ya nunca seré el mismo
Hola, pues, fuerza imparable,
vení al encuentro de un objeto inamovible.
Hola, pues, fuerza imparable,
vení a encontrarte conmigo.
Mis raíces están aquí.

Estoy aquí de pie.
El camino está despejado.
No debo temer.
Estoy preparado para la misión.
Mis raíces están aquí
Mis alas se abrirán
en cuanto lo sepan.
No tengo miedo.
Estoy listo para completar su misión.

Pollux

No one can return the love you gave.
No one can remove the light you shone.
No one can restore the change you made.
Once it's done it'll never be the same.
No one can replace the space you left.
No one can become the one you were.
All my planets spin around your sun.
Once you're gone, I'll never be the same.
What's up then, unstoppable force,
come to meet an unmovable object.
What's up then, unstoppable force
come to meet me.
My roots are here.
I'm standing here.
The way is clear.
I must not fear.
I'm ready to receive the mission.

My roots are here.
My wings will open
once they hear.
I have no fear.
I'm ready to complete their mission.

Obligación del político democrático: escuchar con humildad, responder con honestidad, y actuar con coherencia

1 de octubre de 2020

He escrito este comentario a unos compatriotas que se interpusieron entre mi crítica razonada y la postura de los políticos nicaragüenses a quienes estaba dirigida. Es una reflexión que hago y comparto porque creo que vale la pena hacerla, por el bien de todos:

"Nunca vamos a tener libertad y democracia si en lugar de reclamar a los políticos buscamos como escudarlos de la crítica. Nunca.

A los políticos, en democracia, y para que haya democracia, hay que exigirles respuestas. Quienes no están dispuestos a darlas, anuncian de esta manera su intención autoritaria. ¿Vamos a despejarle el camino a una nueva generación de mandamases prepotentes? ¿Para eso tanto sacrificio?

No les demos el beneficio de la duda, porque después nos arrepentiremos, y amargamente: quien hoy parece libertador puede ser [tantas veces lo ha sido] el opresor de mañana.

A los políticos hay que exigirles, y el que quiera ser líder democrático tiene que ***escuchar con humildad, responder con honestidad, y actuar con coherencia.***

En lugar de pretender enfado o indignación, los políticos que quieran llamarse "democráticos" deben agradecer la atención que un ciudadano pueda darles; agradecer la oportunidad que generosamente les dé un ciudadano de explicarse y debatir sus ideas y propuestas con la ciudadanía, que en democracia constituye la fuente única de su poder, la fuente única de su legitimidad.

Y los ciudadanos debemos dejar de tratar a los políticos como si nos hicieran un favor o nos dieran un regalo, cuando en realidad, **si buscan representarnos, tienen que aceptar servirnos.** Si no pueden, o no quieren, ¡que se salgan de la política!: no podemos permitir más redentores que terminen siendo reemplazo de los mandamases que los han antecedido.

Necesitamos tener una actitud racional, y presentar nuestras ideas con seriedad, pero a la vez, tenemos que vencer la debilidad, anclada en siglos de vasallaje, de aceptar cualquier explicación como suficiente, cualquier discurso cantinflesco como explicación, y sobre todo, cualquier "ya te dije" como un "callate" que haya que aceptar sumisamente.

No más.

Nunca más."

No más. Nunca más.

#NiPerdónNiOlvido

Te respeto, no respeto tu opinión

8 de noviembre de 2020

Uno puede sentir simpatías o creer en diversas ideologías y filosofías políticas, de las que va conociendo y adoptando, o adaptando, por la historia personal de cada uno, de lo que le ha tocado ver y vivir, y lo que ha estudiado y reflexionado.

Pero si no hay suficientes neuronas en el esfuerzo, o si no les da un entrenamiento suficiente, y si el esfuerzo carece de integridad, uno corre el riesgo de quedarse gritando disparates prestados, y exigiendo —porque hoy en día existe esa confusión— de que su opinión se respete porque es tan "válida" como "todas".

En otras palabras, el derecho, no a pensar de la manera que cada uno infiera, sino a *no pensar*, e imponer opiniones que no son dignas de respeto a través del ruido y el poder de la masa. Eso es tiranía también, y de la más destructiva y retrógrada, porque parte precisamente del reclamo retrógrado de rechazar el aprendizaje humano, de rechazar incluso los métodos científicos y sus pilares: lógica y datos.

Por eso es por lo que "respeto tu opinión" es una frase que quiere, de buena intención, expresar una postura humanista, de tolerancia civilizada, pero que, al caer en una amabilidad extrema, pierde el blanco: *no todas las opiniones son respetables*. "La tierra es plana" no es una opinión respetable; "los judíos son los culpables de los males de Europa" no es una opinión respetable; "los negros no son seres humanos" no es una opinión respetable; "el Comandante es víctima del golpismo de los minúsculos, envidiosos por el bien que su revolución hace al pueblo" no es una opinión respetable; "el Presidente [Innombrable] es la última barrera contra el comunismo en Estados Unidos" no es una opinión respetable; "Carlos Montaner es un comunista" no es una opinión respetable; "Kamala Harris es comunista, y Joe Biden es un pedófilo" no es una opinión respetable; y hablando de pedofilia y bajezas semejantes, "los Demócratas participan en una red de pedofilia y tráfico sexual, una organización secreta que come niños y se bebe su sangre, y tiene un centro clandestino tras una pizzería en Washington, D.C." no es una opinión respetable.

Habrá que respetar los derechos humanos de quienes profieren estas sandeces. Su derecho a hablar, restringido solo por la condición de que sus palabras no llamen directa y claramente a causar un daño a otros, debe defenderse. Pero de ahí a respetar sus opiniones hay un trecho más largo que entre la decencia y El Carmen.

El Minotauro (Las paredes invisibles que impiden el avance hacia la democracia en Nicaragua)

3 de octubre de 2020

Enrique Sáenz[76] (acertadamente, en mi opinión) comenta que el régimen orteguista toma un giro cada vez más marcadamente totalitario, *fascista*, y da pasos que no solo indican su total desinterés en una salida electoral de la crisis, sino que demuestran que la meta del dictador es, simple y sencillamente, "*aniquilar la totalidad de los derechos ciudadanos*". Uno estaría tentado de decir, sin más comentario: "*por supuesto, ¿quién puede dudarlo?*". Pero ocurre que la llamada "oposición" nicaragüense actúa como si el pueblo nicaragüense enfrentase otro tipo de adversario, uno capaz de considerar "salidas electorales", y en cuyo calendario "*Noviembre de 2021*" fuese la fecha fundamental. Pero no es así. El régimen no busca "salida electoral", porque no busca "salida", porque "salir" para ellos equivale a "morir", y por tanto no colaborarán voluntariamente en construir ninguna "salida". Esperar eso es como planear una batalla asumiendo que el enemigo se suicidará antes de que suene el primer cañonazo. Desde este punto de vista, "*Noviembre de 2021*" es solo una fecha que lucía apetecible para la dictadura en "*Abril de 2018*", porque prolongaba su existencia, y, de hecho —con ayuda de sus cómplices domésticos e internacionales— podía usarse como reloj de hipnosis para calmar la rebelión. "Repita conmigo: reforma electoral, reforma electoral, reforma electoral..." hasta dormir al paciente...

"Modelo de consenso" y fascismo: conocer al enemigo, ser realista para poder vencerlo

Si en algo que creo que valga la pena ventilar discrepo de la opinión de Sáenz, es en esto: a mi entender, el régimen Ortega-Murillo no *avanza en dirección* al fascismo, apenas *legaliza el estado policial; ha sido fascista desde hace mucho tiempo*. Para quienes luchan por la democracia en Nicaragua, este no es un asunto meramente académico, sino que tiene que ver con la identificación de aliados y adversarios, amigos y enemigos de la causa democrática. Por eso invito a considerar la siguiente propuesta: el modelo fascista del poder estatal empezó desde que en el país fue instalado el "Consenso" con el gran capital. La combinación de corporativismo en lo económico y autoritarismo en lo político que nació de ese matrimonio calza perfectamente en el molde del fascismo europeo. De hecho, es difícil encontrar un esquema de distribución y ejercicio de poder en América Latina más cercano a ese molde, al menos desde la disolución formal del pinochetismo en Chile. Y el esquema sigue en pie, por más que

76 Político y comentarista nicaragüense. Fue Presidente del MRS. Opositor al régimen de Ortega, exilado en Costa Rica.

los "empresarios" hagan ahora una inversión de cobertura apalancada (al estilo de un "*hedge fund*" financiero), dividiendo su representación como una ameba, entre la oposición nominal (a la que enferman y desactivan), la diplomacia, y el gobierno. Sigue ahí, en pie, y es esencial que esto se entienda. Mientras que los demócratas nicaragüenses, llevados por nuestro atraso político u otras razones, seamos incapaces de reconocer la presencia, en medio de la habitación, de semejante elefante sucio, no será posible articular una estrategia realista para derrocar al sistema. Y no digo "*fácil*", como la falsificación que quieren vender los embaucadores, sino *realista*.

Los círculos del poder en Nicaragua: un laberinto protege al Minotauro

La razón, de ser correcta la hipótesis que he presentado, es que el *sistema político dictatorial* de Nicaragua no se reduce a la pareja criminal de El Carmen y sus secuaces inmediatos. *Es un sistema más amplio, con muchos más elementos de resistencia, más capas y anillos de poder.* Algunos son apenas discernibles. Tan poco, que en tiempos normales logran esconder su papel en el funcionamiento del poder. Son como muros o paredes prácticamente invisibles. Juntos constituyen la coraza del monstruo dictatorial. Si no se ha derrocado a Ortega y Murillo hasta hoy, es en gran medida porque *el pueblo chocó con esas paredes invisibles.* Hay que derribarlas antes de llegar a la guarida del monstruo. Hay que tumbar las paredes del laberinto para llegar al Minotauro.

Un plano del laberinto

El laberinto tiene la forma de círculos concéntricos alrededor de un núcleo (la guarida del monstruo). En el círculo más cercano se encuentran los clanes políticos afiliados al FSLN (incluyendo cúpulas uniformadas) y los partidos zancudos, como el PLC y CxL; a poca distancia, y con puertas y pasadizos oscuros que comunican con el círculo central, los socios políticos-comerciales que el "núcleo" tiene en el COSEP; en un siguiente círculo se ubican 'instrumentos' político-diplomáticos como la Alianza Cívica, alrededor de la cual orbitan, en el siguiente círculo, agentes individuales de estos instrumentos, tales como Mario Arana, Arturo Cruz, y José Pallais; en un círculo más alejado del núcleo, pero dentro del mismo "sistema solar", se encuentra una serie de políticos que por el momento describiré como "pragmáticos", tales como Violeta Granera y Félix Maradiaga (otros dicen "oportunistas", vocablo que evito para no predisponer la conversación); y, por último, flotando casi en dispersión, pero atrapados por la fuerza gravitacional del sistema, los jóvenes que desde Abril fueron cooptados para adornar de años frescos el escenario.

Cada uno de estos círculos es un muro, una pared, un obstáculo para el pueblo democrático. No existe manera de llegar al Minotauro sin cruzarlos. Añadiré (aunque ya he sido llamado ingenuo por mi duda) que no estoy seguro si el liderazgo campesino está atrapado en uno de esos círculos o si atraviesa el sistema como un cometa en busca de otro destino.

¿Es posible la democracia en Nicaragua?

Dejo de fuera de esta discusión la naturaleza de la fuerza gravitacional del sistema, las redes económicas y sociales, los intereses de clase que desde fines del período colonial han controlado el país e impedido su avance a la modernidad. *Fuera de esta discusión, pero no fuera de la conciencia, ni de la vista.* Porque en el fondo *el Minotauro es simplemente el defensor de turno de un orden socioeconómico opresivo, precapitalista, y ferozmente antidemocrático.*

Es un orden que apenas puede ser llamado "orden", porque las familias que controlan Nicaragua desde que su población no pasaba quizás de 200,000 personas no han sido siquiera capaces de encontrar un "Consenso" transgeneracional, y van de guerra en guerra, arrastrando al país de baño de sangre a baño de sangre, incapaces de cultivarse y cultivar, empeñados en una rapiña destructiva, golosa, exhibiendo quizás el nivel más rústico de inteligencia entre los grupos dominantes de la América Latina. Por eso es esencial que se estudie y se comprenda esta realidad de horror que subyace los conflictos políticos nicaragüenses, y que está destinada, si no se transforma, a hacer **imposible** la democracia, por más que soñemos, por más que nuestra gente muera y sufra por soñar.

El primer paso: iniciar la búsqueda de la verdad

El primer obstáculo que hay que demoler es el engaño y la manipulación de las clases dominantes de herederos-propietarios-rentistas, cuyo dominio sobrevive parasitariamente a través de las décadas. Demoler el engaño y la manipulación perpetrado por estas élites retrógradas no es fácil, ya que siempre han contado con la mediatización de la noticia y la capacidad de moldear la ideología de la sociedad a conveniencia. Se reporta, por ejemplo, que tanto *La Prensa* como *Confidencial* omitieron los nombres de Pellas y otros propietarios en una información que ambos medios publicaron, y que compromete a los magnates como cómplices directos y beneficiarios de la represión orteguista, ya que habrían vendido, según una investigación de Transparencia, 130 camionetas de la muerte [los vehículos usados para perpetrar secuestros y asesinatos] a cambio de 4 millones de dólares. *Pellas y otros mafiosos de la misma calaña merecen que se les enjuicie por complicidad, no que se protejan sus nombres.* Y merece, la democracia, la verdad sin la cual muere. Esa verdad dolorosa, pero que es medicina para el dolor, más intenso aún, de la desesperanza y la violencia. Es dolorosa porque extirpa los mitos que crean comodidad, alimentan la pereza, el miedo y el conformismo. Pero es esencial para la cura; no hay esperanza de llegar a destino si no se despeja la vista, si no logramos, de la manera que sea, conocer realmente el terreno que pisamos o el mar que navegamos. *En el caso de la Nicaragua de hoy, esto quiere decir que hay que cuestionarlo todo, que hay que bajar a todos del pedestal y someterlos a estudio serio.* Y no se trata de demoler las estatuas arbitrariamente para lanzarlas, hechas trizas, contra nuestros adversarios. Se trata de entender, en toda su humanidad defectuosa, a los personajes, y así entender mejor nuestra historia: hay que diseccionar a Sandino, a José Dolores Estrada, a Máximo Jerez, a Pedro Joaquín Chamorro Cardenal, y a cuanto "héroe y mártir" o "figura respetable" se convierta en objeto de adoración, píldora adormecedora y reloj de hipnosis. Y no hay que construir más pedestales.

¿Qué implicaciones prácticas tiene todo esto para la lucha?

Entender que el Minotauro es el representante actual, temporal, de turno, de intereses socioeconómicos de larga duración, y que el Minotauro habita un laberinto de círculos concéntricos, tiene implicaciones prácticas poderosas para la lucha democrática. Empezando por la más evidente: si nadie está dispuesto a creer que Ortega sea aliado *nuestro contra* Ortega, por la misma lógica nadie debería creer que Pellas vaya a ponerse del lado de quienes estén contra Pellas. De igual manera, no es posible asumir que Pellas (Ortiz, etc.) luchará ***con*** nosotros, menos aún ***por*** nosotros, contra Ortega. Entre ellos podrán, llegado el caso, enfrentarse. Pero que estén el uno contra el otro no quiere decir que estén con quienes aspiramos a derribar el laberinto. Si algo han demostrado estos sufridos años, es que los círculos concéntricos están suficientemente atados a la estructura del sistema dictatorial para mantenerse en pie y jugar su papel. Es decir, repito, insisto: un plan de lucha sensato no puede asumir que, de nuestra parte, ***con nosotros, contra el sistema dictatorial, por nuestros intereses***, estén Pellas, Ortiz y su cohorte; ni que los Arana, Aguerri, Pallais, Cruz, Vargas, Chamorro, servidores todos de los herederos-propietarios-rentistas del círculo de Pellas, vayan a luchar **con *el pueblo contra sus patrones y padrinos***, quienes a su vez están atados al Minotauro. Y quizás sea algo menos intuitivo, pero tampoco puede el pueblo democrático asumir que los políticos "pragmáticos" luchen ***contra*** los habitantes del círculo anterior en el laberinto que también parece atraparlos. Porque la evidencia, hasta la fecha, muestra que estos políticos han decidido "jugar el juego" [para usar el frío y cruel lenguaje de Mario Arana] en los términos propuestos por el círculo de políticos servidores de la Alianza, a su vez servidora del gran capital, a su vez servidor del Minotauro. Puede decirse que los *pragmáticos* manifiestan una vocación de '*tacto y prudencia*' tan arraigada que terminan sacrificando algo que es preciso, ¡indispensable! para que un cambio democrático tenga probabilidad de triunfo en Nicaragua: *el protagonismo popular*. De hecho, como el ámbito de actividad de estos políticos es cercano a la periferia del sistema (menos cercano al centro), y como no son fuentes singulares de poder [son, a los ojos de la oligarquía militar-financiera del FSLN-Vieja Casta, simples minúsculos *mengalos*] su discurso tiende a ser resbaloso, como el moho sobre una piedra de río. Es que no les queda más remedio. Por falta de respuestas que puedan satisfacer a la ciudadanía, y porque carecen del poder suficiente para doblar la mano de los círculos más próximos al Minotauro, no les queda más remedio que *cantinflear*. Y así no es posible conducir, abrir las puertas, propiciar, alentar el protagonismo popular. Las 'habilidades' comunicativas y transaccionales de estos *pragmáticos* podrían tal vez ser útiles en el ajedrez de gobernanza cotidiana de una democracia parlamentaria consolidada, pero en encrucijadas de vida o muerte, como la que vive Nicaragua, representan lo viejo, lo reaccionario, el atraso, el rezago, y sus palabras son escuchadas con sospecha por la gente, que —***sabiamente***— no está dispuesta a arriesgar el pellejo a su llamado.

¿Qué hacer?

Nicaragua vive tiempos aciagos. La historia del país, cercenada de su propia antigüedad por la violencia, se vuelve trágicamente evidente en la violencia de que somos testigos. Es la imagen de una mujer junto al cadáver de su esposo, que se desangra en una esquina de Masaya. Lo han asesinado los paramilitares de Ortega, esos "ciudadanos que se defienden" que el cinismo del tirano elogia. Hay una tiradora de hule sobre el pavimento. Una tiradora contra un ejército, contra un Estado, contra los sicarios de un Estado. Y una mujer que expulsa desde el fondo de su entraña atormentada, como desde el fondo de la tierra, como desde lo profundo del volcán que arde al lado de su ciudad, gritos de dolor que hacen que todos los otros ruidos de la devastación desaparezcan. Queda ella ahí, destrozada, pero erguida. Queda la cuenta pendiente y queda la historia de su pena en la historia que las élites conspiran para borrar. Mientras tanto, en un salón de conferencias de Miami, cuando le preguntan si los empresarios van a unirse a la desobediencia civil, Juan Sebastián Chamorro nos dice que ellos "*no están ahí todavía*"; y otro empresario, de apellido Vargas, se pregunta, con aparente remordimiento: "*¿no será que empujamos demasiado a Ortega?". Por eso, qué hacer comienza por hacer sin ellos*, por buscar la *autonomía política* de los nicaragüenses demócratas, del pueblo desposeído de poder y esperanza, de todos los que están fuera del laberinto, y quieren —¡necesitan!— que no exista un Minotauro, ni este Minotauro ni ningún otro Minotauro. Sin esa autonomía no habrá *nunca* democracia sostenible en Nicaragua. Nunca, aunque se arranque de nuevo como se dijo "arrancar" en 1990, en 1979, en el Kupia Kumi de los conservadores, en el pacto de Emiliano Chamorro y Anastasio Somoza García, en las componendas que intentaron los interventores de Estados Unidos (invitados por una u otra facción de la oligarquía), en todas las múltiples "reconciliaciones" que después de las múltiples guerras, asonadas, golpes, traiciones y desastres nos han vendido como "cívicas" quienes no entienden de *civis y civitas*, solo de siervos, hacienda y encomienda.

En defensa de Almagro

25 de Octubre de 2020

Confieso que he mentido: no tengo intención alguna de defender a Almagro. Pero algo hay que hacer, como quien pesca haciendo explotar una bomba en mar, para abrirle un hueco a la algarabía y meter por ahí una idea que es desesperantemente necesaria: Almagro juega un papel *público* en la conspiración antidemocrática contra el pueblo de Nicaragua, pero los poderes fácticos que realmente están detrás de la estrategia —de la cual el uruguayo es (media) cara— deben reírse desde su Versalles cada vez que lanzamos los dardos al blanco que ellos nos señalan. Ahí vamos, arrastrados sin poder resistirnos, no muy distintos del perrito que salta tras un hueso que le lanza el amo.

Nuestra ira, nuestra indignación, pero sobre todo nuestra mirada alerta y nuestra inteligencia política, debería posarse sobre la funesta tríada que dirige el viacrucis de los nicaragüenses: el Gran Capital, el Estado Vaticano, y la Embajada de Estados Unidos. Y lo primero que hay que entender —y *entender* es el secreto para conquistar la libertad, es que la tríada ***no es*** "empresarios, católicos y estadounidenses". Repito, para que retumbe como debe: Gran Capital, Estado Vaticano, y la Embajada de Estados Unidos. Si prefiere, sustituya Gobierno de Estados Unidos o Departamento de Estado por Embajada de Estados Unidos. Pero todo pasa, al fin, de ida y de vuelta por la Embajada.

¿Y los políticos nicaragüenses?

No hay que ser leninista para entender que cuando las masas abandonan la acción directa —o cuando son forzadas a hacerlo por la acción *conjunta* [**sí, *conjunta***] de la tríada, queda, como la basura en la playa después de la marea, lo que queda en el escenario político de la Nicaragua por hoy aplastada: los políticos de la oportunidad, los profesionales del oportunismo [y ya hay entre ellos muchos *profesionales*].

¿Y qué hacen? Pues hacen lo que los vemos hacer en el escenario: cortejan, cada uno a su manera, a la tríada. Van de un lado a otro, buscando la palabra perfecta, la intercesión de terceros, el apoyo de padrinos que consigan para ellos que los tres de la tríada les den, en el momento justo, el visto bueno por encima de los otros pretendientes. Todo esto, serenatas incluidas, sin que la novia pobre que es el pueblo de Nicaragua les corte las piernas. A la novia pobre la visitan, de vez en cuando, y le endulzan el oído. "*Esto lo hago por vos*", le dicen. "*No es que quiera a la otra, es que no puedo perder mi trabajo*". O, traducido al escaliche de la *nueva* clase política: "*tenemos que estar preparados para cualquier escenario*".

¿Mentirosos? Por supuesto. Y vividores, y consumadamente mediocres. ¿Puede la novia pobre esperar de ellos fidelidad después de la traición? Ya se sabe que no. ¿Se saldrán con la suya? A estas alturas, ya eso es problema de ellos. Porque "la suya" no es el desmantelamiento de la dictadura, que es lo que nos concierne, nos preocupa, y nos urge a los nicaragüenses democráticos. Yo sospecho que los más ambiciosos, los nuevos *minifaldas* [busque el lector curioso el origen de esta referencia arcaica], tendrán pronto que escoger entre dos destinos tan predecibles como ignominiosos. Aceptarán, unos, el papel de zancudos en el gobierno que "aterrice" en las "elecciones con Ortega". Otros, quizás, no logren sobreponerse a la vergüenza que sienten y se lancen del tren antes de llegar a la estación, lamentándose de haber "tratado" sin éxito de encontrar una "salida cívica".

Y aunque es imposible predecir la historia en detalle, esto es claro: todos estos políticos alicatan una pared invisible, tratan de construir un espejismo que el viento de la crueldad dictatorial borra todos los días, la noción de que elecciones con Ortega sacarán del poder a Ortega, engaño que ya la población conoce como engaño; ya vio salir a Ortega de la Presidencia, después de elecciones en las que su impunidad quedó sellada, y sabe que no es lo mismo dejar el título que dejar el poder.

Pero esto no es lo que interesa a los políticos que hoy en día vemos sobre el escenario. A ellos les interesa jugar el juego que agrade a la tríada, lograr que los reclutadores de la tríada digan "*este me sirve, a este contrato*".

Para ser justos, no es que sean peores que los políticos oportunistas de otras latitudes. En todas partes se cuecen habas, y en todas partes surgen personajes así, muy dispuestos a perdonar el asesinato de quien no han tenido el gusto de conocer, mucho menos amar, y menos aún, el dolor incurable de extrañar.

¿Qué podemos hacer?

Lo primero, estar claro de cuáles son nuestras metas: ***democracia***, no dictadura, ni abierta ni solapada; ***libertad***, no miedo ante el Estado o ante la turba; ***justicia***, no la impunidad que, además de ser inmoral, hace posible que el sicario mantenga su pistola sobre nuestras sienes; ***posesión de lo que nos pertenece, nuestro país.***

El pueblo nicaragüense, la novia pobre que los políticos creen la novia tonta, y que la tríada trata como *encomendada*, sabe bien [¿cómo no iba a saberlo?] lo que es realidad y lo que es remedo.

Debemos actuar en conformidad: haga lo que haga la tríada y sus lacayos oportunistas, mientras no tengamos *democracia, libertad, justicia, y posesión de nuestro país*, no estaremos satisfechos, trataremos de hacer naufragar cualquier maniobra, denunciaremos cualquier malabarismo retórico que busque justificar lo injustificable.

Aunque por hoy el horizonte parezca tenebroso y con tintes de sangre, este planeta gira, y hay luz después de la oscuridad.

Sabremos recordar quienes hicieron de la noche una pesadilla.

La expulsión de Ronald Reagan, la "lucha contra el aborto", y la defensa de la vida

29 de Octubre de 2020

En medio de esta angustiosa temporada electoral estadounidense, en la que los ciudadanos democráticos de distintas orientaciones políticas luchan contra el populismo neofascista, para impedir que el caudillo que ocupa la Casa Blanca se reelija, y así estabilizar la democracia, y comenzar–tardíamente–a lidiar con la mortandad de la pandemia, me topo en las redes con un comentario que busca centrar el debate en el tema de la legalidad del aborto, presentado —engaño de mercadeo— como el de "apoyar" versus "oponerse" a él.

El comentario cita a una figura clave en el panteón Republicano, el difunto expresidente Ronald Reagan: "*Me he dado cuenta que todos los que están a favor del aborto ya nacieron.*" Ingenioso. Vale al menos una conversación, pero vale más conversar sobre *el uso* de esta cita en el contexto político actual, que dista mucho de ser el de hace 40 años. En aquella época, cosas buenas y malas, o muy buenas y malas, podrían decirse justamente sobre esa entidad de seres humanos llamada los Estados Unidos de América. Pero no podía decirse que sus instituciones de gobernabilidad, alternancia en el poder, y protección de los derechos políticos aceptados *hasta entonces* estuviese en peligro, bajo asalto.

Secretos del corazón trumpista

Lo de hoy es otra cosa. Corto de recursos ideológicos que recubran, aunque sea con un velo ralo, su desnudez bestial, el *caudillo* en la Casa Blanca —un sujeto de moral personal disoluta que va por campeonato— ha echado mano de una improvisada postura "*antiabortista*" para capturar, o dar excusa, a muchos que de otra manera no tendrían ninguna razón 'noble' para seguirlo.

Quedarían, sin poder reclamar el manto de "*provida*", desnudos a medio campo, incapaces de tapar sus verdaderas motivaciones: racismo, xenofobia, resentimiento contra los cambios demográficos que van morenizando al país, frustración ante el estancamiento económico que sufren, y nostalgia atávica por "*el hombre fuerte*"; a otros, claro, una ínfima minoría, se les vería frotándose las manos al borde del éxtasis, ojos y bocas aguadas por la codicia económica: menos impuestos, más ganancias ("*money talks*").

La "lucha contra el aborto" es eso, un velo ralo, una cortina de humo para otros intereses, y para otros sentimientos. Porque *nadie*, que no sea la excepción psicótica, está "*a favor del aborto*". *La discusión política es sobre si el aborto deber ser legal o no; es decir, sobre si las mujeres que abortan deben a ir a la cárcel o no.*

No se puede ser *provida* y ser *trumpista*

En el proceso electoral estadounidense en curso, el tema fundamental es otro, que también puede discutirse en términos de "*vida*": si uno es **provida** (y solo la excepción psicópata que menciono arriba no lo es), *lo urgente es sacar del poder al actual Presidente de Estados Unidos, y derrotar de manera abrumadora a su movimiento, asegurarse de que no levanten cabeza.* Hacer como hacen en Europa, donde cada vez que la amenaza del neofascismo crece, TODOS los partidos, desde la derecha hasta la izquierda, se unen para evitar que avancen. Lo acaban de hacer en España, en el Congreso de los Diputados: desde el Partido Popular hasta el PSOE, Izquierda Unida y todas las formaciones de centro, de derecha y de izquierda, aislaron a Vox, el equivalente del partido Republicano (más bien "trumpista"). *Por la vida, por la democracia, hay que hacerlo en Estados Unidos.*

También hay que decir que es una ironía, potable solo si hay ignorancia de la historia, que los partidarios del actual Presidente persistan en aferrarse a la iconografía Republicana, cuando han abandonado casi enteramente la agenda y el discurso del partido de centro derecha que alguna vez fue. Nada ejemplifica esto más limpiamente que el contraste entre la estrategia trumpista, diseñada alrededor de la demonización de los inmigrantes, con la postura mucho más tradicional y, claro, humana, de Reagan, que permitió un gran acuerdo bipartidista sobre la legalización de inmigrantes indocumentados.

"Ronald Reagan y George H. W. Bush querían *destruir la nación*"

Tanto él como el primer Bush eran —para que les dé un patatús a los repetidores de eslogan del trumpismo— partidarios de una política de "*open borders*" con México ("*fronteras abiertas*"). Imaginaban (y lo decían en público, mientras se deshacían en elogios hacia los inmigrantes y la inmigración) que había que crear un sistema en la frontera para que "la buena gente" ("the good people") que vive de un lado y del otro pudiera cruzar sin mayor trámite a hacer su vida, a trabajar, a hacer negocios. Qué lejos eso del grito de batalla del actual ocupante de la Casa Blanca contra la "invasión" de mexicanos (entiéndase, latinos) "violadores", que viene, según les dice a sus odiosos seguidores, a "terminar con la nación", a "vender drogas". "Son criminales".

Desde aquel entonces, quienes se oponían al racismo eran tildados de "radicales". En aquel entonces era el partido Demócrata. "¿Qué hay en un nombre?" preguntaría Shakespeare. En este caso, parafraseando al bardo, "racista es racista, llámese como se llame".

No podía imaginarse uno que las insinuaciones racistas de las campañas Republicanas de antaño se convertirían en apoyo descarado a grupos de militantes racistas armados, como los "Proud Boys" ["Muchachos Orgullosos" … ¿de qué?] a quienes el *caudillo* llamó a "stand by" ["estar listos" … ¿Para qué?]. Una evolución trágica: el racismo desbocado, libre de las cadenas que buscaron sofocarlo los últimos 60 años—desde que los Kennedy, Martin Luther King, y Lyndon B. Johnson hicieran realidad el comienzo de la era cultural de los derechos civiles— ha costado ya vidas humanas, y costará muchas más si la histeria que predica el actual Presidente se esparce. Ya grita a sus partidarios blancos, el Mussolini estadounidense, que "van [negros, hispanos, inmigrantes] a destruir tus suburbios", "van a quitarte tu carro", "van a desarmarte". Válgame Dios.

¡Viva Daniel Ortega!

Por eso insisto, y aquí termino: nadie puede dar a otros, ni darse a sí mismo, la excusa de que apoya al actual Presidente porque está "***en contra del aborto***". **Si ese fuera el único criterio, habría que apoyar, por ejemplo, al dictador Daniel Ortega**. Nadie que se diga "provida" puede apoyar al actual Presidente de Estados Unidos, que ya cuesta tantas, y costaría cientos de miles más, probablemente millones, de seguir en el poder. Y nadie que se diga "*provida*", "*pro Derechos Humanos*", y especialmente "*pro Democracia*" puede ignorar la evidencia de que el actual Presidente de Estados Unidos viola los derechos humanos con desprecio total; que con desdén olímpico pasa por encima de todas las normas elementales de la decencia, y acumula poder como cualquier vulgar populista latinoamericano.

¿Existe el "abortismo"? Carta a un amigo sobre el tema que él considera razón suficiente para arriesgar la democracia en EE. UU.

1 de noviembre de 2020

Estimado amigo,

Civilizado le digo a tratar de hablar sobre temas complejos, en los cuales sabemos que hay diferentes dimensiones y que afectan la convivencia social, e incluso causan violencia, de manera tal que podamos organizar nuestras ideas, recabar la información, compartirla, y pasar *sereno juicio*, para ver cómo resolvemos conflictos, en lugar de agrandarlos.

Uno de estos conflictos tiene que ver con la *legalidad del aborto*. Entiendo que gente de buena voluntad y pensamiento razonable pueda pensar sobre esto de maneras diferentes, por la razón que mencioné arriba: el tema es complejo, tiene varias dimensiones y, por tanto, puede verse diferente desde distintos ángulos. "La realidad es proteica", repetía con deleite perverso un antiguo profesor mío.

Desbrozar primero, plantar después

Por eso, hay que empezar por limpiar el terreno de falsedades, para ir viendo qué es verdad, qué es mentira, y avanzar en el análisis. Estos son hechos:

El estado actual de las leyes que tienen que ver con el aborto en Estados Unidos no ha sido decidido en lo general por ningún Congreso, ni cuando los Republicanos han tenido mayoría absoluta, ni cuando los Demócratas la han tenido.

Te dejo las siguientes preguntas: si es verdad que los Republicanos son *anti-aborto*, ¿por qué no lo prohibieron cuando tenían todo el poder para hacerlo?; y, si los Demócratas son *proaborto hasta los 9 meses*, o *hasta el parto*, ¿por qué no lo aprobaron cuando tenían todo el poder para hacerlo?

Explorar estas preguntas puede darle a uno una mejor idea de las complejidades del tema, y –sobre todo--del verdadero apoyo del que gozan ambas posturas, más allá de la retórica de campaña de los políticos.

En medio del ruido estruendoso de la propaganda política, es posible que el ciudadano menos enterado se sorprenda de los datos que muestran el apoyo a la legalidad del aborto [bajo ciertas condiciones o irrestricta] es *abrumadoramente mayoritario* en Estados Unidos. De hecho, es mayoritario en cada uno de los bloques "ideológicos" asociados con las preferencias políticas declaradas por los encuestados. Los datos siguientes provienen de un estudio de opinión de la empresa Gallup. *Opinión Republicana sobre la legalidad del aborto*, 1975-2020: para el 59% "debe ser legal bajo ciertas condiciones"; para el 13% debe ser "legal sin condiciones"; para el 27% debe ser "ilegal sin excepciones." *Opinión Demócrata sobre la legalidad del aborto*, 1975-2020: para el 42% "debe ser legal bajo ciertas condiciones"; para el 49% debe ser "legal sin condiciones"; para el 8% debe ser "ilegal sin excepciones. *Opinión de Independientes sobre la legalidad del aborto*, 1975-2020: para el 50% "debe ser legal bajo ciertas condiciones"; para el 26% debe ser "legal sin condiciones"; para el 23% debe ser "ilegal sin excepciones."

En cualquier caso, la decisión de que el aborto, bajo ciertas restricciones, fuera legal, resultó del sistema judicial de Estados Unidos que--muy a pesar de los políticos-- se ha mantenido terca y sorprendentemente independiente de los otros sistemas del poder. La Corte Suprema, hace más o menos 50 años, en un caso llamado Roe versus Wade[77], decidió que la Constitución de Estados Unidos implicaba un derecho de las mujeres a escoger ellas mismas continuar o no su embarazo. Desde entonces, todos los intentos de uno o de otro bando, o por una u otra persona, para cambiar las leyes, han terminado en la Corte Suprema que, a pesar de los cambios que ha experimentado en composición y filosofía judicial, ha mantenido, hasta la fecha, el dictamen de Roe versus Wade. En la tradición de jurisprudencia anglosajona es muy difícil que jueces o magistrados desafíen decisiones precedentes. Es una tradición que muchos ven bajo asalto, pero que a la fecha de este escrito se mantiene.

Es falso que el aborto sea legal y sin restricciones a los 9 meses, mucho menos que sea legal matar a un recién nacido. Falso. Punto. Puede haber abortos como consecuencia de procedimientos para salvar la vida de la madre, en casos extremos. ¿Prohibirías estos? ¿Impondrías a una familia y a una madre en circunstancias ya angustiosas la obligación de pedir permiso a un extraño, a un burócrata del gobierno? Hay casos de sobra de los que hablar, como ejemplos del peligro que esto supondría, aparte de que se trata, indudablemente, de abrir las puertas del Estado a la vida íntima. ¿No es esto totalitarismo? Dirán algunos que es "bueno", porque obliga a hacer algo que consideran "bueno". El problema es que "totalitarismo bueno" es "totalitarismo", y "bueno" es siempre el motivo que el poder aduce para crecer a expensas de los derechos individuales. Valga también mencionar que muchos proponentes de la criminalización del aborto promueven una caricatura grosera de la mujer que espera 9 meses y luego, por un capricho "abortista" decide interrumpir su embarazo. Un argumento razonable en este tema difícil no puede asumir en las mujeres semejante inferioridad intelectual y moral. De hecho, los datos son claros: la

77 La Corte Suprema de Justicia de Estados Unidos dio un giro sorprendente, y anuló los precedentes legales que sus actuales miembros había declarado como "cosa juzgada" (Roe v. Wade, en particular), y en una decisión políticamente explosiva (Dobbs v. Jackson Women's Health Organization), sentenció que el derecho al aborto no está protegido por la Constitución federal, por lo que cada Estado tiene ahora la atribución de regular las leyes relevantes a la interrupción de un embarazo.

inmensa mayoría de los abortos ocurren temprano en la preñez; casi ninguno en el último trimestre. Acabo con una reiteración penosa de lo obvio: matar a un recién nacido es un crimen bajo todas las leyes del país. Nadie ha propuesto que deje de serlo.

No es cierto que fondos públicos financien abortos en Planned Parenthood. En teoría (yo no los audito, ni los promuevo, ni me han pagado por publicidad) esta organización provee una variedad de servicios médicos a mujeres de escasos recursos; el gobierno les reembolsa parte del costo de servicios autorizados por la ley, los cuales ***no*** incluyen el aborto. Los administradores de Planned Parenthood tienen que presentar documentación suficiente y adecuada para recibir los pagos. No es cuestión de llegar con gorra y pedir gofio.

Que quede claro: hasta este punto no he dicho *nada* sobre cuál es mi opinión, quizás porque ando en modo socrático (o platónico) pensando que en un tema así de vital una cosa es *opinar* y otra es saber. He pensado mucho sobre *la regulación social del aborto*, he investigado, y he descubierto que el nudo es muy grueso, lo suficiente como para que la misma iglesia católica haya tenido a través de su historia varias y diferentes prédicas al respecto. Se vale. No lo sabemos todo. Todavía no puedo decir con confianza qué *sé, o que sé.* Tal vez otros *sepan.*

Buscando pistas, buscando respuestas: ¿existe el abortismo?

Por eso, otro día espero hablar del tema en más detalle, por si te interesa; o, mejor dicho, *porque me interesa*, y escribir me ayuda a pensar. Solo te dejo una pista que estoy persiguiendo: *el tema de fondo no es si uno está a favor o en contra del aborto.* Yo no veo razón alguna ni mente sana que tenga como meta *maximizar el número de abortos*, o *promover que las mujeres aborten.* Desde esta perspectiva, dudo que alguien pueda ser llamado abortista. No hay que ser muy sabio ni muy conocedor para entender que un aborto es una experiencia física y emocional indeseable en sí, es decir, independientemente de las circunstancias, por el riesgo y las secuelas físicas y emocionales que puede acarrear. De tal manera que no creo que exista una persona que en sus cabales diga: "*debemos luchar porque haya más abortos este año.*" Y si la hay —porque bueno, de todo hay en este mundo— no creo que tenga un millón de amigos (ni un millón de votos). Si no existe el *abortismo*, ¿de qué se trata entonces la discusión *social* sobre el aborto?

Si por todo lo anterior eliminráramos —*razonadamente*— la pregunta de "*¿estás o no estás a favor del aborto?*" quedaría despejada la verdadera interrogante, a espera de respuesta en el debate social: "*¿Cómo debe tratar el sistema judicial de una sociedad democrática a una mujer que aborta, y a quienes la auxilian?*"

El problema ético y los límites de la democracia

Retrocedo un momento: es innegable que el problema del aborto posee una dimensión ética que arrastra al terreno de las preguntas más profundas del ser humano, las que tienen que ver con el origen y significado de la vida, y por tanto con su noción de espíritu y de alma, y, por consiguiente, con su adhesión a una u otra corriente social de pensamiento o iglesia. Sin embargo, un debate *político* es incapaz de resolver estas cuestiones, lo cual se hace evidente ahí donde el debate es posible, en las democracias, *ya que el Estado liberal-democrático no puede regular almas; solo puede regular comportamientos, y solo cuando estos afectan las reglas de la convivencia social.*

De ahí que "*¿cómo debe tratar el sistema judicial de una sociedad democrática a una mujer que aborta?*" *sea* —en la práctica, *en lo posible dentro de una sociedad democrática*— el meollo y el *límite* del debate político. Por ahí habría, creo yo, que empezar la conversación sobre este tema que agita la sociedad en nuestros días, *si el interés fuese la política democrática, y las políticas en democracia.* Si el interés fuera filosófico, o religioso, el ángulo tendría que ser por fuerza diferente, el ámbito de la pregunta otra, y las acciones que resultaren del debate en ese ámbito serían de diferente naturaleza. He puesto en cursiva "*dentro de una sociedad democrática*", porque en la medida en que se trae al ámbito político un tema religioso, por un propósito que vaya más allá de regular comportamientos que obstruyan la convivencia en democracia, se introduce un grave peligro al armazón del sistema liberal-democrático.

¿Por qué? Porque en un sistema liberal-democrático la libertad de conciencia es indispensable. Porque, para que el *ciudadano* controle al Estado, y no al revés, no puede permitirse al Estado dictar al ciudadano sus creencias. Sé perfectamente que la lucha de intereses en la sociedad incluye un pleito constante por impregnar el discurso del Estado —que debería en principio concentrarse en la administración de los bienes comunes y la resolución de los conflictos de la sociedad— con la ideología de los grupos de poder.

El Estado tiene un enorme alcance comunicativo, por supuesto, y las clases que son o quieren ser dominantes buscan, porque lo necesitan, que su visión del mundo se reproduzca en las mentes como si fuese natural. En la medida que lo logran, el ciudadano es menos libre y la democracia es más débil, menos sujeta al control del ciudadano, porque el ejercicio de control ciudadano requiere una postura escéptica, crítica, exigente ante el poder.

Al fin y al cabo, esta es la justificación primordial del estado laico, ya que un Estado religioso, especialmente un Estado en manos o bajo la influencia de una religión instituida en iglesia, con jerarquías y dogmas, ejerce su poder por medio de la fe y de la obediencia a criterios absolutos y a las autoridades que defienden estos. Es decir, ante un Estado religioso el ciudadano escéptico, crítico, y exigente ante el poder, es un hereje, alguien que viola principios cuya violación es intolerable.

Cómo hablar sin que estalle una guerra

De la pregunta ("*¿cómo debe tratar el sistema judicial de una sociedad democrática a una mujer que aborta?*") vendrán muchas otras, y mucha controversia. Habrá que explorar cada una de ellas buscando el hilo racional de las ideas, si es que uno quiere ser juicioso. Este es el comportamiento que asocio a la noción de "civilizado". Y para hacerlo posible hay que tratar el tema con respeto. En ese sentido me sorprende —ya que indicaste que para vos el aborto era un tema fundamental, de vida o muerte— que lo hayás tirado en un mismo saco con temas que no lo son, como si voy a tener que comprar marihuana en el mercado negro o en la farmacia de la esquina, o si me va a importar medio centavo que Juan viva con Pedro y no con Petronila. Para estas, y muchas otras cosas, *civilizado* es dejar que cada quién maneje su propia vida. Yo no sé vos, pero a mí me cuesta bastante no meter las patas a diario mientras intento manejar la mía, de tal manera que no tengo tiempo ni inteligencia para hacerle el trabajo a los demás... aunque quiera.

Con mucho afecto, y dejando el meollo del tema pendiente (al menos para mí, porque no sé), prometo regresar, a ver si completamos.

Afectuosamente,

Ciudadano X

PD, Dicho sea de paso, la tasa de abortos de Estados Unidos alcanzó un mínimo histórico en 2017. Fuentes: *United States Government Centers for Disease Control Abortion Monitor*; Gallup; Fundación Guttmacher; https: // www.periodistadigital.com/cultura/religion/rel-mundo/20111030/nina-nicaraguense-violada-embarazada-levanta-nuevo-polemica-aborto-noticia-689401493776/

El orteguismo del Norte y sus turbas

2 de noviembre de 2020

"Las turbas trumpistas"… ¡Imagínense lo que es tener que decir esto en Estados Unidos! Y esto es lo que hay, un partido —el Republicano— en colapso total como partido, transformado, como el FSLN, en un culto a la personalidad de un caudillo demagógico que alienta la violencia.

"Las turbas trumpistas" ya amenazan a votantes contrarios, ya se tomaron —armados hasta los dientes— el Congreso de Michigan; entre ellos estaban dos de los que después fueron capturados por planear el secuestro y "juicio" de la gobernadora; ya agredieron en plena carretera al bus de la campaña Biden/Harris, y forzaron la cancelación de dos eventos de dicha campaña, alentados EN PÚBLICO por el actual Presidente de Estados Unidos.[78]

"Las turbas trumpistas" están listas, están "a espera" ["stand by", dijo el actual Presidente]. Hay intimidación de votantes, maniobras legales e ilegales para impedir el voto, y la amenaza del actual Presidente de declararse "vencedor" él mismo [al margen de la ley, que atribuye la certificación de los vencedores a cada Estado de la Unión] antes de que el conteo termine, porque, dice "*no es justo*" que lo hagan esperar.[79]

"Las turbas trumpistas", son la punta del iceberg, la gran amenaza contra la democracia de Estados Unidos. No estamos en una elección de menús democráticos, estamos entre la vida de la democracia y su agonía.

¡Hay que salir a votar mientras se pueda!

---

78 https://youtu.be/zXXFf0Q2bcU; Fuente: *The Guardian*

79 https://youtu.be/lWjK_Eu8uME

Historia de un día profundo (¿sobrevivirá la democracia en Estados Unidos?)

2 de noviembre de 2020

La dinámica sociopolítica en este día de elecciones en Estados Unidos es excepcional, dominada por la presencia, a la cabeza del poder Ejecutivo, de un agitador que tiene la habilidad de apropiarse de espacio noticioso todos los días. Sabe de eso ha vivido– crear escándalo, y no tiene el menor pudor. Poco le importa que el escándalo provenga de su contravención de todas las normas de convivencia civilizada que, por muchas décadas, siglos, han sido aceptables, no solo en un país que se ve a sí mismo como una cumbre de la civilización [provincianos somos, a fin de cuentas, todos], sino en el resto del mundo.

De tal manera, el agitador causa agotamiento social, desgasta, estira a reventar las fibras del tejido nervioso del país. Lo hace porque es su naturaleza, lo consigue porque tiene el poder para obligar a las cámaras a enfocarlo. Es el instinto natural en sujetos como él, histriónicos. Como un Chávez, un Castro, un Mussolini, o un Hitler.

El resultado social es horrendo: un rastro de odios y enemistades; una psicología de asedio entre grandes masas de la población, convencida de que acecha el enemigo. Un enemigo que les ha herido mucho, que les ha impedido la felicidad. Un enemigo que les ha robado, no solo lo que ya era suyo, el *dominio* étnico-nacionalista sobre su entorno social, sino que los ha despojado de lo que podría haber sido suyo: la prosperidad cómoda prometida en el discurso de las clases dominantes, melodiosamente englobado en la noción del *sueño americano*. Como es habitual en las pesadillas de masas, el rostro del enemigo es difuso, difuminado, borroso, hasta que llega un profeta y delinea con claridad excluyente su perfil. Ahí la masa descubre al *kulak*, al que hay que exterminar para que no perezca el estado obrero, la tierra prometida estalinista; al *agente extranjero* [de la CIA, del Káiser, de la KGB]; al *comunista* que hay que matar, porque "el único comunista bueno es un comunista muerto"; al *judío* que hay que perseguir porque el judío [sea anónimo, sea representado por un apellido, como *Rothschild* o *Soros*] es un usurero que conspira en las sombras; al *mexicano* que hay que expulsar porque es el responsable de crimen, desempleo y decadencia; al *hereje*, al *musulmán*, al *protestante*, al *católico*, al *negro*: al *otro*.

El caudillo, capaz de dar forma al miedo informe y dar salida al impulso largamente reprimido de alzarse contra un sistema injusto, aparece ahora ante la masa como una criatura de luz: ha sido capaz de remover las sombras, de iluminar el camino antes oscuro, de demoler, con la fuerza de su espíritu ungido, las barreras que el enemigo había colocado arteramente en el camino a la felicidad. Y si ha visto más allá, si ha perforado la tiniebla, si ha tenido el coraje de dar voz al ahogado sentimiento de opresión y exclusión; si en esto ha sido único, si se ha erguido por encima de la masa para anunciar con absoluta convicción la verdad antes oculta, ¿cómo no creerle cuando retumbara: "*Yo, solo yo, puedo enmendar esto*."

La expropiación de la democracia por el "1%"

Este es el trasfondo y la raíz del drama que vive Estados Unidos. Es un problema profundo que requiere transformaciones estructurales en la economía y en la política. A nadie que estudie con seriedad estos asuntos debe sorprender que los conflictos sociales se agudicen: hay ya tres décadas o más de estancamiento en los ingresos de la mayoría asalariada, mientras el famoso (o infame) "1%" acumula riquezas inagotables.

Las implicaciones del abismo que se expande entre dueños y empleados son multidimensionales. Una de ellas, como siempre ocurre, es que los propietarios del negocio se convierten cada vez más en propietarios de la política. Otra, derivada de aquella, es que el "divide y vencerás" se vuelve una estrategia accesible y fácil, especialmente en una sociedad multiétnica dispersa en un enorme continente, donde habita gente heredera de todas las culturas y religiones del mundo. No es accidente que el partido Republicano, por ejemplo, haya utilizado con éxito el plan Nixon-Atwater, de arrancarle los estados del sur al partido Demócrata, luego de que este optara por apoyar el Acta de los Derechos Civiles, captando con su retórica y sus políticas al llamado "*angry white male*", al "*furibundo hombre blanco*".

El espejismo de las luchas religiosas y culturales

No es accidente que los grandes poderes fácticos de la economía disfracen su trabajo de subversión y perversión de las instituciones de cruzadas "morales" contra, por ejemplo, el aborto. Los poderes fácticos no han invertido miles de millones de dólares para llenar el sistema judicial de jueces y magistrados que "defiendan la vida". Su interés es más prosaico: buscan instalar jueces y magistrados que garanticen protección a sus privilegios. La muralla que les interesa —otro espejismo de las luchas culturales— no es la que el actual Presidente prometió construir en la frontera con México, sino una muralla que impida el triunfo del ciudadano ante el poder económico, que impida el avance de leyes laborales, medioambientales y fiscales que podrían reducir el botín del 1%.

Para construir esta muralla todo el establishment mediático-político al servicio de los poderes fácticos necesita —porque al final sus padrinos son una ínfima minoría— dividir a la población en grupos enfrentados entre sí permanentemente. Para esto, no hay mejor receta que los cismas religiosos, la xenofobia, las luchas culturales, la separación de los pobres entre cheles y morenos, entre nuevos y viejos, entre urbanos y rurales.

Desbrozando el camino del caudillo

Al abrir esas fisuras, y crear esas divisiones, los poderes fácticos crean las condiciones —fuera esa su intención o no— para el ascenso del caudillo. Una vez establecida la lógica del juego político de manera tal que el conflicto, para ser permanente, deba anclarse en posturas irreconciliables, nadie tiene más capacidad de liderar la "cruzada" que un histrión autoritario, el hombre fuerte que refleja y encarna la frustración de la espera en el bando de la desesperanza.

La gula del gran capital

De ahí en adelante los poderes fácticos tienen dos opciones antitéticas: o deponen su liderazgo del proceso político ante el caudillo a cambio de sus 30 (mil millones) de monedas, o retroceden ante la posible pérdida de un Estado de Derecho que al menos protege la paz social. No es una escogencia fácil, nos dice la historia. La ambición de largo plazo de los grandes magnates quiere pasar, en la ideología libremercadista, como eje de una racionalidad superior a la del ciudadano común, pero en demasiadas ocasiones más bien se convierte en gula, en un apetito por las ganancias de corto plazo que conduce al desastre. Cierto, esto, desde la avanzada Alemania, la cultísima joya de Europa, hasta la pobre Nicaragua. Cierto: la gula cortoplacista hace que los magnates traguen y dispensen el veneno del fascismo.

Por todo esto, la lucha que hoy tiene a Estados Unidos y a buena parte del mundo en vilo no es un enfrentamiento normal entre dos partidos democráticos, ni dos agendas de gobierno. Es una batalla contra el histrión, contra el profeta, contra el caudillo fascista. Es una batalla por la democracia, que todos los demócratas necesitan dar hoy, para evitar el fortalecimiento, en Estados Unidos y el mundo, de las fuerzas del terror que ya convirtieron al mundo en un océano de sangre demasiadas veces.

La impostergable necesidad de la victoria, y de reformas profundas

Ojalá que logremos detener a las hordas que vienen por lo que creen suyo a expensas de la libertad. Ojalá que pronto podamos derribar la muralla que el caudillo ha erigido, como un síntoma más de que el poder se aleja del pueblo, alrededor de la casa presidencial. Pero, aunque hoy gane la democracia, los problemas estructurales que han creado este estremecimiento necesitan soluciones que rebasan, mucho me temo, los límites de la imaginación del equipo del partido Demócrata que sería electo para reemplazar al caudillo. Habrá que presionarlos, seguir la lucha para limar las asperezas insoportables de desigualdad, exclusión, inequidad y estancamiento que han llevado a Estados Unidos a su condición actual, y han puesto en peligro la democracia.

A horas, o pocos días, de saber cuál será el curso inmediato de la historia del país, se me ocurre que hoy puede ser, en el mejor de los casos, el día de una batalla gloriosa que apenas gane la supervivencia, por ahora, de la democracia, y que permita iniciar un proceso de reformas económicas y políticas que ya se hacen indispensables. En el peor de los casos, estaremos en medio de una derrota trágica que impondrá los costos de un prolongado y potencialmente violento conflicto.

Voten, por favor, en contra del aspirante a dictador y su grotesca agenda. Hay que sacarlo de la Casa Blanca antes de que sea demasiado tarde.

A rey muerto, rey puesto ("sépalo", el monstruo vive)

11 de noviembre de 2020

"Sépalo", dice el meme en letras colosales, "Joe Biden hasta el momento solo es presidente de Twitter, Instagram, Facebook, Univisión, CNN y de otras redes. Pero de los Estados Unidos aún no lo es. Nada es oficial". Quede para la historia como otra muestra biópsica del tejido social de Estados Unidos, en el trágico, convulso y revelador año de 2020. Porque da para que gente de ceño sabio diseccione su contenido, que yo apenas trataré de esbozar aquí. "Sépalo", está usted advertido, sepa usted, ciudadano común, lector casual, o adversario del todavía Presidente, que, en contra de toda la información vista ya verosímil, incorporada ya a lo sabido, a lo que forma parte de las circunstancias que ya son, "Sépalo": lo que es, no es; no lo es, "todavía", en un "todavía" que quiere escapar eternamente.

No importa que el mundo, fuera de la incandescencia trumpista [y de la incomparable cobardía de los políticos Republicanos], trate ya al Sr. Biden como inevitable sucesor del actual Presidente. No importa que el público, con raras excepciones, baje las banderas y regrese a su difícil rutina. No importa que los principales líderes políticos del mundo, y hasta los mercados financieros, saluden y celebren en el mejor espíritu de "*a rey muerto, rey puesto*". No importa que, en todas las elecciones anteriores, desde que existen las redes televisivas y estas emplean expertos en estadística, se considere Presidente Electo a quien haya ganado la mayoría de los votos reportados, o incluso a quien parezca estar en camino a conseguirlo. No importa. Los partidarios del actual Presidente, atrapados en una fatídica burbuja durante cuatro años, no conciben la idea de una derrota legítima de su líder, mucho menos una razón para superar los rencores y resentimientos que incubaron su vasallaje. No pueden aceptar un retorno a la impotencia, al aplastamiento que sienten bajo la ola demográfica e ideológica que los ha ido arrinconando en un rincón cada vez más estrecho de la que antes fue su casa, su gran casa, en un pasado que idealizan, y al cual quisieran regresar.

Por eso, desesperados, niegan la sentencia que la sociedad ha dictado, a través de los métodos establecidos de antemano—los mismos que permitieron a su caudillo ascender al poder. De paso reiteran su maldición al enemigo de siempre, a los medios de comunicación nuevos y viejos, a la prensa no subordinada al mandato omnímodo y omnisciente del líder ahora derrotado.

Pedófilos que beben sangre de niños, judíos que tejen una conspiración mundial

De eso se trata la negación de la negación, de eso se trata el *negacionismo* de un movimiento *negacionista*, antisistema y con preocupantes rasgos demenciales: la repetición fanatizada de consignas y teorías conspirativas que hablan de la alianza de los Demócratas con una sociedad secreta —por favor, tomen asiento— de pedófilos (de ahí viene el epíteto contra Joseph Biden) que secuestran niños, los venden en un mercado de prostitución, los matan y beben su sangre. Demás está decir que en esta y otras conspiraciones no falta el *judío* (antes Rothschild, hoy Soros), ni falta la siniestra meta de un gobierno mundial manejado desde la sombra por magnates como Bill Gates, inventores, no de computadoras y vacunas, sino de enfermedades y chips que serán implantados en cada ser humano que caiga bajo su control. No puedo comentar mucho más sobre la fermentación psicológica de todos estos disparates, pero sí creo evidente la necesidad de una advertencia: el caudillo ha sido derrotado, pero el monstruo vive. La sociedad estadounidense —y el mundo— se ha salvado por hoy de un peligro gravísimo e inminente: la consolidación del trumpismo en el aparato del Estado más poderoso del mundo. Se trata de un movimiento que ha causado ya cientos de miles de víctimas, desde los muertos porque al líder y sus secuaces les pareció "conveniente" adoptar una política de "inmunidad de manada", que no es sino un genocidio disfrazado de estrategia, hasta los cientos de niños separados de sus padres para "castigar" a los buscadores de asilo. Ha habido ya muertos en incidentes violentos atizados por el caudillo, para quien un violento nazi es moralmente equivalente ["gente buena en ambos bandos"] a un manifestante pacífico contra la injusticia racial. Así que el mundo civilizado, que ha vivido estos últimos años con la respiración contenida y el pulso irregular, siente que el fin de la pesadilla ha llegado, y celebra. No creo que antes se haya visto que doblen campanas y se lancen fuegos artificiales en partes lejanas del mundo por un resultado electoral en Estados Unidos.

El monstruo vive

Pero no hay que engañarse, el monstruo vive. La bestia fascista ha sido derrotada a un costo comparativamente bajo, si se tiene como referencia el horror del siglo XX. Sin embargo, el monstruo vive precisamente porque la batalla ha sido abreviada y las instituciones de Estados Unidos, golpeadas como están, permitieron que el asedio no pasara de las murallas: la estructura descentralizada del sistema electoral, y lo que queda de independencia en el sistema judicial, más la alarma de la prensa libre y el terror de gran parte de la población a la pandemia y al autoritarismo, permitieron que el líder actual del movimiento colapsara. Por hoy. *Pero el monstruo vive.* Y en el negacionismo que busca, ilusamente, perpetuar en la imaginación el régimen, más allá del 20 de enero de 2021, y más allá de cualquier expectativa racional, subsiste la semilla de una nueva floración venenosa. ¿Será un retorno del actual caudillo? ¿Será algún heredero que recoja el manto del profeta caído? Esta última alternativa no puede, por supuesto, descartarse: el caudillo ha despertado un movimiento, el movimiento se ve a sí mismo como último bastión, como última línea de defensa, como barrera entre la vida y la muerte. ¿Y la primera? Tampoco puede descartarse. El caudillo tiene sobre el antiguo partido Republicano un poder desmedido. Su ejército de seguidores es inmenso. Si logra preservar la narrativa de fraude, seguirá siendo, a ojos de estos, el líder indiscutible y el representante más puro de su causa. Los políticos Republicanos en el Senado y en gobiernos Estatales y locales tendrán que caminar en puntillas para no ofenderlo. El líder parece estar dispuesto a seguir, en el peor de los casos, "gobernando desde abajo" en su partido.

"¿Tu *quoque fili mi*?"

Esto es importante, relevante, y peligroso para el país, especialmente si los Demócratas no consiguen ganar las curules aún no adjudicadas en Georgia. De perderlas, y quedar en mayoría los Republicanos, será muy difícil para el nuevo presidente lograr acuerdos que le permitan sacar al país del abismo. Por otro lado, siendo la naturaleza humana lo que es, es posible también que surjan *Liberatores* en la facción Republicana, y que los días (políticos, o en libertad) del caudillo terminen en la pena de un "¿tu quoque fili mi?". Esto puede ocurrir de muchas maneras —la astucia de los zorros del poder es siempre un espectáculo— y quizás todo lo que tengan que hacer sea retirar a los guardas del César con la mayor discreción. Al César lo busca la justicia.

Estados Unidos: ¿peligra la república?

11 de noviembre de 2020

Cosas feas y extrañas ocurren en Estados Unidos después de la elección en la que Joseph Biden y Kamala Harris derrotaron, más allá de cualquier duda razonable, al actual Presidente. Antes de proseguir, vale la pena resaltar que la contundencia de las estadísticas electorales no recibe suficiente espacio en las noticias, quizás por la hiperactividad mediática y el *gaslighting* goebeliano trumpista.

Las cifras no mienten: la fórmula Biden/Harris lleva una ventaja de cerca de 5.5 millones de votos sobre el candidato perdedor, y un margen de 3.4 puntos porcentuales. En el sistema estadounidense, y dado el perfil moral del público votante, esa diferencia es notable, y dota al ganador de una sólida legitimidad.

Hay que añadir que los Demócratas han superado [50.8% hasta la fecha, y en aumento], la barrera del cincuenta por ciento, que es menos rutinaria de lo que quizás se cree: en cuatro de las once votaciones nacionales de los últimos 40 años, el candidato ganador recibió menos de la mitad de los votos. El porcentaje que viene acumulando Biden/Harris se acerca al cuarto lugar, superado apenas en la reelección de Ronald Reagan (1984, 58.8%), la elección de G.W.H Bush (1988, 53.1%), y la victoria de Obama (2008, 52.9%); es muy probable, a estas alturas, que se borre la diferencia marginal entre Biden/Harris y Obama II (51.1%).

¿Qué está ocurriendo?

El despido de puestos importantes en el aparato de seguridad nacional, como la Secretaría de Defensa (Pentágono), y posiblemente en la CIA. Quizás sean estas "entendibles" como una venganza de sangre para descargar la humillación del Presidente, convertido por obra y gracia de los votantes en la figura que más odia y desprecia, la de perdedor. Menos explicable, y más preocupante, es la ristra de nombramientos —y, según reportan los medios, de aceptaciones— en los puestos que han quedado vacantes, a escasas semanas de salir del poder la actual administración.

¿A quién podría interesarle aceptar un puesto de alto nivel en el Pentágono o la CIA que tuviese apenas 70 días de duración esperada? Irónicamente, la única explicación con lógica política parece absurda: habría, detrás de estas misteriosas decisiones, una intención conspirativa.

Los más paranoicos [aunque a los paranoicos, dijo Kissinger, "a veces los persiguen"] hablan de una conjura golpista. Es verdad que un plan así luce tan insensato que es casi *inimaginable*. Pero, visto lo visto y visto lo vivido, confieso que la frontera de lo inimaginable me parece cada vez más distante, y más borrosa.

La otra conspiración de la que se habla es la de "limpiar" documentación que podría incriminar al actual Presidente y a miembros de su séquito. A lo mejor esta tenga más sentido. Los detalles conocidos de la corrupción en la corte trumpista dan para imaginar que hay mucho más, posiblemente de orden criminal. O a lo mejor sencillamente todo sea parte de la demencia de un culto, y de la inclinación de su líder para mantener la atención de todo el mundo: "the show must go on "—el espectáculo, el triste y peligroso espectáculo del trumpismo, "debe continuar". Y ha de continuar: el monstruo es ahora dueño de uno de los dos principales partidos de Estados Unidos, uno de los dos pilares de su sistema electoral.

"*Dueño*" —repito— y aclaro de que no se trata de una exageración retórica. El caudillo tiene 88 millones de seguidores en Twitter, su arma poderosa de comunicación y liderazgo, con la cual arenga y dirige a su ejército [tampoco "ejército" es una exageración retórica] de fanáticos. Y "fanáticos" es aún menos una exageración retórica que "*ejército*", y "dueño". A la fecha, un trino, un tweet del caudillo, puede hundir a un Senador o Congresista Republicano, con pocas excepciones. Muy pocos en el partido quieren tomar el riesgo de no ser "excepcionales". Casi todos prefieren meter la cabeza en la arena o, peor aún, competir en el grito de consignas y loas al gran líder, como hacen —precisamente— los súbditos del Querido Líder en la dictadura norcoreana.

¿Qué ocurrirá ahora? ¿Cómo logrará el sistema político recuperar su normalidad *pre-trumpiana*? ¿Logrará hacerlo? ¿Será posible, como gustan de decir en el mundo anglosajón, "meter al genio de vuelta en la botella"? Estas son preguntas a las que la historia que se haga en los próximos meses y años dará respuesta. Pero hace falta mucha, fresca, e imaginativa reflexión sobre ellas, que encarnan temas y retos nuevos a la sociedad estadounidense. Yo veo feos augurios en los actos y los discursos del caudillo y sus aduladores. Me preocupa que el estamento político, que ya fue tomado por sorpresa una vez en la irrupción de un sicofante cruel e incompetente, subestime de nuevo el peligro. Me preocupa que la arrogancia del credo *excepcionalista* estadounidense le impida entender que la ambición humana desatada y bajo el embeleso de un líder mesiánico es capaz de destruir el mejor diseño democrático; que frente a un movimiento fascista no basta ganarles una vez en elecciones; que el impulso vital del trumpismo es arrollar, conquistar, derrumbar las barreras al poder del ungido y al de sus camisas pardas y descamisados. Y me temo que, a juzgar por la experiencia humana y la historia de todas las repúblicas que han vivido y muerto, la lucha por la supervivencia del experimento iniciado por Jefferson, Franklin, Madison, Washington y otros, pueda estar apenas comenzando.

Sobre los temores de golpe de Estado en Estados Unidos, y sobre la guerra

15 de noviembre de 2020

Es muy dudable —diríase casi imposible— que el actual Presidente pueda retener el poder en desafío abierto al veredicto de los votantes. No cuenta con suficiente apoyo en las instituciones estatales para dar un golpe contra la Constitución. Y, abrumadoramente, los poderes fácticos, tanto en la economía como en la política y la sociedad civil, desde los empresarios hasta la iglesia católica, se oponen a un abandono repentino, brusco, temerario, del modelo de sucesión democrática en el gobierno que ha sobrevivido ya casi dos siglos y medio.

Los políticos del partido Republicano, mientras tanto, vacilan. Actúan como niños que se esconden tapándose los ojos. Quisieran que el poder hipnótico de su caudillo cambiara la realidad; quisieran estar en posición de declararlo vencedor; que se enfriara hasta congelarse la extraña pausa en el juego impuesta por el caudillo —el juego ha terminado, los goles, o las carreras, o los puntos, han sido contados en su contra, pero aún no se anuncia lo que todo el mundo ha visto, lo que todo el mundo sabe, lo que entienden los entendidos, lo que llevan en sus anotaciones los árbitros de línea, lo que han visto los espectadores e incluso reconocen muchos antiguos jugadores del partido perdedor. Los políticos del partido Republicano quisieran no tener que decir, a la barra furibunda del caudillo, que toda esa realidad que niegan bajo hipnosis existe; que están solos; que por muchos que sean no son tantos; que han sido derrotados y que es falso que el mundo entero esté con ellos, que el mundo está mayoritariamente en contra suya, aliviado del espanto, ansioso porque el juego concluya de una vez, y que nunca vuelva a ocurrir de esta manera.

Y este es, quizás, el aspecto del drama actual que menos atención recibe, o al menos del que menos inferencias derivan sus comentaristas: las instituciones viven en las mentes de los seres humanos, y en las mentes de una enorme parte de la población estadounidense —gracias a la prédica del actual presidente y sus adláteres— el sistema está amañado, la democracia es, en suma, una mentira. Y si lo es, ¿por qué aceptar sus métodos y trámites? ¿Por qué reconocer la legitimidad de los electos? Contemplamos, creo yo, un despliegue del humor negro de esa criatura llamada Historia: que la democracia es un engaño, que el sistema elige apenas a un comité que administra la propiedad de los poderes fácticos, y que merece nada más ser desmentida y derribada, pareciera venir de un texto de Lenin, más que de quienes dicen ser sus más inflexibles enemigos.

Y este es el daño más visible, más extenso y profundo, que el actual Presidente ha causado: la transformación de un partido democrático que por décadas suplementó su dieta ideológica con algo de racismo y algo de xenofobia, en un partido dedicado al racismo y a la xenofobia, ya no en nombre de principios abstractos democráticos, sino de la verdad revelada por un caudillo mesiánico.

Habrá que ver qué precio tiene que pagar la democracia estadounidense por la pérdida de uno de sus dos partidos pilares. ¿Perecerá? No es imposible que lo haga. El actual caudillo recuerda a un Mussolini en el poder, o quizás más, por circunstancias —o por la ausencia de circunstancias (no hay guerra mundial ni Hitler de por medio)— a un Perón. Derrotado, por el momento; pero, como puede confirmar cualquier lector curioso, capaz de regresar, y capaz de vivir como una mancha sobre la política, décadas después de muerto. ¿Perecerá? Es improbable. Digo esto, no sin temor, no sin que la duda me preocupe. Pero creo que, a fin de cuentas, la derrota electoral del caudillo en 2020 ha demostrado que el diseño institucional de Estados Unidos es capaz, con todo y sus debilidades ahora evidentes, de crear más obstáculos en el camino que los que cualquier autoritario latinoamericano haya tenido que enfrentar.

Sin embargo, es muy dudoso que el sistema —si es que el bipartidismo es esencial en su lógica— sobreviva con uno de los dos partidos principales anquilosados en un culto personal, sin ideología y programa, más allá de devoción al caudillo y resentimientos informes pero intensos.

De ser así, de ser improbable la muerte de la democracia y de ser incompatible esta con la existencia del partido Republicano actual, los días de este podrían estar contados. No quiere decir que se acerque una disolución del partido, sino que la lucha contra este, y —sobre todo— en el interior de este, y entre los poderes fácticos y este, podría tornarse brutal, y podría marcar la política de Estados Unidos en los próximos años.

El partido Demócrata (una coalición amplia y contenciosa, multicolor de muchas maneras, del resto de la sociedad) participará, lo quiera su estamento líder o no, y será salpicado por esas luchas; probablemente tenga que sufrir su propia metamorfosis; tendrá que desplazarse como una ameba por el espacio político, a través de la conciencia e imaginación de los múltiples pueblos que viven en el pueblo estadounidense, para ocupar, como en un complejo juego de ajedrez, posiciones en la guerra que parece iniciarse.

Unidad Nacional Azul y Blanco: un comunicado vergonzoso

17 de noviembre de, 2020

Hace algún tiempo un obispo de Nicaragua —sí, un obispo, y uno a quien el calificativo de "conservador" se le ha aplicado por mucho tiempo; no, no es un típico "radical", ni un "resentido" en la pelea por un puesto— me decía que para que se dieran los cambios que hacen falta en Nicaragua se necesitaban nuevas ideas, y para eso, "nuevos líderes". "*Hay que cambiarlos*", me dijo acerca de quienes actualmente figuran como "oposición". Leo el comunicado de la Unidad Nacional[80] —sí, no de la universalmente vilipendiada Alianza Cívica, sino de la región "pura" de la dizque-Coalición (dizque) Nacional; la de las organizaciones populares, los remanentes de Abril, y las oenegés del bienhacer— y no puedo acallar en mi conciencia las palabras del prelado. No sin dolor, por supuesto; no sin sentir, una vez más, el peso y la consecuencia de la ingenuidad que es, en muchos de nosotros, el último bastión de la esperanza ante el cinismo. Vamos mal. Porque cuando hay que ser ingenuo para no ser corrupto, y cuando se corre el riesgo de verse disminuido por la astucia de los "vivos"; cuando estos actúan con una confianza de pies de plomo y sordera total, quiere decir que la sociedad ha descendido a un mundo como el que describe Enrique Santos Discépolo en "Cambalache", su célebre tango: "*No hay aplazados / ni escalafón / los inmorales nos han igualado… Vivimos revolcaos en un merengue / y en un mismo lodo / todos manoseados…*" Quizás sea larga esta introducción, pero creo que captura, no solo lo que pienso, sino lo que piensa gran parte de la población nicaragüense, dentro y fuera de las fronteras físicas del terruño, en este año terrible de pandemia, crisis, y represión; este 2020 que pudo haber sido distinto.

El comunicado

Ahora, al grano: con fecha 9 de noviembre, la Unidad Nacional ha emitido un pronunciamiento acerca del Partido Liberal Constitucionalista (PLC). El comunicado es, claramente, una reacción *eco* al anuncio del Secretario de Estado de Estados Unidos de que la familia del expresidente Alemán iría a perder el privilegio de una visa de entrada en aquel país. Esta noticia, en sí, no es lo que parece, pero tiene relevancia en el juego político de quienes buscan el aterrizaje suave en Nicaragua. *No es lo que parece; pareciera ser* solo un torpe exabrupto de errores: de hecho, la visa del expresidente Alemán fue cancelada hace años; en la "noticia" de las sanciones mencionaron, incompleto, el nombre de su hijo fallecido, también, hace años, y que nada tuvo que ver con los desmanes de que acusan a su padre; luego, para corregir el desatino, añadieron a otra hija del caudillo que no participa activamente en la política. *Tiene relevancia*; deja

80 https://revistaabril.org/wp-content/uploads/2020/11/coalicion-sin-corrupcion.jpg

entrever que la diplomacia de EEUU está al tanto del sol que los "vivos" de la oposición quieren tapar con un dedo: *tienen un grave problema de legitimidad entre los nicaragüenses, empeorado por la inclusión del PLC, partido que la opinión pública asocia con corrupción extrema y, sobre todo, con el pacto que permitió a Daniel Ortega regresar a la presidencia. Tiene relevancia*, pero la entrega ha sido desmañada, quizás porque el Sr. Secretario de Estado dedica su energía a las feroces luchas intestinas que se libran en Estados Unidos, más que a estudiar las sutilezas de la política en un país distante y de importancia a lo sumo marginal. Digo esto porque al agitar las aguas resucitando el affaire Alemán ha dejado expuestos en la llanura, impecablemente desnudos, a quienes en Nicaragua son —aunque parezca inverosímil— socios políticos del desprestigiado político... es decir, precisamente, a la Unidad Nacional.

De un mundo raro

Si alguien en una galaxia distante, en un mundo futuro, o simplemente en un país menos desquiciado, se enterara del conjunto de la historia... que el Partido Liberal Constitucionalista no solo fue, electoralmente, reducido a partículas hace muchos años, sino que, a través del pacto Alemán-Ortega, permitió a este último regresar a la presidencia con poco más de un tercio de los votos; que luego se instaló en la Asamblea Nacional y en las instituciones de los poderes judicial y legislativo, cobrando gruesas remuneraciones; que luego se unió —con poder de decisión, en directiva— a la Coalición Nacional iniciada por la Alianza Cívica y la Unidad Nacional; que, dentro de la Unidad Nacional, la Alianza Cívica participó como fundadora, para luego separarse y luego unirse de nuevo [...] a la Coalición, y luego separarse de nuevo, con rumbo desconocido; y sobre todo esto: que, al momento del pronunciamiento del Secretario de Estado, el PLC participa en el aparato estatal de la dictadura [una hija de Alemán es Contralora de la república; hay, se calcula, más de 250 altos cargos del partido en el gobierno]; que ha mantenido su participación a través de ya casi tres años de represión genocida, pero es –simultáneamente, y sin ruborizarse-- parte orgánica de la oposición...

Repito: el PLC es parte del gobierno dictatorial, donde sus miembros reciben salario y protección, y parte de la organización que dice luchar contra el gobierno dictatorial...

El "yo no fui" de la Unidad Nacional

Y ahora, lo peor, las excusas y la "reflexión" del liderazgo de la Unidad. La explicación de la desnudez es verdaderamente pasmosa, es prácticamente un "yo no fui" infantil. Dice la Unidad que "desde el 20 de agosto" [¡hace tres meses!]

"señalaron la importancia" de que el PLC "diera muestras claras de ruptura con la dictadura". Es decir, aceptan haber incorporado a la supuesta coalición opositora a un partido que —ellos mismos reconocen— sigue siendo, de acuerdo con la evidencia de que disponen, *parte* de la dictadura.

Juzgue usted; no quiero ofender explicando lo obvio. Pero hay más, y más vergonzoso. Como un niño que se ampara en la declaración de su padre, el comunicado arguye que "la reciente medida adoptada por el gobierno de Estados Unidos" contra el expresidente Alemán y tres miembros de su familia, "reafirma el riesgo" que asocian con el PLC.

¿Y cuál es, según la Unidad Nacional, ese riesgo? A quienes todavía sueñan con que los políticos nicaragüenses despierten —estratégica y moralmente— parece que el destino les tiene reservado el letrero en el dintel del infierno que Dante describe: "¡Oh vosotros los que entráis, abandonad toda esperanza!".

Porque lo que sigue en el comunicado es esto: el riesgo, nos dicen, no es asociarse (y pretender legitimar) como "oposición" a uno de los pilares de la dictadura, sino "la *presencia* de *un PLC bajo la influencia de la familia Alemán en la* ***Asamblea Nacional***".

Como si los partidos políticos de Nicaragua estuvieran estructurados democráticamente; como si fueran organizaciones de ciudadanos con igual voz y voto; como si el PLC no fuese, al igual que el FSLN, propiedad de un caudillo. Y para rematar, la solución propuesta por la Unidad: "presentar al Comité Nacional de la Coalición una moción de revisión de la forma de participación del PLC…"

Vamos mal…Por esta ruta creo muy dudoso que haya cambio democrático en Nicaragua. No parece haber ni norte estratégico ni norte moral. Lo único que parece interesarles a los políticos de la oposición formal (o funcional) es agotar los minutos que quedan en el juego, distraer a los espectadores, hasta que llegue el momento de sus anheladas elecciones con el dictador. Y hay alguien más que anhela esas elecciones: Daniel Ortega.

La pesadilla autoritaria de Estados Unidos, el sueño de la democracia en Nicaragua

23 de noviembre de 2020

Desde hace más de dos semanas los principales medios de comunicación estadounidenses presentan a analistas y políticos de semblante indignado, perplejo, o hasta compungido. ¿Qué atribula a tantos bien informados personajes? Pues, por supuesto, la conducta del actual ocupante de la Casa Blanca, quien [predecible y predicho] parece aferrarse a la ilusión de haber triunfado "*y por mucho*" en la elección presidencial que culminó el 3 de noviembre.

Nadie puede saber a ciencia cierta si el asimiento es real, o si es una capa más de la nebulosa mentira en que los políticos envuelven sus motivos. Pero ya con haber conocido estos años el comportamiento del señor de marras, y, sobre todo, con conocer los miles de años de historia humana que conocemos, miles de años de historia del poder y de quienes lo ambicionan, caeríamos en imprudencia temeraria si tratáramos al Presidente actual [2016-2020] como apenas un engañado más.

Sean cuales fuesen los trazos neuropáticos que hacen a este tipo de individuos insaciables en su humana sed de poder y control, no puede uno asumir que César, o Napoleón, o Castro, o Chávez, o Lenin, o Mao, por citar unos cuantos, buscarían huir del mundanal rüido solo porque un poco más de la mitad del populacho los repudie en una elección.

El poder (y la debilidad) de un mito

A eso se enfrenta la sociedad estadounidense. Y se enfrenta al eterno leviatán en desventaja, como el niño mimado de un padre rico que se encuentra repentinamente pobre y huérfano, frente a un mundo para él desconocido en toda su abrumadora hostilidad. A los estadounidenses, el siglo XX, particularmente desde la segunda guerra mundial, los dejó en la cima del poder y la riqueza mundiales, con poder imperial y hogar republicano, y dejó espacio a que floreciera a plenitud entre ellos el mito del "*excepcionalismo estadounidense*": una nación al margen (por encima) del curso habitual de la historia, por ser nacida, no de herencias feudales y monárquicas, sino de la idea democrática. Inimaginable, en la visión de Lincoln, que Estados Unidos permitiera que "*el gobierno del pueblo, por el pueblo, y para el pueblo*" desapareciese de la faz de la tierra.

Hay que decir, sin embargo, que si una pesadilla unió a la banda abigarrada de señores rebeldes a quienes hoy llaman "padres fundadores", fue precisamente que la nueva nación padeciera, *como todas las naciones del pasado*, el mal de la tiranía. No sería libre *por naturaleza*; no sería libre *sin un esfuerzo excepcional* por mantenerse libre, y sin diseñar un complejo sistema de dispersión del poder, cuya lógica implícita es que el poder se infiltra mañosamente en todos los ámbitos, que la ambición humana necesita más de un dique, más que múltiples barreras para ser contenida y que no arrase a la sociedad en caos o la sofoque en dictadura. La obsesión de los padres fundadores fue, lo expresaron sin ambages, que al aparecer un personaje como el actual Presidente la libertad sobreviviera. La figura de un demagogo que la destruye desde su interior fue el monstruo en aquellos malos sueños: "*...de aquellos hombres que han anulado la libertad de las repúblicas, la mayor parte ha comenzado su carrera cortejando obsequiosamente al pueblo; se inician como demagogos y acaban como tiranos*", sentenció James Madison.

Para eso construyeron los pesos y contrapesos. Para eso, entre otras cosas, decidieron permitir que cada estado mantuviera fuerzas armadas, que fueran los estados quienes controlaran la elección del presidente federal, y tantas otras disposiciones que harían difícil la usurpación de la soberanía *ciudadana*.

Contra ese andamiaje republicano confabula la ignorancia que en nuestros tiempos deja las mentes individuales con rezago ante el avance tecnológico, y da un enorme poder al demagogo moderno, capaz de "cortejar obsequiosamente" al pueblo a través de las redes sociales. Y confabula también el "*excepcionalismo estadounidense*", porque obstruye la búsqueda de soluciones a través del aprendizaje de la historia, y hasta provee al ignorante de una coraza inexpugnable en la que rebota la racionalidad.

Los motivos, en resumen (la victoria propagandística del actual presidente)

Descorrido el velo ideológico *excepcionalista*, los juegos del poder quedan expuestos como la desnudez del emperador de la famosa fábula: el objetivo del actual presidente de Estados Unidos al dilatar la aceptación del resultado electoral, al atrasar la transición y mantener la incertidumbre acerca de la continuidad institucional, es demostrar a unos y consolidar ante otros su dominio caudillista sobre el partido Republicano.

Hasta la fecha, hay que decir que su maniobra ha sido un éxito. No hay que olvidar que el sistema métrico de un movimiento tan crudo y rudo como el trumpismo difiere por mucho del de las instituciones y movimientos democráticos. Su lenguaje y el universo de su verdad también son otros. Por eso han logrado avanzar, y continúan avanzando, a pesar de que en la métrica convencional (votos, encuestas) hayan sufrido una derrota. Para ellos esa derrota es apenas parte de la historia, una decepción quizás honda y muy ofensiva al ego del caudillo, pero que prontamente será superada, porque hay una emoción poderosa que une su sentimiento de desposesión injusta [han "perdido su país"] y el mensaje de su líder: hay que revertir la situación, porque la alternativa es apocalíptica. "Nuestra nación", les dice, "*está en las garras de anarquistas profesionales, turbas violentas, saqueadores, pirómanos, criminales, agitadores, Antifa...*" Y añade el caudillo: "*Yo, solo yo, puedo enmendar esto*".

En claro contraste, para el resto de la sociedad la victoria electoral parece mucho, quizás mucho más de lo que objetivamente representa. Es verdad que una victoria del trumpismo en noviembre de 2020 hubiera dejado a la democracia arrinconada, agotada y debilitada ante el asalto neofascista. Habría fracasado el dique de contención electoral. Es verdad, se ha evitado lo peor. Pero el peligro no ha pasado. Es muy posible que en un futuro los historiadores vean estos momentos como una gran batalla, en la que fue posible repeler el asalto violento de fuerzas antidemocráticas; pero no la batalla final, porque la fuerza de los atacantes no ha sido mermada, su motivación no ha desaparecido, y su caudillo continúa al frente, maniobrando para mantener a las tropas en formación, listas para regresar al combate.

Si esta es la situación objetiva, la inexperiencia estadounidense con este tipo de fenómenos otorga una cierta ventaja a los conspiradores Republicanos del trumpismo. De hecho, el ascenso del actual presidente al poder se debe en gran medida a la ingenuidad de buena parte del estamento político, y del periodismo de Estados Unidos, que nunca pensó que un bufón televisivo reputado apenas por su protagonismo en el mercado de bienes raíces y su conducta desvergonzada pudiera derrotar a los zorros de la política en competencia electoral. Lo hizo, uno a uno; desató las fuerzas que albergaban las tripas del partido Republicano, y se adueñó de este. Derrotarlo ha requerido una amplia coalición de Demócratas y Republicanos disidentes, una pandemia mortal, un despliegue de incompetencia y corrupción sin precedentes en la historia presidencial de Estados Unidos, una economía en profunda recesión, y el despertar tardío de la prensa independiente del país. Con todo y todo, en medio de tantas calamidades que normalmente sepultarían a cualquier gobierno en elecciones libres, el movimiento trumpista conquistó algo más del 47% de los votos, y llevó a las urnas a un número de votantes que en 240 años de elecciones es solo inferior al total de los votos favorables a Biden/Harris.

¿Qué viene ahora?

Puede esperarse el sabotaje Republicano al nuevo gobierno. Puede esperarse que el presidente actual continúe siendo la fuerza dominante en un partido que es ahora enteramente suyo. Puede esperarse resistencia, y quizás luchas feroces, al inicio sordas, por arrancar el partido de sus manos. Puede esperarse que el sistema judicial busque ajustar cuentas con el caudillo, a quien se investiga por múltiples supuestos crímenes. *Lo que no puede esperarse es que el caudillo sea fácilmente derrotado, ni que su movimiento se desvanezca, ni que el partido Republicano despierte en enero de 2021 con rostro angelical y dispuesto a hacer el bien.* No puede esperarse que de un día para otro desaparezca el peligro que acecha a la democracia. La democracia tiene al monstruo autoritario en su interior; uno de sus partidos pilares ha evolucionado durante décadas en dirección al fascismo, y ha encontrado, por hoy, a un líder con el cual se identifica mayoritariamente, intensamente. El actual partido Republicano no es compatible con la democracia. ¿Cómo resolver esto? Ahí está el nudo del asunto.

¿Y Nicaragua?

Doy el salto mental a la tragedia del terruño porque no hay más remedio. Porque, estos días, al sufrimiento de la pobreza y del despotismo sanguinario de la dictadura bicéfala Ortega-Gran Capital se une un desastre natural más. Otro huracán; más muertos; más dolor. Y al contemplar la reacción de muchos que se dicen demócratas ante los eventos de Estados Unidos, *más desesperanza: en la fila de lo que es la presunta avanzada de la democracia contra el mal perenne de la dictadura, muchos se encuentran entre los deslumbrados por el caudillo del norte.* Se encuentran, en otras palabras, junto a lo más atrasado, menos democrático, más supersticioso y rezagado en educación formal y productividad de Estados Unidos. En esto, las estadísticas[81] son contundentes, incuestionables ¿Es esta la visión del mundo, de la sociedad deseable que cabe esperar en Nicaragua si la nueva cosecha de políticos toma el poder? ¿Es posible tomar en serio su declarada vocación anti-dictatorial mientras apoyan, a veces con histeria comparable a la de los trumpistas estadounidenses, a un caudillo soez y destructivo? ¿Quieren democracia, o quieren apenas un régimen sin Ortega?

81 https://revistaabril.org/el-reto-de-bidencomo-reducir-la-brecha-entre-la-pobreza-en-las-areas-rojas-y-el-avance-tecnologico-economico-en-las-areas-azules/?playlist=6105970&video=c8c19bc

El faro de Abril en la distancia

2 de diciembre de 2020

Hay pocos segundos en este video[82] que no me llenen de vergüenza y tristeza. Hay muy poco en él que no atente contra la esperanza. Esta es "la lucha" de los políticos contra la dictadura de Ortega en Nicaragua, acusaciones de servilismo y corrupción en medio de un pleito por ocupar posiciones en la directiva de una organización cuya lucha consiste en esta lucha, en la lucha por ocupar posiciones dentro de la organización, por asegurarse de no quedar sin silla en el juego de sillas, frente a las cámaras, en un canal de televisión de Managua, de espaldas, durante ya tres años, a l*a intención popular de acabar con una dictadura, no de participar en un gobierno que la incluya.*

¿Esta es "la lucha"? ¿Y para esto quieren llevar a la gente al matadero de la elección cuyo primer promotor, cuyo promotor más interesado, es Ortega? Yo quisiera no tener que decirlo de nuevo, pero da tristeza, y da vergüenza. Y luego todo termina envuelto en lenguaje de beaterías y padrinazgos, porque París bien vale una misa, y si hay que revolcar a todos los santos y al mismísimo Jesucristo para ganar poder, pues así sea, "¡démosle viaje!". Luego tienen la desfachatez de demonizar a sus críticos [“la mejor defensa es un ataque”] desde un estiramiento moral que no les luce. Se empinan y alargan el cuello, adoptan la pose y se llenan los cachetes con palabras que evisceran y luego inflan y exhiben como un animal disecado: “unidad”, “transparencia”, “compromiso”, “dignidad”, “indignación”, “lucha”, “trabajo”, “organización”, “libertad para los presos políticos”, “justicia”, “preparación para todos los escenarios”. Y, por supuesto, todas las referencias posibles al cristianismo, porque la manipulación de las íntimas y ancestrales devociones de nuestra gente es parte de su arsenal. No faltaba más, no podrían dejar que la Murillo fuese la propietaria de ese feudo.

¿Esta es la lucha? ¿Tres años después de Abril, esta es la lucha? ¿Esta es la esperanza? ¿Tres años después, cientos de muertos, tanto sufrimiento, miseria y exilio, y esta es la lucha? ¿Tres años para cumplir lo que ya el tirano y su cómplice Almagro habían dispuesto desde hace más de tres años: elecciones en 2021? ¿Esta es la esperanza que las organizaciones que cobijan a los políticos quieren que sintamos? ¿De verdad es esto lo que la Unidad Nacional, el liderazgo de parte del Movimiento Campesino, y lo que haya de “coalición nacional” [¿existe?] tiene en su vientre?

Yo en esa preñez temo que venga lo único que puede nacer de un embrión de mentira y abandono de principios: una nueva iteración del caudillismo, del triunfo del más matrero, del que hoy se hace el puro [o el tonto] hasta llegar al trono, y una vez en él, se apropia golosamente del país.

---

82 https://www.facebook.com/watch/?v=3536144429753978

Esta es la oscuridad que ha vivido Nicaragua, y que el faro de Abril iluminó con dolorosa brevedad.

¿Tanto se han alejado de la costa que ya no ven su luz?

¿Hay prensa independiente en Nicaragua?
(Lecciones de una "emboscada")

5 de diciembre de 2020

Los hechos

En un incidente que sería negligible en los ciclos noticiosos de países democráticos, un periodista [o los productores de su programa] decidieron carear a dos políticos al final de un programa televisivo en Nicaragua. Llamaron por teléfono al mayor de ellos, el expresidente Arnoldo Alemán, caudillo del Partido Liberal Constitucionalista, señalado por numerosos actos de corrupción y por haber hecho posible que el dictador Daniel Ortega regresara a la presidencia. Luego llamaron al más joven, también liberal, Félix Maradiaga, uno de los dirigentes más públicos y publicitados de la Unidad Nacional, de quien en círculos políticos se dice desde hace tiempo que persigue vehementemente la presidencia del país. Alemán aceptó la llamada, y Maradiaga regresó al estudio. Alemán espetó a Maradiaga que este había ido varias veces a visitarlo, para pedirle su "bendición" y convertirse en candidato del partido. Maradiaga respondió, negando vigorosamente las acusaciones, y cuestionando la ética del expresidente. Antes de hacerlo, protestó en tono controlado al periodista, aduciendo que lo habían "emboscado".

Hasta aquí, el asunto parece bastante rutinario; parece, en *el peor de los casos,* agilidad maliciosa del productor ["aprovechemos, llamen a Alemán, que responda a Maradiaga, y que este responda"] y torpeza de Maradiaga [como político ya fogueado, si no preguntó para qué lo querían de regreso ante las cámaras no puede culpar a nadie más que a sí mismo]. Sea como fuere, nada que en una cultura democrática merezca, en sí, censura; todo lo contrario, es el espectáculo de la noticia a través del cual con frecuencia se obtiene la exhibición de los hechos, de la verdad.

Pero la de Nicaragua, hay que reconocerlo, no es una cultura democrática, y de un incidente que duraría en otros pagos lo que dura un copo de nieve en el desierto ha manado una reacción torrencial en días subsiguientes: no solo las habituales "tomas de partido" entre un político y otro, en las cuales, por supuesto, Maradiaga ha salido muy beneficiado, ya que es difícil encontrarle (aparte de Ortega) un rival político en tal debilidad de opinión pública, sino que ha habido una reacción notable de rechazo al periodista conductor del programa, y al propio canal de televisión; una reacción capaz de obligar a la gerencia a que pidiera perdón por "la emboscada".

Y que conste: en las redes sociales los escasos comentarios de adeptos conocidos de la oposición condenan al periodista y al canal. Ninguno, ni siquiera sus colegas del periodismo no oficial, ha defendido al entrevistador. Entre el público extramuros, el de quienes no participan en convivios y reuniones de la clase política, la reacción a lo ocurrido es una versión u otra de la articulada por el Sr. Jimmy Guevara, comunicador social exilado en Costa Rica: "Los ex programas de Stalin Vladimir eran iguales al show de Maradiaga y Arnoldo, y nada bueno salió de ahí, porque no se crea debate, se deja que se saquen trapos al sol, no dan respuestas y más bien dejan dudas, porque ni Arnoldo ni Félix presentan pruebas de lo que dicen y solo fue un momento de puro vulgareo. ¿Por qué defender al medio si no es un referente de cultura? Yo creo que tanto el canal 10 como el par de políticos nada bueno hicieron con ese show más que seguir fomentando la vieja cultura política."

¿Qué lecciones pueden extraer los ciudadanos democráticos?

Uno de los beneficios sociales del periodismo incisivo–y hace falta mucho, y mucho más de este en Nicaragua– es precisamente crear condiciones para que los políticos saquen, como dice el Sr. Guevara, "trapos al sol". Con frecuencia en esos trapos envuelven lo que ocultan; y aunque no fuera así en esta ocasión– queda de tarea de investigación confirmar o desmentir lo aducido por las partes ante las cámaras– el esfuerzo del periodista no fue en vano, porque permite hacer reflexiones sobre [1] el estado del periodismo nicaragüense, como oficio y como negocio; [2] el estado de la política; y, [3] la relación entre periodismo y política en Nicaragua.

Que podamos hablar de todo esto es constructivo, y por tanto no hay que "castigar" al periodista que, voluntariamente o por iniciativa de los productores o propietarios, dio lugar a la situación que Maradiaga llamó "emboscada". Si al periodista le ordenaron hacerlo por motivos ajenos al periodismo —lo cual no es imposible, dada la corrupción que impera en la sociedad— sería, él mismo, una víctima del sistema y no deberíamos tratarlo como victimario. Si lo hizo por iniciativa propia y legítima curiosidad noticiosa, aplaudámoslo, no hagamos que lamente haber dado un paso vigoroso hacia adelante en persecución de la verdad.

Cualquiera haya sido el móvil del periodista, la sociedad gana una oportunidad para reflexionar sobre los tres puntos que menciono, y que creo importantes; son puntos sobre los cuales nos es difícil, y hasta doloroso, reflexionar, y que por tanto tendemos a rehuir. ¿Por qué? Pues, porque son parte de una realidad que duele y avergüenza, que no quisiéramos para Nicaragua.

Es una realidad que incluye, como bien señala el Sr. Guevara, problemas con la calidad de los medios y con la dignidad del oficio, porque los periodistas, esforzados y valientes como son muchos de ellos, sufren económicamente en términos absolutos y relativos la injusticia del sistema y el desprecio de las élites. Ya salió a luz pública, precisamente porque "se sacaron los trapos al sol", cómo el director de *La Prensa* ganaba $180,000[83] dólares al año más extras, mientras reporteros y otros empleados de su medio y otros a muy duras penas sobrevivían [o sobreviven]. Sufren, además, lo mismo que sufre el resto de la sociedad en cuanto a estándares de calidad y formación.

Es una realidad que incluye una cultura política corrupta, tanto en el régimen como en la oposición. Corrupción que estos últimos intentan ocultar con mentiras y lenguaje bonito; realidad en la que viven negociando pactos y arreglos entre facciones que se pelean por tomar la delantera, y que a su vez están más que dispuestas a pactar con la dictadura mientras falsamente hablan de resistencia, libertad para los presos políticos, y demás. Es una realidad que incluye una relación de poder —entre los políticos apadrinados por las élites y los periodistas no oficialistas— que es humillante para estos y profundamente antidemocrática; los periodistas no oficialistas apenas tienen licencia para expresarse sobre el enemigo de turno, Ortega, pero pueden pagar un precio potencialmente devastador si osan cuestionar, criticar o incluso simplemente exponer al público a los políticos que en el momento gocen de algún favor entre los mandamases.

¿Prensa independiente, o prensa no orteguista?

De todo esto hay que hablar, y es muy difícil hacerlo, porque la realidad a la cual la "emboscada" nos abre una pequeña ventana se sustenta no solo en una desigualdad de violencia entre el régimen y el resto de la sociedad, sino en una violenta desigualdad económica entre unas pocas familias y el resto de ellas, que incluye las de los periodistas; esto hace que "*prensa independiente*" sea a duras penas, con estoicas excepciones, sinónimo de "*prensa no orteguista*", porque los periodistas no solo son blanco potencial de las balas, cárcel y hostigamiento de la dictadura, sino de los *encomenderos* del capital local, concentrado en muy contadas manos. Quizás sea poco exagerado afirmar que la independencia periodística en Nicaragua es fragilísima, que vive amenazada: o por una bala, o por el hambre.

Y lo peor de todo esto es lo que ya he señalado con anterioridad: que, por falta absoluta de tradición democrática, de experiencia en el ejercicio de los derechos humanos en la política, nuestra cultura está saturada de autoritarismo. No es verdad que nos enfrentemos simplemente "democráticos" contra "dictatoriales". Esa es una falsedad, y una trampa. El régimen actual, como todos los regímenes anteriores, no descendió de un platillo volador, ni logró consolidarse sin el apoyo de muchos. La principal destreza de quienes lo encabezan

83 A la fecha, en Estados Unidos de América, la economía más grande del mundo, y con ingresos familiares promedio de alrededor de $71 mil dólares al año en 2021, apenas alrededor del 5% de los empleados alcanzaría una compensación semejante.

es conocer nuestras mañas y hábitos, y con ellos hilar su dominio. A Napoleón atribuyen haber dicho que a los pueblos no se les logra manejar por sus virtudes, sino por sus vicios. Hagamos la cuenta para Nicaragua, viéndonos en el espejo de los caudillos, y de los políticos. ¿Alguien puede asegurar que, entre los actuales opositores, como entre los que antes fueron y hoy están en el poder, no hay, en embrión, futuros napoleones, somozas, ortegas y alemanes? Hagamos el esfuerzo de examinar las *prácticas*, antes que *las palabras* de todos ellos, nuevos o viejos; imaginémonos, más bien, a los *nuevos*, como *viejos*; examinemos su apego a la verdad, su disposición a explicar públicamente sus acciones, o a esconderse tras la prepotencia o la viveza; tomemos su cantinfleo, cuando lo practiquen, como una señal de alerta; abandonemos la mentalidad de "este-es-mi-gallo" o de "*por el momento* lo único que importa es Ortega, porque el problema es Ortega".

No. El problema no es Ortega, *el nombre actual* del problema es Ortega. Ortega pasará un día, y pasará también —si es que consigue establecerse—su dinastía. ¿Qué quedará después? Quedará aquello a lo que aspiremos activamente desde hoy. Si toleramos la corrupción entre los políticos que adversan a Ortega y les damos nuestro apoyo, quedará en el poder la corrupción. Si toleramos la cultura autoritaria que castiga el disenso, la crítica y la búsqueda de los hechos, quedará en el poder el autoritarismo. Si aceptamos como *suficiente* nuestro actual nivel cultural y profesional, quedará en el poder la mediocridad. Quedará en el poder el atraso que nos ha puesto a la cola de una región atrasada, y dejará la desesperanza que ya empieza a doblegar a muchos que en Abril pensaron ver un chispazo de luz futura.

La tierra no es plana (elecciones, burbujas de acero y falsas narrativas)

9 de diciembre de 2020

No es difícil imaginar que el actual presidente siga siendo un problema para la sociedad —y para la verdad— por algún tiempo. Pero ya no será Presidente de Estados Unidos a partir del 20 de enero del 2021. La tierra no es plana.

Cierto buen amigo me invita a aceptar un desacuerdo amistoso sobre si hubo o no una conspiración que él llama "Soros-chavista" para despojar al actual presidente de su codiciada reelección. Amigos podremos ser, pero la amistad no puede bendecir una falsa discrepancia de opiniones. En este caso, no hay desacuerdo: hay rechazo o aceptación de la realidad. Guiados por la evidencia, directa e indirecta, no hay nube de incertidumbre ni rincón de duda en el asunto. No se trata de una cuestión pendiente, de una pausa entre la ignorancia temporal y la certeza razonable. No hay pausa en un debate sobre si la tierra es plana. No hay pausa, sencillamente no hay debate.

Que la campaña del actual presidente y sus aliados haya ido cincuenta veces a las cortes estatales y federales —independientes en un país cuyo eje político es la independencia del sistema judicial— y haya perdido en todos los casos, con excepción de una victoria menor, sin trascendencia; que incluso jueces federales nombrados por el actual presidente hayan rechazado tales demandas; que el jefe de seguridad electoral en el Departamento de *Homeland Security* [Seguridad Nacional], nombrado por el actual presidente, atestigüe que la elección no sufrió ninguna interferencia externa ni cibernética; que Secretarios de Estado y Gobernadores Republicanos en estados claves, como Georgia y Nevada, hayan certificado que la elección fue limpia y que ganó el candidato opositor; que se hayan contado los votos tres veces en Georgia, confirmando la victoria de Biden; que se hayan contado de nuevo, a solicitud de la campaña del actual presidente, en algunos condados de Wisconsin, y que en dichos recuentos el margen de victoria de Biden haya más bien aumentado; que se haya hecho un recuento, también a mano, en Nevada, confirmando la victoria de Biden; que el Fiscal General William Barr, uno de los aliados más cercanos al actual presidente, haya dicho en público que aunque ha investigado [anunció que lo haría; el anuncio fue controvertido, por inusual] no ha encontrado *ninguna instancia de fraude* que pudiera alterar los resultados; que la Corte Suprema de Justicia, con tres magistrados propuestos por el actual presidente, y una mayoría presuntamente Republicana de 6 a 3, haya rechazado *unánimemente* la solicitud de intervenir en la votación de Pensilvania; que se haya confirmado una diferencia de votos a nivel nacional, enorme en un sistema como el de EEUU, de más de 7 millones, o 4.5% del total; que los procesos de votación hayan sido administrados, no desde

Washington, sino de manera descentralizada por más de tres mil condados gobernados por funcionarios de ambos partidos; que la votación haya favorecido al partido del actual presidente en las competencias por el Senado y la Cámara de Representantes; que un juez nombrado por el actual presidente haya dicho, a los abogados del actual presidente, que no basta con vagos alegatos retóricos, que hacen falta reclamos "específicos", y luego hace falta presentar evidencia, y que los abogados del actual presidente no han hecho ninguna de las dos; que cuando los jueces preguntan a los abogados del actual presidente —grabado esto en registros orales y escritos— "*¿Están alegando que hubo fraude?*", los abogados, temerosos de las sanciones establecidas contra litigantes que presentan demandas "frívolas", contestan, "*no, señoría*"; que cuando les dan la oportunidad ante los medios de comunicación para que presenten la evidencia, dicen "*vamos a presentarla en la corte*", donde —véase arriba— no la presentan... todo esto quiere decir que la tierra no es plana. Nadie puede, racionalmente, indignarse ante este hecho; no es un robo negar a los quejosos la imaginada planicidad; es, sencillamente, mantenerse en el quicio. Porque la tierra no es plana. Sencillamente no lo es, quiéralo quien lo quiera por la razón que lo quiera. Y no hace bien a nadie creerlo o intentar que otros lo crean, o permitir que engañen a engañables y deseosos de engaño con tan falsa narrativa planicitaria.

Narrativas así crean burbujas de acero, dañinas en extremo, blindadas emocionalmente por violentas antipatías hacia personajes centrales de alguna ilusión conspirativa. Pero la tierra no es plana, el mono no existe, el coco no existe, el Chupacabras no existe, el monstruo de la laguna negra no existe, Hillary Clinton no dirige una red de prostitución infantil desde una pizzería en Washington, Barack Obama nació en Estados Unidos. La tierra no es plana.

Que "la tierra es plana" no es una idea respetable. Por más que los planicitarios lo quieran, nadie va a caer al vacío si alcanza el borde del horizonte. Fin de sueño. Hora de despertar. La tierra no es plana. La elección del Presidente de Estados Unidos ha pasado. No es difícil imaginar que el actual presidente siga siendo un problema para la sociedad —y para la verdad— por algún tiempo. Pero ya no será Presidente de Estados Unidos a partir del 20 de enero del 2021. La tierra no es plana.

Sobre la carta de diez senadores estadounidenses al Embajador Sullivan

15 de diciembre de 2020

Se ha hecho pública una carta[84] que fue enviada por miembros del Senado de Estados Unidos al embajador de ese país en Nicaragua.

¿Qué llama la atención de dicha carta?

1. **La fecha de envío, 15 de Diciembre.** Finalmente, el Colegio Electoral ha cumplido el ritual de elevar formalmente a condición de Presidente-electo a Joseph Biden, y el líder Republicano del Senado, ya con mayor protección institucional —o sin más alternativa— ha dado el paso de aceptar que a partir del 20 de enero habrá una nueva administración.

Que un grupo prominente de senadores lance una advertencia a la dictadura orteguista debe ser interpretado como una señal de continuidad en la política oficial estadounidense, contrariando así apuestas orteguistas y nicatrumpistas. Que entre el grupo de senadores haya más Demócratas (6) que Republicanos (4) refuerza el mensaje.

2. **La relativa tibieza del mensaje.** Es una clara manifestación de enojo, sin duda, pero dada la situación en Nicaragua, es como una palmadita en la mano de un ladrón armado. Deja en claro que están atentos y al tanto de los más recientes abusos contra la libertad de prensa, y especialmente de que el régimen haya pasado a incorporar medidas represivas a la ley, "codificándolas". La carta *"llama al gobierno de Ortega a respetar los ideales democráticos y los derechos humanos fundamentales de todos los nicaragüenses".* Quedamos pendientes de la respuesta de Ortega. Mientras tanto, los senadores instan al embajador Sullivan *"a utilizar todas las herramientas diplomáticas para proteger la seguridad de periodistas, sociedad civil, y políticos opositores."*

Todo esto, enmarcado en la preocupación de los senadores porque las medidas represivas se dan *"mientras se acercan las elecciones del 2021".*

¿Qué conclusiones puede uno alcanzar luego de leer esta carta?

El optimista dirá *"podría ser peor".* No para Ortega, a quien ya —sin objeción alguna del actual gobierno de Estados Unidos— le viene en 2021 una lluvia de recursos que más que agua de mayo es oxígeno vital. Podría ser peor para los nicaragüenses que tengan interés en apalancar la animosidad que ciertos grupos políticos de poder en Estados Unidos sienten contra Ortega. Los senadores podrían sencillamente olvidarse del tema y ocuparse de las calamidades

84 https://revistaabril.org/wp-content/uploads/2020/12/12-15-20-Senate-letter-to-US-Ambassador-Nicaragua-re-political-freedoms-001.pdf

propias. Quizás no estén muy lejos de ese punto. Y también hay que reconocer que no parecen haber muchos opositores en la tarea de apalancamiento.

El pesimista —realista, diría yo— notará que el enojo expresado por los senadores viene de que Ortega tiene la tendencia a salirse *un poco* del libreto. Quisieran, parece, que el "gobierno" de Nicaragua por lo menos guardara un poco mejor las apariencias antes de empezar la "función" de las "elecciones". Con un enojo así, no puede esperarse mucho más. Nótese que no hay mención siquiera de las leyes aprobadas por ellos mismos para sancionar al régimen, y cuyo uso ha sido limitado, por más que cada vez que suene una campanita escuchen un campanario los medios nicaragüenses y los opositores que esperan el "regalo" de una elección.

El pesimista —realista, diría yo— no tiene más remedio que decirlo: el vaivén de las expectativas sobre Estados Unidos, que va de "enemigo de la humanidad" a "esperado mesías", a veces en menos de una generación, es una de las recurrencias más dañinas de la historia nicaragüense. En ambas puntas de la oscilación se encuentra el fracaso nacional, como el que hemos padecido dos siglos; como el fracaso del que estamos siendo testigos en estos momentos, en los que las mismas élites de los dos siglos anteriores [con unos cuantos postizos, advenedizos, más un manojito de aspirantes, como siempre] fracasan en canalizar el impulso libertario que es necesidad para los que no tienen poder, y terminan mendigando a potencias extranjeras, mientras luchan ferozmente entre ellos, sin poder articular una estrategia contra la tiranía, mucho menos una visión de país.

¿Qué hacer? Pues, para empezar, si se quiere lo contrario de lo que hemos tenido, es decir, si se quiere libertad y progreso, habrá que empezar por hacer lo contrario de lo que hemos hecho y tolerado hasta hoy. ¿Es posible? Por supuesto. Pero habrá que empezar por leer las cartas, y entender, de una vez por todas, que la solución no viene en ellas.

¿Muerte de la razón?

11 de diciembre de 2020

La historia reciente, la historia en curso, muestra los embates de una tensión vehemente entre la complejidad de la vida política de las sociedades y la tendencia de las multitudes a aceptar y guiarse por consignas fáciles que omiten los matices de la realidad, e impiden pensar en soluciones más allá de la retórica barata: la formación intelectual de los pueblos va en rezago del desarrollo tecnológico de las comunicaciones, e incluso de los derechos políticos que justamente se reclaman en todas partes.

Es un problema grave, con implicaciones prácticas potencialmente devastadoras para la civilización. Y el lenguaje, que debería ser un puente entre los logros de la ciencia y el avance de la racionalidad en la vida diaria, se vuelve a veces un escollo, o algo peor: un ancla que detiene el avance del entendimiento.

En la política, por ejemplo, palabras como "capitalismo" y "socialismo" o "comunismo" o "izquierda" y "derecha", han quedado reducidas a códigos de odio o afecto, a atavismos, nostalgias o resentimientos. A muy poco. A todo, menos a lo que fue la intención de sus creadores, la de disponer de conceptos para digerir analíticamente la información. Y como las redes sociales hacen de cualquier opinador un personaje con autoridad, lo que hoy en día se oye y se lee en ellas es con frecuencia una cacofonía espantosa de insensateces, prejuicios, y afirmaciones temerarias.

Esta es una realidad agobiante, abrumadora para quienes creen en el debate racional como mecanismo necesario en la *construcción* de sociedades que nutran un hábitat acogedor para la inteligencia y la felicidad humana.

Es caminar contra una ventolera incesante, forzados, demasiadas veces, a atravesarla antes de poder cultivar los diálogos que la vida civilizada requiere. De hecho, con demasiada frecuencia se hace imposible sostener tales encuentros, se hace imposible el debate racional, por más paciencia que se aplique en el esfuerzo: para quienes no hay más argumento que un epíteto, el epíteto sella las entradas al pensamiento, a las ideas. Y lo hace con furia, detrás de murallas que se vuelven implacables.

¿Llegamos por fin a la muerte de la razón? ¿No sería esta la suprema, y más trágica, ironía, ahora que la razón puede viajar instantáneamente a todos los rincones del planeta, a través de los medios que la razón ha inventado?

Nicaragua no puede respirar

18 de diciembre de 2020

Esto[85] [véase el video que muestra cómo impiden a Félix Maradiaga salir de su propia casa, y peor, hablar desde su propia casa] es barbarie, salvajismo, la ley del más fuerte, una expropiación absoluta de los derechos humanos, una patada en la cara de toda persona decente, una burla canalla a todos los que han tenido la paciencia, por la razón que sea, pragmática, estratégica, de buena intención o maliciosa, de esperar a que la dictadura ceda EN ALGO, que deje al menos hablar, respirar, ya no digamos movilizarse como implica la Declaración Universal de los Derechos Humanos, y la Constitución de Nicaragua o de cualquier país que tenga una. Esto no puede ser aceptado; no es aceptable, no es permisible. Esto no es perdonable, ni olvidable.

Esto es clara evidencia de que se equivoca quien diga que bajo las condiciones que HA ESCOGIDO CREAR Y MANTENER la dictadura se puede resolver el problema de Nicaragua a través de elecciones. Porque para eso tendría, el régimen, que mostrar **voluntad** o **miedo a las consecuencias**.

La verdad es que no muestra **ninguna de las dos**. ¿Y cómo iba a mostrarlas, si del extranjero le llueven los fondos, con la anuencia tácita de quienes con timidez sancionan al clan dictatorial y a lo sumo dan una palmadita retórica en la mano que empuña el garrote y la metralla? ¿Y cómo iba a mostrarlas, si los poderes fácticos del país, los grandes empresarios, la Nunciatura y la Embajada de Estados Unidos, son tan insensibles al encarcelamiento de todo un pueblo?

Habría que pensar —habría que haberlo hecho desde hace muchos meses— en cómo organizar presiones, sin tregua ni atenuante, desde el exterior, incluyendo sabotajes económicos contra quienes apoyen pasiva o activamente un régimen que obviamente no tiene interés en permitir espacios cívicos para la resolución de la crisis. Ellos son en gran medida culpables de la tibieza de la aplicación de las sanciones estadounidenses y regionales. Ya que valoran más sus ganancias que la vida y la libertad de la gente, ya que valoran sus privilegios más que los derechos de la gente, hay que hacerlos entender que pueden perder más contra la gente que con la gente.

Y, sobre todo, no hay que callar, hay que denunciar a gritos esta barbarie, se cometa contra quien sea, del partido o del grupo que sea o haya sido; de la ideología que sea; simpático o no; amado u odiado; prominente o no; rico o pobre; sea quien sea. No es aceptable, ni permisible, ni perdonable, ni olvidable, que el Estado expropie los derechos de nadie, que trate a los ciudadanos como esclavos en una plantación, que se arrogue la potestad de quitar o dar permiso a nadie de circular por el país, a hablar y pensar como le dé la gana,

85 https://www.facebook.com/maradiagafelix/videos/222088572747854/

a actuar como lo que es: ***ciudadano***, soberano de su tierra, jefe de todos los funcionarios públicos, desde el Presidente hasta el último de los operarios del gobierno, sujeto como ellos únicamente a la ley que debe aplicarse a todos por igual, sin excepción.

Ya es hora, o lo que espera a Nicaragua es noche permanente.

Controversia sobre una controversia: lo que necesitamos aprender de Voltaire

12 de diciembre, 2020

Cuando publiqué en *Revista Abril* un comentario sobre el atentado contra los derechos humanos del político Félix Maradiaga, le dije a un colega: "*vas a ver que ahora van a criticarme por protestar contra esto*". "*¿De verdad? No creo...*" (o algo así) fue la respuesta de mi interlocutor. Desafortunadamente, no me equivocaba. Ni siquiera el tono me ha sorprendido: "*...juegan con el recuerdo de un verdadero patriota para adular a un hp farandulero...*", "*...qué título más chocante y burdo. Que sentirá la mamá de Álvaro Conrado con tan vulgar ... título*" [mi artículo se titula "Nicaragua no puede respirar"[86]]..."*Hasta cuándo dejarán de ser tan asquerosos para endiosar a costa de publicaciones bananas...*", "*Quizá la próxima vez consideren poner en la portada de la revista a los presos políticos y sus familias...*"

Todo esto me parece una manifestación de ira mal encauzada; el desvío resulta de nuestra nula tradición democrática y de la violencia que ha sido norma en nuestra vida política y social. Explico a continuación mi punto de vista. En la medida de nuestras posibilidades, y sin compromiso con nadie, ni recursos de nadie, en independencia de todos, criticando libremente y opinando con igual libertad, la *Revista Abril* se ha empeñado desde un inicio en desplegar con la mayor fuerza de que somos capaces un mensaje de "*derechos para todos, privilegios para nadie*", y hemos atacado frontalmente —hemos sido demonizados, censurados, atacados, saboteados y amenazados por hacerlo— la marginación y la manipulación opresiva de los más vulnerables, de los más pobres, de los menos *conectados*, de quienes no gozan del favor de oligarquías y clanes. Y por supuesto, el tema de "*derechos para todos, privilegios para nadie*" es esencial para crear un sistema político en que ellos puedan reclamar una vida digna.

Y no porque se trate de Maradiaga, a quien cualquier ciudadano está en el derecho —y en ocasiones, seguramente, el deber— de criticar, vamos a ir de "*denunciamos el abuso intolerable del Estado*" a "*mejor defiendan a otro, este no lo merece*". Una actitud así es ganancia neta y pura para la tiranía de hoy, y alimento para la enfermedad autoritaria de nuestra sociedad. La reacción imprescindible, si es que queremos combatir a la dictadura actual y evitar otra en el futuro, es: "*El Estado es victimario; exigimos que todos, sin excepción, puedan ejercer sus derechos, punto*". Ante una violación de los derechos humanos de cualquier persona el fuego necesita ser dirigido *en conjunto y sin tardanza* contra el violador. Entre los ciudadanos democráticos, el debate y la crítica

86 https://revistaabril.org/nicaragua-no-puede-respirar/?playlist=6105970&video=c-8c19bc

razonada; contra el violador de los derechos humanos, contra ese, hay que desatar la furia. Aunque no estemos de acuerdo en nada más (lo cual no es motivo de preocupación, porque es natural, deseable e inevitable que cada uno tenga su propia opinión e intereses) defendamos sin contemplaciones, sin duda y sin discriminación, el derecho común, el derecho humano. Esta es otro aspecto de nuestra cultura que necesita sanar, porque la violencia la ha infectado; la violencia de los opresores crea violencia entre nosotros. Violencia que no es sana, que no es constructiva, que no es debate ni forcejeo democrático, sino un vómito destructivo, un hábito que impide conversar y converger legítimamente, y nos deja a merced de los poderosos. Uno no tiene que estar de acuerdo o simpatizar con Maradiaga, ni con nadie, pero sí, tiene que adoptar, para poder contribuir a la construcción de la democracia, la postura de Voltaire: "*puedo estar en desacuerdo con tu opinión, pero estaría dispuesto a dar la vida, si fuese necesario, por tu derecho a expresarla.*"

A los muchachos de AUN

13 de enero de 2021

A los jóvenes de AUN[87], a quienes, por su natural y legítima ambición, e ingenuidad, utilizan los viejos zorros de la política, los han hecho sentirse "vanguardia". Envalentonados, lanzan su supuesto reto a la población para ir —según ellos—"*taco a taco*" con el clan genocida, a elecciones para las cuales ya *ni siquiera mencionan exigencias de* ***previa libertad***.

Impresiona tristemente; deprime. Pero uno, que ya tiene unos cuantos años más que ellos, debe reconocer que todos podemos ser víctimas de nuestros propios sueños, cuando esos sueños ocurren en medio de la perenne pesadilla nacional, y cuando los zorros con experiencia de siglos y con los recursos acumulados en siglos de rapiña maniobran, alientan, inducen, apuestan.

La desventurada historia de Nicaragua, muy desventurada, pero en cierta forma no muy diferente de la historia de casi todos los países en casi todas las eras, sugiere que algunos de estos muchachos no tienen más remedio que un choque doloroso con la realidad, que otros incluso atravesarán esa pared en camino a su total corrupción, y que entre un grupo y el otro habrá la dispersión de quienes se aparten, a centímetros del precipicio, cuando el fuego del cráter, o las voces de sus familias y conciencias —o el trueno de la razón— los alcance.

A todos ellos, por su juventud, y porque conocemos la perversidad de los incentivos que permean la sociedad nicaragüense; porque sabemos que premia al truhan y castiga al recto; que escupe y estigmatiza al pobre que aspira legítimamente, pero abraza al retrógrado heredero post colonial, o al pobre que acepta la ética de este para jugar el juego como lo hacen los *ganadores* en el semi-feudalismo nicaragüense: a todos ellos debemos inducir a la reflexión, una y otra vez, pero sin la falsa generosidad de la condescendencia, porque ellos, *tanto como el resto de nosotros*, tienen obligación de ser íntegros y hacerse responsables, mientras todavía haya tiempo, de las consecuencias probables de sus actos. Porque, tarde o temprano, no hay escape. Eso lo vamos aprendiendo con los años, y con frecuencia a punta de golpes.

Por eso, en el tema de la infortunada "campaña" del "taco a taco", hoy quisiera dirigirles un mensaje breve, pero sincero, y que creo respaldado por los hechos conocidos de la Historia.

Miembros de AUN: el "taco" de la tiranía es AK-47 + Impunidad + Sicarios. ¡No permitan que se use a la gente de carne de cañón como ya hicieron otros opositores pactistas en la historia de Nicaragua! Esta película es muy vieja, es la de los pactos de Chamorro, de Agüero, de Alemán, de Toño Lacayo (el yerno

---

87 Alianza Universitaria Nicaragüense.

de doña Violeta, historia de otro día, pero también grave y trágica), etc. De estos pactos salen prebendas para unos pocos, cambios a lo sumo cosméticos, y más dictadura. De este pacto lo que quedará es el clan Ortega "gobernando", es decir MATANDO desde abajo–si es que acas entregan la Presidencia. Y quedarían los nombres de ustedes deshonrados para siempre, como el nombre de Agüero y los nombres de sus Zancudos. Como el de Arnoldo Alemán y los nombres de sus paniaguados.

¿Y saben qué otra cosa puede quedar? El silencio de políticos algo mayores, que siendo o no empleados o miembros de la casta semi-feudal, prefieren que ustedes se acerquen al fogón, para ver cuánto quema. Que sean ustedes los que den la cara, antes que ellos. La consigna de estos políticos, que no ocultan, aunque la entonan como si fuese 'filosofía inteligente', es "debemos estar listos para cualquier escenario". Listos para todo, claro, pero sin comprometerse, a escasos meses de una tragedia previsible, con ninguna postura de principios, más allá de declaraciones de amor a la democracia, y escenificaciones de su firmeza que ya a estas alturas son tan mediáticas como inefectivas.

Ustedes, muchachos, y ustedes, lectores, saben a quiénes me refiero. No menciono en este breve artículo sus nombres; y no me abstengo por respeto a la hipócrita reticencia que los principales medios de Nicaragua, todos comprometidos con clanes, partidos e intereses económicos, llaman "ética periodística". No. Sencillamente, no quiero distraer de mi llamado a los jóvenes de AUN, que parecen marchar a un destino indeseable para Nicaragua, y para los amantes de la libertad, de la democracia, y de la decencia.

¡Ojalá me equivoque! Pero si no estoy equivocado, ojalá que escuchen esta apelación, y que lo hagan a tiempo. *No digan que nadie les advirtió.* No se dejen engatusar por los zorros manipuladores de la política tradicional. *Ustedes necesitan romper con la tradición.* Háganlo, porque de lo contrario, la tradición les pasará la cuenta. Es la tragedia de Nicaragua, la interminable tragedia de la repetición de los mismos errores y las mismas traiciones que nos han dejado, a un pueblo que podría ser capaz de mucho más, en el atraso abyecto y la penuria.

El Tango del Repacto

23 de enero de 2021

El "divorcio" del Gran Capital y el clan Ortega: ¿reconciliación o re-pacto?

Quienes creen ser dueños de una finca llamada Nicaragua van a hacer —mientras puedan— lo que se les antoje, independientemente de la opinión de la ciudadanía inconsulta. La jugada de las élites es maniobra de poder puro, crudo y cruel: ***imponer*** a los ciudadanos, **con pistola orteguista en la sien**, una ***re-repartición*** de poder entre ellas, un ***re-pacto*** entre sus representantes, que al final contendría esta infame transacción: Ortega y su clan retendrían el poder económico y represivo que han acumulado; Ortega y su clan no serían juzgados por sus crímenes, sino que mantendrían lo que las élites llaman calmadamente "cuotas de poder", y a cambio, Ortega cedería espacio a algunos representantes de la oligarquía en el aparato del Estado. Ortega podría hasta entregar la Presidencia, *pero no el poder*. Los pactistas dirían que se inicia una transición, que es el comienzo de una *nueva era* (como en el noventa), y los poderes extranjeros se retirarían satisfechos del gran éxito de su gestión. El pueblo quedaría de nuevo a merced de los sicarios, que con toda seguridad eliminarían selectivamente a los valientes que se atrevan a reclamar que la transición a la democracia sea real, que paren los asesinatos, y que se establezca un Estado de Derecho.

Hacen falta dos para bailar *el Tango del Repacto*

Rota por las masacres del 2018 la racionalización del pacto anterior ("*habrá/hay progreso, grandes proyectos, milagro económico*"), la minúscula oligarquía de milmillonarios nicaragüenses ha tenido que mostrarse "separada" del FSLN, y más cerca de la ciudadanía. Pero nunca abrazó el proyecto ciudadano de Estado de Derecho, por razones económicas, históricas y culturales; así que, cuando la ciudadanía y el clan FSLN chocaron frontalmente en las calles del país, los oligarcas se quedaron viendo, entre asustados y aliviados, y contuvieron la respiración mientras permitían que Ortega restaurara la estabilidad, masacrando; luego aceptaron la "visión" orteguista de "resolver" la crisis dentro de las reglas que el propio Ortega dictó: elecciones en el 2021 y bendición regional de la OEA. Para que esta visión avance, han inducido a los funcionarios de Estados Unidos que adversan a Ortega a atenuar su hostilidad al régimen, han complicado cualquier esfuerzo militante —y hasta organizativo— de la oposición que nació en Abril; cooptan voluntades, compran lealtad a cambio de seguridad, dividen entre y dentro de las formaciones políticas emergentes, y, especialmente, impostan una pose de espectador desvalido ante la represión, sin oponer verdadera resistencia a que la dictadura encarcele, y sobre todo exilie, a los opositores más militantes. Dejan así el camino despejado, con apenas débiles puestas en escenas de indignación, para que Ortega mantenga la casa en orden hasta que llegue el momento de *la fiesta* (o el entierro) de la esperanza democrática, en noviembre de 2021.

Cómo "vender" la farsa a un pueblo herido

La parte más delicada de su trama es cómo jugar el papel de "libertadores" siendo más bien cómplices que sacrifican el interés de justicia y democracia para proteger sus privilegios, para los cuales —parecen estar convencidos— necesitan un nuevo arreglo corporativista [alianza Gobierno-Gran Capital] con el Estado de Nicaragua.

¿Cómo lograrlo, si la sangre y el exilio aún están frescos? ¿Cómo, si Ortega se muestra tan implacable, e inflexible? La fórmula: aprovechar la desesperación, la asfixia, el ahogo de la mayoría de la población; mantener con vida al régimen el tiempo suficiente para que no haya estallido social; y buscar en la tradición una narrativa *moldeable* para cerrar la venta. De esto se trata su lema de que Nicaragua es Cristiana [Chamorro].

Es un plan que vienen esbozando desde hace un par de años...

Y es un eslogan para el futuro, que viene del pasado, y amenaza con mantenernos ahí, con hacernos retroceder las pulgadas históricas que avanzamos a punta de cientos de muertes, de miles de exilios y familias destruidas; a costa del heroísmo primario y profundo de los pobres de nuestra desdichada tierra.

Y a costa de la esperanza. Porque quienes quieran verdadera democracia y libertad en Nicaragua no la tendrán por la ruta de un ***repacto*** con Ortega y Murillo. ¿Alguien puede dudar esto?

Los protagonistas

Porque no es Carlos Pellas Chamorro, la sombra que se esconde tras todas estas maquinaciones, quien va a romper las cadenas del autoritarismo y la corrupción en Nicaragua. Ni Chano Aguerri Chamorro, su agente estelar. Ni Arturo Cruz Sequeira, mercenario político por excelencia, ex aliado de seda FSLN, vuelto *Contra* de lujo, vuelto embajador de la segunda dictadura del FSLN y colaborador en la construcción del estado fascista FSLN-COSEP, vuelto conspirador del **repacto** eufemísticamente conocido como "aterrizaje suave", o "salida en frío", y ahora, dicen—para rematar—vuelto aspirante presidencial.

Aparte de estos tristemente destacados, la lista de culpables y cortesanos es extensa. Es un mundo de sombras detrás de las sombras, detrás de las cuales se mueven otros personajes siniestros de Nicaragua, como Humberto Ortega. La gente lo sospecha, su intuición los toca; a veces puede equivocarse y hacer pagar a justo por pecador [tanto es el trauma], como cuando cree ver el paso del "MRS" hasta donde quizás (*quizás*) no existan huellas. O a lo mejor realmente esté, el MRS u otro grupo, ahí, en todos los numerosos lugares donde el ojo del pueblo cree verlo, y sea yo quien se equivoca. *Nada de esto debería sorprender.*

Todo es posible en la pesadilla nicaragüense

Ha sido posible ver a Antonio Lacayo, virtual Primer Ministro de Nicaragua en el gobierno de su suegra, doña Violeta Chamorro, y difunto esposo de Cristiana Chamorro, unirse a la campaña de Daniel Ortega ¡en el 2001!, después de haber sobrevivido al "gobierno desde abajo" de Ortega y las asonadas dirigidas desde El Carmen; después de denunciar la piñata que el FSLN escenificó en 1990; después de los diez años de dictadura y crimen en los ochenta; después de las decenas de miles de muertos y lisiados, y cientos de miles de desterrados que nunca pudieron volver; después de los escándalos que acompañaron la privatización de propiedades públicas que su gobierno dirigió; después incluso de *regalar* a particulares privilegiados propiedades del Estado de Nicaragua, es decir, propiedades de todos los nicaragüenses [un ejemplo especialmente escandaloso fue la transferencia de terrenos y edificios al entonces Cardenal Miguel Obando, donde este, con la colaboración de sus protegidos, el tristemente célebre Roberto Rivas y su familia, estableció lo que hoy es propiedad privada del clan: la Universidad Católica (UNICA), a la cual el también tristemente célebre Arnoldo Alemán proveyó "generosamente" subsidios con fondos estatales al margen de la ley, interrumpidos por el gobierno que sucedió al de Alemán, el del Ingeniero Enrique Bolaños; y, hay que decirlo, para redondear este incompleto inventario de transgresiones en las que no solo Lacayo sino muchos otros que todavía "circulan" en la política nacional participaron, la adhesión de todos ellos a la Convergencia del FSLN en el 2001 ocurrió *años después* de que Ortega hubiera purgado a quienes dentro de su partido quisieron hacerle algún contrapeso o "democratizar" el movimiento.

Allí estaban, sin dar muestra alguna de entender su obligación de rendir cuentas, después de estos atroces abusos que padeció la nación empobrecida, violada, violentada, postrada, Antonio Lacayo, Dora María Téllez, Agustín Jarquín, Álvaro Robelo, la difunta política del Partido Conservador Miriam Argüello, y hasta miembros de la élite de la Contra que no tuvieron empacho en unirse al tirano que seguía asesinando a los campesinos de quienes antes se sirvieron. Esta es la élite político-económica de Nicaragua. Esta es la gente que llama a la "unidad" cuando la unidad es dejarlos en paz para que armen sus tramas y chanchullos, sus pactos, y hasta sus guerras. Todos son, después de poco tiempo, patriotas honorables, intachables, que levantan el dedo contra los ciudadanos que se atreven a cuestionarlos. Las huellas que plantan en nuestra historia son de aridez. Huellas que ellos mismos se encargan de hacer polvo y lanzar al mar del olvido.

Toda esta gente es la que mueve las fichas del tablero con mano invisible: los repactistas. Su poder económico y su peso político, en los salones y cuartos oscuros de la conspiración, es enorme. Incluso controlan prácticamente todos los medios de comunicación de referencia, salvo los más pobres y nuevos, cuyos periodistas padecen no solo el temor a la represión oficial, sino la intimidación por hambre y aislamiento que imponen las élites a quienes disienten.

La ruta hacia la libertad y la democracia es otra

Lo sabe, lo ha aprendido a golpes muy dolorosos, la víscera del nica; lo sabe su garganta que ha gritado ¡Libertad! Exponiendo su pecho en las calles. Por eso, pase lo que pase, no hay que olvidar a quienes re-escriban y a quienes actúen el libreto funesto de elecciones con Ortega sin previa restauración de la libertad. No hay que olvidar a los protagonistas del repacto.

Es un libreto, dicho sea de paso, nada original: invito al lector a dudar de mis palabras, y buscar por su cuenta los originales de esta torpe copia en la historia del viacrucis de siglos impuesto a la nación por los mismos caifases y los mismos pilatos.

¿Y por qué no olvidar? Para que viva la esperanza. Para que, pase lo que pase, logremos oportunamente salir del camino por el cual nos llevan los mediocres libretistas de las élites, cuya incompetencia es tal que no pueden convivir ni con la democracia ni con la libertad, y necesitan apoyarse en la brutalidad asesina del Estado.

En el mejor de los casos, parecen practicar los roles de "policía bueno" y "policía malo". Del amo que tortura y el amo que trata a sus esclavos con piedad calculada. Pero siguen siendo esclavos los esclavos, y de ser necesario caerá de nuevo sobre ellos el látigo, o el golpe del policía malo. *¿A esto se reducirá nuestra historia? Solo si aceptamos.*

¿Qué hacer, entonces?

Presentaré, en la próxima entrega de este trabajo, algunas ideas. No hay solución mágica ni indolora, y ciertamente no pretendo conocer la clave ni tener en mis manos el plano detallado de la solución, *mucho menos* el monopolio de la verdad. Pero quiero compartir con usted, respetado lector, esto que creo que es lo principal: *solo el pueblo salva al pueblo*, como reza el famoso eslogan. *El desarrollo de la conciencia*, el abrir los ojos a la realidad, por más amarga que esta sea, el distinguir a través de la neblina las máscaras de los falsos libertadores, es el paso fundamental. Una vez dado ese paso, la creatividad, el ingenio y el coraje ya probado de millones de nicaragüenses encontrarán el camino y los medios de lucha. Por eso decidí traer a colación ocurrencias acontecidas en los ochenta y durante la transición de 1990: la historia tiene largos tentáculos, y la tragedia del 2018 es la punta de uno de ellos, que brota del pacto, orquestado en aquel entonces por Lacayo y sus aliados, que permitió la impunidad y la continuidad del poder criminal del FSLN.

Dos pactos más completarían la construcción del gulag nicaragüense. El primero de ellos no habría ocurrido sin la imputación criminal de Arnoldo Alemán, y la abyecta transacción que aceptó [o aceptaron, él y los llamados "liberales"] para permitir que Ortega accediera al poder con apenas 35% de los votos. El segundo no podría haber ocurrido sin que la oligarquía rentista, atrasada, reaccionaria, agrupada en el llamado "gran capital" de Pellas, Ortiz Mayorga, y un puñado de milmillonarios, aceptaran jubilosos el reino de terror del orteguismo a cambio de acrecentar sus fortunas.

Ahora hay un pacto más, gestado ya, entre los mismos agentes y participantes que menciono. Este pacto —**el repacto**— no hará nacer la dictadura, busca más bien darle continuidad de protección a los intereses que ella cobija, de la misma manera que ha ocurrido demasiadas veces en la historia de Nicaragua: a través de la promesa ilusoria de una falsa salida "cívica", de elecciones en las que el ciudadano es llamado únicamente a aparecer en fila y en foto y aceptar una ración magra de comida, del menú ya preparado por la corrupción. *En breve: una farsa, una mentira cruel.*

Mi esperanza es que, al aprender la historia y aprender de la historia, la lucha futura del pueblo no sea mediatizada, que no sea lucha de venganza, sino de construcción, y que aprendamos, en el camino, a convivir, no como amos y esclavos, sino como seres humanos libres y capaces de negociar nuestros conflictos dentro de un sistema que proteja los *derechos de todos, sin permitir privilegios a nadie.* Un sistema que organice el poder colectivo sin oprimir al individuo, y que disperse el poder, para que ningún individuo, clan o conglomerado económico, o político, oprima al resto.

El año 2018 comenzó en enero de 1990

30 de enero de 2021

Una compatriota exilada se ha tomado el tiempo (lo cual agradezco y respeto mucho) de responder a mi comentario sobre los *pactos*[88] en que las élites nicaragüenses comercian con los derechos humanos de sus compatriotas. Mencioné, entre otros, el de Antonio Lacayo (en representación de su suegra, la recién electa Presidenta de Nicaragua, Sra. Violeta Barrios de Chamorro) y el dictador Daniel Ortega, archivado bajo el generoso eufemismo de "Protocolo de Transición" de 1990. Quizás no sea, me sugiere algo dubitativa nuestra compatriota, un pacto tal, porque "*¿Qué poder real de negociación tenía Lacayo/Chamorro, más allá del membrete de la Presidencia?*".

He querido dar mi punto de vista sobre este tema, porque me parece que es tan actual como la tragedia que vive Nicaragua en el 2021, y porque creo que hay un hilo conductor entre esta y los eventos de 1990, y que entenderlos puede ayudarnos-- a la manera de un hilo de Ariadna – para acabar con el Minotauro y escapar del laberinto. En suma: el de Lacayo con el Genocida (de entonces y de ahora) fue un pacto más en la funesta plaga de componendas ruinosas que las élites han impuesto a nuestra nación; *que Ortega, como de costumbre, haya tenido la astucia y la sangre fría suficiente para ganarles en el tablero a sus contrincantes, y conseguir la mejor mitad de la manzana, es aparte.* Pido al lector considerar, en el resto de esta breve nota, mi razonamiento, el cual pretende ser, no una defensa de la guerra, sino un examen de la historia de las luchas por el poder en Nicaragua.

1990

El FSLN, especialmente el orteguismo que ya desde entonces era su fuerza dominante, salió muy golpeado de una elección en la cual sufrió la derrota que no esperaba (por eso había aceptado las condiciones de observación que aceptó). Pero como el matrero tiene el instinto que tiene, aunque no sea, de otra forma, muy sofisticado, se aseguró de que el *desarme* fuera unilateral, de que los Contras entregaran sus rifles, mientras el Ejército mantenía incólume su núcleo político-militar, enviando a retiro más que todo a los conscriptos, y de hecho haciendo negocios con las armas restantes. De esos negocios salieron semillas muy fructíferas, que arborizaron el mercado de bienes raíces y el sector bancario de Nicaragua, la bolsa de valores de Nueva York, y el cómodo retiro de ciertos próceres de la nación a quienes la nación no puede jamás olvidar. No debemos pecar de ingratos.

---

88 https://revistaabril.org/el-tango-del-repacto/?playlist=6105970&video=c8c19bc

El muy nicaragüense hábito de celebrar las derrotas

El desarme de la fuerza contraria al Ejército Sandinista fue ingenuamente celebrado, no faltaba más, como un *triunfo cívico*. Un grito emocionado de «*¡Ah, gracias a Dios, enterramos las armas!*» que grabaría, para siempre, la imagen de hacedora de paz de doña Violeta Barrios de Chamorro. No puedo saber si ella estaba o no en ese momento consciente de todas las implicaciones de tal gesto, que a la distancia ilusionaría a cualquier ser de buena voluntad que quisiera creer en la *reconciliación*. Es probable que no. Muy probablemente el detalle se les haya escapado también a otros cerebros de la oposición. No en vano el "comandante" ha seguido *sumando victorias*, como él se jacta (y pronostica). Sea como fuere, Ortega quedó entonces con el monopolio de las armas, dirigidas por su hermano Humberto. Es decir, el gesto cívico fue más bien un acto que, en el mejor de los casos, merecería un monumento muy triste a la ingenuidad, y que costó, en meses y años subsiguientes, la vida de cientos (o miles) de campesinos ligados a la Contra, que cayeron asesinados en la tiniebla del *gobierno desde abajo*, de las fuerzas siniestras del orteguismo.

Nada de esto era inevitable

En el momento de mayor debilidad de Daniel Ortega dentro del FSLN, y del propio FSLN, con representantes poderosos del mundo en Nicaragua, vigilando el proceso, (porque tenía en ese momento importancia regional y mundial), permitieron que Humberto Ortega se quedara a cargo del poder militar, la única institución de poder real del país. [¡¿Qué creían que ocurriría después, la fundación de una nueva Suiza centroamericana?!] Que no hayan estado dispuestos a enfrentarse a los Ortega, con el mayor respaldo político mundial que pudo haber jamás existido (no existe, por ejemplo, hoy en día) para establecer la transición a un Estado de Derecho *en* Nicaragua, no debe verse como una inevitabilidad. No es Dios el culpable, ni es el destino inmutable, sino la incompetencia política de las élites, y el hábito de compra y venta que siempre exhibe esta facción de la oligarquía, en pleno despliegue cada vez que hay conflictos, como ahora.

El famoso "golpe de mesa" de los Ortega

Y si temían tanto, ¿por qué desarmaron a los campesinos? Dejando de lado la asimetría de preocupación que vuelve a aparecer —tema recurrente en nuestra historia— entre el resguardo del pellejo oligárquico y el del pueblo de los barrios y comarcas, también hay que estar claro de que es mejor no entrar a luchas para las cuales uno no tiene suficiente espina dorsal. Aceptémoslo: no todos somos igualmente valientes. Cada quién es cada quién. ¿Recuerdan aquello que aparentemente gustaba decir Pedro Joaquín Chamorro Cardenal, que "cada quién es dueño de su propio miedo"? Pues bien, yo diría que si uno, como dicen los gringos, no gusta del calor, debe salirse de la cocina. Si entraron a la lucha, presuntamente en representación del pueblo democrático, contra una pandilla conocida por su carencia de escrúpulos y humanidad, lo hicieron a sabiendas, y no tenían derecho a sacrificar a sus presuntos representados "por temor": que Humberto Ortega y su pandilla de rufianes haya "golpeado la mesa" no puede ser excusa para haberles entregado el país, para haber dejado indefensa a la población, y condenar a la mayoría de los nicaragüenses a la pena que sufren desde entonces.

¿Importa el Estado de Derecho? ¿Importa la libertad?

De todos modos, yo más bien pienso que el fondo del asunto no es de valentía o miedo, sino de prioridades. A la facción de la oligarquía que llegó al Ejecutivo en 1990 (la misma que dirige actualmente "el juego"), nunca le ha parecido de demasiado valor el Estado de Derecho, ni la democracia. Están siempre dispuestos a buscar el acomodo. Lo hicieron entonces, lo han hecho siempre, lo siguen haciendo. Los resultados de que hagan, y de que los dejemos hacer, están a la vista. Cientos de miles de nicaragüenses despojados del país que es ancestral y emocionalmente suyo; otros, asesinados; otros, torturados; otros, presos injustamente; y la mayoría de nuestros compatriotas, sin esperanza. Todo este sufrimiento tiene padres y padrinos, madres y madrinas. ¿Quieren saber sus nombres? Hay algunos ya fallecidos, como Toño Lacayo, personaje de este artículo. Para encontrar el resto de la lista no hay más que ver las noticias y leer los nombres de quienes "dirigen" la marcha hacia nuevos pactos, y hacia nuevas "victorias". Si no aprendemos esta lección, el futuro de Nicaragua será de una oscuridad cerrada a toda luz.

“Suspensión de operaciones” y lucha no violenta

6 de febrero de 2021

En días recientes, la agresión dictatorial contra la sociedad civil y los derechos humanos ha continuado en Nicaragua. ¿Noticia? Por supuesto que no. Podría decirse lo mismo de cualquier día en cualquier semana de estos tiempos que corren, inusualmente oscuros, hasta para la Nicaragua cuyo “sol de encendidos oros” parece ser apenas una imagen literaria.

¿Por qué, entonces, anunciarlo? Porque el cada vez más osado talante del régimen orteguista contrasta con la respuesta de cresta caída de quienes, ocupando un espacio mediático privilegiado, se presentan a la nación y al mundo como ***la fuerza*** opuesta a la dictadura, líderes que ***resisten*** a la cabeza de los ciudadanos democráticos, en ***lucha cívica*** por erradicar la tiranía.

Qué desafortunado, para el futuro de Nicaragua, que no sea así. No lo digo con ironía. Lo digo con hondísima tristeza. Si usted, estimado lector, ve alguna ironía en mis palabras: no es por intención; es más bien por la incongruencia manifiesta en los actos de los grupos y personas a quienes hago estas críticas. Es ironía viva, palpitante, cruel.

Desaparecer no es “resistir”

Por ejemplo, hablan de resistir, tanto la Sra. Gioconda Belli, desde su cargo de Presidenta del Pen Nicaragua, como la Sra. Cristiana Chamorro, desde su liderazgo o control de la Fundación Violeta Chamorro. ¿Y qué hacen cuando el gobierno exige que estas dos organizaciones de nicaragüenses se inscriban como “agentes extranjeros”? Ambas, casi al unísono, anuncian que se retiran del espacio social, que “suspenden operaciones”.

Esto, estimado lector, no es “resistir”. *Desaparecer no es “resistir”.* Dejar que el régimen aseste un golpe ilegal, ilegítimo, a instituciones que ni siquiera son organizaciones de militancia, sino que persiguen supuestamente metas cívico-culturales, no es “resistir”. Es, de hecho, evitarle al gobierno el costo político que tendría –(¿no dicen que quieren hacerle pagar costos políticos?)—cerrar dichas instituciones por vía de la imposición forzosa.

Ya Ortega no tendrá que hacerlo. Ya la próxima semana, sencillamente no habrá, porque ha “suspendido operaciones”, una institución llamada Fundación Violeta Chamorro que reprimir. Ni habrá un PEN Nicaragua. Ya el silencio que persigue Ortega habrá avanzado, sin que le opongan resistencia ni la Fundación ni el PEN. El último acto de las dos habrá sido un gemido intrascendente.

El deber del líder, la obligación del privilegio

Esto es lamentable desde muchos ángulos. En primer lugar, porque tanto Cristiana Chamorro como Gioconda Belli tienen más capacidad (probabilidad) de resistir sin ser maltratadas que casi todos los nicaragüenses que se oponen a Ortega. Escribo esto en momentos en que se produce una redada más de jóvenes opositores. Veo las imágenes de uno de ellos, el ya anteriormente reo político Santiago Fajardo, tirado de boca en el piso de su casa, indefenso, mientras soldados armados hasta los dientes, cubiertas sus caras con pasamontañas, lo esposan y arrastran a un vehículo policial, todo al margen de la ley. Escribo esto en momentos en que muchos otros activistas tienen —¡sin que medie siquiera ficción judicial!— país por cárcel y casa por cárcel (me dicen que esta es la situación, por ejemplo, de Félix Maradiaga, por citar un nombre). Gente sin patria dentro de su propio país. Expropiados hasta de la ciudadanía que es suya e inalienable. Y escribo a sabiendas de que tanto la Sra. Chamorro como la Sra. Belli se movilizan sin restricciones, al igual que un puñado de otros personajes cuyos derechos, aparentemente, limitan en algo al régimen.

Por tanto, lo que correspondería, especialmente en el caso de la Sra. Chamorro, pero también en el caso de la Sra. Belli, es que aparte de *resistir* en nombre de sus propios derechos, se interpusieran —ante los ojos de la comunidad internacional de que tanto hablan, y si se quiere, simbólicamente— entre el Estado abusador y la gente que en el país tiene mucho menos protección que ellas. Que, en lugar de apartarse del camino de la represión, la enfrentaran, como la enfrentan miles de rebeldes que no tienen una voz poderosa que los defienda en Estados Unidos o Europa. Que al menos intenten, con el nivel de protección que les otorga su visibilidad internacional, dar la cara por los derechos que dicen defender. Que intenten al menos hacer pagar un costo a la tiranía.

Asunto de ética

¿Por qué hago este reclamo? ¿Desde qué punto de vista mi reclamo es éticamente aceptable? Aclaro: no puede exigirse a nadie que arriesgue su vida, que actúe con temeridad, que sea héroe o caiga mártir. *Lo que sí puede y debe exigirse a las personas que ejercen liderazgos es congruencia.* Después de todo, Cristiana Chamorro quiere ser Presidente de Nicaragua, y aspira a esa posición ofreciéndose como perfil de contraste con la pareja tiránica de El Carmen. Quiere ser Presidente, quiere ocupar el puesto que actualmente ocupa Ortega, del cual Ortega tendrá que ser desalojado para que ella sea Presidente. ¿Es aceptable entonces que rehúya el riesgo de enfrentarse al dictador? ¿Es aceptable que deje al resto de los opositores, a quienes se cree capaz de liderar, en el campo de batalla, mientras ella goza de libertad y atención mediática? ¿Quiere cosechar sin sembrar? ¿Que sufran otros, mientras ella espera? ¿Que otros se arriesguen, que 'defiendan el voto' contra los paramilitares sandinistas, y que caigan anónimos quienes tengan que caer, para que ella –u otro de los privilegiados de la oligarquía—flote cómodamente hacia el poder? Otro tanto, quizás menos (o quizás no) podría decirse de la Sra. Belli. La Presidencia del PEN no puede ser un cargo para tiempos dulces, nada más. No es ético absorber el prestigio sin sudar el coraje.

Sobre la lucha no-violenta

Y ya que la postura pública de la Sra. Chamorro y la Sra. Belli es coincidente en lo que llaman "lucha cívica", y que yo no logro concebir separada de "lucha Noviolenta", les pregunto: ¿vieron ustedes a Martin Luther King, Medgar Evers y John Lewis retroceder, "suspender operaciones" cuando los regímenes asesinos del Sur de Estados Unidos los perseguían, reprimían y mataban? ¿Vieron a Gandhi, enfrentado sin Facebook y Twitter al imperio más poderoso de los últimos siglos, "suspender operaciones" antes, durante o después de los asesinatos y actos represivos del Imperio? De hecho, la respuesta de ambos era opuesta en diagonal a la "suspensión". No solo no retrocedían ante el crimen y la represión del Estado opresor, sino que iban *al frente*, buscaban activamente el enfrentamiento con el enemigo, a sabiendas de que eran ***líderes***, de que, al serlo, estaban obligados moral y políticamente a hacerlo. A sabiendas, también, de que en su enfrentamiento con el Estado opresor estaba ***la oportunidad táctica*** de debilitar a este. Varios de quienes menciono murieron en la lucha; Gandhi fue víctima de la lucha, tras la aparente victoria. No era fácil su misión, ni lo es la de nadie que quiera erradicar de Nicaragua la dictadura. La probabilidad de quedar en el camino es alta, si se es congruente. Pero si no se es congruente, no se es confiable. Y en este caso lo mejor es dejar que otros —que siempre hay gente que reúne coraje e inteligencia— se pongan al frente. En cualquier caso, sirva el contraste entre lo actuado por la Sra. Chamorro y la Sra. Belli y el ejemplo de los grandes luchadores a quienes he hecho referencia para reflexionar, una vez más, sobre el camino que lleva Nicaragua: gotea todavía la sangre de Abril, y hay en la oposición de todo, menos espíritu de liderazgo congruente, y de lucha. Cuando pidan al pueblo que "luche" y que arriesgue su vida en la "defensa del voto", no se sorprendan si el pueblo les responde que "suspende operaciones".

La nueva consigna de la oposición pactista: "convivir con Ortega"

21 de febrero de 2021

La única forma en que funciona el pacto que buscan los poderes fácticos, el que buscan escenificar Cristiana Chamorro, Arturo Cruz, Humberto Ortega, Carlos Pellas y compañía, es ***si le aseguran impunidad*** a Ortega y a todo el clan FSLN, y ***si Ortega decide confiar en la impunidad que le ofrecen.***

La única forma en que ese arreglo funciona es si el "nuevo régimen" es *suficientemente autoritario* para obligar a la gente a aceptar la impunidad. *Necesitan una dictadura remozada*. Ropas nuevas. Mejores modales. Mejor trato con los vecinos. Y un inglés algo mejor.

El espacio para el ***re-pacto*** es estrecho, mucho más estrecho que el del pacto antidemocrático Lacayo-Ortega de 1990. Muy estrecho para los miedos de Ortega. Muy estrecho para las libertades del pueblo. Pero lo buscan, ¡a toda costa!, porque no quieren Estado de Derecho.

Para Ortega un Estado de Derecho es la muerte legal y financiera, y para el resto de las familias oligárquicas Estado de Derecho es terror a la muerte. No están acostumbrados, le temen. Y, como muchos también "*la deben*", pues "*la temen*". Añádase a esto la codicia, la sed insaciable de beneficios fiscales y políticas de impunidad para "los grandes", y lista la receta: "*Orteguismo y oposición [tienen] que perdonar y ceder; no empeñarse en aplastar al otro,* ***sino convivir con él***". [Humberto Belli, *La Prensa*, 8 de febrero de 2021]

"De Chamorro-Bryan[89] a Chamorro-Biden"

¿Cuántos Jean Paul Genies habrá, cuantos más campesinos muertos, cuántos activistas que no acepten el trato pagarán con su vida? ¿Cuánto le costará al país, y a la gente vulnerable, "convivir", como dice Humberto Belli tan relajadamente, con el orteguismo? ¿Cuántas décadas más, cuántos siglos, de mi-

89 Tratado suscrito el 5 de agosto de 1914 durante el gobierno del presidente estadounidense Wilson y el presidente Adolfo Díaz de Nicaragua. Lo firmaron Emiliano Chamorro, embajador plenipotenciario de Díaz, y el secretario de Estado William Jennings Bryan. Fue abrogado en 1970 bajo la dictadura de Anastasio Somoza Debayle. A través del tratado, el gobierno nicaragüense concedía "... a perpetuidad al Gobierno de los Estados Unidos, libre en todo tiempo de toda tasa o cualquier otro impuesto público, los derechos exclusivos y propietarios, necesarios y convenientes para la construcción, operación y mantenimiento de un canal interoceánico por la vía del Río San juan y el Gran Lago... o por cualquier ruta sobre el territorio de Nicaragua (...) cuando el Gobierno de los Estados Unidos notifique al Gobierno de Nicaragua su deseo o intención de construirlo."

seria económica, de grotescas desigualdades de derechos, fracaso educativo, depredación de la naturaleza, opresión semifeudal, irrespeto a las etnias, a las mujeres, a las minorías sexuales, a la religión de cada quién, a la familia, a la propiedad de los pobres, a la libertad de emprendimiento que dicen favorecer, a la oportunidad misma de emprender que deberían tener todos? ¿Cuántas décadas más de sal en las heridas, de escupirle la cara a las familias de decenas de miles de víctimas de la violencia que las élites cultivan y engendran? ¿Cuánto tiempo más de forzar al exilio a cientos de miles, y después reírse de ellos, como hizo Toño Lacayo, quien los llamó "gringos *caitudos*"?

¿Cuánto tiempo más hasta que los trabajadores de Pellas sean atendidos, compensados los sobrevivientes, compensadas las familias de las víctimas de su negligencia criminal, detenidas las prácticas que han causado indecible sufrimiento en sus campos, castigados los culpables? ¿Cuánto tiempo más hasta que la decisión de un juez no sea la decisión del poderoso detrás del juez? ¿Cuánto tiempo más hasta que el cinismo deje de ser el gesto del triunfo en Nicaragua? ¿Cuánto tiempo más hasta que entendamos que folclorizar el cinismo, volverlo un güegüence simpático, corrompe y mata la esperanza? ¿Cuánto tiempo más viviendo de mitos, ensalzando a próceres e ídolos falsos? ¿Cuánto tiempo más obligados a escoger entre el hambre y la sumisión, entre el miedo y la libertad?

¿Cuántos siglos más hasta que un apellido valga menos que el esfuerzo, el talento y la honradez?

¿Cuántos siglos más hasta que *todo* nicaragüense tenga derecho a votar, y a postularse, sin que su origen social sea ventaja o desventaja?

¿Cuántos siglos más antes de que la Nicaragua morena viva su vida sin complejos, sin vergüenza de ser lo que es: una hermosa criatura del triple mestizaje?

¿Cuánto tiempo más tendrá nuestra gente que sobrevivir en penosa precariedad material y cultural, aferrados apenas a la esperanza de un futuro que no puede llegar?

¿Cuántas guerras más, cuántos presos más, ¡cuántas torturas más!?

¿Cuántas farsas electorales habrá de soportar el país?

¿Cuántos pactos más entre facciones oligárquicas y mandamases que les roban pedazos del feudo, como Ortega ha hecho? ¿Cuántos viajes más a Washington, DC, a "venderse" al poder extranjero? "Quieren pasar de *Chamorro-Bryan* a *Chamorro-Biden*", comenta amargamente un amigo, conocedor como pocos de la historia.

¿Hay redención, si la sociedad premia el pecado? ¿Cuánta más corrupción, si se acepta que, como ha sugerido Cristiana Chamorro, aunque Daniel Ortega haya cometido un genocidio demostrado, tiene *tanto derecho como cualquier nicaragüense* a ser candidato? No es casualidad que Cristiana Chamorro hable en los mismos términos, y que ahora Humberto Ortega hable de "cohabitación o caos". Todos ellos hablan el mismo lenguaje. ¿Por qué será?

¿Qué tan larga sería la noche de esta nueva fiesta de los poderosos?

El asalto contra Amaya Coppens

25 de febrero de 2021

El desierto

La larga historia de miserias de nuestra Nicaragua, décadas, siglos deambulando en un desierto de opresión y penuria, pesa sobre las almas de la gente de bien, de los jóvenes que abren los ojos a una realidad que heredan sin remedio, como si una voz estentórea, en medio del cielo tenebroso, sentenciara: "*todas estas maldiciones caerán sobre vos, te perseguirán y oprimirán hasta que hayás sido eliminado*". No en vano hay una distancia, que a muchos parece irremontable, entre el sueño de ser libres y el bochorno diario de paramilitares, caudillos decadentes y políticos rapaces que brotan como hongos en la madera podrida de la desesperanza.

Pero tarde o temprano, el cíclope duerme. Tarde o temprano, nace una oportunidad. ¿Cómo aprovecharla? De eso se trata aprender, mientras se avanza en el desierto. Y de eso se trata la prisa y el esfuerzo de los poderosos: de impedir que aprendamos. De apagar cada luz que se encienda en la marcha, de doblegar cada cerviz que se yerga, de atormentar y aterrorizar, para que escarmiente, a cualquier espíritu libre que se atreva a recordar que el sueño vive, que podemos avanzar en su dirección.

El asalto a Amaya Coppens

De esto se trata la feroz y vilmente calibrada ofensiva mediática contra la joven dirigente estudiantil y reconocida exprisionera política Amaya Coppens, luego de que ella resumiera, en un artículo reproducido en *Revista Abril*,[90] la idea y sentimiento que alberga, junto con otros de su generación, sobre quienes se dicen líderes democráticos.

Su artículo, un documento para los tiempos, transmite potentemente la fe que arde aún entre los jóvenes, la decepción que amenaza con abrumarla, la dureza de las lecciones aprendidas, y el descubrimiento de la realidad del poder bajo el velo que el poder mismo construye. Esto último, para las élites corruptas de Nicaragua, es grave amenaza: no conciben peligro más grande que el que surge cuando alguien, de quien la población conoce solo integridad y valentía, contradice la *fábula oficial* y cuenta lo que ha visto *allá adentro*, donde usualmente solo tiene acceso un estrecho círculo de privilegiados que se protegen mutuamente.

Por eso el hermetismo es la práctica codificada de los clanes que controlan

90 https://revistaabril.org/para-los-ungidos-somos-nombres-en-sus-pancartas-publicitarias-y-estorbos/?playlist=6105970&video=c8c19bc

Nicaragua. ¿Cómo han permitido que se produzca esta rajadura en su coraza de secretos? No les ha quedado más remedio. Once años de abierta y muy feliz complicidad con el régimen, un genocidio documentado, un "dejar hacer" a la represión brutal de Abril —y ellos desnudos a media plaza, exhibiendo su iniquidad, su codicia, su desprecio por la gente, y las incalculables fortunas que en sociedad con la nueva clase sandinista han acumulado sobre las espaldas sangrantes y los rostros llorosos y el terror impuesto a todo un país.

Pero, atención: nuestros "modernos" encomenderos, gente que es más ciudadana en Washington, D.C., que en Nicaragua [allá hacen generosas "donaciones" para comprar acceso y buena prensa], saben que en las inversiones hay riesgos que precisan mitigarse; "cobertura", dirían sus financistas.

¿Cómo?

A un costo relativamente bajo para ellos; quizás, de hecho, insignificante, dado el apoyo que han recibido, grupos políticos que sirven a la "oposición", de quienes pagan impuestos en Estados Unidos, como indica la información pública de ese país. Con estos fondos, y unos centavos de su buchaca oligárquica, basta y sobra para amortiguar el empuje de muchas conciencias. Las grotescas inequidades económicas y de seguridad física abaratan la tarea.

De tal manera que las élites y sus agentes ("operadores"), mostrando más o menos la misma densidad de escrúpulos que han desplegado en su alianza con el clan de El Carmen, aplican, a grosso modo, dos tratamientos: *si pueden atraer 'amistosamente' al descontento, lo hacen; si el descontento no se deja cortejar, el siguiente paso es buscar cómo neutralizarlo.* Para quienes aceptan, apoyo mediático y financiero; para quienes cuestionan, todo tipo de maniobras destinadas a apagar el incendio de la verdad inconveniente. Para unos, becas, viajes, acceso a sus medios de comunicación, al 'privilegio' de la membresía, aunque sea revocable y temporal, en esferas que antes les eran imposibles de alcanzar. Para otros, primero una estrategia de silencio y censura, luego la difamación en redes, la destrucción del perfil moral hasta apagar la voz que entona la crítica.

Esta es la rutina que han puesto en marcha contra Amaya Coppens. Qué resultados obtendrán es imposible predecir. Los operadores de las élites tienen a su favor el régimen de terror impuesto por Ortega, que ellos toleran. Tienen a su favor una disparidad monstruosa de poder e influencia en la sociedad, largos tentáculos, vieja historia, mucha experiencia, y pocas limitaciones éticas. Enfrentarse a ellos puede llevar, en un país pequeño y paupérrimo, a las fronteras del hambre, y hasta muy recientemente a la impotencia política. Si existe, hoy en día, una salida de esta cárcel, se debe a la irrupción de las cibertecnologías. De no ser por ellas, el silencio. Y el silencio es la meta de quienes han caído sobre Amaya Coppens como bolas de fuego.

¿Lograrán apagar otra voz que lanza la verdad inconveniente a las élites corruptas?

Nadie puede acusarlos de no tratar. La escalada contra la joven rebelde ha sido, de inicio, tentativa, algo confusa, porque saben que se enfrentan a alguien cuyo pasado no pueden cuestionar. Saben que, en nuestra infeliz cultura de heroísmo y martirologio, pero también de ensalzamiento del coraje y la valentía, las credenciales de Amaya Coppens son inasaltables.

¿Qué hacer, entonces?

Lo primero es *quitarle la defensa*. Llámeme usted, estimado lector, "ingenuo", por sorprenderme al descubrir que muchas barricadas donde ayer trinaban odas a la lucha de Amaya estén hoy vacías. Recuerdo que, hasta hace poco, escribían versificaciones adaptadas de la canción infantil "*tengo una muñeca vestida de azul*" para hacer despliegue público de su identificación con Amaya cuando, por segunda vez, el régimen la secuestraba. Debí, como solía decir aquel antihéroe de caricatura, haberlo "*sospechado desde un principio*": la cantata era, al fin y al cabo, condescendiente, como mucha de nuestra música de protesta, que llama a la lástima con tanta frecuencia como llama a la indignación. Peor aún, *infantilizaba* a la mujer que se alza; delataba que, en el fondo del pozo oscuro de nuestra cultura, la integridad es vista como inmadurez. De esto acusan precisamente a Amaya, de ser, aunque valiente, "inmadura": "le falta experiencia"; o, "no está bien aconsejada". Por esa punta trataron, torpemente, de empezar a deshilachar el valor que las palabras de Amaya podrían tener ante la opinión pública. Como no lograron, de entrada, cuestionar su autoridad moral basados en una interpretación de su experiencia, decidieron cuestionar su habilidad por falta de experiencia.

"Resentida social"

Pero la historia no acaba ahí. La crítica de Amaya Coppens se abrió como una ojiva nuclear, el estruendo sacudió la opinión pública. Por tanto, no podía acabar el episodio en un leve guiño condescendiente. La ofensiva tenía que avanzar, y lo hizo, en direcciones más nefastas. Los *estrategas* creyeron encontrar, en el texto de Amaya, palabras que podrían conectar con las profundidades ideológicas de nuestra cultura: la muchacha, quién podría negarlo (asumen), es una "*resentida social*". Detengámonos en esta frase, y en su contexto, por un momento. La reflexión puede ser iluminadora. Lo ha sido para mí, al menos. Es una de tantas puertas por las que se cierra el camino a la participación de los ciudadanos en igualdad de condiciones. Es una de las cortinas que cierran el paso al aire democrático, que obstaculizan el ejercicio de los derechos humanos. Es, junto al calificativo "*mengalo*" --que aplican, por ejemplo, a

Maradiaga-- un beso oligárquico de la muerte. Ambos términos imponen un *límite* a la legitimidad de la crítica que venga desde fuera del castillo. Después, que tenga o no razón Amaya, o que tenga o no razón Maradiaga, deja de ser el tema. Deben descartarse sus puntos de vista como emanaciones de un pozo de inferioridad moral. El "mengalo" es, en cierto sentido, una defensa más cercana a la torre, indica mayor proximidad de 'peligro'. Interesantemente, en la cultura del racismo en Estados Unidos el vocablo tiene equivalente: un "negro *uppity*" es un afrodescendiente que no sabe mantenerse en su sitio, que aspira a más de lo que le corresponde. Un afrodescendiente culto y exitoso, en la visión del sureño racista, es uppity: un "mengalo".

Piernas y escándalos

Todas estas son nociones antimodernas, antidemocráticas, enfermizas, que dicen más de quienes las aplican a otros, que de quienes las reciben. Sobre esto hay mucho que hablar, porque, aunque existe literatura científica enfocada en el tema, es de escasa penetración en nuestra sociedad. En cualquier caso, disipada la neblina —ya que no hay densidad más oscura que un tabú, que el secreto de familia que es prohibido mencionar— puede aterrizarse con naturalidad en la excusa que han empleado para desenfundar la daga del "resentimiento social" contra Amaya Coppens: la alegoría de las "*largas piernas aristocráticas*" de Cristiana Chamorro.

No pierdan, sensibles críticos, lo esencial del mensaje: los jóvenes que tanto arriesgaron reclaman que cada quién haga su parte. Lo hacen con justicia, con gran franqueza, y con espíritu generoso, considerando lo que han sufrido. No es calumniosa la imagen con que Amaya ilustra ese reclamo, y la frustración que le da origen. "Piernas largas que no logran tocar la tierra" es una descripción poderosa —fíjense la reacción que ha motivado— de la escasa empatía que los grupos cercanos al privilegio han demostrado a través de esta crisis. Dejaron que los pobres, los estudiantes, los más vulnerables, fueran arrasados brutalmente por la dictadura de la que han extraído beneficios por tanto tiempo. Se empeñan en arreglos políticos que, bajo el disfraz de elecciones, incluyen la impunidad a un genocidio. Hablan ya claramente, como lo ha hecho la propia Cristiana Chamorro, del "derecho" del genocida a ser candidato; como hablan tanto Humberto Belli y Humberto Ortega, de "convivir", de "cohabitar" con los asesinos de El Carmen, es decir, de pactar que sus crímenes sean perdonados y olvidados.

Todo esto, y no una imagen literaria, es el verdadero escándalo moral, que quieren difuminar poniendo en escena un monólogo lastimero, en el que Cristiana es víctima de injusta discriminación. Dicho sea de paso, si actúan en política con la presunción de cortes medievales, de espaldas al pueblo, discutiendo el futuro de la nación encerrados en palacio, no deben sorprenderse del calificativo "aristocrático". Creo más bien sorprendente que finjan indignación ante él, cuando todos sabemos —es uno de los secretos de la familia— que las profundas heridas sociales de Nicaragua son anchas distancias entre la élite y el resto de la ciudadanía; cuando además sabemos que en buena parte de la élite hay un culto a esa distancia.

¿Lealtad al clan, o compromiso con la libertad de todos?

He apenas tocado la superficie, hecho un inventario muy parcial, del esfuerzo de demonizar a Amaya Coppens, que ahora incluye la insinuación insidiosa, publicada en un editorial de *La Prensa* por Humberto Belli, de que por "oscuros resentimientos", la crítica de la joven lideresa "deleita" a Rosario Murillo. Con toda honestidad, el comentario me parece decepcionante. He conversado con Humberto Belli, siempre de manera cordial y civilizada, y me cuesta creer que una persona de su formación, un antiguo Ministro de Educación de Nicaragua, reaccione como si debiera hacerse la guerra a quien ejerza el derecho humano a la libre expresión, a la crítica que apunta hacia el poder. Es verdaderamente lamentable, y ocurre mientras un torrente de ataques anónimos se expande en las redes, todos dirigidos a socavar la imagen moral de Amaya Coppens.

Yo a ella no la conozco, y aparte de apoyar su oposición hasta hoy vertical a la tiranía, no puedo decir en qué estamos de acuerdo, y en qué no. Pero no estoy dispuesto a violentar el espíritu de libertad proclamado por Voltaire: *esté o no uno de acuerdo con la opinión de Amaya Coppens, hay que defender a toda costa su derecho a expresarla.* No hay que esconderse, no hay que meter la cabeza en la arena, como han hecho incluso muchas militantes feministas que prefieren no dar la cara en esta ocasión, mostrando así mayor lealtad al clan político que apoya a Cristiana Chamorro que a su supuesta compañera. No hay que permitir que estos clanes del poder, que las élites que han hundido a Nicaragua en la miseria, la postración intelectual, social y moral, sometan a los espíritus rebeldes, a las mentes que sueñan, a los jóvenes que quieren imaginar un mundo mejor. No hay que permitir que los "eduquen", a la manera de los regímenes totalitarios, en un gulag.

Un manifiesto ciudadano sobre el "realismo brutal" de Humberto Belli

6 de marzo de 2021

Me alegra poder debatir de manera cordial y respetuosa con mi compatriota Humberto Belli sobre temas que motivan, con harta frecuencia, rompimientos, odios, y hasta violencia. Es bueno no olvidar lo que nos es común, el ser ambos hijos de Nicaragua y de su cultura, hasta en su más penetrante sentido espiritual —el cristiano— del que nos vienen referencias comunes, como la oración que cita en su escrito "Realismo brutal"[91]: "dame, Señor, el coraje para cambiar las cosas que puedo cambiar, serenidad para aceptar las que no puedo cambiar, y sabiduría para conocer la diferencia".

"Realismo brutal" y cristianismo

¿Pero hasta qué punto estamos leyendo las mismas escrituras? Lo digo porque el cristianismo en el que yo fui formado, el que conozco desde mi niñez, guiada por los Hermanos de La Salle, choca ¡estruendosamente! con el corolario del "realismo brutal" de Humberto.

El cristianismo de mi formación *no predica la desesperanza*, no considera resignación virtuosa aceptar que un hombre esclavice a otro, mucho menos a un país entero; que mate y maltrate a otro, que robe a otro. El cristianismo en que fui educado no predica que busquemos apenas aplacar temporalmente la furia del amo, concediéndole el derecho a seguir siéndolo, sin luchar porque desaparezca su tiranía sobre otro ser humano.

El cristianismo —no puede ser de otra manera si lo ilumina la verdad eterna— es absolutamente incompatible con cualquier prédica de sumisión o acomodamiento "*realista*" con la injusticia, especialmente cuando esta es "*brutal*". El Jesús de la biblia no detuvo a Zaqueo, el rico cobrador de impuestos, cuando este, entusiasmado tras su encuentro con el nazareno, prometió regresar lo injustamente recaudado. El Jesús de la biblia no dio licencia a Zaqueo para preservar lo robado, mucho menos para seguir robando.

La prédica de Jesús no solo afirma que "ustedes no pueden servir al mismo tiempo a Dios y al Dinero" [nunca habrá mayor claridad de norte ético, para quienes no estén ciegos de codicia], sino que entrega a sus seguidores un "**¡sí, se puede!**" que es de lo más elocuente en la historia humana: «*Si ustedes tienen un poco de fe, no más grande que un granito de mostaza, dirán a este árbol: "Arráncate y plántate en el mar" y el árbol les obedecerá*».

91 https://www.laprensani.com/2021/03/01/opinion/2790152-realismo-brutal

De tal manera que la pasión de la desesperanza, una de esas pasiones que para Humberto son "*capaces de opacar nuestros lentes mentales*", no debería tener cabida entre nosotros, productos como somos de esa germinación del cristianismo que es la cultura nicaragüense.

Siendo así, nos corresponde asumir el imperativo ético, que para los creyentes es rama inseparable del roble de la fe, de obedecer el mandato de esperanza, y armarnos del coraje que requiere enfrentar las verdades odiosas, para luchar por aquello que la desesperanza hace parecer imposible, pero que la fe revela como inevitable: la verdad, la justicia, y la libertad.

La cizaña

Esa lucha, la lucha por la verdad (la luz en el corazón de la justicia, el alma de la libertad), comienza por identificar las trampas de la mentira, las falacias con que el mal intenta mantenernos esclavos.

Cuando ya la cizaña está crecida, y podemos separarla del trigo bueno, hay que arrancarla. "*Corten primero la cizaña*" también es sabiduría bíblica. En esto pienso cuando leo la pregunta de Humberto: "¿Es concebible, legítimo, moral, buscar un arreglo con ellos [se refiere a la tiranía que antes ha llamado "corrupta, asesina y nefasta"] que *permita democratizarnos*, pero *cediéndoles espacios para que coexistan pacíficamente con la oposición, sin rendir cuentas de sus delitos*?"

Esta es la cizaña que intento desbrozar y quemar, para que el trigo bueno de la verdad brille ante nosotros. Hay que hacerlo, porque el mal logra adormecer hasta las más límpidas conciencias cuando se disfraza de palabras hermosas, que parecieran sensatas, y así esconde su alma siniestra. Para este combate, recurramos al don del pensamiento, al uso de la lógica aplicada a la experiencia. "Lógica y datos", tengo por hábito insistir a mis estudiantes hasta el aburrimiento (el suyo, no el mío): sin lógica y datos no es posible conocer lo conocible.

"El malentendido"

Empecemos por la afirmación —recatadamente vestida de pregunta— de que es "concebible" llegar a ["buscar", dice Humberto] un arreglo con la tiranía orteguista "*que permita democratizarnos*". No por intención humorosa mi primera respuesta a Belli es la siguiente: "¿Acaso padecemos la dictadura de Ortega porque hay un '*malentendido*' entre 'ellos' y el resto de nosotros?". Humberto, siendo sociólogo, testigo y participante de muchos años en los mundos del poder, debe saber que no es así.

Existe una dictadura porque hay una minoría organizada que sabe aprovechar la estructura social, el sistema nervioso del poder, y los hábitos y costumbres que llamamos 'cultura' para apoderarse del control del gobierno de manera permanente y absoluta, sin que medie el consentimiento explícito de la mayoría.

De hecho, cuando se hizo evidente que la mayoría los rechazaba con vehemencia, la minoría demostró estar dispuesta a recurrir a gran crueldad para mantenerse en el poder: optaron por el genocidio cuando se les ofreció salida negociada. Todos conocemos los detalles posteriores.

Para ejecutar su baño de sangre y todas las maniobras destinadas a estabilizar el sistema, la dictadura ha contado —cualquier nicaragüense mínimamente informado sabe que esto no es especulación— con el apoyo de los grupos económicos de más riqueza en el país, quienes además han procurado, en muchos casos con éxito, corromper a decenas de jóvenes activistas, y a estancar las presiones internacionales. En su insaciable sed de riquezas llegaron incluso a vender al régimen instrumentos de represión en plena masacre. Ellos son, también, culpables del genocidio. A ellos hay que sentar, también, en el banquillo de los acusados.

¿Podemos llegar a un acuerdo con el comandante y con su mafia "que permita democratizarnos"?

La dictadura orteguista, en otras palabras, es un sistema criminal *total*, que incluye asesinos y burócratas, pero también operadores políticos y financistas. En el sistema cohabitan Carlos Pellas Chamorro y su pacotilla, Ortiz Mayorga, Zamora Llanes, y resto de milmillonarios, los jerarcas del Ejército, los políticos venales de antes y de hoy, los viejos y los que poco disimulan su ansia de pertenecer al poder (todos verdaderas criaturas de pantano), los antiguos "revolucionarios" convertidos a la rancia causa oligárquica, una (hoy) pequeña parte del clero católico y la mayoría del evangélico, y los paramilitares y soplones que aterrorizan a la población en calidad de sicarios. En la cúspide de este esquema criminal, en su centro, il capo di tutti capi, el padrino mayor, el comandante.

Ortega no puede ceder

La lógica y la evidencia, tanto en la propia historia reciente del régimen, como en la anterior de Nicaragua, dejan muy claro que un acuerdo democratizador no es posible. Ortega y su clan, *y los clanes alrededor de su clan*, están atados por cadenas de culpabilidad que, con toda certeza, en cualquier Estado de Derecho imaginable —y sin Estado de Derecho no hay democracia— los llevarían a la cárcel y a la pérdida de todo lo mal habido.

Sobre Ortega penden, además, de manera insólita en nuestra historia, expedientes internacionales, oficiales, de crímenes de lesa humanidad, sin fecha de vencimiento ni frontera jurisdiccional. Fuera del poder, el descenso a su infierno personal y familiar se iniciaría irrevocablemente; con ellos irían muchos otros cómplices de su amplia red de poder. Peor aún, fuera del poder, los clanes tendrían que enfrentarse a los incontables odios y resentimientos que sus abusos han plantado.

Ortega, el más astuto e implacable de nuestros políticos, lo sabe, y actúa en consecuencia. *No cederá, por instinto de conservación, ni una pulgada, sin antes asegurarse de que sus crímenes pasados queden impunes, y —sobre todo— de retener la capacidad de cometer nuevos crímenes, que son su defensa ante la amenaza de la justicia.*

¿La Presidencia? Tal vez. ¿Pero, el poder?

"Todo puede pasar aquí,
menos que el Frente Sandinista pierda el poder",
Tomás Borge

Por eso es ingenuo (cuando no perverso) afirmar que el clan Ortega-Murillo y los clanes asociados a ellos pueden tolerar la democratización de Nicaragua. Lo único que puede pactarse con ellos es una falsa transición democrática; engaño de pocos, pero engaño cruel, en el que los mafiosos retienen los instrumentos esenciales del poder.

En un país donde las armas mandan a las instituciones, y no al revés, Ortega no estará dispuesto, ni están en condición de hacerlo sus aliados, a rendir las armas de los militares y paramilitares, ni los espías y jueces, ni los miles de millones de dólares acumulados a través su sangriento reinado. El tirano maniobra para evitar incluso el abandono de la *Presidencia*, pero, aunque lo hiciera, no tiene la menor intención —no puede arriesgarse— de dejar el *Poder*.

El derecho a cometer genocidio

Por eso es que participar, con los clanes, en una supuesta gala democrática de elecciones con y bajo la tiranía y sus reglas, abrazar la ilusión de un cambio que emane puramente del proceso electoral, es un acto de rendición. Y no solo es rendición práctica, política, estratégica. Es una rendición moral absoluta, que afirma este nuevo credo para la nación: un genocida *tiene tanto derecho como cualquier nicaragüense a postularse* (Lo esbozó Cristiana Chamorro, refiriéndose específicamente a Daniel Ortega).

El verdadero "realismo brutal"

Es, además, la más infructuosa inmoralidad: nadie puede impostar que "hacemos un sacrificio y a cambio de él avanzamos hacia un bien mayor, la democracia". Porque en Nicaragua, aparte de ser ***indispensablemente ética***, la justicia contra los clanes criminales es ***indispensablemente práctica***. Será, quizás, como dice Humberto, *quijotesca*, pero también es *sanchopánzica*, realismo elemental —este sí, *realismo brutal*— ya que aceptar la impunidad de Ortega y sus clanes es, como admite Humberto en un eufemismo que me parece atroz "cederles espacios". *¿Qué piensa usted, respetado lector, que los clanes harán con esos "espacios"? ¿A cuántos nicaragüenses enterrarán en ellos?*

Cómo construir un campo de concentración [un *gulag* para Nicaragua]

Humberto también habla de coexistencia "pacífica" con la "oposición". De esto me queda poca duda, porque la "oposición" de hecho está dispuesta a "convivir" con el crimen. Pero ¿y el resto de la población? ¿Y la gente que no forma parte de esa "oposición" y que no acepta un gobierno paralelo de sicarios y criminales de cuello rosado-chicha,[92] guayaberas blancas o esmóquines? ¿De verdad hace falta que uno explique el futuro que a ellos espera, después de lo vivido en los últimos cuarenta —y bien podríamos decir ochenta— años? Esa gente, la inmensa mayoría del país, quedará encerrada indefinidamente en un gulag que será "legal" y "legítimo", y del que solo la migración permitirá escape.

Son falsas las alternativas que presenta Humberto Belli

Son falsas. Y el reto de explicar una alternativa "mejor y realista" viene marcado por el sesgo. Trataré de explicar mi aseveración, consciente de que el texto se alarga, y hay quienes esperan respuestas breves y de pocas líneas a problemas enrevesados y de profundas raíces. También estoy consciente de algo más fundamental: no escribo con la pretensión de un general que dirige el combate desde una colina, ni como un ajedrecista que mueve las piezas, ni escribo como un político que intenta vender una narrativa de conveniencia a su poder; no hago más que ejercer mi derecho humano, y lo que creo ser mi obligación ética, de buscar con integridad la luz del entendimiento, para alumbrar un proceso en el que millones de vidas humanas y el futuro de nuestra nación están en juego.

La estrategia de pacto electoral y la *venezolanización* de Nicaragua

Por eso, tengo que afirmar lo que creo: es falso que Nicaragua enfrente tres alternativas, de las cuales solo una —pactar la impunidad con Ortega— alejaría al país del infierno de la tiranía o de la guerra. Creo haber explicado suficientemente, aunque podría agregarse mucho más, que un pacto *democratizador* con la dictadura no es posible, y, de hecho, me parece que la segunda alternativa que contempla Humberto Belli "*una situación similar a la venezolana, que el tirano se quede a sangre y fuego*" es ¡precisamente! lo que está ocurriendo *como resultado de la estrategia de pacto electoral. De hecho: ¿no es evidente que dicha 'estrategia' ha sido impuesta por el tirano a sangre y fuego?*

---

92 El color de ropa de campaña escogido por Ortega mientras, tras la derrota electoral de 1990, intentaba separar su imagen del rojinegro.

No es lo mismo partido político que cartel criminal

No debe olvidarse que, con todo y los crímenes y abusos cometidos durante la primera dictadura del FSLN en los ochenta, muchas de las transgresiones eran parte de una dinámica política, y tenían al menos —en buena parte de lo que constituía la base de apoyo y de activistas— un sustrato de convicción ideológica. Aunque fuese desde entonces un ente autoritario, hostil al espíritu liberal de la democracia, el FSLN era una organización política, corrupta en la cima, endiosada en el poder, e insensible en sus manifestaciones más fanáticas al sufrimiento de otros; pero, aun así, una organización política.

Ya no. El partido hace mucho tiempo quedó vaciado de convicción, de principios, y de políticos. Lo que une a sus actuales miembros es el crimen y su beneficio. Trágicamente, lo que articula la relación de sus líderes con otros sectores de la sociedad —como el 'gran capital'— es también el crimen y su beneficio.

Proponer una convivencia democrática con ellos, esperando con ellos coexistencia pacífica, es como proponer que la mafia calabresa o el cartel de los Zeta, o la Cosa Nostra, reciban bendición judicial y tolerancia para —supuestamente— transitar a la paz y la democracia.

El cinismo de Cruz

La renuencia de muchos a pactar con Ortega no es apenas, como insinúa Belli, incapacidad de ser lo suficientemente maduros o flexibles para aceptar un "*enojoso acomodo político*" (no es, para empezar, político). No es que seamos "quisquillosos", o "perfeccionistas", o "intolerantes". Tampoco es, como cínicamente arguye Arturo Cruz Sequeira, que queramos "degollar" a todo el que tenga simpatías por Daniel Ortega. Digo "*cínicamente*" sin hesitar, porque es un atropello a la decencia y a la razón escudarse en una falsa defensa de los derechos humanos del "25%" que, dicen, apoya al régimen—derechos que ningún demócrata amenaza—para defender el pacto siniestro que buscan poner en práctica, por intereses mezquinos, con un capo genocida.

¿Habrá guerra?

La historia, y toda la evidencia reciente, nos enseña que la verdadera disyuntiva para Nicaragua es más terrible y menos negociable que las opciones que Belli presenta en orden administrativo.

Por el camino actual, mientras el proceso político permanezca monopolizado por los grupos que se adueñaron del escenario luego del aplastamiento de la rebelión de Abril, Nicaragua marcha hacia un nuevo ciclo trágico de continuismo dictatorial, pacto zancudo, y —como los problemas de fondo no se solucionan— un eventual estallido violento. No hay que ser Nostradamus, no hay que ser un profeta o un vidente para saber que esto es lo que aguarda, sea en unos meses, sea en unos años. Este patrón se ha repetido con tal regularidad, que el pronóstico es bastante seguro. Los detalles, por supuesto, nadie puede predecirlos.

¿A quién beneficia la desesperanza?

Pero este detalle es notable: tanto el clan Ortega, como los clanes que caminan en paralelo, buscando cada vez más desesperadamente el "aterrizaje suave" del sistema, *necesitan* que el pueblo se sienta impotente, que crea que las únicas alternativas son, como ha dicho Humberto Ortega, "cohabitación o caos". Siembran como mejor pueden la desesperanza, porque en la desesperanza son ellos, los dueños virtuales de la vida pública del país, quienes deciden a espaldas y por encima de los intereses de la mayoría, y presentan sus actos como esfuerzos "libertadores", cuando en realidad lo que hacen es transar con lo peor de la sociedad para asegurar sus privilegios.

¿Hay manera de evitar un futuro tan grosero?

Hay en el horizonte más sufrimiento para Nicaragua si el pueblo no se libera del yugo político de los clanes, tanto el de El Carmen como los que se reúnen en hoteles de lujo y en tiempos recientes presentan a quienes consideran sus caños más poderosos y brillantes, a Arturo Cruz y Cristiana Chamorro. De Arturo Cruz, mercenario político por décadas, no cabe esperar siquiera cercanía a la decencia. A Cristiana Chamorro cabría sugerirle que no se honra la memoria de su padre transando con la dictadura, participando en un pacto de impunidad como el que está en plena cocción. Yo ya no tengo paciencia para más pedestales y más héroes, pero creo que toda la evidencia histórica apunta a que Pedro Joaquín Chamorro Cardenal estaría en estos momentos indignado, que no exhibiría ni su nombre ni su rostro en medio de la podredumbre pactista.

En última instancia, todo país construye su futuro, y toda sociedad decide si está dispuesta a pagar el precio que la libertad requiere. Y en Nicaragua ese precio puede ser muy alto. Nadie está obligado a ser héroe o a ser mártir, a pagar ese precio. Pero la alternativa es también muy dolorosa: una dinastía organizada para aplastar la vida, en complicidad feliz con ciudadanos respetables que solo quieren hacer negocios.

¿Habrá guerra? No necesariamente. Pero no habrá libertad sin lucha, y el pueblo, al fin y al cabo, decidirá los medios. El pueblo, al fin y al cabo, decidirá si quienes hoy se arrogan su liderazgo sirven. Y si no sirven, otros vendrán. La historia no se detiene por decreto, ni por miedo.

Lo ideal sería que no hubiera violencia. Pero lo verdaderamente ideal es que no haya dictadura, ni antes ni después de la violencia.

¿Cómo destruir el sistema dictatorial?

11 de marzo de 2021

Con sentido de urgencia y alarma, y desde la perspectiva enunciada anteriormente, la de alguien que no hace sino ejercer su derecho humano y su obligación ética, trato aquí de elaborar algunos puntos que quedaron incompletos en mi nota "Un manifiesto ciudadano sobre el "realismo brutal" de Humberto Belli".[93]

Empiezo por la reiteración: dadas las circunstancias actuales y previsibles, en Nicaragua no puede esperarse libertad sin lucha, y el pueblo, al fin y al cabo, decidirá el camino. Decidirá si acepta el sometimiento a una nueva dinastía tiránica o su derrocamiento. Decidirá también qué medios emplear en la lucha. He dicho ya que esto implica una alta probabilidad de violencia armada si no se erradica por otros medios la dictadura. "Probabilidad" en este caso, que no es producto del deseo de un observador o un ideólogo, o de un aspirante, o de un estratega: basta una mínima familiaridad con la historia y las tradiciones de la sociedad nicaragüense para detectar el hilo (invisible a priori, grueso a posteriori) que conecta los tropiezos, fracasos y traiciones de los políticos y de sus patrocinadores con la violencia política. La historia, insisto, no se detiene ni por decreto ni por miedo.

La meta

En la lucha por *fundar* la primera ***República democrática de Nicaragua*** es imprescindible entender cuáles son los obstáculos, quiénes son los enemigos que hay que derrotar, con una claridad similar a la que debe tenerse sobre las transformaciones necesarias para establecer la república, una vez que se derrote a estos enemigos. Una vez más, la verdad histórica es aliada, hermana indispensable de nuestro esfuerzo, y madre de nuestro buen suceso.

El mito de la república que no fue

La verdad histórica choca con el eslogan de que hay que "*volver a ser república*". La "república" que habría que restaurar es un mito de las élites conservadoras que añoran el dominio total que tuvieron de Nicaragua en los llamados "Treinta años" del siglo XIX, que combinó la servidumbre feudal de una inmensa mayoría sin voz, ni voto, ni derechos, con el traspaso, como en una mesa de póker, de Presidencia y diputaciones entre miembros de unas pocas familias que son parte de una genealogía cercana, cuando no de un mismo árbol. Fueron treinta años de paz entre parientes que en otras épocas guerrearan. Quizás por eso añoran tanto aquella edad, para ellos dorada.

93 https://revistaabril.org/un-manifiesto-ciudadano-sobre-el-realismo-brutal-de-humberto-belli/?playlist=6105970&video=c8c19bc

Desde el punto de vista nacional, no es nada exagerado afirmar que en aquel entonces la res *publica* no era en realidad muy "pública"; que casi todo se decidía en unas cuantas tertulias en unas pocas casas ubicadas a escasas cuadras de distancia unas de otras, fundamentalmente (aunque no únicamente) en Granada.

Este es el sueño de la nostalgia para los descendientes de aquellos patricios. Es el sueño que Arturo Cruz —Ay, Dios, la ironía— intenta *dignificar* con falaces racionalizaciones intelectuales.

Peor aún, el sueño de la "república" conservadora sigue siendo el modelo del actuar político de las élites, y es fuente de atraso y de fracaso evolutivo para la nación. En nuestros tiempos, por su evidente discordancia con la realidad, tal modelo puede sostenerse únicamente si cuenta con una fuerza que suprima desde el poder político el ejercicio de los derechos de la mayoría.

¿"Revolución" sandinista o restauración conservadora?

Por eso es que estas élites, que gracias a la *restauración conservadora* que fueron la "revolución" sandinista y la segunda dictadura del FSLN, maximizaron su poder y sus riquezas, mermados antes por dictaduras de origen "liberal" (Zelaya, Somoza), han estado dispuestas, y siguen estando dispuestas, a pactar con Ortega.

No conocen otra manera de ser, de pensar, de ver el mundo; viven, de hecho, su propio mundo, aislados en una burbuja ideológica y una bruma de tradición tan densa que ha sido capaz de tragarse el barco de revoluciones.

Las élites conservadoras necesitan de una dictadura

No más. Basta ya. El siglo XXI, aun en nuestro atraso relativo, no es el siglo XIX. Sería imperdonable que la vida de millones de personas, el futuro de tantos seres humanos, la sobrevivencia misma de la nación, fueran decididos por una casta hereditaria-rentista, *extractivista*, que impide el progreso y el acceso y la movilidad social, y que para subsistir en el poder necesita que exista una dictadura.

Llámese como se llame su 'candidato', la élite conservadora *necesita* que exista una dictadura. Mientras ella domine la política y la economía, no habrá democracia. El sistema sobre el cual su dominio ha sido construido, parchado y reforzado hasta hoy después de cada sacudión histórico producirá la próxima dictadura, una mutación de la actual.

Un sistema que crea dictaduras es incompatible con la República democrática que la mayoría desea y necesita. Si se quiere progreso y democracia, hay que desmantelar el viejo sistema.

La simbiosis oligarquía-orteguismo

Ese es el sistema que nutre y se nutre de la simbiosis con el orteguismo. El sistema que, aunque oficialmente beato, devoto y cívico, corrompe desde la religión hasta el último rincón de la ética y la cultura. El que idealiza condescendientemente la Nicaragua rural mientras impide su desarrollo y deja que los habitantes del campo sean asesinados rutinariamente por sus aliados político-militares. Es el sistema que cierra los mercados para satisfacer la gula monopólica de los grandes propietarios oligárquicos, y cierra el ascenso en el mercado laboral a quienes padecen el infortunio de ser *desconectados*. Hacen que la educación pierda rentabilidad económica, que emprender negocios *legales* no solo sea una odisea burocrática, sino un salto casi insensato al vacío. Hacen que el crimen pague, que la honradez sea cosa de pendejos, que los jóvenes —¡miren lo que ha ocurrido ya con decenas de jóvenes activistas!— claudiquen ante el brillo falso de unas cuantas monedas, que son, hoy banquete, mañana hambre y vergüenza.

Este es el sistema que hay que derrocar. Un sistema que es indistinguible e inseparable del orteguismo, que podría cambiar de nombre, perder incluso el apellido Ortega, vestirse algo mejor en buenas fechas —por un rato, para una ocasión— pero seguirá siendo dictadura, y hará uso, cuando haga falta, de la violencia privada o la represión de Estado. Para saber esto, ya lo he dicho, no hace falta ser vidente del futuro, basta con la experiencia y la lógica. Basta con preguntar, como hizo Marx (Groucho, para los marxófobos): *¿a quién vas a creer, a mí, o a tus propios ojos?*

¿Quiénes son en estos momentos los participantes del sistema?

También lo reitero: en la dictadura orteguista, con el tirano en su cúspide y centro, ***cohabitan*** Carlos Pellas Chamorro y su pacotilla, Ortiz Mayorga, Zamora Llanes, y resto de milmillonarios, los jerarcas del Ejército, los políticos venales de antes y de hoy, los viejos y los que poco disimulan su ansia de pertenecer al poder, algunos antiguos "revolucionarios" convertidos a la rancia causa oligárquica, una (hoy) pequeña parte del clero católico y la mayoría del evangélico, y los paramilitares y soplones que aterrorizan a la población en calidad de sicarios.

¿Cómo destruir el sistema?

Ante esta descripción del poder y del diagnóstico que expuse en el ensayo al que me he referido al inicio —que Ortega no está en condiciones de ceder a menos que se garantice su i***mpunidad para crímenes pasados y futuros***— hay quienes reclaman que se les dé una "alternativa" al pacto electoral con Ortega, como si el pacto electoral con Ortega fuera "alternativa" democrática. Dicen:

"danos tu plan, entonces", como exigiendo un cronograma, con calendario de eventos, listas de 'candidatos', de 'líderes', o —peor aún; lo más decepcionante— el nombre de *un líder que rescate a Nicaragua, "porque las elecciones son en noviembre, y si perdemos la oportunidad son otros cinco años".*

Sin fecha en el calendario

Lo primero que hay que aclararles es esto: *el tiempo de vida de una dictadura no es el que dicte un calendario electoral. Si fuera así, no sería dictadura.* Y si se pudiera pausar la lucha y "esperar" cinco años más, hasta la próxima elección, la situación no sería tan mortal y dolorosa como todos sabemos que es para la mayoría del país.

Los únicos que pueden "esperar hasta la próxima elección" son los privilegiados del sistema, los miembros de los diferentes clanes asociados al poder económico y político. Para el resto de los ciudadanos, no existe el lujo de "esperar" otra fecha en el calendario; existe la *necesidad* de derrocar a la dictadura, sea martes o jueves, abril o diciembre, 2018 o 2021; sea cuando sea posible, y mientras más pronto, mejor.

Las alianzas necesarias

Esto valdría la pena que fuera central en la discusión del presente y futuro políticos de Nicaragua, más que un patético desfile de ambiciones por la pasarela ilusoria de "elecciones con Ortega", y más que el cínico y siniestro maniobrar de quienes están dispuestos a pactar la impunidad del tirano y su red de cómplices: *¿si ya sabemos quiénes son el sistema dictatorial, a quiénes, entonces, corresponde, y quiénes necesitan y pueden derrocar al orteguismo y sus aliados simbióticos?* La respuesta parece evidente: hay que desarrollar una alianza que ***ya existe*** en espíritu, en idea, en ***conciencia***; que ya se muestra en el 70% que —dicen todos los sondeos—rechaza que se vaya a elecciones cuyo precio sea la impunidad del tirano; una enorme mayoría que, sin más elaboración intelectual que la nacida de la experiencia terrible que vive desde hace mucho tiempo, quiere un cambio verdadero. Un cambio radical; es decir, de raíz.

La alianza en ciernes es la de la mayoría de los ciudadanos que quieren, que *necesitan*, que su país no sea el coto de unos cuantos oligarcas de viejo y nuevo cuño: estudiantes, quienes *necesitan* que su educación no solo sea de calidad, sino que sea un vehículo de movilidad socioeconómica; campesinos, y etnias de la costa Caribe, quienes *necesitan* que sus derechos, desde el derecho a la vida hasta el de propiedad, sean respetados; pobladores urbanos pobres, quienes *necesitan* que su vida no sea la de presidiarios a campo abierto bajo asedio cotidiano de policías y paramilitares, y que su voz y su voto sirva para que la economía y el gobierno de las ciudades funcione para ellos, y no solo para la élite; las mujeres, quienes *necesitan*, quizás más que nadie, de un Estado de Derecho, ya que sufren de múltiples maneras en el fondo de un sistema de opresión que idealiza su sufrimiento en lugar de impedirlo; ciudadanos de clase media, quienes *necesitan* de orden democrático y legalidad para que el futuro de sus hijos no dependa de emigrar o someterse a una burocracia estatal opresiva o al cerco impuesto a la economía por la élite oligárquica; pequeños y medianos empresarios, que *necesitan* de la libertad de empresa, de la eliminación de los monopolios, del acceso sin discriminación al crédito, de un esfuerzo social que prepare a la fuerza laboral que hace falta en el siglo XXI, y *necesitan*, como el resto de quienes no pertenecen a la élite, de un sistema judicial que ampare sus derechos frente al bullying de la corrupción ejercido, hasta hoy impunemente, por las mafias corporativas. *Esta es la base social que quienes quieran un Estado de Derecho necesitan convocar y unir,* y es terreno fértil ya, abonado por el terror de Estado, por la decepción frente al estatismo tiránico de la primera dictadura del FSLN, del "neoliberalismo" *laissez faire*, el *sálvese quien pueda* de los años 1990 [¿y quién puede *salvarse* por sí solo, sino aquél que ya ha sido bendecido por herencia?], y del corporativismo fascista de la dictadura FSLN-Cosep a partir del 2007.

Es terreno fértil, porque por primera vez en nuestra historia hay al menos indicios de que frente al caudillismo que cultivan las élites [que buscan desesperadamente la figura *caudillesca*, y ensayan de todo, hasta el *Nicaragua es Cristiana*[94]] y que todavía corre como un virus en la cultura, hay mayor escepticismo ante el poder. No es accidental que las maniobras de los aspirantes que actúan dentro de los parámetros culturales de la vieja tradición tengan dificultad en ganar adeptos, aun cuando se posicionen ostensiblemente contra el orteguismo. Las cifras infinitesimales que algunas de estas figuras mediáticas de la oposición reciben en todos los sondeos disponibles, más la reacción airada que despiertan con frecuencia en las redes sociales, son elocuentes y esperanzadoras.

¿Y los liderazgos?

Ya hay una nueva generación de ciudadanos, muy jóvenes en su mayoría, que intercambian ideas, observan, trabajan en grupos, algunos independientes de aglutinaciones políticas, otros en las márgenes de estas, otros al interior, tratando de ganar incidencia. Es innegable que algunos han caído en la trampa del interés, y han demostrado ante la población que no tienen la solidez moral, ni la inteligencia estratégica, para ser los líderes de la lucha democrática, ni de la Nicaragua democrática que ha de surgir de esta. Pero sería un error confundir la corrupción de algunos, y la aparente calma en la superficie de la protesta callejera, con la paz

94 Se refiere a Cristiana Chamorro, con la evidente intención publicitaria de identificarla con la religiosidad popular.

definitiva del sepulcro. El sistema dictatorial sigue en crisis, no hay solución a la vista, el nudo gordiano llamado Daniel Ortega impide una solución como las que hubo antes. Dentro del mismo campo "azul y blanco" hay y habrá crisis, porque la sociedad se balancea en un equilibrio inestable. No se puede hablar todavía de un triunfo estratégico del orteguismo y sus aliados simbióticos, y mientras no sea así, la pregunta de quiénes se pondrán a la cabeza, primero del movimiento social, y luego del nuevo Estado, seguirá pendiente de respuesta, se responderá en las múltiples contradicciones y conflictos de la lucha.

¿Cómo luchar? ¿Qué hacer?

Pongan, por tanto, su barba en remojo los políticos, nuevos y viejos, que asumen confiadamente que están en control de la situación, que todo esto terminará, como dicen los brasileños, en *pizza*, en una amable transacción entre cúpulas *que la mayoría aceptará*. Si quienes militan en los grupos que se unen —incómodamente—bajo las rúbricas Coalición Nacional y UNAB, por ejemplo, tienen algún sentido de la historia, algún instinto estratégico; si quieren un futuro de largo plazo en la política, probablemente tendrán que optar, en los próximos meses, por alguna forma de resistencia, y bajarse del tren de "elecciones sin condiciones" que lleva inexorablemente al zancudismo.

Tendrán que optar por renunciar al fetiche de "solución electoral", lo cual no quiere decir, por supuesto, que tácticamente no deba utilizarse el calendario electoral para potenciar la demanda de libertades democráticas, arrinconar a los poderes fácticos domésticos e inducir mayor apoyo internacional. Toda oportunidad debe aprovecharse, aunque se sepa —o, mejor dicho, porque se sabe— que la dictadura es incapaz de ceder.

Pero hay que estar claro, tanto como lo está la dictadura orteguista, de que no estamos, ni podemos estar, en "competencia electoral"; lo de Nicaragua es una confrontación que no tiene empate: o triunfa la muerte y el continuismo dictatorial se extiende en dinastía, o triunfa la vida y se enrumba el país hacia un futuro democrático. Es, literalmente, una lucha a muerte contra un sistema que es antítesis de la vida, con el cual no puede haber "coexistencia pacífica" o "convivencia". Ni el suscrito ni ningún individuo puede decidir de antemano cuánto durará, cómo concluirá, cuando concluirá, qué medios tomará el esfuerzo. Eso lo decidirá el pueblo. Y si es que el pueblo va a ser libre, será porque logra hacer el país ingobernable a la tiranía, porque logra destruirla. A quien esto le parezca imposible, que lea la historia de la humanidad, y la historia de Nicaragua.

¿Qué esperar de "la comunidad internacional"?

16 de marzo de 2021

Yo no espero mucho, aunque podría esperar nada, o debajo de cero, de los burócratas y políticos de países poderosos, esos que son el alma, corazón y músculo de la criatura que —por desesperación, entre los ciudadanos sin poder, por añoranza filial, entre las élites conservadoras— se menciona en los medios de comunicación y entre los políticos nicas como "la comunidad internacional".

Digo "espero"; y acentúo el tono pasivo de la palabra, porque creo que toda la energía que pueda hacérseles desplegar a aquellos burócratas y políticos, incluso la que pueda encenderles alguna lucecita moral, viene, por necesidad, de afuera, como reflejo de lo que hagan los protagonistas verdaderos de la historia, los que más la sufren: en este caso, el pueblo nicaragüense.

Cito una anécdota, que no sé si es apócrifa —séalo o no, la propongo como fábula, o parábola— en la que Lyndon Johnson le dice a Martin Luther King: "*oblíguenme a hacerlo*"; es decir, '*agiten todo, para que yo pueda apoyarlos, pero hagan que parezca que como Presidente no tengo más remedio que hacer lo que voy a hacer; así minimizo mi costo político*'. Fin de la fábula. Ahora preguntémonos qué ha hecho la oposición nicaragüense.

Dejo espacio para la respuesta de cada quién. Paso al resultado: los burócratas y políticos a cargo del Estado y del Departamento de Estado de Estados Unidos decidieron, desde inicios de la crisis, y gracias a las gestiones del gran capital y sus serviles, oponerse a que Ortega fuera derrocado por la revuelta popular.

Podrían haber forzado indirectamente (empujando sus palancas legales y extralegales) la salida del tirano; podrían haber aplicado sanciones enérgicas, no las meramente simbólicas, que son un colador de hoyos enormes, a través de los cuales, por ejemplo, un testaferro basta para evadir la incomodidad financiera del "sancionado".

Pero no fue así. El gobierno de Estados Unidos decidió, escuchando a "los nicaragüenses", que había que ir por la "ruta cívica", la de "elecciones con Ortega". Es decir, la ruta preferida por "los nicaragüenses" que ellos conocen, o con quienes ellos conversan con mayor frecuencia, o quienes más donaciones hacen a "think tanks", a profesores y a "gente como ellos". Si, damas y caballeros, aunque ustedes no lo crean, hay "nicaragüenses", de esos que sacan hasta la última gota de sangre del más pobre en su país, y donan un cero humanitario a sus conciudadanos, dentro o fuera del territorio, en miseria, enfermedad o exilio, y andan sin embargo y sin vergüenza por otros lares dispuestos a lucir la generosidad de su chequera.

Como sé que en la crisis hay quienes ya tienen la mecha corta para el sarcasmo, entiéndase: "los nicaragüenses" de las comillas son nicaragüenses. Sus compatriotas sin comillas también trataron, desde la pobreza, llevar su voz a la "comunidad internacional" para pedir más rigor contra el tirano, pero no han logrado —poderoso caballero es el dinero— ser tan "nicaragüenses", para los señores principales de Washington, como los delegados del gran capital.

Así es el mundo, compatriotas. Esta es una de las dimensiones de aquel eslogan que en otras eras más militantes o ingenuas de mi vida me pareció —mea culpa— un poco aguado, el que reza "*solo el pueblo salva al pueblo*": no se puede esperar a mesías domésticos (que terminan siendo más bien nerones y calígulas, u ortegas), ni mucho menos a mesías de manufactura extranjera, especialmente cuando la fábrica está acostumbrada a guerras y conflictos, y a descontar muertos en acuerdos que preservan posiciones sobre un tablero, pero que a veces —o mejor dicho, la mayoría de las veces— colocan el interés de los *nativos* en segundo o tercer prioridad, o en ninguna, si fuese necesario.

¿No sería mejor que entendiéramos esto? ¿No sería para nuestro bien que aprendiéramos a manipular, más que a ser manipulados; a dudar, más que a caer como animalitos ingenuos en la trampa de cazadores insensibles; a maniobrar, más que a aceptar que decidan sobre nosotros; a tomar la iniciativa para inducir a "la comunidad internacional" a que haga lo que necesitamos en lugar de quedarnos esperando a que nos salven?

No olviden que "la comunidad internacional" ha permitido y causado genocidios. No olviden que "la comunidad internacional" no es una "comunidad" sin intereses. Se trata de Estados, de gente del poder, gente en el poder, acostumbrada a lidiar con los asuntos del mundo como poder, desde el poder, y a hacerlo por las razones del poder, que no siempre son las de un morador de un barrio pobre o una comarca de Nicaragua, ni siquiera las de un ciudadano de clase media o de un pequeño empresario del país, asfixiado bajo la arbitrariedad del sistema.

Instintivamente, o por hábito condicionado, la gente del poder responderá al poder, reflejará la energía que viene de procesos que sacuden al poder, energía que en Nicaragua no puede venir de otra fuente que no sea la lucha enérgica, decidida, visible e independiente de una alianza democrática contra el monstruo simbiótico del orteguismo y el gran capital, el leviatán que llamamos dictadura.

Qué hacer entre Abril y Noviembre

22 de marzo de 2021

¿Elecciones para qué?

En un régimen tiránico moderno el calendario electoral no existe para dar a la ciudadanía la oportunidad de elegir a sus gobernantes. En una era en la que el absolutismo, la servidumbre y la esclavitud han sido purgados de la legitimidad ideológica universal, y en el caso de estas dos últimas, ilegalizadas, los interesados buscan, y con frecuencia encuentran, máscaras y disfraces para perpetuar los sistemas.

De hecho, son escasos los regímenes absolutistas que en nuestros días no se prueben al menos el ajuar eleccionario. Y en el caso de Nicaragua, un país sujeto a poderes extranjeros que utilizan "la libertad" como elemento esencial de su discurso, no les queda más remedio, a los monarcas *chapiollos*, que escenificar, con inevitable cursilería provinciana, la burda farsa de "elecciones democráticas".

Y decir "burda" es dejar incompleta la frase: ya verán los historiadores del futuro (ya lo saben las víctimas hoy) que la temporada del 2021 es además cruel y con ribetes de demencia. Estamos, ni más ni menos, ante la versión contemporánea del dictador caricaturesco cubierto de medallas y charreteras, rodeado de paniaguados y serviles que saludan las glorias del caudillo, se arrastran ante él y luego ejercen vicariamente sobre el resto de la población la cuota de poder opresor que les corresponde. Esto es lo que hay. Este es el punto de partida.

El dictador que pregunta, en el apogeo de su poder (como hizo Castro), "¿elecciones para qué?", lo deja entrever. Quienes ven en esas elecciones "la única alternativa realista" son su contraparte: la aceptación sumisa de una realidad hecha a imagen y semejanza del tirano y ajustada a sus necesidades. Por eso están dispuestos a participar en la tragicomedia como si no tuvieran opciones, como un niño que hace lo que le ordenan, a regañadientes, pero con obediencia fatalista: el "hombre" es el que manda; nada se puede hacer. No dicen más "el hombre" en público. Alguna corrección política importada ha modificado los modales de la sumisión. Pero es de forma, nada más: además de culpar a "Ormu", dicen "la comunidad internacional".

¿Nada?

Los señores opositores, acostumbrados como están a jugar bajo las reglas de la tiranía, que son una versión más cruel de las reglas bajo las cuales ellos mismos juegan en sus mundos [este el significado profundo de "cultura política"] quieren mantenernos en la creencia de que "nada puede hacerse" sino obedecer las reglas, a menos que "la comunidad internacional" (recordemos: el refuerzo de "el hombre") intervenga maternalmente y obligue a Ortega a jugar sin atropellar.

Esto es, por supuesto, una mentira estupefaciente, un narcótico para adormecer la voluntad de cambio del pueblo. No voy a intentar siquiera repetir el inventario de estas falsas medicinas que los señores opositores han sacado a dispendio en los últimos tres años. En lugar de eso, propongo lanzarles el reto de considerar una estrategia que aproveche, sin someterse, *la circunstancia de esa fecha en el calendario: 7 de noviembre de 2021.* Es una fecha, nada más que una fecha, pero una oposición real debería aprovecharla, como haría con todas las fechas hasta derrocar a la dictadura.

¿Aprovecharla para qué?

Sencillamente, para dar pasos hacia la democracia, es decir, hacia el derrocamiento del sistema dictatorial. Por definición, si no se derroca al sistema dictatorial, no puede haber democracia. No pueden "convivir" la dictadura y la democracia. No es tan difícil el concepto como quieren hacerlo.

¿Qué pasos?

En el arduo proceso de poner en acción la fuerza latente del sentimiento democratizador que yace temporalmente reprimido en Nicaragua, y de asegurarnos aliados internacionales, hay que insistir en que, si la dictadura no deja de ser dictadura, es decir, si no se rinde al pueblo democrático, debe dejar de ser reconocida como legítima representante del Estado nicaragüense. Esto tampoco es tan difícil como fingen creer.

Y hay que hacer que la dictadura pague un costo político mientras atraviesa el período electoral: si quiere aparecer como "democrática", que ceda espacio para la movilización popular, que habría que ocupar para buscar desbordarlos; si se niega a ceder espacios, que quede claro a todos que esta negativa comprueba, una vez más, que la dictadura no es legítima.

La oposición debe entender que el carcelero también está preso, que su inflexibilidad y su constante *bullying* son reflejos de su inseguridad, de su fragilidad política, por ser, para la inmensa mayoría de la población, un poder ilegítimo. Este es el sentimiento que la oposición debería llevar al mundo, si es que quiere representarnos.

Para poder explotar el proceso electoral en beneficio de la causa democrática, los grupos que se dicen opositores necesitan, a su vez, ganar legitimidad ante la población y ante el mundo. No lograrán esto fragmentados y exhibiéndose, como lo hacen, en sus pleitos constantes que —todo el mundo entiende— no son por principios, sino por las diputaciones y las prebendas postelectorales.

Tienen todavía oportunidad de demostrar que son oposición verdadera, y no funcional:

Exijan, no mendiguen, *que no es generosidad del amo, sino derecho del ciudadano,* que *de inmediato* se restablezcan condiciones universalmente reconocidas para que pueda haber elecciones al menos *formalmente* libres: libertad de reunión, movilización, propaganda y organización; libertad de todos los prisioneros políticos; desarme de las fuerzas paramilitares; fin del asedio policial y paramilitar a ciudadanos opuestos al régimen; entrada inmediata de observadores internacionales, no solo para visitar centros de votación el 7 de noviembre, sino para verificar el cumplimiento de todas las garantías democráticas indispensables, incluyendo el regreso seguro de los exilados, la organización del voto de los nicaragüenses en el extranjero, la validación de cédulas y la revisión del padrón electoral, entre otros tantos. Exijan que se nombre de inmediato un nuevo Consejo Supremo Electoral, y nombren ustedes candidatos a esos puestos. **Exijan** ruidosamente el derecho a **vetar** a individuos fieles a la dictadura para un puesto que debe ser ocupado por gente de probada integridad.

Rechacen, no justifiquen, que la dictadura intente imponer un precio —la impunidad del tirano y sus cómplices— al *derecho ciudadano* a elecciones libres.

Comprométanse, no rehúyan, a rechazar un proceso que no incluya estas dos demandas, que son irrenunciables si se quiere avanzar a democracia. Pongan ya una fecha firme, inamovible, que no necesita ser más que un plazo perentorio, porque al cumplir las condiciones discutidas en los párrafos anteriores, el régimen no haría más que dejar de violar la ley, doméstica e internacional, *dejar de oprimir y matar, y para dejar de cometer abusos basta decidir no cometerlos.* Comprométanse a imponer, en nombre de la ciudadanía, ese plazo, digamos, para ser generosos, hasta mediados de Abril. *Imponer* quiere decir que, si la dictadura no cumple ese plazo, la oposición unida pida a sus aliados internacionales que desconozcan la legitimidad del régimen y apliquen sanciones que realmente afecten al sistema, no solo a individuos que pueden escaparlas a través de testaferros.

Únanse, como está unido el pueblo, no hablen de unidad mientras pelean incesantemente ante las cámaras, ferozmente tras bambalinas. Si, como políticos que son, quieren —lo cual es legítimo— acceder a influencia y poder, pero, si como dicen, son demócratas, abran paso a la democracia *primero*, y *después* compitan por influencia y poder. Por hoy, abran paso a la democracia, si es que son demócratas.

Aglutinen fuerzas alrededor de una figura transicional, y si se puede simbólica. La idea es que, en lugar de una disputa desgastante entre ciudadanos con evidentes aspiraciones políticas de largo plazo, se designe a otros que aceptan un papel transicional, y que sean creíbles y respetables, admirables incluso, para una población que está obviamente harta de mezquindades. ¿Por qué no, por ejemplo, pedir a la madre de un mártir, jugar el papel de representante del pueblo en la elección? ¿Alguien duda que —repito, un *ejemplo*— si a la madre de Alvarito Conrado se la propone para dar su nombre al esfuerzo, el poder propagandístico y espiritual del movimiento cambiaría radicalmente? ¿No fue esto lo que hicieron cuando en 1989 hicieron candidata a doña Violeta Barrios, viuda de mártir también? Y si don Fabio Gadea Mantilla —otro *ejemplo*— está dispuesto a desempeñar un papel transicional, y si a la mayoría le parece un señor mayor de perfil moral respetable y sin ambición desmedida, ¿no podría encargársele a él la representación? Yo no digo esto basado en coincidencias ideológicas. No creo, ni espero, ni debo esperar, que mis ideas y las de don Fabio sean muy similares, por supuesto. Pero ese, señores, no es el tema. El tema (¿no es lo que ustedes repiten a diario?) es salir de la dictadura orteguista.

Conviertan el proceso actual en un referéndum contra la dictadura, no en una competencia ideológica o de largo plazo; acéptenlo como tal al aceptarse como puentes en una transición. ¿No dicen que les gusta la "salida chilena?" Con todo y los defectos —que serían fatales para nosotros, como permitir la impunidad del dictador— el experimento chileno tuvo la virtud de que al menos no fue una elección con Pinochet de candidato, sino un referéndum sobre la continuidad del régimen.

Dejen los salones y banquetes, y movilicen a sus partidarios, como se hace en cualquier elección. La 'voluntad política' de permitir elecciones 'libres' no se mide solamente por cambios legales. ¿Dicen que quieren demostrarle a "la comunidad internacional" que hicieron todo lo posible porque hubiera un cambio "por vía electoral"? Pues entonces, respondan: ¿no es normal que en un proceso de cambio "por vía electoral" los partidos convoquen a una campaña intensa de marchas y movilizaciones? ¿No es esa una medida de la 'voluntad política' del régimen? ¿Y no dicen que les interesa que el pueblo se movilice y resista? ¿No dicen estar en la "resistencia"? ¿Hay una mejor oportunidad para hacerlo que bajo el supuesto amparo de un proceso electoral?

Entiendan: no solo Ortega está bajo la mira popular. Ustedes, señores opositores, están también bajo observación. Si en lugar de utilizar el proceso electoral para avanzar hacia la meta final, el derrocamiento de la dictadura, lo hacen para ganar puestos y prebendas, que, aunque ustedes llamen "espacios" preservan el sistema, estarán colocándose frente al pueblo, contra el pueblo. Deben atenerse a las consecuencias políticas de tal comportamiento. Es hora de definiciones.

¿Hay “salida digna”? (“Que coman queque”)

24 de marzo de 2021

Hay en la propuesta de Cristiana Chamorro de repetir la “salida digna” del FSLN y su actual caudillo, falencias y falsedades de por lo menos tres clases: moral, de interpretación histórica, y de naturaleza política, que además tienen que ver con la actual lucha por el poder.

Hablar sobre las tres mencionadas falencias y falsedades no es un ejercicio mezquino o estrecho. Va más allá de cuestionar la actuación de la Sra. Chamorro. Su empeño en buscar una “salida digna” para el tirano de turno, sin duda el que más sangre ha hecho derramar sobre el suelo de la patria, se lee como un “*Manual para dummies*” sobre la visión que las élites nicaragüenses tienen del papel del Estado, del papel que asignan a la ética en el manejo de la res publica, de su propia relación con los demás ciudadanos, y del poco valor relativo que ven en las demandas de estos, cuando entran en conflicto con los privilegios heredados por la minoría que se sienta en “el palco” como diría el prominente aliado de la Sra. Chamorro y de Arturo Cruz, el general Humberto Ortega.

En medio de la angustia de un presente agobiado, y ante un futuro que amenaza ser aún más sombrío para Nicaragua, uno no puede escuchar las palabras de la Sra. Chamorro sin sentir el escalofrío de la nación menospreciada, ensangrentada, y en peligro.

La transición “exitosa”: de una dictadura del FSLN a otra dictadura del FSLN

Para empezar, es insultante el esfuerzo de presentar la “salida digna” que permitió a Daniel Ortega sabotear y eventualmente abortar el embrión democrático —él, que es tan “provida”— como si fuese un triunfo histórico de los nicaragüenses. Como si fuéramos una turba de alucinantes que *imaginan* en su delirio una dictadura cruel. Como si fuera un espejismo la realidad de que Ortega ha gobernado y matado “desde abajo” y desde El Carmen desde 1990.

Increíblemente, la Sra. Chamorro pareciera desear que fuéramos más agradecidos por el “éxito” de “su” “transición”. Tanto, que reclama para sí la autoría de un proceso en el cual habrá sido quizás una actriz secundaria, como parte del clan Chamorro y esposa de Antonio Lacayo. Este, gracias al nepotismo tradicional de las clases regentes, usurpó la autoridad delegada por el pueblo nicaragüense al Dr. Virgilio Godoy, quien había sido electo *vicepresidente* junto a la madre de la Sra. Chamorro.

Desde su ilegítima posición de poder, Lacayo procedió a pactar con sus viejos amigos de la cúpula sandinista, dizque para asegurar una transición a la democracia que —claro— nunca cuajó. No podía ser de otra manera el resultado de un pacto antidemocrático y de impunidad.

El resto de la historia de tan "exitosa" transición podría resumirse así: el puente que inicia en el pacto Lacayo-Ortega nos ha llevado de una dictadura FSLN a otra dictadura FSLN; ambas crueles. La actual es poseída por un espíritu de casi inimaginable maldad.

Quizás debería, la Sra. Chamorro, meditar con más cuidado el asunto, antes de reclamar homenaje.[95]

Que coman queque

La dimensión moral del asunto es hiriente, no solo porque muestra que al fondo del pensamiento de la Sra. Chamorro no llega muy fuerte la luz de la ética, sino porque su manejo de la comunicación pública —esencial para la práctica de liderazgo político en democracia— exhibe una insensibilidad que espanta.

No hay mucha diferencia entre su postura y la leyenda —apócrifa, pero aleccionadora— de la reina María Antonieta de Francia, quien, al enterarse, en 1789, que escaseaba el pan y los pobres pasaban hambre, exclamó "*Qu'ils mangent de la brioche*" ("*Que coman brioche*"), más o menos equivalente, en español de Nicaragua a: "*pues, que coman queque*".

A *comer queque* manda la Sra. Chamorro a los presos políticos y a sus familias, a las madres de los muertos, de los torturados y exilados, a todos los que no gozan del privilegio de estar bien en el país, esté quien esté en el poder, por estar ellos siempre cerca, siempre bajo la fresca sombra de alguna de sus ramas.

95 La caricatura es obra del artista Wilber Chavarría Centeno, para *Revista Abril*.

Un lector mínimamente sensible puede, sin mucho esfuerzo, imaginar lo que sienten quienes tienen muertos, exilados o presos en su familia, cuando escuchan que el discurso de quien parece verse a sí misma como heredera del trono, o al menos como la candidata que debe ser escogida para ocupar el trono del tirano, se concentra en la búsqueda de "salida digna" para este, en proteger "la dignidad" del verdugo, no la de sus víctimas.

En lugar de exigir al tirano, con firmeza y con acciones, que respete la dignidad del pueblo, exigir que dé "salida digna" de las cárceles a los injustamente secuestrados por querer libertad, en lugar de prometer justicia, la Sra. Chamorro nos aclara que para ella no hay límites éticos al poder, que cometer crímenes de lesa humanidad no es gran cosa, que todo esto es, en la práctica, un "juego", para emplear una palabra que he escuchado a Mario Arana; un "juego" que hay que ganar con la idea —¡atroz!— de que el genocida Ortega y su clan tienen "*tanto derecho como cualquier nicaragüense*" (palabras de la Sra. Chamorro) a seguir "jugando".

En otras palabras, señoras y señores, las vidas perdidas valen poco. Y perpetrar un genocidio no inhabilita políticamente a nadie.

Uno no puede menos que notar el abismo profundo, ancho y oscuro, que separa a la Sra. Chamorro de la postura de su difunto padre, Pedro Joaquín Chamorro Cardenal, quien llamó a "no transar con la dictadura".

La dimensión política de la búsqueda de "salida digna" para Ortega

Pero la Sra. Chamorro no está sola. De hecho, ella no hace más que dar voz y desparpajo a la estrategia de las fuerzas que dominan en la oposición. Hay, inevitablemente, matices, y hay una variedad de motivaciones, pero en la práctica, los grupos comprometidos con el proyecto de "elecciones con Ortega" apuestan a que, a través de un complejo ajedrez en el que solo los poderes fácticos de mayor riqueza tienen asiento, a Ortega se le garantice, permítanme la redundancia, *con estrictas garantías*, una "salida digna".

Ese es el precio que están dispuestos a imponer al pueblo a cambio de escasas —hasta podría decirse *ilusorias*— esperanzas de que Ortega "salga". Es una apuesta a la vez inmoral e insensata.

¿"Saldrá"?

No se sabe a ciencia cierta si saldrá, de dónde saldrá, o hacia dónde. La oposición no tiene fuerza, ni la ha buscado, para hacerlo salir del país, y el tirano, de hecho, sale muy poco de su casa, del barrio expropiado en el que queda su casa (también expropiada), y del barrio vecino cuyo libre tránsito ha expropiado.

A estas alturas, confiado aparentemente en que el Poder no está en juego en Noviembre, y confiados como están de lo mismo sus socios del Gran Capital, el tirano maniobra para que la farsa electoral presente al mundo —un mundo poco interesado en nuestros tristes asuntos— el espectáculo de una oposición fragmentada como justificación de "una victoria más".

Es decir, existe la posibilidad de que Ortega conserve, no solo el poder real, sino el legal, ahora legitimado gracias a la labor de los opositores complacientes y al sostén del Gran Capital. ¿Alguien se sorprendería, además, de la bendición de Almagro?

De todos, modos, contra viento y marea, la oposición sigue en busca de *su anhelada "salida digna" para Ortega, es decir, la llave a su impunidad por los atroces crímenes cometidos antes, que implica impunidad para sus futuros crímenes.*

La dinastía ["¡convivamos!]

Este es un camino que lleva irremediablemente a la continuidad dinástica de la dictadura más cruel de nuestra cruel historia, después de abortar la que probablemente haya sido la rebelión ciudadana más significativa, la manifestación histórica más elocuente —hasta el momento— de nuestro deseo, y de la posibilidad, de fundar *por primera vez una* República democrática. La oposición está claramente dispuesta a "convivir" con Ortega, aunque unos evadan cantinflescamente y otros mientan descaradamente.

Por fortuna contamos, para conocer en público lo que en privado se dice sin ambages, con la torpeza de algunos políticos, como Arana y Chamorro, y el cinismo de otros, como Cruz y Humberto Ortega. Los cuatro, casi a coro, confirman la estrategia común, y de hecho ayudan a delinear la confluencia de intereses que hay entre la vieja oligarquía, el gran capital, y sus nuevos hermanos orteguistas, los verdaderos "mimados" de la "revolución".

Doce preguntas para la oposición electorera

6 de abril de 2021

Pongo entre comillas frases que Cristiana Chamorro cita como supuesta fundación honorable del proyecto de la desprestigiada "oposición" electorera de participar, con o sin "reformas", con o sin libertad, con o sin democracia, en los comicios que el mismo dictador Daniel Ortega propuso en el 2018 como "solución" a la crisis de su régimen.

Esta es la exposición más irrespetuosa e hiriente que la Sra. Chamorro ha publicado de la visión del mundo que circula como moneda obvia en los círculos oligárquicos de Nicaragua desde que hace un par de años sugiriera que Daniel Ortega tiene tanto derecho como cualquier ciudadano a ser candidato a la Presidencia. No puedo calificar esta postura de otra manera que no sea connivencia con el crimen de Estado, porque, ¿necesita la Sra. Chamorro recibir notificación de los crímenes de lesa humanidad cometidos, en curso, e incluso previsibles, de Ortega y sus secuaces?

Que conteste Cristiana Chamorro, y que contesten los miembros de AUN, y los miembros de todos los grupos de aspirantes al poder que salivan profusamente ante la posibilidad de un puesto de gobierno, aunque arda la patria que dicen amar, aunque se pudran en cárceles y en fosas comunes las víctimas del régimen, aunque con su proceder hieran la esperanza de un pueblo que ha sufrido mucho, que ha invertido en héroes y ha recibido a cambio el infortunio de la traición incontables veces.

Tarde o temprano estas preguntas han de responderse:

(1) ¿Qué "*concesiones mutuas*" puede haber entre los genocidas y las familias de los asesinados?;

(2) ¿Cuánta "*tolerancia*" puede haber, y desean que haya, hacia los asesinos en el poder, y su engranaje de represión?;

(3) ¿Qué "*convenio entre las partes*" ve la Sra. Chamorro, y su clan político, entre "*las partes*" del conflicto en Nicaragua, o sea, entre los asesinos que han abolido todo derecho humano y sus víctimas? [¡¿Qué acuerdo puede haber entre amo y esclavo?! Cuando a Mandela el régimen del Apartheid racista le propuso un "convenio", la respuesta del líder sudafricano fue tajante: "*solo los hombres libres pueden firmar contratos*"];

(4) ¿Qué "*sacrificios para todos*" les piden a los ciudadanos que no pueden hablar, que no pueden marchar, que sufren torturas indecibles, asesinato o exilio si se rebelan contra la tiranía? ¿Cuántos más propone que deben "*sacrificarse*" para saciar la sed de poder de Ortega y su inseguridad, para demostrarle a Ortega que ustedes son "*confiables*" en una "*transición*"?

(5) ¿Qué traman, o, mejor dicho, qué resultados esperan de su trama? ¿Que el pueblo de Nicaragua celebre que ustedes "*regresen*" a ocupar un asiento en la mesa del poder oficial? ¿Que ustedes puedan compartir el poder con Ortega? ¿Que el pueblo de Nicaragua consienta, apañe, legitime la expropiación de sus propios bienes y derechos, el genocidio, la destrucción de familias y vidas, para que ustedes puedan ser ministros, embajadores, congresistas, beneficiarios una vez más de la falsa paz y la pantomima de "democracia" que están dispuestos a fabricar para su comodidad y beneficio, sin importarles que Ortega y su clan sigan gobernando, o más bien *matando*, "*desde abajo*"?

(6) ¿Quieren que borremos las experiencias que nos han llevado hasta el actual infierno? La de 1990, comienzo de la actual tragedia, pingüe negocio para los "*nuevos*" administradores del Estado, y para los "*derrotados*" oligarcas del FSLN; ¡piñata doble, doble fiesta! La del paraíso fascista en que los oligarcas flotaron, "bendecidos y prosperados", desde el 2007 hasta abril de 2018. La de la tiranía de sicarios desencadenada sin tapujos desde la insurrección cívica, y que los oligarcas se negaron a frenar.

(7) ¿Quieren que los dejemos en paz para que ustedes *se entiendan*, inter pares, en sus salones oscuros y sus conferencias en embajadas y hoteles de lujo, y se repartan país y esclavos? ¿En eso es que les gustaría que consistiera la "*sabiduría del pueblo*"?

(8) ¿Cómo piensan explicar en noviembre de 2021, *después* de sus anheladas "elecciones" que Ortega y su FSLN, aunque hayan dejado la *Presidencia*, como en el 1990, sigan en el *poder*?

(9) ¿Cómo van a explicar los asesinatos, secuestros y torturas que ocurran desde hoy hasta noviembre? ¿Cómo van a justificar los que ocurran *después* de noviembre de 2021?

(10) ¿No se han dado cuenta de que estamos en pleno siglo XXI, y que les va a costar más caro de lo que están acostumbrados mantener arreglos de cúpulas de naturaleza feudal, arreglos que pagan con la sangre, el hambre y el dolor de la gente que no participa en sus pactos?

(11) ¿No tienen temor a la justicia, que puede tardar, pero puede llegar?

(12) ¿De verdad nos creen tan tontos? Sépanlo: podrían incluso ganar esta batalla–aunque lo dudo mucho– pero para ganar la guerra tendrían que callarnos a todos, y eso ya no ocurrirá jamás. De todo quedará testimonio, nuestra memoria no será borrada. Habrá, al final, un veredicto.

Un video revelador, más algunas ideas y esperanzas

8 de abril de 2021

[Ya este video de autor anónimo había circulado, hace meses; lo reprodujo en esa oportunidad la *Revista Abril*. Pero vale la pena verlo de nuevo, ahora que ya se sienten los olores que salen de la cocina privada en que los políticos "preparan" el destino de Nicaragua.[96] Vean el video. Los invitamos además a compartirlo, para que sirva a la reflexión.]

Esto es lo que viene. En esta esquina han arrinconado al pueblo. En esta esquina han acorralado a algunos políticos y activistas que —al menos en mi opinión—no desean el infame "aterrizaje suave", pero se sienten impotentes ante la montaña de recursos de la oligarquía tradicional y el régimen orteguista, incluyendo la capacidad de ambos para "incidir" sobre políticos extranjeros como el ex-eurodiputado español Jáuregui, ahora "experto" en Nicaragua, y otros a quienes los políticos de la oposición oficial del país llama "la comunidad internacional", para decir "no somos nosotros, son ellos" los que quieren arreglo con Ortega, y "nos obligan". Muchas veces me pregunto, al escuchar a gente como Jáuregui, si se trata de maldad o se trata de ignorancia. Pero sé que a la ignorancia no se tiene derecho si se toman acciones que afectan la vida, la seguridad y la esperanza de millones de seres humanos.

Esto es lo que viene. Ya este video de autor anónimo había circulado, hace meses; lo reprodujo en esa oportunidad la revista. Pero vale la pena verlo de nuevo, ahora que ya se sienten los olores que salen de la cocina privada en que los políticos "preparan" el destino de Nicaragua. *Es notorio el talante del Sr. Pallais*, que ilustra la actitud de la clase política y las clases regentes ante la crisis. Para ellos la implacable tragedia es un "juego" (palabra que pronuncian con deleite gourmet). Y es un juego entre conocidos y familiares. Un pleito que muchas veces es dentro de las mismas familias, y hasta dentro de las mismas casas. Y por supuesto, dentro de los mismos clubes y 'círculos' sociales. Un pleito de parientes, con unos cuantos advenedizos que eventualmente se convierten en parientes.

Comé y comamos

Ausente en sus disputas: el sueño de un país mejor, de una patria más grande. "Si la patria es pequeña" —parecen decir— "busquemos cómo repartírnosla", no "uno grande la sueña" como respondiera nuestro gran poeta. En sus disputas, los que están fuera de la oligarquía deben quedar bajo su dominio. Pueden participar, siempre y cuando aguarden y sigan órdenes, y no se atrevan a cuestionar el orden establecido.

96 https://youtu.be/KvRqBsDSjoI

El "juego" debe ser entre ellos, un juego de póker, un juego de la astucia en el que los ruidos y las demandas de la ciudadanía distraen la concentración de los maestros. Y el objetivo del juego no es —¡por supuesto!— derrumbar el casino. No faltaba más. El objetivo del juego político de esta gente no es, ni puede ser, desmantelar un sistema arcaico de opresión y explotación que es fábrica de dictaduras y miserias para la mayoría.

Las "parcelas de poder"

Por eso quedan felices de escuchar al 'experto' Jáuregui decir que, aunque ya se sepa que las elecciones son fraudulentas, que deben participar para conseguir "parcelas de poder". ¿Poder para quién? No *para* la ciudadanía. Más bien, parcelas de poder sobre (o contra) la ciudadanía. Es decir, el propósito de este "juego" es un re-pacto que proteja el poder económico de unos, y estabilice el poder político de otros.

¿Y la democracia? Asunto tan secundario, tan enterrado en la lista de preocupaciones de los "señores principales" que Pallais nos revela, orgullosamente, que para ellos el "juego democrático" consiste en que… ¡Ortega pueda ser candidato! Y lo dice, como dice tantas otras bellezas "liberales", con el aire satisfecho de quien se cree en posesión de una sabiduría inaccesible a su entrevistador y a su audiencia. En posesión, también, de su "parcela de poder".

Mañana, y mañana, mañana (otro día)

¿Y la justicia? Otra vez, orgullosamente, el Sr. Pallais se jacta de que han hecho una propuesta "excelente". "Justicia transicional", le llama.

Independientemente lo que estos términos quieran decir en un aula de universidad europea o en una conferencia de diplomáticos, usted y yo, respetado lector, sabemos lo que esto quiere decir en Nicaragua: "mañana". O mejor dicho "otro día". En otras palabras, no es prioridad; si se puede, pues bien, si no, pues que quede [palabras de Mario Arana] "para otra 'administración'". Y de poderse, para echar sal sobre la herida, el Sr. Pallais nos explica que en su "excelente" propuesta, los culpables de crímenes de lesa humanidad recibirían "penas inferiores a las normales".

Nada nuevo trajo el barco: *cárcel* para un hambriento que robe una gallina, *regaño* para el paramilitar que asesinó a Álvaro Conrado, para el que mató al niño Teyler, para los que mataron a 600 civiles desarmados, para los que torturaron cruelmente a tantos, algunos de ellos casos ya tristemente célebres, como el que en *Revista Abril* ha presentado José Luis Rocha ["Un año en la vida del Cap"], como el de Marcos Novoa, como tantos otros.

"No hay falla"

Eso es lo que viene. Porque para la oligarquía los crímenes de lesa humanidad no son "gran vara", ciertamente no son suficientes para trazar "líneas rojas" al tirano. Eso sería, para ellos, "inmaduro". Para esta gente, todo el alboroto de derechos humanos y libertades públicas es más bien un estorbo. Pronto nos dirán que hay que olvidar, perdonar, y reconciliarnos.

El pueblo "degollador" de Arturo Cruz

Esto es lo que hay. Mientras el Sr. Vivanco, abogado chileno de *Human Rights Watch*, describe, horrorizado, crímenes de Estado como los que en 30 años de carrera "jamás" presenció, a nuestros "compatriotas" y "líderes democráticos", desde Pallais hasta Cristiana Chamorro, cometer genocidio les parece cosa menor, nada que descalifique a nadie.

Tal es la corrupción que otro "candidato", Arturo Cruz, más bien se preocupa de que la ciudadanía no "degolle" al "25%" que según él apoya a Ortega. Como si el movimiento por la democracia fuera un movimiento criminal, ilegítimo, motivado por la sed de sangre. Retórica orteguista. Esta es la "oposición" oligárquica, y a estos sigue un chayulero de "nuevos políticos" que han caído deslumbrados por la magia de los salones, las pantallas y los viajes a las grandes capitales.

¿Hay esperanza?

No dudo que haya —lo he dicho al comienzo— quienes estén embarcados en el velero de elecciones bajo y con la tiranía de Ortega porque creen que no tienen alternativa. *La tienen, pero no es nada fácil. Sin embargo, es la única alternativa democrática:* aprovechar toda oportunidad, incluyendo la que en teoría provee el calendario electoral, para organizar y movilizar al pueblo, empezar un proceso de lucha sin duda ardua y dolorosa para desalojar del poder a los genocidas, que no se irán porque tengan menos votos, sino porque tienen menos fuerza política. Porque la fuerza política al final de cuentas es la que decide las luchas, y viene de la voluntad de la mayoría. Nada de esto es descubrir el agua tibia. Miles de años de historia han transcurrido así.

Sobre los liderazgos alternativos

De hecho, yo diría que este puede ser un momento clave para que, quienes quieren hacer un cambio verdadero, un cambio que arranque el poder al sistema dictatorial (que incluye la oligarquía) ***se diferencien*** de los demás. La gente en Nicaragua está ávida de cambio, deseosa de creer en gente que no pertenezca a los círculos del poder terrorista y sus socios, beneficiarios y parásitos.

De ahí deriva, creo yo, la simpatía que despiertan los líderes del movimiento campesino, como Medardo Mairena, y la simpatía que ha despertado el líder afrodescendiente George Henríquez Cayasso.

¿Qué pueden hacer los líderes alternativos?

Si ambos son candidatos, y si en verdad creen en la posibilidad de un cambio democrático, este podría ser un momento determinante para ellos, y para Nicaragua. Lo he pensado y dicho: si estamos oficialmente en campaña electoral, si de eso se trata el libreto en que dicen creer todos; si ese es el camino "protegido" por la "comunidad internacional"; si son elecciones con un mínimo de realismo, pues lo que corresponde es que llamen a mítines de campaña a sus partidarios, a las calles. Si logran romper de esa manera el cerco de la tiranía, pues el pueblo habrá reconquistado las calles, y la energía con la que puede ponerse en marcha un movimiento que termine con la dictadura. Y si la dictadura no permite que se hagan esos mítines, pues entonces, el objetivo de "desenmascarar" al régimen habrá tenido éxito, y podrá presionarse por medidas internacionales más verdaderas de las simbólicas que hasta hoy han ocurrido. Se habrá disminuido también el poder de los oligarcas que viajan a Washington a pedir cacao en nombre de Ortega. Habrá avanzado aún más la conciencia del pueblo, y, sobre todo, se habrá evitado caer en la trampa de una pantomima electoral que legitime a la naciente dinastía orteguista, continuidad de una nefasta dominación oligárquica que dura ya siglos.

El ultimátum de Maradiaga

13 de abril de 2021

Aclaro, antes de proceder, que esta breve nota no es una crítica de la postura de Félix Maradiaga, o al menos, no exclusivamente dirigida a Maradiaga. Es válido, por supuesto, exponer cualquier crítica razonada a la conducta pública —la privada es privada— de él y de cualquier político, vivo o muerto. Para santos y pedestales hay templos y conventos. La cosa pública, la *res publica*, tiene de sacrosanta únicamente que hay que preservarla para que sea de todos, y no de unos cuantos. Dicho esto, la declaración de Félix —repetida ya varias veces— de que "si no hay ***unidad*** en Mayo" él se retira de la contienda política que presuntamente viene "constitucionalmente" en Noviembre, merece ser cuestionada.[97]

¿Unidad para qué?

Voy a decir apenas unas palabras sobre la pregunta fundamental de "*¿unidad para qué?*". Porque no la responde, ni él, ni nadie más de la oposición eleccionista. Permítanme, entonces, responderla como cree la mayoría de la gente, y como creo yo: la "unidad" de que hablan es un acuerdo sobre quién va en qué boleta para qué cargo o qué diputación, en las elecciones que la dictadura y el gran capital vieron, desde 2018, como la salida del atolladero, y que los políticos, incluyendo a Félix, no se han atrevido a cuestionar. Entiendo que algunos no se han atrevido por oportunismo puro, cínico [ya hay gente ganando miles de dólares al mes como "empleados" de las campañas; se sabe hasta las cantidades que ganan algunos "activistas"]; otros, porque se sienten impotentes ante la alianza que el gran capital ha orquestado junto a Ortega y a altos diplomáticos extranjeros para ***evitar*** el colapso del régimen.

El fracaso de los políticos de la oposición

El pueblo nicaragüense no los respeta, no los sigue, no logra verlos como sus líderes. ¿Por qué? Porque, ante la magnitud del reto, no han exhibido la grandeza que las circunstancias requerían. Y es verdad que no todo el mundo está llamado a ser grande; no todo el mundo puede ser suficientemente sabio y valiente para enfrentar a un Minotauro rabioso. No necesariamente, quien no lo es, es una mala persona, o un mal ciudadano. *Pero hablemos claro: quien no esté a la altura en un momento clave, no puede liderar en tal momento.* Ese es el reto pendiente, no solo para Maradiaga, sino para otros que, no siendo de los círculos oligárquicos que apoyan al sistema dictatorial disfrazados de opositores, como Cristiana y

97 https://youtu.be/XM38PQ6e5hs

Juan Sebastián Chamorro, Arturo Cruz, Kitty Monterrey, Noel Vidaurre, Alfredo César y un largo etcétera, podrían ocupar el vacío de legitimidad del poder estatal y ponerse al frente del movimiento democrático.

La verdadera pregunta

Pero la pregunta que hace Maradiaga es, en orden de prioridades —sobre todo porque, queda claro que la "unidad" que persiguen es no de lucha, sino de repartición— mortalmente errada.

El ultimátum de Maradiaga no debería estar dirigido solo a los otros aspirantes a cargos y diputaciones, sino que a la dictadura misma. En lugar de decir "Si no hay unidad en Mayo, me retiro de la contienda", Maradiaga debió haber dicho, en nombre de los intereses de la nación: "si *a más tardar en Mayo la dictadura* no permite condiciones para que haya un legítimo proceso electoral democrático, me retiro, y exijo que lo hagan los demás contendientes; de lo contrario estarán contribuyendo a la salvación del sistema dictatorial."

El ultimátum a Ortega debería ser: "Sr. Ortega, su rechazo a la opción electoral no deja más alternativa al pueblo nicaragüense que buscar, por todos los medios, cómo rescatar el respeto a nuestros derechos humanos; y como queremos una vía no-violenta, nuestro esfuerzo de aquí en adelante será que nuestros aliados internacionales retiren el reconocimiento a la legitimidad de su gobierno; dentro de nuestro país, nosotros, ciudadanos con derechos de los que usted no es dueño, rechazamos también la legitimidad de su poder."

Las trampas

Maradiaga también ha dicho que en noviembre habrían "*elecciones en condiciones difíciles*". Esta frase es una muestra de su desesperación por aceptar lo que otros, más sumisos todavía, llaman "*condiciones mínimas*". Los Caballos de Troya del régimen, como Cruz, los candidatos Chamorro, Mario Arana, etc., van incluso más allá, dispuestos, dicen ellos, a ir a elecciones "*con o sin reformas*".

Seamos claros: toda esta confusión verborreica es cantinfleo cínico. Se trata de mentiras burdas, de falsedades condescendientes que revelan el poco respeto que siente toda esta trova por la población "de abajo", o "de afuera" del casino en que se juegan al póker la hacienda.

Apuestan fácil lo que no les pertenece.

Como esclavos en una plantación

Porque, ¡por supuesto!, no puede haber elecciones democráticas "*con o sin condiciones*". Es como decir a los esclavos de una plantación que actúen como si fueran libres un día en noviembre; pero sin serlo, rodeados de rifles y látigos, y que depositen su "voto" en urnas que los capataces se llevarán luego a la casa del amo, para contar. Los amos, con amigos en otras plantaciones, invitarán a estos (el amo Almagro, el amo Sullivan, el amo Jáuregui) y entre copas y risas atestiguarán que "*todo fue hecho de acuerdo con la ley*". La ley, recordemos, escrita por los amos.

El disparate cruel de "condiciones mínimas"

Tampoco puede haber elecciones democráticas "con condiciones mínimas". Esta es otra frase cínica; esconde la mentira tras un lenguaje artero.

La verdad no necesita tanto disfraz: *la condición mínima para que pueda haber elecciones democráticas es la libertad real* que hace falta para ejercer el derecho de que realmente elijan, quienes tienen el derecho inalienable de elegir, a quienes consideran representantes **reales** de sus intereses, en quienes deciden delegar el poder real de llevar a cabo los cambios reales a que realmente aspiran.

Hay que repetir incesantemente esta referencia a lo real y a la realidad, porque pareciera que nuestros políticos buscan más bien que nuestras mentes divaguen o alucinen mientras ellos hacen lo suyo. Si caemos en su hipnosis, cuando despertemos ellos tendrán diputaciones, cargos, presidencias, prebendas, la buena vida, el bacanal de siempre… y el resto tendrá también lo de siempre: opresión y miseria.

Las condiciones en un auténtico ultimátum

Repasemos entonces algunas de las condiciones sin las cuales nadie puede decir que "*hay condiciones*" para una elección democrática. Estas, Félix; estas, Medardo, George, etcétera, son las que hay que exigir; y si la *Oligarquía-FSLN*, monstruo simbiótico, no acepta respetarlas (y no digo "concederlas", digo "respetarlas"), participar en el proceso que el monstruo ha diseñado a imagen y semejanza de sus intereses es servir a esos intereses y traicionar los de la mayoría, traicionar a la nación.

1. NO DEBE IMPEDIRSE, es decir, debe eliminarse DE INMEDIATO, cualquier obstáculo para que voten TODOS los que tienen derecho a votar. *¿Y quiénes tienen un derecho inalienable a votar?*

a. *Ciudadanos nicaragüenses que se encuentran en el territorio nacional*, a quienes debe permitírseles de inmediato la documentación e información que haga falta para que ejerzan su derecho.

b. *Ciudadanos nicaragüenses que no se encuentran en el territorio nacional*, y que tienen TANTO derecho como los que están en el territorio a votar. Estar en el extranjero no elimina el derecho INALIENABLE del ciudadano. Ningún político democrático puede aceptar como legítima una elección en la que cientos de miles de sus conciudadanos son DESPOJADOS ilegítima, ilegal y anticonstitucionalmente del derecho al voto. No es una "concesión" negociable, es un derecho que nadie ha autorizado a los políticos, porque es además inalienable, a que usen como moneda de cambio en una transacción de conveniencia. ¿Les queda claro esto, Félix, Medardo, George, etc.?

2. NO DEBE IMPEDIRSE, es decir, debe eliminarse DE INMEDIATO, cualquier obstáculo para que los ciudadanos ejerzan el derecho de manifestarse públicamente, de marchar en las calles de los pueblos y ciudades, en los caminos rurales, en las plazas, en los barrios, en todos los espacios que son *públicos*, que son de todos, y en los cuales transcurre la democracia, cuando la hay.

3. NO DEBE IMPEDIRSE, es decir, debe eliminarse de INMEDIATO, cualquier obstáculo para que se inscriban candidaturas a la elección.

4. DEBE LIBERARSE DE INMEDIATO a todo ciudadano encarcelado por actividades políticas. Ninguna elección puede ser legítima si se elimina al votante encarcelándolo o exilándolo. El anuncio de Arturo Cruz, a todas luces Caballo de Troya de la dictadura, y famoso mercenario de la política, de que su "primera medida" si lo eligen Presidente será "liberar a los presos políticos", es un acto repugnante de cinismo, que reconoce que hay secuestrados, pero que no hará nada por ellos a menos que lo sienten en el trono del tirano.

5. DEBE DESARMARSE DE INMEDIATO a los grupos de matones al servicio del régimen dictatorial, IMPEDIR que se les "regularice" nombrándolos a puestos policiales, y de hecho purgar de las fuerzas policiales a quienes ya han recibido la "protección" de un uniforme.

6. DEBE DETENERSE DE INMEDIATO toda acción policial que restrinja de cualquier manera la movilización ciudadana, cualquier medida de acoso, asedio y vigilancia contra ciudadanos opositores, incluyendo la presencia de patrullas en las cercanías de sus viviendas, las filmaciones, detenciones y requisas.

7. DEBE DE INMEDIATO CONSTITUIRSE UN NUEVO CONSEJO SUPREMO ELECTORAL, cuyos miembros sean aceptados por consenso unánime entre todos los participantes en el proceso electoral. Ninguna elección puede ser legítima, legal y creíble, si quienes están claramente interesados en mantener el poder tienen el poder de imponer a quienes participan de ese poder, o lo sirven. Elemental.

8. DEBE DARSE DE INMEDIATO la entrada al país de observadores internacionales profesionales y objetivos, para asegurarse de que estas demandas, que son fundamentales y elementales, sean cumplidas. Los observadores de

esta elección deben estar presentes desde ya, y fiscalizar el proceso, no solo hacer visitas formales a puestos de votación y tomarse fotos en el día de la votación.

9. TODOS LOS CANDIDATOS DE LA OPOSICIÓN DEBEN SABER que nadie los ha autorizado a entregar, como Salomé entregó la cabeza de Juan el Bautista, el derecho irrenunciable a la JUSTICIA PLENA. Quien acepte un nuevo pacto de impunidad es cómplice en la construcción de una dinastía. *Quien acepte un nuevo pacto de impunidad merece —y espero que lo sea— sentado algún día en el banquillo de los acusados.*

"Ortega tiene tanto derecho como cualquier nicaragüense"

Y fíjense, estimados lectores que NI SIQUIERA está en la lista que propongo algo que realmente debería estar: IMPEDIR que UN GENOCIDA, oficialmente reportado, participe como candidato o designe a su títere.

Todo el proceso hasta el momento parece imbuido del espíritu de la declaración inmoral de Cristiana Chamorro, de que "Daniel Ortega tiene tanto derecho como cualquier nicaragüense a ser candidato". No deberíamos tolerar que semejante bajeza pasara a ser nuestro estándar ético. Una bajeza que contradice de manera deshonrosa a quien rotundamente afirmó "*no hay que transar con la dictadura*", Pedro Joaquín Chamorro Cardenal.

Pero bueno, ya que insisten en que "la vía electoral" es factible y deseable, porque —erradamente, a mi parecer— dicen que es la menos violenta, ¡pues por lo menos muéstrennos una "**vía abierta**" !, no un camino bloqueado por retenes y paramilitares, y por todos los obstáculos que estarán ahí A MENOS QUE SE CUMPLAN LAS CONDICIONES ARRIBA ENUMERADAS. Condiciones, para usar el lenguaje que emplean muchos opositores, "***mínimas***".

Culpables y cómplices

Si ustedes no empujan en esta dirección, señores, (repito algunos nombres: Medardo, Félix, George, y todos aquellos que no quieran abiertamente representar los intereses del monstruo simbiótico Oligarquía-FSLN) estarán ustedes traicionando al pueblo de Nicaragua.

No quisiera yo que así fuera. Quisiera que ustedes fueran parte del rescate de Abril, que hicieran justicia por todos los cientos de asesinados, los cientos de desaparecidos, las decenas de miles de exilados, que no son solo responsabilidad de Daniel Ortega y su clan de criminales, sino que son culpa y responsabilidad de la inmoral y parasitaria oligarquía de los Pellas Chamorro, los Zamora, Baltodano, Gurdián, Montealegre, de sus agentes oficiales, como Chano Aguerri, Mario Arana, Solís, Vargas, etc.; de sus cortes de "personajes públicos", como Gioconda Belli y otros “intelectuales” dispuestos a apañar con su voz o su silencio, en los medios de prensa nacionales y ante la prensa internacional, **toda la podredumbre que esconden las maniobras oligárquicas**.

Unos han dado la orden de matar, otros han matado, otros han dejado matar sin buscar cómo impedirlo. Otros, tres años después, están dispuestos a aceptar que se haya matado y que se haya dejado matar, que se guarde silencio, y que vayamos al séptimo u octavo pacto de impunidad en ochenta años.

Ojalá, por el bien de Nicaragua, no sean ustedes parte de este grupo.

No sean, por principio, y por amor a Nicaragua, parte de la infamia.

La víspera (un retrato de Abril y la esperanza)

18 de abril de 2021

No sabíamos, al amanecer del 18 de abril de 2018, que abriríamos los ojos de tal manera: a ver el mundo posible, tan claro y hermoso como una lágrima de felicidad; y a ver el mundo real, el monstruo que vigilaba nuestro sueño cautivo como un perro de caza, entrenado para matar con sus fauces la ilusión.

No sabíamos de lo que éramos capaces, y no sabíamos [habíamos olvidado] quiénes eran *ellos*. Siempre hubo voces en nuestro dormir colectivo que gritaban, como en los sueños, sin que su voz se oyera. La conciencia estaba apagada: por el trauma de la guerra de los ochenta; por el efecto hipnótico de una promesa, hecha en 1990, desde el aura de paz que emanó, o vimos emanar, del traje blanco de la nueva Presidenta; porque nunca, como desde entonces, y quizás desde el siglo XIX, se usó a la religión como envoltura para vender engaños políticos, desde la autoridad simbólica del cardenalato católico y en las olas expansivas del evangelismo que llegaban de Estados Unidos; porque la promesa de un cambio radical a favor del pueblo, hecha en 1979 por una minoría armada, cuya primera urgencia siempre fue desarmar al pueblo —a quienes estaban en Contra y a quienes estaban a favor— había dejado solo ruinas, lisiados mendigando en las calles, huérfanos, hombres y mujeres despojados de su patria, y unos cuantos millonarios, liberados estos ya del disfraz militante, cómodos en público con sus lujos, habituados a la lógica simple de matar para vivir; porque en las ruinas de la falsa épica de una falsa revolución solo podía florecer modorra, decepción y cinismo, y solo podrían desplegar sus ramas las voces del pasado más vicioso, las que con deleite repiten "te lo dije, es imposible ser de otra manera, hay que adaptarse; no hay que ser baboso".

No sabíamos, al amanecer del 18 de abril de 2018, que la nación joven, la nación de jóvenes, la joven nación que llamamos nuestra, pobre criatura de la desmemoria, tierra que la violencia arrancó al pasado, tendría que llorar tanto. No sabíamos que tanto tendría que sufrir para recordar su propio sufrimiento, para hacerse de una nueva oportunidad de aprender. Aprender que la promesa que nos dieron en 1990 fue una dolorosa falsedad; que un pueblo no necesita el resguardo de promesas maternales o paternales desde el poder de ese trono imperial que en Nicaragua llaman "Presidencia"; que lo que hace falta es abrir los ojos a la falsedad de toda aura, arrancarle el velo al poder, dispersarlo; que hay que repartir el poder entre todos, para que no sea un botín que solo se llevan los más astutos; a estos hay que dejarles migajas, nada más. Hay que hacer que gobernar sea cruz, no prebenda.

Ellos no quieren esto. *Ellos* quieren que confiemos en *ellos* una vez más, que sigamos una vez más sus recetas. Que se apague otra vez nuestra conciencia y escuchemos como órdenes hipnóticas sus consignas de "diálogo", "vía electoral", "unidad"; que creamos que su léxico traicionero va a salvarnos; que pensemos que dormir de nuevo curará nuestro sufrimiento, nuestra enfermedad de siglos. Pero no es así. Para que el horror de hoy no se repita, para que no tengamos que sentir que nos aprieta el pecho de dolor, de angustia, de ira; para que al aire de nuestro terruño repleto de sol lo agiten los gritos felices de los niños, y no los desgarrados lamentos de las madres, es imperativo rechazar el poder y la cultura que nos ha traído, y volverá a traernos, sin duda, a estas tenebrosas profundidades.

Si las maniobras de la rancia y la nueva oligarquía imponen su voluntad, podrán pintar muy blanca la losa y la lápida, pero la sangre de nuestros compatriotas saldrá por las noches a mancharlas, como un recordatorio. Si imponen, una vez más —¡sería el séptimo pacto de cúpulas en ochenta años!— su "solución", habrá más losas, más lápidas, más tumbas, más dolor, más guerra, más miseria, más exilio. Tarde o temprano, pero irremediablemente, como tarde o temprano ha sido desde hace casi doscientos años.

Esta vez tenemos que aprender la lección. No queremos, por supuesto, a Daniel Ortega, o a Rosario Murillo, o a ninguno de sus sicarios en el poder. Tampoco queremos a una Cristiana Chamorro, o un Arturo Cruz, o a una Kitty Monterrey, personajes que han entrado al juego como última carta de los poderosos que tiemblan de miedo ante el pueblo y quieren dar continuidad al sistema que produce beneficios para ellos y dictadura para el país. No es suficiente siquiera que un Medardo Mairena o un Félix Maradiaga, o un George Henríquez Cayasso, forasteros a los ojos de los amos oligárquicos, *outsiders* como reza el anglicismo, aparezcan al frente del Estado.

No. Quienquiera que, dentro de la actual estructura del poder, llegue a su cima, estará sentado en el trono de un tirano. Si logra quedarse en él o si consigue apenas guardarlo para su verdadero dueño no es importante para nosotros, para la nación. A nosotros nos interesa lanzar ese trono al cráter ardiente de un volcán: nos interesa acabar con el poder tiránico que alberga, que puede un día matar más, o matar menos, pero guarda para sí, permanentemente, el derecho de matar.

Por eso, no puede haber solución a la crisis, ni sanación de las heridas de nuestra sociedad, que no involucre el paso, para algunos radical, de fundar una República democrática a través de un proceso de Constituyente democrática. No es el demencial "constitucionalismo" de quienes quieren todo "dentro de la ley" lo que puede hacer posible la justicia y la democracia. Tampoco lo es un remedo de Constituyente que sea apenas otro pacto entre grupos que escriben de nuevo la Carta Magna a su conveniencia. no puede ser así. Esta vez, debe elegirse —tras ser derrocada la dictadura— a representantes del pueblo, por jurisdicciones geográficas decididas para dar a la Constituyente representatividad y legitimidad. Y no para que escriban y aprueben ellos, solos, la nueva Constitución, sino para que propongan y redacten un proyecto, que luego el pueblo apruebe o rechace en referéndum. Un proyecto así debe reducir el poder represivo del Estado a su mínima expresión, *des-militarizar* a las fuerzas de defensa: en lugar de un Ejército con tanques y armas de guerra que solo sirven para matar compatriotas, varias fuerzas organizadas con mandos separados y finanzas dependientes del pueblo. Nada de negocios privados para el Ejército, como aceptó el pacto Chamorro-Lacayo-Ortega. Quizás un cuerpo de Guarda-fronteras, un cuerpo de Defensa Civil, y un cuerpo de Protección de Recursos Naturales. Y nunca más una Policía Nacional, sino cuerpos de policía municipales, y departamentales, independientes entre sí, controlados por autoridades locales, que a su vez deben estar sujetas al mandato ciudadano. ¿Un sueño difícil? ¿Una utopía? Eso es lo que *ellos* quieren que pensemos. *Ellos* quieren que volvamos a dormir, que dejemos que *ellos* se encarguen de todo, como lo han hecho hasta ahora. Pero mienten. Ya sabemos que el dolor es real, y es intenso. Ya sabemos que también es intensa la esperanza, y el coraje.

¡Viva Nicaragua Libre!

Cómo rescatar a Nicaragua de la Contrarrevolución Sandinista

18 de abril de 2021

Este video[98] es digno de debate. Primero, evidentemente es bueno que políticos europeos se tomen el tiempo —hagan la inversión política— en ir poniendo en el radar la cara fea del régimen orteguista. Que empiece a filtrarse a la opinión pública de allá el perfil perverso de quienes mandan en un país que para los europeos es lejano, y cuando no lo ha sido, ha sido porque se vendió la épica falsa de la "revolución sandinista".

La Contrarrevolución Sandinista

No vale la pena ni discutir qué tiene que ver Sandino con aquella chanfaina, pero habrá que desaprender lo mal aprendido: no hubo revolución, sino más bien una contrarrevolución, una grotesca restauración conservadora que ha llevado al país, no solo económica, sino ideológicamente (y hasta religiosamente) de regreso al siglo XIX. Y no al siglo XIX europeo, sino al siglo XIX nicaragüense, sin estado laico, con unas cuantas familias rancias en control de lo poco que hay de "economía"; con el sueño de estas familias [el sueño que canta con ínfulas de Homero chapiollo Arturo Cruz], de manejar lo público como lo manejaban entonces, de tertulia en tertulia en unas pocas casas. Sueño estropeado trágicamente para ellos porque, como les falta coraje, habilidad y visión, el 'mandador' de la finca termina siempre dándoles órdenes. Pero hay otro asunto importante que nos conviene entender, y que va a ser más difícil, porque nuestra ignorancia y provincianismo han aumentado, no disminuido. O bueno, eso pareciera al menos ser el caso entre los adultos. Quizás los más jóvenes puedan andar más enrumbados porque en definitiva son menos "nicas" y algo más "ciudadanos de internet".

Calenturas ajenas que matan

El *asunto* es que entregamos siempre el manejo de nuestros problemas a políticos extranjeros, con resultados funestos, y caminamos como zombis a ponernos EN MEDIO de sus pleitos político-ideológicos, en los cuales ellos hacen lo que los políticos hacen de manera natural: colocan, por encima de *nuestros* intereses, sus intereses; por encima de nuestra necesidad de libertad y progreso, su necesidad de atacar a sus contrincantes, que *no son* —no nos chupemos el dedo— Ortega y Murillo, sino quienes compiten con ellos por espacios polí-

98 https://twitter.com/JRBauza/status/1376572162283352078?s=20&t=jp42KtL0xa2d-nVkKGMZ-pg

ticos en sus países. Ya nos pasó esto, con consecuencias fatídicas —la muestra más grande de la irresponsabilidad, incompetencia, crueldad y cinismo del FSLN en aquellos años— cuando nos metimos (digo *nos metimos*, aunque a la mayoría de la gente *la metieron*) en medio del conflicto entre la URSS y Estados Unidos, la llamada Guerra Fría. Fría para los grandes, pero caliente en los patios donde ellos escogían que otros pelearan en su nombre. ¿Qué ganamos? La respuesta está, como dice la canción de Dylan, flotando en el aire.

Tropezar con una caricatura

Pero no aprendemos. No aprendemos. Aquí vamos de nuevo, caminando a la línea de fuego de las "guerras frías" del momento. "Guerras", que no son tales, porque en las instituciones europeas se dicen cosas, pero no se mata gente. Sin embargo, para nosotros las consecuencias son fatídicas. Aquí vamos de nuevo, porque, en nuestra ignorancia, permitimos que el enorme problema de Nicaragua sea reducido a esa caricatura superficial de "izquierda" versus "derecha" por gente como este político, de quien solo sé que parece ser miembro del grupo europarlamentario de "Ciudadanos" [que son, pareciera un chiste, algo así como C x L en España, pero claro, con modales, buen español, y paridad de género; sí, ¡¡horrorizaos!!, paridad de género]. Al señor de marras le viene muy bien la caricatura, porque así le da unos cuantos porrazos [no digo que no merecidos, pero eso es cosa entre ellos] a sus contrincantes de algunos grupos que él llama "comunistas", y que son generalmente muy parecidos a él, pero en imagen espejo.

La Caperucita Roja y el "proyecto" de elecciones

Le va muy bien con la caricatura porque también se ahorra el trabajo de entender verdaderamente lo que ocurre en tierras indianas, hacerlo todo como un cuento infantil en el que solo hay que obligar al lobo a que no se coma a Caperucita Roja, y ***él*** —insiste siempre que se trata de ***él***— ya tiene la solución. Solución europea, por supuesto, porque como no tiene la menor idea de lo que habla, y simplemente quiere aparecer ante las cámaras con un problema, una solución, y un premio, no se ha molestado en preguntarse por qué los "*izquierdistas*" de Nicaragua son compañeros de cama —con hijos y contratos— de los "*derechistas*" de la "*burguesía*".

Para el innombrado político —no me sé el nombre, *os pido* disculpas— todo se reduce a que hay un hombre malo que tiene un *mal gobierno* y por tanto... "*hay que hacer elecciones*", para que se retire del poder. "*Ya pasó antes*" dice, más o menos, "*ya estuvo fuera del poder 16 años*".

A cualquier nicaragüense con un par de neuronas activas y un pulso algo regular, esto de que Ortega ha estado "*fuera del poder*" le parecerá una de las declaraciones más superficiales que pueda hacerse. Y es de las más irresponsables, si se quiere de verdad resolver el problema que, para nosotros, nicaragüenses, es horrendo: salvar la vida y la esperanza de gente de carne y hueso. Para él, en cambio, se trata de un disturbio lejano que puede usarse para pincharle el ojo a otros ignorantes sin escrúpulos, los *estalinistas-para-otro país* de Izquierda Unida, por ejemplo, gente que defiende los derechos humanos dentro de su país con una estridencia hormonal, pero que a la indiada le receta "revolucionarios", y le muestra la receta a sus nostálgicos votantes, para lucir ellos, en la neblina histórica-ideológica que tienen en sus mentes, como muy *progresistas*.

¿Qué podemos o debemos aprender de todo esto?

Lo primero es lo que ya vamos penosamente aprendiendo, que el problema de Nicaragua es **estructural, profundo, antiguo**, y es **un problema de distribución del poder**, que no tiene nada que ver con las turbias líneas divisorias que dividen "izquierda" y "derecha" en el mundo, me atrevo a decir, "civilizado".

De este lado del charco, quizás, estirando el término, pudo haberse hablado de "izquierda" añadiéndole el calificativo "estalinista", a la Cuba de Castro, y lo que esa Cuba ha "enseñado" después de su ficticia prosperidad "social" (subsidiada por la Guerra Fría hasta el colapso de la URSS) ha sido nada más el uso del terrorismo de Estado a mamotretos ideológicos como los de Venezuela y Nicaragua.

Pero el "pleito" de "izquierda versus derecha" que vive el señor de Ciudadanos es de otro universo. Allá pelean sobre qué servicios deben financiarse públicamente, en lo fundamental, y de tiempo en tiempo se tropiezan con la realidad de las autonomías e independentismos regionales. Se gritan unas cuantas *gilipolleces* en las Cortes, van a elecciones como quien va al barbero (excepción hecha, quizás, de Iglesias), se toman un par de *cañas* y se van a sus casas, a ver La Liga.

Lo nuestro no es eso, en absoluto. No tengo que explicar que lo nuestro es un problema de supervivencia, y un problema de ***opresión extrema***, tanto a manos del Estado, como de los "burgueses", los oligarcas que son sus socios.

Nosotros no tenemos tiempo, si es que queremos salvar vidas y salvar el país, para andar buscando banderas de "derecha" o "izquierda" que no tienen nada que ver con nuestra realidad. Nos haría mucho bien ser más pragmáticos, más empiristas; entender que debemos centrarnos en CREAR una República democrática, en **fundarla**, en DISPERSAR EL PODER del Estado, y LIMITAR, DISPERSAR el poder económico de las pocas familias dueñas de casi todo. No tenemos más remedio, si queremos un país y no un campo de concentración con prisioneros famélicos, que crear un modelo de sociedad que la izquierda europea a lo mejor llame "de derecha" y la derecha europea a lo mejor llame "de izquierda".

Dejemos que ellos se desenreden

A nosotros no nos sirven sus membretes, nos estorban. Nosotros necesitamos ***Libertad***, y esa no la garantiza nadie por ser "derecha" ni por ser "izquierda". Necesitamos libertad, y la conseguiremos. Nosotros necesitamos ***Justicia***, la justicia que tanto los de "derecha" en Europa y Estados Unidos, como los de "izquierda" en Europa y Estados Unidos nos niegan; la ven como si para nosotros fuera un privilegio, aunque para ellos sea un derecho. Pero nosotros necesitamos Justicia para **sobrevivir**, para vivir en Libertad. También necesitamos un esfuerzo potente de toda la sociedad, a través de un Estado democrático moderno, para sacar al país, a la gente, a nuestra gente, de la miseria y de la ignorancia que hacen imposible la Libertad y la Justicia. No podemos darnos el "lujo" de decir que el "Estado" debe lavarse las manos cuando los niños no tienen acceso al agua, a la medicina, a la educación, a la comida. Tampoco podemos darnos el "lujo" de decir que no necesitamos crear un ambiente propicio para que, dentro de regulaciones económicas, sociales y ambientales sensatas, auténticos empresarios, no la plaga parasitaria de la oligarquía actual, verdaderamente *emprendan*.

Sobre la necesidad de una Constituyente y un Estado laico

Y no podemos, si queremos vivir en una sociedad civilizada, abandonar el principio de un Estado laico que el sandinismo ha aniquilado, y que es **indispensable** para que la religión no sea usada como instrumento populista o absolutista, e incluso para proteger a la religión, a la de cada quién y a la estructurada en iglesias, del manoseo político.

En un Estado laico, que habrá que fundar en una **Constituyente Democrática**, con representantes elegidos para trabajar en un proyecto de Constitución que luego sea aprobada o rechazada en un referéndum nacional, tendremos que ir buscando acuerdos que permitan que los temas álgidos no impidan el progreso de la sociedad, que no impidan la libertad del ser humano; aunque no puedan ser acuerdos totales que resuelvan de una final vez las disputas y desavenencias.

En esto también debemos ser pragmáticos: la vida política en libertad es como la vida, como la naturaleza: diversa, en movimiento, en conflicto. Pero diversidad no es debilidad. Aunque sea dolorosa, es enriquecedora. Qué pobre un mundo en el que solo se permite ver de frente, o ver solo hacia atrás, en lugar de ver desde todos los ángulos; de compartir y contrastar las visiones de quienes ven desde un lado, o del otro. Qué pobre un mundo sin movimiento, agua estancada, en que todo se pudre.

Pero de movimiento y diversidad vienen, inevitablemente, los conflictos. No solo hay que aprender a resolverlos, a acercar posiciones cuando se pueda: también hay que aprender a aceptar que a veces no pueden juntarse las puntas de la manila, y hay que vivir mucho tiempo con diferencias ideológicas que no desaparecen fácilmente.

Por tanto, no debemos esperar que las verdades que privadamente consideramos finales y absolutas sean las mismas que otros privadamente consideren finales y absolutas. No es el caso. Y hay que evitar que el choque de absolutos impida la convivencia, para lo cual hace falta que sigan siendo *privadas* —y respetadas como tales— nuestras verdades privadas, y que no rijan lo público, donde inevitablemente, si queremos una sociedad en paz, tendremos que aprender a dejar atrás el absolutismo en todas sus dimensiones.

Sobre la necesidad de un proceso Constituyente

22 de abril de 2021

El camino a la democracia ***exige*** una Constituyente Democrática. No es demócrata quien acepta reinar desde el trono de un tirano, con el poder de un tirano, montado sobre el sistema que creó la tiranía y el sistema que la tiranía emplea para perpetuarse, para renacer después de cada incendio.

Además, un demócrata entiende que las elecciones de noviembre, aun en el dudoso caso de que se cumplieran las condiciones que se han exigido hasta hoy, no serían elecciones libres.

No lo serán, no pueden serlo.

¿Por qué? Porque los nicaragüenses no pueden escoger libremente a sus candidatos; son forzados a escoger entre un tirano que detestan y alguien que, por ir contra el tirano o su representante, es "el único" a quien pueden apoyar. Esta dinámica gusta a políticos de poca aceptación, por razones obvias, pero no es por supuesto, la propia de elecciones que puedan llamarse enteramente "libres".

Peor aún, el sistema dictatorial impide la constitución de partidos democráticos, la realización de primarias, y la inscripción de candidatos por subscripción popular. Obliga a los que quieran participar a apoyar a candidatos cuyos intereses e ideología no comparten, más allá de la esperanza de "salir de Ortega". *Esto no es elegir libremente. La elección de noviembre 7, aun en el muy improbable caso de que se cumplan los reclamos actuales de la oposición, no será libre.*

Ocurra lo que ocurra en noviembre, la meta democrática exige que se desmonte el sistema dictatorial, que por primera vez en nuestra historia tengamos una Constitución democrática propuesta al pueblo por una Constituyente democrática para que sea el pueblo el que la apruebe en referéndum democrático.

Por eso, del movimiento anti-Ortega no es admisible que surja un gobierno que sencillamente acomode nombres nuevos en los viejos sillones, que coloque a otro líder, en nombre de la democracia, en el trono de un tirano.

Eso sería un contrasentido. Cualquier gobierno que surja del desplazamiento —cualquier forma que este tome— de la pareja genocida en el poder, debe tener carácter transicional.

Quienes quieren ponerse a la cabeza de la ciudadanía opositora, o dicen representarla, deben comprometerse a asumir su papel de *puentes* en la transición. No puede haber república democrática si no se funda, si no se establecen las bases a través de un proceso libre y democrático, a través de una Constituyente democrática. Cómo organizarla es tema esencial, sobre el cual habrá que pensar y debatir extensamente, haciendo uso de la experiencia universal, y del conocimiento de la nuestra.

La unidad: ¿somos compatriotas?

26 de abril de 2021

No por ánimo de poetizar lo que es tema sociológico se me hace imposible pensar en la palabra "unidad", que los nicaragüenses repiten de manera obsesiva, sin intuir que se trata de un fetiche, de la añoranza por algo que se habría marchado en tiempo inmemorial, y como un Quetzalcoátl, estaría pendiente de regreso.

Digo esto porque más bien me parece que la sociedad nicaragüense no es una, no ha sido una más que en los breves momentos en que un tirano hace que explote el volcán de la ira. Ni la invasión extranjera la ha hecho *una*.

Y no es que no sea, a fin de cuentas, una enorme familia, conectada incluso por extensas redes genéticas. Es que se trata de una familia hasta hoy disfuncional, incapaz de *convivir, o coexistir* —para hacer referencia a los conceptos que Humberto Ortega, Arturo Cruz y Cristiana Chamorro han puesto de moda— sin que en la punta de la pirámide un caudillo haga contrapeso brutal a poderosas fuerzas centrífugas.

¿Es este un destino inevitable? ¿Estamos irremediablemente atrapados entre el caos y tiranía?

No. Pero es un hecho que los grupos y clases que heredaron el país de la corona española, y que (con sumas y restas) continúan siendo dominantes, fracasaron hasta hoy, y de manera atroz, en crear un Estado en el que quepan los intereses de todos, se negocien sin violencia los conflictos, y en el que tenga sentido real la noción de *compatriota*.

¿Parece "radical" esta interpretación de la historia? Obviamente, no es la de los mitos oficiales, los textos escolares, las canciones heroicas y poemas revolucionarios; no es la de los medios de difusión de las élites oligárquicas (viejas y nuevas). Y apenas garabateo ideas que dan vueltas en mi cabeza desde hace mucho tiempo. Pero estoy convencido de que al menos no son abstracciones descabelladas. Porque es evidente que las divisiones sociales en Nicaragua son profundísimas, y que incluso las atraviesa un sentimiento de *otredad* étnica que es parte de la falsa conciencia de las élites.

Por eso, "todos unidos", es en Nicaragua una ilusión de minutos en una iglesia, o en una marcha. Y es también una añoranza falsa, como la de "volver" a ser república.

No hay unidad nacional a la cual regresar, ni república que restaurar.

Hay que construir las dos, por primera vez. Hay que fundar la república; solo una república democrática puede hacer que seamos *compatriotas*.

El dedo en la llaga y el futuro en la memoria

30 de abril de 2021

Publico en las redes un meme, para agitar la reflexión; dice «*Payasada: el pleito es entre dos figuras muy dañinas para Nicaragua, dos embajadores del FSLN, dos defensores de sus crímenes*»; se refiere al intercambio de cartas públicas entre Carlos Tünnermann Bernheim, quien estuvo fielmente al lado de Daniel Ortega durante la década de la primera dictadura FSLN, primero como Ministro de Educación, después como Embajador, en Washington, D.C., y Arturo Cruz Sequeira, Embajador en Washington, D.C. durante la segunda dictadura FSLN.

Comenta, amistosamente, un compatriota: "Pienso que el Embajador de los 80 ha rectificado". Y añade, con obvia y decente preocupación: "Siento que hiero a personas que conozco cuando opino en contra de la farsa electoral. ¿Pero de qué sirve vivir con falsas esperanzas?"

Mi reacción inicial es la siguiente: el país necesita que nos atrevamos a poner el dedo en la llaga, a buscar y publicar la verdad. Por más dolorosa que esta sea, más gente ha sufrido, sufre, y sufrirá bajo el imperio de la mentira y de los mitos, que la que pueda ser "herida" por la honesta narración de los hechos.

El tema del perdón

"Ni perdón, ni olvido" es una demanda inobjetablemente ética, y, por tanto, práctica, porque es un mandamiento esencial que debe imponerse a los políticos para hacer de ellos servidores, no amos.

Hay que aclarar que la primera parte, "ni perdón" se refiere al perdón legal. Este último es sencillamente una injusticia intolerable, una amenaza para la ciudadanía, un fracaso existencial del Estado. No se puede permitir que la ley consienta matar y salir silbando. No se puede esperar, de esa manera, paz y democracia.

El perdón moral es otra cosa. El abrazo a otro ser humano, el abrazo a lo humano en el otro, a través del perdón, es bondadoso. Sin embargo, especialmente en asuntos que afectan ampliamente a la sociedad, no debe ser gratis, en el sentido de que quienes han causado daño necesitan pedir perdón, si en realidad sienten arrepentimiento sincero; no actuar como si todo lo que han hecho está bien, y hasta reclamar y recibir honores por lo actuado, o como si lo actuado no hubiese ocurrido.

Si piden perdón, sanan ellos, sana el país, y sanan quienes pueden perdonarlos. El problema es que a nuestros personajes públicos no se les pasa siquiera por la mente que deban bajarse de su soberbia y reconocer, sin darle mucha vuelta, y sin hablar en plural, sin el "*nosotros nos equivocamos*", o el maligno "*todos somos culpables*" (y similares recursos retóricos) decir sencilla y claramente: "*me equivoqué, pido perdón, no puedo culpar a nadie, yo soy responsable por mis actos*".

Irónicamente, algunos de estos personajes apelan públicamente a los tiranos, piden a Rosario Murillo (no sé cómo se pide tal milagro, pero le han escrito cartas públicas, por Dios...) que regrese o vaya a un estado de bondad que parecen sospechar o haber intuido-- o algo así-- pero son incapaces de verse en el espejo y hacer ellos mismo lo que se supondría mucho más fácil, ya que nadie los cree o los señala comparables a la monstruosidad de los Ortega Murillo.

Pecado sobre pecado, olvido sobre olvido

No se les ocurre, y no hay que menospreciar esta omisión, que es un pecado encima de otro pecado: la soberbia que les impide hacerlo es parte esencial, causa y consecuencia, del problema que la sociedad nicaragüense tiene con el poder.

Porque del otro lado del *pecado sobre pecado* de los políticos nicas está el *olvido sobre olvido* del resto de la sociedad, que permite que aquellos se reciclen más fácilmente de lo que cambia de color la piel de un camaleón, y abre las puertas a que algunos hagan estragos toda una vida, ya que cada vez que cambian de discurso olvidamos que tras palabras bonitas [antes usaron otras palabras bonitas] están los daños que han causado, los muertos que han dejado en su camino, y sobre todo la corrupción que nutren al acostumbrarnos a convivir con el crimen, olvidándolo.

La verdad, las lecciones de la historia

El meme sobre Carlos Tünnermann Bernheim tiene como origen el papel político actual del Sr. Tünnermann, quien se ha erigido —o a quien han erigido— en una especie de "notable moral". Se ha colocado, o lo han colocado, en posición de árbitro y juez de voluntades en el juego político, en momentos de extrema gravedad para la nación. Por tanto, no puede pasarse por alto su historia de vida, como no puede pasarse por alto la historia de vida de cualquier político que esté, de una manera u otra, tratando de moldear el futuro del país.

¿Cuáles son sus antecedentes? El Sr. Tünnermann estuvo a la cabeza de la partidización y *militarización* —un hecho tan atroz como insólito en nuestra historia— de la educación infantil de Nicaragua, desde 1979 a 1984; pasó después, hasta 1988, a apoyar a la primera dictadura del FSLN desde la comodidad cosmopolita de la diplomacia, defendiendo como Embajador en Washington los crímenes ordenados por Ortega y su pandilla en un período particularmente brutal, tan brutal como —¿no nos queda claro todavía?— son capaces los señores.

Fueron miles y miles de muertos en una mortandad histórica; miles de lisiados; cientos de miles de ciudadanos forzados a exilarse, de una población que era menos de la mitad de lo que es hoy; censura rutinaria de los medios; abusos y torturas, y asesinatos. Ese pasado existe, vive todavía en la miseria del país y en el sufrimiento material, espiritual y psicológico de casi toda la población. Para lo material hay medida: antes de 1979 el producto interno bruto de Nicaragua era comparable en tamaño al de Costa Rica; hoy es menos de una quinta parte. Lo espiritual y psicológico ni siquiera ha sido inventariado, pero es trágico y dramático, y evidente.

Por tanto, añadimos una capa más de pecado, y otra de insensatez, si no exponemos la verdad acerca de los principales participantes en la destrucción de Nicaragua en los años ochenta, por el prurito de que están hoy "de nuestro lado", o porque lucen hoy mayores, y caminan con el aura venerable y sabia que en la cultura nicaragüense creemos ver en ellos.

Pero los años, y la veneración de las canas, no pueden enterrar la verdad. La verdad es esencial. No hay libertad sin verdad. No nos liberaremos nunca sin la verdad. Sin la verdad, cuando caiga la dictadura actual, empezará a desarrollarse otra.

¿Un país de zombis?

¿Que el Sr. Tünnermann "ha rectificado"? ¡Muy bien! ¿Pero qué quiere decir eso en nuestra cultura política? Quiere decir que el personaje está hoy en contra de quien nosotros estamos. ¿Basta eso? Por supuesto que no. Y no se trata de rechazar que dé su aporte hoy (lo cual es, en cualquier caso, decisión suya). Se trata, sencillamente, de no vivir en la mentira y el olvido, como zombis que caminan en harapos de una desgracia a otra.

Y ese camino nos atrapa si olvidamos con tal facilidad, porque entonces el cómplice de una desgracia puede aparecer, como si nada, al lado nuestro en la siguiente crisis, y con mínima habilidad, por la suerte que le da un país sin memoria, lograr su "*aterrizaje suave*". De estos hay muchos cada vez que se inicia un nuevo ciclo "opositor" a un nuevo mal gobierno, de los que producimos en serie. Y de esta manera llegan de nuevo al poder, o se mantienen siempre bajo la buena sombra, mientas el país se hunde.

Lo humano en el centro y en la cúspide, lo humano como requisito indispensable

Por ese camino olvidamos que lo más importante, cuando se gobierna, es estar consciente, a cada paso, de que no se gobierna una hacienda de cosas, que se gobierna una sociedad de seres humanos. Que los aciertos y errores de los gobernantes, y de los políticos en general, afectan la vida de gente de carne y hueso; gente que carga sus cruces todos los días, que tiene sus angustias y quiere tener sus esperanzas. Y cada vez que los gobernantes tratan su cargo como un juego en el que los ciudadanos son fichas sobre un tablero, en lugar de tratarlos como tratarían a sus seres más queridos; cada vez que un político trata la lucha de los demás como un velero que busca la corriente para navegar más fácil; cada vez que un político actúa como si la pobreza y la ignorancia de los demás fuera una oportunidad para comprar barato su propio boleto al bienestar; cada vez que un político actúa como si la ética fuera asunto de pendejos, o de gente que no es suficientemente práctica; cada vez que un político actúa como miembro de una casta o como el poseedor del privilegio de hacer sin responder, de hablar sin escuchar, de atacar al ciudadano que lo cuestiona, está haciendo daño a seres humanos, creando sufrimiento humano, golpeando materialmente, moral y psicológicamente, a seres humanos. Seres humanos, además, que están en desventaja de poder.

Dispersar el poder, reclamar al poder, exigir a quienes quieren poder

Por eso, para reducir esas desventajas, el poder político debería estar muy disperso. Y por eso habría que ser muy exigente con los políticos, reclamarles sin contemplaciones por sus actos, y hablarles con la verdad, y hablar la verdad sobre ellos, antes, durante y después de su estadía en el poder. No puede *nunca* posponerse la crítica bajo la excusa de que "*el otro es peor*", o "*este todavía no está en el poder*". No se puede tener "mejores" sin exigir duramente a los aspirantes, sin ponerlos en su lugar —que debe ser de servidores públicos, no de *príncipes* del absolutismo— antes de que estén en el poder. Todas estas son falacias de nuestra —¡obviamente!— fracasada cultura política. ¿O no es evidente que hemos fracasado hasta hoy, y que estas ideas que por reflejo aducimos nos han llevado al desastre, a la tragedia?

Tiene que haber memoria histórica

Para muchos, no parece serlo. Para unos pocos, privilegiados, más bien conviene que no hagamos estas reflexiones, que creamos posible alcanzar resultados diferentes aplicando la misma lógica defectuosa que nos ha hecho tanto daño.

Mi punto de vista es radicalmente opuesto: es esencial que haya *memoria histórica*. Y esa memoria tiene que recordar también nombres y apellidos. No nos engañemos más. No nos creamos más tolerantes, o más inteligentes, más prácticos o tácticos, porque dejamos que en el alboroto se laven las culpas en un cuarto oscuro. Eso también es corrupción.

Si de verdad quienes tienen un pasado sombrío quieren ahora luchar al lado del pueblo por un país mejor, que lo hagan. Pero, ni el pueblo puede tener un país mejor sin exigir respuestas a todos, ni pueden, *quienes han causado daño desde el poder*, ayudar al país a ser mejor sin bajarse del caballo altanero y pedir perdón, sin ayudar al país a entender las culpas; sin ayudar a que las líneas éticas se vean claras, para así empezar a crear una cultura más sana y racional.

Si quieren dejar un legado constructivo a su nación, si quieren que una nación sana y nueva los abrace, que su nombre sea recordado como el de seres humanos capaces a superarse a sí mismos y a dar de sí mismos con integridad, den el paso. ¡Den el paso! Denlo, por el bien de todos, si es que son sinceros, si es que pueden dejar atrás la soberbia del poder.

Contra el colaboracionismo electorero, por la libertad y la democracia

11 de mayo de 2021

Sigo pensando que la obsesión por "unidad" y "elecciones" para "derrotar" a Ortega (aceptando de paso, de hecho y sin escrúpulos, no solo las condiciones impuestas por la tiranía, sino la legitimidad de su régimen genocida y la ruta trazada por el propio tirano) es como sería una muestra fecal para un laboratorista político o ético, si tal profesión existiera.

En la trágica puesta en escena de la obra escrita y dirigida por Daniel Ortega, sus cómplices del "gran capital" y la diplomacia de la "estabilidad", el dictador tiene enfrente —o más bien, al lado— a una caterva de liliputienses intelectuales y morales, incapaces de producir una idea nueva o un momento de autonomía y principios.

De hecho, son inferiores, no digamos al propio Ortega (por cuestión de urbanidad y por respeto a tanta víctima no lo diré), pero sí, claramente, a quienes como miembros del FSLN de entonces combatieron a la dictadura de Somoza.

Inferiores, política y moralmente, porque, equivocados como estuvieran —desde la perspectiva actual— en su visión del país posible o deseable, los jóvenes sandinistas fueron capaces de atreverse y soñar; muchos militantes del Frente aceptaron riesgos mortales, que comprobaban periódicamente en el horror de perder en la lucha a sus compañeros. Sus ideas, si no "nuevas", al menos iban a contracorriente de la *literatura* política de la oligarquía tradicional.

¿A qué se atreven los próceres actuales? Apenas logran aliñar el coraje para desafiarse entre ellos por migajas de *posible* poder, por espacios de *figuración.* Tampoco parece importarles mucho (¿o será que no les alcanza el entendimiento, con tanto "analista" y "asesor" a su servicio?) la lógica de los eventos, la concatenación que lleva, ***con altísima probabilidad***, desde todos estos juegos mezquinos hasta ***la prolongación del sistema dictatorial.*** ¿Es posible que no puedan entender ni siquiera la historia que muchos de ellos no necesitan leer en libros, porque acaba de ocurrir, acaban de vivir, en 1990?

Los dioses malignos

Su miseria moral e intelectual es tal, que cierran los ojos y rezan a sus dioses en la "comunidad internacional" (léase gobierno de Estados Unidos) mientras estiran su mano a los dioses locales, precisamente los dioses malignos que esperan a que asome la libertad para matarla. Ojalá que fuera nuestra historia como en los mitos aztecas, y naciera la libertad, adulta y guerrera, y diera cuenta de ellos. Este sería también, en la lucha de probabilidades que es la vida, casi un milagro: la libertad es una frágil criatura; la de Nicaragua está en el vientre de su madre.

Pero como soy hijo de la misma cultura, o del Sísifo que en todos alienta eternamente la rebeldía, no puedo menos que plantarme al lado de la luz que por momentos pareciera extinguirse, la luz de la esperanza. El milagro que espero es, al fin y al cabo, menos ilusorio que el que esperan los opositores electoreros: yo he visto la libertad nacer en otros lares, y he visto que quiere nacer en el mío, pero hasta la fecha no he visto dictadores e imperios que sueñen con dar libertad a sus cautivos. ¿Quién es más iluso, más utópico, el que cree que siempre habrá quienes luchen por acabar con la opresión, o el que afirma que se puede *convivir* con el opresor? ¿Quién es más iluso, el que sabe que Ortega no puede aceptar el riesgo de dejar el poder, o el que afirma que el tirano dejará el poder si obtiene menos votos en una "elección"? ¿Quién es más "utópico", el que entiende que la lucha contra una dictadura genocida no admite empate, cohabitación o convivencia con el tirano, o el que afirma que "Ortega tiene tanto derecho como cualquier nicaragüense a ser candidato"?

Fe y lucha

Por eso, el milagro que espero no es un deus ex machina salvador, una mano invisible que parta las aguas. El milagro que espero no necesita un Moisés. Ya vive, ese milagro, en el corazón de la mayoría abrumadora de los nicaragüenses, que desconfían y hasta ven con desprecio a los politicastros, de salón y discurseros, que invocan al Dios que Darío diría "les falta".

El milagro que espero se da, porque así es el milagro de la vida, en la **lucha**, tropezándose uno hasta alcanzar las metas, poco a poco, penosamente muchas veces. Y la lucha que espera al pueblo de Nicaragua, si Nicaragua ha de ser libre, es dolorosa. El ejercicio incruento, y hasta cómodo, de cambiar un régimen con solo depositar votos en urnas está vedado a los nicaragüenses. El resto es literatura.

La meta alcanzable

Por eso, pase lo que pase, es preciso mantener la vista clavada en el objetivo: queremos, porque necesitamos, libertad; para alcanzar la libertad, hay que derrocar al sistema dictatorial; para esto, no hay receta que incluya *convivir* con la dictadura, eso es un contrasentido que revela la incongruencia intelectual y moral de los electoreros; y, tras derrocar a la dictadura, de la manera que sea posible, y evitar que se construya una nueva, es necesario fundar una República democrática. Para que esto sea posible, es preciso elegir democráticamente una *Asamblea Constituyente* que estructure un Estado cuyo poder de represión quede minimizado y disperso (sin Ejército, con policías municipales, con fuerzas de cuido de fronteras y una defensa civil no militarizada, con jueces que no sean electos por el poder central, etc.). También es esencial reducir, a través del ejercicio democrático y de políticas antimonopólicas, el poder económico relativo de los grupos oligárquicos que tanto daño hacen al país.

Nada de esto será posible sin recordar dos lemas frecuentes en nuestra rebeldía: "*Ni perdón, ni olvido*", y "*Solo el pueblo salva al pueblo*". Ya lo sabemos.

Por eso el milagro que espero es posible, y un día será inevitable.

El llamado de Félix Maradiaga

20 de mayo de 2021

Por supuesto que tiene razón Félix Maradiaga, y que los políticos que dicen ser líderes, que dicen ser candidatos, deben dar la cara y poner el pecho y empezar, más vale tarde que nunca, una campaña de movilización nacional contra la dictadura. Tiene razón, y es el momento en que deben demostrar si tienen el temple para enfrentar la realidad. Porque por más difícil que sea, por más riesgoso que sea, por más doloroso que sea, hay una verdad objetiva que NADIE puede ignorar: solo la movilización masiva del pueblo, solo un movimiento social que haga el país ingobernable para los genocidas podrá liberar a Nicaragua. Esto es así, independientemente de lo que uno desee, independientemente de si no es o no es político, de si uno es o no un líder: Ortega-Murillo no saldrá del poder a través de elecciones. No hay forma de desmantelar la cárcel-hacienda que evite un enfrentamiento sin empates con la dictadura. Lo quiera uno o no, la realidad es simple: a la dictadura, o se la derroca, con todos los costos que eso implica, o se la sufre indefinidamente.

Y si no se la derroca, habrá dinastía, el Estado-Mafia esclavizará a la siguiente generación, y dejará Nicaragua en ruinas, estancada en el fondo de la miseria.

Ojalá que el llamado de Félix sea el inicio de un nuevo enfoque.

Pero tampoco hay que llamarse a engaños: campañas como las que Félix sugiere requieren persistencia, necesitan de una fortaleza moral y un coraje extraordinario, porque la dictadura no se quedará impasible. Arrestará, acosará, perseguirá a los líderes. Los líderes, si quieren serlo y quieren salvar a Nicaragua de la violencia, volverán a la calle una y otra vez, ingeniarán una y otra vez maneras de establecer en la calle su autoridad moral, arresto tras arresto, acoso tras acoso. Tarde o temprano su coraje, si logran amasarlo, será el coraje de multitudes, será invencible.

Si no lo hacen, si no hay quien tenga la estatura y el talento de ejercer el papel al que Félix Maradiaga llama, el futuro de Nicaragua será, o dictadura perpetua, o violencia armada. Lo quiera uno o no, eso es lo que indica la historia. Por eso yo doy gran valor al llamado de Félix, y al reto que hace al resto de los precandidatos presidenciales. Dejen de perder el tiempo en reuniones de salón hablando de elecciones que obviamente no pueden darse [¿Hay que explicar más esto, después de lo que acaba de ocurrir esta semana?].

Unámonos todos, cada quién en la medida de sus posibilidades, desde donde estemos, en el rechazo a la pantomima electoral que Ortega quiere imponer, con la complicidad de Arturo Cruz y el CxL. Apoyemos el llamado de Félix. Es hora. Y ojalá cumpla.

El poder, los derechos ciudadanos, y el drama de Palestina

21 de mayo de 2021

Lo que ocurre en Palestina no debería ocurrir, ni tolerarse. Como no debería ocurrir ni tolerarse que hubiera Ortegas y Maduros, y Uribes, y Bolsonaros, y Bukeles, Putines y el Comosellama que dicen que manda en Cuba. Lo que queremos para cada uno de nosotros, justicia, libertad, respeto a nuestros derechos humanos, exijamos para cada uno de los otros. La bandera de los derechos humanos es la salvación, y debe estar por encima de cualquier otra bandera, incluso de la bandera de cada nación. Y no puede haber paz sin justicia. No puede haber paz en Palestina mientras la condición de los no-judíos sea una de colonizado —esclavo, de encierro en guetos, de sumisión al poder autoritario que los ha despojado—. Es imposible —de hecho, ¡no es ético!— que haya paz en una circunstancia así. No puede —de hecho, ¡no debe!— parar la resistencia contra la ocupación y los abusos. Esto no es llamar al exterminio de los judíos que viven, y ya han nacido luego de que sus abuelos migraran hacia allá, en Palestina. Todos los nacidos en un lugar deben tener derecho de ciudadanía. Pero derecho de ciudadanía no significa derecho a esclavizar a quienes han vivido antes que uno, por muchos siglos, en el lugar. Y eso es lo que hacen los inmigrantes europeos que han fundado un estado semi-teocrático, el de Israel: expropiar a los habitantes originarios, despojarlos, matarlos, apabullarlos, desterrarlos por cientos de miles. Y cuando digo "inmigrantes europeos" es porque lo son. El pasaporte que se han dado a sí mismos es el de su religión.

¿Algún católico nicaragüense tiene derecho reconocido de irse al Vaticano, sacar a curas, monjas y funcionarios de sus apartamentos, y decir, "yo soy católico, esto me pertenece, ¡fuera!".

Esa noción es irrisoria, y solo el poder militar de los imperios (el soviético, el británico y el estadounidense) logró que llegara a aceptarse. Y han creado un problema complejo para el mundo, y en lugar de resolverlo, atizan, apoyando todo lo que el gobierno de Israel haga, permitiendo que cometa crímenes de lesa humanidad, castigando a las víctimas, que, en medio de la lucha, también llegan a cometer crímenes de lesa humanidad.

Un círculo de violencia horrorosa, literalmente horrorosa, que no acabará hasta que no haya un acuerdo de seres humanos, en el que todos los nacidos en Palestina, independientemente de su origen étnico, nacional, o religión, vean sus derechos humanos respetados, y en el que se restauren los derechos de los desterrados, y se les compense hasta donde sea posible por lo que hayan perdido. Nociones que algunos llamarán utópicas, pero son *realistas*, porque constituyen la única manera *realista* de lidiar con un conflicto así, que ya no solo es entre “buenos” y “malos”, sino entre “malos” y “malos”, y —lo peor— entre “buenos” y “buenos”. Todos, animales encerrados en una jaula de violencia, luchando por sobrevivir. Lucha que podría durar muchas décadas más, siglos incluso. Y si no se resuelve de manera civilizada y armónica terminará en holocausto para uno de los bandos, o para los dos. Todo porque el Poder ve a la gente como dados, o como peones.

Así nos ve a nosotros también, aprendamos.

Basta de disparates

24 de mayo de 2021

Tercamente, a pesar de que hasta Sergio Ramírez Mercado ha reconocido —tres años demasiado tarde, para un hombre de su intelecto y experiencia— que no se puede "*hablar de elecciones justas, libres y transparentes en Nicaragua. Los hechos lo niegan.*", los partidarios del *colaboracionismo electorero* siguen empeñados en la ruta que *inevitablemente* culmina en la legitimación del reinado orteguista y su probable prolongación a dinastía. Las afirmaciones que hacen —en sentido estricto no se puede llamar "argumento" a balbuceos incoherentes— tienen la calidad de una fantasía onírica surrealista. Los *colaboracionistas electoreros* se parecen al emperador de la fábula, que caminaba desnudo a causa del fraude de un sastre que lo habría convencido de la belleza del traje que presuntamente le había confeccionado, y que el séquito de cortesanos temerosos de decir la verdad a Su Majestad confirmaba. Se parecen, pero son una versión más ruin; están más dislocados de la realidad que el emperador desnudo, porque a aquel lo despertó de su engaño la voz infantil [la inocencia ve la verdad y no tiene motivos para negarla] que le gritó "vas en pelotas". Nuestros electoreros desoyen esa voz, la voz que narra lo obvio, que describe lo que está a la vista, lo que deberían ellos mismos, que tienen también ojos, ver. No debería hacer falta que les explicáramos lo que trágicamente ocurre en Nicaragua; dan ganas más bien de espetarles, como hiciera aquel famoso Marx: "*¿a quién vas a creer, a mí, o a tus propios ojos?*". Pero no solo cierran los ojos, sino los oídos. Parecen estar ciegos y sordos. Siguen con el discurso alucinante de "elecciones", y "defensa del voto", y "tendido electoral", y "exigir condiciones a CxL", y 71% de ciudadanos "indecisos", y que "el pueblo prefiere a Cristiana Chamorro", y tantos otros evidentes disparates. Y los repiten cada vez que la dictadura asesta un nuevo machetazo, y arranca un miembro más al cuerpo de la falsa esperanza, y en esto se parecen al desquiciado personaje de teatro absurdo de la tropa inglesa de Monty Python, quien se enfrenta al rey Arturo (a veces la ficción nos trae intuiciones maravillosas), y termina sin brazos y sin piernas, a pesar de lo cual continúa desafiando al claro vencedor en tono amenazante, y ante la mirada atónita de este, lo insulta, lo reta a que no "huya", a que regrese al combate, porque él es "invencible" y solo ha sufrido... "*una herida superficial*". Al final de la escena, el rey Arturo, falso rey, pero en control de la pantalla, cabalga, y solemnemente ordena: "*declararemos un empate.*" Si esto recuerda a "*protejamos al 25% que apoya a Daniel*", de nuestro propio Arturo, o al "*hagámonos concesiones mutuas*" de Cristiana Chamorro, se debe sin duda a la genialidad profética de la literatura.

En resumen: no sé qué procedimiento hipnótico ha traído a los electoreros a tal estado de irrealidad. Tengo que asumir, por ser tan absurdo y falso el discurso, que en muchos casos debe ser motivado por la intención de manipular, o por la debilidad de obedecer a algún manipulador a quien están acostumbrados a seguir. O podría ser que haga falta remitir el caso a expertos en comportamientos post traumáticos, de los que causa la violencia, como el estrés o el Síndrome de Estocolmo. Lo cierto es que, quiéranlo o no, la repetición sistemática de todas estas nociones insanas sirve para aumentar el peso de la cruz que carga el pueblo nicaragüense, de hacer más largo su calvario; de hacer que, en lugar de la resurrección que fue posible en 2018, tengamos una nueva crucifixión; de que el banquete de los opresores continúe, mientras lloran las madres al pie de la cruz.

Qué hacer, pase lo que pase

29 de mayo de 2021

> "*Pero la práctica del autoengaño se extendió tanto, convirtiéndose casi en un requisito moral para sobrevivir, que incluso ahora, dieciocho años después de la caída del régimen nazi, cuando la mayor parte del contenido específico de sus mentiras ha sido olvidado, es difícil a veces dejar de creer que la mendacidad ha pasado a ser parte integral del carácter nacional...* "
>
> —Hannah Arendt, Eichmann en Jerusalén.

Empiezo por hacer algunas reflexiones personales que tienen que ver con el ánimo que nos domina al abordar lo que para los nicaragüenses en general es un enorme drama, en ambos bandos del abismo: continuidad o cambio. Hablo, por supuesto, desde la perspectiva de los últimos, de los que quieren cambio.

Reconozco, porque es la realidad, y la realidad es la materia prima de la liberación, que existe en buena parte de nuestras filas una gran desesperación por que la pesadilla dictatorial termine y nuestra tierra sea el hogar acogedor que soñamos. Digo "desesperación", un estado anímico evidentemente justificado y comprensible, pero del que hay que guardarse, porque a veces nubla el entendimiento y nos impide tomar decisiones sabias que nos acerquen a la meta.

Recuerdo, trágicamente, la historia de un enfermo de cáncer a quien los doctores no daban respuesta. El hombre, sintiéndose a la deriva y cerca del hundimiento, cayó en las manos de un oportunista que le vendía hierbas presuntamente medicinales, que debía tener refrigeradas todo el tiempo, hervir y consumir en la casa totalmente a oscuras. No los cansaré con los detalles, que más bien trato de olvidar, porque ese enfermo era una persona cercana a mí; pero quiero rescatar lo básico, y lo obvio: el paciente no sanó, pero pagó no sé qué cantidad por el atajo a la salud que le vendía el supuesto curandero.

En la política de Nicaragua estos curanderos hacen lo propio: tratan de vender falsas medicinas a una sociedad enferma. Nos prometen salud (democracia), pero ordenan que apaguemos las luces. Hay que confiar en ellos, en su fórmula, que publicitan como un ungüento, o una poción que hará su trabajo sin que suframos dolor. Aunque la medicina científica indique que el país requiere cirugía para remover un peligroso tumor, ellos insisten: no es necesario, podemos vivir con el tumor; "aplíquense este ungüento" y mágicamente el tumor dejará, primero de ser peligroso, y luego de existir. Nicaragua "volverá" —como si hubiera sido alguna vez— a ser "república". Repítase esto cientos de veces hasta que la mente lo convierta en verdad. Esto lo explicó con cinismo [o transparencia] nada menos que el ministro de propaganda de los nazis. Algo sabía.

Estas falsas medicinas son más bien un veneno, y hay que aplicarles el antídoto de la verdad. De la verdad que nos hace libres. Y a veces la verdad que nos hace libres es la más terrible. En Nicaragua, esa verdad puede resumirse así: hay una dictadura que es como un enorme tumor, con metástasis, y no habrá sanación sin dolor, y no habrá sanación sin remover el tumor y atacar la metástasis. No hay ungüento ni poción que funcione. ¿Alguien puede dudar que el orteguismo es un tumor maligno, y que se ha extendido por el cuerpo (y el alma) de la sociedad? ¿Alguien puede creer que solo porque deseemos que desaparezca sin dolor, así ocurrirá?

Explico: a través de más de cuarenta años de dominar la política a través de la fuerza, Ortega ha afianzado su poder aliándose con grupos económicos y sociales cuyo único éxito nacional ha sido mantenerse en la cúspide de la sociedad después de que sus ancestros llegaran a Nicaragua como la última generación de burócratas de la corona española a fines del siglo XVIII. Estos grupos viven hoy como han vivido siempre, a la sombra de privilegios que ellos mismos plantan y cultivan, privilegios que les da un Estado que, sin embargo, por razones complejas, nunca han podido manejar directamente, y con frecuencia terminan entregando a un caudillo o a un tirano para que administre. El caso de Ortega no es el único, ni será el último, a menos que se le arranque también poder a la oligarquía que lo hace posible, de Pellas Chamorros, Sacasas, y otros grupos familiares. Unos 6 de ellos tienen riquezas equivalentes a dos terceras partes del Producto Interno Bruto del país. Súmense los nuevos capitales, que también han establecido ya enlaces familiares y comerciales con la vieja oligarquía, y se evidencia un caso extremo de concentración de la riqueza. Para propósito de comparación, en Estados Unidos si se suman los 5 o 6 enormes capitales de los más ricos difícilmente se supera el 1% del Producto Interno Bruto. No puede haber democracia en Nicaragua, será imposible, si no se deshace este control casi monopólico que tienen unos cuantos de la economía.

Pero Ortega no solo es necesario para la oligarquía —y por eso la oligarquía lo defendió, y permitió que masacrara a la gente en el 2018— sino que Ortega es esencial para varios miles de individuos cuyas riquezas y seguridad dependen de que el Padrino siga en el poder. Peor aún, el poder es la única defensa que tiene Ortega para su seguridad personal y financiera. Fuera del poder, está el odio de muchos, no solo de los anti-orteguistas para quienes es un asesino, sino de sus protegidos y compañeros, que verían una renuncia de Ortega al poder como traición mortal.

Y están, por supuesto, los crímenes de lesa humanidad.

Ortega, en otras palabras, es un obsesionado del poder atrapado en su obsesión: no es solo que no quiera dejar el poder, sino que no puede. No dejará el poder [*el poder*, no la *presidencia*] porque tenga menos votos, y se las ingeniará —ya lo hace— para que así sea. Esto no es fatalismo, sino entender las intenciones del contrario para ver cómo lo *derrotamos*. O, mejor dicho, cómo lo derrocamos, aunque esta palabra sea anatema para "opositores" que, como Cristiana Chamorro y Arturo Cruz, haciendo eco de las palabras de Humberto Ortega hablan de "convivir" con el tirano. Este, dicho sea de paso, si acaso decidiese salir de la Presidencia, se convertiría automáticamente en el Diputado Ortega, legalmente inmune. ¿Creen ustedes que la Asamblea, que con toda seguridad dejaría bajo su control si hiciera el movimiento de cintura y saliera de la Presidencia, le quitaría la impunidad? ¿Creen ustedes que la Corte Suprema de Justicia —su Corte Suprema de Justicia— permitiría procesos legales en su contra?

Como no puede dejar el poder, Ortega está dispuesto a jugar en el borde aparente del precipicio, a desafiar en apariencia al menos los modales que le pide la llamada "comunidad internacional" [poderes extranjeros, políticos extranjeros]; pero todo es parte de un baile de máscaras, típico de la política nicaragüense, donde con frecuencia lo que se ve no es la realidad —aunque el pueblo ya ha aprendido a ver detrás del humo.

Detrás del baile de máscaras hay un libreto, un plan, el de Ortega y la oligarquía, cuyo propósito es evitar que llegue la democracia a Nicaragua, sobre todo porque temen a un elemento fundamental de esta: el estado de Derecho. Un estado de Derecho empezaría a preguntar dónde están los $4,500 millones de dólares netos de la ayuda venezolana, cuánto dinero han hecho los Pellas y otros que han vendido vehículos que los paramilitares han usado para la represión; qué participación tienen Zamora Llanes, Carlos Pellas Chamorro, Ramiro Ortiz Mayorga, Montealegres, Baltodanos, y otros, en los negocios sucios del régimen, incluyendo los que tienen que ver con el proyecto fraudulento del canal interoceánico, con la energía, con la manipulación de la agroindustria y con la brutal destrucción de las reservas forestales. ¿Dónde está todo ese dinero? ¿Quiénes y cómo se han beneficiado? Ni a estas familias, ni al alto mando del Ejército, conviene que se pregunte. *Por eso no quieren democracia, porque no quieren Estado de Derecho.*

Poner en escena el libreto de Ortega y la Oligarquía no es, sin embargo, tan fácil como parece. Han necesitado primero aplastar por medios sangrientos e ilegales toda expresión ciudadana, para que acabe el ruido en las calles y queden ellos, junto con sus empleados políticos, en el forcejeo que vemos hoy en día en salones y hoteles, y en capitales extranjeras donde cada uno de ellos va a suplicar favores. En efecto, Ortega y la oligarquía necesitaron masacrar al pueblo para poder estabilizar el sistema y evitar el advenimiento de un Estado de Derecho. Esto no hay que olvidarlo, porque es la realidad, y la realidad nos da una trompada en la cara para que abramos los ojos, y aceptemos la implicación inmediata: no son solo Ortega y Murillo los autores intelectuales y apañadores por conveniencia de la masacre del 2018, sino también los miembros más prominentes del gran capital. Y no digo los "empresarios", porque no se trata de empresarios en general, sino de la pequeña minoría de herederos-propietarios como los Pellas Chamorro y otros que he mencionado, que han vivido por décadas o siglos como parásitos del Estado, es decir, de la nación.

Ortega y la oligarquía necesitan también resolver la repartición de pocos puestos entre muchos ambiciosos. Los pleitos mezquinos dentro de la oposición de salón que es la mayoría de la UNAB y claramente toda la Alianza Ciudadana se tratan de eso, de quién alcanza en el bote de las prebendas "después de la elección". Puede sonar ofensivo para algunos, pero en el fondo todos sabemos que es así, porque conocemos el "sebo de nuestro ganado".

Pero la dificultad mayor que enfrentan Ortega y la oligarquía es que la mayor parte de los nicaragüenses quiere un cambio real, no una farsa cruel como la que en 1990 dio inicio a la tragedia del 2018. Porque abril de 2018 nació en febrero de 1990, y eso hay que estudiarlo y aprenderlo. Aunque en la desesperación algunos quisieran creer que Arturo Cruz y Cristiana Chamorro representan el principio del fin del orteguismo —*una creencia que el propio régimen trata de alimentar, levantándoles el perfil*— es claro que el primero tiene lazos y comparte agenda con Humberto Ortega, y que no tiene intención alguna de cambiar el sistema de poder o el régimen económico. Y la segunda no pudo haberlo dicho más claro. Para ella, hay que convivir con el dictador, hay que —en el mejor de los casos— "darle una salida digna". "Como en 1990", añade, recordando aquella fecha como si fuera el inicio de la democracia, cuando en realidad fue *el inicio del fin* de una esperanza más que la oligarquía sepultaba, y que dejamos que sepultara. ¿Por qué? Por desesperación, por falta de experiencia democrática, y sobre todo por la astucia implacable de Ortega, quien logró que se desarmara a todo el mundo, menos a su gente.

¿Quiere decir todo esto que no habrá cambio, que estamos condenados al orteguismo con Ortega o sin Ortega? No. Pero debe quedarnos claro de que, sin lucha, sin que la ciudadanía sea protagonista, *lo único que se negocia en los salones es si el orteguismo será con Ortega o sin Ortega.* En este último caso, el dictador dejaría temporalmente la Presidencia, pero —por supuesto— no el poder. Saldría del trance, dicho sea de paso, legitimado como un actor político, inmune e impune, a seguir mandando y matando; y junto con la Murillo, en libertad para preparar la sucesión dinástica, como antes hizo Somoza.

Esto nos lo enseña la Historia: la democracia es un ejercicio ciudadano, que nace de la lucha ciudadana, y es más fuerte, y menos imperfecta, en la medida en que los ciudadanos sean protagonistas, quiten poder al gobierno y se lo reserven para sí mismos. Nada de esto es o ha sido nunca, en ningún lugar, un regalo de los poderosos, y menos en las condiciones de despotismo absolutista que sufre Nicaragua.

Aquí quiero detenerme y recalcar que no hay un solo ejemplo en la historia moderna, mucho menos en América Latina, en la que una dictadura *como la de Ortega*, en un *sistema de poder como el de Nicaragua*, haya dejado el poder porque tuvo menos votos en una elección. No lo hay. En todos los casos, sin excepción, el sistema de poder ha sido muy diferente al de Nicaragua, y en todos los casos, con los sacrificios que son inevitables si se quiere vivir en libertad, ha habido grandes movilizaciones sociales. Ha habido presos, y muertos, y torturados, y exilados. El curandero de la anécdota que antes narré es sencillamente un mentiroso, un estafador que cuida de sus propios intereses, como los políticos que prometen el fin de una dictadura por medio de elecciones organizadas por y para esa dictadura bajo el amparo de un estado de sitio de facto, con cientos de prisioneros y más de cien mil exilados.

Pregunto de nuevo: ¿estamos condenados a que no haya cambio? Mi respuesta es un rotundo NO. La realidad del mundo es la realidad del cambio. Pero es científicamente imposible predecir en detalle qué cambios, cuándo y cómo van a ocurrir en Nicaragua. Los procesos sociales son muy dinámicos, y con frecuencia lo que hoy parece imposible, mañana, cuando uno vuelve a ver hacia atrás, parece haber sido inevitable.

En Nicaragua hay un enorme conflicto que no tiene solución, entre la dictadura y el pueblo: no solo es el odio que han despertado, la decepción que ha hecho que muchos de los antiguos partidarios del FSLN [los de las calles, no los oportunistas de los salones] quemen su propia bandera, y el resentimiento que han regado como pólvora por barrios y comarcas, y que no es fácil de olvidar, por la proliferación de videos y mensajes que la tecnología hace posible. No solo es eso. Es también que el sistema dictatorial en su conjunto, el pacto FSLN-Oligarquía, o FSLN-Cosep, es incapaz de dar respuestas a las necesidades básicas de las amplias mayorías, mucho menos a las aspiraciones de los jóvenes, que hoy en día pueden comparar su terrible situación con la de sus parientes y amigos reales o virtuales en países menos opresivos.

En Nicaragua también hay multitud de conflictos dentro del sistema dictatorial, cuya solución es difícil, y que son como fallas geológicas que pueden activarse por la presión de la crisis, sobre todo si hay una nueva ola de movilización social. Hasta el momento, por ejemplo, el Ejército decidió que el miedo a un futuro Estado de Derecho justificaba apoyar a Ortega en su momento de crisis. ¿Qué harían si cambian las condiciones? Si ven a Ortega hundirse, ¿negociarán con los políticos de la oligarquía la salida del tirano a cambio de mantener sus privilegios y su impunidad? Un desenlace así no sería imposible. También existe la alta probabilidad actuarial de que Ortega muera por causas naturales. ¿Qué tormentas desataría eso dentro del régimen? ¿En qué terminarían? Y hay otros escenarios que son claramente posibles. Por ejemplo, un eventual arreglo *dentro del sistema dictatorial*, que asigne a Cristiana Chamorro y Arturo Cruz el papel que en su momento tuvo René Schick o que tuvieron los triunviros del Kupia-Kumi; pero este desenlace podría ser inestable, dependiendo de las circunstancias.

De hecho, dado el colapso del modelo de poder y de las reducidas posibilidades económicas del sistema —precisamente por estas razones la represión es diaria e intolerante— se hace difícil imaginar, en estos momentos, una solución dictatorial que logre afianzarse sobre su propia legitimidad. La evidencia sugiere que el sistema ha sido gravemente [a lo mejor, *mortalmente*] desestabilizado; enderezarlo va a ser difícil, porque los tiempos de las vacas gordas venezolanas han pasado —a menos que Estados Unidos decida entregarle a Chamorro y Cruz un nuevo lote. ¿Ocurrirá así? No es imposible. Pero no se sabe.

Lo que sí se sabe es que ninguno de estos escenarios creará una democracia verdadera en Nicaragua a menos que la ciudadanía logre ser protagonista, y que sea protagonista consciente, con *claridad* de metas y *flexibilidad* en cuanto a medios.

Debemos tener un norte guía, una visión del poder, y de cómo impulsar la libertad en prosperidad que haga efectivos nuestros derechos humanos. La libertad, tarde o temprano, desaparece bajo el populismo del hambre, y la prosperidad, en nuestros tiempos, y con nuestros recursos, siendo lo que somos, escapará a nuestro alcance a menos que seamos libres.

Entonces, ¿qué hacemos?

En primer lugar, estemos claros: sin movilización social no habrá democracia; a lo sumo, orteguismo sin Ortega.

En segundo lugar, estemos claros: quienes se dicen "oposición", y aparecen en salones y capitales extranjeras, y publican comunicados que son casi una fotocopia el uno del otro, con pocas y honrosas excepciones pueden dividirse entre dos grupos: cómplices del sistema dictatorial, unos; otros, liderazgo —hasta la fecha— fracasado, incapaz de producir una alternativa de lucha, un camino diferente al que han planteado la oligarquía y Ortega. En el primer grupo incluyo a la Alianza Ciudadana, a Arturo Cruz, Cristiana Chamorro, y otros. En el segundo, a la mayor parte de la UNAB.

En tercer lugar: que los múltiples grupos e individuos que se han cobijado bajo las siglas de la UNAB hayan fracasado *hasta la fecha*, no quiere decir que entre ellos no haya personas decentes y talentosas. Pero les ha faltado la determinación y la imaginación (¡la libertad!) de crear una alternativa diferente al camino de "elecciones con Ortega", que es el libreto del tirano y de la oligarquía; por este fracaso han pagado un gran costo político, pero más alto ha sido el costo para la libertad de Nicaragua.

En cuarto lugar: hay que estar preparados para el fraude, que vendrá a menos que la movilización popular sorprenda, irrumpa, y empuje al sistema dictatorial hacia el barranco. El fraude vendrá, seguramente, con este mensaje: "el pueblo ha triunfado, estamos en democracia o vamos hacia la democracia". El mensajero podría ser Ortega mismo, o podría ser, si el re-pacto oligárquico logra armar el rompecabezas de las prebendas, Cruz o Chamorro, algún cardenal servicial, u otro personaje que consideren 'potable'.

"Preparados", quiere decir que no podemos aceptar, darnos por satisfechos, con un cambio de nombre en la Presidencia, o con medidas cosméticas, mucho menos con un "1990–Parte II".

Porque cambio democrático en Nicaragua necesariamente pasa por avanzar hacia la dispersión del poder económico y político en la sociedad, por reducir drásticamente el poder de coerción y represión del Estado, por eliminar los instrumentos de coerción política que operan al margen del Estado a favor de mafias de poderes políticos y económicos [existe, por ejemplo, un insólito video en el cual Carlos Pellas se jacta alegremente de haber usado paramilitares provenientes del Ejército Sandinista], y por sentar en el banquillo de los acusados a los culpables intelectuales y materiales de crímenes de lesa humanidad. Esto último no solo es ideal; no es "utópico" como gustan decir, para burlarse, los colaboracionistas electoreros, sino que es esencialmente práctico, porque no se puede construir la democracia sin desarmar a la antidemocracia, sin someterla al Estado de Derecho. Y cambio democrático en Nicaragua es todo esto, y todo lo que haga falta para dispersar el poder:

Fundación de democracia, fundación de la primera República a través de una Constituyente que sea electa democráticamente de abajo hacia arriba, a través de los territorios, y por representantes de cada jurisdicción. *Dispersión del poder.*

Desmilitarización de las fuerzas de seguridad. No más Ejército militarizado y centralizado, sino varias fuerzas sin armamento de guerra, con mandos separados, que se ocupen por separado de (1) Defensa Civil; (2) Recursos Naturales; (3) Fronteras. *Dispersión de mando, desmilitarización, dispersión del poder.*

Policías municipales, no más Policía Nacional. También aquí *Dispersión de mando, desmilitarización, dispersión del poder.* Cuerpos de policía desmilitarizados, sujetos al mando de la autoridad civil, esta a su vez *dispersa* a través del territorio nacional.

Cambio total del sistema judicial, de la forma en que los jueces son electos, quién los elije, quién los investiga, qué credenciales deben tener. Los jueces no deben ser electos desde arriba, por una autoridad nacional, sino desde abajo, por votantes en cada jurisdicción, luego de pasar examen de credenciales. *Dispersión del poder, para que exista separación de poderes.*

Una nueva forma de gobernar el Estado, descentralizándolo radicalmente, atomizándolo, creando un sistema de recolección de impuestos que disminuya el peso del Ejecutivo central. La meta debe ser un poder ejecutivo nacional mucho más débil, y una Managua menos central en la política. *Dispersión del poder.*

Elecciones por estrechas jurisdicciones geográficas, y candidatos de subscripción popular, para *debilitar a los partidos políticos*. Y dentro de los partidos, *debilitar el centralismo* a través de leyes que regulen estrictamente la designación de autoridades internas, incluyendo prohibir la reelección *dentro* de los partidos. *Dispersión del poder.*

Prohibición absoluta de la re-elección presidencial, y límite de dos períodos a diputaciones. La obsesión por renovar el liderazgo debe apoderarse del espíritu de la sociedad como un exorcismo que expulse al demonio del caudillismo de nuestra vida social. *Dispersión del poder.*

Una economía que no sea la del "sálvese quien pueda" de los libre-mercadistas neoliberales, ni la estatista-estalinista del FSLN 1ª Edición, ni la corporativista del pacto fascista FSLN 2ª Edición-Cosep. Para que la política se democratice, la economía debe dinamizarse, las oportunidades deben democratizarse, los monopolios deben impedirse. El libre-mercadismo neoliberal, el laisser-faire, lleva inevitablemente a una concentración económica excesiva, que atenta también contra la libertad. El estatismo aniquila el emprendimiento y la innovación. El corporativismo es la cama encortinada del fascismo. *Dispersión del poder.*

Una política económica que desmantele los monopolios y los privilegios de los oligarcas, que racionalice el crédito, que dé prioridad a la educación moderna, que impulse la ciencia junto a la ambición, que busque cómo nuestros jóvenes, que como seres humanos que son tienen la inteligencia suficiente, den el salto hacia la tecnología que puede ayudar a que la economía en su conjunto dé el salto al desarrollo. Para esto, también debe crearse un marco de leyes que proteja los derechos laborales y, sobre todo, que castigue la discriminación por cualquier motivo, para buscar cómo crear caminos de recompensa para aquellos que se esfuerzan. *Dispersión del poder.*

Una absoluta libertad de expresión, castigo a quienes la ataquen, y políticas que impidan que los grandes intereses económicos se adueñen de los medios. Hay que impulsar al máximo la internetización de la sociedad que ha hecho posible el flujo de información aun en los días más aciagos de la dictadura orteguista. Ojalá podamos, en un futuro cercano, poner una computadora en manos de cada estudiante, y hacer que la Internet sea accesible a todos. *El poder disperso, en manos ciudadanas.*

Todo lo anterior es cambio democrático, pero esto es lo principal: cambio democrático es fe en la libertad, y determinación de conquistarla. Es dudar del poder, dudar de los políticos, separar la religión de la política, para quitarle a los políticos un arma potente de manipulación. Es no dejarse engañar más. Es no aceptar con resignación y vergüenza la pobreza, es abrirle caminos legales a la ambición, para que nuestros jóvenes no tengan que escoger entre la miseria material y moral y el exilio.

¿Cómo?

2 de junio de 2021

Me preguntan "¿cómo?", y yo les respondo algo que no es invento mío; que no depende de mí, que no es reflejo de mi inteligencia o valor; que no viene de mi mente, la cual no es una mente privilegiada; ni de mi coraje, que no es el de un héroe, sino que viene de la realidad, de la historia, de la verdad de todas las experiencias de los seres humanos normales y de calle y de todos los casos en los que se ha luchado, triunfado —y a veces, temporalmente, fracasado— contra las dictaduras de la era moderna. Ha sido la misma respuesta, el mismo "cómo", desde que la democracia se volvió un sueño universal, apenas, gradualmente, en los últimos doscientos y pico de años.

¿Cómo?

Pues: organización y lucha. Toda la lucha legal que se pueda, cuando se pueda, y organizarse a la vez —y esto es lo más importante— en estructuras que no sean públicas, constituidas por pequeños grupos o "células", por seguridad, para organizar actos de resistencia cívica, que idealmente serían no violentos, que puedan escalonarse y extenderse a través de la repetición, el reclutamiento de cada vez más gente, la coordinación, y la simultaneidad en la acción, hasta crear un movimiento que haga ingobernable el país a una tiranía. Una tarea difícil e inevitablemente riesgosa, que al principio no es para todos, no es para cualquiera, pero eventualmente es de masas.

La otra alternativa, si no se quiere dictadura, es la lucha armada.

Si no la queremos —y la guerra es un horror que nadie puede *querer*, pero también estoy claro de que ninguna intención *individual* la vuelve evitable o inevitable— no hay plan maestro que no se ajuste a las líneas generales que esbozo arriba, y que no son agua tibia que acabo de descubrir. Son más viejas que Tirso, o que el pinol, o que Matusalén; ustedes escojan.

Pero si no se siguen esos trazos, lo que hay por delante es más dictadura, y eventualmente mucha más violencia, y eventualmente, guerra. Esto tampoco es agua tibia que acabo de descubrir. Ojalá fuera yo tan inteligente.

Y esta, estimados amigos, es la historia del "cómo". Así de simple, y así de difícil. Pero no hay otra, ni hay de otra. Lo demás es demagogia, de engaño o de autoengaño. La tragedia es real, pero la solución es posible. Para que sea posible, hay que reconocer la realidad.

Cuidado con los tiempos: luchadores, sí, carne de cañón, no.

Los luchadores que están en el territorio necesitan también ser *realistas* en administrar los tiempos de la lucha con sumo cuidado. Los meses venideros estarán, probablemente, dominados por un tira-y-encoje entre Ortega y la oligarquía, por un lado; y entre los políticos "escogidos" por ambos y quienes aún forcejeen por "seguir en el juego" de las cúpulas. *La inhibición aparente de Cristiana Chamorro es parte de estas luchas en lo alto de la pirámide, y la señal más reciente de que el dictador no se siente suficientemente presionado como para optar por el "orteguismo sin Ortega"*. La lógica de "el poder o la muerte", parece extenderse a "la presidencia o la muerte". El muy racional temor que siente ante cualquier cambio, cualquier modificación en el balance de fuerzas, motiva en Ortega-Murillo un comportamiento inflexible.

Los meses venideros serán, pues, especialmente peligrosos para quienes se oponen realmente a la dictadura, es decir, quienes están fuera de los círculos "oficiales" de "oposición", *que cada vez se vuelven más estrechos alrededor del núcleo CxL.*

Fuera de relativa protección, blanco fácil y "ejemplar" para mantener la campaña de intimidación contra la ciudadanía, no solo quedarán los activistas autónomos que no están formalmente ligados a la Coalición y a la UNAB, sino aquellos que lo están. En su obsesión por mantener el control *in extremis* nadie debe dudar de que Ortega y sus sicarios intensificarán el acoso, incluyendo cárcel, torturas y asesinatos, contra ciudadanos que ejerzan verdadera oposición fuera del circo electoral. Por eso es de vida o muerte que estos asuman y calibren en sus tácticas de lucha los niveles de riesgo y el nivel de *abandono* al que el liderazgo "oficial" de la oposición los somete, despojándolos de cualquier cobija diplomática o política.

Nada gana la causa de la libertad con que se inmolen los luchadores que con gran heroísmo y dificultad se organizan a través del territorio. En estos momentos, que muestren el pecho en una batalla frontal contra el régimen, mientras las cúpulas forcejean entre ellas bajo la mirada y atención de sus padrinos extranjeros, podría ser no solo tácticamente ineficiente, sino trágico, mortal.

Tiene sentido, y será inevitable, que el ímpetu de los jóvenes se traduzca, como ya lo hace, en actos de resistencia ciudadana que mantengan con vida la alternativa de un cambio real. Ojalá que todo lo que hagan esté marcado por el entendimiento que la experiencia aconseja: ver estos meses como un período de *acumulación de fuerzas, organización, y consolidación de estructuras, de articulación con la enorme mayoría de nicaragüenses* que ya entienden que el problema no solo es Ortega, sino una estructura de poder político y económico que no es ni más ni menos que una conjura antidemocrática y antipopular, en la que la oligarquía de herederos-propietarios es pieza irremplazable, y los políticos del colaboracionismo electorero agentes.

Que nuestros jóvenes, y todos aquellos que luchan verdaderamente por la democracia, no queden atrapados una vez más en el fuego entre las cúpulas; ¡que no sean más carne de cañón!, para que así pueda dar frutos el esfuerzo que valientemente llevan a cabo, de organizarse al margen de los clubes políticos que sirven a las élites.

¿Ganar la guerra o ganar la política?
Unas palabras más sobre el "cómo"

Los dejo con este último chicle que mascar, porque los proponentes de la *convivencia con el orteguismo* nos dicen que (a) "*la comunidad internacional*" *no aprueba esto o aquello*; y (2) "*a Somoza lo botaron los Estados Unidos*".

Ambas son declaraciones patéticas, que serían solamente vergonzosas si no tuvieran además el fin *perverso* de hacer que la población se sienta impotente, incapaz de tomar las riendas de sus propias vidas y de decidir cómo va a ser el país que es suyo, y no de los Estados Unidos, ni de la comunidad de políticos extranjeros —pipes de los políticos y herederos-propietarios locales— que han dado en llamar "comunidad internacional" para presentar conspiraciones de interés como si se tratara de asambleas de místicos beatos.

La verdad es que para la "comunidad internacional", 300 nicas más que mueran o 300 menos es poco para estropear un buen almuerzo en Washington. Evidentemente que los más de 100 prisioneros políticos que oficialmente registran -hay más, sin incluir los que entran y salen como producto del hostigamiento permanente--no han hecho que ningún funcionario de la "comunidad" cancele vacaciones. Y que yo sepa, en la historia de la humanidad no se conoce que los oprimidos esperen a que amos de otros países den permiso para luchar. Suplico que me informen si hay alguna evidencia contraria a mi entender, para corregir mi error.

Volviendo, pues, al chicle, lo dejo aquí: la caída de Somoza se debió a que, entre la insurgencia armada, la lucha política interna, y la lucha diplomática, el tirano se quedó sin base política, y por tanto se le hizo ingobernable el país.

Así de simple. No hubo trucos mágicos ni intervenciones divinas, ni las semidivinas que le atribuyen a los Estados Unidos, y que hoy en día esperan de la grotescamente mal bautizada "comunidad internacional". Ni siquiera puede decirse que Somoza hubiera "perdido la guerra". Más bien, "*perdió la política*", de la cual depende la guerra que es, como dijo aquel famoso Clausewitz, "la continuación de la política por otros medios".

La moraleja que yo he extraído, luego de dejar sin jugo mi chicle a través de mucha perseverancia mandibular y neuronal, es que la verdadera decisión de los nicaragüenses, asumiendo —como creo correcto— que no queremos más dictadura en Nicaragua, es sobre el cómo: **cómo hacer el país ingobernable para la dictadura.** Qué tácticas y estrategias seguir, qué aliados procurar, y **por qué programa combatir**, un programa democrático y libertario, para que el futuro no sea repetición de todos los pasados que ya hemos trágicamente repetido.

En defensa de la ciudadanía de Cristiana Chamorro (y la de todos)

3 de junio de 2021

Pongo los puntos sobre las íes: yo no apoyo a *la candidata* Cristiana Chamorro, quien es víctima de la arbitrariedad de la tiranía, víctima de las maniobras con que desde tiempo inmemorial las élites negocian sus disputas [hay muchos ejemplos anteriores]; ***yo denuncio y me opongo*** a esa arbitrariedad y esas maniobras que delatan un *sistema* que oprime a la nación, que irrespeta los derechos humanos al capricho de quien tenga en el momento más poder, que impide la libertad, el progreso material y cultural, y condena a los jóvenes a escoger entre sumisión, violencia y exilio.

Cuando digo *no apoyo a la candidata*, quiero decir que no estoy de acuerdo con sus posturas políticas, que de hecho han dado espacio a la convivencia con el monstruo que ahora impone sobre ella medidas violatorias de los derechos humanos.

Cuando digo *no apoyo a la candidata*, lo digo a sabiendas de que los coros mediáticos que sirven a la candidata tratarán de utilizar el ataque que ella ha sufrido, y palabras como las que escribo, para apagar todo debate sobre los méritos de la candidata y de sus posturas.

Lo digo a sabiendas, precisamente porque el reto, conciudadanos, no es *defender a la candidata*, el reto es defender a ***todo ciudadano, incluyendo a la candidata***, frente al abuso de poder que caracteriza a una dictadura: la arbitrariedad, las leguleyadas matreras, la patanería policial, la mentira y el atropello a la dignidad y hasta a la inviolabilidad del hogar.

Para que el país progrese hacia la democracia, *no debe importar si uno está a favor de la candidata o en contra*, los derechos humanos de todos y cada uno de los ciudadanos deben ser defendidos con absoluta rectitud, con energía, vehemencia, y con todos los recursos y medios disponibles.

Cuando digo todo esto, no puedo pasar por alto que hay y ha habido cientos de detenciones, invasiones de hogar, maltratos y torturas de ciudadanos nicaragüenses, y **que todos y cada uno de ellos** debieron haber merecido la atención mediática y política que justamente recibe el caso de la candidata Chamorro.

Con esto quiero decir, ahora desde otro ángulo, que *no se trata de bajar el volumen* a las protestas contra la arbitrariedad y el abuso que Ortega y la Murillo aplican contra Cristiana Chamorro, *sino de subir el volumen* contra la arbitrariedad y el abuso que aplican Ortega y la Murillo contra los más de cien reos políticos oficialmente registrados, contra las familias pobres que tienen en su seno a activistas opositores, contra los reos que han sido "liberados" solo para sufrir acoso diario, y contra la población pobre, que vive en la oscuridad del anonimato.

Sin este acto de justicia no construimos libertad y democracia. Libertad y democracia se construyen cuando se erige *al ciudadano como tal*, y no al *ciudadano candidato*, o al ciudadano con influencias y ambiciones, en el centro de nuestra agenda y activismo.

Libertad y democracia se construyen cuando importan más los derechos humanos que las candidaturas. Y esto aplica tanto a Cristiana Chamorro como a sus defensores, y hasta a muchos de sus detractores. Hay detractores —rechazo, como espero habrá quedado clara, su ideología— que "sienten menos" el abuso contra la candidata, por sus posturas políticas y lo que, correcta o incorrectamente, perciben como su rol antidemocrático en el proceso político.

De la misma manera, muchos partidarios de Cristiana Chamorro "sienten menos" el abuso contra otros activistas de mentalidad o afiliación diferentes, y contra ciudadanos que no pertenecen a su ambiente político o social. Sobre diferenciaciones de este tipo se basa la lógica perversa de los manipuladores de la opinión, quienes pretenden aprovechar el abuso de Ortega contra Cristiana Chamorro para hacer avanzar una agenda política muy particular, convirtiendo a la candidata en una figura mesiánica, "redentora".

Estas maniobras no benefician al pueblo de Nicaragua, y son profundamente antidemocráticas. Primeramente, porque tienen como objetivo aniquilar el espíritu crítico que crece en medio de la crisis y del desierto cultural que las élites han creado en Nicaragua. En segundo lugar, porque las élites tienen una agenda de re-pacto con Ortega, *independientemente de que tengan también conflictos con Ortega;* y están dispuestas a *convivir con Ortega*, independientemente de que en la lucha de cúpulas que sostienen con este, en el forcejeo por cuotas de poder y beneficios, se den golpes por lo alto y por lo bajo.

Nadie puede garantizar, por ejemplo, que, pasada esta abominable situación, en la que el Estado opresor inventa burdas acusaciones contra *la candidata*, esta no acceda a acuerdos con la tiranía en el espíritu que ha dejado entrever anteriormente, el de "mutuas concesiones" y "darle salida digna", que son radical e inmoralmente opuestas a la libertad, al respeto a los derechos humanos, y al Estado de Derecho.

Nadie puede garantizarlo. Y esto lo sabe hasta el último nicaragüense con un par de neuronas activas y algo de memoria. Después de todo, no sería —es hasta chiste cruel decirlo— la primera vez. Si alguien cree que cometo atrevimiento temerario al sugerir esta posibilidad, le recomiendo estudiar nuestra historia, la historia reciente, tan reciente como 1990, la historia de pactos de nuestras élites políticas, ¡y las propias palabras de la candidata!

Por eso, lo que cabe, lo que hay que hacer, por la democracia, por el pueblo, y por la *ciudadana* Cristiana Chamorro, es lo mismo que había que hacer antes de que ella sufriera la invasión arbitraria de su hogar y la restricción canalla de sus derechos ciudadanos, incluyendo el derecho a ser *candidata*: **hay que derrocar a Ortega-Murillo y desmantelar el sistema oligárquico-autoritario que produce más dictadura que Producto Interno Bruto.**

Para hacerlo, hay que aprender, de lo que actualmente ocurre, precisamente lo que Arturo Cruz, CxL, los políticos desesperados por diputaciones y prebendas, y la propia Cristiana Chamorro, han tratado de que no aprendamos: **no hay vía electoral en Nicaragua,** el camino electoral es cobija del re-pacto, termina para algunos en puestos y prebendas que en términos de la miseria general de la nación valen para ellos oro, al precio de sus conciencias; termina para otros en lloriqueos de "tratamos pero Ortega no dejó"; termina para la mayoría en más dictadura, y eventualmente, en más violencia.

Hay que aprender que, si el régimen se atreve a aplicar medidas autoritarias abiertamente contra la candidata Chamorro —aun tomando en cuenta los "privilegios" que le concede, ya que no la encierra, como a sus antiguos subordinados, en una cárcel— quiere decir que está dispuesto a hacer lo que sea para que se haga material la prédica de Tomás Borge: "todo puede pasar...menos que el FSLN pierda el poder." ¡Y esto lo dijo Borge antes de que pendieran sobre Ortega acusaciones por crímenes de lesa humanidad! Hoy en día, no se trata de que el FSLN *deba* rechazar la pérdida del poder, sino de algo más simple, y más brutal: **Ortega no PUEDE abandonar el poder**; su vida y fortuna dependen de que lo mantenga, ya sea ***con o sin la presidencia.*** Por eso, el área incierta en la relación oligarquía-Ortega, un amor dulce que el pueblo insurrecto trastornó, es si la pantomima electoral va a resultar en "orteguismo sin Ortega" o "con Ortega".

De eso se tratan estos forcejeos, y para el pueblo democrático lo más importante es no perder de vista que nuestra meta no es apoyar este o aquel pacto entre cúpulas, sino que se avance hacia la democracia, la cual, sin justicia, sin llevar a los culpables al banquillo de los acusados y desarmarlos en términos militares y financieros, será imposible.

Hay que aprender, por tanto —aunque digo "aprender" a sabiendas de que la gran mayoría ya lo sabe— que para que haya democracia el pueblo necesita **organizarse *al margen, independientemente* de las cúpulas, y abandonar las falsas soluciones de estas,** que son lo mismo de siempre, los pactos de siempre, las mentiras de siempre, destinadas a preservar la lógica básica de una sociedad que oprime e impide el desarrollo de la nación, y el desarrollo personal de casi todos, menos, por supuesto el de los cercanos a las cúpulas.

Organización independiente, y lucha: no se trata de una fórmula esotérica, ni mágica, ni que requiera gran sapiencia. Es la historia humana, ¡es lo que hace posible la democracia! Sobre esto he escrito recientemente algunas reflexiones,[99] a las cuales remito al lector, para no extenderme aquí más de la cuenta.

Pero estemos claros de esto: hay que derrocar a Ortega-Murillo[100] y desmantelar el sistema oligárquico-autoritario que ha producido una dictadura tras otra (incluida la mal llamada "República de los 30 años" que las élites conservadoras añoran); hay que crear un movimiento de resistencia que haga **ingobernable el país a la tiranía**; hay que crear un gobierno de transición encabezado, no por las cúpulas, sino por los luchadores democráticos; hay que fundar una república, **la primera república,** de manera y espíritu democráticos, y eso no se hace sin convocar una Constituyente, que empeñe todos los esfuerzos y el espíritu que mostramos en Abril tras una meta que necesita ser perseguida obsesivamente: **dispersar el poder político, y el poder económico.**

---

99 https://revistaabril.org/como/?playlist=6105970&video=c8c19bc

100 https://revistaabril.org/que-hacer-pase-lo-que-pase/?playlist=6105970&video=c-8c19bc

Organización y lucha ciudadana independiente, para no ser carne de cañón de las élites

4 de junio de 2021

Las castas políticas destructoras del país, y sus voceros vociferantes, y sus agentes manipuladores, quieren que la gente sirva de carne de cañón para defenderlos a ellos. Uno de los más "gritones" de su equipo de publicidad se queja en público: "*estoy preocupado por la falta de apoyo de la población ante los atropellos de Ortega.*" Se refiere, por supuesto, a que no ha visto a cientos de miles de personas desfilar y desafiar al régimen en las calles para rescatar a Cristiana Chamorro.

Para quienes creemos que no habrá libertad sin que el pueblo reconquiste las calles, esta "reflexión" del vocero vociferante es ofensiva.

¿Por qué no han salido *ellos* a la calle e insistido en la movilización para parar el asedio de los luchadores democráticos y de los presos políticos que no son de la familia, el clan, el club o como quieran llamarle a sus socialmente inútiles grupos y conciliábulos? Hay, en estos momentos, cientos de activistas bajo "control" policial, con patrullas estacionadas frente a sus casas, impidiendo su salida de casa incluso a otros que, como el líder campesino Freddy Navas, han querido inscribir su candidatura. El acoso es incesante desde hace meses, y *ellos*, que ahora reclaman a la población no levantaron el grito al cielo, ni mostraron el "apoyo" que ahora exigen.

¿Por qué trabajaron tanto en desmovilizar las protestas desde el 2018, empantanando el proceso en "diálogos" que —por favor, no olvidemos— llevaban desde un inicio dos marcas de la traición: el intento de pasar de conversaciones públicas, mostradas en vivo por la televisión a las redes, a lo que ellos disfrutan más, negociaciones secretas en salones donde solo los escogidos de las élites orteguistas y no orteguistas pueden entrar; y, el abandono, desde apenas la segunda vez que se reunieron, de las exigencia de *renuncia* al dictador.

Llegaron, por cierto, y esto tampoco debe olvidarse, a afirmar, insólitamente, que las "negociaciones" con Ortega para "democratizar" el país había fracasado *porque los muchachos exigían lo que el pueblo clamaba en las calles: ¡que se vayan!* ¿Desde cuándo un individuo o partido político en el poder tiene ***derecho*** a imponer su voluntad contra todo un pueblo que reclama su libertad? ¿Desde cuándo puede llamarse **oposición** a quienes hablan como si la conducta terrorista de un régimen fuera culpa de quienes exigen que dimita, precisamente por su conducta terrorista?

Todo esto debemos entender, tener claro, e identificar individualmente a los cómplices y colaboracionistas, para que no nos den gato por liebre, y para que en algún momento se haga justicia y se alcance la libertad. Porque ahora los cómplices y colaboracionistas quieren culpar a las víctimas, a las mismas a quienes permitieron que la guardia orteguista y sus paramilitares masacraran sin salir *ellos* a dar la cara y el pecho, sin parar sus negocios y desafiar al tirano como la gente les imploraba.

En lugar de eso pedían en Washington clemencia para Ortega, paciencia para su "aterrizaje suave", y "moderación" en las sanciones. "Por el amor de Dios", exclamó después su "ideólogo" Arturo Cruz, "¿qué vamos a hacer sin Cafta?".

Las preguntas, entonces y ahora, deberían ser: "¿qué vamos a hacer con tanta víctima, con los huérfanos, con los exilados cuya vida ha sido descarrilada?; ¿cómo vamos a hacer justicia por ellos, cómo vamos a resarcirlos, aunque sea parcialmente; porque la vida de los suyos y los sueños truncados no se recuperan? ¿cómo vamos a hacer sin libertad, sin democracia, sin oportunidades para todos? ¡¿cómo vamos a hacer para derrocar a la dictadura?!

Si estuvieran interesados en responder estas preguntas, "otro gallo cantara", como dicen en la tierra hermosa y sufrida que ellos tratan como una hacienda que pelean entre herederos.

Por eso afirmo *a conciencia* lo que he puesto por escrito antes, en referencia a los atropellos injustificables, ilegales, y violatorios de los derechos humanos que ha sufrido Cristiana Chamorro: *no hay que bajar el tono en la protesta, sino subirlo con respecto a los cientos y miles que han sido víctimas, y que aparentemente no gozan de la urgencia de los voceros vociferantes de la "oposición".*

Pero no hay que convertir la lucha en una "lucha por Cristiana Chamorro" como sueñan las castas políticas con el propósito de convertirla en figura redentora y utilizarla para su agenda de poder. La lucha es por los derechos humanos de todos, incluyendo los de la ciudadana Cristiana Chamorro, *y la lucha verdadera es para derrocar a la dictadura.*

Exíjanle entonces los voceros vociferantes a sus patrocinadores de las élites que apoyen la lucha democrática con la fuerza que su poder económico y diplomático les da. Que paren sus negocios e interrumpan el financiamiento del Estado terrorista, que se dejen de juegos y traiciones en el extranjero, que dejen de pedir a la gente de a pie, a las víctimas de siempre, que den el pecho y entreguen sus vidas mientras ellos niegan hasta la sal para un jocote a los exilados y perseguidos, y buscan, en medio de la tragedia, cómo proteger hasta el último centavo de sus enormes fortunas con una mezquindad inmoral —y hasta ilegal— que no debe ser olvidada.

Dicho en nuestro lenguaje conversacional, déjense de babosadas, dejen de intentar darnos atol con el dedo.

Ya basta.

Porque la queja de sus voceros vociferantes de que *el pueblo no sale a las calles* a proteger a su candidato *refleja* la desmovilización que las élites y sus agentes han cultivado durante tres años, la desconfianza que han alimentado hacia ellos, la ausencia de respeto hacia los dirigentes que fabrican y quieren imponer abierta o sutilmente, y sobre todo, la inteligencia del pueblo, que ha sido utilizado tantas veces ya, y viene de sufrir —más bien sigue padeciendo— una campaña de represión contra la cual las élites no actúan, porque no es de su conveniencia hacerlo, a manos de un monstruo que ellas han vitaminado y alimentado a cambio de jugosas ganancias. No cabe duda de que el pueblo tendrá, en su momento, que adueñarse de nuevo de las calles para ser libre.

Si quiere serlo, el pueblo tendrá que organizarse y luchar, y arriesgarse y sufrir, porque las élites no le han dejado más alternativa que enfrentarse a una tiranía absolutista. Pero para que valga la pena, para llegar a la meta y alcanzar la libertad soñada, el pueblo necesita organizarse con independencia de las cúpulas tradicionales, en función de sus propios intereses, y considerando sus propios riesgos —que no son los de las élites y sus voceros vociferantes. No ser utilizado como carne de cañón, como ha ocurrido ya demasiadas veces.

¿Se acuerdan de la masacre del 1967, en que la oposición tradicional de entonces lanzó al pueblo contra la guardia de Somoza, solo para entrar después en el infame pacto conocido como Kupia Kumi?

¿Se acuerdan los campesinos combatientes de la Contra, que dieron su vida en las montañas, cómo una vez de haber forzado la celebración de elecciones fueron apartados por el pacto Lacayo-Chamorro-Ortega y luego asesinados por centenares?

¿Se acuerdan del "regreso" del difunto Toño Lacayo, esposo de Cristiana Chamorro, quien ilegítimamente gobernó Nicaragua bajo el gobierno de su suegra, a la alianza del FSLN… ¡en el 2001!?

¿Se acuerdan de que, en el 2001, veinte años después de conocer a Ortega como dictador, de conocer las masacres y abusos, el MRS de entonces, con Dora María Téllez a la cabeza, aceptó regresar al redil con Ortega? ¿Dónde estaban los principios, y dónde puede estar la credibilidad de estos políticos?

¿Se acuerdan de que, después del 2007, el supuesto "opositor" Arturo Cruz, ficha de enlace entre el gran capital y los Ortega, fue instrumento de legitimación de la nueva dictadura de Daniel Ortega ante los Estados Unidos? Su misión, ni más ni menos: "señores de Washington, no se preocupen, ahora Ortega es un "populista responsable"; vengan, hagamos negocios, entendámonos, "*no problem*".

A un pueblo que ha sufrido todos estos atropellos y estocadas, que le propinan sin contemplaciones castas políticas distantes de la vida y penurias de la inmensa mayoría, los voceros vociferantes exigen que salga en masa para defender a una candidata que ni siquiera ellos defienden, más allá de comunicados de fotocopia.

Quieren… ¿cómo decirlo sin sonar grosero?... camarón sin mojarse…

Por un programa político libertario y democrático

8 de junio de 2021

No al beneficio de la duda; sí al beneficio de la crítica.

Para construir y mantener la libertad es esencial la desconfianza hacia el poder, el escepticismo ante el poder, el cuestionamiento del poder.

Es esencial cuestionar implacablemente al poder, incluso —¡especialmente!— a nuestro poder, al poder con el que estamos inclinados a simpatizar; hay que retirarle el beneficio de la duda. *Es más sabio darle (darnos) el beneficio de la crítica inteligente.*

No a la presunción de inocencia política.

La presunción de inocencia política es peligrosa, puede ser mortal. Cualquier evidencia de autoritarismo debe ser registrada con alarma, y denunciada con vehemencia, sin excusas, sin contemplaciones, sin excepciones.

El autoritarismo no llega sin aviso. El autoritarismo no tiene tanta delicadeza, y hasta cuando viste a la moda no puede evitar que en un descuido se atisbe su pelaje y garras. Nadie puede decir que Bukele no invadió armado el Congreso de El Salvador.[101] Ni puede decir que Ortega tuvo alguna vez modales democráticos. O que los tuvo Trump, o Chávez, o Castro, o Franco, o Mao, o Pinochet, o Videla, criaturas de cuartel estas últimas, acostumbradas a la vida autoritaria.

Nadie puede decir que Andrés Manuel López Obrador no presentaba a Fidel Castro como su héroe.

Uno puede optar por darles el beneficio de la duda, pero al hacerlo cierra los ojos, se hace el sordo, enmudece voluntariamente, y corre el riesgo de que luego el cheque en blanco que ha entregado regrese, caro y manchado de sangre.

La presunción de inocencia política es un acto de fe en la capacidad de los seres humanos de manejar el poder al servicio de los demás, poniendo de lado los intereses propios. Miles de años de historia contradicen esta falsa creencia.

El enemigo de mi enemigo *no* es mi amigo.

Uno puede también darles a ciertos políticos un cheque en blanco aduciendo que "el enemigo de mi enemigo es mi amigo."

Grave error: el enemigo de mi enemigo *no es mi amigo*; el enemigo de mi enemigo es *el enemigo de mi enemigo*.

---

101 https://www.youtube.com/watch?v=0ors16_X3Lw

Bukele, ocupando ilegalmente la silla del presidente del Congreso, respaldado por soldados, "escucha la voz de Dios", que le dice, según cuenta el Iluminado, que salga y dé un discurso a sus seguidores y los aliente a alzarse en "insurrección popular" contra el gobierno que él mismo preside. "Yo no me voy a interponer entre ustedes y el artículo 87", arenga, refiriéndose a la cláusula constitucional que reconoce el derecho de los ciudadanos a intervenir directamente para "restaurar" el orden constitucional.

Me alegra si mi enemigo tiene cada vez más enemigos. Me alegra si el enemigo de mi enemigo hace daño a mi enemigo, y espero aprovechar que en la lucha ambos se hagan más débiles, que gasten sus municiones entre ellos, y no contra mí.

Pero el enemigo de mi enemigo *no es mi amigo.* El enemigo de mi enemigo no pelea por mí y para mí, sino *por él y para él.* Su objetivo no es mi causa, sino la suya. En medio de la polvareda y el humo de los conflictos, mi objetivo sigue siendo defender *mi* causa, no la del enemigo de mi enemigo.

"El enemigo de mi enemigo es mi amigo"

Yo no voy a pelear a favor del enemigo de mi enemigo. El enemigo de mi enemigo no pelea por mí, ¿por qué habría yo de pelear por él? ¿Por qué habría yo de arriesgarme y desgastarme en una lucha que no es *para mí*?

Al enemigo de mi enemigo le encantaría que yo lo hiciera, que me debilitara también en una lucha a su favor, que no reservara mis fuerzas para mi propia lucha. Si el enemigo de mi enemigo pudiera obligarme a luchar por él, como tantas veces ha ocurrido en la historia 'feudal' de Nicaragua y muchos otros países, lo haría. Si tuviera que convencerme por otros medios, como la manipulación de la información, de la publicidad de imagen, de los artificios ideológicos, de las creencias religiosas, del martirologio y el chantaje nacionalistas, lo haría.

Tratará de hacerlo. Trata siempre. Las cúpulas apelan al apoyo popular cuando pelean entre sí.[102] Pero yo sé que el enemigo de mi enemigo *no es mi amigo*, que las cúpulas pelean por los intereses de las cúpulas… ¡que lo hagan!

En medio de la polvareda y el humo de los conflictos sociales, necesitamos estar claro de nuestras metas, y empujar hacia ellas, pase lo que pase, hagan lo que hagan las cúpulas. Porque no podemos controlar todo lo que pasa, pero sí podemos controlar nuestra voluntad de avanzar hacia los objetivos que necesitamos alcanzar para ser libres y prósperos.

El *enemigo* de mi enemigo se vuelve *amigo* de mi enemigo

También sé que las ***cúpulas*** pueden tener conflictos sangrientos entre ellas; que a veces llegan a despellejarse, pero al final establecen nuevos arreglos de poder y pactos, aunque la sangre aún corra y estén los campos cundidos de cadáveres. Esto ha sido así a través de la historia humana, y es pan de cada día en la de Nicaragua. No en vano la palabra "pacto" tiene olor a podrido en nuestro hablar.

Porque lo que tantas veces hemos llamado traición, para las cúpulas es inteligencia. Lo que llamamos inmoralidad, para ellas es astucia, lo que criticamos con escándalo y sorpresa, ellas celebran como el triunfo esperado de su superioridad, de su hegemonía. Aunque la sangre aún corra y estén los campos cundidos de cadáveres.

Michael Healy, líder del Cosep, antes (todavía es antes) de "sacar los tractores" contra su socio de "diálogo y consenso", Daniel Ortega.

102 https://revistaabril.org/organizacion-y-lucha-ciudadana-independiente-para-no-ser-carne-de-canon-de-las-elites/?playlist=6105970&video=c8c19bc

Nuestra lucha, nuestras metas, nuestro norte

Por todo lo anterior, no podemos ser veletas políticas; necesitamos tener un norte que brille por encima de la confusión. No podemos aceptar que el enemigo de nuestro enemigo nos arrastre, que tape con su neblina nuestro horizonte, que nos haga perder de vista la separación entre nuestras metas y las suyas, entre los intereses de las cúpulas hegemónicas y los de la ciudadanía, que son los nuestros, que son distintos a los suyos, que son con frecuencia *contrarios* a los suyos.

Por todo lo anterior, no podemos caer en sus trampas, chantajes e imposiciones; en la manipulación de nuestras creencias y de nuestra voluntad, la cual intentan traducir a su favor disfrazándose de amigos cuando les conviene que establezcamos con ellos una "unidad" que es a lo sumo temporal, hasta que una facción u otra de las cúpulas da forma, en el combate entre ellas, a su nuevo arreglo.

A partir de ahí, desaparece la "***unidad***" con nosotros, y se restablece el orden que favorece únicamente a las cúpulas. A partir de ahí, los **kupia-kumis**; las **dos piñatas de los 1990**, la de los sandinistas y la de los favorecidos bajo el gobierno de Violeta Barrios por la generosidad de Antonio Lacayo y su cohorte de *regresados*; las masacres de campesinos Contras en los 1990; **la tercera piñata**, la de Arnoldo Alemán y Byron Jerez y compañía; y los abusos y crímenes cometidos impunemente desde 2007, mientras los herederos-propietarios del Cosep, dirigidos por el capo Carlos Pellas Chamorro y sus lacayos, celebraban en Incae su "revolucionario" modelo, el cual, en el más escalofriante orwellianismo, denominaron "*modelo de diálogo y consenso*".

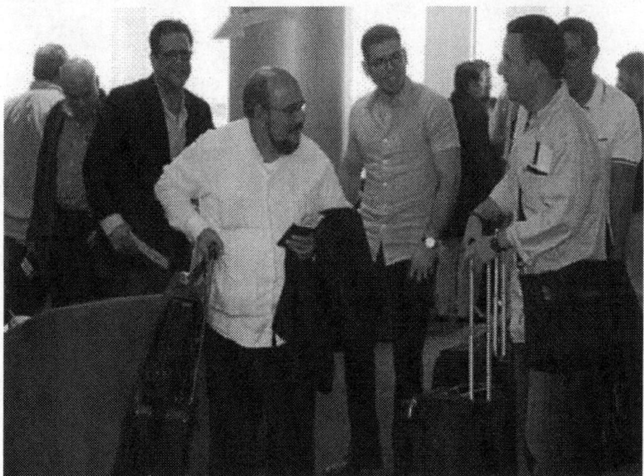

Arturo Cruz, junto al "chigüín" Ortega, al lacayo infaltable, Edwin Castro, y otros "dignatarios", mientras viajaban alegremente para llevar a cabo el fraude del canal interoceánico. ¿A quién representa? ¿Por qué intereses lucha?

Nuestra libertad, nuestra desconfianza, nuestro irrespeto al poder

Caeremos en las trampas de las cúpulas, y sucumbiremos ante el autoritarismo de ellas, o ante el que viene de nuestro propio medio, si no somos escépticos ante ***cualquier*** poder, por más manso y benigno y favorable a nosotros que parezca.

Necesitamos **menos respeto** al poder y a los poderosos, sean de traje, de uniforme o camisa, laicos o religiosos. Necesitamos menos pedestales y menos admiración, menos obediencia, menos consideraciones hacia ellos. Necesitamos investirlos con menos autoridad. Y por supuesto, necesitamos permitirles mucho menos poder. Necesitamos desconfiar con inteligencia, apoyarnos en la lógica y la información para someterlos constantemente a examen.

Necesitamos dispersión del poder y empoderamiento ciudadano, libertad y democracia.

Necesitamos organización popular y lucha, ***independiente de las cúpulas***, para llegar a estas metas.

Uno de tantos pactos de las cúpulas. Emiliano Chamorro, caudillo conservador, e inventor del "zancudismo" profesional en la política nica, al lado de Anastasio Somoza García, en el llamado "Pacto de los Generales", con que el primer Somoza compró boleto de ida a la continuidad de su dictadura.

LA PRENSA

40 Páginas

AL SERVICIO DE LA VERDAD Y LA JUSTICIA

AÑO XLV

Con el PACTO, acabó por fin ... LA FARSA!!

Vívido relato de una entrega paso a paso

PACTO KUPIA KUMI: ENTRE WHISKY, ABRAZOS Y RISAS

Otro pacto de cúpulas; otra vez, después de una masacre. El caudillo opositor de turno, fabricado por las mismas élites que hoy manipulan la "lucha opositora" firma el infame Kupia-Kumi, y vende a Somoza Debayle otro boleto de ida a la continuidad dictatorial. Parte de la verdad histórica es que Pedro Joaquín Chamorro Cardenal denunció, para honra suya, este pacto, a pesar de haber sido uno de los principales promotores de la candidatura de Fernando Agüero. Siguen tropezando con la misma piedra, pero esta vez no tienen la entereza que tuvo Pedro Joaquín Chamorro.

El pacto de cúpulas que en 1990 entregó la victoria opositora contra el FSLN, y fue seguido por el exterminio de cientos de campesinos ex-Contras. El personaje "bisagra" en este pacto fue Antonio Lacayo, quien ilegítimamente actuó como virtual Primer Ministro en el gobierno de su suegra, la madre de Cristiana Chamorro, habiendo apartado del poder al popularmente electo vicepresidente, Dr. Virgilio Godoy. En la foto aparece, detrás de la Sra. Violeta Barrios de Chamorro, el propio Lacayo, junto a Humberto Ortega, Joaquín Cuadra, y otros altos mandos del Ejército Sandinista. Este pacto permitió a Daniel Ortega mantener el poder, aun después de perder la presidencia. Pasó, según sus propias palabras, a "gobernar desde abajo".

El pacto fatídico entre Arnoldo Alemán y Daniel Ortega, que hizo posible a este último volver a la Presidencia de Nicaragua investido por la legalidad, a pesar de su ilegitimidad. Pacto hecho a la medida de su "voto duro" de entonces, que nunca superó el 38%. Un pacto que debe contarse entre los más infames de nuestra sangrienta historia, porque es un hito importante en el camino al genocidio del 2018.

El Pacto que las cúpulas llamaron "de diálogo y consenso" y culminó en un genocidio sin precedente en la historia del país; no por el número de asesinados, sino porque ocurrió en las calles de las principales ciudades, a la vista de todos, tras ser anunciada la intención del régimen, y sin que los poderosos responsables de la crisis hicieran nada para detener la masacre. En esta fotografía: Rosario Murillo, Daniel Ortega, el difunto cardenal Obando Bravo, José Adán Aguerri Chamorro y —orondo, por supuesto— el capo del Cosep, Carlos Pellas Chamorro.

Necesitamos desconfianza, pensamiento crítico, reflejo crítico, actitud crítica

La libertad no se construye confiando, se construye, y se mantiene, desconfiando. La libertad no se construye haciendo monumentos y homenajes al poder. La libertad no se construye con martirologios, ni elevando a seres humanos a estatus divino, ni adulando a nadie. La libertad no se construye respetando más al político que al ciudadano común. La libertad se construye bajando a los políticos de sus torres y pedestales. Se construye irrespetando al poder, a todos los poderes, sean de traje, de uniforme o camisa, laico o religioso. La libertad se construye reforzando nuestra autoestima social *con inteligencia de nuestros límites.* Nuestra autoestima social se construye *con inteligencia contra el poder y a costa del poder.* Y nuestra inteligencia se construye con humildad, para entender nuestra situación real; con trabajo y disciplina, para superarnos; y con escepticismo, para que el poder no nos atrape en su redil.

Implicaciones prácticas para un programa político libertario y democrático

NO al laisser faire desbocado. NO al estatismo asfixiante. NO al corporativismo fascista.

Hay que rechazar el matrimonio de los grandes capitales con el poder político, que en nuestro medio y por nuestra historia es el control de la economía y el Estado por una ínfima minoría parasitaria de herederos-propietarios postcoloniales.

Hay que rechazar a los partidos de la "izquierda" autoritaria castrista-estalinista, en bancarrota moral, ética y programática, y que difícilmente pueden llamarse "izquierda" en el sentido original del término.

Hay que rechazar el llamado "neoliberalismo" que es un "sálvese quien pueda" en el cual "los que pueden" son los privilegiados de la estructura oligárquica del poder, y de la concentración obscena de los beneficios de la economía. Como en el caso de la "izquierda" estas tendencias difícilmente pueden llamarse "liberales" en el sentido original del término.

Todas estas corrientes conducen a la concentración del poder y a todos los males que esta causa. Todas estas corrientes van en dirección contraria a la libertad humana, que es el metro imprescindible de aceptabilidad para cualquier propuesta político-económica.

Terminan esclavizándonos, reduciéndonos, aplastando una u otra dimensión de nuestra humanidad. Terminan en infelicidad y opresión.

El camino es otro, y pasa por defender la libertad a cada paso, y por poner en el centro de todo programa al ser humano y su dignidad intrínseca, inherente, inviolable, y sagrada.

Ortega y su "noche de cuchillos largos": ¿podrá sobrevivir el choque?

9 de junio de 2021

Por un lado, la indignación, y la solidaridad con cualquier ciudadano nicaragüense, independientemente de cualquier consideración personal, ideológica o política, cuyos derechos sean manipulados o cercenados por la dictadura. El Estado no tiene derecho a hacer lo que el Estado sandinista hace. Punto. Nada que discutir en este aspecto. El orteguismo está sencillamente fuera de la ley y de la legitimidad; fuera de tiempo y fuera de lugar. Todas las fuerzas sociales y políticas dentro y fuera de Nicaragua deben exigir que se detenga la escalada represiva fascista del régimen.

Por otro lado, una reflexión *objetiva* sobre las implicaciones de lo actuado por el orteguismo: de hacerse permanentes los arrestos de los precandidatos de la oposición electorera, y *más que todo,* o mejor dicho, de hacerse firmes las inhibiciones que les impone la dictadura, sería razonable interpretar el momento actual como uno en el que varios protagonistas "oficiales" del proceso político nicaragüense, aquellos que participarían en una supuesta "salida electoral" chocan con esa enorme muralla que llamamos 'realidad'.

Cada uno de los "choques" revela una grave incongruencia entre la estrategia adoptada y la lógica del proceso social; en todos los casos el traspiés analítico es de común raíz: han ignorado el nudo gordiano de la crisis política, que no existe *solución estable* con Ortega y Murillo en el poder, pero estos **no pueden**, por razones que he expuesto antes en detalle, renunciar al poder.

El primer choque es el de la oposición que se estrella contra la pared (que para la mayoría de la población era un muro evidente, pero que ellos trataron como invisible, o como un cristal que poderes fácticos aliados romperían para ellos) de la determinación del dictador de aferrarse al poder. A pesar de los ribetes irracionales de la conducta de Ortega y Murillo, su terquedad es racional: fuera del poder, la pareja genocida está perdida; puede perderlo todo. De que se mantengan en el poder dependen su seguridad financiera, su libertad, y quizás hasta sus vidas. Ortega ha decidido que no tiene más remedio que aceptar el riesgo de quedarse, antes que el de irse, aunque sea formalmente, aunque sea cediendo apenas la presidencia y manteniendo el control de todo el aparato represivo que ha acumulado. Por consiguiente, Ortega se niega a entregar ni una onza de poder. El tirano parece convencido de que puede pasar por encima de las apariencias electorales para evadir cualquier riesgo que transforme el proceso en una repetición de 1990. Por más improbable que parezca la repetición de ese escenario, Ortega —ya lo dije antes— no está dispuesto a dejar ningún margen al azar. El comandante ha decidido que "se queda", y que *después será después; después* convocará a los grandes poderes económicos a sentarse a la mesa "por la patria", y remendar el pacto que la insurrección de abril de 2018 sacudió. *Después se verá.*

El segundo choque es el de la diplomacia extranjera, para quienes Ortega ha elevado la parada de tal manera que probablemente se vean obligados a reconsiderar su evaluación de riesgos. Hasta la fecha, tanto Daniel Ortega como el gran capital han vendido la noción que resumió cínicamente su hermano Humberto: "cohabitación o caos". Da la impresión de que los diplomáticos extranjeros sobreestimaron el poder de sus sanciones, y de la amenaza de futuras sanciones, para moldear el comportamiento de Ortega e inducir a este a hacer al menos alguna concesión de forma, alguna cesión de espacios a la oposición electorera. Deberían haber sabido que Ortega tiene una alta "tolerancia al dolor". Deberían saber que Ortega está dispuesto a imponer "la economía del gallopinto"; que no va a dejar el poder voluntariamente porque se caigan las exportaciones y aumente el desempleo. La diplomacia extranjera se ha estrellado así contra el mismo muro que los opositores electoreros: Ortega no puede dejar el poder. Para lograr esto tendrían que golpearlo muchísimo más duramente, y tendrían a la vez que otorgarle garantías de impunidad que parecen cada vez más difíciles de construir. El gobierno de Biden tendría que invertir capital político, tiempo y atención que en medio de la crisis política de Estados Unidos escasean, y arriesgar precisamente lo que más han tratado de evitar: presiones que precipiten una salida abrupta de Ortega del poder, que podrían hacer que se derrumbe el carcomido Estado nicaragüense como un castillo de naipes.

El tercer choque, el más importante, es el choque de Ortega contra la muralla que marca los límites de su poder. Al cerrar las puertas hasta a la oposición más sumisa, a los opositores que han insistido en la posibilidad de "convivir" con él, o de darle una "salida digna", Ortega quema los puentes, se cierra a sí mismo la ruta de escape, se arrincona a sí mismo. Si esto es "demencia" o una reacción racional a las consecuencias de su victoria pírrica del 2018 es debatible; puede ser que haya muy poca distancia entre una y otra explicación, porque a largo plazo la situación de Ortega no parece sostenible, porque las amenazas que ve en su paranoia son reales, porque su régimen es una carcasa y su economía es irrecuperable. De tal manera que lo que ha hecho Ortega al arrestar a la plana mayor de la oposición electorera es sencillamente acelerar lo inevitable, borrar cualquier duda que los más desbocados optimistas pudieran albergar acerca de la posibilidad de una salida electoral de la crisis. De hecho, las acciones de Ortega hacen insostenible la postura de los más tercos electoreros, como la presidenta de CxL, Kitty Monterrey, quien insiste en que la vía electoral se mantiene, con una credibilidad que ya parece inferior al 2% de apoyo popular que las encuestas atribuyen a su organización. Las acciones de Ortega son también un catalizador de las corrientes no electoreras de la oposición nicaragüense.

El shock inicial, y la necesidad de poner pecho a tierra para capear la andanada represiva, será seguida —lo sugiere la historia—por una intensificación de la lucha no-electoral; la movilización social en múltiples formas desde una perspectiva más conspirativa y con la meta clara de derrocar al régimen. En otras palabras, las tensiones sociales y políticas tienden a aumentar hasta niveles que pueden radicalizar a muchos y motivar a los poderes fácticos a sopesar de nuevo el riesgo de oponerse de manera decisiva al régimen, versus el riesgo de mantenerse a su lado en lo que podría ser una fase final de su existencia. ¿Adoptará el gobierno de Biden una estrategia diferente de su predecesor? ¿Evaluarán diferentemente el riesgo de una implosión del régimen, o de una explosión bélica, o de una subida intempestiva en el número de migrantes? ¿Harán presión sobre el Ejército? Esta se vuelve una opción posible, un posible escenario, dada la preocupación por la "estabilidad" que pesa tanto en las decisiones del Departamento de Estado.

"Nicaragua en manos de una loca"
(Sobre el secuestro de Tamara Dávila, y de Nicaragua)

13 de junio de 2021

Secuestran a esta chavala, y tengo que confesar que, en medio de la odiosa ola represiva, el abuso atiza mi ira, la hace más grande. Me lleva de inmediato a la frase de Ernesto Cardenal: "el país en manos de una loca". Porque, aunque no conozco personalmente a Tamara, y no conozco siquiera su pensamiento, conozco sin embargo su derecho a tenerlo y sostenerlo, a vivirlo y a expresarlo; conozco nuestra obligación colectiva de defenderla, presumiblemente a través del Estado que nos representa, y nuestra obligación, si el Estado se vuelve en contra de Tamara, de obligar al Estado a detenerse, y si se niega, a derrocarlo. En cualquier caso, Tamara Dávila parece ser simplemente una ciudadana luchadora de quien a nadie he escuchado comentar negativamente; hija también de un luchador del que tampoco puedo decir más que lo mismo, que no he escuchado nada que desdiga de su condición de luchador honorable.

Pero a mí, en cualquier caso, me basta y sobra con conocer el derecho de Tamara y nuestra obligación. No tengo por qué saber más, ni estar o no estar de acuerdo política o ideológicamente. Basta y sobra con esto: Tamara Dávila es *ciudadana*. Tamara Dávila, como todos los presos y oprimidos, y todos los exilados, y todos los que sufren los desmanes de un sistema podrido hasta la médula, tienen derechos que son suyos por ser, no porque alguien se los *otorgue*. Y nuestra obligación de defenderlos, aparte de ser un imperativo moral, es una necesidad práctica, como práctica es la ética, sin la cual la convivencia humana es más brutal que la de bestias salvajes. El reinado del FSLN, con Ortega y Murillo de doble cabeza, dos cabezas que marchan, en tándem o chocando, pero siempre en contra de la libertad del pueblo, adquiere, cada vez más, ribetes *caligulescos*. Ya no solo ejercen la represión con el cálculo racional, aunque cruel, de las mafias, que ya es, de por sí, una lógica más perversa que la de las dictaduras tradicionales, sino que rompen todos los diques y explayan una maldad intrínseca que se vuelve más monstruosamente grande a medida que bebe más la sangre de sus víctimas.

Algún día, y espero que no en un futuro distante, los Ceaucescus latinoamericanos serán derribados del poder. Será, estoy seguro, por la fuerza. No se irán —¿lo entienden ahora quienes han perdido tres años en propuestas electoreras?— porque tengan menos votos en la elección que ellos mismos administren. Yo no sé, porque nadie puede saberlo, la forma que tomará esa fuerza, porque es otra falacia la afirmación de que cuando uno dice "fuerza" propone necesariamente "la fuerza de nuestras armas", o "la lucha armada". Por supuesto, esta última *no se puede excluir* de pronóstico, *ni descartar* de uso, porque nadie puede predecir el futuro con tal exactitud, y nadie puede negar al ser humano el derecho a la defensa. Pero, sea como sea que se derrumben las murallas de El Carmen, cuando eso ocurra hay que oponerse a cualquier "perdón y olvido", a cualquier "reconciliación": el bien y el mal no pueden reconciliarse. También hay que tener cuidado con los disfraces que intentarán usar los que han tenido cercanía o complicidad con los múltiples esfuerzos de los poderosos para que no se haga justicia verdadera. Uno de esos disfraces es la versión o distorsión *chapiolla* del concepto de "justicia transicional" hasta hace poco defendida en público por la oposición electorera según la cual [lo dijo en una entrevista a Abril el ahora reo político José Pallais] habría que dar "penas menores a las normales" a los culpables de los crímenes de la dictadura. Hay que olvidarse de eso, y olvidarse también del llamado hipócrita a la "convivencia", que quiere pasar por bondad, cuando no por pragmatismo. No es práctico, ni es bondad, convivir con el crimen: es debilidad, es complicidad, es dejadez; es, a estas alturas, pecado capital y condena a repetición. ¡Es suicida!

En lo que a mí toca, como ciudadano nicaragüense, como ser humano, exijo y exigiré justicia plena. La justicia que requiere Nicaragua no es la de castigos menores, sino de castigos ejemplares. No es de *convivencia*, sino de *desnazificación*. No es Managua, 1990, sino Nuremberg, 1945. Nuremberg y desnazificación fueron el comienzo apenas de la limpieza política y moral que hizo de la Alemania genocida una nación estable y democrática. El Nuremberg nicaragüense debe investigar y sentar en el banquillo de los acusados no solo a los que han matado dentro del campo de concentración y han desaparecido los cadáveres. Debe investigar y sentar en el banquillo de los acusados a los responsables de la administración de un Estado que ha coordinado, con recursos de todos, estos crímenes. Debe investigar y sentar en el banquillo de los acusados no solo a los involucrados dentro de ese Estado, sino a los que han participado en el financiamiento, y han gozado de los frutos, del Estado vuelto criminal, del Estado convertido en la máquina de guerra de una mafia. Qué respondan, no solo Ortega y Murillo, sino los colaboracionistas políticos que insisten, dentro de una farsa institucional cada vez más raída, en ejercer de "diputados", y "altos funcionarios", en virtud de un acuerdo zancudista. Que respondan los inmensamente ricos y poderosos que se han lucrado y celebrado abiertamente el lucro, ante los ojos llorosos y humillados de la sociedad victimizada; que se investigue y se siente en el banquillo de los acusados a la claque de los milmillonarios que el pueblo llama "gran capital". No permitamos que ningún gobierno futuro —*que hasta que la ciudadanía apruebe por referendo, a propuesta de una Constituyente Democrática, una nueva Constitución que disperse el poder, debe ser considerado como un gobierno de transición*— escupa en la cara y eche sal en las heridas de las víctimas. Que ningún político se atreva a implementar el soñado "aterrizaje suave" de las élites en pugna. "*Aterrizaje suave*" *es salón VIP para los criminales, martirio y desprecio para sus víctimas.* Tarde o temprano los nicaragüenses tendremos que enfrentar a la gente que buscará, por todos los medios, engañarnos, decirnos que ya llegamos a la meta, que no hay que "vengarse", que "veamos hacia adelante", que ya todo pasó, que volvamos a la vida normal y dejemos que "ellos" se ocupen de todo. Que imitemos, que repitamos 1990. En otras palabras, que volvamos al inicio para empezar un nuevo ciclo trágico.

Pero no se hagan muchas ilusiones, señores del poder, porque la magnitud de esta tragedia nos está dando lecciones, y en medio del dolor que nos parte el alma, de la angustia que todos sufrimos, y del desprecio que hemos llegado a sentir por las figuras representativas del régimen que derrocaremos, sabremos usar nuestra inteligencia para impedir que el sistema dictatorial, que ustedes añoran mantener, siga arrasando con la tierra hermosa y llena de tanta gente buena, de tanto potencial, que nunca —escuchen bien— se dará por vencida. Que nunca más una Tamara Dávila, ni ninguno de los cientos, miles, que han caído en la cárcel que ustedes construyeron, tenga que pasar por lo mismo. Y que quienes hereden de nosotros la tierra que amamos puedan leer esta historia tenebrosa como la de un pasado que es apenas fábula. Hermanos: ni perdón, ni olvido. Justicia plena. La verdad nos hace libres. Sin justicia no hay democracia. Sin dispersar el poder no hay libertad.

¡Viva Nicaragua libre!

Reflexiones sobre las virtudes necesarias en la res publica (a la muerte de un expresidente)

15 de junio de 2021

A la memoria de mi padre,
con quien tantas veces debatí este tema.

Ha muerto don Enrique Bolaños, expresidente de Nicaragua. Yo no fui de su partido, ni soy. Sé que esto no es mucho decir, porque no milito en ningún partido. Pero me sirve para explicar que a don Enrique no me une un lazo de esos que llaman "ideología"; que no puedo decir que él era, como dicen en el barroco nica, mi "correligionario", o más bien que yo, siendo él de la generación de mi padre, fuera el suyo.

He aprendido que esto de no ser "correligionario", o de "no pensar igual" es tan natural como la diversidad que disfrutamos y celebramos en la naturaleza. Mi padre no "pensaba como yo". Muchos de mis amigos "no piensan como yo", e incluso muchos de mis familiares "no piensan como yo". ¿Por qué habría de sorprenderme? Cada uno tiene su vida, su tiempo, su experiencia, sus accidentes, su capacidad, sus tentaciones, sus ángeles y sus demonios.

Don Enrique tuvo su vida, y yo la mía; él tuvo su tiempo, y yo el mío. Las ideas que guiaron sus actos, como mis ideas, no son ajenas al tiempo, ni a la familia en que crecemos, ni a las decisiones que, siempre con información incompleta y rodeados de incertidumbre, y desde la fragilidad humana, uno va tomando a través de la vida. Estas decisiones a veces lo llevan a uno a planicies libres y sin muros. A veces, a callejones sin salida o a valles oscuros. Mucho cuenta la intención, que trata de enderezar los pasos torcidos que uno da, o los refuerza.

Los budistas reconocen en la intención la diferencia —dijo uno de sus maestros— entre estar de un lado u otro del umbral de una puerta abierta. Yo, a estas alturas de mi vida, en pleno uso de mi capacidad para reconocer lo débil que soy y somos, doy cada vez más valor a esta enseñanza.

Y en esto creo que la evidencia *sugiere* que don Enrique, en la puerta que separa la decencia de la malevolencia, quiso estar del lado del que yo quisiera estar siempre, de la decencia. La intención, digo, porque tampoco quiere decir que todas nuestras acciones sean químicamente impolutas mientras tratamos de lidiar con los obstáculos que debemos superar para sobrevivir, especialmente si el cálculo que debe hacerse es el que involucra maniobrar entre las miles de voluntades que intervienen en la política. Por eso, aunque no diga, porque no tiene sentido decirlo, que fue un presidente "perfecto" (ni siquiera voy, *para no enturbiar mi reflexión*, a decir que fue un presidente "bueno"); aunque no diga, porque no tiene sentido, decir que "todo lo hizo bien", me atrevo a decir que el Sr. Bolaños fue un hombre *aparentemente fiel* a sus creencias y principios. Eso, si es que estoy en lo correcto, es valioso, porque constituye el núcleo de esa gema escasa que llamamos "integridad". No importa que sus principios fueran formados en un mundo y un tiempo que no es el mío. Importa que su intención fuera, en medio de los retos, y bajo fuego enemigo y "amigo", la de hacer lo que ***dentro de los parámetros de su pensamiento y la comodidad de su conciencia*** considerara correcto, de lo que él creyera que representaba **el bien**. Esto para mí es oro. Y es para mí una enseñanza: no tengo que "estar de acuerdo con él", o con nadie, para darle mi respeto, si sé que su intención es estar del lado del bien. En la práctica, el resultado neto es que —téngase la opinión que se tenga acerca de los éxitos y fracasos de su gestión política— creo acerca de don Enrique Bolaños lo que no creo acerca de prácticamente ningún otro gobernante de mi país, al menos entre los que he logrado estudiar (una lista que cubre casi 150 años): que fue honrado en el manejo de la cosa pública; que no la trató como cosa privada; que aparentemente trató de impedir que a su alrededor hubiera corrupción; que se ocupó de la política deseando que la patria no fuera apenas el coto de un dictador; que hubiera **orden** en la administración de los bienes comunes, ese **orden** que construye civilización, y es contrario al caos centralizador de todos los gobiernos que los nicaragüenses hemos padecido. Ese deseo de **orden**, tan odiado en la cultura nicaragüense, lo hizo antipático a quienes se benefician del desorden; de quienes prosperan cuando el Estado es administrado por un "generoso" que reparte los bienes públicos a conveniencia. De esto en Nicaragua no se salva ningún gobierno. Ahí está el regalo de doña Violeta Barrios de Chamorro al cardenal Obando, un edificio del Estado de Nicaragua, donde el difunto cardenal construyó su universidad privada y la heredó a su familia adoptiva. Allí están los subsidios ilegales que el gobierno de Arnoldo Alemán entregaba a Obando, hasta que los funcionarios de la administración de Bolaños, tratando de *institucionalizar* el gobierno, los suspendiera. Recuerdo (y esto me lleva de regreso al tema de "fuego amigo") que ese sencillo acto de **seriedad administrativa**, elemental en una sociedad civilizada, consiguió que el veleidoso Obando declarara a don Enrique "enemigo de la Iglesia", y que hiciera a algunos curas movilizar a sus feligreses en manifestación pública contra él. Recuerdo cómo Obando —que cuando se trataba de escoger entre finanzas y santidad obviamente ya había modernizado su catecismo— dijo en público en aquella ocasión que "la iglesia entierra a sus enemigos", a lo cual don Enrique, devoto católico, contestó: "y a sus amigos también".

Orden, seriedad, buena intención, integridad. Virtudes acompañadas, inevitablemente, por múltiples defectos. Virtudes, sin embargo, que en el desierto moral (¿o es un pantano?) que es la política nicaragüense, casi nadie ha exhibido con la "terquedad" que algunos de sus compatriotas ven en don Enrique Bolaños.

Porque el nuestro es un mundo al revés, una sociedad enferma de antivalores, donde el recto es pendejo y el honesto tiene que ser un mentiroso, porque a estas alturas nadie puede creer que exista la honestidad.

Orden, seriedad, buena intención, integridad. Cómo quisiera yo que estas fueran las virtudes dominantes de los que se involucran en la política. Cómo quisiera yo que no solo este hombre, de otra generación y de otro tiempo, de otra "ideología", con quien dije desde el inicio de este artículo no ser "correligionario" exhibiera esas cualidades. *¡Cómo quisiera yo que todos aquellos con quienes yo pueda ser "correligionario" las tuvieran!* Porque se puede tener los planes más inteligentes y la habilidad más refinada para ponerlos en práctica, pero sin orden, seriedad, buena intención e integridad estamos perdidos. ¿No es evidente a estas alturas?

Por eso, ojalá, con el correr del tiempo, y aunque inevitablemente tengamos una visión de la sociedad diferente a la de don Enrique —y múltiples diferencias entre nosotros— logremos rescatar las virtudes que, *me parece*, tuvo este hombre en vida, al lado de cualquier defecto o falla que haya tenido. Ah, y gracias, don Enrique, por la Biblioteca Virtual. Ojalá no quede este hermoso proyecto en el abandono. Que la buena intención lo acompañe eternamente. Descanse en paz.

¿Renacer?

21 de junio de 2021

La ley Renacer aumenta la autoridad legal, amplía la responsabilidad del Ejecutivo ante el Congreso, y aumenta la presión política dentro del *establishment* político, para que el gobierno de Estados Unidos someta a Daniel Ortega a ciertos límites. A través de instrumentos como este, la clase política estadounidense hace explícita su voluntad de impedir que Ortega actúe limitado únicamente por su capricho y sus ambiciones personales y familiares. El mensaje para Ortega es: "*no sos tan poderoso como creés ser, ni tenés de nosotros la licencia que tenías (o creías tener) para hacer dentro de la política nicaragüense lo que querás, sin rendir cuentas; el trato que tuvimos antes (o que creíste tener, o que estiraste hasta alcanzar una tensión insostenible) queda cancelado*". "*Tenés que arreglarte con nosotros (y con quienes nosotros favorecemos)*" pareciera decirle, sacudiendo el índice, el Tío Sam al matrimonio genocida.

Esto es lo que, más allá de la satisfacción emocional que podemos derivar del "regaño" de la potencia hegemónica en nuestro hemisferio a un liliputiense criminal, ha cambiado en estos tres años; es un cambio positivo, aunque haya ocurrido con la lentitud de una babosa que deja un rastro de sangre: Ortega ha pasado, de tener un valor neto positivo para los políticos estadounidenses, a uno negativo. El cambio de postura podría haber sido más rápido (debería, si las consideraciones éticas pesaran lo que deben) si no proviniese del cálculo frío de burocracias amorales, y del cálculo cruel y cínico de quienes en Nicaragua gozan de la "confianza" de aquellas burocracias: los grupos poderosos, nominalmente pro-libre empresa, retóricamente pro-Estados Unidos (no podría ser de otra manera la deferencia a sus protectores de última instancia) del gran capital.

Un bumerang llamado karma

¿Quiere decir esto que el bumerang llamado karma se ha vuelto contra la Murillo, y ahora son los Estados Unidos los que "van con todo"? No *necesariamente.* Mientras no ocurra en Nicaragua un hecho dramático, como fue, en la época de Somoza, la presentación en todas las cadenas nacionales de la televisión estadounidense del asesinato del periodista Stewart a manos de un soldado, la burocracia estatal, la diplomacia de ese país, los políticos que toman las decisiones, tendrán un margen de maniobra dentro del cual pueden incorporar soluciones que eviten el riesgo de un posible (o probable) colapso del Estado nicaragüense, que tanto temen ellos y sus protegidos del gran capital.

Todas esas "soluciones" atienden fundamentalmente las prioridades de un Estado extranjero, que, aunque pueda dar algún peso a los derechos humanos, en contraste inequívoco con, por ejemplo, el Estado chino, el ruso o el cubano, no deja de ser gobernado fundamentalmente por el interés propio. Todas esas "soluciones" dan mayor importancia a sus miedos que a nuestras esperanzas. Dan mayor importancia al poder que a la libertad.

Vértigo (el poder o la muerte)

Por supuesto, la intransigencia de Ortega y Murillo, que es enteramente predecible, pero que parece haber sido —extrañamente, sorprendentemente— subestimada por los políticos de Estados Unidos y sus ahijados en la oposición doméstica, hace cada vez más difícil para los temerosos, para los *cautos* dentro del *establishment* estadounidense, evitar la colisión final con Ortega. Que Ortega actúe con intransigencia no es sorpresa, ni es extraño, para quienes hemos creído que Ortega no solo es renuente a dejar el poder, sino que es incapaz de hacerlo, por razones racionales: para él, y para su claque, la lógica de su accionar es, como ha resaltado el analista Oscar René Vargas, muy simple: el poder o la muerte.

De tal manera que la secuencia vertiginosa de eventos, las idas y vueltas, las subidas y bajadas de la crisis, alargan o estiran tiempos, crean más o menos víctimas, confunden y marean, afectan de múltiples maneras las conciencias individuales y la conciencia colectiva, pero no cambian el resultado final del drama, que pasa por esto: ***el nudo gordiano de la crisis es que Ortega no puede ceder una onza de poder, porque sería su fin.***

Corolario

Si va a haber *estabilidad* en Nicaragua, ya no digamos, por supuesto, libertad y democracia, tendrá primero que derrocarse a Ortega. Ortega tendrá que salir por la fuerza, por una fuerza que lo quiebre, que es la única forma de alterar la postura de lo inflexible. Fuerza, dicho sea de paso, no es *necesariamente* la fuerza de las armas en una insurrección popular violenta.

¿Sirven de algo las resoluciones y la ley Renacer?

La aprobación de la Ley Renacer, y de las resoluciones de la OEA que evidencian el avance del disgusto de los otros estados de la región con Ortega, son todos pasos que al menos no restan, suman, pero son, y esto debe quedar claro, de una timidez negligente en vista de la tragedia humana que se vive en Nicaragua, dominada por una dictadura cuya marca de sangre supera a lo peor que se ha visto en el continente, incluyendo a Videla y a Pinochet, y que tiene además unos ribetes esotéricos y fanáticos que son reminiscencias horríficas del nazismo hitleriano.

Para los ciudadanos nicaragüenses, la verdad es terrible, aunque libere: no hay un camino hacia la liberación que no implique lucha, que no implique sufrimiento, que no implique organización, clandestinaje, resistencia activa; que no requiera actuar con suma inteligencia, para no ser carne de cañón, para que no haya pérdidas humanas innecesarias. Porque, como van "aprendiendo" en pellejo propio sus socios oligárquicos, Ortega será, con toda seguridad, cada vez más brutal a medida que su desesperación aumente. Miren cómo ha olvidado el abrazo y el cariño con que Pellas y compañía quisieron "absorberlo". Mal paga el diablo a quien bien le sirve.

The Unknown Soldier, de Salomón de la Selva[103]

21 de junio de 2021

"Todavía les tengo / más temor a las sombras que a las balas", escribió. Y escribió también, el mismo nicaragüense: "...se estremeció mi barro de antigua bizarría /... ¡y tuve un coraje de siglos y de razas y de / saber ser mar, volcán y roca y río y nube / orgullo y nobleza y por gracia y por fe!" Para luego preguntar, angustiado: "Y esta sangre en el suelo, / ¡por Dios! ¿Qué ha sucedido?"

La pregunta nos lleva a lo más oscuro de la perplejidad: ¿de dónde proviene la maldad humana? Los versos abren el espíritu a una revelación vital: la violencia, aunque no mate el cuerpo, mata la luz. Los versos me recuerdan, con la vaguedad que usa el tiempo para atar memoria y fantasía, una frase que a lo mejor leí en un texto de Russell, si es que la leí: "lo único rescatable de la guerra es el coraje." Versos, en suma, que dan palabra al sufrimiento de los nicaragüenses que, en este 2021, bajo el horror de una tiranía demencial, nutren su resistencia con el coraje de sabernos "*mar, volcán y roca*".

Cien años después, Salomón de la Selva nos habla, y habla por nosotros. Cien años después, en homenaje al gran poeta, y a la nación que resurgirá libre, y que un día honrará su obra y pensamiento ["*La independencia fue para que hubiese pueblo / y no mugrosa plebe: / hombres, no borregos de desfile; / para que hubiese ciudadanos; / para que júbilo goce la infancia / en decencia de hogares sin miseria*"] tengo el honor de presentar, en la hermosa versión bilingüe producida por la editorial Casasola, la primera traducción al inglés de un libro que extrañamente (como se explica en la Nota del Traductor) no había sido presentado antes al público de habla inglesa.

Añado que el trabajo de traducir este clásico latinoamericano lo empecé hace casi diez años; que ha sido largo el recorrido y múltiples las versiones y revisiones; y que se han multiplicado, en el camino, los amigos y colegas que apoyaron el proyecto. Añado también que el libro contiene la que podría ser una versión en castellano (casi, siempre casi) *definitiva*, por seguir fielmente el texto de la primera edición, corrigiendo erratas del original y deshaciendo cambios que inexplicablemente aparecieron en publicaciones posteriores.

Que sea este un aporte al espíritu de libertad de nuestra gente; que amplifique la denuncia de Salomón contra quienes desde el poder del Estado se ensañan en "*la carne flaca de los pueblos*".

Por mi parte, siendo mi interés de raíz puramente estética y patriótica, me comprometo a entregar mis regalías de traductor a la causa del derrocamiento de la dictadura Ortega-Murillo.

---

103 *The Unknown Soldier* (*El soldado desconocido*), Casasola editores, Massachussets, Estados Unidos. Edición bilingüe, traducción de Francisco Larios. Amazon.com: https://www.amazon.com/dp/1942369522

La bestia herida agrede a sus antiguos socios (¿qué ha cambiado?)

23 de junio de 2021

En el conflicto actual que se vive en Nicaragua la gran incógnita es siempre lo que ocurre en la cumbre de la pirámide del Estado terrorista, en la mente de dos malévolos rumbo al desquiciamiento, atrapados en el poder, condenados a un mal fin, en la intimidad de un cuarto en una casa robada de El Carmen. Cada vez más, sus actos se parecen a los excesos irracionales de una bestia herida, zarpazos que la bestia da en mortal angustia, descontrolada, desesperada. Zarpazos desde su debilidad estratégica, la cual trata de compensar con ataques diarios, con gotas de terror que pongan algo de líquido en el vaso vacío de la legitimidad.

Pero que no se nos olvide esto, mientras condenamos TODAS las arbitrariedades del régimen, contra grandes o pequeños, pobres o ricos, seres humanos todos, ciudadanos todos: *el gran capital está del lado del gran capital.*

Sin embargo, si sufre el chantaje mafioso del orteguismo, o maniobra en contra de este para proteger sus intereses, el pueblo democrático debe aprovechar la fractura en el sistema dictatorial del que ambos son parte, especialmente en estos momentos, en los que la agresiva demencial del régimen vuelve sus fuegos, por primera vez, contra antiguos aliados. *Pero, insisto, advierto: debemos estar claros de que los objetivos del gran capital son los intereses del gran capital, y que,* ***así como en este momento chocan con Ortega, en otro se pueden entender.*** Ya ha ocurrido antes, y puede volver a ocurrir, dependiendo de la correlación de fuerzas.

Hay que insistir en caminar con los ojos abiertos y la vista rápida, y con la desconfianza de coraza. Las cúpulas tienen gran poder, poco escrúpulo, y mucho que perder si pierden su dominio sobre la "hacienda" que para ellas es Nicaragua. Y los nicaragüenses democráticos no podremos salvar al país, y darles un futuro digno a los nuestros, si permitimos que una vez más las cúpulas se salgan con la suya usando las armas más poderosas que tienen: las del engaño. Lo peor que el pueblo democrático puede hacer es depositar su confianza en quienes ya sabemos responsables, culpables, y hasta traidores.

Es decir que, aunque todo lo actuado por la pareja sanguinaria y sus cómplices sea ilegítimo e ilegal, porque no gobiernan el país bajo una constitución, sino que lo han secuestrado a punta de violencia, no podemos equiparar totalment e—en cuando a responsabilidad por la crisis y el sufrimiento de Nicaragua— a nuestros presos políticos, desde Tamara Dávila hasta el último de los 130 oficialmente reportados, con los rehenes que Ortega ha tomado entre la oligarquía y la clase política que ha sido su cómplice; gente como Chano Aguerri o Luis Rivas, como María Fernanda Flores, o incluso, si se diera el remoto caso, de Baltodano, Pellas Chamorro, Ortiz Mayorga y compañía. Estos últimos *merecen* ser investigados y sentados en el banquillo de los acusados; deben ser sometidos a la Justicia. *Pero a la justicia, no a la barbarie.* Porque las medidas de Ortega-Murillo son todo, menos justicia.

La pandilla de Ortega y Murillo, al proceder contra sus antiguos aliados, *no hace justicia*, sino que comete aun más crímenes. Lo hace porque sus principales están arrinconados, su temor es intenso, presienten que su reino de horror agoniza. Por eso la bestia lanza su aguijón y su veneno en direcciones que muchos de sus antiguos socios nunca creyeron posible. La pareja genocida pareciera ir perdiendo la capacidad de reaccionar calculadamente, y la arremetida contra sus viejos aliados es indicativa de que ha perdido el timón, de que la vorágine de su propia violencia los engulle.

A ciencia cierta, no podemos saber si creen estar "*tomando rehenes*" para una negociación con los capos del gran capital y con los "procónsules imperiales" a los que tanto han denunciado en público mientras sirven en privado, o si, simplemente (o hasta qué punto) una sed visceral de venganza los ciega a las consecuencias de sus actos, y a los límites de su poder.

De lo que podemos estar seguros, desde un punto de vista objetivo, es que hay agresión de la dictadura contra grupos de la oligarquía que ayudó a edificarla y a convertir el país en un sangriento campo de concentración. También podemos estar seguro de un peligro latente en este conflicto entre cúpulas: Ortega podría ofrecer, "a última hora", excarcelar a los reos, a cambio de que la oposición que favorece elecciones a toda costa llame a "votar masivamente" el 7 de noviembre. Trampa artera, porque todo está preparado para un fraude que solo puede evitarse con la salida de Ortega del poder.

De cualquier manera, este pleito de cúpulas es un elemento muy visible e importante del conflicto por el poder en Nicaragua. El pueblo democrático debe aprovecharlo al máximo. Que los enemigos del pueblo se hagan daño entre ellos los debilita. Que coyunturalmente podamos restarle el apoyo oligárquico a la dictadura, neutralizar a los grupos oligárquicos que la han apoyado, o incluso *unirlos a la fuerza que lancemos contra la dictadura, contribuye a la causa de la democracia*—siempre y cuando no caigamos en la trampa de creer que quienes son culpables y responsables de la tragedia del país son ahora "de los nuestros"; siempre y cuando no caigamos en la trampa de creer en "conversiones"; siempre y cuando *no caigamos en la trampa de creer que la fábrica de dictaduras que es el sistema oligárquico puede, como por arte de magia, volverse fábrica de libertad.*

La estupidez de plantear la lucha del pueblo como "izquierda versus derecha" (No es solo doña Kitty)

28 de junio de 2021

En este siglo XXI, la lucha necesaria y posible es por los derechos humanos, es internacional, y es *contra el poder económico* tanto como lo es *contra el poder político*. La concentración de uno lleva a la concentración del otro. La confluencia de los dos crea opresión.

La lucha de los ciudadanos en este siglo XXI no puede ser simplemente en contra de la opresión política a manos del Estado, que se nos hace muy obvia, por la historia del siglo XX, y porque el Estado ejerce *abiertamente* el poder contra el ciudadano. Tampoco puede ser únicamente en contra del poder económico, que ejerce su poder debilitando un área del Estado, la función regulatoria y distributiva de la renta, mientras refuerza (muchas veces sin declararlo, porque entonces despojaría de *liberalismo* al "neoliberalismo") otra: su función coercitiva-represiva. Es decir, la lucha de los ciudadanos *necesita ser*, dada la estructuración del poder social en nuestra época, contra un monstruo de dos cabezas, contra las dos fuentes de la opresión, el estatismo político (que puede ser también económico) y el neoliberalismo, un laisser-faire desenfrenado que privilegia a los ya privilegiados.

Es esencial identificar las dos cabezas del monstruo; mejor dicho, entender que el monstruo tiene dos cabezas, dos partes de una simbiosis opresiva que hay que superar por el bien del ser humano y la preservación del planeta habitable.

Esto implica no solo enfrentar el llamado *neoliberalismo*, sino que requiere *rebasar el anti-neoliberalismo*.

¿Por qué? Para escapar de un péndulo funesto e improductivo, porque el anti-neoliberalismo va, con demasiada frecuencia, acompañado de una inclinación *reaccionaria* a solo mover el péndulo en su otra dirección, hacia el fortalecimiento del poder coercitivo del Estado, cuando lo que hace falta es una cinceladura mucho más cuidadosa, menos gruesa: *hay que reducir drásticamente la capacidad de coerción política del Estado, pero hay que involucrarlo más en la gestión de la economía* de lo que se asume en la ideología "neoliberal". La razón de fondo para esta evolución es que *la sociedad crea la economía y no al revés, porque la necesidad de estar juntos en sociedad rebasa los límites de producción y distribución. Al mismo tiempo, hay que involucrar más, y más efectivamente, a la ciudadanía en el control del Estado*, para que el diseño de la libertad económica individual y los linderos de sus ámbitos no impidan la satisfacción de otras necesidades sociales y humanas; para que no estén marcados rígidamente por el interés estrecho de una minoría, la de los grandes propietarios.

No hay que olvidar que el propósito de la economía no es maximizar los ingresos de estos últimos, el tipo de ingreso que llamamos "beneficios" o "ganancias" o "utilidades", sino más bien maximizar el "valor agregado", que no solo incluye beneficios, sino también la compensación de los empleados y trabajadores, que son la mayoría, las rentas a dueños de activos fijos y los intereses a los dueños de ahorros. Pero tampoco debemos olvidar, en la carrera por "maximizar el valor agregado", lo que hemos ido descubriendo con un desfase tal que tiene a la humanidad en peligro de extinción: no se puede creer ciegamente en las medidas existentes del valor agregado, resumidas en el Producto Interno Bruto, porque, aunque sean muy útiles, tienen puntos ciegos: no incorporan costos humanos importantes, como la destrucción del medio ambiente y la vida espiritual y cultural de las sociedades.

Urge bajarse del péndulo

Por tanto, urge salir de la dicotomía entre cierta "izquierda" que, tras la nefasta herencia de Lenin y Stalin, siente una atracción fatal por el estatismo, y la "derecha" que en América Latina es apenas el apodo del estatu quo oligárquico postcolonial. Lo que la lucha por un mundo mejor necesita no es rechazar "izquierda" lanzándose a la "derecha", o rechazar "derecha" lanzándose a la "izquierda". Eso es solo montarse insensatamente en el péndulo. La lucha por un mundo mejor requiere pensar en el diseño de la sociedad deseable y posible en función de *libertad, ciudadanía y comunidad.*

El primer mandamiento de esta visión ideológica es que, a ningún Estado, movimiento o persona, debe permitírsele, ni debe justificársele, que coarte la **libertad política** de ningún ciudadano en nombre de ninguna bandera política, sea el disfraz (porque generalmente es un disfraz) de "derecha", o de "izquierda". Con múltiples falacias se cae en este error, incluida la muy cruel de justificar los crímenes de un Estado porque en otro también se cometen crímenes. Incluida también la falacia de la jaula de oro, según la cual, la libertad del ser humano es sacrificable si a cambio se le "garantiza" (dudosamente, por supuesto) el pan. La contraportada de esta última falacia es la afirmación perversa de que, si los ciudadanos tienen libertad política, pero padecen penurias o explotación económica, no pierden "nada", no pierden la libertad, si se impone sobre ellos una dictadura que "los alimente".

Todas estas son trampas perversas de la ambición y la codicia. Todas estas son banderas de piratas, no banderas de libertad. Por eso, la única que debe respetarse con devoción sin límites es la de los derechos humanos, por encima de cualquier otra, incluso de las banderas nacionales que, para bien, o —más frecuentemente— para mal, abrazamos.

Hay que pensar en el diseño de la sociedad deseable y posible entendiendo que "sociedad", es un concepto más amplio que "economía". Que la economía —podría decirse— es una máquina que la sociedad crea, manipula e innova para satisfacer sus necesidades materiales, que deben satisfacerse, pero que no son el todo humano. De la misma manera, hay que pensar en sociedad como un concepto más amplio que Estado. El estado sería, desde esta construcción, un instrumento creado por la sociedad, por la convivencia y para la convivencia de individuos que necesitan —es la naturaleza humana— de la compañía, no solo de la colaboración de otros, para ser lo que son, no solo para sobrevivir. Retos mayores, producto de la condición humana. Si los encaramos con éxito, llegamos a la vida civilizada y en libertad de las mejores comunidades. Si los evadimos, o fracasamos, terminamos en gulag, o en guerra.

Verdad y estrategia: la entrevista de Carlos Fernando Chamorro[104] a CNN (Si no ahora, ¡¿cuándo?!)

30 de junio de 2021

Me ha sorprendido ver a uno de nuestros más distinguidos periodistas, exiliado por segunda vez desde el inicio de la crisis, quedarse más corto en su narración de la terrible verdad de Nicaragua que el periodista de la red internacional CNN, Fernando Rincón. Creo que sobre esto vale la pena reflexionar, porque atañe al costo humano de la lucha por acabar con la dictadura.

Y creo que nadie objetará si afirmo que quienes nos oponemos a la pareja genocida y sus acólitos, incluyendo, por supuesto a Carlos Fernando Chamorro, tenemos de nuestro lado la razón y la verdad, y por lo tanto debemos divulgarla con toda nuestra fuerza. Miles de nicaragüenses buscan hacerlo. La gran mayoría no cuenta con el acceso a una audiencia de millones, desde una alta plataforma, como la que Carlos Fernando tuvo en la entrevista.

¿Por qué, entonces, tanta evasiva? ¿Por qué, si el propio entrevistador, un reportero que simpatiza con la causa de la democracia en Nicaragua, insistió en darle la oportunidad para hablar con total claridad, como nicaragüense democrático? Y en un momento así, lo quiera o no Carlos Fernando, la audiencia entiende, por el respaldo y prestigio del entrevistador, que el entrevistado habla *en nombre* de los nicaragüenses democráticos.

Hay que decir que Fernando Rincón entiende, tanto como cualquier observador bien intencionado, que el mundo debe con urgencia saber a qué se enfrenta el pueblo desarmado de Nicaragua; que su público, el que los políticos latinoamericanos y muchos políticos en Estados Unidos necesitan para mantener sus puestos, debe ser informado acerca de *quiénes son los que impiden que la voluntad de vivir en libertad sin ir a la guerra, del ciudadano nicaragüense, se cumpla.*

Porque, si el público *no sabe*, los políticos y los gobiernos quedan *manos libres* para jugar los juegos impúdicos del poder, en los cuales sacrifican, en nombre de intereses estrechos, la vida y libertad de los nicaragüenses.

Si el público *no sabe* que los nicaragüenses están ya hundidos hasta el cuello en las arenas movedizas de una dictadura que no tiene precedentes en nuestra historia, comparable ya a lo peor del continente, desde Videla y Pinochet hasta Castro, Trujillo y Papa Doc, los gobiernos y los políticos pueden hacerse los suecos.

¿Por qué, entonces, Carlos Fernando no expresa sin medias tintas la verdad que el frustrado entrevistador quiere revelar al mundo, y para la cual, esta vez, pide la ayuda de una de las víctimas? Se la pide, repito, como periodista y como

104 https://www.youtube.com/watch?v=7LVfLb3up5s

nicaragüense. Es decir, como la voz, *en ese momento*, de los nicaragüenses que son víctimas de la dictadura.

Estas son algunas de las verdades que Rincón insistió en develar, en enfatizar, en conectar al drama de la gente en Nicaragua, y que, inexplicablemente, Carlos Fernando decidió no confirmar:

La continua ayuda que recibe el régimen de instituciones multilaterales en las cuales, valga recordar, el gobierno de Estados Unidos tiene por lo menos gran influencia, como el Banco Interamericano de Desarrollo;

La balsa de salvación financiera que el Banco Centroamericano de Integración Económica ha tirado a la dictadura desde el 2018;

La complicidad persistente del gran capital con el régimen orteguista, que ha sido fundamental para su construcción y preservación, y que solo ha mutado de forma a conveniencia, forzada por cambios en su hábitat: antes de 2018 fue activa y pública; durante la masacre de 2018 fue activa pero silenciosa (y matrera); y hoy, a pesar de todo lo ocurrido, es participativa aunque siniestramente silenciosa y quizás pasiva: muestra a los grandes conglomerados como dispuestos incluso a abandonar a sus más fieles lacayos, y a dejar que se hundan empresarios de menor calado, con tal de proteger los intereses, ya no de la mayoría del gremio, sino de un puñado de milmillonarios sin escrúpulos.

El silencio del Papa Francisco, ya no solo ante la opresión de los nicaragüenses, sino ante: las agresiones físicas contra sus sacerdotes, incluyendo el asesinato de uno de ellos y el ataque de turbas contra otros ¡dentro de la propia catedral de Managua!; la muerte, a manos de sicarios del régimen, del monaguillo de un obispo (multiplicado el agravio, porque el obispo, ya fallecido, era servil a Ortega, y 'dejó pasar'); la masacre de cientos de feligreses católicos e incluso el ataque a balazos contra sacerdotes que caminaban en hábito y con todos los símbolos de la fe y de la Iglesia en medio de las balas, tratando con un coraje sobrecogedor, de infundir paz y calma en medio de la violencia diabólica del orteguismo; la manipulación constante de las prácticas y el calendario católico para fines propagandísticos, y su profanación, al colocarlos lado a lado con simbologías satanistas o paganas; la profanación, ya rutinaria, de templos, incluyendo el incendio terrorista dentro de la catedral de Managua que incineró la Sangre de Cristo, una imagen que se cuenta entre las más veneradas del país; el ataque militar contra la iglesia de la Divina Providencia, que resultó en la muerte de estudiantes refugiados dentro de ella, desarmados, y bajo la protección del párroco; y las amenazas continuas de muerte, y el hostigamiento material y psicológico, contra sacerdotes y obispos que se atreven a cuestionar, congruentes con su misión pastoral, al régimen. Esto, en pocas líneas, es miles de agresiones, abusos y crímenes que en la historia de Nicaragua fueron antes impensables. ¿Y la respuesta del Papa? Silencio. No es siquiera el silencio prudente de quien algo hace (al menos algo bueno) ya que más bien se ha visto a su Nuncio en la cálida cercanía del régimen. Es un silencio inexplicable, si uno asume que el hombre electo para ser Papa cree lo que dice creer, y ejerce la función que se supone quiere ejercer. Un silencio total que es abandono, que no puede excusarse, que es complicidad, que es innegable, que es información, que es parte del problema de Nicaragua, y por tanto el público necesita conocer.

Yo no entiendo por qué un periodista, un profesional de la verdad, especialmente uno que sabe que todo esto es cierto (¡lo sabe Rincón, lo sé yo, lo sabe la gente dentro de Nicaragua!) se niega a *validar* esta información ante la audiencia de millones que el entrevistador pone a su disposición para que comunique al mundo, con la urgencia y angustia del caso, *nuestra verdad.*

Carlos Fernando, en efecto, no da la validación que Rincón pide; responde que su labor "*no es predecir el futuro*". Rincón lo corrige respetuosa pero firmemente, con obvia buena voluntad y algo de perplejidad; le recuerda que "*esto no es predecir el futuro, estos son hechos.*" El resto de la respuesta de Carlos Fernando es impecable barroco nicaragüense, decir y no decir, dar vueltas retóricas y más vueltas retóricas, y más vueltas retóricas, sin buscar el centro; consumir los minutos recitando con elocuencia frases incontrovertibles pero irrelevantes, desconectadas del tema, o más bien irónicamente contrarias a su respuesta, como que "hay que construir memoria" [¿Cómo puede construirse memoria sin decir toda la verdad?]. Para, al final, desembocar, una vez más, en la necesidad de elecciones para salir de la crisis. Elecciones que, por supuesto, se niega a descartar, ¡ya en el exilio por segunda vez, con todos los "precandidatos" presos, inmovilizados, desaparecidos o escondidos!

Todo esto, el aferramiento al espejismo electoral, y el zapateo alrededor de las preguntas de Rincón, es parte de un patrón *negacionista* de la realidad muy lamentable, de origen que difícilmente puede llamarse noticioso, y más difícilmente puede justificarse dadas las credenciales y la obvia inteligencia de Carlos Fernando: no puede, nuestro distinguido periodista, alegar que *no sabe* que aquello que evade y niega es la realidad; no puede decir que sea sensato decir al pueblo nicaragüense que debe apostar vida y recursos a que sea posible, mientras Ortega-Murillo y su claque de uniformados y oligarcas estén en el poder, realizar elecciones libres. Y por supuesto, es irrisorio el argumento, y trágica la falsedad, de que de esa manera podrá desmantelarse la dictadura.

Si todo esto fuera cierto, o remotamente posible, Carlos Fernando Chamorro no tendría que decirlo desde su segundo exilio en tres años, esta vez, a escasos cuatro meses de las cacareadas elecciones. Y todo lo demás, Carlos Fernando también lo sabe.

Entonces, ¿qué pretende al participar en la *negación* de los hechos? No soy, como he dicho y es obvio, lector de almas, así que me cuesta sobremanera imaginar cómo ocurre esto de negar lo innegable. Aunque confieso que a estas alturas estaría yo dispuesto a hacer lo mismo, si creyese que ayuda a la liberación de

Nicaragua y a evitar más sufrimiento a nuestra gente. Pero evidentemente no es así. Nunca ha dejado de ser cierto que la verdad nos hace libres, y que a veces la verdad que libera es la más terrible. Basta preguntar: ¿de qué ha servido hasta la fecha negar la realidad? ¿A quién ha servido?

¿Por qué estas preguntas? ¿Qué objetivo nacional y social persiguen?

En el ambiente viciado y violento que domina la interacción social en un país que por momentos pareciera disolverse como una pastilla efervescente, en medio de la violencia ciega y reaccionaria de mucho de nuestro diálogo de sordos vociferantes, seguramente habrá quienes lean estos comentarios como un ataque personal, como una agresión por demás infundada contra el periodista Chamorro.

No lo es. Yo no tengo por qué ser enemigo de Carlos Fernando Chamorro. Ni amigo. Mi amistad y amor los entrego, en el orden que sigue, a mis principios y a mi Nicaragua. Por el bien de ella, aclaro, no solo mi intención, sino la que creo que debería ser la intención colectiva de quienes queremos para el terruño un futuro menos cruel que el de hoy, y del que aguarda a la vuelta de la esquina de esta coyuntura, que podría ser aún mucho peor.

Mi empeño en comentar esta entrevista es porque **urge** que llevemos al mundo un mensaje diferente al que podría inferirse de los silencios en las declaraciones de Carlos Fernando Chamorro, que son silencios comunes en la retórica de las figuras que dicen representar a la oposición, y que han sido, hasta la fecha, una carga adicional sobre la cruz de los ciudadanos nicaragüenses, porque *dejan en el aire, flotando como flotan vacías las falacias, la ilusión de que es posible hacer a Ortega abandonar el poder si en las elecciones que él administre, para las cuales ha montado un aparato totalitario de fraude, obtiene (es decir, cuenta él mismo) menos votos.*

Hay que hacer entender a la comunidad internacional que, para salvar vidas e impedir que la crisis de Nicaragua se convierta en la inestabilidad de la región, necesita ayudar a que se fuerce la salida de Ortega del poder.

Para los nicaragüenses demócratas el mensaje debe ser igualmente claro: dada la naturaleza *fáctica* (ilegítima) del régimen orteguista, hay que golpear los pilares *fácticos* que la sostienen; hay que minar todo su apoyo financiero, exponer todo silencio protector, toda complicidad doméstica o internacional; hay que impedir que la dictadura tenga recursos políticos y financieros para profundizar y extender su represión y su dominio.

Por eso, debe estar claro que el silencio del Vaticano (y, hay que mencionarlo, porque es quizás más inmoral, por ser su país y sus colaboradores los que sufren, el del cardenal Brenes) *no significan que su iglesia no esté bajo asedio*, ¡porque lo está! Hay que impedir que nadie en el mundo *—los hay, y usan el silencio del Papa como evidencia—* pueda decir, con un mínimo de credibilidad *—lo hacen, y usan el silencio del Papa como evidencia—* que son berrinches injustificados o arranques de belicosidad intolerante, "reaccionaria", "ultraconservadora", las críticas de monseñores Mata, Álvarez y Báez, y las del padre Edwin Román. Necesitamos que se sepa que, por el contrario, quienes fallan son el Vaticano y el cardenal, y no aquellos —hasta ahora— ejemplares líderes de la iglesia católica nicaragüense.

El mundo debe saber que los "aprobados" que extienden el BID y el BCIE no quieren decir que el actual gobierno pueda ser considerado *garante de seguridad financiera*, ni que la economía nicaragüense sea estable y en vías de progreso; significan, en realidad, que el BID y el BCIE actúan bajo la influencia de aliados o cómplices de la dictadura, o como parte de "estrategias" inhumanas, que sacrifican la vida y libertad de los ciudadanos de Nicaragua.

El mundo debe saber que la crítica de Estados Unidos hacia Ortega no necesariamente apunta a un compromiso innegociable a favor de la democracia; porque el *establishment* político de ese país clave, desafortunadamente para la mayoría de los nicaragüenses, duda, vacila entre la defensa de los derechos humanos que proclama y el confort que deriva de su relación con poderes fácticos *profundamente antidemocráticos*, como los del gran capital, y —ha sido así por años— incluso con la propia estructura de poder político-militar del sandinismo post 2007.

El mundo debe saber que el peligro de un nuevo pacto entre la golpeada oligarquía y el régimen que ayudaron a nutrir es virtualmente permanente. Y que no solo nos enfrentamos a la inhumanidad de los sicarios, sino a todo un aparato que los sostiene política, diplomática, y financieramente. Esto es vital, es de vida o muerte, y no debe desperdiciarse ninguna oportunidad de gritarlo a los cuatro vientos.

Si no ahora, ¿cuándo? Si se quiere evitar la guerra sin aceptar un siglo de dictadura —el pensamiento no es temerario: el país tiene ya cuarenta años de estar lidiando con el autoritarismo del FSLN, luego de cuarenta y cinco años de autoritarismo somocista— hay que hacer uso de todas las herramientas políticas, hay que minar la mentira y hay que dejar desnudos en el centro del escenario a los que no juegan a favor de la democracia, como la lista que presentó Fernando Rincón a Carlos Fernando Chamorro.

Si no se hace esto, el costo de la libertad seguirá subiendo, porque de algo hay que estar seguros: el FSLN ha estado dispuesto siempre, y está dispuesto hoy, a hacer que un lago de sangre inunde Nicaragua. Por eso, ¡hay que decir la verdad!, ¡y decirla claramente!, porque no estamos siquiera ante un régimen autoritario "normal"; no estamos tampoco ante un régimen mafioso "normal", sino uno que rebasa los límites conocidos en la era moderna, exceptuando a déspotas que, además de crueles, corruptos y autoritarios, mostraron ribetes de demencia ritual, como en los círculos nazis de la Alemania hitleriana. Y esto también es verdad, y *el mundo no lo sabe*, y hay que gritarlo a los cuatro vientos. ¡Si no ahora, ¿cuándo?!

Silvio Rodríguez y el ocaso

15 de julio de 2021

"Están tratando de llenar el éter de mensajes
para crear la impresión de que se acaba el mundo."
—Silvio Rodríguez

En otro tiempo y en otro lugar, si el mundo no colapsa antes por una explosión de Covid o de reguetón, el arte de Silvio Rodríguez probablemente sea una fuente pura de placer espiritual, sin que lo enturbie la sombra de la incongruencia ética. Ya para entonces será un detalle de especialista que el mismo ser humano capaz de enjaular líricamente al "*eternizador de dioses del ocaso*" y al "*testaferro del ladrón de los aplausos*" y de condenar así, genialmente, al venal o cómodo reaccionario que apoya la inercia del poder, haya terminado reducido a su caricatura.

Ocurrirá que la belleza que creó perdure, y se olvide que su autor fue incapaz de verse en el espejo de su potente intuición poética; que no quiso, o no pudo, traducir la angustiada pose ["*qué cosa fuera, corazón, qué cosa fuera, la maza sin cantera*"] en verdad vital.

No se le vio, dirán quienes lo estudien, blandir su maza de artista ("*si no creyera en la esperanza*") para transformar la realidad fósil de la sociedad cubana, la cantera del poder que aplasta a su gente. Más bien, notarán que Silvio Rodríguez fue cómplice, y fue beneficiario. Y de esto, creo yo, no cabe duda: Silvio Rodríguez es culpable sin excusa de publicitar durante décadas *la falsedad* que no solo oculta los desmanes de un régimen que encerró a su país en una cárcel de hierro y hielo, sino de dulcificar para los públicos de otras naciones la imagen del sistema, convirtiéndolo en sueño, trampa, y tragedia.

¿A cambio de qué? A cambio de mucho, debe decirse, porque no hay, en su caso, posibilidad de engaño, y porque su talento pudo, quizás, haberle conseguido el triunfo mundial sin sacrificar su ética y su independencia. Pero la vida es lo que ocurre, no lo que pudo haber ocurrido. Ser un gran compositor, o un gran poeta, no garantiza la popularidad. El mundo es cruel con la vanidad del artista: pocos hay que reciben en vida la recompensa que creen merecer. A lo mejor Silvio Rodríguez podría haber recibido la suya sin el poderoso aparato internacional de la propaganda estalinista que plantó y nutrió el mito de la revolución cubana; pero podría también haber sido uno de tantos incontables artistas que, aunque talentosos, apenas alcanzan a legar a sus descendientes el orgullo de su obra, y quizás el goce vicario de una fama póstuma.

Y hablo de fama, no de riquezas, porque cuesta imaginar que los pagos de regalías sobre la música de Rodríguez, y las fortunas acumuladas en sus giras, sean enviadas directamente al ministerio de Finanzas de la "revolución", menos aún al bolsillo de sus compatriotas.

Espero que traten mi escepticismo con misericordia: mi unicornio azul ayer se me perdió.

La izquierda mutante y las monarquías del Siglo XXI

20 de julio de 2021

Antes de entrar en tema, debo confesar que escribo este texto como un acto de lucha. Busco, como un débil Sísifo (igual a todos en toda edad y toda latitud) hacer que la convicción se sobreponga al cansancio y a la tristeza. Es lo humano, lo único certeramente humano. Inevitable, por nuestra fragilidad, posible gracias a verdades que lo son en sí y por sí, inherentes y eternas, y nos mueven por serlo, y por ser lo que somos.

A ellas me apego, como se ha apegado a ellas la razón desde que avizorara su luz lejana aproximarse en el mar turbulento de la historia: "*Les hommes naissent et demeurent libres et égaux en droits*", proclama la revolución francesa ("*los hombres nacen y permanecen libres e iguales en derechos*"); "*all men are created equal, … they are endowed by their Creator with certain unalienable Rights, … among these are Life, Liberty and the pursuit of Happiness*", proclamaba un par de años antes el Thomas Jefferson de la revolución que fundó los Estados Unidos de América ("*todos los hombres son creados iguales, dotados por su Creador de ciertos derechos inalienables; entre ellos la Vida, la Libertad, y el derecho a buscar la Felicidad.*")

El poder y los derechos humanos

Estas son más que palabras hermosas o sueños de unicornio. Son los pilares de una visión política del ser humano como núcleo de la modernidad. Aplicadas, desde el inicio, con toda la imperfección de que el humano es capaz y con todo el empeño en buscar la perfección que lo marca de nacimiento, constituyen el credo de la civilización; verdades, que como inscribió Jefferson en la Declaración de Independencia, son "*self-evident*", es decir, libres de toda duda, incuestionables, ciertas sin que haga falta más demostración que sí mismas.

¿A alguien se le ocurre, hoy en día, proponer que no todos los seres humanos "nacen libres", o que no todos tienen derechos inalienables, como *la vida y la libertad, y el derecho a perseguir la felicidad*? Respondo, porque desafortunadamente esta pregunta no es una flor retórica, ni una burbuja que se deshaga al contacto con la realidad: *al poder.*

Lo hace, desde que el código de la modernidad se volvió norma, con la misma artera voluptuosidad con la que los cristianos han violentado el "ámense los unos a los otros" durante más de dos mil años, y quizás por las mismas razones. Lo hace mientras levanta banderas 'emancipatorias' y escribe constituciones que contradicen su práctica, mientras denuncia a otros poderes por no cumplir la norma, por violar los derechos humanos.

Monarquías y poder

Contra *el poder* se levantaron, o más bien se sentaron, a la izquierda de la presidencia de la Asamblea a inicios de la revolución francesa, los representantes del *Tercer Estado*, lo que hoy llamaríamos *el pueblo*.

En aquel entonces *el pueblo* era quienes no pertenecían a la nobleza o al clero católico, que controlaba la mayor parte de la tierra. Y la tierra era, en aquel entonces (aurora de la revolución industrial) la mayor riqueza, y la mayor fuente de ingresos.

Hoy en día, en Nicaragua, diríamos que, por un lado, *a la derecha*, estaría sentado el "gran capital", los grandes herederos milmillonarios y su parentela, quienes actúan (y se ven a sí mismos) como nobleza criolla; junto a ellos estarían los representantes de la monarquía orteguista. Si a alguien se le viene a la cabeza "diálogo y consenso", no alucina.

La equivalencia histórica con la *izquierda* de la revolución francesa en la distribución de las curules sería el resto mayoritario de la sociedad: los ciudadanos que no pertenecen o apoyan a la monarquía orteguista; los trabajadores, los pequeños y medianos empresarios, los pobres, los estudiantes, los pobladores de barrios y comarcas, los campesinos.

Quiero resaltar aquí la similitud entre las demandas fundamentales del *Tercer Estado* en la revolución francesa y las del *pueblo* en la Nicaragua del siglo XXI. En junio de 1789, el *pueblo* francés pedía el derecho al voto individual, y sus representantes se oponían a que el "diálogo" [para traducir a nuestro trágico lenguaje] llevara a un nuevo "pacto" [sigo traduciendo] en el cual el rey tuviera siempre la última palabra, a través de la autoridad legal que le entregaría la "aplanadora" de los poderosos Primer y Segundo Estado para vetar las decisiones de la Asamblea.

Me imagino que, aunque no hayan leído la historia, sabrán intuir que a Luis XVI y a Marie Antoinette, como a Sus Majestades del Carmen, no les hizo mucha gracia la altanería del *pueblo*, y mandaron suspender el "diálogo". La respuesta de los representantes del Tercer Estado fue reclamar —y este es el comienzo de la modernidad, el verdadero comienzo de la democracia europea— la representatividad de la nación, y eventualmente erigirse (resumo aquí un poco) en Asamblea Constituyente. Había muerto el absolutismo, y empezaba el largo y accidentado camino hacia la república democrática.

Da escalofríos, pero alecciona sobre el ADN del *poder*, este otro paralelo: fue el propio Luis XVI quien, sumida Francia en agitación y crisis, convocó a este "diálogo", conocido [traduzco ahora del nicaragüense al francés] como *Estados Generales*.

Progresismo, revolución, pueblo y poder

La analogía histórica es casi evidente: la posición progresista, revolucionaria, era la de quienes dieron origen al término "izquierda" en la política mundial: defender el derecho de los ciudadanos frente al poder absolutista del déspota. La posición reaccionaria: apoyar al poder, a costa de la *soberanía* del pueblo.

Resulta entonces de una ironía por lo menos semántica que gente que se dice de "izquierda", "revolucionaria", y "progresista" tenga tanta dificultad en condenar al poder absoluto constituido en monarquías chapiollas, como la nicaragüense, y otras más entraditas en años, flotando ya en aguas de sucesión, como la de Cuba.

Pero esto es, precisamente, lo que ha ocurrido. Les regalo una muletilla fácil para tomar aliento: "cosas veredes, Sancho amigo."

La defensa reaccionaria del orteguismo y del castrismo

Los reaccionarios —y en esto se parecen todos— se aferran a un dogma. En otras eras, u otras circunstancias y latitudes, podría ser la "defensa de la cristiandad", o la "defensa del Islam", u otra causa sagrada. Como el mundo es así, si hay dogma hay dogmático; y el dogmático se ve, o se describe a sí mismo, como "bueno" por defender el dogma, o por defenderse de conspiraciones heréticas. Los herejes, por supuesto, son malos, tercamente malos, peligrosamente malos, y hacen "justo" (y hasta "necesario") que el dogmático torture, queme en la hoguera a personas, arrase con bibliotecas y culturas si es preciso, y si es preciso extermine poblaciones enteras.

El Gran Satán

El "dogma" de la "izquierda" post guerra de Vietnam incluía de manera prominente este artículo de fe: los Estados Unidos de América son el eje del mal, un imperio que calcula cada paso para imponer con la crueldad que sea necesaria, o más, su voluntad de extraer tanta sangre y riquezas como le sea posible del resto del mundo.

Tras la muerte de Stalin y, unos cuantos instantes-décadas después, la caída del muro de Berlín, la disolución de la Unión Soviética y la conversión de la China de Mao en la China de Walmart, la perversidad del imperio pasó, de ser el primer sura, a ser el único. Basta que un político se desgañite ante su público denunciando a sus enemigos como aliados o lacayos del imperialismo yanqui para que amigos y enemigos lo llamen "de izquierda". Basta que un régimen se declare acosado por el imperio para que la "izquierda" y todo aquel que no quiera ser considerado "derecha", o "capitalista", o "traidor al pueblo" tenga que asumir la cruz de su defensa.

Cómo se puede llegar colectivamente a arrinconar a la razón de tal manera es un tema fascinante y complejo. Cómo *se ha llegado* es un poco menos borroso: la voluntad de un aparato político de propaganda mundial, el del estalinismo, combinado siempre con lejanías, ignorancias, cegueras, y en muchos casos el deseo de creer que la solución a todos los males de la injusticia ya fue encontrada.

Pero de que se ha llegado a este rincón no cabe duda; y sin duda las consecuencias son funestas: no puede hacerse más daño a la causa de las revoluciones sociales (necesarias para el avance humano en muchas partes del mundo) que cuando se las condena a una perversa manipulación maniquea de la realidad; no puede hacerse más daño a los oprimidos del mundo que organizar, bajo la bandera del "progresismo", y de la "izquierda", la defensa del poder opresor.

Este es el verdadero Gran Satán que impide el progreso social, porque es reaccionario, y ayuda a las fuerzas de la reacción, al *Poder* en todos sus disfraces, a mantener el control social en contra de los intereses de la gente. Porque, al poder "de derecha", la "izquierda revolucionaria" le sirve en bandeja el miedo que es eco del terror que siembra en sus dominios, y licencia para "proteger" a sus países de la amenaza. Y si el poder es "de izquierda", el Gran Satán de la mentira estalinista les da el dogma, y el dogma debe ser defendido implacablemente, so pena de dejar que los herejes arrasen el paraíso de la fe.

La defensa "de izquierda" de las dictaduras de Cuba, Venezuela y Nicaragua

De eso se trata la vergonzosa postura de la izquierda latinoamericana con respecto al atropello de los derechos más elementales de —entre tantos otros— cubanos, venezolanos y nicaragüenses.

A los nicaragüenses, especialmente a aquellos que apoyamos al *Tercer Estado* de nuestra sociedad, y que no solo detestamos al régimen actual, sino que queremos un cambio verdadero hacia una sociedad más libre, igualitaria y próspera, nos consta y duele la oposición reaccionaria de esta "izquierda mutante" a la voluntad del pueblo de avanzar, soberano; de demoler El Carmen y caminar sobre sus ruinas hacia un futuro mejor.

Es apenas en las últimas semanas, cuando el orteguismo ha secuestrado a antiguos militantes del FSLN con conexiones internacionales, que intelectuales y activistas de la izquierda articulada han empezado a dar un giro que pareciera definitivo en contra de la dictadura sandinista.

¿Por qué tuvo que darse el abuso contra una élite de correligionarios antes de que despertara la conciencia de quienes se dicen militantes populares? Este cambio de postura, para colmo, no es solo tardío, sino tibio. Un ejemplo, antes de dejar el tema: cierta icónica figura literaria de la izquierda continental se negó a difundir entre sus redes el comunicado de la organización opositora

"Grito de Abril", porque contenía este pasaje: "*Los abusos (de la dictadura orteguista) rebasan lo ordinario en las dictaduras tradicionales que antaño plagaban el continente americano. La de Daniel Ortega y Rosario Murillo tiene visos demenciales…*".

La afirmación —que para ningún nicaragüense opositor es controversial— va respaldada, en el comunicado, por una lista de hechos que ya han sido formalmente incorporados a toda la documentación por la que se señala a Ortega y Murillo como responsables de crímenes de lesa humanidad.

No fue suficiente para la respetada figura, quien luego añadió a su razonamiento que la represión de Hitler había sido peor porque este mató a seis millones de personas. Si ese es el criterio, aunque Ortega asesinara a la población entera de Nicaragua, jamás podría ser comparable en su crueldad al tirano alemán.

Para rematar, no podía difundir en sus redes el comunicado, dijo, por este otro pasaje: "…que se permita la entrada inmediata de organismos multinacionales e independientes de Derechos Humanos, y a la Cruz Roja, para verificar el estado de salud y las condiciones de detención de todos los presos políticos." Dejaré al lector, como un acertijo, que busque en estas tres líneas razón suficiente para no publicar lo que las tres líneas demandan.

La "izquierda" y la monarquía castrista

Pero no hay caso más atroz de mutación reaccionaria que en la postura de la izquierda de América Latina (y mundial) frente a la monarquía castrista. Alrededor de esta un movimiento carente de modelo viable y humano ha creado la fábula de uno, el mito del paraíso bajo sitio, con los bárbaros a punto de arrancar a los ángeles el sueño de independencia, igualdad y prosperidad que un líder mesiánico construyó a punta de su generosidad luminosa y de una fuerza intelectual y espiritual que solo un coloso sobrehumano lograría hacer confluir.

Y bueno, es preciso reconocerlo: *hay bárbaros*. Lo que no hay, y confío que cualquier escapado del dogma entenderá, son ángeles. No tengo dificultad alguna en hacer inventario de los abusos cometidos por el *poder, en y desde* los Estados Unidos. Llámese Vietnam, llámese el apoyo a conveniencia que dieron y dan a regímenes opresores en el mundo; llámese la desastrosa invasión de Iraq o la opresión de los palestinos; los abusos que se cometen también al interior del país, las injusticias raciales e inequidades evitables en la condición de distintos grupos sociales. ¿Qué hay que hacer con respecto a estos abusos, y frente a la tendencia del poder concentrado abrumadoramente en un Estado militarmente poderoso que tiene de retaguardia una economía gigante y productiva? Pues, obviamente, hay que denunciarlos, y oponérseles.

¿Y qué es lo que no *hay que hacer*? Pues, obviamente, usarlos como excusa para los abusos que el poder cometa en ningún otro país, o en ninguna otra relación entre países. No hay mucha ciencia ni dilema en esto, cuando ya la humanidad se ha puesto de acuerdo —en algunos casos para aplicar honestamente, en otros para violar hipócritamente— sobre los principios fundadores de la modernidad que mencioné al comienzo de este ensayo. En otras palabras, sobre los derechos que consideramos universales, inherentes al ser humano, inviolables y de obligatorio respeto para el poder.

¿Y qué es lo que hace la ***izquierda mutante*** cuando la ***monarquía castrista*** transgrede tales derechos? Precisamente, lo que no debe hacerse: encontrar todo tipo de justificación al privilegio totalitario, absolutista, que la monarquía se arroga, y que constituye violencia de múltiples maneras contra los ciudadanos. Desde la humillación que han pasado decenas de miles para que el gobierno les "conceda" el permiso de viajar, hasta la aplastante prohibición de regresar a su propia tierra que a muchos les impuso por décadas, pasando por el silencio obligado, el aplauso forzoso, y el castigo sin apelación a quien se atreva a cuestionar a los que mandan, o peor aún, a quien pretenda participar en su elección. Y, además, esta, que es fundamental: un ciudadano de Cuba no tiene derecho a escoger libremente qué hacer para ganarse la vida por su esfuerzo e iniciativa; debe esperar a que el Estado, que en este caso es el Partido, lo haga por él. Esto lo sabe cualquiera que tenga la más mínima familiaridad con el sistema económico cubano, que más que un sistema de innovación, producción y distribución es un esquema de orden social subordinado a la meta que todo lo engloba: la del control político. El resultado, a nadie debe sorprender, es un país cuyas paredes se descascaran y cuyos techos caen sobre gente que vive cada vez más pobre y hundida en la desesperanza.

¿Y qué explicación da la izquierda mutante? Todo es culpa del "bloqueo". ¿Pero, hay bloqueo? Permítanme que discuta este tema en la siguiente entrada, para no alargar demasiado el texto actual. No precisará ser muy extensa la ilustración del "no", ni la presentación de algunos detalles del argumento que la izquierda mutante empieza a desplegar ante el mundo, no a favor del pueblo cubano que ha salido a las calles, desarmado, a reclamar sus derechos, sino a favor de la represión; a favor, en otras palabras, de la monarquía absoluta. Son las vueltas y remolinos de la historia: la izquierda hecha derecha, el pueblo convertido en merecedor de castigo ejemplar, como en el poema que Bertold Brecht escribiera, con satírica amargura, a raíz de la rebelión de 1953 en la Alemania del Este:

Tras la sublevación del 17 de junio

la Secretaría de la Unión de Escritores

hizo repartir folletos en el Stalinallee

indicando que el pueblo

había perdido la confianza del gobierno

y podía ganarla de nuevo solamente
con esfuerzos redoblados. ¿No sería más simple
en ese caso para el gobierno
disolver el pueblo
y elegir otro?

"Mirá al pajarito"
("Hay que verificarse, por si acaso")

25 de julio de 2021

Ya se ven, desde el extranjero, fotografías que muestran a filas de ciudadanos nicaragüenses, libres de todo acoso, en paz, exhibiendo el orden y la paciencia de quienes aceptan voluntariamente reglas, protocolo y sistema; ausente de las fotos: policías, paramilitares o cualquier fuerza de intimidación. Diríase que estas fotos fueron tomadas en elecciones municipales o nacionales de un país democrático. Si alguien dijese: "*esto es Costa Rica*" a un alemán, a un estadounidense, o a un italiano, con seguridad le creerían. Para despertar al menos algo de extrañeza habría que explicar que la gente de las fotos participa en un ritual que no es de uso en democracias, por razones obvias: ir, antes de las elecciones, a "verificar" que uno mantiene su derecho a votar. Es decir, ¡verificar que uno ***todavía*** *es ciudadano*! en fechas que el gobierno asigna para tal propósito. Luego habría que explicar que si todos acudieran a "verificarse" descubrirían que aproximadamente una tercera parte de ellos ha desaparecido de las listas de votantes. Quizás entonces, vendría la pregunta: *¿Costa Rica es democrática?*

"Mirá al pajarito"

Digámoslo ahora de manera directa: *la verificación es pasito engañado y atol con leche*. Le dicen al pueblo "*mirá al pajarito*", para tomar la foto de marras. Lo que no le explican a la población abrumada, cuyos líderes y activistas están mayoritariamente en la clandestinidad y el exilio, es que los Ortega-Murillo y sus aliados de la izquierda mutante y del gran capital distribuirán la imagen de un apacible fin de semana en el trópico con la siguiente leyenda: "*hay un proceso electoral en Nicaragua, la gente cree en él y participa en paz.*"

"Hay que tener fe"

Como el atol se promete a la criatura que se quiere obediente, se le da a probar con el dedo, para muestra de la recompensa que aguarda si se porta bien. Así racionalizan la verificación sus proponentes: hay que olvidar el abuso cotidiano del "padre" abusivo desde el Estado, hay que tener "fe", e ignorar toda la evidencia del universo, aunque esta caiga como un maná de información sobre nuestras cabezas, y nos diga que es **imposible** que haya elecciones democráticas bajo la tiranía, y por tanto es **imposible** que el 7 de noviembre la dictadura actúe como lo que no es, y tras contar los votos [porque ellos y nadie más los cuentan], sin observación [porque está prohibida], sin que los ciudadanos hagan campaña electoral [porque es ilegal, a menos que sea a favor del FSLN y sus zancudos], bajo estado de sitio [porque lo hay, menos de nombre], con cientos de miles de exilados [porque siguen saliendo centenares cada día], y después de dejar un reguero de cadáveres en las calles y campos de Nicaragua, **Ortega, Murillo, Pellas, Ortiz-Mayorga, Avilés, Díaz-Madriz, Casco** y **Porras** decidan que "el pueblo ha hablado", y dejen el poder.

"Por si acaso"

Como la fe puede mover montañas y ser fuente de ánimo y lucha, pero no puede hacerlo sin que mueva primero al ser humano, al escepticismo racional de la población lo combaten con un mágico "*por si acaso*". Porque cuando la gente, con la inteligencia que Dios le ha dado al común de los mortales, nota que sus vecinos están presos, escondidos, exiliados, censurados, hambrientos o aterrorizados, y nota—sin necesidad de maestrías—que hay una dictadura en Nicaragua y esta cuenta los votos, y si hace falta los hace o los destruye, y encarcela con leyes antidemocráticas y retroactivas a quienes se le antoje, y mata a quienes convenga o a quienes tengan vidas de poco valor en el mundo de los poderosos, mientras "la comunidad internacional" dice palabras bonitas y sale de vacaciones, la gente naturalmente dice lo que en estos casos es la lógica conclusión: "todo el proceso es una farsa electoral, diseñada por un régimen ilegítimo; tiene como propósito cumplir con un rito que inicie el retorno de la dictadura a la aceptación sin vergüenzas en las ceremonias del poder internacional, a los permisos que los poderosos se dan en el mundo para ejercer la represión hasta donde pueda disimularse en los cocteles y conferencias. Al final del proceso esperan los milmillonarios del país, a quienes solo interesa que Nicaragua sea "gobernable". Es decir, obediente."

"No importa", le dicen al pueblo, "hay que verificarse" … "por si acaso" … Y empiezan a repetir la frase los propagandistas de la mal llamada "vía" electoral; y ante la ausencia de un liderazgo que alcance mediáticamente a todos los rincones del país, y exponga la cruda verdad sin cortapisas ni dobleces, sobreponiéndose a la desesperación y al pensamiento mágico, el eco repite: "*por si acaso, por si acaso, por si acaso…*".

Pero, alguien ha preguntado: "*¿por si acaso qué?*"

¿Por si acaso hay elecciones libres y democráticas el 7 de noviembre? Si ese es el "por si acaso" para el cual vale la pena estar "verificado", habría que preguntarse, por lógica elemental, si existe ***alguna probabilidad*** de que se dé una elección libre y democrática mientras la dictadura Ortega-Gran Capital esté en el poder. La respuesta es una, y una solamente (así es la lógica, inescapable): **NO.**

Es más, como se ha explicado hasta lo que debería ser la saciedad, podría incluso haber una elección libre (tan "libre" como el proceso de "verificación") pero nunca "democrática" en el sentido de que voten todos los ciudadanos que deseen votar, que se cuenten los votos limpiamente, y que el perdedor abandone el poder [*el poder*, no la *presidencia*]. Si usted, estimado lector, cree lo contrario, uno de los dos alucina: o yo creo falsamente ver una tiranía sangrienta y psicodélica en Nicaragua, o usted cree falsamente ver Suiza donde está el Momotombo. ¡Qué bueno sería que fuera yo quien alucina!

"De pasito en pasito"

Y así, de pasito en pasito, cumplen a cabalidad el libreto de Ortega, que como todo lo que Ortega hace, Ortega anuncia. Debe ser el político más transparente de la historia de Nicaragua, porque ha sido capaz de decir en público, durante décadas, lo más atroz e inverosímil, y cumplirlo: que su modelo político es la sociedad con un solo partido, que va a gobernar "desde abajo", que quienes se oponen a él son "agentes extranjeros", que quienes protestan contra él son "criminales".

¿Quién puede negar que la palabra de este hombre vale su peso en maldad?: queda en pie un partido, el suyo [los demás son satélites tan ínfimos que un astrónomo los llamaría "zancudos"]; ha gobernado desde arriba y desde "abajo" [entendiendo que "abajo" no es "fuera del poder" sino "desde el poder real, desde la intimidación y el asesinato"]; ha convertido en "agentes extranjeros" a las organizaciones civiles de nicaragüenses que no están bajo su mando directo; y decreta las leyes que oficialmente convierten en "criminal" a quien se oponga a su despotismo.

Un pasito más, la verificación

Un poquito más de atol con el dedo, "por si acaso". Y, *por si acaso* algún hijo díscolo no entiende lo que debe entender, el "padre" se ocupa de "castigar" en presencia de todos, a dos personajes más de la política, haciendo que el poder "judicial" los confine a casa por cárcel.

Y yo, alucinando quizás, creo ver entre los *castigados* a otro "candidato" a la presidencia que "compite" en la elección en la cual —dicho sea de paso— como ciudadano nicaragüense no podría votar, aunque quisiera.

El "padre" lo ha prohibido.

El silencio del COSEP: cómplices de Ortega, enemigos de la democracia

1 de agosto de 2021

Este 23 de julio el Consejo Superior de la Empresa Privada (COSEP) dio a conocer un comunicado en el cual explica su postura política actual. No sorprende que lo haga, ni que el tema central del documento sea el de las elecciones programadas, oficialmente, para el 7 de noviembre. Tampoco sorprende que la cúpula empresarial declare su preferencia por "elecciones en un clima de paz, tranquilidad y seguridad". Fuera de estas generalidades, sin embargo, el comunicado del COSEP es un chocante pero informativo registro del verdadero papel de la organización en la sociedad nicaragüense, y en la crisis actual.

Para empezar, la descripción que hace la cúpula empresarial del entorno político es idílica. Según el COSEP: "se han iniciado (sic) a desarrollar actividades electorales por las cuales (sic) se han inscrito partidos y alianzas… de diferentes expresiones ideológica; se han (sic) oficializado la formación de las principales estructuras electorales que administrarán el proceso electoral…" Y luego, añade: "estos procesos electorales…deberían permitir el inicio de la campaña electoral el próximo 21 de agosto y motivar a todos los nicaragüenses a ser parte de una fiesta cívica y democrática …para poder elegir libremente de entre diversos candidatos a los futuros gobernantes de nuestro país."

Alguien que careciese de información sobre lo que ocurre en Nicaragua seguramente entendería lo que el texto da a entender: que hay una estructura democrática funcional en el país, que *hay* libertad de organización política y que todo es cuestión de *animarse* a participar en la *fiesta cívica.* A tan incauto lector el COSEP le ocultaría que su propio expresidente ha sido detenido por el gobierno, junto a los más conocidos aspirantes a la presidencia, y a cientos de ciudadanos opositores, mientras miles (probablemente más de 150,000 en una población estimada en 6 millones; ¡algo así como si 8.5 millones de estadounidenses, 3.7 millones de mexicanos, o 1.2 millones de españoles tuvieran que escapar de sus países!) huyen de la marejada represiva que acerca el país cada vez más al totalitarismo.

Esto y más lo saben los nicaragüenses, quienes viven, bajo la dictadura orteguista, un infierno de terror. De nada de esto hace mención el COSEP, mientras alegremente invita a "unir esfuerzos y concertar voluntades" para que las elecciones del 7 de noviembre transcurran en paz.

En otras palabras, el comunicado del 23 de julio es una pieza abyecta de complicidad con el régimen, un anuncio publicitario de la farsa electoral que Ortega y Murillo han construido sobre las ruinas de la institucionalidad de Nicaragua.

La opinión pública ha reaccionado de manera predecible, con indignación y cólera. Y ante la andanada de críticas, la "defensa" del COSEP ha sido aún más reveladora, por varias razones.

Una es el anonimato profundo de la contestación. La revista *Confidencial*, por ejemplo, cita anónimamente al "presidente de una cámara afiliada al COSEP", y a una "directiva de una segunda cámara", que a su vez citan, también anónimamente, a "varios presidentes de las cámaras que componen el COSEP", quienes *presuntamente* niegan haber sido consultados antes de la publicación del comunicado de marras. Densa cobertura de sombras y secreto.

Son parte de la dictadura; han sido pilar en su construcción, y pilar en su defensa desde abril de 2018; están a la espera de que Ortega concluya la pantomima electoral más burda de la historia de Nicaragua para regresar públicamente a un pacto corporativo —el típico modelo fascista europeo— con el reelecto Ortega o su designado.

Otra es que el supuesto descontento que relatan las fuentes anónimas a *Confidencial* es, hay que decirlo, escaso consuelo, porque de ser ciertas sus afirmaciones, vendrían a comprobar, por boca del anónimo pecador, el pecado: los dirigentes de la más emblemática organización del sector empresarial de Nicaragua ven la crisis del país, que ha devenido en una horrible tragedia humanitaria, como "la lucha entre dos expresiones antagónicas" entre las cuales el COSEP "quedó en medio". Es decir que el pleito, entre las "dos expresiones antagónicas" —hay que suponer que la dictadura es una "expresión", y el pueblo reprimido es otra "expresión"— les es ajeno, y por eso están de acuerdo con Healy en que "hay que moderar el debate".

Según las mismas fuentes anónimas, los supuestos descontentos dentro del COSEP "entienden" la conducta mansa de Healy frente a la dictadura, y no creen que esta se deba a que el hacendado haya sufrido algunas confiscaciones en meses recientes: dicen que él (Healy) "*sabe que eventualmente eso se va a resolver*". Habría, por supuesto, que preguntarles —si se pudiera, si no se escondieran en tan profundo anonimato— por qué tienen tanta confianza en que la situación de las propiedades del actual presidente del COSEP "*se va a resolver*"; es decir, preguntarles por qué Ortega ordenaría que se devolviera a Healy lo que por orden de Ortega se le ha expropiado a este. ¿A cambio de qué daría Ortega marcha atrás?

Todo esto es suficiente para borrar cualquier duda sobre el papel que el llamado Gran Capital, el pequeñísimo grupo de milmillonarios cuyos intereses y agentes controlan las siglas COSEP, juega en la estructura del poder dictatorial de Nicaragua. Son, para decirlo directamente, parte de la dictadura; han sido pilar en su construcción, y pilar en su defensa desde que esta entró en crisis terminal a partir de abril de 2018; están a la espera de que Ortega concluya la pantomima electoral más burda de la historia de Nicaragua, aceptando incluso la detención de aliados, y del propio expresidente del COSEP, para regresar públicamente a un pacto corporativo —el típico modelo fascista europeo— con el reelecto Ortega o su designado.

Son, en otras palabras, enemigos de la democratización, y de la democracia, y su ubicación no es "en medio de dos fuerzas antagónicas", sino al lado de una de ellas: la dictadura orteguista.

Cabe aquí, para reforzar estas afirmaciones, añadir al análisis del comunicado del COSEP y la "contestación" dada al mismo las siguientes consideraciones: 1) Si la carta del COSEP realmente hubiera sido "unilateral", como sugiere el artículo de *Confidencial*, citando a directivos "anónimos", entonces cabría esperar que la organización emitiese un comunicado *institucional* para desacreditar la carta anterior y dar a conocer la verdadera postura oficial del COSEP. 2) La ausencia de una respuesta institucional que contradiga el comunicado del 23 de julio solo puede tener dos significados posibles:

(a) *Podría tratarse* de una forma infantil (poco sofisticada) y altamente vergonzosa de fingir una postura responsable ante la crisis. En este caso, el silencio del COSEP dejaría claro que como institución se lava las manos ante la crisis política y económica y el sufrimiento de docenas de opositores a la dictadura detenidos ilegalmente (más bien *secuestrados*) por fuerzas paramilitares y policías. De hecho, hay que recordar que no se sabe a ciencia cierta qué destino han tenido los ciudadanos víctimas de estos atropellos. Se asume que están encarcelados, pero como no se les permite visitas familiares ni acceso a defensa legal, no hay evidencia de su estado de salud. No puede asegurarse siquiera que estén vivos. Han desaparecido como parte de un acto más de terrorismo de los muchos perpetrados por un dictador con un largo historial de asesinar a miles de sus opositores políticos.

(b) *Podría tratarse* también de una manifestación de la capacidad de la pequeña minoría de milmillonarios dentro del COSEP de imponerse sin consulta sobre el resto de las 26 cámaras que representan a los gremios empresariales. Y esa minoría, como es bien sabido, ha sido socia directa y fundamental de Ortega, beneficiaria de la destrucción de la incipiente democracia y de los tímidos intentos de modernizar la economía que dieron inicio en la fallida transición de 1990.

En cualquier caso, lo evidente es que, para el COSEP, el terror de Estado que ejecuta la dictadura orteguista no amerita una postura oficial, clara y contundente, que defienda los valores que supuestamente representa la organización. De una manera u otra, por tanto, el hecho que lo único que exista hasta la fecha es una respuesta anónima de anónimos miembros citando la opinión de otros miembros anónimos que supuestamente están en tibio desacuerdo parcial con el comunicado del 23 de julio demuestra más allá de toda duda la politización del COSEP y su complicidad con la dictadura orteguista.

El péndulo perverso

28 de agosto de 2021

Desde hace tres años mi país se desgarra. En Nicaragua, como en casi toda Iberoamérica, la violencia es la espina dorsal de una sociedad estratificada, opresiva, que hasta la fecha ha demostrado ser incompatible con la democracia. En Nicaragua, como en Iberoamérica, pequeñas minorías visten su poder de un disfraz europeo, desde el liberalismo a ultranza hasta el marxismo. Pero las máscaras se esfuman apenas las élites ven su hegemonía cuestionada. Entonces la defienden sin guantes ni modales. Como en mi país, donde el gobierno de Daniel Ortega y su vicepresidente-esposa han cometido, ante miles y miles de testigos nacionales y extranjeros, un genocidio.

Desde hace tres años mi país se desgarra, desde hace dos siglos se desgarra Iberoamérica. Desde hace dos siglos, los criollos decidieron romper el cordón umbilical que los ataba al poder político de la península, y administrar sin el freno de una burocracia distante la hacienda que heredaban de sus ancestros. Los criollos prometieron libertad a pobres, indios, mestizos y negros. Cometieron el fraude original de las nuevas naciones. La libertad fue para ellos. Libertad, de las coronas peninsulares. Libertad, para explotar a su gusto y antojo a gente y tierras. Libertad que no supieron siquiera administrar con mesura: fueron de guerra en guerra por muchos años; fueron incapaces de crear sistemas políticos de sucesión ordenada; y, sobre todo, fueron incompetentes, fueron indolentes —poca necesidad han sentido de no serlo—; no lograron establecer economías de innovación y desarrollo. Instalaron el atraso y la opresión como identidad en la inmensa mayoría de nuestros pueblos.

Contra sus herederos lucha mi país desde hace tres años. En sus garras ha estado desde siempre. En sus garras sangra también Iberoamérica. Por más variedad y diferencia entre nuestras naciones, ninguna escapa los orígenes comunes, el choque violento de la invasión europea, la mezcla de culturas y de sangres en medio de la hecatombe, el nacimiento de seres humanos cuyos pasados fueron cercenados por la aniquilación cultural, y también por la distancia. Gente de un mundo que no puede llamarse "nuevo" por virtud de un "descubrimiento", pero que es sin embargo nuevo porque ya no es ni la Europa medieval ni el continente de los pueblos originarios, sino la fusión súbita de los dos y la destrucción del pasado para cada una de las partes.

¿Qué hacen, qué han hecho los intelectuales iberoamericanos ante el reto de entender esto, lo nuevo? ¿Qué han hecho frente a la violencia intrínseca de los cuerpos sociales formados en el sangriento Big Bang iberoamericano? Para entender lo nuevo, la intuición reclama un enfoque libre, una manera fresca de pensar, sin ataduras dogmáticas, y sin el ancla pesada de mitos, rencores o remordimientos.

Pues, hay que decirlo: el fracaso latinoamericano en concebir este nuevo pensamiento ha sido abismal. Nuestros intelectuales no han logrado, hasta la fecha, desembarazarse del pasado. Unos escogieron la ruta indigenista, mitificando sociedades que ya no son, convirtiéndolas a través de un espejo retrovisor europeo en la bucólica del buen salvaje. Otros, blandieron apasionadamente la espada hispanista, reclamándose hijos de la España que habría tenido por misión y destino, según fantasean, el rescate de salvajes violentos para la civilización. Más recientemente, han proyectado esos viejos atavismos en adhesiones doctrinales a ideologías políticas europeas, cuando no a la hegemonía anglosajona americana.

Como consecuencia, son incapaces de penetrar sin prejuicio y con disciplina inquisitiva la realidad social, especialmente en lo que atañe al tema crucial del poder político. Todo lo contrario, viven cómodos bajo la fronda del dogma en boga.

Desde hace décadas, se balancean sobre un péndulo perverso entre dos idolatrías del poder: entre Eduardo Galeano y Mario Vargas Llosa; entre la adoración de todo poder estatal que bajo el membrete izquierda diga ejercer su represión en nombre de la lucha contra el enemigo económico (los herederos del latifundio y del capital) y la idolatría del poder económico, que Vargas Llosa presume más racional y democrático.

Ambas visiones carecen de originalidad, y carecen —sobre todo— de fertilidad; en ambos lados del péndulo el argumento ya está escrito, y lo que cuenta es transmitir el dogma y buscar en la evidencia las migas que lo apoyen.

No es accidente que un ya maduro Galeano, capaz de entender que el bello ejercicio retórico de su Venas abiertas de América Latina arrojaba menos luces de las que en un momento pensó, fallara, sin embargo —asumo aquí su buena voluntad— en detectar al monstruo autoritario que se gestaba en la Venezuela chavista. Llegó a burlarse con acritud de quienes acusaban al régimen de ser una dictadura y transgredir los derechos humanos.

El sagaz intelectual no pudo, o no quiso, ver algo que con mucho menor kilometraje intelectual podía ser visto. Hoy ya es historia la enorme calamidad acaecida al pueblo venezolano: millones de exilados y un país en ruinas, mientras el heredero de Chávez reina como el tirano en decadencia del Otoño del patriarca, hablando con fantasmas, escuchando a su maestro, el comandante galáctico, quien llega a visitarlo convertido en pájaro. No es muy diferente en el fondo la conducta de Vargas Llosa, cuya ceguera ilustra la sorpresa que mostró ante la crueldad de la represión gubernamental en Chile, país al que su pasión ideológica y el simplismo que la hace posible había convertido en poco menos que un paraíso latinoamericano.

En ambos, Galeano y Vargas Llosa, convive la sofisticación literaria con una profundidad de análisis apenas cutánea, quizás porque escogieron defender su lado del péndulo antes que enfrentar la compleja realidad social e histórica del poder. Extraña ironía que individuos que lograron, uno hacer un recuento de crueldades dolorosísimas ("Las venas abiertas"), el otro diseccionar el poder en una obra de ficción histórica extraordinaria ("La fiesta del chivo") cerraran los ojos y apagaran su curiosidad ante las crueldades y abusos que ocurren en su propio tiempo, en su propia región, a manos de poderes a los que ellos rinden pleitesía.

Y esta es, más o menos, la misma conducta de gran parte de la intelectualidad latinoamericana de nuestros días. Escogido ya su lado del péndulo, recitan el dogma y buscan —lo he sugerido antes— las migas de evidencia que justifiquen el poder que defienden. Para aquellos que se acercan al paradigma de izquierda, el dogma manda a defender y racionalizar cualquier abuso de poder en Venezuela, Cuba o Nicaragua. Para quienes están más próximos del paradigma de derecha, cualquier enfoque progresista, cualquier intento de lidiar con la estratificación social opresiva heredada de la colonia, es anatema, negada no solo por representar el peligro de un movimiento pendular hacia la "izquierda", sino porque no reconocen el peso aplastante que ciertas minorías herederas-propietarias ejercen bajo el disfraz de la libertad económica.

¿Qué hacer? ¿Cuál podría ser un enfoque más fructífero, un ángulo analítico y ético que permitiera al intelectual latinoamericano contribuir con el descubrimiento, la verdad, y el progreso de su región? Nada puede hacerse sin escoger primero entre integridad y confort. Pero quizás los intelectuales puedan hallar más fácilmente el camino bueno, el de la integridad, si encienden luces que obliguen a ver la ruta, que impidan el sueño cómodo, el descanso y refugio del autoengaño.

Desde ese punto de vista, conviene llevarlos de regreso a momentos fundadores de la era moderna, cuando convergieron actores sociales que desde la perspectiva europea incrustada en el ADN del intelectual latinoamericano serían llamados hoy en día "conservadores" —si no "enemigos de clase"— y el impulso de lo que originalmente se denominó "izquierda".

Vayamos al inicio de la modernidad política, al punto de inflexión histórica que le sirve de referencia: a la revolución francesa. Vamos, a pesar de que ya para entonces estaba en marcha el insólito experimento republicano de Estados Unidos, pariente o vecino pobre, en aquellos días, de las más pulidas sociedades coloniales de Iberoamérica. Veamos al estamento popular de pequeño-burgueses y artesanos, sentados a la izquierda del presidente de la Asamblea, plantar un terco "no" ante los monárquicos rancios —y ante grandes burgueses de titubeante republicanismo— que pretendían otorgar al rey un poder de veto definitivo.

Moría así el absolutismo. El impulso de Libertad ante el Poder pasaba el Rubicón.

¿No es hora ya, doscientos y treinta años después, que los intelectuales latinoamericanos hagan lo mismo? ¿Qué vean al poder como poder y no como la encarnación de un sueño, o de una ilusoria utopía? ¿Qué distingan el puño en la bruma, el rostro del carcelero tras la sonrisa del demagogo? ¿Qué abandonen la fe perezosa en los caudillos? ¿Qué acepten el reto de empezar de nuevo, de buscar las raíces, de crear su propia episteme?

Este es, después de todo, el camino que conduce a la noble rebeldía que acerca al pensamiento a todo joven inquieto. ¿No debería, el intelectual latinoamericano, recuperar su juventud?

Abrazar la rebeldía propia, celebrar la rebeldía del pueblo contra el poder, contra todo poder; combatir la docilidad; inocular a los sistemas con el virus de la insolencia, la desconfianza, y un metódico irrespeto; poner los talentos del pensador, del escritor, al servicio de la búsqueda perenne de espacio para la libertad de las personas concretas, las de hoy, de carne y hueso, no del personaje abstracto, del pueblo que tiranos redefinen a su antojo; entregar su talento al servicio de la verdad, y no del mito; alejarse, precisamente, del oficio de mitificar, tan cercano en ortografía a mistificar.

Para todo esto el intelectual necesita —es raro que no necesite— guardar distancia del poder, no solo del gobierno, sino de los grupos políticos y partidos. La cercanía a estos produce con demasiada frecuencia resultados trágicos; es corrosiva, letal para la conciencia; convierte la defensa del partido o del propio interés en corrupción.

Como en mi país, en Nicaragua, donde algunos de los intelectuales emblemáticos han construido mitos que oxigenan la desorientada nostalgia por la sangrienta década de 1980, y que es parte esencial de los escasos recursos ideológicos que le quedan a la tiranía de Daniel Ortega y Rosario Murillo.

El mito, por ejemplo, que se resume en la ágil frase de Sergio Ramírez Mercado, quien fuera vicepresidente durante la primera dictadura del Frente Sandinista: "el legado de la revolución es la democracia".

Ocho palabras que bañan de una niebla casi impenetrable la verdadera historia: que para que hubiera elecciones relativamente libres, que pusieran fin al gobierno despótico del FSLN en aquella era, tuvieron que morir en los campos de Nicaragua decenas de miles de campesinos opositores y jóvenes reclutados a la fuerza por el gobierno sandinista; que tuvo que desintegrarse un gigantesco imperio, el soviético, y colapsar su influencia a través de Asia, Europa, África, y América Latina; que otro poder imperial, el de Estados Unidos, tuvo que sentirse impelido a gastar más de mil millones de dólares para contrarrestar el avance de la influencia soviética a través de Cuba y Nicaragua; que cientos de miles de nicaragüenses tuvieron que huir al exilio, de una población que andaría apenas cerca de los tres millones.

Esto y mucho más ocurrió antes de que la primera dictadura del FSLN concluyera de manera oficial. Aún después de haber perdido las elecciones, hubo necesidad de fuerte presión diplomática para que un sorprendido sandinismo —y un más sorprendido Ortega— pasara de las lágrimas a la aceptación de un nuevo gobierno, no sin antes llevarse todo cuanto pudo del Estado, desde grandes haciendas y empresas hasta mobiliario, en la infame piñata de 1990; y no sin antes prometer —amenaza siniestra que cumplieron— que no permitirían a nadie, que no fuera ellos, gobernar: ellos, el FSLN, "gobernarían desde abajo".

Todo esto sepultado por ocho palabras diestramente escogidas por uno de nuestros más afamados escritores.

Ocho palabras, confusión de laberinto convertida en fortaleza ante el asalto de la crítica, y quizás de la propia conciencia.

Las trampas del poder, el enemigo.

Independencia y república (basta de juegos: ya que el régimen es ilegítimo, solo cabe desconocerlo)

9 de septiembre de 2021

«No podrán el Congreso, las Asambleas, ni las demás autoridades: coartar en ningún caso por pretexto alguno la libertad de pensamiento, la de la palabra, la de la escritura y la de la imprenta: prohibir a los ciudadanos o habitantes de la república... la emigración a un país extranjero; tomar la propiedad de ninguna persona, ni turbarle en el libre uso de sus bienes, sino en favor del público cuando lo exija una grave urgencia legalmente comprobada y garantizándose previamente la justa indemnización; permitir el uso del tormento y los apremios (imponer confiscación de bienes, azotes y penas crueles); conceder por tiempo ilimitado privilegios exclusivos a compañías de comercio o corporaciones industriales; dar leyes de prescripción, retroactivas; impedir las reuniones populares que tengan por objeto... discutir sobre política y examinar la conducta pública de los funcionarios; dispensar las formalidades sagradas de la ley para allanar la casa de algún ciudadano o habitante, registrar su correspondencia privada, reducirlo a prisión o detenerlo.»

Leo estas palabras, no en algún programa, reclamo o declaración utópicos. Ni las he extraído de una propuesta revolucionaria en el sentido de ir contra lo convencional, contra lo aceptado universalmente, ni en el sentido de ser nueva intelectualmente o en el tiempo. Las palabras que cito provienen de la Constitución de la República Federal de Centroamérica firmada el 22 de noviembre de 1824.

¿Dos siglos han sido insuficientes para alcanzar la aspiración que ya entonces se extendía por el mundo desde Europa, y en nuestro continente desde los muy jóvenes Estados Unidos de América? ¿Qué ocurrió? ¿Qué debemos hacer para enmendar tan terco extravío?

Mucho. El drama que se vive en mi país es quizás el más crudo, el más sangriento y extremo abandono de la visión de sociedad que, hace dos siglos, el ideal liberal-democrático depositó en un documento que hoy nos queda como evidencia de un fracaso colosal. Pero el ideal tampoco ha logrado imbuir la vida diaria de la inmensa mayoría de los ciudadanos de nuestros países y, unidos como estamos en términos muy concretos de sangre, historia y cultura, solo Costa Rica ha logrado evitar lo que para los pesimistas es destino. Yo no puedo ser pesimista, porque sé que el destino humano es por lo menos parcialmente fruto de la voluntad consciente de individuos y pueblos. También sé que un ansia de libertad se esconde en el alma humana detrás de la voluntad que las tiranías suprimen. Y sé que, para liberarla y hacerla fuerza, el primer paso es la verdad.

Estudiar nuestra historia, llena de mitos y fantasías, desnudar los hechos, descubrir la fragilidad de quienes con tanta frecuencia elevamos a pedestales, y descubrir sus yerros, para enmendarlos, para no cometerlos nosotros. Esto es especialmente cierto en períodos de calamidad y cambio, que abren heridas, pero también abren oportunidades. Como los días que corren en mi país.

En mi país debemos aprender que el trabajo de construir una república democrática cuya idea infiltraron (y no uso esta palabra por accidente) los escritores de la Constitución del 24, apenas ha dejado unos cuantos pilares construidos a medias y tapados por la maleza. Pero están ahí, y hay que erigir sobre ellos, a sabiendas de que nunca ha habido república, de que la casa nunca fue construida; de que el bonito eslogan de "Nicaragua volverá a ser república" es otro engaño, un mito fabricado por élites conservadoras que sienten nostalgia por los tiempos en que lograron pasarse el poder entre ellos, dentro de un minúsculo y apretado bosque genealógico (hoy ya es un solo árbol) de manera pacífica, por treinta años, en tertulias familiares, mientras la inmensa mayoría de la población carecía de derechos. Debemos, entonces, fundar la primera república democrática, sobre principios que ya son universales (de hecho, son la espina dorsal de la legalidad internacional), pero que chocaban en 1824, y chocan todavía, con nuestra realidad.

Y no solo me refiero a la realidad de una tradición política hiper-centralista que llaman hoy en día "caudillismo", sino a la realidad que hace esta realidad posible: la acumulación grotesca del control económico en una media docena de grupos familiares, que poseen en total riquezas equivalentes a más del 60% del Producto Interno Bruto. Si a esto se le suman los capitales de la nueva clase sandinista, es posible que la cifra alcance cerca del 100%. Este es el reto descomunal que enfrentan los demócratas en Nicaragua: un monstruo de dos cabezas, o un monstruo que da origen a otro monstruo; un sistema que es una fábrica de dictaduras.

Pero para avanzar, para empezar al menos a soñar con un orden democrático, la primera tarea es derrocar [así, con "c", no con la "t" que los partidarios de espejismos electorales emplean] a la actual dictadura. Sobre esta meta inmediata diré que, en medio de trampas y tropiezos, nos encontramos en una fase que, por desfavorable que parezca a la lucha popular, contiene este elemento que la hace favorable: está marcada por la total aniquilación de todo rastro de legitimidad en el poder político de Nicaragua.

Desde la antigüedad se sabe que no hay gobierno que pueda vivir si carece de lo que, para algún filósofo estoico, era lo único que importaba en la política: la *opinión pública*. Pero la *opinión pública*, para serlo, precisa manifestarse. Es decir, si el régimen es *ilegítimo*, la *opinión pública* debe declararlo como tal; debe, en lenguaje contemporáneo, *desconocerlo*. La implicación es transparente: los nicaragüenses necesitamos agruparnos, pronunciar nuestra *opinión pública* [aunque en multitud de asuntos no tengamos una que pueda llamarse así, por la diversidad de nuestros intereses y puntos de vista] y reclamar que la comunidad internacional, que ha lanzado al basurero de la nulidad los procedimientos electorales del régimen, actúe de acuerdo con lo dicho y lo *desconozca*.

Debemos también, nosotros mismos, fuera, pero sobre todo dentro del territorio, *desconocer* a quienes el 7 de noviembre harán notarizar su propia declaración de ilegitimidad. Serán, sin duda ya, ***usurpadores***, y habrá que tratarlos como tal, y luchar contra ellos ***con todos los medios*** a los que el pueblo, el verdadero soberano, tiene derecho. Porque de esto hay que estar claro: no se irán porque gritemos "¡que se vayan!". No se irán voluntariamente; porque no quieren, y sobre todo porque no pueden; porque fuera del poder es posible que lo pierdan todo, si todo lo que tienen viene del poder, es mal habido y además sus crímenes son muchos. Se irán solo si la fuerza los compele. La fuerza política, social y económica del soberano, cuyo ejercicio efectivo requiere que nos unamos a fundar la república democrática que está pendiente desde 1824.

¿De qué se sorprenden? (Los comentarios del Agregado Militar de EEUU en Nicaragua)

25 de septiembre de 2021

Circulan incesantemente las palabras del Agregado Militar de EEUU, tras aparecer en público junto a militares centroamericanos, entre ellos el General Avilés, a quien la astucia orteguista hizo asesinar y resucitar en cuestión de días, durante los cuales mantuvo a las redes sociales nicas en estado de hiperventilación asfixiante. El príncipe, diría Maquiavelo, tiene siempre razones para agitar las aguas de tal manera; uno no puede estar seguro de si lo hizo para ver si alguna rata saltaba del barco, o para entretener a la oposición nicaragüense y evitar que concentrara su atención en menesteres más urgentes, pero más peligrosos para el régimen.

¿Y qué dijo el Agregado para provocar tal revuelo? Según reportan fuentes noticiosas, el Teniente Coronel Róger Antonio Carvajal Santamaría se dijo satisfecho por la "buena salud" del jefe del Ejército de Nicaragua, institución pilar del "crecimiento" y "estabilidad" del país. Y añadió: "*Nosotros esperamos trabajar con las fuerzas armadas de Nicaragua, en las áreas que usted indicó, ese ha sido el mensaje que yo he dado, que he hablado con mis superiores…y espero seguir en esa ruta*".

¿Hay razón para sorprenderse? Ninguna. Quien reaccione con sobresalto y conmoción ante las declaraciones de Carvajal necesita revisar sus expectativas y supuestos acerca de lo posible, de la realidad, de qué puede esperarse de gobiernos extranjeros en la crisis, de qué puede esperarse de Estados Unidos, y –sobre todo—de qué debe hacerse para que Nicaragua salga de la pesadilla dictatorial y se enrumbe a democracia.

En primer lugar, hay que repetirlo: el problema de Nicaragua es de raíz nicaragüense, y su solución es, forzosamente, del mismo origen. Desafortunadamente, en la cultura política nicaragüense hay una tradición que atrae miseria y mal: se busca en cada crisis la cooperación cómplice de poderes foráneos (casi siempre Estados Unidos, hasta que irrumpió en nuestra realidad tropical la lejana Rusia). Es una dependencia maligna, y no debería haber necesidad de explicar por qué, ni explicar su historia, viendo como vemos la acumulación trágica de sus consecuencias. Pero las élites políticas, y todos aquellos que buscan pasar de lacayo a señor en medio de la miseria osificada y estratificada de la sociedad nicaragüense, repiten una y otra vez el mismo patrón: van de mendigos a pedir la ayuda extranjera, de frente a "*los señores*" —la frase la escuché la semana pasada de un ex-Jefe de la Contra— y de espaldas a sus conciudadanos. También escuché, en días recientes, y en un foro organizado en Estados Unidos, el patético corolario de su "estrategia" política: "*ya los nicaragüenses hicimos lo que pudimos*", clamó el "líder" opositor, "*ahora le toca a la comunidad internacional*". Este tipo de liderazgo es el que deshizo, trágicamente, la ventaja que la ciudadanía había hecho surgir en las calles de Nicaragua. Patéticos, incompetentes, capaces apenas de lloriqueos que nunca, en ninguna circunstancia, en ningún momento de la historia, frente a ningún autócrata, lograrán más que atrasar la durísima y dolorosa lucha que aguarda a un pueblo que quiera libertad.

Lo segundo que hay que entender es esto: los países ordenados institucionalmente, especialmente si son poderosos, tienen **política de Estado**, a la manera de un manual de operaciones que permite a sus burocracias responder de forma más o menos automática a las ocurrencias que emergen en la rutina, con frecuencia conflictiva, de sus relaciones internacionales. Las políticas de Estado cambian, es cierto, pero los cambios solo se dan si el *poder* considera necesario introducirlos, ante situaciones cambiantes que sean vistas como potencialmente costosas. De lo contrario, los segundos y terceros, y cuartos niveles de la administración de turno aplican la regla establecida, sujetos siempre a vetos y modificaciones parciales inducidos por los vientos políticos del momento. Es decir, "*business as usual*", como reza una expresión favorita de ejecutivos públicos y privados del mundo anglosajón. "*Business as usual*" es, por ejemplo, que el gobierno de Estados Unidos adopte acuerdos parciales con sus adversarios y enemigos, independientemente de que tengan con ellos conflictos irresolutos. Lo hacen con China, lo hacen con Rusia, lo hacen incluso con el Talibán. Lo hacen, no por China, ni por Rusia, ni por Afganistán. Lo hacen cuando entienden de esa manera proteger sus intereses.

Lo han hecho y continúan haciéndolo, por supuesto, con Nicaragua, un país que —seamos inteligentes, entendamos— cualquier Presidente de Estados Unidos prefiere obviar (si es que sabe de su existencia), dada su casi total irrelevancia para todos los aspectos de la vida del país del cuál es responsable. De tal manera que, por política de Estado, la diplomacia estadounidense no es la vanguardia democrática que nuestros desastrosos políticos parecen asumir. La diplomacia estadounidense es guardiana de los intereses de Estados Unidos primero, segundo, y tercero; y quizás, en cuarto o quinto lugar, reflejo de la cultura y valores liberales-democráticos que fundaron la república estadounidense. Es lo racional: el mundo no es una democracia, ni es liberal, sino un mar de hostilidades e intereses que cada uno defiende como puede. Es urgente que aprendamos esto.

¿Y cómo se manifiesta la política de estado de Washington en el caso de Nicaragua? En la búsqueda, no de la libertad de Nicaragua como prioridad, sino de la estabilidad regional, que en la época moderna significa control de migración, terrorismo y narcotráfico. Y para esto, estimado lector, el gobierno de Estados Unidos, sea Republicano o sea Demócrata, no precisa —ni le interesa—que el régimen genocida de Ortega desaparezca. De hecho, la historia, incluso la historia después de abril de 2018, lo confirma: en medio de una crisis profunda, y dados los lazos estrechos del Ejército de Estados Unidos con el de Nicaragua, y de la dependencia que tiene este de retornos en los mercados financieros, no habría sido demasiado difícil, ni costoso, para el gobierno de Trump primero, y luego el de Biden, hacer que el Ejército empujara de la silla al tirano. Pudieron haberlo hecho incluso con discreción, aprovechando el ciclo electoral, lo que habría permitido una "renovación" superficial del poder político en Nicaragua. Pero no fue así, y esto debe ser parte de nuestra lección, de la cual habrá que derivar enseñanzas: si Ortega, a pesar de la valiente disposición cívica del pueblo nicaragüense, ocupa todavía el poder, es porque los políticos estadounidenses [junto al "gran capital", y junto a ciertos miembros de la alta jerarquía católica del país y del Vaticano] así prefirieron. La culpabilidad del gran capital es incuestionable y generalizada. No puede decirse lo mismo, en honor a la verdad, de la Iglesia Católica, que ha sufrido divisiones, y ha albergado, al lado o enfrentada a la claudicación de unos, la dignidad, coherencia, y hasta el heroísmo de otros. Y, en lo que se refiere al gobierno de Estados Unidos, no hay ninguna ambigüedad moral o política: pudieron despejar el camino hacia una transición post-Ortega, y no lo hicieron, no porque gusten de Ortega, o compartan sus "valores", sino porque es lo que el manual dicta. No cambiarán de postura a menos que la realidad queme el manual. Y ese fuego solo puede provenir de un lugar: de Nicaragua; del pueblo de Nicaragua.

Algunas notas sobre la *realpolitik* y "la excepción Nicaragua"

3 de octubre de 2021

Algún descontento ha causado mi artículo sobre las declaraciones del Agregado Militar de Estados Unidos en Nicaragua ["¿De qué se sorprenden?"].

Que los clanes corruptos que aún conspiran para volver al "diálogo" con el tirano, y siguen mendigando la intervención del poder estadounidense para un "aterrizaje suave" reciban el ensayo con hostilidad no sorprende: nada es más peligroso para la manipulación y la mentira que la luz de los hechos. El problema es que demasiados ciudadanos nicaragüenses, incluso luchadores honestos y democráticos, también han caído en lo que yo creo una trampa: trastocar esperanza por expectativa, *sobreestimar las bondades del poder foráneo tanto como muchos subestimaron —o subestimamos— por largo tiempo la maldad y astucia del poder doméstico.*

Es hora de hacer una pausa y abrir los ojos, so pena de caer más hondo y más dolorosa y permanentemente. *Lo esencial de la política es que se trata de un fenómeno humano: la lucha por conquistar, mantener y administrar el poder.* Para los políticos que participan en esas luchas, el bien (de otros, especialmente de otras sociedades) es una consideración de segundo o tercer orden, a veces tangencial, o hasta desestimable, si sacrificarlo facilita la consecución del objetivo primordial. Esto es particularmente, descarnadamente, brutalmente cierto en las relaciones internacionales, donde los valores y la cultura de la sociedad, y su estructura de poder (aún del más democrático) terminan siendo limitaciones relativamente débiles para la actuación internacional de los gobiernos. *Realpolitik*, le dicen. Es triste, es cruel: es humano. Pero es el mundo real, y para lograr algo en el mundo real hay que dejar de asumir que las potencias van a abandonar su cálculo de *realpolitik* y concebir "la excepción Nicaragua" para la moralidad política.

¿Quiere esto decirse que hay que abandonar la lucha diplomática? Por supuesto que no, pero hay que entender las motivaciones de los participantes para tener alguna probabilidad de incidir en su conducta. Nada ganamos con exigencias puramente morales, porque no es la moral pura la que mueve, ni a los individuos, ni [¡mucho menos!] a los Estados que custodian los intereses dominantes en una nación, trabajo que requiere constantes maniobras para mantener la cohesión social, y evitar, sobre todo, que los conflictos entre los diferentes grupos de poder lleven al caos.

¿Quiere decir que hay que abandonar el argumento moral, el que reclama coherencia con los valores que los individuos y estados proclaman? Por supuesto que no, porque el sistema de valores es real, tan real como la conciencia que —salvo en los psicópatas—puede a veces, hasta cierto punto y dependiendo de las circunstancias, crear algún cambio de comportamiento. Pero no debemos pecar de ingenuos; no podemos apostar [esperar] a que los políticos (especialmente los políticos de estados poderosos) pongan de lado sus primeros deberes, que como he dicho se traducen, cuando hay orden institucional, en **política de estado**, y dejen enfriar su almuerzo para atendernos.

Insisto: hay que entender cuál es esa política de estado en Estados Unidos y Europa. *Puede* buscarse que cambie; de hecho, *debe* hacerse cuando convenga a nuestros intereses, pero a sabiendas de que el reto es mayúsculo dada nuestra irrelevancia, y a sabiendas de que tampoco es esa nuestra prioridad. Nuestra prioridad, y probablemente la única manera que tenemos de incidir sobre el comportamiento de potencias que creemos *pueden* apoyarnos, pero muestran reticencia, es **cambiar la correlación de fuerzas frente a la dictadura.**

Enfatizo ***pueden***, porque en la mente de muchos nicaragüenses la palabra de uso o preferida es ***deben***. Y, no: no *deben*. *Deberían*, si el mundo fuera otro, si el ser humano fuera una criatura distinta. Pero no es así. Lo queramos o no, no es así.

Por tanto, lo queramos o no, hace falta iniciativa, audacia e inteligencia, y mucho sacrificio, no quejas y dependencia de políticos extranjeros. Casi seguramente hará falta, porque el mundo es así, así de desdichado (y este es el crimen estructural que crea la tiranía y que han creado todos quienes han contribuido a construirla), dolor, sudor, sangre, sufrimiento, y muerte. No porque esté bien, no porque lo merezca nuestra sufrida gente, sino porque el mal entronizado en el poder es un monstruo que no renuncia, que no se va voluntariamente, que sobrevive bajo la lógica del poder o la muerte.

Nadie, mucho menos una potencia extranjera, hará por nosotros el trabajo.

Suazo versus Fley (¿Quién tiene la razón?)

26 de octubre de 2021

El señor Yubrank Suazo ha llamado al señor Luis Fley "*miserable, trasnochado y carente de principios cívicos*", tras sugerir este último, quien hasta hace poco fue parte de la "tropa electoral" de manera tímida, incluso contradictoria ("no se puede, pero es la única alternativa", o algo así) que la guerra es, a fin de cuentas, el medio para salir de la tiranía de Ortega y Murillo. La reacción virulenta del señor Suazo me ha sorprendido, por razones que explico abajo, y que someto a la consideración de cualquier lector interesado.

Para empezar, propongo la siguiente reflexión: era falso el dilema entre elecciones con Ortega o guerra, porque no puede haber un dilema si una de las alternativas no existe. En este caso, "elecciones con Ortega" es (aparte de anti-ética, y anti-cívica) una quimera absolutamente impracticable, una salida irreal. Nunca existió esa alternativa. No existe, ni existirá. ¿Necesitamos más pruebas? ¿Cuántos presos y muertos y torturados y exilados más hacen falta para ser honestos con nosotros mismos y aceptar que el clan Ortega, *si es que acaso va a salir del poder,* lo hará por la fuerza? La fuerza, como he dicho antes, no es necesariamente la fuerza de una insurrección armada. La fuerza puede ser la naturaleza: que se mueran él y su consorte, y eso desestabilice al poder. La fuerza puede ser otra facción de las élites (orteguistas o "tradicionales") que busque salvarse, quizás en alianza con el ejército. La fuerza puede ser ciudadana. O puede haber una combinación de las tres, o de más fuerzas. No se sabe. Pero será ***la fuerza,*** si es que los monstruos van a dejar el trono, lo cual TALVEZ permitiría EMPEZAR un proceso de democratización. Talvez. A lo mejor.

En cualquier caso, hay que ser más que ingenuo para esperar una salida sin que la FUERZA, y no la voluntad del tirano o de algún benefactor extranjero, sea el factor dominante. Y es ingenuo, muy, muy ingenuo, *objetivamente* de una ingenuidad infantil —conociendo la historia de la humanidad, y, sobre todo, la historia de Nicaragua— creer que un proceso de lucha contra la tiranía absolutista más implacable que ha vivido el país vaya a darse sin al menos un componente de violencia. Lo quiera o no el señor Suazo, lo quiera o no yo mismo. Vivimos en el planeta tierra, rodeado de seres humanos, no en un paraíso de ángeles.

Lo demás es pensamiento mágico, o peor, cinismo político. Ambos los paga muy caro la nación, porque ambos son trampas, porque ambos impiden pensar analíticamente y encontrar soluciones realistas. Y como he dicho antes, lo más ilusorio, lo menos real, lo más alejado de una solución (hombre, pregunto de nuevo: ¿hacen falta más pruebas?) es "elecciones con Ortega". Uno no tiene que ser un enfermo de violencia, ni mucho menos un "miserable, trasnochado, y carente de principios cívicos" para entender, como renuentemente acepta entender, o por lo menos intuir, el Sr. Fley, que el fracaso de los políticos que venden la falsa ilusión de "elecciones con Ortega", el fracaso de la oposición tradicional pone a Nicaragua, *lo quiera uno o no*, camino a la violencia armada. No porque uno no lo quiera así puede impedirlo, y negar la realidad.

Finalmente, un comentario acerca del señor Fley: yo apenas lo he visto una vez en persona, y apenas sé, superficialmente, de su trayectoria, pero me atrevo a decir que en el peor de los casos los calificativos tan hirientes que le lanza el señor Suazo, si es que aplican a Fley, un hombre que ya antes se alzó en armas contra la primera dictadura del FSLN, tendría —si juzga con honestidad y se comporta con integridad— que triplicarlos para la gente que ha liderado la oposición presuntamente "cívica" en las organizaciones con las cuales el señor Suazo se ha asociado tras salir de la cárcel. Porque en realidad son estos, como agentes de los socios de Ortega, o socios ellos mismos, quienes condujeron a Nicaragua al despeñadero, y son además responsables del fracaso de la insurrección de Abril.

Y, por sugerencia razonable de un amigo patriota, esta aclaración: los cobardes que ya preparan la nueva ronda de "negociaciones" con la dictadura después del 7 de noviembre son más justos merecedores que el señor Suazo de la indignación que con toda honestidad expreso en este breve artículo. Son ellos, clanes de las élites nicaragüenses, agrupados alrededor de negocios y vínculos personales, asociados por décadas en grupos de poder que han estado, no solo en oposición al FSLN, sino en sus filas y posteriormente en su disidencia, los que reproducen tercamente el modelo político que ha producido a Ortega y lo mantiene en el poder. Estoy convencido de que no tendrán, llegado el momento, por más antiorteguistas que se pronuncien hoy en día, *el menor escrúpulo* en aceptar una cuota de poder bajo la hegemonía de Ortega, es decir, sin que la dictadura sea derrocada. Lo llamarán "salida cívica", con toda seguridad...

Irónico, ¿no es cierto?, que siendo tan "cívicos" hayan sido cómplices de todos los esfuerzos por empantanar la lucha ciudadana. ¿Pero es que alguien puede dudarlo, a estas alturas? ¿Vamos a seguir jugando el mismo juego después del 7 de noviembre?

Ética, unidad opositora, y república democrática: ¿se puede construir lo nuevo sin cambiar los métodos?

2 de enero de 2022

Para un ciudadano que, como yo, como la inmensa mayoría de los ciudadanos nicaragüenses, no vive ni vivirá de la política, ni del activismo profesional [ocupación que, confieso, no conocía hasta hace poco], abrir los ojos tras el shock de terror del 2018 y *ver desde cerca* el mundo de las pequeñas minorías que "*hacen política*" —lo que la gente llama "clase política", sea esta vieja o de aspirantes— es una experiencia que decepciona y duele; pero a la vez, alecciona, y nos prepara para enfrentar los retos de la realidad con mayor inteligencia y fortaleza.

Ya lo dice el texto bíblico: "La verdad los hará libre". Aparte del contenido teológico de esta afirmación, su sabiduría es transcendental y universal: si no conocemos la verdad no podemos caminar sin caer en precipicios el camino de la vida personal, y el de las naciones.

Y para conocer la verdad no solo es necesario tener los ojos abiertos y usar la inteligencia, sino, ante todo, proceder con integridad. De algún autor leí que ser íntegro consistía en actuar correctamente cuando nadie nos ve. Equivalentemente, ser íntegro es buscar el aprendizaje, pensar cuidadosamente, y luego aceptar las conclusiones de nuestro pensamiento. No esconder a otros la verdad que creemos haber descubierto, ni ocultarnos a nosotros mismos la realidad que logramos discernir, por más desagradable que esta sea. Imagínense a un cirujano que cierre los ojos a la hora de operar. ¿Podrá hacerlo con éxito?

La tragedia ética de Nicaragua

A todo lo dicho asentirán sin parpadear, y sin que por sus ojos cruce la menor apariencia de duda, sin tartamudear, con toda firmeza, universalmente, los políticos viejos y nuevos de nuestra atormentada tierra, empezando, claro, por los monstruos de El Carmen, quienes recitan y predican beatitudes evangélicas mientras recetan y practican crueldad y maledicencia.

Pero la realidad es otra, como me he atrevido a señalar, luego de atisbar hacia el interior de las catacumbas y barracas donde se "hace política" entre los nicaragüenses: hay gente íntegra, pero el aire está viciado, cuesta respirar; y quienes entran con la intención sana de practicar la política como vehículo de libertad y por el bien común, se convierten fácilmente en el blanco de la ferocidad con la que la codicia y la mezquindad se defienden ante el bien. La sociedad nicaragüense es un organismo a tal extremo dominado por la corrupción ética que sus anticuerpos atacan al "virus" de la integridad tanto como atacan al "virus" de la democracia. Si no fuera así, ¿no te parece, respetado lector, que otra sería nuestra realidad?

La Buena Nueva

La noticia de la esperanza, la que aterra a las élites, clanes aspirantes al poder, y a muchos charlatanes que buscan beneficio en el barullo, es que el virus de la integridad, y el de la democracia viven. Viven y vivirán, porque en el ser humano también reside la conciencia del bien y la necesidad de acogerse a su sombra. Viven y vivirán mientras haya entre nosotros quienes prefieran ser llamados "pendejos", e "ilusos" a vivir como inmorales a expensas de la esperanza y del futuro de millones. No puedo menos que recordar el consejo bien intencionado, producto de la inteligencia de un joven y noble pensador, que en privado me ha advertido, varias veces, que deje de soñar, porque la putrefacción hace imposible el cambio. Sus palabras más recientes han sido algo así como una lápida pesada que viene de su propia y amarga experiencia: la clase política (se refiere a los "nuevos", a los que dicen oponerse a la dictadura) está podrida y parece hasta carecer de racionalidad; pero, me dice (y aquí parafraseo): "no queda más remedio que pactar con gente podrida". Mi respuesta, a él y a todos, desde el fondo de mi corazón y de mi mente: "no es posible construir una casa con madera podrida". Pero, lo más importante, y esto lo sabemos la inmensa mayoría de ciudadanos, es que hay un bosque de maderas preciosas entre nosotros, que hay madera, de la buena, y que hemos visto destellos de lo que puede florecer y de la casa que se puede construir con ella.

Algunas conclusiones relevantes a la lucha por la libertad de Nicaragua

La primera y más importante conclusión —a la cual ya llegaron los pensadores griegos hace 25 siglos— es que **la ética es práctica.** Si nuestra sociedad padece de opresión e injusticia, si hemos caído en una miseria injustificable, si, aprovechando nuestros vicios, los más perversos logran usurpar el poder, necesitamos, no solo desalojar a los actuales usurpadores, sino combatir los vicios que crecen junto a la opresión, y son a su vez semilla de esta. No estamos solos en esta batalla, que es parte de la naturaleza humana. Se dice que Napoleón Bonaparte afirmó: "a los pueblos no se les gobierna por sus virtudes, sino por sus vicios." Veámonos en ese espejo, y veamos cómo otros pueblos, sin ser perfectos, han logrado hacer retroceder la barbarie, y los vicios de esta y para esta.

Lo segundo, el corolario, es que hay que comportarse de acuerdo con principios, independientemente de que la vieja cultura política, y los mañosos de todos los colores, "peguen el brinco", armen berrinches, ofendan e intenten sabotear el camino de quienes quieren marchar por la recta senda.

Por esto concuerdo con lo que entre los organizadores del Congreso de Unidad de los Nicaragüenses Libres hemos tratado de defender como sagrado; un proceder que desde el punto de vista ético es innegociable. Porque esa es otra conclusión: ¡no todo es negociable! El bien no es transable, la integridad no tiene precio, y el futuro de la nación y de la democracia no se compran y venden en un bazar.

Por eso, no puede tolerarse la exclusión por razones de diversidad política que viola los derechos humanos, ni los pactos ilegítimos para repartirse cuotas de poder pasando por encima de lo que la mayoría decida en votación abierta. No puede despojarse a los ciudadanos del derecho a decidir a través de su voto, ni permitir que se les someta a pantomimas en las que apenas sirven de público para aplaudir y "ratificar" programas ya hechos y acordados por cúpulas, en lugar de ser protagonistas y votar.

Por eso, cuando hablamos de "Congreso" y "organización", hablamos de hombres y mujeres libres, en control de sus actos y de la organización que ellos mismos construyen, con orden democrático y respeto a su capacidad de proponer y decidir.

Porque no creemos ser, o que haya, *ungidos* que tengan derecho a ser mandamases. No hay ciudadanos de segunda, hay ciudadanos. Nadie tiene derecho a imponerse a los demás porque "ha estado en la lucha", una versión del nefasto "le cuesta la causa" con que se ha justificado tantas veces la corrupción de quien luchó quizás en un momento y luego reclama privilegios y beneficios.

Todas estas fallas éticas, muy comunes entre nosotros, deben ser combatidas porque nos hacen más difícil la transformación democrática del país, y en momentos cruciales quitan aliento a la lucha. Son manifestaciones de la corrupción que corroe nuestra sociedad y nos lleva al caciquismo, la exclusión de la mayoría, la intolerancia contra minorías, nuestra capacidad colectiva de vivir una cultura de orden democrático, sin la cual la libertad es imposible.

Las mañas viejas hacen imposible que haya democracia, porque sin orden en la toma de decisiones se aprovechan los grupúsculos corruptos y los aspirantes a caudillos para pactar a espaldas y a expensas de los demás.

Ya basta de eso: hay que regresar a valores esenciales, a actuar en política de acuerdo con principios, y no seguir la práctica de pantomimas y "vivezas" para que un pequeño grupo gane cueste lo que cueste.

Esta ha sido hasta ahora la filosofía de muchísimos en la lucha por el poder en Nicaragua, y es manifiesta en sus peores expresiones, los Ortega-Murillo, pero también entre individuos y grupos que están en la oposición.

Esta es la filosofía que hay que superar, porque el camino aparentemente más corto, el de la "viveza", la mentira, las mañas y los arreglos y pactos antidemocráticos, es en realidad para el pueblo, para la nación, el calvario más largo.

Dejemos ese engaño atrás y abracemos la verdad, que nos hace libres. Dejemos de considerar iluso o idiota, o pendejo, al que "no se arregla" cuando le conviene, al que rechaza los medios corruptos de los viejos zorros de la política y el activismo profesional.

Construyamos una sociedad libre de gente libre. Para caminar más rápido hacia ese noble destino, ¡despojémonos del lastre de la corrupción!

Sobre nuestros compatriotas secuestrados: ¡no al chantaje y a la manipulación, libertad incondicional para todos!

25 de enero de 2022

Empiezo por el principio: la dictadura Ortega-Murillo-Pellas-Ortiz Mayorga-Zamora Llanes y Cía. es un grupo usurpador del poder, sin ninguna autoridad moral ni legal para encarcelar a nadie por razones políticas. Cometen, todos, un crimen de lesa humanidad por el que deberán responder, al aplastar los derechos humanos de todos y cada uno de los compatriotas a quienes mantienen, en condiciones que —unos más, unos menos— son de tortura. Actúan como actúa cualquier secuestrador, buscando recibir un *rescate*, es decir, extraer una recompensa de quienes quieren la libertad de los secuestrados. Quieren ganancia por su crimen.

¿Qué implica el *principio*? La libertad incondicional, no solo la excarcelación temporal y condicionada, de las personas presas políticas, es un reclamo irrenunciable de la ciudadanía nicaragüense, y de todos los que digan defender los derechos humanos en cualquier parte del mundo. Por supuesto, exigir la libertad *incondicional*, y no solo la excarcelación temporal y condicionada de nuestros compatriotas, obliga a enfrentar la realidad esencial del país: no habrá libertad incondicional sin derrocamiento de la dictadura: tarde o temprano, el régimen usurpador excarcelará, cuando así piense conveniente u oportuno, a quien considere conveniente u oportuno; de la misma manera, secuestrará de nuevo —mientras tenga el poder— a quien considere conveniente u oportuno. Un juego digno de campo de concentración, en el que se da como privilegio lo que es un derecho, y se quita lo que es un derecho como un castigo.

Un juego así, juego cruel y destructivo, debe denunciarse sin ambages, condenarse con indignación, y eliminarse a través de la práctica que es frecuente desde el punto de vista de la justicia democrática y de la defensa de la sociedad: **no permitir que nuestros compatriotas sean usados como moneda de cambio**, rechazando la transacción, exigiendo, no que el régimen usurpador "nos dé" algo que no le pertenece, sino exigiendo con todas nuestras fuerzas que regrese lo que solo a las víctimas del secuestro pertenece, su libertad.

Por eso, es lamentable el comunicado[105] que han emitido, con la firma —seguramente inducida por el dolor de ver a sus familiares encarcelados— de una parte, apenas 27 de por lo menos 170--de nuestros compatriotas secuestrados.

Lamentable, porque el texto tiene un **contenido político,** y que es contrario al **principio**, y constituye una promesa que la sociedad nicaragüense no puede

105 https://revistaabril.org/wp-content/uploads/2022/01/Pronunciamiento-de-Familiares-de-PP_25.01.22-3.pdf

[y por **principio**, no debe] hacer: que si el régimen usurpador excarcela a las personas a quienes tiene secuestradas, podría, este acto, iniciar "un proceso de unificación ciudadana".

¿Unificación con quién, con una pandilla que, ilegal e ilegítimamente, usurpa el poder represivo del estado? ¿"Unificación" con los secuestradores?

¿Y quién dice que los nicaragüenses, fuera de la ínfima minoría que usurpa el poder, no estamos "unificados" en el reclamo de que a **nadie** pueda encarcelarse por razones políticas?

¿Y quién dice que no estamos "unificados" en el conocimiento de que, mientras exista la dictadura Ortega-Murillo-Pellas-Ortiz Mayorga-Zamora Llanes y Cía., esta encarcelará a quien se le antoje, a gusto y conveniencia de su poder? ¿Quién, entonces, promueve esta promesa, aun a expensas del dolor de los familiares de nuestros compatriotas? ¿Quién —o, mejor dicho, quiénes— están interesados en aceptar la "transacción" con la dictadura en la cual las personas presas políticas son moneda de cambio? ¿Quiénes estarían dispuestos a aceptar que se dé a la excarcelación de las personas presas políticas significación de "gesto de unificación", "concesión graciosa" del régimen usurpador? ¿Quiénes podrían concebir que la excarcelación condicionada de los secuestrados permitiría "construir puentes"? ¿Entre quiénes? ¿Quiénes necesitan ser vistos cruzando esos puentes, montados sobre la espalda de la libertad de los secuestrados?

¿Y a quién puede ocurrírsele que con la excarcelación de nuestros compatriotas secuestrados por el régimen usurpador podemos "escucharnos los unos a los otros y comenzar a desarmar la desconfianza mutua…"? ¿A quién puede ocurrírsele que debemos empezar a confiar en ese "otro", es decir, en la dictadura? ¿A quién puede interesarle?

¿A quién conviene, una vez más, escudarse tras la Iglesia y tras el sufrimiento de las familias de los secuestrados?

¿Quiénes quisieran, una vez más, justificar un "diálogo" público —en privado no hay silencio— con la tiranía, y lograr su ansiado "aterrizaje suave"?

¿Quiénes necesitan, para "dialogar", que el régimen usurpador aparente "ceder" a la ciudadanía, cuando apenas se posiciona, con todos sus socios, para buscar una "salida" que estabilice el sistema?

Digamos, aunque algunos puedan fingir indignación, que un nombre lo indica: Ortega-Murillo-Pellas-Ortiz Mayorga-Zamora Llanes y Cía.

Y hablando de nombres: es nuestro deber exigir la liberación incondicional de todas las personas presas políticas, no solo las 27 de la carta, y no solo aquellas cuyos nombres conocen y mencionan los medios de comunicación, las que tienen familias o conocidos que pueden blandir alguna influencia social.

TODOS deben ser liberados incondicionalmente. NADIE debe dejar que se pudran en el olvido. NADIE debe permitir que se manipule a la opinión pública, ni se explote la desesperación de las familias víctimas, para conseguir objetivos mezquinos y bajos, que es lo que pretenden regresando al viejo "diálogo", para "escucharnos los unos a los otros", como si el 90% de los nicaragüenses que quieren libertad no "escucháramos". ¡Como si la tragedia de Nicaragua fuera atribuible a nuestra "sordera"! Como si nuestra libertad, y, sobre todo, como si la libertad incondicional de TODAS las personas presas políticas no fuera un derecho humano, y la violación de este no fuera un crimen de lesa humanidad.

Las lágrimas de cocodrilo de los "compasivos" (¡libertad incondicional para todas las personas presas políticas!)

4 de febrero de 2022

El intento de presentar la claudicación política como "compasión" es la más reciente estratagema de quienes buscan proteger su deteriorada imagen política de alguna manera, mientras se sientan como zancudos a legitimar a Ortega. Es decir, los que buscan el diálogo para retroceder el reloj a 2017 son, según esa propaganda, la gente de buen corazón, mientras que los que se oponen al diálogo con la tiranía son gente ignorante de la realidad, o insensible ante el dolor de sus compatriotas secuestrados y el de sus familias. Con estos juegos publicitarios intentan tapar la verdadera realidad: que Ortega ha encarcelado a ciudadanos miembros de la clase política [incluyendo a los "precandidatos electorales"] *para poder excarcelarlos*, precisamente siguiendo el libreto que, torpemente, y bajo el ojo incrédulo de la población, ensayan los pactistas y zancudos. Hay que añadir: las familias son víctimas de extorsión y deben tener nuestra solidaridad y apoyo, y tienen derecho a negociar como deseen para lograr que sus parientes salgan de la cárcel. Tienen derecho a negociar, como negocia la familia de un secuestrado con su secuestrador; y paga rescate, si puede hacerlo, porque la angustia de ver padecer a su ser querido es insoportable, especialmente en las condiciones de tortura que prevalecen en la cárcel política de Nicaragua. Sin embargo, uno no puede pagar, en una negociación, con lo que no le pertenece: a ninguna familia, por más que la victimice el despotismo orteguista, pertenecen los derechos de los demás nicaragüenses. Mucho menos que pertenezcan a los grupos de poder económico y sus operadores políticos, cómplices del sistema dictatorial, partícipes en la puesta en escena, y que con "generosidad" y "compasión" se aprestan a entregar a Ortega la renuncia de *todos los nicaragüenses* a sus derechos humanos. En sus mediocres y temerosas imaginaciones lograrían así regresar al reino utópico del "modelo de diálogo y consenso" con la tiranía, precisamente el que llevó al país a la trágica situación que vive hoy en día. Tal modelo ha beneficiado de manera espectacular y exclusiva a una media docena de grupos familiares de herederos-propietarios [la gente los llama, por economía de lenguaje, "el gran capital"], a expensas de la vida y economía de las familias pobres de Nicaragua, y de la inmensa mayoría de emprendedores, de los empresarios cuyas organizaciones han sido también secuestradas. Secuestradas, no solo por el régimen, sino por "el gran capital".

La falsa compasión de los pactistas y las lágrimas de cocodrilo de sus representantes buscan, una vez más, ofuscar, confundir, desmovilizar, y —perversamente— presentar al mundo la imagen de una Nicaragua en la cual Ortega es un interlocutor legítimo y legal, que negocia una apertura política, hace posible una transición a la democracia, y no es ya merecedor de sanciones. Quieren que se olvide que el régimen orteguista está fuera de la ley, que ha abolido el Estado de Derecho, y que por tanto todas las personas encarceladas por su participación en la política son sencillamente víctimas de secuestro y deben ser un costo para la tiranía, no el *beneficio* que están dispuestos a darle los que babean —ilusos—ante la mesa de un nuevo diálogo público con Ortega. Que no se salgan con la suya. El reclamo de libertad incondicional para todas las personas presas políticas es consigna de todos los enemigos de la tiranía, de todos los que rechazamos la manipulación que los grupos de poder hacen del sufrimiento de los reos políticos, de quienes negamos el derecho de una minoría minúscula de milmillonarios a repartirse plantación y esclavos con Ortega-Murillo, y sabemos que este régimen oprobioso cava, abuso por abuso, su propia tumba.

A pasos del abismo: impasse mortal entre la dictadura, la oligarquía de la media docena, y los partidarios del cambio

2 de febrero de 2022

De las acciones de sus operadores políticos, y de declaraciones [casi a coro] de cercanos simpatizantes, se desprende que el nuevo mantra de la oligarquía cómplice es que "ya Ortega ganó, no hay nada que hacer más que entenderse con *el hombre*". Esa es la excusa que lanzan para su política de claudicación, para sentarse a su soñado "diálogo" y ver cómo cambian la música del poder político sin cambiar la letra.

Sus opciones, hay que reconocerlo, son limitadas. Hay razones estructurales y de su propia creación que los atrapan. Ortega ha estado dispuesto a darles solo una cosa: la "conquista" de una "amnistía" para los presos políticos. Nada más, porque nada más puede ceder sin poner en riesgo inminente su poder. Por otro lado, el tirano persigue un control totalitario de la población [necesidad que es inversamente proporcional a su debilidad política]; objetivo que le es natural, en el que se refugia de la crisis, pero hace difícil incluso la concesión de la amnistía; y, si no vuelve a esta última imposible, le quita la potencia que pudo haber tenido en un ambiente más sosegado, sin el torbellino de los abusos de poder ya rutinarios amplificado exponencialmente por las expropiaciones de universidades y de bienes de la iglesia católica. En este actuar contradictorio es donde se evidencia la situación estratégicamente insostenible de Ortega, y también la de la oligarquía; es parte del impasse mortal e inestable que caracteriza la correlación de fuerzas en Nicaragua.

Digo "impasse", y no lo digo con la intención de agitar demagógicamente, como hacía el personaje televisivo de "vamos ganando". Porque, claramente, en el hoy no hemos ganado, ni "vamos ganando". Sin embargo, tampoco "hemos perdido". De hecho, la derrota del pueblo es tan ilusoria como ilusoria es la pretensión de los genocidas de El Carmen de que es posible un "borrón y cuenta nueva"; o como la alucinación electorera, en la cual un aluvión de votos iba a sepultar al régimen orteguista en noviembre del año pasado. "Por supuesto que sí", contestó, no se sabe si por ingenuidad pueril, hábito matrero, o simplemente estrechez intelectual, el sempiterno Noel Vidaurre, a la pregunta de su anfitrión, el periodista peruano Jaime Baily, sobre si Ortega sería derrotado en elecciones y aceptaría el veredicto de las urnas. O quizás fue por estar habituado a entrevistas de bola pasada o penal sin portero como las que los medios de las élites sirven en bandeja de plata a los voceros de la oposición pro-oligárquica. El hecho es que la insensatez tiene costos altos en un conflicto, y hay que evitar caer en la trampa en la que Vidaurre se deslizó, pies adelante y calcetines alegres, hecho cenizas en segundos por la sorna implacable de Baily, un regalo de humor para la audiencia nicaragüense, pero, a la vez, revelación triste de cuán perniciosos han sido para la lucha democrática los electoreros que entonces dominaban el teatro político.

Por eso, hay que aclarar qué es lo que se quiere describir con la palabra "impasse". En primer lugar, está la situación objetiva de Ortega; no su retórica, ni sus aparentes sueños: el tirano tiene posesión del poder, pero necesita renovarlo a diario; si ya hubiera "ganado" no necesitaría ejercerlo como lo ejerce. Frente a él, la inmensa mayoría de la población ha demostrado, como ha podido, notablemente con la abstención militante del 7 de noviembre, que si apenas masculla su odio al régimen es por la inminencia de la represión militar más brutal vivida en América Latina desde los golpes de estado de Chile y Argentina en los años setenta del siglo pasado. La insatisfacción, palpable para el régimen, lo obliga a intentar lo imposible, un estado de sitio permanente, que gane tiempo para su descabellado proyecto totalitario. Mientras tanto, la oligarquía de la media docena, los herederos-propietarios del modelo de "diálogo y consenso" se constituyen en la tercera pata del taburete frágil de este equilibrio inestable que es el "impasse". Seguramente cambiarían, si pudieran hacerlo de acuerdo con su valoración de riesgo aceptable, el apellido del actual capataz de la "hacienda", pero, una vez más, el capataz dicta los términos del ejercicio del poder político a una élite que ha sido notoriamente incompetente en esas artes. Por qué ha sido, la clase de herederos-propietarios, incapaz, no solo de desarrollar la economía, sino incluso de establecer un mecanismo estable de dominio político, es tema esencial, pero pendiente.

Cualquiera que sea la causa de tal fracaso, el hecho es que en la presente coyuntura la subordinación de la oligarquía a las prioridades del capataz es cada vez mayor, porque para Ortega la marcha hacia el totalitarismo parece ser más importante, y por mucho, que las maniobras de lavado de cara y refinamiento de modales que quisiera promover la *media docena* para abrir los cielos al milagro de un aterrizaje suave. Es decir, el tirano puede haber incluido en su agenda "*amnistía a los presos políticos, gran diálogo nacional, borrón y cuenta nueva*", pero las páginas de su agenda están repletas de garabatos psicodélicos que le recuerdan "*sobrevivir hoy, aplastar al opositor pequeño que puede llegar a ser grande, inaceptable dejar que hablen y marchen, vamos con todo, hay que controlarlo todo*".

Así las cosas, la oligarquía de herederos-propietarios corre el riesgo de convertirse en blanco y víctima, ella misma, del monstruo que creó. A pesar de esto, que a ojos vista parecería ser "la ruta" del régimen, la *media docena* sigue demostrando que su temor al pueblo y al Estado de Derecho, y a la justicia, los hace considerar a Ortega "el mal menor". Están aún paralizados por el embrujo del poder del que antes se sirvieron con deleite, que piensan infranqueable, y que han creído poder administrar. Quisieran que el resto de la población se comportara de la misma manera, en la ilusoria esperanza de que, si cesaran los murmullos que reclaman el fin de la tiranía, y tras su fin, justicia, podrían llegar a un acuerdo con el capataz, poner en orden los asuntos financieros de la finca, y anunciar al mundo que todo vuelve a la normalidad, que ya no hacen falta sanciones, que es posible una "transición negociada", "pacífica", que "gradualmente" desaparecerá el régimen orteguista, que todo es "saber negociar".

Todo esto, por supuesto, es tan alucinante como ha sido hasta la fecha el actuar político de la oposición electorera, porque pasa por alto el nudo gordiano del asunto: Ortega no está en condiciones de dejar el poder voluntariamente, y la población no está en condiciones, porque ya acecha el hambre y la violencia represiva anega la sociedad, de claudicar, de renunciar a sus derechos básicos, aunque en este momento tenga que mascullar su odio —mientras llega el próximo momento.

Para la oposición nicaragüense, un solo camino: recomenzar (Primera parte)

15 de marzo de 2022

Para la oposición nicaragüense, es el momento de apretar el botón de recomenzar, como el que se usa para apagar y encender computadoras y teléfonos. Hacer, como dicen hoy en día, un "*reseteo*". ¿Por qué? Dos razones.

Una es que desde el punto de vista mundial *no es razonable* esperar que la crisis de Nicaragua, tan trágica como es y tan sentida por nosotros, *subordine* en cuanto a recursos y estrategias, a la crisis de Ucrania, causada por la invasión imperialista rusa y los actos de genocidio contra el pueblo ucraniano. La prioridad fundamental de los gobiernos democráticos debe ser, y es, armar al pueblo ucraniano y mitigar el peligro que corren cientos de millones de personas cuyas vidas podrían extinguir las ondas expansivas y la radiación letal.

Los estadistas más poderosos del planeta actúan bajo la sombra de una lección duramente aprendida: no puede permitirse a un tirano armado hasta los dientes avanzar aplastando estados democráticos hacia el corazón de la Europa civilizada. Sería irracional, y hasta éticamente censurable, que su política exterior colocara nuestra (justa) causa por encima del objetivo de contener al imperialismo ruso.

Este objetivo es de una enorme complejidad, porque incluye el doble reto de evitar que el tirano del Kremlin desate un conflicto nuclear y el de proteger a las economías de Europa y Estados Unidos de la escalada de precios del petróleo.

Pero además de ser innegable la necesidad de proteger al mundo entero de un desenlace apocalíptico, los gobiernos enfrentados a Putin *se deben*, no solo a ese interés, que es compartido con el resto de la humanidad, sino —¡qué difícil parece ser entenderlo fuera del contexto democrático!— a la voluntad política de sus electores, que sufren económicamente a la vez que enfrentan, día tras día, el golpe a la conciencia que significa ver en las pantallas de televisión y las redes sociales un holocausto, transmitido en vivo, imposible de ignorar.

¿Cuándo y cómo acabará este drama? Imposible predecir.

La segunda razón es que **los políticos** nicaragüenses que abrazaron el plan de "aterrizaje suave" bajo diferentes nombres, tales como diálogo nacional, elecciones bajo Ortega, negociación, vía electoral, lucha cívica, etc., y que abandonaron oficialmente el grito de la población ["*¡qué se vayan!*"], y eliminaron de su léxico, tan pronto como en el segundo día del primer "diálogo nacional" la palabra "derrocamiento", han sido derrotados por Ortega. Digo, y explico adelante, que esta victoria de la tiranía *no es final,* aunque si debe serlo la ilusión, plantada por intereses ajenos al pueblo, de que es posible transitar hacia la democracia sin sacar al orteguismo *por la fuerza* del poder que usurpa.

Al abrazar el camino del aterrizaje suave, los políticos opositores, a quienes los poderes fácticos lograron introducir al escenario internacional como auténticos representantes del movimiento democrático nicaragüense, fueron incapaces de encauzar la inmensa energía que el pueblo volcó sobre las calles, el enorme coraje y disposición al sacrificio que exhibió.

La explosión social de Abril de 2018 —y esto es lo que nuestra conciencia de la historia necesita *atesorar*— fue como lava brotando a borbotones de un volcán, como ríos de lava saliendo de la profundidad de lo posible. Los políticos de "la vía cívica" [otro de los términos que la manipulación del poder corrompe en Nicaragua] hicieron el milagro perverso de enfriar la lava, de ponerle cortafuegos por doquier. Mientras en las calles caían combatientes armados apenas con hondas y cartelones, con morteros más propios de despliegue pirotécnico que de combate urbano, los políticos de esta oposición, con honrosas excepciones, flotaban como una espuma fría sobre el café, buscando construir arreglo de cúpulas que los llevara de un lado al otro de la crisis a reemplazar a Ortega. Esperando ese milagro imposible, consumaron, por decirlo así, el anti-milagro. Terminaron destruyendo un movimiento de potencia insólita, y han terminado, algunos de ellos, pagando un alto costo.

La oligarquía de Pellas Chamorro, Ortiz Mayorga, Zamora Llanes y compañía contempló la masacre con una pasividad cómplice —creían proteger sus intereses del "caos"— y ha hecho poco por impedir que sus operadores políticos, empleados y aliados caigan en manos del terror judicial sandinista-estalinista, que reparte condenas absurdas por crímenes kafkianos, con una ligereza que el despotismo demencial de los carniceros de El Carmen parece saborear.

¿Y cómo puede explicarse que los políticos de la "vía electoral" abandonen sin ruborizarse el más que aparente mandato ciudadano? ¿Por qué fue para ellos tan fácil abandonar la exigencia del pueblo en las calles que exigía, no elecciones, sino el fin de la dictadura? Esta separación entre políticos y pueblo es parte de la cultura del poder en la sociedad nicaragüense. Estos son los hábitos que ellos practican, porque pueden, porque la estructura de poder social y económico lo hace posible hoy como lo ha hecho posible durante doscientos años.

Irónicamente, la des-representación ciudadana, un fenómeno de tinte feudal, ha empeorado en las décadas posteriores a la (ahora sabemos) mal llamada Revolución Popular Sandinista. El FSLN en el poder, estalinista de origen, asimilado ahora al sistema oligárquico, ha conducido, junto al resto de las élites, un sistemático desmantelamiento de estructuras de movilización popular durante los últimos cuarenta años. Este esfuerzo de *anti-educación política* contribuyó a que el *anti-milagro* de domesticar un volcán fuera posible.

La experiencia de lucha, sufrimiento y derrota *temporal* es una escuela dura para el pueblo nicaragüense, en la cual se aprende a descorrer el velo ideológico tejido por las élites, y se ve en toda su frialdad el esqueleto del poder. De esta escuela debe surgir, y surgirá —ya surgen— nuevos liderazgos de lucha, que no se detengan ante las maniobras matreras de las élites, y busquen sin timideces destruir el despotismo. Para esto lo fundamental es entender su misión como agentes del pueblo, no operadores políticos de salón, no diplomáticos con más tacto para la sensibilidad de los poderosos que para las necesidades de los trabajadores. Necesitan, los nuevos liderazgos, no practicar la política como lo hicieron, en esta crisis, los políticos de la "vía electoral", quienes, al tratar de flotar sobre la turbulencia hacia una *cuota* de control en el Estado, perdieron la única verdadera fuente de poder que pudo haber bendecido con frutos su ambición: el apoyo popular.

Creyendo adelantarse al pueblo, se desprendieron de él. Creyendo ser más fuertes al desmontar un movimiento popular masivo y apoyarse en padrinos de la élite económica criolla, y de las clases políticas en los países poderosos, se debilitaron hasta quedar en lo que hoy en día son: cuerpos políticos anémicos, exangües, solos, derrotados. Cayeron, ellos mismos, víctimas de la barbarie con la que quisieron pactar.

Siendo esta la situación, se hace indispensable apretar el botón de recomenzar, el que hace regresar la máquina a su funcionamiento esencial, a su lógica funcional, a desechar aquello que la ralentiza, que la hace colapsar. Tenemos en este momento la oportunidad de borrar programas inútiles que, al atrasar la lucha contra la dictadura, son dañinos en grado trágico. Son vidas humanas, cientos de miles de vidas humanas trastocadas, cientos [o miles, de esto nadie puede estar seguro, y depende además de cuántos años se incorporen a la cuenta] de muertos, heridos y lisiados, física y mentalmente.

Recomenzar es una forma de volver a la raíz, de descartar impurezas y distorsiones causadas por los virus que —independientemente del origen— enferman el sistema o, si se quiere, el "organismo" de la lucha. No es trabajo que tengamos que hacer a ciegas, adivinando: si hablamos de volver a la raíz y de limpiar impurezas, tenemos la ventaja de que las impurezas ya son un pus visible. Tenemos también el auxilio de nuestra historia, que es nuestra experiencia, que es nuestra raíz.

Pero el diagnóstico tiene que ser honesto y el trabajo precisa realizarse con la mayor integridad. Repito: son vidas humanas, cientos de miles de vidas humanas trastocadas, cientos o miles de muertos, heridos y lisiados, física y mentalmente. No debe quedar espacio oculto al ojo benigno de la crítica razonada. El inventario no debe hacerse con guantes de seda. El inventario en el que todos necesitamos involucrarnos, y no solo un ciudadano que luego sea tachado de excesivamente crítico, o divisionista, debe hacerse sin esconder nada, sin tapar ningún error, ni buscar excusas. Y, una vez más, la historia, nuestra historia, más la historia de la humanidad, debe servirnos de lámpara en las minas oscuras del fracaso. En ellas, así es la vida, se esconde la gema del triunfo.

Nuestra historia indica, por ejemplo, que es trágico esperar que los problemas y conflictos de los nicaragüenses los resuelvan poderes foráneos. Este fue, precisamente, el camino tomado por los políticos que Ortega ha derrotado. Ha sido el camino de los operadores de la Alianza Cívica, de la Coalición Nacional, de la UNAB. Y ha sido —aquí la autocrítica ciudadana que intento— con la aceptación de al menos buena parte de la población, al menos en la fase crucial y fatídica que inicia con la maniobra orteguista llamada "Diálogo Nacional".

Dicha maniobra fue parte de una estrategia exitosa para la dictadura, que produjo un rastro de terror, sangre y exilio, e introdujo en el discurso opositor un giro ciertamente bizarro: es insólito en la historia de las luchas por la libertad del mundo entero y a través de los siglos [al menos yo no conozco otro caso] que se digan cosas como "*eso no lo aprobaría la comunidad internacional*", o "*no es eso lo que quieren los gringos*".

También es chocante, por inaudito, escuchar declaraciones como esta, que hizo en una presentación pública, en Estados Unidos, a una audiencia internacional, un político muy conocido: "*ya los nicaragüenses no podemos hacer nada contra Ortega, ahora le toca a la comunidad internacional*".

Este lenguaje es evidencia humillante de descomposición ética. Son palabras contrarias a nuestra raíz, a nuestra historia, al talante orgulloso y desafiante del pueblo en lucha. Son palabras vergonzosas, y palabras que otros, empezando por Ortega, entenderán claramente como gestos de capitulación, ya que expresan una actitud sumisa, acomodaticia, cobarde, brutalmente en conflicto y contraste con la hidalguía de los luchadores que en el 2018 dieron la cara por el país y pusieron su pecho frente a la macabra maquinaria del orteguismo, del gran capital, y de sus cómplices en muchos ámbitos de la sociedad. Son las palabras de quienes dicen luchar contra la dictadura contando votos en la OEA, esperando la próxima reunión de su Comité Permanente o de su Asamblea General, esperando, contra toda probabilidad, que se produzca un milagro y la OEA "resuelva" a su favor la crisis de Nicaragua. Son las palabras de quienes pueden escribir volúmenes y hablar horas explicando algo que ya sabemos, que es de comentario cómodo y sin riesgo [ni político ni financiero ni moral ni social] porque es sabiduría simple y básica, alejada de toda controversia: que Ortega es un dictador; que es un genocida; que es "ilegítimo", o sea, que no tiene derecho alguno a ocupar el poder del Estado, el cual usurpa por el empleo de la violencia y contra la voluntad de la inmensa mayoría de los nicaragüenses; que es un criminal de lesa humanidad, o sea, ¡lo mismo que dicen de un Putin o un Hitler!; y luego niegan la única conclusión lógica derivable de su propio razonamiento, ¡lo que dirían de un Putin o un Hitler!: que, tratándose de un régimen como el que ellos describen, si es que el pueblo nicaragüense ha de ser libre *necesita* derrocar a la tiranía, y que el pueblo nicaragüense tiene el derecho, y la necesidad, de luchar por todos los medios. Increíblemente, la palabra "derrocar" les produce escándalo, indignación moral, incluso repugnancia.

Se trata, en muchos casos, de personajes del derrotismo, del desánimo que siempre está a un paso del pacto, del acomodo, y a veces hasta de la complicidad. Como el que acepta, cuando hay invasiones —recordemos nuestra propia historia, pero también la historia del gobierno de Vichy bajo los nazis, y contrastémoslas con la tenaz resistencia del liderazgo ucraniano— llegar a "acuerdos" para "*salvar vidas*", o simplemente porque "*es la única solución posible*". Pero en verdad siempre hay un camino alternativo: no hay destino inevitable de esclavitud y tiranía. Es posible derrocar a una dictadura sangrienta. Ha ocurrido miles de veces en la historia humana. Es imprescindible hacerlo si se quiere vivir en libertad. Los pueblos escogen, colectivamente (si es que quieren ser libres) qué precio están dispuestos a pagar. También es cierto que conviven, enfrentadas al interior de toda nación, la fuerza del coraje y la fuerza del temor, la fuerza del sueño y la fuerza del oportunismo. Por eso, la lucha entre quienes siendo parte de una mayoría opositora optan por el derrotismo y los que optan por la lucha es con frecuencia intensa y prolongada. En Nicaragua, como en cualquier país, hemos vivido estas luchas, y a ellas me refiero en los párrafos que siguen.

El enanismo de la oposición "de la vía electoral"

¿Alguien podría imaginarse a Pedro Joaquín Chamorro Cardenal detenerse antes de tomar las armas, o de llamar a la movilización popular, porque "*no es eso lo que quiere la comunidad internacional*"? ¿Alguien podría imaginarlo —se lo hemos criticado, públicamente, a su hija, hoy víctima, ella misma, de la barbarie del régimen— diciendo que el dictador "*tiene tanto derecho como cualquier ciudadano a ser candidato*", y por tanto es legítimo aceptar elecciones que, como ya se sabe, no alcanzan siquiera el nivel de farsa? ¿Alguien puede imaginar a Pedro Joaquín Chamorro diciendo que es imposible derrocar a la dictadura, y, por tanto, hay que entenderse con ella, "*dialogar*" con ella? ¿Alguien puede imaginarse a Carlos Fonseca Amador, en aquellos lejanos tiempos un hombre solo, dueño apenas de un sueño, enfrentado, no solo a una dictadura que fue también asesina, sino que apoyada por los Estados Unidos, decir: "*ya los nicaragüenses hicimos lo que podíamos, ahora le toca a la comunidad internacional*"? ¿Alguien puede imaginarse a Rigoberto López Pérez, a los numerosos combatientes del FSLN que cayeron en la lucha, a los soldados rebeldes del Ejército de Nicaragua, como Báez Bone, obsesionarse con los votos de la OEA? ¿Alguien puede imaginarse a Sandino, nicaragüense como todos nosotros, como todos los nicaragüenses de su tiempo, hijo también de nuestra cultura, de todas sus virtudes y defectos, aceptando un puesto bajo la ocupación estadounidense, porque "*es lo que quieren los gringos*"?

Que nadie se llame a engaño, ni manipule la intención de este escrito: lo que está en juicio no es la ideología de los personajes que menciono, ni la preferencia ideológica o política de quien esto escribe, o del lector. Tampoco constituye este un intento de juicio global de los actos de nuestras figuras históricas, tarea que merece un rigor historiográfico que rebasa los límites de este ensayo, y que ha escaseado crónicamente en nuestra Academia. Hablo, podría decirse, no del mueble, sino de la madera; me refiero a su solidez, a su cohesión molecular. Hablo de que hay, en Chamorro, Fonseca, Sandino, Báez Bone, y en los demás, coherencia aparente entre palabra y acción, y una *integridad* que se alza gigante por encima de lo que habría que llamarse el *enanismo* de las actuales generaciones de políticos "de la vía cívica", la evidente falta de claridad moral de estos, y su escasa visión del campo de batalla, más allá de lo inmediato, de la intriga mezquina, de la maniobra para procurar favores entre los poderosos. No son, estos políticos, hacedores de historia, y en muchos casos [pervirtiendo un poco las palabras de Cela] ni siquiera la padecen, sino que la hacen a otros padecer.

En cambio, sus antecesores son figuras heroicas. Fueron, en su tiempo y para la posteridad, auténticos héroes, y no porque en un arrebato circunstancial dispararan un arma o mataran a un enemigo. Muchas veces el instinto de sobrevivir, y lo que hoy se ha popularizado como "resiliencia", se confunde con algo mucho más profundo y mucho más constante, el sentido verdadero del heroísmo: *el de expresar la integridad que lleva a un ser humano honesto, en el silencio de su conciencia, a aceptar las conclusiones y los corolarios intelectuales y éticos de su pensar.* Los héroes hacer valer, en sus propias vidas, y con sus propias vidas, las ideas a las cuales arriban con una libertad que acepta el dolor. Son héroes, aunque no sean santos impolutos, de los que solo la imaginación popular crea a partir de las grandes virtudes de gente que, como todos los seres humanos, está también llena de defectos.

Ucrania y la guerra mundial (notas para un ensayo)

18 de marzo de 2022

¿Se mundializará la guerra ruso-ucraniana, al menos en el sentido de involucramiento oficial de fuerzas de combate de Estados Unidos y la alianza militar de Europa, OTAN? Hasta el momento, se ha visto lo esperable: la renuencia tradicional de los primeros en participar de manera directa en conflictos europeos, y la lentitud relativa de los países democráticos en movilizar fuerzas militares al terreno de guerra —en las cercanías, no en las lejanías—. Tarde o temprano, sin embargo, ante un enemigo como Putin, probablemente incapaz de retroceder, es casi seguro que haya cada vez más acción militar conjunta europeo-estadounidense, que podría manifestarse incluso con más arrojo si el cálculo de los planificadores de la guerra sobre la probabilidad de que Putin pueda emplear armas nucleares arroja una disminución significativa.

A Putin probablemente el sueño de un rescate chino le quede como uno más entre los numerosos cálculos fallidos de su aventura, la agresión imperial contra Ucrania. Para una China integrada cada vez más a las economías del mundo, desarrollado o no, donde *conquista* sin disparar un tiro [esto incluye Taiwán] no tiene mucho sentido ignorar las lecciones aprendidas en prudencia y calma, y desbocarse en una alianza con Rusia que tiene muy poco valor económico, y cuyo valor militar y político se ha desplomado en menos de un mes.

Es muy probable que el presidente Xi, quien, aunque dueño de indiscutible poder dentro del Partido Comunista, gobierna un sistema, no un feudo bananero, regrese al carril *institucional*, o sea forzado a hacerlo a medida que enormes costos, antes potenciales, se hagan realidad. Junto a ellos, la alianza geopolítica ajedrecística contra Occidente que el camarada Xi creyó posible montar con Putin, tendría beneficios, si acaso alguno, marginales. La vida es así, así de implacable es la realidad, y en el charco de tiburones que es la política los rivales del Presidente tendrán a su favor la munición del fracaso de Rusia en Ucrania.

Por eso, el reto que enfrenta Xi pareciera ser el de recular grácilmente. El *moonwalk* de Michael Jackson salta del recuerdo. Quizá veamos al líder chino practicar el paso de baile que hiciera famoso el cantante estadounidense. Será un espectáculo, sin lugar a duda memorable, un caso-estudio de valor para novicios de la política, ya que habiendo comprometido ambos líderes a sus países en "amistad ilimitada" poco antes de la invasión rusa de Ucrania, queda ahora al descubierto, qué pena, que la amistad tiene límites por más *ilimitada* que sea; y que no se trata, en cualquier caso, del amor, que, según Borges dijera, necesita reafirmarse constantemente, por ser de natural inseguro.

Por mi parte, no puedo ni negar ni afirmar, ya que no exploro en prosa el reino de las teorías conspirativas [la poesía que haga lo que quiera], si la OTAN supo inevitable la invasión rusa a Ucrania, o si incluso le dio la bienvenida. En este caso, habrían decidido que el pueblo ucraniano cargara —nada me sorprende de los políticos— con el martirio de ser la soga sangrante que ahorque a Putin y sepulte —esta vez para siempre, hasta donde llega "siempre"— las eternas ambiciones imperiales de Rusia. Dado el atraso económico del país, su pobreza y subdesarrollo tecnológico, tales ambiciones no son viables en un mundo donde ya no es suficiente población, guerrero y sable para saquear y enriquecerse. Hoy en día, gracias al capitalismo desarrollado y su fusión guerra-tecnología-economía, para ser imperio hay que enriquecerse antes... Después, lo que haga uno cuando ya es imperio dependerá...

A veces, incluso, enriquecerse parece reducir las *ganas* [léase Unamuno] de ampliar las fronteras militarmente. Utilizo, muy a propósito, el vocablo "militarmente", porque es la naturaleza humana el querer más riqueza, y más poder, cuando ya se es rico y poderoso. *Ganas* de serlo nunca faltan. Como de los Idus de Marzo, podría decirse que "todavía no acaban". Pero el capitalismo mundializado, sin retar —como intentaran las utopías del siglo XX— la condición humana, parece haber creado un nuevo cauce a la natural agresividad de la codicia. ¿Cómo? La respuesta quizás suene tan árida como un manual de escuela de negocios: al integrar por encima de fronteras nacionales las cadenas de producción, las élites del mundo se entretienen estratégicamente, administrando los mercados en perenne competencia. No es que no haya sangre en tales contiendas, pero hay una cierta sublimación, y ciertos límites, como de rituales que reemplazan la guerra tribal; algo parecido, quizás, al desahogo de agresión que los deportes organizados permiten en la vida social.

Cierto es que hay, y habrá siempre [hasta donde llega "siempre"] burócratas y mandarines cuyo ámbito de acción es el de cuidar, como responsables de seguridad, los espacios de comercio y tránsito, y que, al actuar desde el poder político viven, particularmente en Estados con gran armamento, como los guardias cuyas horas transcurren frente a monitores y pantallas, listos siempre para despachar oficiales y tropas aquí y allá. Sin embargo, no pueden actuar con la misma autonomía y desparpajo que antes fue posible, cuando las élites políticas eran a la vez élites económicas y señores de la guerra, como fue en el mundo feudal, en el que los señores solo tenían tierra y vasallos que perder y ganar.

Hoy en día, en los países avanzados, hay una separación de poder y tareas entre los burócratas y políticos [¿hasta dónde la diferencia?] que ordenan la guerra, y los señores del dinero. La división es particularmente notable en las sociedades democráticas —el mundo rico; China se acerca, pero todavía no es miembro con todos los laureles. En estas sociedades los señores del dinero llevan, aunque dentro de la urbanidad igualitaria que da órdenes a través de preguntas, sugerencias, e incentivos fiscales, la voz cantante.

Tienen, la mayoría, poco interés en el asunto de la guerra, si no es su rama de la industria, pero tampoco arman demasiado escándalo si alguna tropa va de sus países, en expediciones que se imaginan de poca monta, a lugares distantes de los mercados y de los eslabones principales de las cadenas productivas. Otra cosa es el conflicto armado que a sus ojos descarrile la economía mundial, los mercados que son su vida y hábitat. No tienen, comprensiblemente, ningún entusiasmo en sacrificar ese mundo, su mundo —ese país global que arman como un rompecabezas en la planificación corporativa— solo para que el mapamundi político cambie de contornos.

Al presidente chino, quizás por el autoritarismo absolutista —desde siempre, y hasta donde llega "siempre"— de su reino, y quizás porque ha estado en una campaña por afianzar su poder individual, parece habérsele escapado esta dimensión conservadora del poder mundial, hasta el punto de no reconocer en ella el rastro y la necesidad de China misma. O, si no fue ciego ante estos hechos, erró al pensar que la aventura de Putin no iba a tocar el nervio conservador del sistema, su instinto de supervivencia. Pensó quizás, como Putin [sospecho que no aplica esto a los planificadores de la OTAN], que la invasión de Ucrania sería, ya que antes hemos hablado de *moonwalk*, un *cakewalk*, un pan comido.

Pero ahora el error parece evidente: Putin está mortalmente aislado; quizás el autócrata ruso sea, en el sentido literal que esto significa en regímenes donde la violencia palaciega resuelve conflictos a través de técnicas poco parlamentarias, un hombre marcado. Si es así, al presidente chino no le queda más remedio que ir *back to business*, porque una cosa es rivalidad económica y juegos sucios con y contra Estados Unidos, y otra es la aniquilación insensata de todo lo conseguido por China y su clase dominante burocrática-empresarial durante los últimos cincuenta años.

¿Y los complejos militar-industriales?

Alguien, incisivamente, pregunta: "¿no estarás olvidando el complejo militar-industrial y su interés en que haya conflicto para vender sus productos? Es un tipo de empresa diferente; tiene vida propia y no se comporta como las otras."

Por supuesto, se trata de una fuerza importante, que empuja dentro del sistema. Pero el complejo militar industrial no necesita que haya guerra; basta con que haya una estrategia de guerra, que se vende como doctrina defensiva, para prevenir la guerra.

El negocio del complejo militar-industrial no es hacer la guerra, es venderle armas al Estado, es ser parte integral del presupuesto nacional. Eso lo han logrado, y, guerra o no guerra, el presupuesto asume que hay que "mantener", y "renovar" o continuamente poner al día el armamento, porque "la competencia" hace lo mismo.

Pero esto es notable: el presupuesto armamentista tiene como objetivo declarado enfrentar a poderes militares con los cuales, de hecho, desde que existe el complejo militar-industrial, no se ha ido a la guerra.

Lo interesante es que, sin perder la rentabilidad que crea el complejo militar-industrial a partir del miedo del Estado a la derrota, a la guerra, la rentabilidad de la paz entre los principales poderes parece haber dominado este largo período desde la segunda guerra mundial.

La guerra, cuando se ha hecho, ha sido contra poderes menores, o países sin ningún poderío, aun cuando en algunos casos los poderes menores hayan recibido apoyo de los complejos militares-industriales, y aun cuando estas guerras hayan llevado a alteraciones del mapa mundial, que sin embargo han sido menor de escala que los cambios en el mapa de la distribución de las influencias regionales de los grandes poderes militares.

¿Y si Putin no retrocede, qué?

"El Estado es el alma rusa", leí recientemente. "Apostar porque el pueblo ruso se levante es una estrategia perdedora, han estado subyugados 1000 años", me dice un amigo, pasando por alto, inexplicablemente, las revoluciones rusas del siglo XX y el desplome del estalinismo en 1991. La hipótesis que puede fatalistamente inferirse de esta visión es que Putin no tiene quien lo detenga, y, si no tiene salida hacia atrás, hará lo que este tipo de maniáticos hace: avanzar hacia la inmolación. La hipótesis no es totalmente descabellada. Tiene precedentes en la Historia. Pero la de hoy no es, enteramente, la historia de antes: nunca las ambiciones imperiales de Rusia habían enfrentado un cerco como el que hoy enfrentan, tal vez comparable, parcialmente, en condiciones diferentes, en condiciones de muchísima menor globalización, en condiciones en las cuales la globalización impactaba menos a la economía rusa, al que enfrentó el régimen bolchevique al retirarse de la primera guerra mundial. Era un mundo igual en la codicia humana, en la ambición, en el impulso imperial de los más poderosos; pero distinto, en que la obediencia ciega a tal impulso puede hoy en día llevar a la hecatombe; en el caso de Rusia, rumbo a una autoinmolación, que tendría que ser aceptada por todas las élites del poder, y no solo por su furibundo y desorientado zar.

El editorial orteguista de *La Prensa*

22 de abril de 2022

Es difícil imaginar un editorial más vil, traicionero y cobarde, en un medio que todavía quiere pasar por "opositor" a la dictadura, que el publicado ayer en el diario *La Prensa* de Nicaragua.

Un editorial vil, porque escupe en la cara a las víctimas del genocidio, a sus madres, a sus hermanos, a sus seres queridos, a todas las personas de buena voluntad que han sido testigos del horror; bailan sobre las tumbas de los caídos, sobre el sufrimiento de los exiliados y la destrucción del país. ¿Cuándo, cómo, decidieron unirse a la danza macabra de los paramilitares, al ritual siniestro movido por la música de "*El comandante se queda*"? Porque este, precisamente este, es el mensaje de *La Prensa*: "*el comandante se queda*". Y como "*el comandante se queda*", porque "*en los mandos del régimen no parece haber mayor problema*", y "*económicamente el régimen no parece tener alguna preocupación importante*", porque "*maneja bien la macroeconomía*"; como todo está bien, excepto que hay un pequeño "*desequilibrio*" entre "*Estado y sociedad civil, economía de mercado y normas democráticas universales*" —problemas técnicos menores, nada para perder el sueño— pues lo mejor es dejarse de exageraciones y calmarse, calmar esas "*mentes políticas*" "*atrincheradas*", que llegan al *extremo* de reclamar "*un nuevo pacto social*". Imagínense, que locuras las de los "atrincherados". No entienden que lo único que hace falta es —nos explica *La Prensa*— completar "la normalización política y social".

Un editorial traicionero, porque para servir a la oligarquía retrógrada de Pellas Chamorro, Ortiz Mayorga, Juan Bautista Sacasa, Zamora Llanes, etc., y al sueño de restaurar su propia viabilidad comercial, pisotean el legado de Pedro Joaquín Chamorro Cardenal, a quien invocan como "Director Mártir". Aunque este, como todo ser humano, haya tenido luces y sombras, estaría —nadie puede dudarlo— horrorizado ante la degeneración abominable del diario que interpuso entre la tiranía de su tiempo y la legitimidad. Sus herederos, en cambio, han convertido *La Prensa* en abogada defensora y consejera del peor despotismo de la historia del país. El periodista que dijo que "con la dictadura no se transa" sufriría como la peor tortura ver a su diario condenar, por "*maximalista*" la exigencia de que desaparezca de Nicaragua la dictadura.

Un editorial cobarde, porque los intereses más retrógrados y la claudicación más infame se esconden tras el anonimato de su texto sin firma. ¿Qué plumas han intervenido, qué votos han autorizado el harakiri moral de *La Prensa*? ¿Cuál de los dos Humbertos? ¿Cuál de los dos Belli? ¿Cuál Holmann, o cuál Chamorro? ¿En qué Cónclave de Oligarcas con Pellas Chamorro, Ortiz Mayorga, Juan Bautista Sacasa, Zamora Llanes, etc., han tomado la decisión de salir del armario y declarar legítimo a Ortega, de llamar al pueblo a abandonar sus derechos humanos, su derecho a no vivir bajo una dictadura?

Todo esto lo salpican, cruelmente, de "consejos" al régimen usurpador, en el tono de una madre tolerante que con gran tacto aconseja a su hijo; este tiene "sus virtudes" ["*demuestra tener control político y social del país*", dice orgullosa; "*maneja bien la macroeonomía*", se jacta], pero podría mejorar, debería, por ejemplo, "*no sentirse satisfecho*" de tener una gran cantidad de presos políticos. "No te conviene, hijo", le dice, más bien, te conviene "*asumir la iniciativa de un proceso gradual de distensión política que conduzca a una verdadera normalización, arrancando con la puesta en libertad de todos los presos políticos mediante la anulación de las condenas judiciales o una amnistía general*". Es decir, al clan criminal que ha "tomado la iniciativa" de asesinar a miles, exiliar a cientos de miles, expropiar a sus oponentes, cerrar todos los medios de comunicación, hasta llegar a la ocupación de las instalaciones de la propia *Prensa*, a ese clan criminal —repito, porque su delirio tiene eco— *La Prensa* pide que "tome la iniciativa" de convertirse en régimen de libertades democráticas. La escritora Daisy Zamora ha comentado en las redes que "*mejor le hubieran escrito una carta al Niño Dios*". Cierto, pero solo hasta cierto punto, porque cuando un niño escribe su carta, lo hace desde la inocencia, no desde el cinismo. Peor aún, a *La Prensa* —así es el amor de una madre: tolerante, paciente— le parece muy bien que el clan genocida disminuya la represión de manera gradual. Escarnio sobre tortura. ¿De qué otra manera puede leerse la *recomendación* que hace al régimen? Escarnio sobre tortura, porque, para colmo, la disminución *gradual* de la represión debe ser agradecida y bien correspondida por el pueblo, que debe olvidarse de exigir el fin de la dictadura, mucho menos —¡no sea el pueblo tan intransigente!— la "refundación a corto plazo del Estado nacional (sic)", o, ¡que Dios no lo quiera!, "un nuevo pacto social".

Porque, a fin de cuentas, según *La Prensa*, en extraña [¿extraña?] coincidencia con Daniel Ortega y Rosario Murillo, dos terceras partes de la sociedad de Nicaragua están, o a favor del régimen, o "*indiferentes*"; es decir, les da igual que el FSLN siga o no en el poder. Apenas una tercera parte "*lo adversa*", nos dicen. Es decir, quienes quieren que el régimen caiga son, para *La Prensa*, antidemocráticos, golpistas; prácticamente son, como han dicho tantas veces desde El Carmen, "puchitos", porque la gran mayoría del país, dos de "las tres grandes partes" en que la población se ha dividido, según el editorial, están dispuestos a dar su consentimiento a Ortega y Murillo, sea con algún desgano ("indiferencia") o con entusiasmo. Dicho sea de paso, estos son los mismos maestros de las matemáticas que propagaban [y propagan] la noción de que Cristiana Chamorro, parte de la familia, y a quien las encuestas habían dado alrededor de 12% de popularidad, era (es) "Nicaragua", era (es) la "figura dominante de la oposición".

Cuando arriba pregunto "¿extraña"? es porque se me viene a la mente la aseveración del gran Jorge Luis Borges: "todo encuentro casual es una cita". Es decir, no hay encuentro casual. No, al menos, en este caso. Aquí hay una cita de intereses. Esto que *La Prensa,* de manera vil, cobarde y traicionera, pero, hay que añadir, descarada, presenta en su editorial, es la llamada "hoja de ruta" de la oligarquía cómplice: aceptar al régimen ilegítimo [por genocidios y fraudes], suplicarle una cuota de poder, suplicarle el regreso a la normalidad de los negocios, denunciar a quienes quieren el fin de la dictadura como extremistas [ahora introducen el vocablo "maximalista"], e iniciar una nueva era de convivencia con la tenebrosa estructura represiva del orteguismo.

Ese es su plan, y para eso emplearán todos sus recursos. Para ese plan, hay voceros, propagandistas, y embaucadores profesionales. Entre ellos está *La Prensa*, que parece haber tomado el grito de "¡que se vayan!" con que el pueblo ha marchado contra Ortega y Murillo, y lo lanza al pueblo "maximalista". ¡Quieren que sean los que exigen el fin de la dictadura los que se vayan!, mientras pide a sus lectores pagar una subscripción para apoyar, según ellos, el periodismo libre. Pero el diario que una vez sirvió de barricada intelectual contra el despotismo es ahora su cómplice, y como tal, se ha posicionado abiertamente en contra de los intereses de la nación, de la democracia, y del pueblo, y merece —junto al matrimonio violento de la oligarquía y el orteguismo— el repudio de todos aquellos que buscan la libertad de Nicaragua.

Ortega “expulsa” a la OEA (¿Qué significa? ¿Qué hacer que nos ayude a derrocarlo?)

25 de abril de 2022

En el teatro macabro de los Últimos Tiempos de la Dictadura, un acto más: de un funcionariado reducido a chingaste, encarga a un trío que encabeza el patético “canciller” —responsable, no hay que olvidar, de encubrir el asesinato de Jean Paul Genie a manos de los escoltas del “opositor” Humberto Ortega— para que representen su propia versión de “*Las palomas disparan a las escopetas*” y “expulse” a la Organización de Estados Americanos.

Hay tela para el psicoanálisis, más que de sobra, en esta locura, pero también, como escribiera Shakespeare, “*aunque sea locura, en ella hay método*”. Es decir, hay propósito. Hay, por más descabellada que parezca, una “*hoja de ruta*”. Y hay una opacidad de baile de máscaras en ella, porque así es la cultura política nica, y porque hasta lo más racional se viste de patológico en la conducta de Ortega y Murillo.

Para entender el rompecabezas, hay que tener en mente tres eventos ocurridos en los últimos días, que se dieron en sucesión casi diaria: (1) el editorial de *La Prensa* llamando a la oposición a abandonar “maximalismos”, como la exigencia de que desaparezca la dictadura [es decir, llama a que aceptemos cohabitar con ella]; (2) la “filtración” de fotos de los políticos que han sido condenados por los “tribunales” del Estado terrorista, pero que cumplen su pena en casa, de pie junto a guardianes uniformados en trajes blindados; **(3)** la agresión pública y visible contra la institución Interamericana, incluyendo el asedio policial a sus oficinas.

¿Cómo calzan, en las maniobras de supervivencia del régimen, estos eventos?

Lo primero que hay que reconocer es que “calzan”, y que calzan por construcción, no accidentalmente. Apuntan hacia la aspiración del régimen de *escenificar algún tipo de pantomima* de diálogo, que sería presentado (así de antemano hace *La Prensa*), como una salida real, realista, que solo rechazan “mentes polarizadas y atrincheradas”, es decir, los “maximalistas” que quieren el fin de la dictadura.

La pantomima necesita participantes que se presenten a sí mismos como “líderes opositores”, probablemente como víctimas del régimen que hacen el sacrificio de dialogar por la paz y no exigir el derrocamiento del régimen genocida.

Por otro lado, el régimen no está dispuesto a dejar mucho espacio entre pantomima y realidad, para lo cual necesita controlar la puesta en escena al detalle, y eliminar en los ensayos cualquier resquicio por el cual se introduzcan presiones de democratización real, incluyendo los acuerdos firmados con la OEA. Esto es lo que intentan.

¿Quiénes se lanzarán con ellos al escenario? Está por verse, pero lo evidente es que hay ensayos. También es evidente que muchos "actores" saben que el teatro está vacío, como el 7 de noviembre, y temen que la nueva pantomima sea también un desastre. Pero ambos, el clan FSLN y sus antiguos socios del modelo "diálogo y consenso" están arrinconados en una crisis que podría otra vez estallarles en la cara, y buscan una solución que luce cada vez más desesperada. El clan quiere la pantomima, pero quiere un teatro al que solo tengan acceso los privilegiados, y que se quede fuera todo el que pueda lanzar un tomate o levantar una pancarta o pegar un grito que enturbie la obra. En términos prácticos, esto quiere decir que el régimen camina hacia un autoaislamiento cada vez mayor, que irónicamente hace que la puesta en escena sea cada vez menos verosímil.

¿Quién podría darle legitimidad a un acuerdo entre dos actores ilegítimos? Con toda seguridad, la esperanza del orteguismo es que los poderes fácticos y su política de secuestro para extorsión consigan que una facción de los encarcelados acepte el diálogo, que le dé un barniz de legitimidad ante el pueblo. En esta tarea ayudarían los medios de comunicación al servicio de la estrategia de las élites económicas y políticas, que volverían a la carga, buscando cómo marginalizar a quienes exijan democracia, tildándolos de extremistas, de radicales, de "maximalistas".

La "expulsión" de la OEA

El disparatado anuncio de que, contrario a los acuerdos internacionales vinculantes, el Estado de Nicaragua [en manos, no hay que olvidar, de una pandilla usurpadora] "expulsa" a la OEA, y el cierre forzoso y con despliegue militar de las oficinas de la institución en el país, merece un comentario adicional.

En primer lugar, refuerza la tesis de que el pueblo nicaragüense no puede esperar de la OEA lo que las élites han hecho creer que puede esperarse: que obligue a Ortega a una conversión democrática del régimen. Razones hay, de sobra, que explican lo ilusorio de esta proposición, que van desde el "no quiere" hasta el "no puede". El hecho, la realidad visible, que no admite especulación, es que la OEA ha sido un amortiguador para la tiranía. Cuatro años después, y multitud de acuerdos y comunicados, ¿quién cree que por ahí pasa la ruta de la liberación? Eso, por supuesto, independientemente de que haya que dar la batalla en el frente diplomático, y seguir buscando cómo el apoyo verbal de la mayoría de los países a la lucha se convierta en apoyo real a quienes la hacen.

En segundo lugar, la pregunta ahora es si la organización regional tiene todavía algún arma que pueda y quiera usar contra el régimen. ¿Cambiará en algo su comportamiento la humillación a la que la somete Ortega? Aunque hay seres humanos de por medio, lo que domina el cálculo es el interés político, no las emociones de Almagro y compañía. Los opositores nicaragüenses, los "maximalistas" que quieren democracia, deben empujar a que el ataque de Ortega a la OEA tenga respuesta continental de condena, aislamiento y sanciones reales, como el corte de toda financiación. Pero no debe descartarse, en ningún momento, que una vez más venga Almagro al rescate de una posibilidad de "diálogo", para "la normalización del país" que piden las élites a través de *La Prensa*.

En tercer lugar, el acto de "ejercicio de soberanía" —que es como publicitan el disparate en los medios oficialistas— es medicina para el dolor entre las diezmadas bases del sandinismo. No será suficiente, pero es lo que hay, lo poco que queda en el botiquín de El Carmen.

¿Qué hacer?

El evento específico de la "expulsión" de la OEA por parte de la tiranía presenta a todos los grupos opositores una oportunidad importante de unidad en la acción, pronunciarse en conjunto, sin mucho rodeo y convención, en estos términos:

"Los nicaragüenses democráticos desconocemos al régimen usurpador de Daniel Ortega y Rosario Murillo, el origen de cuyo poder la propia OEA ha llamado ilegítimo, y por tanto desconocemos todas sus acciones. La Organización de Estados Americanos debe hacer lo mismo, y aplicar de inmediato todas las medidas que el Estado de Nicaragua, todavía uno de sus miembros, está obligado a cumplir en tal condición. La OEA debe asegurarse de que pare el financiamiento al régimen usurpador; debe, como prometió ya el Secretario General Almagro, proceder a "asfixiar" a la dictadura de Ortega y Murillo, exigir la salida de estos del poder que ocupan sin legitimidad, y apoyar efectivamente a los nicaragüenses que buscan la democracia."

¿Alguien puede negarse a firmar este pronunciamiento? ¿Queremos unidad? ¿Alguien se atreve a negar el carácter unidor de una proclama así?

Un breve párrafo, pero un gran avance en el camino hacia la unidad efectiva en lo que importa, en construir una oposición de principios claros, coordinándonos para la lucha. Luego vendrán otros pasos, otros acuerdos, más esperanza, más fuerza, hasta lograr el cometido de marchar, juntos, al derrocamiento de la dictadura.

El Gran Capital contra los empresarios, el pacto contra la democracia, los sicarios mediáticos contra la verdad

9 de mayo de 2022

La tarea del sicario mediático: el asesinato moral del mensajero

Como parte de la promoción de su *enésimo* intento de pactar con el régimen, el Gran Capital usa a sus sicarios mediáticos y operadores en las sombras para construir una narrativa que desanime a la oposición, que haga perder la esperanza a los demócratas, y que persuada a los nicaragüenses que su mejor destino es resignarse a cohabitar con el régimen de Ortega-Murillo, porque "el hombre se queda y hay que entenderse".

Uso la analogía con los "sicarios" del crimen organizado muy a sabiendas. Aquellos eliminan físicamente a quienes se oponen a sus jefes mafiosos. Los de nuestro medio político practican el asesinato moral, que busca *eliminar* la legitimidad de quienes se oponen a las mafias de la anti-democracia.

Su propósito, en ambos casos, no es negociar, no es debatir: es silenciar. Los primeros lo hacen a punta de plomo. Los sicarios mediáticos lo hacen con todos los instrumentos de la descalificación. La *ridiculización*, por ejemplo, la *caricatura* que intenta distorsionar la imagen de gente de principios democráticos y presentarlos como fanáticos irracionales, obcecados; como cuando *La Prensa* llama "maximalistas" y "polarizados" a quienes se niegan, en armonía con el 90% de la población, a abandonar la demanda de que desaparezca la dictadura.

La *generalización calumniosa* que acusa a toda la oposición, con la red más ancha que pueda tirarse a un mar, de ser "corrupta". Y, por último, la "*extranjerización*" de los opositores demócratas que viven en el exilio: ya no tienen, según los sicarios mediáticos, derecho a hablar, ni a ser parte del movimiento que libere a nuestra patria. No a pocos les ha ocurrido que, tras haberse rebajado a estas vilezas retóricas, han terminado, para su desgracia y como consecuencias del terror dictatorial, en el exilio.

¿Quién gana con esta degradación del discurso político? ¿Qué gana?

Ya que de acusaciones de corrupción se trata, y en vista de lo atroz y antidemocrático de la tarea que aceptan llevar a cabo, cabría preguntarse —porque uno imagina que acallar la conciencia propia tiene costos— qué beneficios esperan o reciben quienes predican con su pluma y su voz la aceptación de un régimen que es comprobadamente usurpador, genocida, y que está llevando a Nicaragua a su destrucción.

De sus empleadores, ya se sabe: el Gran Capital busca una solución a la crisis, que sea, en primer lugar, y si hace falta, *en único lugar*, una solución a ***su crisis.*** ¿Y cuál es esa crisis? *La crisis del Gran Capital es la crisis del sistema de poder* que ha oprimido a Nicaragua históricamente, y que la actual generación (del Gran Capital) perfeccionó para sus intereses, a tal punto que no hubo jamás un período en que sus grupos económico-familiares se enriquecieran con apetito tan voraz en los últimos 200 años.

Resulta, y esto es triste, pero es a la vez el humor cruel de nuestra historia, que jamás se enriqueció tanto la vieja élite postcolonial como lo ha hecho de la mano del gobierno "de los pobres", del "pueblo presidente", de la "revolución", y de la Nicaragua "cristiana, socialista, y solidaria".

Maravillas del "Socialismo del siglo XXI, versión El Carmen." "Cosas veredes". Etcétera.

Una gran mentira: Gran Capital = Empresariado.

Ya se ha puesto en evidencia y argumentado —con datos y razonamientos para los cuales los sicarios mediáticos ni buscan ni tienen respuesta— que ningún plan de "diálogo y elecciones" con la tiranía ofrece un camino hacia la democracia, y que más bien conduce hacia la impunidad, hacia más dictadura, y más asesinatos.

Pero en esta breve nota, mi interés es dejar en claro una diferenciación muy importante, que los sicarios mediáticos expurgan del discurso de los demócratas, en un intento por hacernos aparecer como extremistas anti-libre empresa, jacobinos que sueñan con montar guillotinas e instalar una dictadura totalitaria. Se trata de una pirueta de cinismo, porque somos los demócratas, precisamente los demócratas, quienes trabajamos para *descarrilar el proyecto totalitario orteguista*, el monstruo que los patrones de la oligarquía alimentaron por muchos años, y que hoy representa —otra ironía— la única amenaza de confiscación que enfrentan los dueños de empresa en Nicaragua.

¿De qué se trata esta pirueta, esta maniobra de ofuscación de la verdad? De refractar la crítica a una minúscula oligarquía de herederos-propietarios oligopólicos, un conglomerado de media docena de grupos económicos-familiares, a través de *una confusión intencional: la de hacerlos pasar como "el empresariado" nicaragüense.* No lo son; son una cúpula, minoritaria y corrupta, cuyos *privilegios* no solo chocan con los de la democracia y el pueblo trabajador, sino que *chocan —y cada vez más violentamente— con los intereses de la inmensa mayoría de los emprendedores, de los empresarios pequeños, medianos, e incluso algunos grandes empresarios.*

El pequeño círculo de poder que llamamos Gran Capital es un obstáculo para el desarrollo de los intereses del empresariado en su conjunto, primero porque históricamente tiende a favorecer el autoritarismo, y este lleva periódicamente a la crisis, como ahora. Segundo, porque, en la repartición de privilegios con la tiranía, la cúpula de Pellas Chamorro, Ortiz Mayorga, Juan Bautista Sacasa, Zamora Llanes y unos cuantos más, ha hecho que las leyes económicas se escriban estrechamente a favor suyo y de sus socios del clan Ortega-Murillo, a expensas de la gran mayoría de los emprendedores honestos, monopolizando crédito y canales de comercio [miles de millones de dólares solo en la relación con la dictadura venezolana]. De esta manera, hacen prácticamente imposible el crecimiento de empresas desligadas de la sombra del pacto de "diálogo y consenso". Han explotado su concubinato con Ortega-Murillo y el acceso que les da el tratado DR-Cafta para crear una economía de enclave que los beneficia a ellos casi exclusivamente.

Una alianza necesaria para la democratización política y económica de Nicaragua

Note, estimado lector, el énfasis que resalta la palabra *privilegios* en el párrafo anterior. La lucha por la democracia en Nicaragua es la lucha por un sistema de *derechos para todos, privilegios para nadie.* Esa es la aspiración y la lógica de una democracia, pero también la de una economía *post-feudal.* Que, a estas alturas, en pleno siglo XXI, tengamos que preocuparnos por aspirar a una economía sin tinte colonial-feudal da una idea de la gravedad de nuestro estancamiento, y de la imperiosa necesidad de enfrentar a las fuerzas más retrógradas de la sociedad, que no solo alimentan dictadura, sino que engordan sus fortunas a costa de una anemia de innovación, de modernidad, de avance tecnológico, y del bienestar de la inmensa mayoría de la población.

Por eso, la lucha por la democracia pasa por constituir una alianza en la que ocupen el lugar que les corresponde, por derecho y por necesidad, los pequeños, medianos, e incluso grandes empresarios que no participen del festín del Gran Capital. Necesitan estar en la coalición democrática que debe agruparse para derrocar el sistema de poder actual, obsoleto y anacrónico, que es, insisto, un sistema de privilegios [y en eso es feudal] y reemplazarlo por uno de *derechos para todos, privilegios para nadie.* En otras palabras, reemplazarlo por un Estado de Derecho moderno, una estructura de poder que —esto no lo ven los ojos miopes de la oligarquía— protegerá incluso los derechos [no los privilegios] de esta. Y, hay que decirlo con claridad: los empresarios no solo deben estar en esta coalición, sino que, como cualesquiera ciudadanos, como parte de la nación, y con derechos inalienables, deben ser protagonistas en la construcción de la prosperidad en libertad que los demócratas soñamos para Nicaragua.

Fabián Medina, *La Prensa*, y su campaña de demonización contra quienes quieren democracia

11 de mayo de 2022

"No es culpa de Ortega "

En la medida en que ven peligrar sus intereses, no solo por el desprecio del pueblo nicaragüense a la continuidad dictatorial (confirmado el 7 de noviembre) sino por la marcha totalitaria del régimen usurpador, a la élite oligárquica-oligopólica de herederos-propietarios que el pueblo llama "Gran Capital" [por respeto al digno espíritu de emprendimiento no se debe confundir este peyorativo con el vocablo *empresarios*] se le ha ocurrido "refrescar" una retorcida idea que ya antes, en 2018, presentaron: "Ortega es todavía dictador porque los 'maximalistas' exigen que termine la dictadura".

Seguramente un lector no muy enterado, uno que viva fuera del espanto surreal que es la política de los poderosos en Nicaragua, estará todavía frotándose los ojos. No hacen falta gotas, estimado amigo: ha leído usted lo que ha leído, lo que está escrito. En efecto, *la más reciente defensa de la cohabitación con Ortega consiste en culpar a los que no quieren cohabitación con Ortega.* Permítame repetirlo, y sepa que respeto su desconcierto, porque dudo que haya un concurso de rarezas donde una afirmación tan descabellada como esta tenga cabida: para los propagandistas del Gran Capital, incansables soñadores de *aterrizaje suave y cohabitación*, "Ortega es todavía dictador porque los demócratas nicaragüenses exigen que acabe la dictadura".

"¿No será que hemos empujado demasiado a Ortega?"

Ya los sofistas a sueldo recurrieron a esta falacia en varias ocasiones. La primera en el 2018, cuando, según ellos, "**Ortega no renunció porque los chavalos le exigieron la renuncia**"; y, para colmo del atrevimiento, Monseñor Mata le aclaró al tirano que lo que estaba ocurriendo era "una revolución, pero desarmada". Ese mismo año, cuando todavía estaban los tranques en pie, y Juan Sebastián Chamorro visitó Miami, se escuchó esta inverosímil, y atroz, pregunta retórica: ¿Y no será que hemos empujado *demasiado* a Ortega? Me parece que la hizo uno de los acompañantes del futuro pre-candidato, el Sr. Vargas, de Faganic. Podría incluso equivocarme en el nombre del enunciador —lo dudo, aunque ha pasado mucho de allá a acá— pero puedo asegurar que hay un buen número de testigos del enunciado, que cito literalmente, porque me impresionó sobremanera. De hecho, una pariente muy cercana de una de las primeras víctimas de la represión dictatorial en aquel año trágico reaccionó airada, y cuestionó la ética de abandonarse de tal manera a una contrición vergonzante, en lugar de obedecer el imperativo de luchar contra Ortega. La masacre del 2018 apenas empezaba.

Nada nuevo trae el barco en 2022…

Como quien nada ha visto u oído, y no logra imaginar otra manera de reaccionar ante la indignación popular, los defensores del acomodo con el régimen regresan con una versión de "es culpa de los opositores democráticos". "La culpa es de ellos", porque son "maximalistas"; es decir, exigen que no haya dictadura en Nicaragua; porque "empujan demasiado a Ortega"; porque, como dicen de los chavalos que retaron al tirano el 15 de Mayo, "no saben negociar; *por culpa de ellos* 'fracasó' el diálogo".

…pero el ataque de los pactistas es hoy más virulento

La nueva versión de "la culpa es de los demócratas", hay que decirlo, es más virulenta que las anteriores, a tal punto que, en pose de sicarios mediáticos, sus proponentes llegan temerariamente cerca de repetir las acusaciones que vienen de El Carmen. Desde el diario *La Prensa*, convertido en vocero de los que han adoptado la posición de transar con la dictadura (transar, y así traicionar el legado de Pedro Joaquín Chamorro Cardenal, con cuyo manto pretenden, inmoralmente, cubrirse de las críticas) se ha lanzado una campaña de demonización de los opositores democráticos. Uno puede imaginarse las sonrisas en El Carmen.

La última dosis de este veneno, lanzado contra quienes luchan por rescatar a Nicaragua de la peor tiranía de su historia, viene de la pluma del columnista Fabián Medina. Desafortunadamente, porque nadie debería ensuciar su firma con la mentira y la falacia en medio de tan espantosa tragedia como la que vivimos los nicaragüenses. Pero eso es lo que ha hecho Medina. Ha mentido para apoyar la falacia interesada de los grupos más retrógrados, y más autoritarios, de la sociedad, los que desesperadamente buscan como reacomodarse con el régimen.

No es ninguna exageración llamar mentira a la mentira. Los datos y la información están ahí, a la vista de todos, y de futuros historiadores que ayuden a recomponer en la conciencia colectiva lo que ocurrió en nuestro país en los estertores de lo que soñamos sea su última dictadura. Porque es una mentira que los "opositores que… *no aceptan menos que el reino de los cielos como forma de gobierno después de Ortega y Murillo en Nicaragua*… han impedido que salgamos de este reino de disparates."

Solo a un lector de otro país (casi de otro planeta) hay que explicar que Medina miente, que nadie reclama "el reino de los cielos como forma de gobierno" después de Ortega. Que los opositores democráticos reclaman algo que para Medina y sus patrones parece ya tan "maximalista" que debe tratarse del "reino de los cielos": el fin de la dictadura y el comienzo de la democracia. Miente, el articulista, porque sabe, como todos sabemos, que aparte de las disputas propias de un proceso político complejo, la fractura honda que existe en Nicaragua es entre la minoría minúscula que su periódico respalda, y que está dispuesta a cohabitar con Ortega, que busca una nueva edición del pacto que disfrutaron en relativa paz hasta el 2018, y los nicaragüenses que queremos, como es nuestro derecho, que un régimen usurpador y genocida sea derrocado, y emerja un gobierno legítimo, es decir, un gobierno que cuente con la aprobación del pueblo soberano. Y esa mentira, obvia, evidente, documentable, la corona con la calumnia que más hará sonreír a los tiranos: que son, los nicaragüenses democráticos, quienes "han impedido que salgamos de este reino de disparates".

El pacto infernal: más autocracia y terror entre OrMu y Gran Capital

18 de mayo de 2022

La legitimidad: parte de la química esencial del poder

El problema de fondo de la renovación del pacto, del lavado de cara y nuevo maquillaje que buscan el régimen orteguista y sus socios del Gran Capital es este: **la legitimidad**. *¿Qué tanto importa, dirá una persona que se jacte de "práctica", o "pragmática", "la tal legitimidad", si ellos tienen las armas?* La respuesta la da la historia humana, a través de los milenios: sin legitimidad no ha logrado subsistir por mucho tiempo ningún régimen. La fuente de legitimidad puede ser el carisma del caudillo, la creencia en un ordenamiento divino de las cosas que hace que el rey sea un ungido de Dios, o, como es creencia de uso desde los albores del pensamiento liberal en Europa, el ***consentimiento, la aceptación*** de los gobernados. La legitimidad puede recaer, tanto sobre un gobierno electo liberal-democráticamente, de jure, como sobre un gobierno autoritario, de facto. *Pero ninguno de los dos tipos de régimen puede prescindir de ella.* Sin su bendición han perecido entre llamas miles de autócratas, reyes, emperadores y dictadores, como también han muerto de inanición y en la desgracia gobiernos electos libremente, agotados por lo que la población *percibe y juzga*, según es su prerrogativa, como una gestión fracasada.

OrMu y el Gran Capital: matrimonio rentable (para ellos), pero ilegítimo. Este es, y creo que en esto hay universal acuerdo, el problema del régimen Ortega-Murillo. Pero este es también el problema que enfrentan sus socios, todos aquellos que caminan ansiosos de un lado a otro, o se sientan al bode de su silla, piernas inquietas, en estado casi histérico esperando la oportunidad para firmar con Ortega-Murillo un "arreglo" que ponga fin a la crisis política nicaragüense, y que haga posible, como han expresado con temeraria transparencia en *La Prensa*, "la normalización". Porque, para ellos, un matrimonio tan rentable como el del Gran Capital y el orteguismo, el milagro "revolucionario", que proclamaba Carlos Pellas, merece ser rescatado, por el bien de la pareja. No vale la pena una separación permanente, en la que los bienes de ambos, esa propiedad mal habida y malhadada que llamamos Nicaragua, se deprecia. Sueñan que "un buen arreglo" entre los "dueños" de la vieja oligarquía y la nueva casta restaure el orden en la familia, en la cual niños y peones —así es la mentalidad paternalista-autoritaria de estas élites— tendrán al final que volver al sometimiento "feliz" o tendrán que enfrentar, como dijera quien quizás es el fundador del autoritarismo post-independencia en Nicaragua, el caudillo Fruto Chamorro, el "azote", del "padre estricto" del Poder.

Fascista. Desafortunadamente para los gestores del nuevo Kupia-kumi, no estamos ya en 1854, vivimos hoy con la conciencia de ser nosotros, el pueblo, soberanos de la nación, y de estar, por tanto, en calidad de secuestrados, usurpados, exilados y oprimidos por una ilegítima dictadura bicéfala. Una dictadura que combina el aparato represor del Estado orteguista con los más poderosos grupos económicos del país. Una dictadura, en otras palabras, fascista. Los que co-firman, confirman. De tal manera que todo nicaragüense —incluyendo a los propios 'partidarios' del régimen—sabe que, al juntar sus manos en la renovación de votos, al firmar cualquier 'nuevo' pacto entre ellos, el Gran Capital y Ortega-Murillo intentan dejar de fuera a los auténticos dueños de la tierra, soberanos del país. Todo nicaragüense entiende que, al firmar, al co-firmar, con-firman; confirman que son lo que creemos que son: usurpadores, pactistas.

La suma de dos ilegítimos es ilegítima. Por lo tanto, siendo ambos co-firmantes ilegítimos, lo que firman también lo es. ¿Cómo, entonces, lo harán 'valer'? Siendo ilegítimos, los co-firmantes no pueden comprometer a nadie más que a sí mismos a aceptar su anhelado arreglo, por lo que la firma que sus operadores políticos estampen no cambia nada para los usurpados. Un acuerdo entre secuestradores mantiene a sus víctimas en calidad de secuestrados. De tal manera que el pacto entre ilegítimos, siendo ilegítimo, siendo el pacto entre cómplices del secuestro, no podrá, por más que el financiamiento amplio del Gran Capital compre un coro mediático en *La Prensa* y otros medios afines y venales, hacer nada distinto de lo que hasta ahora: intentar mantener a la población a raya a través del terrorismo de Estado. Podrá haber champaña entre ellos, quizás incluso con la bendición de algún pastor o algún obispo, pero para el resto de la población tendrá que haber plomo, restricciones de todo tipo, Estado policial. Por lo tanto, la crisis continuará, porque el matrimonio renovado de dos ilegítimos continuará siendo ilegítimo, incapaz de permitir que los ciudadanos, los auténticos soberanos, ejerzan sus derechos, incapaz de dar respuesta a sus demandas políticas, pero también a sus necesidades económicas, inseparables de las anteriores.

La alegoría del "aterrizaje suave". Es que todo el esquema de "aterrizaje suave" es ilusorio en las actuales condiciones de Nicaragua. Un aterrizaje suave requiere, en el aeropuerto "país", que haya coordinación entre el avión "Poder" y el personal de la "Torre de control", los poderes fácticos que, aunque no controlan el avión, buscan por todos los medios que no se estrelle, para no perder su "carga" de privilegios y protección. Pero el "aterrizaje suave" requiere también que no haya piedras y obstáculos en la pista, que la pista esté despejada y sin grandes baches. Y la pista, la opinión pública, la voluntad soberana del pueblo, está llena de todo tipo de obstáculos; está cubierta de cadáveres y resentimientos, de necesidades básicas insatisfechas, de furia acumulada. Por otro lado, el "sistema de mantenimiento" no tiene los recursos para poner la pista en condiciones: el Estado usurpado y sus socios no tienen capacidad de dar respuesta, ni económica, ni política, a las más básicas necesidades de la población, incluyendo, especialmente, la de no vivir bajo el terror; incluyendo la de tener a su disposición empleo y salarios que al menos garanticen una nutrición elemental, porque no habrá inversión productiva en los montos necesarios si no se despeja la neblina y para la hemorragia de las fuerzas motoras de la economía, mientras no dejen de huir del país los trabajadores, los emprendedores, y el capital que, ya se sabe, necesita un horizonte de certidumbre para emprender.

No hay solución a la crisis que excluya al principal, al pueblo. Este terrible y terrorífico enredo es circular, no tiene solución sin solución política de fondo, que por supuesto (¿por qué cuesta tanto que entiendan esto los señores pactistas?) no es posible si la inmensa mayoría de la población queda fuera del acuerdo, si no es al menos beneficiaria de este, ya no digamos protagonista, que es lo democrático, lo que verdaderamente hace falta, a lo que el pueblo tiene derecho. ¿Pero qué pueden dar a la población dos firmantes ilegítimos, escenificando una renovación de votos o un "nuevo matrimonio" donde ya sabemos que nunca hubo divorcio, donde, si en algo han estado de acuerdo los "cohabitantes", es en recetar plomo y precariedad, absolutismo y explotación a la ciudadanía?

Sobre la lucha ejemplar de Monseñor Álvarez y la vergonzosa "nota de prensa" del Cardenal Brenes

22 de mayo de 2022

Aunque en el medio político y periodístico opositor hagan maniobras gimnásticas extremas para extraer solidaridad, integridad, coherencia y valentía de la "nota de prensa" emitida por la Arquidiócesis de Managua sobre la batalla que libra Monseñor Álvarez, la verdad debe ser dicha, y la diremos: "la nota" carece de todas esas virtudes. Es, de hecho, una evidencia más de cuán difícil es hacer que de boca del más alto prelado de la Iglesia Católica, el cardenal Brenes, salgan palabras firmes, condenatorias del régimen fascista, en defensa, ya no solo de sus feligreses, sino ¡de sus propios sacerdotes y obispos! El texto es verdaderamente indignante para cualquier ciudadano que por empatía o sentimientos democráticos acompañe en actos o intenciones el digno y coherente comportamiento de Monseñor Álvarez, del padre Harvin Padilla, y tantos otros sacerdotes católicos cuyos nombres quedarán escritos con honor, y con la gratitud del pueblo, en la historia trágica de nuestra pesadilla nacional. Para los católicos nicaragüenses la conducta del cardenal debe además ser motivo de rechazo y denuncia *dentro* de la Iglesia. Pero a pesar de la pena que en los corazones devotos pueda causar el comportamiento del cardenal Brenes, la "nota de prensa" trae enseñanza útil, porque *útil es toda experiencia o evidencia que ayude a la ciudadanía a entender quiénes están con ella en la lucha democrática y quiénes, por la razón que sea (¿cuál será, en este caso?) no están.*

"Nota de prensa"

Habrá, siempre hay, quienes confundan estos comentarios con ataques a la Iglesia, con un buscar falta para socavarla. Se equivocan: no hace falta buscar falta; el texto publicado por la Arquidiócesis es indefensible; es un documento tan cobarde que no lleva siquiera la firma del Cardenal [Vea el lector, para comparar, en esto y en el tono, el pronunciamiento de la Conferencia Episcopal panameña]. El texto no lleva, de hecho, ninguna firma. Ni siquiera se ha atrevido o ha deseado, llamarlo "pronunciamiento", o "comunicado", términos ambos mucho más enfáticos. No, se trata de una "nota de prensa".

Un susurro que es silencio

La persecución contra la Iglesia Católica se intensifica, la dictadura concentra su poder de fuego contra la voz potente de Monseñor Álvarez, y este responde lanzándose a un ayuno indefinido y llamando a los feligreses de sus dos diócesis a acompañarlo en vigilias y ayuno, hasta que el régimen retroceda y respete sus derechos humanos. *Lo correcto hubiera sido, la verdadera solidaridad, el verdadero liderazgo del principal prelado [y de la Conferencia Episcopal] sería poner su firma y su investidura tras un llamado a apoyar a Monseñor Álvarez en la práctica, pacífica, católica y cívica, de la acción a la que el propio Monseñor Álvarez ha llamado: vigilias y ayunos en las iglesias.* Pero, lejos de acuerpar al obispo acosado, y al obispo que ha dado acogida al obispo acosado, constituyéndose desde ya en blanco de la dictadura; lejos de acuerpar al padre Padilla, rodeado en su iglesia en Masaya; lejos de inspirar a los feligreses a apoyarse en la fe y defender a la Iglesia y sus derechos humanos, *el texto sin firma emitido desde la Arquidiócesis se retuerce penosamente para disminuir, hasta hacerlo un susurro, la alta protesta a la que está obligada la jerarquía católica.*

No hay dictadura, hay "problemática sociopolítica"

¿Dictadura? Nada que ver. Ninguna mención. No hay, en esta "nota de prensa" un régimen que persiga; las familias apenas "sufren los efectos de la problemática sociopolítica en la que continuamos inmersos los nicaragüenses con todos sus efectos y a todos los niveles; y que han estancado a nuestra sociedad en un ambiente de inseguridad, polarización e intransigencia, desencadenando una dinámica de división y antagonismos que impiden superar esta crítica situación nacional." ¿Quién es culpable de todo esto? Pues, por supuesto, es ella: "la problemática sociopolítica". Difícil no recordar las lamentaciones del Cardenal acerca de las elecciones, en las que Nicaragua "perdió una oportunidad" el 7 de noviembre, porque hubo "excluidos". Hay, claro, ciudadanos que iban, o creían que iban, a participar en una elección nacional, pero fueron "excluidos", junto a más de 170 "excluidos" que se pudren en las cárceles de la tiranía. ¿No se supone que la verdad nos hace libres? Esto fue, al menos, lo que aprendí de mis queridos maestros, los Hermanos Cristianos de La Salle. ¿No se supone que el alto prelado represente a la Iglesia que esto predica? En lugar de la verdad liberadora, enredijos de palabras, cantinfleos, balbuceos, vueltas y vueltas, hablar para no decir lo obvio: que la dictadura ataca a la Iglesia católica con saña, que confisca a todos los nicaragüenses el derecho a la libre expresión, el derecho a practicar su religión libremente, a movilizarse por el país sin restricciones.

"La represión innecesaria"

Para rematar, porque como ya se dijo arriba, la boca del cardenal parece necesitar un milagro para articular la defensa de su Iglesia, sus feligreses, y su país contra la dictadura, Brenes se dirige a la Policía como si la Policía se mandara sola, como si no estuviera bajo las órdenes de la dictadura. Más precisamente, bajo las órdenes directas del consuegro del tirano, por si hay que recordar. ¿Y qué le dice a la Policía? Le pide "*deponer esa actitud innecesaria*". ¿Y cuándo fue “*necesario*” que acosaran a un obispo que denuncia la opresión, la injusticia, el crimen de Estado?

Epílogo

Triste epílogo: cuando ya este artículo está a punto de ser publicado en la revista, aparece el comunicado oficial de la Conferencia Episcopal de Nicaragua. De este documento debe decirse que es, en contenido, comparable, o quizás hasta peor, que el de la Arquidiócesis. Veinte líneas de beatitudes evasivas, de frases que invocan al Espíritu, pero suenan como sobras para ocultar escasez. Algo así, hay que decirlo, como la donación del rico en la parábola de la ofrenda de la viuda pobre. Baste decir que, en sus veinte líneas, apenas alcanzan a decir que Monseñor Álvarez “***siente*** zozobra por su seguridad personal”. ¿Por qué será que la siente? ¿No tendrán nada que decir, los jerarcas firmantes —algunos de ellos aliados del régimen— sobre **quiénes** la causan? ¿No tendrán los obispos ***algo que decir*** a sus feligreses, sobre **cómo** apoyar a Monseñor Álvarez? Esto también queda para la historia. Y si alguno de estos obispos da un día el paso adelante para facilitar o bendecir un nuevo pacto, queda la lección que hoy aprendemos.

Ortega vs. la Iglesia Católica

24 de mayo de 2022

La bestia, cercada por el fuego, embiste

"*Aunque sea demencia, hay un método en ella*", dice Polonio, verborreico cortesano, del enardecido Hamlet. El viejo consejero del rey intuía que debajo del velo de insania flotaba un propósito *racional.*

"Racional", explico a mis estudiantes, no equivale ni a "sabio", ni a "prudente", ni a "bueno". Una connotación común en las ciencias sociales es la de perseguir, con regularidad de comportamiento, el objetivo predeterminado, *con los recursos de que se disponga.* Descubrir esa "racionalidad" es lo que nos permite, en la ciencia y en la vida, aventurar predicciones.

Así es "racional" la conducta de los Ortega-Murillo: su objetivo es permanecer en el poder, mantenerse a la cabeza de la mafia bicéfala que secuestra todo un país. Y día tras día, dedican a esta tarea los recursos de que disponen.

No dejemos escapar la implicación profunda de este diagnóstico: que el clan ya no puede aspirar a gobernar (administrar y construir cosa pública), y tiene su meta (como su horizonte) reducida a sobrevivir. Pero, sobre todo, no dejemos escapar esta otra implicación, que es más grave, y que explica, entre otras cosas, la arremetida diaria, los zarpazos que no respetan ni las barreras que solo una fiera cercada por el fuego se atrevería a embestir: al clan genocida se le han agotado los recursos renovables de la política, los que suman voluntades para construir autoridad; le queda apenas la represión cruda; y es solo con represión cruda que puede responder, sea quien sea el oponente. Igual les da —en su miseria termina— un insurrecto armado que un hombre con una hulera en sus manos; que un niño que cargue botellas de agua; un joven que levante en sus manos una pancarta; o, un sacerdote que alce su voz y levante la hostia hacia el cielo.

La única respuesta, el "método en medio de la locura" que el clan demente de El Carmen puede aplicar, es y será, hasta que acabe su agonía, la represión cruda.

Una profecía, y un ejército de enterradores listo para cumplirla

No es difícil predecir quién será el vencedor en el combate que libra la dictadura contra la Iglesia Católica. A la cabeza del régimen (una cabeza reducida, como una tzantza jíbara) ocupa el trono una pareja de enclenques, incapaces de reunir, como siempre fue su sueño, a multitudes vociferantes que agitaran banderas; no les queda más remedio que arengar aburridamente ante unos cuantos centenares de escolares uniformados que se sientan, en orden pusilánime, alrededor de un pentáculo pagano de plantas y ornamentos preparado para la ocasión. Ni siquiera pueden compensar calidad con cantidad, porque raramente se atreve, la pareja, a dejar las murallas de su *ciudad prohibida* de El Carmen. Cuando lo hacen, va con ellos alguno de sus más ilusos hijos, de los que aún creen que heredan un reino y no ven que habitan una cárcel. A la vista del común de las personas, el espectáculo es patético, una exhibición descascarada de defecto y decadencia. Ella, visiblemente a punto de explotar en palabras, obligada al silencio mientras el patriarca se desata en incoherencias. Él, tambaleante, apenas capaz de dar un paso después del anterior, apenas sostenido en el poder por el poder de hacer matar.

Frente a ellos, una institución que ha sobrevivido más de dos mil años, atravesando todas las tormentas y convulsiones del mundo, cruzando de era a era, de continente a continente, de civilización a civilización, entre bondad y maldad, entre la paz y la guerra, enraizada profundamente en la Historia. El arraigo es particularmente fuerte en Nicaragua, donde la Iglesia Católica fue desde la conquista el cáliz del propio cristianismo, y se ha convertido en el vértice de las creencias más profundas del pueblo. Es tan parte de la psique de la nación como un brazo, un torso o un corazón lo es de un cuerpo. De un cuerpo, hay que añadir, joven. El cuerpo de una nación destinada a sobrevivir a la pareja de dementes que hoy la secuestran. De la nación que es, para Ortega y Murillo, un ejército de enterradores que los vigila en todos los rincones de un país que ya no pueden atreverse a recorrer.

Hay que acelerar la hora cero

La Iglesia Católica vencerá. Verá, una vez más, pasar el entierro. La dictadura bicéfala de OrMu y el Gran Capital llegará a su fin, y se abrirá de nuevo la oportunidad de construir una República democrática. Desde hoy debemos empeñarnos a impedir que renazcan, de los restos del régimen actual, autoritarismos nuevos en apariencia, pero con el mismo ADN oligárquico y atávico que arrastra a Nicaragua de desgracia en desgracia. El "azote" con el que amenazaba Fruto Chamorro en 1854, el "plata para los amigos, plomo para los enemigos, palo para los indiferentes" de Somoza García, y el más cruel y nefasto, el "Plomo", y "vamos con todo", de la pareja demente de El Carmen, provienen de un árbol común.

La Iglesia vencerá, sin duda, pero a la actual tiranía hay que acabarla pronto, y para eso, debemos unirnos al desafío que valientemente plantan al régimen gran número de sacerdotes, junto a Monseñor Rolando Álvarez y otros obispos, a pesar del trabajo de zapa que el maligno poder orteguista ha realizado para hundirlos en su propia institución. Es mayor la fuerza que la debilidad, la integridad que el fraude, y mucho más poderosa es la lealtad de millones de feligreses que no están dispuestos a ver a su iglesia sometida a los mafiosos de El Carmen.

Hay que ayudar a la Iglesia a enterrar al orteguismo. Si este, en su desesperación, la ataca, hay que hacer de su defensa una línea inexpugnable, una muralla contra la cual se extingan las últimas energías de los perversos que usurpan el poder del Estado en Nicaragua. En esto podemos y debemos estar unidos católicos y no católicos. Los primeros, para no permitir que la maldad del régimen invada hasta el último resquicio del hogar, conciencia, alma y cultura de cada uno. Los no católicos, porque la opresión contra una fe y una iglesia es, sin exageración alguna, la opresión de todo y de todos: *cuando un régimen se atreve a atacar lo más sagrado en una sociedad, ¿qué queda?*

Los nervios de la política en Nicaragua (Crónica de una semana en mayo del 2022)

26 de mayo de 2022

La pregunta que me hace un amigo, forzosamente retirado de la actividad política, no deja de resonar en mi cabeza: "*¿otra vez el mismo tema?*". El tema, por supuesto, es el enésimo esfuerzo de los grupos opositores empeñados en pactar (el nombre *du jour* de la "estrategia" es lo de menos; del nombre hablaré párrafos abajo).

Escribo, como mi frustrado amigo sabe, amargamente, con la respuesta que no cambia: quien quiera llamarse "oposición", se descalifica a sí mismo al intentar pactar con el régimen usurpador, porque en Nicaragua *pactar es ser parte*. Más específicamente, es reconocerse parte de la estructura de poder del orteguismo, un régimen que no puede, por obra y gracia de la Providencia, convertirse al Estado de Derecho. A menos que la Providencia los convierta, a Ortega, Murillo, y sus aliados cercanos, en individuos dispuestos a entregar lo robado, pedir perdón a las víctimas y sus familias, deponer las armas, y entregarse a la justicia.

La repetición de esta interminable plática de sordos es un colocho, una rueda de hámster, entre quienes sostenemos que a la dictadura genocida hay que derrocarla y quienes han pasado ya cuatro años esperando que se dé el milagro de despertar y que ya no esté el dinosaurio. Y si no es la Providencia la que hace humo al monstruo, pues que sea ese ser etéreo, poderoso y bueno, la "comunidad internacional", o en su defecto, ese otro ser, menos etéreo quizás, y sujeto de amor-odio en nuestra cultura: "Estados Unidos".

El enojo, ante la evidencia, que muestra un personaje del medio político con quien me encuentro accidentalmente en una reunión de opositores es *evidente*, cuando me atrevo a señalar lo que la *evidencia* (del latín *evidentia*: claridad, visibilidad) demuestra: que "diálogo y elecciones" NO ES una alternativa de democratización en Nicaragua, sino de *continuidad e impunidad*.

Como tenemos, en *apariencia*, problemas de comunicación, sugiero aclarar el referente, desde las páginas de la academia de la lengua que suponemos común. "*Evidencia: 1. f. Certeza clara y manifiesta de la que no se puede dudar. La evidencia de la derrota lo dejó aturdido. 2. f. Prueba determinante en un proceso.*"

De tal manera que no es demasiado atrevimiento especular que, si alguien duda de la intención tiránica y la disposición al genocidio, a la persecución inclemente y a la defensa de su poder a cualquier precio de Daniel Ortega y Rosario Murillo, casi seguramente alucina. Y, si alguien quiere convencernos de que no hay "prueba determinante" de todo esto, y quiere que se haga caso omiso de la *evidencia*, se trata de un tonto sin remedio, o de un traidor.

"*¿Entonces, pues, vos querés decir que llevamos cuatro años equivocados?*, me pregunta otro personaje presente. "Sí", le contesto. "*Ya hablamos, pues*", me dice, y en ostentoso ejercicio del lenguaje corporal, versión nicaragüense, me da la espalda.

Ese mismo día me entero: hay un cambio de estrategia, según me dice una representante de la Alianza Cívica (existe aún, y se ha unido a una nueva plataforma que conversa con otras plataformas): su organización ya no está 'necesariamente' a favor de "diálogo y elecciones", sino que —prepare el lector todo su filo analítico para interpretar este radical cambio estratégico— persigue ahora una "mediación fuerte".

Busco, en los restos de mi inocencia, alguna explicación lógica, silogística. Mi interlocutora no consigue darme una, aunque tiene, según se sabe desde Aristóteles, 19 modos de construirla. Luego de hacerme el reclamo indignado de que "*ustedes son pleitistas, intolerantes, prejuiciados*", recupera su compostura y autoridad, y completa su sermón con "*si tenemos un mediador fuerte, cuando Ortega se vea perdido, se va a ir.*"

Los nervios de esta oposición se crispan angustiosamente cuando creen ver alguna hendija en el cielo que anuncie el milagro. Si el hijo del dictador pide audiencia a quien, en otros momentos, con otros humores, llamarían "procónsul imperialista", que visita la embajada del Imperio en Nicaragua, y si, el "procónsul", protocolariamente —versión oficial, al menos— acepta que el chigüín llegue a pedir cacao, los opositores no "pleitistas, intolerantes y prejuiciados" entran en crisis epiléptica, se atropellan unos a otros, se agolpan en la puerta de lo que ellos llaman "acercamiento".

"Acercamiento", para ellos, significa: "ahora sí, tenemos que negociar o 'todo' está perdido, porque es la *úuunica* alternativa". Lo dicen, palabras más, palabras menos, de manera abierta en las conversaciones del medio político. En público, algunos callan, temerosos del desprecio popular; otros, no tienen tal reticencia.

Y cuando pasa la nube del "acercamiento", van de regreso a sus chats y a sus llamadas y conferencias entre "plataformas". Hasta que viene la próxima noticia, generalmente desde el ámbito diplomático, y vuelven sus nervios a crisparse.

"Acercamiento", "Romeo, Romeo, ¿dónde estás?"

La relación de Estados Unidos con Venezuela, Lula, cuántos embajadores firman, y otros asuntos de similar naturaleza ocuparán hasta el próximo espasmo la atención de estos extraños opositores. Venezuela: si los EE. UU. ya se "acercaron", y cuánto van a "acercarse". Lula, porque sería, aparentemente, creen ellos, un factor determinante, una catástrofe para Nicaragua si los brasileños eligen al expresidente.

"Lo que más importa, lo determinante, es lo que hagamos los nicaragüenses para luchar contra Ortega", alego, digo, ya conociendo los riesgos.

"*Larios quiere que no hablemos con el mundo*", escucha un conocido joven interlocutor de la oposición tradicional.

Me recuerda la broma del cáustico Churchill, quien, al referirse a Estados Unidos e Inglaterra, los declaró "*dos países separados por un idioma común*".

Luego, el rostro de extrañeza de mi compatriota, seguido de enojo cuando me atrevo a afirmar —a veces la imprudencia de uno es temeraria— que los brasileños viven en democracia, eligen a quien quieren elegir, han electo democráticamente a Lula dos veces en el pasado; que Lula se ha retirado al final de sus períodos con alta popularidad, y ha rechazado 'sugerencias' de cambiar la constitución para quedarse en el poder, y ha sido, aunque veleidoso y oportunista con algunos personajes oscuros, como Castro, un gobernante con buenas calificaciones objetivas *para* Brasil.

Es que tanto Lula, como Mandela, como Mujica, entienden lo que nuestros "líderes opositores" no entienden, que su responsabilidad fundamental es cuidar la casa propia. Cito a estos tres, porque para mi decepción nunca denunciaron a Castro, aunque evidentemente lucharon, promovieron y cuidaron de sus países y construyeron en ellos democracia.

¿No es hora de que hagamos nosotros lo mismo?

Y hay más, en lo anecdótico, que ojalá un día se revele en todo su absurdo desperdicio cuando se escriba la historia con el ánimo de aprender, para que la sociedad pueda avanzar. Habrá, o debería haber, una radiografía de las palabras, que enseñe al ojo del futuro el corazón, los motivos y los intereses de los políticos que hablan de unidad, hablan de "espacios de diálogo", hablan de democracia, intentan construir una imagen de verticalidad y coraje, mientras protegen pequeños feudos, esconden (a veces no se sabe qué esconden, pero esconden) y se esconden (se niegan al debate, sea este privado o público, cantinflean, no se atreven a abordar temas torales, espinosos, sino que se refugian en denuncias monótonas y declaraciones trilladas).

Proponga usted una discusión a fondo, abierta, racional, generosa, sobre *qué hacer entre todos*, por ejemplo, y recibirá, muy probablemente, respuestas formularias, vacías. Caigo aquí en la tentación —como no soy político de carrera, acepto caer en la tentación— de relatar que, a uno de estos personajes, en cumplimiento de lo que ha sido mi deber, lo he instado repetidamente a examinar una propuesta de unidad preparada con el cuidado de no representar una amenaza para el ámbito que ninguna organización percibe como su espacio, sino, muy sencillamente, un plan de coordinación entre iguales. Sin mayor razón con qué objetar, el personaje hace recurso al método (no, desafortunadamente, el de Descartes) y propone: 10 minutos para presentar, y cinco minutos para debatir.

Es decir, estando ante una crisis de vida o muerte en el país, reducen el tiempo destinado a un esfuerzo conjunto de buena voluntad para contemplar una alternativa de lucha a… ¡quince minutos!... Luego me entero de que el personaje de marras ha organizado un "evento" —bajo su dirección, por supuesto, que de eso se trata el asunto— para empezar una serie de *varias reuniones* que alimente la "confianza" entre "actores nicaragüenses"; y luego, se supone, más adelante, en su momento, cuando ya "nos conozcamos", empezar a hablar de propuestas de acción.

Afortunadamente, hay un camino alternativo, o, mejor dicho, un camino que no lleva apenas de una reunión a otra, de una embajada a otra, de una capital extranjera a otra capital extranjera, que no está cerrado a la vista del público, del pueblo soberano, que no está rodeado de las murallas de silencio de quienes, o son parte de una cúpula, o intentan construirse una.

Enfrentados a la debilidad ética y política de los políticos laicos, la construyen desde la Iglesia Católica un puñado de obispos, junto al clero que los sigue y los feligreses que tienen, por la profundidad inherente de la convicción religiosa, la capacidad de ver por encima de las murallas del interés mezquino de quienes asechan a la sombra del árbol del poder, esperando que caiga la manzana para recogerla.

Lo ha dicho con claridad incomparable Monseñor Rolando Álvarez: ha explicado que, en las condiciones actuales, su institución es la única que queda en pie en el país para impedir el avance del totalitarismo fascista.

¿Y qué propone Monseñor Álvarez? Propone pasar a la acción, propone rechazar que el aparato represivo del Estado usurpado cruce más líneas prohibidas, que persiga sin piedad a quienes, en medio de una población amedrentada, se niegan a claudicar. Propone hacerlo con inteligencia, con prudencia, y armado de principios. En su caso, los principios que emanan de la fe católica. Propone, y se ofrece como ejemplo, sin jactarse, que los líderes sean coherentes y se involucren en la lucha, que dejen atrás la ilusión —que ha tratado de vender la oposición tradicional, de signo transaccional y acomodaticia— *de que la lucha no requiere sacrificios.* No lo dice con estas palabras, lo dice con su ejemplo: entra en ayuno indefinido y exige, en público, no a través de oscuras negociaciones diplomáticas entre élites que almuerzan y cenan cómodamente, que sus derechos y los de su familia, y los de todos los nicaragüenses, sean respetados. Citaré aquí, por relevante, el texto del pronunciamiento del Congreso de Unidad de los Nicaragüenses Libres difundido horas después de que Monseñor Álvarez anunciara su decisión:

"La protesta que ha iniciado Monseñor Álvarez es una luz guía en la búsqueda de respuestas a estas preguntas. Nos dice que, en contra del fatalismo pesimista de algunos opositores, sí, se puede luchar. En contra del cinismo de los conformistas, nos dice que sí, se debe luchar. Y en contra de las mentiras de quienes predican falsas soluciones, resignación, negociaciones, pactos o "aterrizajes suaves", nos dice que la lucha requiere sacrificio; pero, sobre todo, nos dice que es hora de la acción, y que cada quién, desde su ámbito y en la medida de sus posibilidades, puede contribuir valiosamente al esfuerzo común."

Esta es la luz que hay que seguir. Cierto que el Estado, y la política, deben ser laicos, necesitan ser laicos, para que el único requisito de participación en los asuntos públicos sea la ciudadanía, que se asume universal para toda la población, y para que pueda separarse lo privado (las ideas religiosas de cada quién) de lo público. Pero la verdad sea dicha, y la verdad, cuando dicha, sea escuchada: la propuesta que ha enunciado Monseñor Álvarez es inobjetable desde el punto de vista de la libertad, de la civilización, y hasta desde el laicismo: él mismo aduce como causa inmediata de su protesta la invasión de su "espacio de privacidad familiar" a manos del Estado.

Por eso, este ciudadano, quien suscribe esta crónica, asumiendo con su nombre la responsabilidad exclusiva del contenido de esta, por elemental integridad, por respeto al pensamiento, a la lógica y a la evidencia, no tiene más remedio que afirmar su ¡basta ya! a la barbarie de la dictadura Ortega-Murillo, y su ¡basta ya! a las prácticas de los llamados grupos opositores, que han sido incapaces de erguirse con entereza ante la dictadura más brutal de nuestra historia, y se dedican, unos a esperar en las sombras a que caiga esta y ocupar ellos el espacio, o a reunirse en interminables talleres (algunos, inverosímil parecerá, tienen incluso fecha de graduación) mientras el pueblo de Nicaragua requiere que nos aboquemos a tareas urgentes para apoyar su lucha: análisis serio de cada coyuntura, para *proponer* líneas de acción adecuadas; propaganda persistente, constante, dentro y fuera del territorio nacional; y, con la urgencia con la cual se busca sangre para un paciente que sufre una grave hemorragia, recursos materiales para los luchadores que, dentro de Nicaragua, enfrentan y enfrentarán a la bestia herida que es la dictadura bicéfala OrMu-Gran Capital.

Por una Nicaragua Libre, palabras dichas en libertad.

Acción, Acción en Unidad (para la Unidad en Acción)

3 de junio de 2022

"Todas las desgracias del hombre provienen de no hablar claro."

—Albert Camus (Argelia, 1913)

"No existe nada peor que aquella cobardía mental que da la espalda a hechos y tendencias cuando estos contradicen ideales o prejuicios."

—Lev D. Bronstein (Ucrania, 1879)

"¡Oh raza de Atreo! ¡Cuántos males has sufrido hasta que, por fin, con el acontecimiento de hoy recobras a duras penas la libertad!"

—Sófocles (Colono, 406 AC)

En busca de un diagnóstico honesto, para un tratamiento exitoso

En un reciente conversatorio con políticos de oposición, un esfuerzo genuino de intercambio de ideas entre quienes buscan romper desde la oscuridad el dique de la opresión erigido por la dictadura OrMu-Gran Capital, se intentó, entre otras cosas, de hacer un diagnóstico de los grupos que hasta la fecha han dominado el espacio mediático de representación opositora. Para contribuir a dicho esfuerzo, presento aquí algunas ideas que, si son correctas, si el análisis que lleva a ellas lo es, obligan a un giro visible y contundente del enfoque estratégico opositor, tanto en términos de línea política, como de organización.

Los hechos, la terca realidad

El primer paso en este debate es el reconocimiento de los hechos: la euforia auto convocada chocó con la muralla paramilitar de la dictadura (tras haber abrumado, inicialmente, la policial, y neutralizado, temporalmente, la militar), bajo la mirada cómplice y el silencio paciente de los herederos-propietarios postcoloniales que el pueblo llama "Gran Capital", y junto a la cooperación, intencional o ingenua, de operadores políticos y activistas que confiaron en "la vía cívica" impulsada por este. Así, en salones de lujosos hoteles, en las instalaciones del Incae, en viajes por las capitales políticas de Occidente, y en múltiples y bien financiadas promociones mediáticas, transformaron el grito "*¡que se vayan!*" en la súplica "*vamos a elecciones bajo Ortega, para que Ortega, el tirano, acepte los resultados y se vaya.*" La consecuencia de esta evisceración del reclamo popular ha sido el horror, el terror. Las garras del régimen, que pudieron haber sido cortadas en mayo de 2018, se aferran con saña, fuerza angustiosa, a la carne lacerada de la sociedad. Lo hacen a través de un Estado policial totalitario. El panorama actual, y esto lo puede atestiguar cualquiera, dista de la demagogia del "vamos ganando" tanto como es posible.

Las opciones del pueblo

Que *el panorama actual es sombrío* es una afirmación irrefutable. Para el pueblo nicaragüense hay dos maneras de enfrentarlo. Una es claudicar, entregar sus esperanzas al verdugo, o a quienes se posicionan ante el pueblo como intermediarios que pueden *convencer al verdugo, con una pequeña ayuda de sus amigos* extranjeros, a comportarse de manera menos cruel, a cambio, por supuesto, de que lo dejen en paz e impunidad.

La otra alternativa para el pueblo nicaragüense es reconocer esta parte fundamental de la realidad: la dictadura se sostiene actualmente en lo que puede llamarse un equilibrio inestable. ¿Qué quiere decir esto? *Que su sistema de poder no ha podido, ni puede, regresar a la posición de reposo que tenía antes de la explosión social de Abril.* Es una casa dañada estructuralmente por un gran terremoto. En nuestra tierra, propensa a sacudiones, un temblor de esos que ocurren con frecuencia puede acabar de derribarla. No parece haber forma de repararla. No hay albañil ni ingeniero competente, y la materia prima, eso que en política llaman "legitimidad", no está a la venta, ha desaparecido del mercado.

El problema de la oposición

Casi toda la oposición, argüiré en lo que sigue, pasa enteramente por alto este aspecto crucial de la realidad. De hecho, con raras excepciones, no se ha atrevido siquiera a un esfuerzo autocrítico que la lleve a desenterrar —inteligente sería hacerlo— algo que podría escarbarse con las manos: cuatro años después de la exitosa conquista de las calles por un pueblo que, por desgracia, no contó con conducción política para tomar el poder, las organizaciones que se dicen opositoras *han fracasado en construir un liderazgo legítimo.* La oposición ha sido incapaz de utilizar el enorme, universal desprecio del pueblo hacia el régimen, y ha caído más bien en un estado de descomposición política, y hasta cultural, que intenta esconder sin éxito descalificando a sus críticos como "radicales", "maximalistas", "divisionistas", "partidarios de la guerra", "residentes en el extranjero", y otros calificativos infantiles (o viles, según se interprete su intención).

La descomposición opositora

Cabe aquí la pregunta de por qué, de un movimiento tan potente como el auto convocado, se dispersó el vigor en tantos grupos sin norte, o al menos sin un norte democrático que la población vea en el cielo como una estrella guía.

¿Por qué la descomposición en la mayoría de las llamadas "fuerzas opositoras azul y blanco"? Explorar este tema es esencial, por el bien, precisamente, de la causa de la libertad y de la democracia de nuestro país.

Presento aquí ocho hipótesis:

1. Algunas organizaciones son, o vienen, de partidos electoreros desprestigiados.

2. Algunas organizaciones son, o provienen, de oenegés asistencialistas dedicados a reivindicaciones sectoriales; son legítimos sus propósitos, por supuesto, pero crean un obstáculo hasta ahora infranqueable, porque las organizaciones creadas para alcanzarlos no logran transformarse, de lo que han sido, a lo que hace falta ser en la política, especialmente en las circunstancias actuales de Nicaragua: no logran convertirse a la lucha diaria, áspera, dura, por conquistar el poder del Estado.

3. Muchos líderes en el exilio enfrentan la precariedad económica propia y de sus partidarios, anteriores o potenciales.

4. El esfuerzo de crear un movimiento militante, organizado, de lucha, se enfrenta a retos culturales que tienen su origen en el espíritu auto convocado. Por momentos, pareciera que hace falta transformar en sólido algo gaseoso. El ansia de libertad que brotó más o menos espontáneamente, más o menos anárquicamente, ha dejado de estela un ambiente en el que muchos ciudadanos flotan de grupo a grupo, sin apego particular a ninguno, sin claridad política o ideológica, ni mucho menos hábito de militancia partidaria, la cual, más bien, rechazan.

5. Muchos líderes reconstituyen sus vidas y su actividad en el exilio al estilo *oenegé* (de decisiones por unanimidad, espíritu de asamblea abierta, y dependencia de la ayuda financiera de instituciones del mundo desarrollado) que ha imbuido desde sus inicios lo poco que hubo de organizado en el movimiento de Abril. Este estilo de organización es útil en ciertas esferas y momentos de la vida social y política, pero *no* en las circunstancias de la política actual. En estos momentos, el estilo oenegé es un impedimento para crear *organización de lucha*, con luchadores dispuestos a desafiar el Estado Policía Totalitario, porque en el ambiente "gaseoso" arriba descrito, los líderes de las oenegés no solo buscan mantenerse dentro de lo que es "aceptable" para sus donantes (que no necesariamente coincide con las necesidades de la lucha), sino que intentan retener a cuantos puedan dentro de sus "espacios", y esto solo pueden hacerlo con una inclusión prácticamente sin límites, con una tolerancia total que "no excluya" a nadie, lo cual, en la práctica, quiere decir también que no "comprometa" a nadie. El resultado: participación desordenada, sin compromiso, sin que puedan trazarse metas de lucha que se persigan disciplinadamente como un colectivo cohesionado.

6. Hay una influencia desproporcionada, en medio de la precariedad, de los

poderes fácticos nicaragüenses y extranjeros dispuestos a asistir financieramente a aquellos grupos que no cuestionen su sistema de poder.

7. Se mantiene la lealtad a viejos clanes y grupos de poder, que todavía ejercen gran influencia, basada en la inercia histórica, y que lleva a un cálculo oportunista: "tal o cual clan o persona podría, mañana, estar en el poder; no puedo confrontarlo".

8. Hay entre nosotros un nivel cultural y político muy bajo, que ha facilitado a los poderes fácticos crear caos y desorganización en las fuerzas opositoras, empezando desde el Diálogo I.

El liderazgo necesario para la revolución democrática que el pueblo anhela

A este conjunto de condiciones nos enfrentamos. En este terreno áspero y peligroso nos encontramos. ¿Cómo, en medio de él, construimos un liderazgo auténtico, un liderazgo que sea capaz de enfrentar las inclemencias, las sorpresas que el enemigo prepara en sus trampas, para impulsar una revolución democrática?

Revolución Democrática: demoler la cárcel para construir un hogar

Porque, aclaremos primero, no habrá democracia en Nicaragua sin revolución democrática.

¿Revolución democrática? El argumento es muy sencillo: el sistema de poder de Nicaragua, encabezado hoy por la tiranía de Ortega y Murillo, no tiene capacidad alguna de evolucionar. Al igual que la casa fracturada por el terremoto que he mencionado arriba, no puede ser reparado pared por pared. La única forma de evitar que nos caiga encima es derribándola y construyendo una nueva. ***Cuando la evolución no es posible, la revolución es indispensable.***

Para que la nueva casa no sea como la vieja, una cárcel sin ventanas, los planos deben ser muy diferentes. Conviene una casa de materiales ligeros, techos bajos, amplias ventanas y puertas, escasas paredes interiores: que lo que se cocine esté a la vista de todos. Y, para asegurarnos de que el edificio sea construido como se debe, no podemos correr el riesgo de entregar el trabajo a los arquitectos, ingenieros y albañiles que construyeron el anterior.

¿Cómo ocurrirá el proceso de demolición de la vieja cárcel?

Podría haber comenzado en mayo del 2018, pero la falta de conducción política democrática permitió que los propios protagonistas del sistema de poder, Ortega-Murillo y el Gran Capital, se pusieran al *frente* de una supuesta "solución dialogada", que solo sirvió para dar a OrMu tiempo para reagruparse, para matar a quien hubiera que matar, y afirmar su poder incluso ante sus socios subordinados que desde el Gran Capital impidieron el derrocamiento, creyendo (son, además, históricamente miopes) que el capo mayor les haría concesiones para estabilizar el modelo fascista. Erraron en esto, obviamente, aunque muchos aún cosechan enormes fortunas, cuatro años después, y no parecen en lo más mínimo inclinados a cambiar de curso.

Pero la deriva totalitaria con ribetes demenciales de la pareja de El Carmen amenaza a un vasto rango de los intereses creados del país, aparte de la miseria que imparte entre la población trabajadora, por lo que la búsqueda de una "solución", es decir, de una alternativa a la actual cara del poder continúa. Esto, aunado a los retos que implica la construcción de una alternativa de poder democrático en el seno del pueblo, hace que sea imposible predecir cómo se iniciará el colapso final del sistema. Sin embargo, podemos estar seguros de dos cosas. Una es que solo por la fuerza saldrán del poder real sus actuales ocupantes. La probabilidad de una salida voluntaria es cero, por más que lo nieguen los opositores pro-sistema de poder, los favoritos de la oligarquía. La segunda es que, como no habrá democracia sin revolución democrática, es esencial construir una alternativa de poder democrático, una organización popular de lucha democrática, para hacer avanzar, en las condiciones que se presenten, cuando se presenten, la agenda de democratización y desarrollo que Nicaragua necesita, no solo para reconstruirse, sino para su prosperidad material y espiritual. Para la libertad.

¿Cómo construir esa organización de lucha?

Tarea fácil no es, no lo es nunca. Tarea imposible, mucho menos. Tarea indispensable, claramente. Y el primer paso es, como recomendara Camus, "hablar claro". La organización de lucha solo puede ser organización de luchadores y para luchadores, en el sentido de que todos los esfuerzos deben estar dirigidos a organizar a la población para la resistencia activa, con la meta de tomar el protagonismo político en la transición hacia la democracia. En las circunstancias actuales, eso implica empezar desde el trabajo clandestino, estructurando células que a su vez se integren a redes. Implica, aún con más urgencia, desarrollar una *propaganda de la agenda democrática* que penetre hasta el último rincón del territorio, por todos los medios accesibles. Que sea persistente, potente, continua, que haga retumbar el espacio político y latir la esperanza por el futuro mejor que vendrá. Para que todo esto sea posible, hay un lugar en la lucha para todos los demócratas, uno por uno. Hay quienes valientemente se encargan de tejer redes dentro del país, hay quienes trabajan en estructurar y producir la propaganda, hay quienes contribuyen con su tiempo y su dinero; cualquier tiempo y cualquier cantidad de dinero. En esto, el exilio juega un papel que debe ser fundamental, para poder crear un movimiento popular que no esté *maniatado* por los poderosos que firman cheques a su conveniencia.

Acción en Unidad, Unidad en Acción

Para que esto funcione, para que nos concentremos en el esfuerzo de crear una organización efectiva de lucha democrática, es preciso abandonar el desgaste inútil de búsqueda de una unidad a todo precio, unidad a cualquier precio, unidad con todos, unidad total, unidad que no solo es imposible, sino que es dañina, porque no puede unirse quien quiere el derrocamiento de la dictadura OrMu-Gran Capital con quien busca que se salve el sistema de poder que ambos constituyen; con quien busca que, pase lo que pase, los mismos poderes fácticos antidemocráticos sigan al mando de la sociedad. Por eso hay que descartar la idea de esa unidad idealizada, falsa, tramposa, que proponen como "unidad *antes* de la acción", unidad como *condición previa*, sin la cual ¡nada puede hacerse!, y de la cual lo dicen así, explícitamente, sus partidarios: "*es que primero tenemos que unirnos; sin unidad no hacemos nada*". Esto es falso, y es la excusa perfecta para la pasividad, para seguir reuniéndose, viajando, chateando, tallereando, peleándose entre ellos interminable y agriamente, para seguir, cuatro años después, en el absurdo de "*buscar consensos*", ¡como si no existiera ya el que importa, el de rechazar totalmente a la dictadura, el de no aceptar cohabitación alguna con ella, el de exigir su fin! ¡Como si no hubiera habido un 7 de Noviembre en que el pueblo hubiese manifestado exactamente esos propósitos! Es que, quienes se dedican al *reunionismo unitario* de "*sin unidad no podemos hacer nada*", no parecen darse cuenta de que, por lógica elemental, también estarían diciendo, en vista de que no hay unidad, esto: "no hemos hecho nada". La lógica es inescapable. De hecho, como ha escrito Pío Martínez en un provocador ensayo, *parecieran más interesados en buscar la unidad que en encontrarla*. Acción, acción política, convergencia en acción de lucha, acción en unidad, unidad en acción. Por eso, quienes hemos insistido en que la unidad debe ser en la acción, necesitamos enfatizar la palabra acción, porque es acción en unidad, la acción política de cada uno de nosotros, la que nos hará encontrarnos en el camino, si es que llevamos el mismo propósito.

La unidad, se ha dicho ya, no puede buscarse eternamente, como se busca el Santo Grial, o ser tratada como un fetiche, ya que lo que hace falta es, hay que reiterarlo hasta el agotamiento, una organización de lucha, alejada, dadas las circunstancias, de toda lógica electoralista. Una organización así no puede construirse rechazando la idea de construcción de *partido*(s) para la lucha democrática, dejando que nos detenga un prejuicio, aunque sea este fundado en la experiencia de corrupción y traición de los partidos ***del sistema,*** que han vivido de prebendas electorales aun en medio del evidente fraude estructural. Una organización así no puede construirse por métodos y prácticas de oenegés, por más benignos y útiles que estos sean en otros contextos. Una organización así no puede construirse plegándose a viejos clanes de poder, a las fuerzas retrógradas que tienen al país en dictadura y atraso. Una organización de lucha se construye en acción en unidad con quienes ya luchan organizados, y atrayendo a todos aquellos individuos dispuestos a luchar, disciplinada y perseverantemente, con claridad de propósito, por una agenda democrática, desde sus capacidades y hasta sus limitaciones, a sabiendas de que representan a la abrumadora mayoría que quiere, no un cambio de rostros y nombres en la cúspide del sistema de poder, sino un cambio radical de este, que ponga por encima de todos los objetivos la libertad humana en todas sus dimensiones.

¿Cuál es el objetivo final de la lucha? (¿Es nada más "salir de Ortega?)

13 de julio de 2022

Tantas cosas se oyen decir, tantas, tan contradictorias y confusas, como: "Ortega es el único problema", "¿Por qué no hace nada la 'comunidad internacional?", "El régimen comunista de Ortega", "La única vía es la de las cañas huecas", o "La única vía es la cívica", o "es imposible que se vayan por las buenas, pero hay que seguir tratando de que se vayan por las buenas". "Sin unidad no se puede hacer nada" dicen otros. "No hay ni habrá unidad, porque todos tienen su agenda". Etcétera.

Mientras tanto, una cosa es clara: de estar a punto de caer, en Mayo del 2018, de haber perdido control del país [la policía estaba absolutamente rebasada, el ejército pasmado en sus cuarteles, Bayardo Arce tembloroso, miembros de la familia de Ortega al borde de un ataque de histeria, el propio dictador humillado al tener que enfrentar a los jóvenes que le exigían, legítimamente, pero con cierta inocencia ante poder, respuesta por los crímenes cometidos... de esa situación de cuasi colapso, la dictadura ha rebotado a una de control policial y paramilitar totalitario.

¿Qué podemos hacer para revertir la situación? ¿Qué ha pasado, y por qué? ¿Cómo salimos de este atolladero trágico? ¿Cómo es posible que una minoría deslegitimada, que necesita, que no tiene más remedio que reprimir ostentosamente todos los días para conservar el poder, no lo pierda? En esta serie, "de protesta a propuesta", abordaremos todas estas preguntas, esenciales para alcanzar la libertad de Nicaragua.

Qué hacer, y cómo

Como nuestro propósito es contribuir al éxito de la lucha, adoptaremos un enfoque que mire hacia el futuro, que intente dar respuesta a la pregunta de "qué hacer, y cómo". Para ello, primero hay que conocer muy bien la situación actual, hacer inventario de nuestros recursos y los del enemigo, pero más importante aún es saber hacia dónde queremos dirigirnos, y cuáles son los obstáculos que tenemos en el camino.

Se trata de decir: queremos llegar "allá", y empezar a construir un mapa, con la información que tenemos del terreno. Es decir, empecemos por esbozar una ruta entre el lugar que estamos y el lugar al que queremos arribar al final del camino. ¿Y cuál es ese lugar? ¿Cuál es, en última instancia, superados todos los obstáculos conocidos y por conocer, el destino que queremos? Tenemos que definir esto muy claramente.

Para nosotros, en el CU-Nicaragüenses Libres, ese destino, esa última parada de la ruta, lo que en estas cosas se conoce como objetivo estratégico, es un lugar que llamamos, por economía de palabras, la revolución democrática. Fíjense que decimos "objetivo estratégico", "última parada", "destino", etc. No estamos hablando todavía de métodos de lucha, ni de qué pasos dar en el corto plazo (de todo esto hablaremos, semana tras semana.) Por hoy estamos hablando simplemente del propósito final de la lucha, repito, de su objetivo estratégico.

¿Y en qué consiste ese objetivo estratégico, que llamamos la revolución democrática? Pongamos atención a estas dos palabras, "revolución", y "democrática", que resumen el propósito final de la lucha: desmantelar el sistema de poder que ha existido hasta hoy en el país, que crea dictaduras, corrupción y atraso, y reemplazarlo con un sistema de poder democrático. Cuando hayamos hecho esto, cuando lo logremos, habremos conseguido, por primera vez en nuestra historia, una "revolución democrática". Nunca hemos llegado a esa meta. Hemos vivido la oportunidad, porque el pueblo estaba movilizado, incluso insurrecto, en un par de ocasiones, pero no hemos nunca logrado desmantelar el sistema de poder que ha venido mutando, adaptándose, durante 200 años, y reemplazarlo por un sistema de poder democrático.

El fracaso de 1990, inicio de la tragedia del 2018

Nunca lo hemos logrado. En la experiencia más reciente, en 1990, es claro que no lo logramos, y hoy estamos pagando caro ese fracaso. La tragedia del 2018, puede decirse con confianza, se inició precisamente en 1990. ¿Por qué? Porque quedaron en pie los pilares del sistema de poder: el poder de matar, la estructura represiva de un grupo dispuesto a todo por ganar y conservar el poder, más el poder económico de la oligarquía tradicional, que de hecho comenzó un proceso de fortalecimiento y enriquecimiento luego de años en los que los recién llegados del FSLN los habían hecho perder parte de sus riquezas acumuladas. Lo que ocurrió en 1990, entonces, fue —a pesar del enorme sacrificio de los campesinos combatientes de la contra y la valentía de los ciudadanos que fueron a la campaña electoral— apenas un rebalanceo del poder entre cúpulas. El pueblo respiró, sin duda, por el fin de la guerra y de la represión de la primera dictadura del FSLN. Pero la pausa no duraría mucho, ni abriría oportunidades a las mayorías, porque el sistema de poder nunca fue reemplazado por uno verdaderamente democrático.

Las élites, domésticas y extranjeras, aprovechando la enorme destrucción causada por la primera dictadura del FSLN y la guerra campesina, la guerra civil que causó, aprovechando el cansancio de la gente y la falta de experiencia democrática, dijeron a la población: "ya acabó todo, ya estamos en democracia, reconciliémonos, perdón y olvido, este es el final del camino".

¿Lo era? Ahora sabemos que no. Ahora sabemos que el problema no era simplemente quitarle la Presidencia y el control de la Asamblea Nacional al FSLN. El problema era, y es, cambiar la estructura de poder real, no solo formal, legal. Eso no se hizo. De hecho, si algo cambió en términos de poder real en la transición de 1990 fue en sentido contrario: se desarmó a los campesinos armados de la Contra, pero no al Ejército de los Ortega. Y luego vino el pacto Lacayo-Chamorro-Ortega, el llamado protocolo de transición, que entre otras cosas dejó en el mando de las fuerzas armadas a Humberto Ortega, borró cualquier esperanza de justicia, y dejó a Daniel Ortega "gobernando desde abajo", con sus turbas. Mientras tanto, el proceso político de la supuesta democracia marginó a la ciudadanía, cuyo rol se redujo a votar por Presidentes y autoridades cuyo poder los separaba de la población, lo cual les permitió actuar en muchos casos al margen del control ciudadano, enriqueciéndose en la marcha, y en cualquier caso privilegiando los intereses de una minoría sobre las necesidades acuciantes de la mayoría. De todos modos, con solo haber dejado la guerra atrás, y haber reiniciado la economía en condiciones de mayor normalidad trajo un respiro a gran parte de la población, pero ese respiro terminó siendo una cortina de humo para tapar el engaño: "llegamos a la democracia", nos dijeron, y lo creímos, y nos equivocamos. En esa falsa transición quedó plantada la semilla de la tragedia actual.

Por eso, hoy en día, debemos tener muy clara la meta, tener una visión clara de esa última estación, de cómo luce el final del camino, para que no haya confusión, para que no hagan que detengamos la marcha, creyendo haber llegado, cuando estamos a medio camino. A medio camino sería si repetimos, como quieren algunos, que "el único problema es Ortega". Eso es tan falso como cuando se dijo "después de Somoza, cualquier cosa". Eslóganes tramposos. Otro eslogan tramposo: "reconciliación", o "perdón y olvido".

¿Cómo luce la última estación del camino? ¿Qué características, qué estructura, formas, colores, tiene el objetivo estratégico de la revolución democrática? Por aquí empezaremos la próxima vez. Por hoy, permítanme explicar una cosa más: ¿por qué "revolución"? Porque cuando un sistema de poder no puede transformarse a través de "evolución", y ese sistema viola sistemáticamente los derechos humanos, mantiene el país en el atraso, crea un Estado de terror, tiene que ser derribado. Si no es posible que evolucione, tiene que ser transformado de raíz. Eso es lo que se llama "revolución"; porque "evolución" no es posible. ¿Alguien se imagina al régimen del FSLN "evolucionando", transformándose por sí solo en democracia? Y esto, democracia, es lo que necesitamos y ambicionamos, de ahí el término "revolución democrática". Un gobierno del pueblo, para el pueblo, por el pueblo: derechos para todos, privilegios para nadie. Nos vemos en una semana. Mientras tanto, manos a la obra, que hay que seguir organizándose, creando el movimiento popular combativo que nos permita llegar al objetivo estratégico de la revolución democrática.

“Hasta la vista, baby” (Boris Johnson, *Terminator* y Nicaragua)

22 de julio de 2022

John: We spent a lot of time in Nicaragua... places like that...[106]

— *Terminator II, Judgement Day.*

Rojizo y desaliñado, de pie ante el atril de madera, un orador con talante celebratorio, jocoso incluso, y una chispa maliciosa en la mirada, se dirige desde el pozo de la Cámara de los Comunes al pleno que colma los escaños. “*Hasta la vista… baby*”, les dice, repitiendo la famosa frase del personaje de ciencia ficción *Terminator* (o *Exterminador*). Luego, como de un salto hacia atrás, retoma su asiento, evidentemente dueño de sí, satisfecho, entre aplausos, el estallido de la carcajada y el bullicio que es frecuente en los debates del Parlamento inglés.

De no saber de qué se trata, uno podría inferir que el orador se ha impuesto, que se mofa de algún contrincante derrotado; derrotado con tanta contundencia que el vencedor puede humillarlo con escarnio infantil. “Hasta la vista, baby”; como entre niños (o cuando yo lo era, hace ya considerables lunas): chin-chinga la burra chinga.

Lo curioso es que el orador, Boris Johnson, más bien se despide de su cargo de Primer Ministro, del cual ha sido expulsado por su propio partido, los conservadores *Tories*, quienes trabajan ahora, como mayoría que son, en la selección de un reemplazo. No era este el resultado al que aspiraba Johnson, controvertido y volátil personaje, cuya valía no es el tema de este artículo, más allá de que no pueda soslayarse el gran poder que blandió, para bien o para mal, durante varios años.

Ya con estos antecedentes uno entiende que “hasta la vista, baby”, tiene dos filos: guasa para los enemigos; guasa para sí mismo. “Terminó la batalla, terminó mi tiempo en esta silla, ya nos veremos más adelante.” “En unas semanas habrá otro piche aguantando”; aguantando las intrigas en el 10 de la calle Downing, los embates cotidianos de la prensa, las presiones de los diferentes sectores y electores del país, y la andanada de reclamos que los martes le avientan en el Parlamento, sin más contemplación que un mínimo decoro que el Speaker, desde un trono que flota ostentosamente arriba del espacio reservado al Primer Ministro, insiste penosamente en preservar: “order, order…order”, implora, en un tono angustiado que disimula su poder.

106 “Estuvimos mucho tiempo en Nicaragua… en lugares así”

Afuera, en las calles, la vida del país prosigue. Y eso que los Tories van alineándose detrás de un reemplazo cuyo perfil personal sería, en otras sociedades de occidente, foco de controversia: extracción india y filiación musulmana. Pero afuera, en las calles, la vida del país continúa. La primacía de Boris Johnson en la política inglesa ha muerto. Muerta esta, se busca otro; se vota y se lanza a los leones al nuevo primus inter pares. Los ruidos del engranaje político, la crisis de reacomodo, entre los representantes electos del pueblo británico, no es para la sociedad una crisis existencial. Desde hace siglos nacen y mueren, dentro del orden institucional inglés, las carreras políticas. Desde hace siglos, en estas islas, la mortalidad política de los electos, los que verdaderamente administran el Estado, es parte de la realidad objetiva y emotiva del poder. "Hasta la vista", Boris Johnson, que pase el siguiente, que salga "de la nada" el próximo ambicioso o visionario, que haga su trabajo, y concluido este, no en su opinión, sino en la opinión de los votantes, "hasta la vista".

Puede tratarse incluso de un gigante victorioso, como Winston Churchill en 1945. ¿Quién podría predecir que un líder que fuera el rostro de la resistencia heroica ante el nazismo que controlaba Europa, y el símbolo del triunfo contra este, reputado en encuestas como dueño de la simpatía del 83% de los ingleses, perdería abrumadoramente, apenas acabada la guerra? "*Hasta la vista, Winston.*"

Winston, en nuestros lares, quizás hubiera reinado hasta la muerte. A lo mejor hubiera caminado, cacreco e incoherente, los últimos metros de su poder. No en vano: había conducido a su nación por el desierto. Sería, en nuestro rincón del mundo, Moisés. Más que Moisés, Mesías. Sería (y se sentiría) acreedor de obediencia absoluta. El comandante, su Excelencia, el General de División. Auténtico héroe de la patria. *Forever. Vamos por más victorias.* Mientras, en Inglaterra: "*hasta la vista*, Winston."

Dicho sea también que a Churchill seguramente le parecería indigno que se le comparara con nuestros "estadistas" (para usar, a falta de otro genérico, un vocablo que injustamente sugiere algo más serio de lo que, por gobernantes, ha tocado en suerte a Nicaragua). Desde hace al menos cien años, y no voy más atrás porque siento que me hundo en una oscuridad cada vez más densa, los mandamases del país son, puede decirse sin mucha exageración, una reata de mediocres, iletrados, provinciales, ignorantes sin visión de pasado o de futuro. Que haya alguno que se acerque por bien a las márgenes de esta descripción, no es descartable, pero es debatible.

En lo que prácticamente no hay excepción ni duda es en el puesto que dentro de la estructura psicológica del poder político ocupa "el líder". Se trata de uno de "*arriba*", sea por herencia, o porque "*le cuesta la causa*". En la cúspide de la sociedad, electo o no, oficialmente o no, es faraón, encomendero o mesías. Es padre (o madre) de la tierra y de sus habitantes. Tiene la prerrogativa, y la ejerce, de ser magnánimo o severo. Ya en 1854 se escucharon (¡en la toma de posesión de Fruto Chamorro, el primer Presidente!), estas armoniosas palabras: "*Me consideraré como un padre de familia amoroso y rígido que por gusto y obligación procura en todo caso el bien de sus hijos, y sólo por necesidad y con el corazón oprimido, levanta el azote para castigar a quien da motivo.*" Como, a buen entendedor, pocas palabras bastan, los candidatos al azote huyeron, e iniciaron una guerra que desembocó en la toma de Nicaragua por mercenarios estadounidenses a su servicio.

No está demás (estuve tentado a escribir, erróneamente, "demás está decir") recordar que la libertad política y la existencia de una república democrática sostenida por un Estado de Derecho son incompatibles con el sustrato autoritario en la cultura. Será difícil, incluso, producir *estadistas* dedicados a la supervivencia y engrandecimiento del país, *si no cambia de manos el azote*; si no se le arranca a los que quieren regir con el aura absolutista de un *pater familias* y se les entrega a votantes que vean al líder como un servidor temporal, como a un empleado que se contrata y despide *a conveniencia del negocio* público. Para eso, aparte de quitarles poder real y poder legal, y como un paso esencial en esa dirección, hay que desmitificar, reducir a los políticos, en nuestra mente y conciencia, a servidores que deben el privilegio de ejercer su ambición al favor condicionado del votante. No es fácil esto. Se trata de plantearnos un asalto racional contra la irracionalidad que persiste en toda cultura humana. Pero cuando aspectos de esa irracionalidad causan daños evitables, y los causan en extremo, la necesidad de forzar el curso en otra dirección se vuelve imperiosa.

En nuestro caso, se requiere un viraje tanto o más dramático que el de la inteligente ingratitud inglesa hacia Churchill. Con la frialdad de quien reforma un negocio que hace aguas, que deja pérdidas crónicamente, y con la buena intención de hacerlo marchar y florecer, debemos dejar atrás ciertos patrones emocionales que son diametralmente contrarios a la enseñanza de la elección británica de 1945. Esos patrones hicieron de la Sra. Violeta Barrios candidata aglutinadora y Presidente de Nicaragua, y es indudable que fue su condición de viuda de Pedro Joaquín Chamorro Cardenal, ausente toda preparación académica o política, la responsable. Ese patrón irracional es parte del ADN caudillista: al valor personal, el arrojo y hasta la terquedad conspiradora de Emiliano Chamorro, por ejemplo, puede atribuirse su rápida acumulación de poder, en detrimento de cualquier posibilidad democrática. El mismo patrón irracional, la "gratitud", la "admiración", por el coraje de muchos combatientes, dio carta blanca y tiempo suficiente a los **políticos** del FSLN para construir su maquinaria dictatorial a partir de 1979.

Dentro de esta vertiente de irracionalidad, la prisión política ha entregado a sus víctimas réditos eventuales. Caer preso por un poder impopular *limpia, pule y da esplendor*, como reza el lema de la academia de la lengua española.

Hay que superar estas creencias, detener estas inercias. Que alguien se conduzca dignamente mientras un poder tiránico y abusivo se ensaña en él es loable, pero no puede, por el bien del país y el cultivo de la libertad, nublar el juicio frío que se haga del cautivo, una vez liberado y en competencia por el poder. Cuando llegue ese momento, la pregunta que debe hacerse es si él, o ella, **conviene** al país; si él, o ella, **sirve** para la siguiente fase de desarrollo democrático en la sociedad; si él, o ella, tomada en conjunto su trayectoria, exhibe la inteligencia, el temperamento, y los valores compatibles con la libertad de los demás y con la reconstrucción y engrandecimiento del país.

No más "le cuesta la causa", "es arrecho el hombre"; no más martirologio, no más piedad con los políticos. No más subordinación. A todo el que entra en la contienda política, ahora y en el futuro, hay que someterlo a riguroso examen, someterlo al dominio de instituciones que acumulen el poder ciudadano. Hay que quitarles, además, el olvido de sus actos, que cultivan. Porque, bien se trate de un mercenario, bien se trate de un visionario, sin ese control, sin el frío e ingrato juicio que como ciudadanos impongamos a quienes compiten por el poder, nunca saldremos del régimen de ***azotes*** con el que quiso dar inicio la república. A casi 170 años del regaño "amoroso y rígido" del primer autoritario *oficial* del país, hay que decirlo: ya es hora.

La Prensa y el golpe de estado

31 de julio de 2022

Nadie, sin haber antes sucumbido a la putrefacción moral que el orteguismo cultiva, y del que ha hecho brotar como hongos de bosta socios, cómplices y alcahuetes, puede cerrar su mirada y olfato a la cadena de declaraciones infames que provienen del diario que, en tiempos ya remotos, exhibiera la postura ética con que su antiguo director, Pedro Joaquín Chamorro, atizaba una oposición democrática vertical al terror somocista: "*con la dictadura no se transa*".

Chamorro, y demás accionistas de *La Prensa* de entonces, tenían, como es natural, intereses propios, que compartían, como es también natural, con gente de intereses similares. Sin embargo, *la ética de la gerencia de entonces no era la ética de hoy.* En aquellos tiempos la consecución del interés más estrecho (las ganancias del periódico), o del interés de los grupos afines, no era coincidente con la aceptación del genocidio; con la humillante, repetitiva y rastrera súplica de diálogo al tirano, a quien ya legitiman con la designación de "gobierno"; con el elogio a las fuerzas represivas del Ejército; y, con el desprecio hacia los nicaragüenses perseguidos, exilados, empobrecidos, encarcelados y oprimidos que reclaman apenas lo que por nacer les pertenece: sus derechos humanos.

Una retahíla de bajezas

No debemos olvidar que *La Prensa* llama "*maximalistas*" a quienes defienden lo que es, en realidad, una demanda mínima: que un ciudadano pueda expresarse y movilizarse libremente por su propio país, salir y entrar a su patria sin que sea esto un privilegio; pronunciarse sin que cuelgue sobre él la amenaza de ser apresado, torturado, o muerto. "¡Maximalistas!", grita *La Prensa;* "*el pueblo es injusto con el ejército*", editorializan; "*Ortega tiene tanto derecho a ser candidato como cualquier ciudadano*"; y llaman "disparate" al reclamo de justicia por el genocidio, un "disparate" que, según ellos, "*impide que la tragedia termine*". La lista de declaraciones chocantes se alarga elásticamente e incluye —habrá que decir "por ahora", ya que escalan cada vez más altas cumbres de cinismo, o se hunden cada vez más en su fosa, escoja usted— declaraciones que son verdaderamente viles *desde una perspectiva humanista y democrática.*

Y cuando ya no parece posible, pasan de peor a peor. En la más reciente iteración de su discurso otorgan legitimidad a la tiranía, llamándola "gobierno", y le imploran, una vez más, que "dialogue con los nicaragüenses", después de que el tirano rechazara todo diálogo con Estados Unidos ("el diablo"). No perdamos de vista, en este torbellino, la mentalidad *colonizada* de Ortega, para quien el único interlocutor a considerar es el "imperio". Pero, volviendo al diario "opositor", lo que sigue es, para ser caritativo, alucinante. Su postura es (y ha sido) que hay que negociar con el régimen, y a cada paso se empeñan en recordarnos (*las voces* y los intereses que hablan a través del Editorial), que están dispuestos a convivir con quienes han cometido un genocidio y atropellado toda semblanza de legalidad.

Nada de esto es nuevo. Lo que es nuevo es el tono, cada vez más abyecto, y el mensaje, cada vez más impúdico. Se arrastran ante el ejecutor de las miserias del país, y buscan arduamente recrear el pasado, fabricar una burda y falsa narrativa en la que el "diálogo" es una opción, una opción constructiva; de hecho, la única opción. Afirman (ya no sé ni qué adverbio usar, ante tanta desfachatez), que el diálogo de mayo y junio de 2018 no funcionó porque "*no hubo condiciones*." La expresión quiere ser eufemismo, pero es mortalmente nauseabunda: obviamente, un diálogo no funciona cuando una de las partes está ocupada asesinando a la otra, que es precisamente lo que hizo la dictadura en el 2018, y era, de hecho, su propósito cuando inició el diálogo.

Pero, bueno, tampoco hay que ser "cabezas calientes", como llaman en el diario a los demócratas; hay que reconocer, dice *La Prensa*, que el diálogo de 2019, *ese sí*, ese funcionó. Y *todo* se hubiera solucionado si no fuera porque los acuerdos no se pusieron en práctica por culpa de… ¡la oposición! "*Las partes*", *explica el editorial*, "*acordaron y firmaron…una serie de acuerdos apropiados para sacar al país de la crisis y recuperar la normalidad plena y duradera. Sin duda que eso se hubiera podido lograr si la oposición no se hubiera levantado bruscamente de la mesa de diálogo y a pesar de eso el Gobierno hubiera ejecutado los acuerdos.*"

Hay mucho más en el editorial de *La Prensa* que es abyecto, desde la invocación distorsionada del filósofo Fernando Mires, con la que pretenden demonizar el "antagonismo" de la población hacia Ortega (¿no es increíble esto, condenar moralmente a la víctima por "antagonizar" al asesino?), hasta la plegaria por un acuerdo que no solo sea "satisfactorio" para la oposición, sino que sea "satisfactorio para el Gobierno". Es decir, *La Prensa* (¿diario de oposición?) pide un esfuerzo para "satisfacer" a un "gobierno" impuesto por el fraude, la violencia cotidiana y el genocidio, deslegitimado por la población, y convertido en paria internacional. En lenguaje simple y directo, *los intereses que hablan a través del editorial de La Prensa abogan por que se satisfaga a Ortega. ¿Cómo se satisface a un tirano cuyo propósito es reinar incuestionado y para siempre, cometer crímenes con impunidad, y fundar una dinastía familiar?*

1 de agosto de 2022

¿Qué explica el comportamiento de *La Prensa*?

He utilizado, al inicio de este artículo, un lenguaje que busca ser realista, que expresa una visión del mundo en el cual los intereses particulares juegan *naturalmente* un papel que tiende a preponderar, por encima (o escondidos detrás) de principios éticos universales. Estos últimos condenan a *La Prensa* (y a quienes usan este medio para cuidar sus intereses). El diario "opositor" impulsa una política de cohabitación con un régimen cuyos actos han sido clasificados oficialmente, recordemos, como crímenes de lesa humanidad, perseguibles de oficio internacionalmente, y sin fecha de vencimiento.

¿Qué motivos, qué intereses, son suficientes para un desgarre ético de semejante magnitud? ¿A qué visión estratégica corresponden? Además de la condena moral, los demócratas necesitamos *entender* cuál es el trasfondo político, es decir, *relativo a la lucha por el poder*, de la persistente campaña de *La Prensa*. Al hacerlo, entenderemos más las maniobras actuales y probables de los grupos oligárquicos antidemocráticos.

Entre Ortega y la oligarquía: abuso doméstico y crisis

La explosión social de 2018 obligó a la oligarquía a distanciarse públicamente del régimen. Este, en crisis terminal por el rechazo deslegitimador de la población (19 de abril, 7 de noviembre) se ha atrincherado sin margen, dando zarpazos fieros que obedecen a la lógica de "el poder o la muerte".

A sus socios del Gran Capital, e incluso a *La Prensa*, que también fue beneficiada económicamente por el régimen antes de abril del 2018, Ortega necesita demostrar constantemente su capacidad de hacerles daño. El dictador se sabe acorralado, actúa paranoicamente (aunque su paranoia tenga un alto contenido racional, porque el odio que percibe hacia él no es fantasía), y junto a su desregulada consorte cruza todos los rubicones legales, morales y culturales. En esta nueva relación, la oligarquía preserva privilegios; pero, al colapsar todo espejismo de legalidad, queda claro, precisamente, que lo que tiene *son privilegios, no derechos*. Y como solo Ortega puede otorgarlos, puede de igual manera abolirlos a su conveniencia. El tirano se asegura de que esta amenaza esté muy viva en la conciencia de sus antiguos socios, atropellando de paso derechos elementales a la libertad y a la propiedad, como los sufridos por la propia *Prensa*, y como la barbarie represiva que ha alcanzado ya a políticos y empleados de la cúpula oligárquica. Esta ha hecho, repetidas veces, intentos infructuosos de reconstruir el matrimonio, pero ante todo ha decidido, hasta el momento, que, si bien la apariencia de separación es necesaria, la realidad de un divorcio se presenta demasiado riesgosa. De tal manera que acepta continuar la convivencia con un maltratador, que antes abusaba de vecinos y subordinados indefensos, y ahora trae la violencia a casa.

Lo hace no solo por miedo al maltratador, sino porque teme lo que puede ocurrir si la *justicia* interviene. La *justicia*, la ciudadanía que aspira a instaurar un Estado de Derecho, tendría, para enderezar las cosas y lograr proteger los derechos de todos, que asignar las responsabilidades del caso a los cómplices del abusador, entre los cuales ha sido prominente, por muchos años, la propia oligarquía. Este miedo a la justicia, miedo al orden democrático, lo vende la oligarquía a sus aliados en Estados Unidos como miedo al desorden, al caos, a sabiendas de que la inestabilidad es el fantasma que atraviesa las pesadillas de los burócratas del Departamento de Estado. ¿Cómo reacciona este? Se posiciona formalmente a favor de la democracia, en contra de Ortega; se posiciona, en la práctica, para sostener a quienes cree le garantizan sus intereses, y golpear, si fuese necesario, a quienes la amenacen. De ahí que adopte un régimen de sanciones que implementa *mínimamente*, pero implementa; lo hace para mantener una presencia central en el conflicto; lo hace *mínimamente* para no hacer que el sistema de poder, en equilibrio precario, colapse.

2 de agosto de 2022

¿Promoverá Estados Unidos un golpe de estado?

El elefante en la habitación del drama a tres —oligarquía, dictadura, Estados Unidos— es el pueblo, las masas ciudadanas cuya irrupción sacudió como un terremoto el sistema y dejó al descubierto, en la cama del concubinato, el pacto terrible entre las dos primeras y la aceptación conveniente del tercero. A tres partes fue también el aplastamiento de la insurrección de Abril. Si la dictadura Ortega-Murillo fue ejecutora del genocidio, ninguno de los otros dos hizo lo que estaba en sus manos por frenarlo. En el caso de la oligarquía, la complicidad fue múltiple: buscaron cómo enfriar la movilización, cabildearon contra las sanciones estadounidenses, contribuyeron a que la dictadura ganase tiempo para contraatacar, y dejaron el campo libre para que las fuerzas paramilitares del orteguismo arrasaran con los jóvenes, prácticamente desarmados y sin conducción, en el campo y la ciudad. El gobierno de Estados Unidos, mientras tanto, hacía las denuncias rituales e iniciaba su propio distanciamiento público del régimen.

En todo caso, el susto de los poderes fácticos fue mayúsculo. Desde entonces, la estabilidad del sistema de poder recayó en la represión cruda. Las contradicciones entre los socios oligárquicos se han agudizado. Ortega afirma su dominio en la cima del poder, y aquellos no han tenido más remedio que aceptar las bofetadas del capo mayor, pero la pérdida de legitimidad del régimen mantiene como una pregunta abierta cuál será la conclusión del drama. El nudo gordiano es la incapacidad de Ortega y Murillo de dejar el poder, que hemos discutido numerosas veces, combinado con el rechazo abrumador de la población y la crisis económica que se desprende del riesgo político inherente en una situación así.

Es decir: no hay solución con Ortega en el poder. ¿Pero qué solución sin Ortega puede preverse? Lo ideal sería que el pueblo, esta vez organizado en un movimiento democrático de masas, reconquistara terreno político y lograra poner en jaque al régimen. Que no haya ocurrido todavía significa que aún no existe tal fuerza, ***indispensable si se quiere lograr el objetivo estratégico de la revolución democrática,*** pero **no *la única capaz de hacer desaparecer del poder a Ortega y Murillo.***

De hecho, no es para nada exagerado afirmar que el gobierno de Estados Unidos tiene la capacidad política y financiera de orquestar un golpe de Estado contra la pareja genocida. ¿Lo hará? Lo hará si los burócratas del Departamento de Estado creen que es la única manera de enfrentar el "caos" regional. Lo hará, probablemente, y por la misma razón, si Ortega cruza la línea final de las expropiaciones masivas *como si fuera los ochenta.*

Más generalmente, la probabilidad de un golpe de Estado, que sería disfrazado de "cívico-militar", va en aumento en la medida en que el sistema de poder **se pudre** sin que haya un reacomodo estable; en la medida en que la dictadura golpea a antiguos aliados y socios en su búsqueda de un día más en el poder.

3 de agosto de 2022

¿Qué hace factible el golpe de estado? ¿Qué lo dificulta?

La cadena de intereses que necesitan articularse para que se produzca un golpe de estado en Nicaragua, dadas las condiciones actuales y previsibles, pasa por una *extrema vulnerabilidad, ante el Ejército, del aparato "político" del régimen, encabezado por los Ortega-Murillo.* En contraste con la Guardia Nacional en tiempos de Somoza, que era y funcionaba como pretoriana de una familia, el Ejército de Nicaragua actual tiene vida e intereses propios. Provienen y coinciden con los de Ortega, pero también han desarrollado su propia institucionalidad. Esto no quiere decir que tal institucionalidad sea gobernada por la Constitución, ni que el Ejército no esté, por el momento, del lado de Ortega. Pero el alineamiento de intereses políticos y económicos con este no es perfecto. El Ejército enfrenta riesgos asociados al destino del dictador, pero también tiene fuentes de apoyo fuera del régimen. En otras palabras, la muerte o caída de Ortega no necesariamente representan la muerte del Ejército, como ocurrió tras el colapso de Somoza. Sin embargo, la Historia enseña que si los poderes fácticos no consiguen un arreglo que sea potable a la población, el riesgo de violencia armada tiende a aumentar de manera exponencial.

Quienes descartan este riesgo porque "*no hay armas, no hay dinero*" deberían buscar en los anales del mundo los registros de todos los planes de negocios, proyecciones de flujo de caja y solicitudes de financiamiento que a través de los milenios las partes han preparado *antes* de entrar a una guerra civil. No los encontrarán. Aunque la guerra requiere de recursos, ya Maquiavelo lo advirtió: "el oro no es el nervio de la guerra." De esto hay conciencia en el Poder, por supuesto; la ingenuidad vive más cómoda fuera de él. Por tanto, es previsible que la oligarquía y la cúpula militar pongan atención al impacto de los acontecimientos sobre la estabilidad del régimen, y mantengan abiertas cuantas opciones de supervivencia y ganancia crean tener. *En cualquier caso, de ser necesaria una ruptura con Ortega-Murillo, estos no podrían oponer resistencia militar o paramilitar significativa al Ejército.*

Otra vulnerabilidad crucial en la cadena de intereses es la del Ejército ante el gobierno de Estados Unidos. Ya hemos visto que el Ejército actual no es el de Somoza. Tampoco es el Ejército Popular Sandinista de los ochenta, altamente ideologizado y sostenido, en el contexto de la Guerra Fría, por una Unión Soviética poderosa. El Ejército actual ha sido parte de la órbita militar estadounidense. Sus millonarias finanzas están expuestas en los mercados internacionales; no podría ser de otra manera cuando han tratado de buscar (¿no es irónico?) *seguridad* para sus activos. Al estar en mercados internacionales quedan al alcance del poder estadounidense. El Ejército de Nicaragua tiene mucho que perder en un conflicto abierto con este último.

Una tercera vulnerabilidad es del Ejército a la inteligencia del régimen, que según se reporta tiene la asistencia permanente y eficaz del espionaje cubano. Probablemente esto implique que un golpe de Estado "desde abajo" en el Ejército de Nicaragua sea más difícil aún de lo que la rigidez de la estructura de mando militar implica en condiciones normales. A su vez, esto sugiere que el camino más seguro para estructurar una operación golpista dentro del Ejército precisaría la inclusión de la cúpula militar. Y este involucramiento precisará ser resultado del cálculo racional de beneficios y riesgos del alto mando, de un ultimátum del gobierno de Estados Unidos, y de una negociación en la que, para conveniencia de ambos, la cúpula vería sus intereses protegidos, y organizaría prontamente el relevo de mando dentro de la institución a figuras menos impopulares que las actuales.

Este es, en esbozo, el rayado del terreno. Es un juego, por supuesto, complejo, que ninguno de los participantes querría, idealmente, jugar. *Pero es una salida fáctica realista para poderes fácticos en situación de crisis extrema.* Desde la perspectiva del momento actual el perfil de esta posible salida del nudo potencialmente explosivo creado por El Carmen se ve en la distancia por encima de otras opciones posibles, y hasta más deseables para casi todos los grupos involucrados en el conflicto.

4 de agosto de 2022

El golpe militar: última oportunidad del "aterrizaje suave".

La ejecución de un golpe cívico-militar contra Ortega tiene aspectos de manual, y algunas características sui generis. Conviene explorar el escenario en su conjunto y detalle, ya que no se trata de un evento de baja probabilidad, y hay que estar preparados.

Lo primero que hay que advertir es que el golpe de Estado es una medida extrema, ante la ausencia de un mecanismo democrático que dé estabilidad institucional al sistema de poder, o la restablezca. En el contexto nicaragüense actual, es una ruptura dentro de otra ruptura, dentro de otra ruptura. La primera ruptura fue la del débil e insuficiente orden constitucional que sirvió de marco a las acciones de gobierno antes de que Ortega hiciera trizas esos arreglos y los reemplazara con el pacto fascista FSLN-Gran Capital.

La segunda ruptura fue la de la paz del concubinato entre los dos socios del "modelo de diálogo y consenso"; el modelo se agotó, agotó la paciencia de la población, y forzó a la oligarquía hacia el limbo en el que actualmente flotan, entre la sumisión y el miedo a Ortega y la animosidad popular contra el régimen apoyado, hasta el momento, por el Ejército. La tercera ruptura sería, precisamente entre el Ejército y Ortega. Tratándose en este caso del ancla más sólida del orteguismo, la maniobra para levantarla implica un riesgo significativo de desestabilización del sistema de poder en su conjunto.

Por eso, los poderes fácticos interesados intentarían poner en escena, con sumo cuidado, un libreto de golpe que llevara precisión en los detalles; se trata, probablemente del único "aterrizaje suave" posible a la vista, con el avión gravemente averiado, sin posibilidad de segundo intento. Hay que esperar, por eso, que utilicen, en caso de llevarse a cabo, todos los recursos de la política, desde la intimidación violenta hasta la persuasión, lógica o emocional.

Lo más importante para ellos será convencer a la población de que está en marcha un cambio democrático, que la patria está siendo liberada. Objetivamente, sin embargo, no puede esperarse que el Ejército, la oligarquía, y los políticos cuya ambición de triunfo creen realizable dentro del actual sistema de poder, lideren un proceso en el que voluntariamente rescindan sus privilegios, y entreguen a la ciudadanía el poder que le corresponde como soberana.

Todo lo que hagan, por tanto, será guiado por el interés propio, y toda concesión que hagan a la democratización será, o forzada por la presión popular, o producto de una deliberación racional sobre la sostenibilidad de su proyecto. Costos versus beneficios calculados por grupos esencialmente antidemocráticos, obligados por el colapso del modelo de "diálogo y consenso" a aventurarse en aguas nuevas, que aspiran, sin embargo, a controlar.

5 de agosto de 2022

Libreto y coreografía del golpe (¿Cómo lo harían?)

Probablemente el libreto y la coreografía intente replicar la mística de la (falsa) transición de 1990. Llenarán el escenario de símbolos patrióticos y religiosos. Declararán el fin de la pesadilla. Si para entonces los actuales reos políticos siguen encarcelados, los harán salir con gran pompa, y buscarán asegurarse la adhesión del mayor número posible de ellos al movimiento "cívico-militar" para "restaurar" la democracia. Conociendo sus declaraciones anteriores, a nadie debe sorprender, por ejemplo, que Cristiana Chamorro saliera de su prisión domiciliar vestida de blanco, saludando la nueva era y aceptando iniciar "un verdadero diálogo" para cerrar el "paréntesis" antidemocrático, y borrar el pasado, ver hacia el futuro llenos de esperanza porque, por fin, al fin, "Nicaragua ha vuelto a ser república". Digo Cristiana Chamorro porque es evidente el esfuerzo que hace la oligarquía por cubrirla con un manto de heredera, interpretando con sesgada generosidad cuanta encuesta esté a mano para presentar a la hija de doña Violeta como "la política más popular de Nicaragua", y, además, precisamente, como hija de la figura maternal de la "pacificación". A esa evidencia me remito, pero no quiere decir que su figura sea única en el elenco posible. La experiencia sugiere que los políticos convencionales, en busca del poder, se acercan al poder. Haga usted su escogencia entre los precandidatos y operadores políticos de la oligarquía convertidos en víctimas por los zarpazos recientes de la dictadura, y construya su propia lista.

Al vuelo de campanas anunciarán que pueden regresar sin peligro al país los sacerdotes, y el obispo, exilados. El impasible cardenal Brenes, con toda seguridad, llamará una vez más al perdón, a la convivencia, y a dar bienvenida de regreso a los pastores, sin dejar que estos olviden, por supuesto, la obediencia que deben a su institución. Desde los púlpitos y en los templos se exhalará con alivio. Con el Ejército en control, y los paramilitares buscando protección, el despertar del nuevo régimen quizás recuerde más al 17 de julio de 1979 que al día después de las elecciones de 1990.

¿Y qué ocurrirá después? El pacto militar buscará construir y exhibirse como una "alianza cívico-militar", y luego como una "alianza cívica" o "gobierno provisional con apoyo del Ejército constitucional de Nicaragua." *Ante todo, buscará, como es natural, establecer firmemente su poder sobre la sociedad. No tomará el poder para disolverse, sino para controlar el curso de los acontecimientos para su bien y el de sus socios.*

Pasado el entusiasmo inicial, comenzarán las preguntas: ¿qué ley rige, ya que la Constitución anterior fue monstruosamente deformada hacia el totalitarismo? ¿Se hará justicia por todos los crímenes de la dictadura, en los cuales, como es bien sabido, participa el propio Ejército? ¿Cuándo terminará la transición, y cómo? ¿Podrá el pueblo refundar la república, o más bien fundar por primera vez, en un ejercicio *constituyente*, la república democrática? ¿Qué pasará en el corto plazo con la policía?

Pasado el entusiasmo inicial, comenzarán los choques, las contradicciones, y podrá verse más claramente definido el perfil del poder, y la ruta del proceso. Para los participantes que acepten una transición *controlada y restringida*, que no toque los pilares del sistema del poder (oligarquía y Ejército) habrá, con toda seguridad, millones de dólares en financiamiento. Para quienes exijan que el cambio sea real, que no se consolide un régimen dominado por el Ejército impune, habrá una campaña incesante en los medios, y habrá —esto también lo enseña la Historia— represión selectiva. Cualquiera que merezca el calificativo de "maximalista" popularizado por *La Prensa*, estará en riesgo de correr la suerte de los cientos de Contras que fueron asesinados en los noventa, sin mucha queja o estremecimiento en dicho diario, ni en la clase política, ni en la oligarquía que festejaba el retorno. Al "maximalista" asesinado quizás dediquen un comentario o una mención honorífica. Y luego, el olvido intencional. En otras palabras, el golpe cívico-militar estará al servicio de los mismos intereses retrógrados que han alimentado a la dictadura y han invertido sus energías en debilitar al movimiento democrático que surgió en abril de 2018. Por tanto, de ascender a la cima del poder, buscarán consolidarlo, quizás con un barniz de apertura, pero sin permitir que el poder real sea cuestionado. Los demócratas deben estar conscientes de todo esto, porque si bien estas son las intenciones de los pactistas-golpistas, su éxito no es inevitable. Dependerá de nuestra capacidad de aprovechar cada oportunidad, cada espacio que se abra, para organizar un movimiento popular combativo que empuje hacia la revolución democrática. La lucha será encarnizada, particularmente en el terreno ideológico, el terreno del engaño de las élites, pero la democracia puede ganarla.

6 de agosto de 2022

Conclusión: el papel de *La Prensa* (y medios afines)

Queda ahora más claro el papel de La Prensa, y el propósito de sus pronunciamientos editoriales. Al inicio de este artículo preguntaba acerca de qué motivos, qué intereses podrían explicar la incoherencia del discurso del influyente diario con la cruda realidad que sufre la mayoría de la población, y, sobre todo, con los principios éticos universales que dicen defender. Resulta que hay, evidentemente, motivos poderosos. Por un lado, *La Prensa*, como he explicado antes, se encuentra en situación similar (pero más vulnerable) que los grandes propietarios oligárquicos.

Aceptan, como ellos, el maltrato del régimen como el mal menor, con la esperanza, probablemente ilusoria, de encontrar un reacomodo con Ortega. "Ilusoria", porque el régimen perdió, ante el pueblo, la legitimidad, y busca sin ambages un reinado eterno, con sucesión familiar e impunidad. Nada menos que eso parece estar en capacidad de aceptar. No hay lugar para apariencias democráticas en un aire totalmente enrarecido por el despotismo. Por otro lado,

La Prensa construye, desde hace tiempo, una narrativa que es internamente coherente, y que calza con las *ambiciones oligárquicas de orden antidemocrático* que sería, si tradujésemos ese sueño al presente, *encarnable* en el llamado *orteguismo sin ortega,* incluso, o especialmente, en lo que concierne al poder económico.

Para *La Prensa,* no olvidemos, "el pueblo es injusto con el Ejército", "el Ejército tiene un gran prestigio entre los productores del norte", y es muy "respetado por el comando sur de Estados Unidos". Para *La Prensa*, convivir con los intereses económicos orteguistas no es motivo de desvelo, sino que parte natural de la "libertad"; esta cubre, ya lo explicó en su momento Cristiana Chamorro, el derecho de Ortega a ser candidato a la Presidencia, derecho que mantiene "como cualquier nicaragüense". Es decir, el genocidio no lo descalifica. Finalmente, para *La Prensa*, la exigencia de que el Estado reconozca y proteja de *inmediato* y sin chantajes los derechos humanos es una aspiración "maximalista". Y aquellos que insistan, llegado el momento, en que no hay razón, ni legal ni moral, a postponer *hasta mañana* el respeto a los derechos fundamentales de toda persona, estará, con seguridad, "haciéndole el juego a los restos de la dictadura", "haciéndole el juego al enemigo", "saboteando la transición".

¿Revolución democrática, Constituyente y Referéndum? "Ya no estamos para extremismos ni utopías. No queremos más cabezas calientes."

¿Qué pasa en la Conferencia Episcopal de Nicaragua?

8 de agosto de 2022

Prefiero ser llamado impolítico que insincero; que ataquen mis opiniones por "radicales", y no por ser los colores de un camaleón oportunista; me declaro enteramente entregado a la voz que proclama, sin cualificaciones, "la verdad los hará libres". En ese espíritu, propongo que hablemos del comunicado de la Conferencia Episcopal de Nicaragua acerca del acoso contra Monseñor Álvarez y contra la Iglesia Católica en su conjunto. Ese es el espíritu. Y este es el objetivo: que estemos todos claros, en esta lucha noble por el bien, por la libertad y por la justicia, de *quiénes están con nosotros*, y quiénes, por la razón que sea, o están en contra nuestra, o no son confiables a la hora en que hace falta, como se dice en lenguaje popular, "zocar".

Por aquí empiezo: si alguien amenaza mi vida o la de mi familia, no me ayuda quien desde lejos y muy tarde se limita a decir que "*ante la situación que vivo*" manifiestan hacia mí su "*fraternidad, amistad y comunión*". No me ayuda; más bien, se lava las manos. Mi verdadero amigo ataca a mi atacante, si puede; y, si no, lanza al mundo la señal de alarma, en términos que el mundo entienda que se trata de una emergencia. Mi verdadero amigo pedirá la intervención de quienes sabe pueden ayudar, e incitará a otros a hacer lo mismo.

Un desierto en silencio

Por eso, es con un pesar que acongoja, con una indignación que se acumula, que uno tiene que poner el dedo en la llaga de la Iglesia herida que es la Católica de Nicaragua. Porque ante un acoso que va pareciéndose a una guerra de destrucción y pillaje, que ya tiene curas presos, obispos exilados, multitud de propiedades de las diócesis a cargo de Monseñor Álvarez expropiadas; con el propio Monseñor prácticamente encarcelado, impedido de cumplir su trabajo sacerdotal, con feligreses muertos y secuestrados por defender a la Iglesia, con una prohibición del régimen a las compañías de buses de transportar católicos a actos religiosos; con todos estos atropellos y muchos otros, *el cuerpo colegiado que se supone guíe a la institución en Nicaragua atraviesa el desierto en silencio, sin cumplir el mandato profético y articular un mensaje que con claridad defienda el derecho de Monseñor Álvarez*, sus sacerdotes y feligreses, a su libertad de expresión y movilización, a su integridad física, a su libertad de conciencia, a la libertad de la Iglesia misma de existir sin doblar la cerviz ante una dictadura genocida que avanza en dirección al totalitarismo. De hecho, el esfuerzo más evidente en el texto del pronunciamiento de la Conferencia Episcopal no consiste en decir, sino en *no decir*; buscan la expresión más blanda para cumplir el protocolo, porque no les queda más remedio que referirse al tema, con notoria renuencia y atraso.

¿Está enfermo, o sufrió un accidente Monseñor Álvarez?

Si alguien, fuera de Nicaragua, leyera el comunicado para informarse, bien podría pensar que Monseñor Álvarez ha sufrido una enfermedad o un accidente de carro, y no la persecución de un régimen: "*ante la situación que vive nuestro hermano en el episcopado, Monseñor Rolando José Álvarez Lagos, queremos expresar nuestra fraternidad, amistad y comunión espiritual con él, ya que esta situación nos toca el corazón como Obispos e Iglesia Nicaragüense...*"

Y ahí termina la referencia (no la condena, ni el reclamo, ni el apoyo a los derechos conculcados a Monseñor) a una "situación" que no describen. Lo que sigue, tras ese fugaz y sudoroso momento, ese evidente trago amargo de aceptar que "*algo pasa*" a Monseñor Álvarez, y que ellos, como obispos, están en "*amistad y comunión espiritual con él*", es una declaratoria, escudada con similar cobardía detrás de un discurso del expapa Benedicto VI, que transmite a la dictadura el mensaje de claudicación (y vergüenza) que ya envió el Cardenal Brenes al régimen cuando les dijo, en público, plañideramente, que "*nosotros no somos enemigos del gobierno*". La frase extraída por la Conferencia Episcopal para decir lo mismo es, francamente, más terrible aún. La Iglesia está "*dispuesta a la colaboración*". No fueron ellos quienes escribieron ni la frase ni el párrafo; pero ellos la escogieron, y tiene uno que asumir, que, habiendo dicho tan poco, habiéndose tomado tanto tiempo para hacerlo, y habiendo guardado tan estricto silencio, las palabras que han escogido son las que cuidadosamente expresan su intención.

Todo esto es triste y es muy vergonzoso, sobre todo cuando uno lee el lenguaje de los obispos reunidos en el Consejo Episcopal Latinoamericana, quienes en lugar de insinuar que hay una "*situación*", denuncian que "*gran parte del pueblo de Nicaragua y la Iglesia que peregrina en esta querida tierra... sufre "el constante hostigamiento...de parte de las autoridades gubernamentales*". "*Los últimos acontecimientos*", continúa, "*como el asedio a sacerdotes y obispos, la expulsión de miembros de comunidades religiosas, la profanación de templos y el cierre de radios, nos duelen profundamente. Les manifestamos nuestra solidaridad y cercanía.*"

Todo esto es muy triste y vergonzoso, pero debe quedar registrado en la historia de los hechos. Porque sin una historia verdadera, clara y honestamente contada, es muy difícil aprender, es muy difícil enmendar el camino.

"La verdad los hará libres" [Juan, 8:32]

Hay quienes de buena voluntad aconsejan no hablar de estas cosas, porque creen, en mi opinión erradamente, que, aunque se trate de hechos, ventilarlos lastima a la Iglesia Católica. Discrepo. Regreso a "*la verdad los hará libres*", dictum que es de autoridad moral y teológica suprema en el cristianismo. Debería bastar, por ser fundamental, a quienes, en buena conciencia, dentro de la Iglesia, temen a la crítica informada hacia los hombres y mujeres que conforman el clero. La verdad —es verdad— no nos debilita, sino que nos despierta, nos alerta, nos prepara y nos fortalece. No es fácil buscarla, y más aún, aceptarla y aceptar sus consecuencias, y tratar de vivir bajo su guía. Pero si no hacemos esto, estamos perdidos. "*La verdad los hará libres*" no es una frasecita cliché para momentos dulces. Si fue dicha, es porque fue preciso *enseñarla*, porque es preciso *aprenderla*. De tal manera que nadie puede, precisamente por su origen, argüir que "se hace daño a la Iglesia" cuando se incursiona en el terreno escabroso que es la realidad y se la describe tal y como es. "La verdad nos hace libres".

Gente de buena voluntad empeñada en el esfuerzo de liberar a Nicaragua teme también que, al criticar la conducta del Cardenal Brenes, de la Conferencia Episcopal, y hasta de la cúpula "empresarial", se haga más difícil derribar el edificio de la dictadura *ortegamurillista*. Esto también es un error; un error muy grave y *ya costoso* para la población. Porque creo indisputable que la dictadura no son solamente los cabecillas de El Carmen. Ellos son, por decirlo así, la cabeza. Pero hay piernas, brazos y músculos que sostienen esa cabeza; piernas, brazos y músculos que la cabeza ha empleado para construir su imperio, sostenerlo y defenderse. ¿De qué nos sirve negarnos a esa realidad? ¿No es mejor tener completa claridad de la anatomía del poder que busca aniquilarnos, para poder luchar con más efectividad en su contra? De eso se trata este comentario: de aceptar la verdad que nuestros ojos ven, por muy desagradable que sea, para poder avanzar, para poder construir la libertad, para poder sanar como sociedad. Sin un diagnóstico apropiado y honesto, no hay forma de encontrar el remedio.

¿Por qué claudican?

La explicación final de cómo Ortega y Murillo llegaron, efectivamente, a neutralizar y manipular a la Conferencia Episcopal es tarea pendiente del periodismo investigativo y de historiadores que en el futuro esculquen *los motivos*. Pero a ojos vistas, y para el propósito práctico de entender a qué nos enfrentamos, el rompecabezas luce ya bastante completo.

¿Qué sabemos?

Sabemos que la Conferencia Episcopal ha arrastrado sus pies, como si sus tobillos cargaran pesados grilletes, antes de manifestarse de alguna manera en defensa de Monseñor Rolando Álvarez. Sabemos que el Cardenal Brenes ha sido pieza fundamental en la manipulación que la dictadura ha hecho de la buena voluntad del pueblo nicaragüense. De nada nos sirve negar, en público, lo que, en privado, en círculos cercanos a la Iglesia y a la política, se repite constantemente, y que fuentes fidedignas confirman: Brenes ha actuado, en el mejor de los casos, con gran desgano frente a la barbarie del régimen; en ocasiones ha llegado hasta a subordinarse directamente a las órdenes de Murillo y Ortega. Tampoco nos sirve de nada negar el rol pro-dictadura que jugó el difunto exobispo de León, Monseñor Bosco Vivas, ni el del actual ocupante del mismo puesto, Monseñor Sándigo. ¿Y dónde está la voz de la Conferencia Episcopal y de Monseñor Solórzano, obispo de la diócesis de Granada, frente al encarcelamiento del padre Manuel Salvador García, párroco de la iglesia de Jesús Nazareno, en Nandaime?

Por la unión de todos los feligreses y la defensa de la Iglesia agredida

He dedicado, con toda intención, texto abundante para que quede en claro a los fieles católicos que no solo se actúa dentro de derecho, sino dentro de deber, cuando se dice lo que hay que decir acerca del comportamiento del Cardenal Brenes y la Conferencia Episcopal, que contrasta, deficiente, con la rectitud y el compromiso de la mayoría de los sacerdotes, y el ejemplo de una minoría muy pequeña de obispos. ¿Qué intención? Una intención doble. La primera es sencillamente afirmar mi creencia profunda en el valor y la potencia de la verdad. La segunda es procurar que la verdad nos guíe en los caminos llenos de trampas e incertezas de la lucha por los derechos humanos contra la dictadura más feroz del continente. La próxima vez (si hay una próxima vez) que la dictadura busque escudarse detrás del Cardenal Brenes o la Conferencia Episcopal y llamar a una negociación, debemos permanecer unidos en rechazo a la propuesta. Caímos en la trampa una vez, y nuestra tierra sangra. Podemos decir que caímos en la trampa por no conocer a los tramposos. El calvario vivido desde entonces nos muestra la verdad acerca de ellos. No podemos permitir que nos tiendan la misma trampa con éxito una vez más.

Tampoco podemos permitir que el Cardenal Brenes y los obispos que han instalado el silencio cómplice en la Conferencia Episcopal dividan a la feligresía. El pueblo, y el pueblo católico en particular, está unido firmemente contra el régimen, rechaza su legitimidad, exige justicia y exige que se respete a sus sacerdotes, y en estos momentos, que cese el acoso e irrespeto a Monseñor Álvarez. El pueblo no quiere a Monseñor Álvarez ni muerto, ni preso, ni quiere —y en esto tendrían que participar conspirativamente complicidades en el seno de la jerarquía católica— que se obligue a Monseñor Álvarez a salir al exilio.

Más allá de defender a Monseñor Álvarez, el pueblo nicaragüense entiende que estos sufrimientos no terminarán mientras no se extinga la dictadura ortegamurillista. El pueblo de Nicaragua, contradiciendo lo que dice el Cardenal Brenes, *es enemigo* de la dictadura. Aunque para el cardenal "no somos enemigos del gobierno", y para la Conferencia Episcopal hay que estar dispuestos a "la colaboración" con "las autoridades", el pueblo de Nicaragua, en general, y el pueblo católico en particular, quiere, necesita, el derrocamiento de la dictadura. *¿Cómo se puede "no ser* enemigo*" de un régimen sanguinario, represivo y destructor?*

Todos los nicaragüenses de buena voluntad, católicos o no católicos, estamos enfrentados al mal encarnado en el ortegamurillismo, en la dictadura brutal que, para rematar, usurpa no solo el poder político sino hasta los símbolos de la Iglesia que agrede. Esta lucha es a muerte, por la vida, por la libertad. Para que nuestra nación no se consuma en el odio y se eternice la bestialidad impuesta por Daniel Ortega, Rosario Murillo, y su red de cómplices. Para que la libertad religiosa y de conciencia sean restauradas en Nicaragua.

Para esto, debemos estar unidos. Para esto, es esencial mantener la unidad de los feligreses católicos, al margen de la actuación de algunos jerarcas. Que sepan, estos últimos, que estamos con Monseñor Álvarez y todos los sacerdotes perseguidos. Llenemos los templos, organicémonos para luchar y triunfar en la causa justa, la causa del bien.

¡Alto a la represión contra la Iglesia Católica, contra Monseñor Álvarez, contra los sacerdotes y feligreses de la Iglesia!

El "paseo" de Brenes a "la residencia" de Monseñor Álvarez (Documento vergüenza 2022)

20 de agosto de 2022

Queda para la historia de Nicaragua, y de la Iglesia, la vergüenza, el *pecado de omisión* de quienes, como ha dicho el Padre Edwing Román, tienen el deber de hablar, pero no lo hacen. Pero queda, por supuesto, la coherencia, la integridad manifestada con heroísmo por quizás la mayor parte del clero, para castigar con su contraste la imagen de sumisión, claudicación y complicidad que han presentado el Cardenal Brenes y la mayoría de la Conferencia Episcopal de Nicaragua.

El episodio de hoy, 19 de agosto de 2022 [anoto la fecha para la Historia], es un ejemplo particularmente patético de ese abandono de responsabilidades, cuando no de traición de credo.

"La arquidiócesis de Managua" [no el Cardenal Leopoldo Brenes, "Polito"] reitera su solidaridad y "cercanía", no con Monseñor Álvarez, cuyo nombre el cardenal ha evitado mencionar en recientes ocasiones, sino con "la arquidiócesis de Matagalpa". Digamos que es más o menos como un saludo de un edificio a otro edificio, o de un equipo a otro equipo; es casi un "a quien concierna", alejado lo más posible de la responsabilidad, a distancia de cualquier detalle que pueda enojar a *ciertos poderosos*. A pesar de todo, hay que felicitar a la arquidiócesis por ser capaz de ver, a esa distancia, que parece haber habido "*un acontecimiento*" en Matagalpa. Nos queda el misterio: ¿cuál habrá sido? ¿Un incendio en la cocina? ¿Un accidente de carro? ¿Una enfermedad repentina del obispo de Matagalpa?

No nos dicen, pero al menos "la arquidiócesis" nos dice que "*el Sr. Arzobispo Cardenal tuvo la oportunidad de visitar y conversar con Monseñor Álvarez en su RESIDENCIA FAMILIAR* ..." Pasa por mi mente la frase "*qué vida más serena, Monseñor Álvarez disfrutando del calor de su hogar, recibiendo a sus amigos*"... Se imagina uno a dos viejos colegas que "han tenido la oportunidad" de reunirse para tomar limonada y apagar la sed, o algo así.

Pero, qué vaina, ¿verdad?, la vida tiene "situaciones"; no es perfecta: "la arquidiócesis" nos cuenta el *detallito* de que la salud de Monseñor Álvarez, su "condición física"... "*está desmejorada*". ¿Qué le habrá pasado a Monseñor? ¿Qué habrá sido? ¿Tendrá algo que ver con el "acontecimiento"? "La arquidiócesis" no explica [es que no hay que andar con chismes entre gente seria]; no nos dice a qué se debe que Monseñor este *enfermito*. Solo que está de buen ánimo [qué alivio, ¡ya debe estar mejor!].

"La arquidiócesis", eso sí, nos dice que debemos rezar para que una cierta "*compleja situación*", que aparentemente nos afecta "*a todos*", se resuelva a través del "*entendimiento respetuoso*". Qué bueno que "la arquidiócesis" nos tenga, a su manera, sabia y prudente, al tanto de todo. Es mejor así, para que no anden los malintencionados inventando *calumnias*, como que Monseñor Álvarez tenía 15 días de estar secuestrado en la Curia Arzobispal de Matagalpa, de donde tropas de asalto, en números suficientes para combate puerta a puerta —rifles contra hostias; soldados entrenados para matar contra curas entrenados para predicar la Biblia; torturadores contra confesores— lo sacaron a las 3 de la madrugada junto a los sacerdotes que con él se encontraban bajo asedio, para trasladarlo forzosamente a Managua, a "su residencia" bajo régimen de casa por cárcel.

Pero en eso de prudencia la arquidiócesis no le llega ni a los tobillos al Vaticano y su diplomacia *invisible*, ¿o cómo es que dicen sus defensores?: "*diplomacia secreta*".

En otras palabras, orgullosamente proclaman que conspiran, de esta manera apartando al pueblo de Nicaragua del proceso. Qué bueno que nos ayudan conversando "secretamente" con quien mata, secuestra y exilia. En su momento, con toda seguridad (y ellos escogerán *el momento*) nos pasarán las órdenes sobre cómo debemos convivir con la tiranía, gracias al "ingenio" de los diplomáticos Vaticanos, el evidente desinterés (permítanme ser generoso), del actual Papa, y, aquí me perdonan los malos modales, la complicidad del Cardenal Brenes con el chayo-orteguismo.

Pero bueno, seamos humildes, aunque nos cueste. Aunque seamos tan ilusos de pretender que como nicaragüenses el país es nuestro y nadie debe negociar a nuestras espaldas, reconozcamos que el Cardenal y el Vaticano nos ayudan a evitar esos rumores malignos que impiden el "*entendimiento respetuoso*" entre...

¿Entre quienes?

El trino del Papa es una trampa más: la misma

21 de agosto de 2022

En este caso, es apropiado el nombre del medio (un "tweet" o "trino") por el que nos llega la noticia de que al fin el Papa, después de más de cuatro años de genocidio, terror, exilio masivo, de la quema de la Sangre de Cristo, del destierro de Monseñor Báez, del asesinato de monaguillos y feligreses, del secuestro de Monseñor Álvarez, del robo de multitud de emisoras católicas, de la expulsión de las monjitas de Calcuta, y de tantas atrocidades más, se ha referido a Nicaragua.

Cuatro años y medio de un silencio que no solo hay que acusar como cómplice, porque él sabe perfectamente lo que pasa y es, de hecho, parte, a través de sus embajadores y de su silencio, de lo que pasa. Cuatro años y medio para que los feligreses hayan aprendido, como lo han hecho, que el Papa no es la Iglesia, mucho menos es el Cristo a quien veneran, y que Jorge Bergoglio, como lo ha confirmado hoy, tristemente, actúa más como el Jefe de un Estado, el Vaticano, en cuya multiplicidad de intereses y luchas el bienestar material y espiritual del pueblo católico nicaragüense, del pueblo nicaragüense en general, ha pesado muy poco, casi nada.

Y lo de "trino" es, definitivamente, apropiado. Porque el tono y la voz, y las escasísimas palabras del líder católico suenan a eso, a un trino, a un gorjeo, a un canto de pajaritos lejanos, cantando en un árbol alto desde donde se "pronuncian" sobre "la situación creada en Nicaragua", que dice seguir "con preocupación y dolor". Esta "situación" —pongan atención por favor— "involucra personas e instituciones", dice.

Ahí termina, para que dejen de contener la respiración, la parte "dura" del *trino*. Cito textualmente para que a nadie quede duda que esto es todo lo que el Papa tiene que decir: *"Sigo desde cerca con preocupación y dolor la situación creada en Nicaragua, que involucra personas e instituciones"*.

Por fin, después de cuatro años y medio, y de todas las maniobras sucias de sus Nuncios, y de la complicidad de su Cardenal Brenes con el régimen, y el silencio espiritualmente mortal de la Conferencia Episcopal, y del abandono al que han sometido a Monseñor Álvarez, la presión internacional en aumento desde las feligresías mundiales que poco a poco van enterándose apenas del atropello más reciente de la dictadura chayorteguista, logra que el Papa nos diga que "*sigue con preocupación y dolor*" una "*situación creada en Nicaragua*", y añada el detalle de que "*involucra personas e instituciones*".

Este es un lenguaje —increíblemente, porque era difícil superarlo— más *ocultador* que el del comunicado del Cardenal Brenes pocas horas antes, en el que este, hablando en tercera persona desde el disfraz de "la arquidiócesis de Managua", es decir, él mismo, al menos mencionó su "cercanía" con "la arquidiócesis de Matagalpa". Y al menos en este pronunciamiento se menciona a Monseñor Álvarez, quien está —todos sabemos— encarcelado en su casa. Claro, se lo menciona como un paciente que convalece, que está de buen ánimo, y a quien el buen Cardenal ha "visitado en su residencia".

Lo del Papa es peor. Como en el comunicado de Brenes, también hay una "situación". Una situación. ¡Imagínense! ¡Una "situación"! A eso se reduce, según ambos jerarcas, el drama de vida y muerte del pueblo nicaragüense, y de la propia Iglesia que les toca defender, a una "situación". Como si fuera un "accidente", o un desastre natural. El Papa bien pudo haber pronunciado las mismas palabras si hubiera habido una erupción, un maremoto, o un deslave. Lo más impresionante es que nos dice, y así nos enteramos, más o menos, de que no ha habido erupción, maremoto o deslave, de que la situación involucra "personas e instituciones". ¿En serio? ¿Qué "situación" no involucra "personas"? ¿Y a qué instituciones se refiere? ¿Será que la "situación" involucra a la Iglesia nicaragüense, asediada por la peor dictadura del continente en muchas décadas y abandonada por su propio liderazgo, excepción hecha de una minoría de obispos, entre ellos el que lleva el nombre que el pueblo grita como exhalación de rebeldía, y apenas cabe en las palabras de su Cardenal, y debe ser una de esas "personas" del trino?

Qué escándalo moral es este, e indefensible, aunque algunos querrán engrandecer las palabras del Papa y afirmar que "*se pronuncia*", como si algo hubiera dicho. El escándalo moral es peor todavía para los que defienden, y defenderán, la postura del Papa y del Vaticano y del Cardenal. No me refiero a la postura de "preocupación", sino a la postura real, la que tiene que ver con la verdad. Y hay dos verdades aquí que debemos tener en mente.

La primera verdad es que el Papa, y la Iglesia, no tienen *menos obligación* de decir la verdad, sino, en cualquier caso, por el contrario, más obligación. No me digan que "el Papa no puede decir otra cosa". ¡Por supuesto que puede, y debe!: está obligado a decir la verdad, si es que de verdad sigue los pasos que dice seguir, los del Evangelio.

La segunda verdad es que el Vaticano escapa hacia adelante, con un movimiento de cintura que cualquier futbolista envidiaría, a repetir la misma consigna que ha estado escrita en el hierro ardiente con que han querido sellar, sobre la piel del pueblo nicaragüense, un nuevo pacto: un "diálogo abierto y sincero", dice el Papa, "*por el cual se puedan encontrar las bases para una convivencia respetuosa y pacífica*".

Ahí están las palabras claves: convivencia respetuosa y pacífica. ¿Quién quiere convivir con la dictadura genocida que el Papa no menciona como "creadora" cuando dice que en Nicaragua "se ha creado" una situación, como si "la situación" hubiera venido de otro planeta? ¿Quién cree posible que pueda convivirse, "respetuosa y pacíficamente", con la dictadura? ¿Y qué debemos "respetar" que no respetemos? ¿Por qué nos coloca, a los ciudadanos y feligreses que no hemos cometido genocidio, encarcelado y exilado a otros, aterrorizado al resto, como si estuviéramos al mismo nivel que nuestros opresores? ¿No le corresponde a él, más que a nadie, exigir que la tiranía (a la cual reconoce como "gobierno de Nicaragua"), respete a la iglesia, a sus feligreses, y a sus bienes, que respete los bienes y las vidas de los feligreses y de la propia Iglesia?

Y, por supuesto, la receta para que encontremos la manera de "convivir" con la dictadura —que es lo que quieren las élites pactistas y parece respaldar el Vaticano— es la misma de siempre, la ruta fracasada y cruel, el callejón sin salida que coloca al pueblo en un paredón de fusilamiento: "un diálogo abierto y sincero". ¿Con quién? ¿Acaso los prisioneros de un campo de concentración nazi podrían alcanzar la liberación en un diálogo abierto y sincero con Himmler o Hitler?

Que no me digan, porque ya sería el colmo, que "el Papa está mal informado". Que no me digan que "actúa con prudencia". No es "prudente" dejar que el ladrón circule libremente por el barrio, se meta a las casas, robe y muestre a todo el mundo su botín sin intervenir. No es prudencia dejar que hagan todo lo que hacen a la Iglesia de a pie, la de la gente, la de los sacerdotes y obispos que están con la gente, sin atreverse a denunciar los atropellos sin precedentes y la política estilo nazi de persecución instalada de manera ilegal en el poder en Nicaragua. Para ser así de "prudente" hay que dejarse dominar por el cálculo político, por un cálculo político que no pone como meta la libertad de los nicaragüenses, ni la protección de la Iglesia en Nicaragua. Otros intereses dominan, necesariamente, ese cálculo.

Por eso, compatriotas, hermanos nicaragüenses, tenemos que estar claro: el trino del Papa es una trampa más, la misma. El mismo trago venenoso y amargo, en otro vaso. Un intento más de llevarnos a agachar la cabeza y aceptar la opresión, el martirio. Un intento que, a estas alturas, ofende además la inteligencia de los nicaragüenses, que sabemos, porque no lo hemos aprendido en una escuela sino que lo hemos sufrido en las calles, cárceles y exilios, en los cementerios a los que acudimos llorosos a enterrar a nuestros muertos, la lección elemental de la crisis: el "diálogo" solo sirve a la dictadura, no hay nada que negociar con la dictadura, porque la dictadura no puede ceder nada, absolutamente nada, porque para ellos cualquier concesión es vista (y lo es así) como mortal. Por tanto, debemos organizarnos, prepararnos para derrocar a la dictadura chayorteguista con todos los medios a nuestro alcance, e impedir que las maniobras de las élites, apoyadas por el discurso del Cardenal y el eco lejano de un trino, nos lleven una vez más, como borreguitos, a la misma trampa.

El huso de la necesidad

26 de agosto de 2022

No es nuevo, ya lo dijo Platón en su República, cuando relata el viaje de Er al más allá: "desde los extremos vieron el Huso de la Necesidad, merced al cual giran todas las esferas." La necesidad, en otras palabras, es el instrumento que mueve al universo, que mueve al mundo. La necesidad es la que nos hace aprender. La necesidad es, se dice modernamente, madre de la invención. Pero no podemos aprender, crear, inventar, si no tomamos conciencia de la necesidad. Tampoco podemos triunfar si avanzamos contracorriente, o ignorando la necesidad. Al final, sin embargo, la necesidad se impone, termina despertándonos de ilusiones falsas, de creencias obsoletas, de ideas anteriores que se han vuelto obstáculos. Muchas veces este despertar ocurre a golpes, con mucho sufrimiento, en nuestras propias carnes y vidas: nadie, dicen, escarmienta en pellejo ajeno. Para el pueblo nicaragüense, el aprendizaje de la necesidad ha llegado ya a puntos culminantes. Hemos aprendido, a regañadientes, con mucho dolor y tras grandes decepciones, que todas las esferas giran alrededor de la necesidad.

La necesidad de olvidarnos de salvadores externos: ni Estados Unidos, ni Europa, ni la OEA, ni la ONU, ni el Vaticano, ni nadie, va a colocar en primera fila de sus prioridades la tragedia de Nicaragua. Doloroso puede ser, pero es real, y para muestra el botón de los pronunciamientos del Papa y del Cardenal Brenes y de las declaraciones palabreras de la OEA.

La necesidad de olvidarnos de que las sanciones actuales van a acabar con el régimen: las sanciones individuales no funcionan. ¿Cómo lo sabemos? Porque no han funcionado. Porque quitan, a lo sumo, el privilegio [no es derecho] de viajar a Estados Unidos o Europa a un funcionario, y el privilegio [no es derecho] de hacer transacciones bancarias a través de los sistemas bancarios europeos o estadounidenses. Pero los criminales chayorteguistas siguen gozando del producto de sus crímenes a través de testaferros, y su poder económico no disminuye, ni su poder político es amenazado por sanción alguna, que termina siendo una palmadita en la mano. ¿Podrían funcionar otro tipo de sanciones? Hay sanciones capaces de sacudir el sistema de poder: sancionar al Ejército como tal, persiguiendo sus enormes inversiones en los mercados internacionales; sancionar a los oligarcas nicaragüenses, para que abandonen a Ortega. ¿Por qué no aplican estas sanciones los Estados Unidos y Europa? No lo hacen porque para estos, la caída de Ortega representa quizás algo idealmente deseable, pero que es en la práctica un peligro para lo que —a su entender— es una prioridad más importante, la "estabilidad" geopolítica. Por eso, hemos aprendido acerca de la siguiente necesidad.

La necesidad de entender que los gobiernos poderosos que influyen sobre la región están dispuestos a convivir con la dictadura; pueden darse ese "lujo"; nosotros, no. No en balde actúan con tanta parsimonia y paciencia. Ya vamos camino a los cinco años de pronunciamientos, de condenas y (como dicen los más tímidos) "preocupaciones". Recuerden que, durante 12 años, desde el 2007, el gobierno de Estados Unidos compartió, departió y trabajó felizmente con el régimen de "diálogo y consenso" del FSLN y el Gran Capital. Recuerden la visita, en el 2020, del militar estadounidense que cometió el desliz en público de confesar que su gobierno se "complacía" de cooperar con el régimen de Ortega. Y fíjense bien con qué enorme paciencia los gobiernos de Estados Unidos y Europa siguen esperando a que Ortega cambie, en lugar de empujar a que haya un cambio, a cambiar de régimen. Esto, después de comprobar la magnitud de los crímenes de lesa humanidad del régimen. La necesidad, por tanto, de entender que el cambio democrático, o lo hacemos los nicaragüenses, o no lo hace nadie. Nosotros somos los exilados, los empobrecidos, los que hemos sido víctimas de cárcel y tortura, los que tenemos familiares muertos, encarcelados o torturados, los que no podemos entrar y salir libremente en nuestro propio país, los que no podemos circular libremente en nuestro país, los que vivimos bajo el terror de policías, paramilitares y ejército, los que no podemos participar en una procesión religiosa, los que no podemos siquiera protestar cuando la dictadura encarcela, exilia o mata a nuestros líderes religiosos. Somos los que perdemos el país, porque somos los dueños del país, y a nadie le importa lo suficiente para arriesgar lo suficiente para buscar la libertad del país que es nuestro. A nadie le duele lo que nos duele a nosotros, como nos duele a nosotros. La necesidad de entender que el cambio democrático requiere una revolución democrática, que no basta que desaparezcan Ortega y Murillo; que, aunque estos murieran hoy, hay sucesión familiar, y si no hay sucesión familiar, habrá sucesión militar, porque ninguno de ellos puede arriesgar lo que tienen, que es mal habido, para dar paso a la democracia. En otras palabras, es mentira que el problema sea solo Ortega y su demencial consorte. El problema es un sistema de poder que ya nos dio a Somoza, ya nos dio la primera dictadura del FSLN, y ya nos dio el infierno chayorteguista. Para que Nicaragua se enrumbe por un camino de libertad y progreso, hay que desmontar el sistema completo, paso a paso si se quiere, pero sin perder de vista de que tiene que desmontarse todo el sistema, si es que queremos que la democracia tenga una posibilidad y una esperanza. La necesidad de entender que para hacer una revolución democrática tenemos, por fuerza, que organizar la fuerza del 90% para derrocar a la dictadura y a todo aquel que quiera engañosamente reemplazarla. Organizarse para derrocar, para aniquilar a la dictadura. ¿Que si se puede? ¡Por supuesto! Se puede y se podrá, porque es necesario, porque es la necesidad, y, por tanto, necesariamente ocurrirá, lo haremos ocurrir porque necesitamos que ocurra; lo hemos hecho antes, se ha hecho antes innumerables veces en la historia humana, cuando ha sido necesario, y esta vez, una vez más, la necesidad nos obliga.

La necesidad de rechazar todas las trampas y engaños que nos dicen que no, que no debemos trabajar para derrocar a la dictadura, que a la dictadura se la puede inducir a renunciar a través de un diálogo o una negociación. Ya sabemos, ya aprendimos, que el diálogo es estrategia de Ortega y Murillo, no del pueblo que quiere democracia. Ya sabemos, ya aprendimos, que la negociación solo sirve a Ortega y Murillo y a políticos venales que buscan prebendas y favores que solo la cohabitación con la tiranía hace posible. Ya sabemos que Ortega no tiene absolutamente nada que ofrecer, porque por supervivencia, en cualquier negociación requiere (necesita) que el poder real quede en sus manos, que la impunidad lo beneficie; es decir, que continue la dictadura. El pueblo nicaragüense, por el contrario, necesita el fin de la dictadura, necesita poder respirar, poder vivir, poder construir la democracia. Necesita, por tanto, evitar que lo entrampen una vez más, que empantanen su lucha para ganar tiempo una vez más, que lo conduzcan al matadero una vez más. Necesita, por tanto, rechazar todo intento de diálogo y negociación con los genocidas, los que asedian a la población, a la Iglesia Católica, a Monseñor Álvarez, a todos los religiosos y laicos que están al lado correcto de la verdad y la justicia. A todos los que luchan porque la historia de nuestra tragedia termine y comience una nueva historia, esta vez bajo un régimen de derechos para todos, privilegios para nadie, con un poder político disperso y desmilitarizado, y un poder económico sujeto a las leyes democráticas que hagan posible que todos, no solo la media docena de familias de la oligarquía, tengan oportunidad de prosperar.

Fuera de la punta de la pirámide, nadie está a salvo

8 de septiembre de 2022

Cabe apenas añadir, a este elocuente mensaje que circula en las redes, que se trata de Luis Rivas Anduray, empleado de confianza de uno de los oligarcas cómplices de Ortega, Ramiro Ortiz Mayorga. A Rivas le asignaron la tarea de desmantelar el otrora diario opositor *El Nuevo Diario*, que sus dueños entregaron por un puñado de dólares a uno de los tentáculos financieros del sistema dictatorial, el grupo Promérica, propiedad de Ortiz Mayorga. Con toda seguridad el Sr. Rivas nunca imaginó que iba a pasar más de un año en el cautiverio chayorteguista.

¿Cómo, si tenía la protección de sus patrones?

Pues bien, ahí lo tienen: el capo mayor castiga al siervo para advertir al amo. En pleito de mafiosos, a eso se reduce todo; no hay respeto para la vida humana, y conceptos como dignidad, debido proceso, honestidad, y justicia, son vistos como "babosadas de soñadores", cuando no "de radicales". Pongan, todos, sus barbas en remojo...

¿Es posible la libertad incondicional de los presos políticos bajo la dictadura?

9 de septiembre de 2022

"Alguien", un alguien, que lleva comillas, ha lanzado el rumor de que a los presos políticos van a liberarlos bajo la figura legal de "amnistía". ¿Es esto posible? ¿Qué ocurrirá con los "amnistiados"? ¿Habrá condiciones dizque-legales para que los liberen? ¿Tendrán que comprometerse a algo con el régimen a cambio de que acabe la tortura y el sufrimiento moral y material de sus familias? ¿Es capaz la dictadura de "conceder" (también entre comillas, porque lo que debe cualquier régimen es apenas aceptar) la libertad incondicional de todas las personas presas políticas, sin restricciones de movimiento y acción política? Esto último, la libertad sin restricciones, la libertad incondicional, es imposible. La dictadura chayorteguista, en minoría minúscula, en estado de descomposición avanzada, con gente desertando del aparato político, enfrentada al 90% de la población que quiere su fin, no puede darse el lujo de permitir que reconocidos enemigos políticos, entre los cuales figuran varios que aspiran a ser Presidente, recorran libremente las calles, den discursos, se reúnan para dar fuerza a una organización opositora, MUCHO MENOS para organizar ningún tipo de movilización popular, que prontamente acabaría sepultando al régimen. ¿Ustedes se imaginan una situación en la cual todas las personas presas políticas salgan de la cárcel y empiecen a actuar como ciudadanos libres, sin que la dictadura los acose, les impida actuar, movilizarse dentro del país, convocar a gente a asambleas sin represión, entrar y salir de Nicaragua libremente? Si así ocurriera, habría que tomarse las calles y todos los espacios, movilizarnos hasta paralizar el país y obligar la salida del régimen. Ellos saben que es así: ¿creen ustedes que están dispuestos a permitirlo?

Por lo tanto, el "alguien" que ha lanzado el rumor tiene otra cosa en mente o entre manos. Si es la dictadura, quiere quitarle oxígeno al fuego que desde el exterior avanza en su dirección, anunciando la "libertad" de presos políticos, pero buscando cómo no perder el control. Es decir, en cualquier caso, una excarcelación condicionada, como ya lo ha hecho antes, acompañada de medidas para inducir el silencio, la sumisión, o el exilio de los excarcelados. Y si ese "alguien" no es parte de la dictadura, se trata de personas o grupos dispuestos a aceptar un trato así, en el cual la excarcelación de las personas presas políticas, que es un reclamo universal, una exigencia justa y elemental, se paga reconociendo la legitimidad del régimen genocida, sentándose a una mesa de negociaciones en la cual no habría, de eso estamos claros, ninguna representación legítima del pueblo, ni habría —porque no hay— nada que negociar. Una farsa más, otra movida cruel de parte de la dictadura chayorteguista, otra manifestación más de la manipulación del dolor de los presos políticos, y, sobre todo, del sufrimiento inhumano e injusto al que se somete a sus familias. La cruda realidad es esta: no habrá libertad incondicional de las personas presas políticas mientras exista la dictadura. Queremos que los excarcelen, por supuesto. Lo exigimos. Es derecho humano de nuestros presos políticos. Lo que no hay es un derecho de la dictadura, ni de nadie, de usar a las personas presas políticas como moneda de cambio para resucitar, siempre a favor de Ortega y Murillo, un diálogo imposible, una negociación imposible, inmoral, antidemocrática e impráctica.

Ximenita y De Santis

19 de septiembre de 2022

Imagínese usted que su hermano Javier tuvo que escapar con su esposa y su hija, primero de la casa, y esconderse; huir después, de la ciudad; y ver cómo le saqueaban su negocio, le robaban sus cosas, el producto de toda una vida de trabajo; de enterarse de que los paramilitares parquean una camioneta en la esquina de su madre para asustarla.

Imagínese que Javier, Consuelo y Ximenita logran salir por veredas hacia Honduras, duermen en un parque la primera noche, consiguen alojamiento por unos días, en un cuarto que por unos días tiene libre un paisano amigo de un primo. Mientras tanto, averiguan cómo iniciar camino al único lugar donde creen poder tener seguridad y encontrar trabajo, allá en el norte, en los Estados Unidos. Saben que la cosa está muy difícil en toda Centroamérica y México, y saben que Estados Unidos es país de inmigrantes, que ha crecido por la inmigración, y hay lugar para ellos, como antes hubo lugar para otros.

Imagínense que entre amigos y parientes Javier, Consuelo y Ximena consiguen para pasajes de bus y lugares donde dormir, que a duras penas pueden ser llamados "hoteles", en la ruta larga que va desde Tegucigalpa, pasa por Chiapas, y va, región tras región, hasta Ciudad Juárez, en la frontera con Estados Unidos, precisamente a minutos de la ciudad texana conocida como El Paso. Llegan agotados, curtidos, aturdidos, hambrientos, en la angustia del que huye hacia la incertidumbre, al puesto fronterizo, donde, para usar el lenguaje que está cruelmente de moda del lado norte de la frontera, "*they surrender*". "*Se rinden*", como si fueran soldados o criminales entregándose. *Hay que recordar que lo que hacen más bien es acogerse a la ley internacional que protege el derecho humano (y por tanto inalienable) de solicitar asilo si la vida de uno corre peligro.*

Imagínese ahora que los dejan pasar, los interrogan. Imagínese la angustia de Javier y Consuelo. Ximenita duerme, cansada, en brazos de su madre. Javier y Consuelo no dicen palabra, sentados, uno junto al otro, los dos con el mismo peso en sus pechos, con la misma sucesión de ideas repitiéndose ida y vuelta segundo a segundo imparable incesantemente, sin poder darse el lujo de dejarse exclamar, decir, disiparse en el aire de la queja. *¿Cómo vamos a darle de comer a esta muchachita? ¿Nos dejarán ponernos a salvo? ¿Podremos volver a vivir? ¿Será que nos darán el chance de andar libres por la calle y ganarnos la vida en paz? ¿Será que nos obliguen a regresar al infierno aquél?* Saben que esto ha ocurrido antes, y saben que a otros regresados los han metido a la cárcel. De otros, se sabe que fueron deportados, y que nadie los vio más. Tienen cierto miedo, porque han escuchado que un tiempo atrás separaban a niños de padres en la frontera, porque el gobierno de turno en Washington quería detener la inmigración, y llegaron a encerrar a niños menores en celdas que más bien parecían jaulas, niños a veces tan pequeños que —esto se los contó una pariente que trabajaba de intérprete— cuando les preguntaban "*¿cómo se llama tu mamá?*", solo podían responder: "*mama*".

Imagínese el alivio que sintió su hermano Javier, su cuñada y su sobrina, cuando, después de una espera de tres horas en un cuarto frío y desprovisto de todo ornamento, apareció el oficial de Migración de Estados Unidos con una decisión: "pueden quedarse, su aplicación de asilo será tramitada".

Para Javier y Consuelo, un momento de esperanza, y segundos después, de nuevo la sensación de estar frente a un desierto sin fin, de estar ante un espacio sin norte, sin referencia, sin mapa, sin guía, algo así como gente que se encuentra, para usar las palabras del poeta, "*sola frente a la noche espacial*".

La noche es hermosa si se tiene abrigo, si se siente la tierra firme bajo los pies de uno. De lo contrario, la noche es terror. En medio de este terror, sin embargo, la esperanza, su cuerpo malherido allá lejos, en Nicaragua, podría renacer aquí, restablecerse. Alivio, incertidumbre, alivio, angustia, alivio. Y luego, la noticia: "*por órdenes del gobernador de Texas, a ustedes se les ha buscado un lugar para vivir y trabajar en el norte de Estados Unidos. Van a ir a Washington*". ¿Qué más podían sentir, tu hermano y su familia, sino agradecimiento?

Los montaron a un bus, uno de dos parados con el motor andando frente al edificio de Inmigración. Junto a tu hermano y su familia, había gente de Venezuela, de Honduras, de Guatemala, de México, de Cuba, de Colombia. Todos ellos dueños por primera vez de alguna certidumbre, aunque fuese la más breve y mínima: estaban a salvo, tendrían trabajo y techo en Washington, sus aplicaciones de asilo serían tramitadas; podían, por primera vez en semanas, dormir sin temor, sentados en los mullidos asientos del amplio bus. Al menos tendrían un par de días de tregua en medio de su guerra por no morir a manos de sicarios o paramilitares; o a manos del hambre, la desesperanza y el abandono.

Dos días después, habían llegado a destino. Los bajaron frente a un enorme reloj electrónico que marcaba una hora que nada podría borrar de sus mentes; el momento hecho una imagen fija a las 09:06:15. 09:06:15. 09:06:15. Detrás del reloj, una verja negra, puntiaguda, de 6 pies de altura. Un rótulo en piedra del que Javier solo logró ver "tory" detrás del reloj. El bus paró, se abrió la puerta con el ruido de una enorme exhalación, y el chofer anunció: "aquí hay que bajarse". Cuando acabó de descender el último pasajero, subió al bus, cerró la puerta, y arrancó.

Imagínese, en ese momento, los pasajeros preguntándose unos a otros cuál sería el próximo paso. Seguramente vendría en cualquier momento un funcionario a informarles dónde tenían que ir, cómo aplicarían para el empleo que les fue prometido, para la ayuda que, según les habían dicho, los esperaba para dar inicio a una nueva vida. Javier y Consuelo, y Ximenita de pie, tomada de la mano de su madre. Javier, con un manojo de papeles y una mochila, viendo en toda dirección, buscando dónde preguntar, a quién consultar, escuchando los murmullos del grupo, las especulaciones cada vez más nerviosas del grupo.

Minutos después, el gobernador de Texas, y el gobernador de La Florida, anunciaban que habían enviado a los inmigrantes "*al patio de Kamala Harris*", y a una isla llamada Martha's Vineyard. Entre risas burlescas, suyas y de un grupo de sus funcionarios, que posaban de pie al lado del atril, el gobernador de La Florida explicaba que habían enviado a los inmigrantes a "*praderas más verdes*", porque los inmigrantes "no pueden ser carga nada más para los '*estados rojos*' [estados "Republicanos"].

Para él, la "*carga*", el "*cargamento*" que viene, para usar sus palabras, de "*la maldita frontera*", no son seres humanos que atraviesan una pesadilla, que han sufrido un dolor que pareciera imposible a De Santis y a Abbott imaginar. Los refugiados no son, para estos políticos, más que carne de cañón.

Para eso, tienen que deshumanizar al inmigrante, a tu hermano Javier, a su esposa Consuelo, a tu sobrina, la Ximenita. Pueden hacerlo si se deshumanizan a sí mismos, si rompen la conexión humana con gente hundida en el dolor, sumida en la necesidad, y en lugar de auxiliarles, deciden aprovechar la desgracia de tu hermano, su esposa y su sobrina.

A De Santis, a Abbott, y a todos los que así actúan, puede servirles, para acallar su conciencia, el pensar que tu hermano Javier, tu cuñada Consuelo, y la Ximenita, pertenecen a esa otra "raza", que es "*el otro*", que "*no son de los míos, ni son de aquí*". Por supuesto: racionalizan, engañan y se engañan, porque quieren hacerlo, porque tienen el espíritu corrupto y hay una maldad que les corroe el alma.

Pero hay también, afortunadamente, personas de bien para quienes Consuelo, Ximenita y Javier no son "*invasores*", no son "*el otro*", sino simplemente humanos; hermanos; gente que, al igual que ellos o sus ancestros, llegó a estas tierras en busca de refugio.

La pregunta que le hago a usted, amigo, compatriota, es si va a estar junto a esta gente de bien, junto a su hermano Javier, a Ximenita y Consuelo, o con De Santis, Abbott, y todos aquellos que cierran las puertas (que una vez se abrieron para ellos) a quienes solo quieren salvar sus vidas, vivir y aportar con dignidad en una sociedad libre.

Sobre la Asamblea Constituyente (Parte I): ¿Por qué hace falta?

27 de septiembre de 2022

Para llegar a la meta, necesitamos planificar, no solo la lucha, sino la construcción de nuestro nuevo sistema de poder, también hasta donde es posible hacerlo antes de enfrentar las dificultades concretas de cada momento. Pero es importante hacerlo, es importante hacer el ejercicio intelectual de ver hacia adelante e imaginarnos el camino. Esto viene a ser algo así como enviar avanzada para reconocer el terreno, como buscar los mapas o esbozarlos, para tener una mejor idea de por dónde ir hacia el objetivo. Siempre habrá que ser flexibles en algún trecho, y creativos siempre, pero al menos tendremos una idea general de la ruta, y, de hecho, al haber pensado en las posibles dificultades que enfrentaremos, vamos a estar más preparados, más afilados, para resolver imprevistos.

Por eso es por lo que vale la pena hacerse preguntas acerca de cómo transitar de las ruinas de la dictadura chayorteguista a la república democrática que anhelamos, cómo, en otras palabras, completar la revolución democrática que nos lleve a una nueva fase, a una nueva etapa de nuestra vida colectiva, en libertad. No habrá terminado la historia, pero será otro rumbo, otra forma de vivir y resolver los conflictos, con libertad y oportunidad.

Uno de los temas fundamentales en este proceso es el de la necesidad de una Asamblea Constituyente. ¿De qué se trata esto?

Se trata, digámoslo claro, de que el pueblo nicaragüense, de que los nicaragüenses como ciudadanos verdaderos, con todos sus derechos y deberes, no solo pongan el hombro, el sudor y los muertos en el proceso de lucha, sino que esta vez sean, colectivamente, protagonistas del poder antes, durante, después y siempre.

A esto le temen las élites de Nicaragua, tanto los orteguistas como los magnates de la oligarquía y sus agentes.

¿Por qué? Porque el sistema de poder que nos dio a Somoza y al FSLN les ha dado, a pesar de todo, grandes beneficios, y una distribución del poder y de la riqueza que los favorece injusta y antidemocráticamente frente al pueblo.

Nosotros, Nicaragüenses Libres, queremos un país con Estado de Derecho, es decir, con cumplimiento obligatorio de la ley para todos; con derechos para todos y privilegios para nadie.

Nosotros, Nicaragüenses Libres, sabemos que eso no se logra "regresando" a la Constitución que encarna el anticuado, obsoleto y opresivo sistema de poder. Necesitamos un nuevo comienzo, un comienzo democrático, necesitamos fundar una república democrática, y las leyes, escritas entre el FSLN y resto de las élites en la Constitución que de todos modos han deformado y violado a gusto, no permiten que exista y sobreviva la democracia, y no permite que esta cumpla la función de autogobierno, la función de hacernos dueños del poder, de todos los instrumentos de poder democrático que protejan nuestra libertad y nuestras aspiraciones.

Para las élites, todo esto es "demagogia", o es lo que ellos llaman "radical", por el miedo que tienen a perder los privilegios de dos siglos que para nosotros son tragedia y atraso, mientras para ellos son riqueza en bancos extranjeros, aviones privados y una vida extranjera financiada por el botín del Estado de una hacienda que llaman Nicaragua.

Para nosotros, una democracia verdadera, que funcione, que sobreviva, que sea garante de derechos para todos, privilegios para nadie, es esencial.

Y para llegar a esta democracia, ya sabemos, porque llevamos la cuenta y las marcas de nuestro sacrificio, que tenemos que cambiar radicalmente el sistema de poder. No puede una minoría inepta y corrupta escribir por sí y para sí las leyes sobre cómo van a mandar en el país, en la política y la economía. "República" quiere decir "la cosa pública", y no puede ser asunto de unas cuantas familias, o un grupo de partidos o grupos políticos reunidos en secreto, en privado o a la vista pública, pero excluyendo de la decisión a las mayorías.

Por eso, el primer paso en la construcción de la república democrática tiene, por necesidad, que ser un paso colectivo, de todos. Aquí no se trata de que, desaparecido Ortega, se reúnan los de siempre con los de siempre y hagan algunas correccioncitas al texto de las leyes y la vieja Constitución. Esas leyes y esa Constitución fracasaron. Fueron un fracaso total en lo más importante: en impedir, una y otra vez, el crecimiento de la tiranía. Porque la ley y la Constitución al final tienen que ver con cómo está organizado el sistema de poder, en cómo está organizado el poder político del Estado. ¿A alguien se le ocurre que eso no va a cambiar después de la caída del chayorteguismo? Las élites sueñan con que así sea. Nosotros, lo contrario. Nosotros, queremos libertad y democracia.

Por tanto, queremos cambiar el sistema de poder, hacer que el poder político esté disperso, descentralizado, desmilitarizado (no más Ejército Nacional, sino varias fuerzas de protección; no más Policía Nacional, sino policías municipales) y sujeto al mando efectivo, real, de representantes electos del pueblo.

Y todo eso lo debemos hacer realidad, y debemos convertirlo en la nueva legalidad, la nueva ley Máxima del país. Y esta ley Máxima, la Constitución, *la debemos aprobar democráticamente, en referéndum*, o de lo contrario estaremos entrando en un nuevo ciclo que terminará como los anteriores, en opresión y violencia.

Ahora que hemos dejado en claro la necesidad de una Asamblea Constituyente, estamos listos para hablar de cómo elegirla, cuáles serán sus atribuciones, y cuáles serán sus límites. De esto empezaremos a conversar en la siguiente parte de esta serie, mientras esbozamos el camino hacia una república democrática, el sueño posible de una sociedad con derechos para todos, privilegios para nadie. Posible, e inevitable. Hacia allá marchamos los Nicaragüenses Libres.

¿Hay que excluir a antiguos "sandinistas" de la lucha? ¿Es crimen el "sandinismo?

14 de octubre de 2022

Circula en las redes, como aparente muestra de incoherencia de cierto político, un video donde lo muestran rechazando de manera enfática al "sandinismo", en media pantalla, y en la otra mitad afirmando que en su movimiento no importa si alguien puede ser identificado como "sandinista", que "el filtro", dice el político, se reduce a las preguntas siguientes: "*¿sos nicaragüense?, ¿querés salir de la dictadura de Ortega?*". En tiempos tan convulsos, dolorosos, en los cuales se vive con la sensación de que el presente es tan trágico que hay que desterrar toda posibilidad de que se repita, de que no puede permitirse "perdón y olvido" por un sentido de justicia, pero también por gran desconfianza y miedo, el tema del "filtro" no es trivial.

Hay que decir, en primer lugar, que un movimiento político en lucha tiene el derecho a escoger, con sus propios criterios, a sus militantes y aliados. No es necesariamente una transgresión contra los principios democráticos si el movimiento decide que haber pertenecido al entorno de una dictadura descalifica a alguien como miembro potencial. Ya se dará —esperemos que muy pronto— el enfrentamiento entre ciudadano y movimiento, pero en la dirección opuesta: tocará al ciudadano decidir, a través del voto, si el movimiento es *aceptable* para ejercer algún poder.

Pero hoy por hoy, la pregunta implícita en el cuestionamiento que el video plantea es si la exclusión intencional de "sandinistas" representa una medida de *coherencia democrática* o, por el contrario, de *intolerancia antidemocrática*. Para algunos, es lo primero, para otros, es lo segundo. El tema, por tanto, da para mucha reflexión. Hagámosla. Empecemos una conversación racional, considerando estas ideas, entre otras:

1. La creencia en una filosofía política, e incluso la simpatía por un grupo que diga defenderla, es un derecho humano, no un crimen. Queda pendiente, y tampoco es trivial, si "sandinismo" es verdaderamente una filosofía política, pero seguramente a nadie, en un sistema judicial serio, o justo, o simplemente civilizado, se le condenará por ser uno de los "creyentes". No se le declarará legalmente, con toda seguridad, "criminal".

2. "Criminal" es quien transgrede las leyes, y ahí donde las leyes son escritas por los transgresores, se entiende que hay una mínima legalidad universal que consiste en los Derechos Humanos. Por eso, aunque la dictadura escriba en letras de oro las leyes que autoricen sus atropellos, estos actos siguen siendo crímenes, crímenes de lesa humanidad. Dicho sea de paso, los beneficiarios de

la dictadura han cometido ambos tipos de crímenes, desde el desfalco al erario hasta la tortura y el asesinato. De tal manera que no habrá para ellos perdón legal, ni olvido.

3. El FSLN como tal, independientemente de su papel histórico, sobre el cual hay entre los opositores actuales discrepancias (algunos vienen del FSLN y tratan de vender la noción de que el partido fue puro hasta 1990, y empezó a descomponerse después de la infame piñata que, *según ellos*, empezó ese año) ha quedado claramente reducido a una entidad asociada por el crimen y para el crimen, enquistada monstruosamente en el Estado; es algo así como si el clan de Pablo Emilio Escobar se hubiera apoderado (como soñó el capo) del poder político. ¿Qué implica esto? Lo obvio: siendo una banda criminal, el FSLN no puede ser reconocido como un participante legal en procesos democráticos; en otras palabras, no puede ser reconocido como partido legal, sino perseguido bajo un sistema judicial apegado a la ley, y sus numerosos activos confiscados y vendidos para financiar parcialmente el resarcimiento de las víctimas. A los líderes de este grupo mafioso hay que procesarlos, simple y llanamente. Esto no es ni debe ser controvertido, ya que no estamos hablando de un movimiento político, sino de una pandilla desprovista de principios y hecha fuerte a punta de violencia contra sus víctimas.

4. En otras palabras, **un paso** hacia la necesaria, la imprescindible justicia, para impedir que los matones jamás vuelvan a "gobernar desde abajo", y para crear un nuevo orden, un orden democrático, es el castigo a los culpables, muchos de los cuales están en los círculos del poder del FSLN. **Un segundo paso** hacia la Justicia es separar "sandinismo" de "FSLN", porque la Justicia no persigue una creencia ideológica, guste o no a la mayoría, sino al crimen y a los criminales. **Un tercer paso** de la Justicia es impedir que mafiosos que cometieron crímenes (según se definió este término antes) blanqueen sus currículums y pedigrís posicionándose, tardíamente, como antiorteguistas, posando, de tal manera, como demócratas. La respuesta a estas maniobras (o transformaciones, si se tratase de actos sinceros) es muy simple: las buenas acciones no borran las malas acciones; las contribuciones a la lucha contra la dictadura no borran los crímenes cometidos desde la dictadura; todo aquel que haya cometido crímenes bajo la dictadura tiene que responder, y un sistema judicial serio decidirá hasta qué punto el arrepentimiento, y cualquier contribución que el arrepentido pueda haber hecho para luchar contra el régimen, puede considerarse un atenuante.

5. ***Y lo que no pueda juzgarse ante un tribunal, p***or no existir la evidencia que técnicamente, en apego a la ley, sea necesaria para un debido proceso, debe juzgarse política y socialmente. A lo mejor sea esta la parte más difícil del proceso, porque involucra decir y defender la verdad sobre personajes que tienden a ser los más hábiles, los lucios, los escurridizos que además de ser expertos

en borrar el rastro, son expertos en reinventar su imagen. Su antiguo hermano y compañero, el carnicero del Carmen, les facilita la labor con cada acto de bestialidad tiránica. La cultura política de nuestra sociedad se presta, porque hemos vivido entre crimen y olvido durante muchas generaciones. Y por eso debemos reflexionar mucho, y este es apenas un comienzo, en cómo hacer justicia, legal, política y socialmente. Debemos —por ahí comienza todo— ser justos, a la vez que intolerantes con la injusticia, y debemos tener claridad de que lo que hacemos, y cómo lo hacemos, trasciende el momento, trasciende las necesidades políticas del momento, y entra a ser parte de la estructura de la sociedad que va creándose y de la tradición que, para bien o para mal, la sostendrá. *Tanto el político cuyos críticos motivaron esta reflexión, como todos nosotros, si en verdad queremos una patria libre y próspera, debemos entender esto.*

La propuesta de la llamada Justicia Transicional: para un crimen mayor, un castigo menor

23 de octubre de 2022

Digámoslo claramente: los clanes políticos corruptos y los poderes fácticos introdujeron en Nicaragua el concepto de "*justicia transicional*" como un instrumento más en su anhelada negociación de convivencia con Ortega y Murillo.

Una vez más, la "viveza", la bola rápida, la prestidigitación, el baile de máscaras, el cinismo; todo con tal de buscar o expandir sus cuotas de poder y privilegio. Por supuesto, siendo tan poco sofisticado —porque encima de escaseces éticas padecen hambruna de otras capacidades— el enorme manto de "justicia transicional" les ha quedado chiquito.

Hay que recordar que los propios ideólogos internacionales de la "justicia transicional" declaran que esta "no es una ruta trazada", que "diferentes sociedades toman rutas diferentes, dependiendo de la naturaleza de las atrocidades", e insisten que la "justicia transicional tiene que ver con las víctimas. Se centra en sus derechos y dignidad como ciudadanos y seres humanos y busca la rendición de cuentas, el reconocimiento y la reparación de los daños sufridos."

En otras palabras, la intención teórica (diferente de la de los políticos nicas) *no es* no hacer justicia, sino más bien procurar, *al hacerla en conflictos sociales sistémicos,* dos cosas. Una es que *cuando haya enfrentamiento entre dos partes, y ambas cometan atrocidades, el afán de saldar cuentas no sea un obstáculo para detener la destrucción mutua. Se llega a un acuerdo, y ambas partes aceptan someterse a un proceso de rescate de la verdad y de castigo a los infractores,* dentro de un nuevo contrato social acordado por las partes. La otra es resarcir a las víctimas de ambos bandos; y la sociedad entera, a través del Estado que emerge del n*uevo contrato social*, debe hacerse responsable.

¿Qué tiene esto que ver con Nicaragua? Obviamente que muy poco. La "doctrina" no calza con la realidad nicaragüense, y de hecho no hace falta ninguna nueva doctrina. En Nicaragua no estamos en un "enfrentamiento" entre partes política o éticamente comparables. Más bien, la población desarmada ha sido víctima del ataque premeditado de policía, ejército, y fuerzas paramilitares al servicio de un grupo criminal que usurpa el poder del Estado. Alvarito Conrado no cayó en un "enfrentamiento" con las "fuerzas del orden". Ni don Eddy Montes, ni Hugo Torres. Ni los centenares de jóvenes asesinados a mansalva por escuadrones de la muerte. Ni hubo "escuadrones de la muerte azul y blanco". Basta ya de falsas equiparaciones. No estamos en un "enfrentamiento".

En cuanto a resarcir a las víctimas: eso es parte del objetivo de cualquier sistema judicial moderno. No es el descubrimiento del siglo; no van a ganarse el premio

Nobel nuestros genios de la política. En cualquier Estado de Derecho los ciudadanos tienen derecho a demandar reparación. Y cuando la intención de la sociedad es apuntalar una nueva sociedad, con Justicia, las nuevas instituciones diseñan y aprueban (como debe ser) programas para resarcir a las víctimas. En nuestro caso, es obvio que debe haber compensación, hasta donde esta sea posible, ya que hay pérdidas irreparables. Nadie puede hacer que Alvarito Conrado regrese con vida a brazos de sus padres.

Entendido esto, es de elemental justicia que todas las propiedades de los Ortega y sus cómplices sean usadas para financiar el resarcimiento a quienes han perdido familiares, facultades físicas o psicológicas, negocios, estudios, etc. No es expropiación para *piñata* de unos pocos, sino recuperación de lo robado al Estado, a la Sociedad, desde los canales de televisión, empresas de energías, mineras, a la Universidad llamada UNICA de Roberto Rivas y familia, *para que los victimarios compensen a las víctimas.* A este fondo debería también—todo esto de manera ordenada y legal—obligarse a contribuir a los bancos y capitales a los que pueda probarse, bajo debido proceso, complicidad criminal con el régimen.

Porque lo que hace falta en Nicaragua es *máxima y severa justicia.* Nada justifica lenidad, mucho menos impunidad hacia quienes han cometido crímenes atroces contra individuos y han llevado al país a la destrucción, imponiendo con mano de hierro, a sangre y fuego, su voluntad.

No se trata, el de Nicaragua, de un caso en el cual, como abogan los partidarios de la llamada justicia transicional "*los ciudadanos y los líderes concuerden en que la violencia y los abusos contra los derechos humanos no pueden repetirse*". En nuestro caso, los "líderes" son precisamente los criminales violentos que violan los derechos humanos, y su único recurso para mantener el supuesto "liderazgo" es precisamente repetir, día tras día, las violaciones.

¿Por qué, entonces, el afán de prometer una justicia especial para ellos? Se trata solo de un recurso más, habrá que llamarlo "patético", que han empleado los agentes de la oligarquía y políticos cuya ambición superponen al interés de la libertad, de la democracia, y de los derechos humanos.

Al hablar de "justicia transicional", quisieron convencer a Ortega [y seguramente estarán dispuestos todavía, si ven una rendija abierta] de que el tirano podía confiar en ellos; de que no lo harían pagar por sus crímenes con tal de que aceptara compartir con ellos el espacio político, pactar elecciones, y pactar convivencia.

Todo en el nombre del pueblo y con los cadáveres todavía en las calles.

Ya desde abril del 2019 Mario Arana, entonces vocero y una de las figuras principales de la Alianza Cívica, decía:

"Sobre el tema de justicia no tengo grandes expectativas, verdaderamente creo que este es un tema que va a quedar para una siguiente administración, para que de allí aprendamos verdaderamente las lecciones que haya que aprender... Pero francamente veo más el tema de justicia para *una posterior administración.*"

Se refería, con torpe sinceridad, a que un gobierno surgido de "elecciones adelantadas" en las que Ortega presuntamente sería derrotado, **no buscaría justicia**. Eso quedaría para un futuro indefinido, y por indefinido, distante; para otra "administración" (del mismo Estado, no de uno nuevo, democrático). Eso es como decir, ante una exigencia de hoy, "*otro día hablamos*". Eso es un "quizás" que es más un "hasta nunca" que otra cosa.

Poco después, en enero del 2020, el Sr. José Pallais, ahora víctima del monstruo que todos ellos ayudaron a alimentar se ufanaba, posaba de muy sabio en el programa del conocido periodista Sergio Marín Cornavaca, enunciando con aire de autoridad estas palabras que dicen más de lo necesario para explicar el poco valor que las élites negociantes de Nicaragua dan a la justicia, y el poco valor que dan al sacrificio del pueblo por encontrarla:

"nosotros hicimos una EXCELENTE propuesta de Justicia, una propuesta de una Justicia Transicional, verdad, que significa un régimen diferenciado... con penas diferenciadas, igual que ocurrió en Colombia, en las negociaciones entre la FARC y el Gobierno, en el Timor Oriental, etc.; hay otras grandes experiencias en el mundo; y que permite preservar el principio de la justicia, el principio de la sanción, PERO, que ACOMODA con PENAS INFERIORES a las normales para los que participaron en las violaciones a la ley en la persecución y demás."

"*Violaciones a la ley en la persecución y demás*". Para quien, desde muy lejos o desde un futuro desinformado de la tragedia que vive Nicaragua hoy en día, lea esta frase, entienda que las palabras del Sr. Pallais quieren *no decir "genocidio y masacre"*, que es lo que en realidad ocurrió.

En resumidas cuentas, un cuento, la tal "justicia transicional". Un cuento con un guiño de ojo para la pareja de sádicos de El Carmen: "*entendámonos, Comandante; entendámonos, compañera, hay que arreglarse; lo de la justicia es secundario.*"

A lo mejor el Sr. Pallais y otros han aprendido, picados por el aguijón del FSLN, que la justicia no es nada secundaria. Es muy dudoso, sin embargo, que sus patrones y sus patrocinadores en el Gran Capital, y en el Departamento de Estado, tengan a bien hacer la misma reflexión. Para todos ellos, lo importante es "la estabilidad", y las cuotas de poder, y para eso, la versión criolla de la llamada Justicia Transicional les cae como anillo al dedo: "*para un crimen mayor, un castigo menor*".

Sobre la Asamblea Constituyente (Parte II): lecciones de nuestra historia

29 de octubre de 2022

Anteriormente, hablábamos de la necesidad de una Asamblea Constituyente para fundar una república democrática (un sistema de poder con derechos para todos, privilegios para nadie) por primera vez en la historia de Nicaragua. Por primera vez, pues del dominio de la monarquía hispana el país pasó a un modelo presuntamente republicano, por no contemplar la figura legal de Rey o Reyna, pero que ha sido obra e instrumento de una pequeña élite en detrimento de los derechos de la mayoría y del progreso del país.

En la práctica, la "república" que han añorado estas élites, la que mencionan en el eslogan nostálgico de "Nicaragua volverá a ser república", fue apenas un período de más o menos treinta años a finales del siglo XIX durante el cual unas cuantas familias oligárquicas, hoy en día prácticamente convertidas en un solo árbol genealógico, casi todas en Granada, se reunían en tertulias a unas cuadras a la redonda para pasarse entre ellos el mando del Estado. Escasísimos eran los nicaragüenses que podían, ya no solo votar y postularse, sino incluso *enterarse*, de que en la llamada "República Conservadora", los patrones habían elegido un nuevo Presidente.

Los intentos más recientes de transformar el modelo arcaico de poder han sido fraudulentos y fracasados. La llamada "revolución sandinista", nació muerta *como fuerza de renovación política.* Fue asesinada desde dentro por la ideología estalinista del poder, que ellos llamaban marxismo-leninismo, y desde fuera por la penetración, apoyo y participación de las familias herederas de la república conservadora, que habían sido desplazadas del protagonismo político por el régimen dictatorial (de origen liberal) de los Somoza.

Transcurridos cuarenta años desde aquel efímero estallido de esperanza, no es accidente que la oligarquía conservadora haya recuperado, con creces, y a pesar de sus conflictos recientes con el régimen, la dominación económica que tenían antaño. Son más ricos que nunca, han controlado las riquezas del país como si fuera una hacienda que comparten con el mandador de turno, el tirano. Y si tienen roces con este —que obviamente intentan resolver *a través de un nuevo pacto*— no es por un abandono de corte patriótico, liberal y democrático, de sus privilegios, sino porque la rebelión popular, y la cruel respuesta del régimen del cual hacían parte los ha dejado a media calle, desnudos como el emperador de la fábula.

Hay que decir que entre el fin de la llamada "revolución sandinista" (más propio es llamarla "la primera dictadura del FSLN") y *el matrimonio civil y reli-*

gioso entre Ortega y la oligarquía conservadora que desde 2007 hasta 2018 celebraban orgullosamente —de hecho, "constitucionalmente"— bajo el nombre de "modelo de diálogo y consenso", se sucedieron tres gobiernos entre débiles y corruptos, unos más que los otros, que fueron, *quizás*, el primer intento real de *república democrática* en la historia nicaragüense.

Nació de un parto sangriento como pocos, al final de una guerra campesina contra la primera dictadura del FSLN, que costó decenas de miles de muertos. Nació muy débil la criatura, pero nació. Y para hacerlo, debieron coincidir en el tiempo una serie de acontecimientos casi sísmicos: un apoyo financiero enorme de los gobiernos estadounidenses; el colapso del imperio soviético; y, sobre todo, la voluntad férrea de los nicaragüenses pobres, que dieron sus vidas y su sangre por la libertad.

Al final, sin embargo, la criatura nació débil. ¿Por qué? Por razones que hay que recordar, porque son un mal crónico de nuestras luchas políticas: dependencia de poderes extranjeros, manipulación de élites domésticas corruptas, y falta de visión estratégica por parte de los luchadores honestos.

En otras palabras: el gobierno de Estados Unidos empujó el desarme de la oposición (los campesinos agrupados en las fuerzas de combate de la Contra), pero el acuerdo dejó en pie, armado, al Ejército sandinista; los corruptos líderes políticos de la Contra, salidos de las mismas élites que han hundido perennemente al país, no tuvieron empacho en entregar el sacrificio de miles por el regreso de pocos a cuotas de poder y prebendas; el pueblo y los luchadores, exhaustos y sin dirección, aceptaron el desarme y el regreso a lo que creían era la "*república*" prometida.

El pueblo había luchado valientemente, por todos los medios, y creía que al haber derrotado electoralmente al FSLN comenzaba (y era la propaganda de las élites), "una nueva era". Para ellos, y para toda Nicaragua, era apenas, en 1990, el comienzo de una nueva tragedia.

Esto es lo que ocurre cuando no se ataca la raíz del problema. Se cortan ramas, se poda el árbol, pero el árbol del mal retoña y crece una vez más. En 1990, quedaron vivas las raíces del problema. No se contempló cambiar radicalmente el modelo de poder. Apenas se pensó en arrancar la Presidencia al gobierno encabezado por Daniel Ortega, Sergio Ramírez y los nueve comandantes del FSLN. Se asumió que, sin ellos en el poder, el sistema podría, como por arte de magia, pasar de autoritario a democrático, de opresor a representativo del pueblo. ¡Qué error más grande cometimos!

Ahora ya lo sabemos: necesitamos cambiar el SISTEMA DE PODER. Necesitamos cambiar quién y cómo tiene el poder y cuánto poder tiene cada quién en el país, y, sobre todo, en el ESTADO.

Para cambiar el SISTEMA DE PODER necesitamos, EN LA LUCHA, construir NUESTRO PODER, el poder del pueblo, el poder democrático, disperso entre todos, pero con una voluntad común: construir un Estado de Derecho donde quepamos todos, donde NADIE esté en capacidad de convertirse en dictador, ni por medio de un golpe de estado, ni por ninguna artimaña de "diálogo y consenso"

Sobre las trampas de la oligarquía para impedir la revolución democrática

30 de octubre de 2022

Sin revolución democrática, no habrá democracia. Aunque desaparezcan del paisaje Ortega y Murillo, sin revolución democrática no habrá democracia. No basta con que sean apartados del poder sus actuales ocupantes; para que haya democracia hay que transformar el poder mismo.

No basta con quitar del poder a los grotescos Ortega y Murillo. No basta hacer desaparecer sus odiosas figuras. Ni siquiera basta hacerles pagar, a ellos y a sus verdugos, los crímenes cometidos. No basta. Ni la justicia es apenas para los que tiran del gatillo, ni la solución total es acabar con ellos y con quienes han dado la orden. La justicia debe aplicarse ordenadamente, dentro del respeto a los derechos humanos que aun a estos monstruos corresponden, simplemente por haber nacido humanos: los derechos humanos no se ganan haciendo bien, ni se pierden haciendo mal. Son inalienables. Pero la justicia debe aplicarse, valga la redundancia, con justicia: debe ser severa ante la magnitud de los crímenes cometidos al amparo del Estado; debe alcanzar a todos los cómplices, tanto a los que ejercen la violencia, como a los que la ordenan, y a los que de ella se benefician a sabiendas. Debe investigarse, por tanto, toda la corrupción alrededor del llamado "modelo de diálogo y consenso", el sucio pacto FSLN-Gran Capital que acabó con todo espacio de libertad política, y —no se olvide— de libertad económica, todo para favorecer a la tradicional oligarquía conservadora.

Esto, tampoco, basta. Es esencial, pero no basta. Es esencial y ya hemos visto que lo es, que sin imponer a los culpables la justicia se deja al criminal en libertad. Queda el criminal armado, organizado; queda listo y dispuesto para "gobernar desde abajo", que en la práctica se traduce a "matar desde la sombra". *Queda listo y dispuesto para aprovechar la próxima oportunidad y adueñarse del poder del Estado autoritario en una economía autoritaria en una sociedad autoritaria.*

Por eso, no basta siquiera la justicia, ni basta apartar del poder a los actuales opresores. Hay que reestructurar de manera radical el poder político. Hay que quitarle los instrumentos de represión, y hay que darle control del Estado, a través de la participación organizada y el derecho a la revocación ordenada de los funcionarios, a la ciudadanía.

Cualquier proyecto político que no transforme el Estado en esta dirección es, simplemente, un fraude; es, también, una traición al espíritu libertario de Abril. Para evitar una traición así, lo ideal es que sea el pueblo, organizado en un movimiento por la revolución democrática, que derroque a la dictadura y de inicio a la transformación radical del poder político, incluyendo la democratización de la economía, que hace falta para vivir en libertad.

Eso es lo ideal. Pero es imposible saber *si será así como empiece el cambio.* La organización del movimiento popular democrático enfrenta grandes retos, grandes obstáculos, entre ellos el poder económico y político de la oligarquía, y la influencia desproporcionada del Departamento de Estado de Estados Unidos. Ambos se han opuesto al derrocamiento de Ortega. Ambos buscan la hasta ahora imposible fórmula de un aterrizaje suave, compatible con los miedos de ambos. La oligarquía teme a la justicia y es alérgica a un Estado de Derecho en el que perderán sus privilegios. El gobierno de Estados Unidos, como es tradicional, apuesta por la geopolítica de "la estabilidad". El movimiento popular democrático debe estar consciente de la existencia de estos retos. El pueblo nicaragüense debe tenerlos siempre en mente y construir un movimiento que los supere. Para hacerlo, debe ser autónomo, laico, y decididamente democrático. Y, sobre todo, debe tener presente, en todo momento, el objetivo estratégico: la revolución democrática.

¿Qué quiere decir esto en términos prácticos? Que debemos prepararnos para cualquier maniobra de los poderes fácticos, domésticos o internacionales, que buscan mediatizar la lucha del pueblo. No es, por supuesto, que nuestra lucha sea contra un país, un grupo de países, o contra la libertad de empresa. Nuestra lucha es, sencillamente, por nuestra libertad. Libertad para autogobernarnos, libertad para expresarnos, libertad para ganarnos la vida honradamente, en un sistema en el que todos tengamos oportunidades; que no esté cerrado a nosotros y abierto nada más los cómplices y parásitos del poder político y a la media docena de grupos económicos familiares, fortunas heredadas y hasta mal habidas cuya codicia sin límites ha dado al país tiranía, miseria, atraso, destrucción del medio ambiente, robo a los campesinos, y maltratos mortales. Mortales, como el Nemagón en las plantaciones de los Pellas.

Por eso, si el régimen plantea elecciones, las rechazamos. Si maniobran para desplazar del poder a Ortega y Murillo, quizás a través de un golpe cívico-militar, luchamos contra el nuevo poder, exigimos, no solo justicia total, sin apellidos, sino una verdadera transición, un proceso que pase por convocar al pueblo a elegir, democráticamente, una Asamblea Constituyente para que esta prepare un proyecto de Constitución que sea luego sometido a votación popular. La Asamblea Constituyente debe ser electa, no por partidos, sino por ciudadanos en sus diferentes barrios, municipios, comarcas, y en las enormes comunidades de exilados. Nadie que se oponga a estas elementales demandas está verdaderamente por la democracia. Porque no es posible la democracia si el poder no es radicalmente transformado, si no se dispersa, si no se arranca al poder del Estado las armas y el poder de represión, y si no se somete a los grandes poderes económicos a la ley que a todos debe gobernarnos.

En resumen, estemos preparados: el camino hacia la república democrática está lleno de trampas. No perdamos el norte. Sepamos que las élites van a utilizar todos sus recursos, servirse incluso de la simpatía que en la dimensión compasiva de nuestro espíritu llega a desarrollarse por gente que ha estado en la prisión brutal y arbitraria de la dictadura. No debemos confiar más que en nosotros mismos. Ya hemos visto que las élites están dispuestas a todo con tal de manipular al pueblo y derrotarlo. Pueden escudarse tras un uniforme, pueden esconderse detrás de la autoridad moral de las iglesias, cuando no detrás de nuestros prejuicios y nuestros miedos. Alerta: no perdamos nunca el norte. Si no hay revolución democrática, si nos dejamos engañar una vez más, no habrá democracia. Tarde o temprano viviremos de nuevo la tragedia. Basta ya. Esta vez, basta ya.

El grito de la dictadura: ¡muera la inteligencia! (sobre la captura de Óscar René Vargas)

23 de noviembre de 2022

Nos llega de Managua la noticia del apresamiento, con lujo de violencia, del intelectual Oscar René Vargas. Desde *Revista Abril* denunciamos cada acto de agresión del régimen usurpador contra los derechos humanos. No hay víctimas pequeñas o grandes, de izquierda o derecha, justas o injustas, buenas o malas, pobres o ricas. Todas y cada una de las personas asesinadas, secuestradas, exiladas, despedidas de sus empleos, expulsadas de sus centros de estudios, o de cualquier otra manera acosadas por la dictadura, son simplemente víctimas de una pandilla criminal, que usurpa el poder político y lo ejerce en el más claro estilo fascista. En esa dimensión fundamental no hay diferencia entre el caso del Dr. Óscar René Vargas y el de cada uno de los cientos de miles de ciudadanos cuyos derechos han sido atropellados por la pareja genocida de El Carmen. Sin embargo, el perfil personal y profesional de Óscar René Vargas es demostrativo de que el régimen se guía por el "*¡muera la inteligencia!*" o "*¡mueran los intelectuales!*" que según una narrativa de la guerra civil española pronunciara el general franquista Milán Astray contra el gran escritor español Miguel de Unamuno. Aunque ha habido disputas acerca del lenguaje empleado en ese choque emblemático entre barbarie y civilización, no cabe la menor duda de que las palabras atribuidas a Milán Astray representan fielmente el espíritu de la bota fascista, la bota de la brutalidad que quiere (y cree posible) mantenerse indefinida y arbitrariamente en el poder desterrando todo vestigio de humanidad.

Se comportan como bestias salvajes, animalizados por el odio, y sobre todo por el miedo; en su pánico mortal, quieren reducirnos a través del terror. Convierten en crimen el acto de pensar, y desprecian el derecho a vivir en libre paz. Por eso alcanzan el absurdo de perseguir a Oscar René Vargas, un hombre de edad avanzada, con problemas cardíacos (le ha sido implantado un marcapasos) como si se tratara de un peligroso terrorista. ¿De qué pueden acusar a una persona cuya ocupación es escribir sobre economía, sociología y política, y que entrega generosamente su trabajo, sus puntos de vista, a las mentes de sus conciudadanos? ¿Por qué le temen tanto, por qué necesitan desplegar la violencia de gran número de paramilitares encapuchados para apresar a quien por armas tiene pensamiento y pluma? ¿Tantas decenas de guardias armados hasta los dientes hacen falta para detener a un escritor? ¿Qué inseguridad profunda, qué sensación de aislamiento los induce a dar zarpazos tan desproporcionados?

Desde *Revista Abril,* con la cual el Dr. Oscar René Vargas ha colaborado frecuentemente, exigimos que se le libere de inmediato, que su integridad física y moral sea respetada. Y exigimos que se libere incondicionalmente a todas las personas secuestradas por el régimen fascista de El Carmen, que se sostiene apenas, desprovisto de toda legitimidad política, por la fuerza del crimen dentro y fuera de las fronteras del país. Exigimos, y advertimos: el régimen de Ortega empuja al pueblo a la violencia. Cuando basta el acto de pensar para que el terrorismo de Estado golpee con guante de hierro al ciudadano; cuando el derecho irrenunciable e inalienable a la conciencia se declara oficialmente "crimen"; cuando el Estado se transforma en instrumento de una banda criminal que actúa con tanta violencia como un ejército nazi, ¿qué recursos quedan a un pueblo que quiere respirar?

Conclusión

Cinco años después, algunas lecciones para el Ciudadano X

Casi cinco años después de que en Nicaragua estallara la rebelión de los autoconvocados, la historia, infinita mientras dure, sigue su marcha.[107] Queda, al momento de hacer estas reflexiones, como un paréntesis abierto, ante el cual el cronista pausa, aspira profundo y reflexiona. Con gran esfuerzo serena su pulso, porque el momento sigue; en el momento viven, sufren y sueñan los seres humanos. Pero aun en el fragor de la más intensa batalla, su fe en la victoria es fe en el pensamiento, confianza en el espíritu. Se le hace por tanto necesario, aunque el estruendo del combate aún retumbe y las quejas de las víctimas hagan imposible el sosiego, hacer recuento de lo vivido hasta hoy, reconstruir los hechos; como en un enorme retrato de batalla examinar los puntos críticos, hacer revisión de los errores, recorrer el camino entre la sabiduría supuesta en el inicio y lo que cree haber aprendido en el transcurso.

Creer en la virtud del pensamiento lo empuja a practicar la observación más fría. Pero no son colonias de hormigas cuya lucha narra, no son criaturas sin conciencia las que ve, sino seres como él, con sus sueños, con sus miedos, sus penas, sus furias y sus imperfecciones; la empatía se le hace, no solo inevitable, sino imprescindible, y su labor de testigo lo ata a la realidad del testimonio: por más que busque la distancia, cierta altitud que le deje ver en su totalidad el escenario de la guerra, su alma se desdobla en la llanura, al lado del soldado. Aun así, rechaza el auto engaño. El anhelo de liberación que lo une al combatiente lo empuja a buscar la verdad, la herramienta más propicia contra el opresor, porque la delusión es enemiga de la libertad; en el aprieto no queda más remedio que buscar salidas reales, no hay más alternativa que desechar el mapa mental que viene del pasado, si este lleva, en medio de los humos de la guerra, a chocar con paredes indescritas: por necesidad de supervivencia se vuelve imperativo construir un plano real del edificio del cual se busca escape. Para salir a la libertad hay que conocer el laberinto que aprisiona. Para demolerlo al menor costo hay que conocer su verdadera estructura.

En Abril de 2018 el ciudadano fue a la calle con certezas grabadas por mano alevosa en un plano falso del poder. Chocó, dolorosamente, con paredes imprevistas. Dejó los muros agrietados, mas la prisión sigue en pie. Los poderes que se sirven de esa cárcel buscan enmendar el daño. Se enfrentan a una tarea monumental: el sufrimiento del ciudadano X abre sus ojos al fraude cometido por los arquitectos del poder. Aunque borrosa todavía, la realidad se aclara como cuando un sopor se evanesce.

107 "*Eu possa me dizer do amor (que tive): / Que não seja imortal, posto que é chama / Mas que seja infinito enquanto dure.*" Soneto de Fidelidade, Vinicius de Moraes.

Sobre la imperiosa necesidad de una política laica y anti-dogmática

¿Por qué insistir tanto en la necesidad del laicismo? Porque la manipulación de las conciencias es instrumento del poder en la sociedad, en detrimento de la libertad. Ejemplos abundan en Nicaragua, donde la influencia de las iglesias, tanto protestantes como católica, ha jugado un papel visible, por ejemplo, en la instauración de la segunda dictadura del FSLN; axial en 2018, en su rescate, a través de la intervención del Cardenal Brenes y la Conferencia Episcopal.

Hoy en día el ciudadano, cuando no sabe, intuye, a pesar de sus propios prejuicios y tabúes, que ha sido víctima de mañas y embustes mientras los poderosos armaban murallas a su alrededor. Y aprende que no todos los guardianes visten el mismo uniforme. En el 2018 creyó casi ciegamente en la bondad del hábito. Esperó que en Roma quien se hace llamar vicario de Cristo estaría de su lado. Pensó que la Iglesia Católica, llamada al momento, se interpondría entre él y el tirano como una enorme roca, monolítica y fuerte, su muralla frente a la muralla del opresor. Le ha costado --le cuesta-- entender a la Iglesia [que por siglos ha pensado albergue divino, pureza aparte], como institución humana: una estructura compleja, hogar del bien y del mal, y, en la sociedad, un poder real, una organización que juega dentro de las reglas del poder.

¿Y qué persigue el poder, qué persiguen quienes persiguen el poder? Como todo organismo, su supervivencia. El poder vive instintivamente para el poder. Cierto es que, como todo lo humano, tiene límites. La realidad externa los impone. Y al interior de cada poder también hay limitantes, desgarramientos internos provocados por la codicia, pero también por la lucha entre el bien y el mal, entre quienes recogen la bandera de algún imperativo ético y quienes abrazan sin ambages la realpolitik, el abrazo faustiano que dé a su poder supervivencia, un día más, un siglo más, un tiempo más.

El choque entre estas fuerzas sacude aún la conciencia del ciudadano. Ha visto con claridad el cinismo del Cardenal Brenes, el abandono del Papa, la complicidad de Monseñores Sándigo y Vivas, y otros de la misma ralea. Ha visto el sacrificio de muchos religiosos, el destierro y exilio de las monjitas de Madre Teresa de Calcuta, de Monseñor Báez y numerosos más, la prisión de Monseñor Rolando Álvarez y un buen número de sacerdotes, seminaristas, y hasta empleados laicos de la institución. El ciudadano sabe que todos ellos han sido abandonados a su suerte por los jefes de la Iglesia; nota que algo anda, inusitadamente para él, muy mal. Se ha resistido a creerlo, pero la necesidad es terca maestra de realidad.

A pesar de todo, el peso atávico de la historia, la ausencia de formación crítica, más la manipulación intencionada de los poderosos, mantienen con vida el peligro de que los grupos que luchan por la hegemonía del Estado (incluyendo, todavía, al orteguismo) se valgan de la lealtad inercial y residual que gran parte del pueblo siente por la Iglesia, para perpetuar un orden social antidemocrático, estratificado, opresor y explotador. Por eso la lucha para laicizar la política es parte esencial del desarme del poder. No solo de balas, rifles y espías vive la opresión. No puede crearse una sociedad democrática perdurable sin que el ciudadano sea soberano, sin que tome para sí el centro del poder: su propia conciencia. Para eso precisa actuar con autonomía, porque la democracia es autogobierno y para autogobernarse el ciudadano necesita decidir por sí y para sí, al margen de autoridades que reclamen lealtad basadas en cualquier mandato dogmático. Esto implica que las instituciones de la democracia estén separadas, y a distancia, de instituciones en las que la conciencia individual se someta a un credo incuestionable que transfiera poder a sus líderes.

Un lector acucioso observará cómo la anterior afirmación toca de cerca a los partidos, sectas que no son oficialmente seguidoras de una divinidad, pero pueden fácilmente convertirse en fuentes dogmáticas de sometimiento. Por tanto, el Estado democrático, la estructura de poder de la ciudadanía sobre la cosa pública, precisa lidiar con el reto que implica el conflicto entre la libertad de asociación y la creación de lealtades sectarias osificadas que son una amenaza para la libertad de conciencia en la sociedad, una amenaza para la vida social en libertad.

La estructura de clases del poder

El ciudadano X también aprende, a un alto costo, que el Poder político tiene su andamiaje de clases en la economía.[108] Quizás la indicación más expresiva de la magnitud de la crisis del sistema de poder en Nicaragua es el resquebrajamiento del escudo ideológico que tradicionalmente separa en la conciencia de las mayorías el poder político de sus fuentes económicas.

El poder quiso vestir, desde el retorno del FSLN a la Presidencia en 2007, el ajuar revolucionario con que desfiló en las pasarelas del mundo al inicio de la mal llamada "revolución sandinista" de los años ochenta. No lo ha logrado, porque desde hace tiempo el traje de bodas se volvió un disfraz sucio y deshilacha-

108 Esto no es poca cosa. Ausente ya la justificación del derecho divino a reinar, hasta los regímenes más autoritarios de nuestra era aseveran constituir autoridad con consentimiento amplio de la sociedad; se autodefinen, de hecho, como protectores y representantes de la sociedad en su conjunto; intentan así vestir con un manto grueso los distintos intereses que los hacen posible y los motivos que los mueven. No pueden ocultarlos todos, porque los individuos que representan al Estado necesitan ser temidos o amados, por lo cual las poblaciones logran ver lo que pueden favorecer o antagonizar: la codicia personal, la crueldad o la amabilidad, la sonrisa o la amenaza de los mandarines y funcionarios, apenas máscaras en el rostro del poder. En excepcional contraste, la intervención abierta de las cabezas oligárquicas en el régimen fascista que se instaló en Nicaragua a partir del 2007, y la prolongación de la crisis que las ha forzado a agotar su repertorio de imposturas, ha dejado expuestos los huesos y las vísceras del poder.

do, como una prenda recogida de algún basurero por una indigente. Arruinado el traje, arruinados los rituales: la religión revolucionaria ha sido reducida a un circo inverosímil que encabeza la esperpéntica figura de Rosario Murillo y encarna patéticamente la desabrida imagen de Daniel Ortega.

Nadie en sus cabales duda estar ante una impostura anacrónica, y por eso con frecuencia se invoca la presunta demencia de la pareja genocida para explicar sus acciones. Hay, sin embargo, método en su insania: la lógica de la supervivencia empuja a Ortega y Murillo a aferrarse al poder con inusual fiereza; todo lo que tienen les viene del poder; todo pueden perderlo, si este pierden. Quizás el lector de estas líneas sepa ya cuál fue su fin, y si su vida terminó en el intento.

Hay también una racionalidad de economía política en la existencia misma de esta y otras dictaduras precedentes. El proceso histórico específico de la Nicaragua post 2007 hace innecesario empezar estas reflexiones a partir de una hipótesis que luego se contraste con los datos. Esta vez, inusualmente para tiempos modernos, el poder económico ha actuado en plena desnudez, danzando feliz bajo la lluvia con el poder político, como si el sol no fuese nunca a salir. Ha sido una querencia íntima vivida ante las cámaras, ante los ojos aturdidos del resto de la sociedad. Fue, de hecho, un matrimonio bendecido por la ley (que ellos mismos escribieron) y por la Iglesia, que durante años estuvo, en la figura de su entonces máximo jerarca, el cardenal Miguel Obando Bravo, sentado a la mesa con la pareja genocida; junto, también, al máximo representante de la oligarquía postcolonial, Carlos Pellas Chamorro. Las tres partes nos han dejado frases que registran para la historia el ahínco de la cópula que orwelianamente dieron en llamar, con entusiasmo de poeta nuevo, "modelo de diálogo y consenso". Del cardenal Obando tenemos su "gracias a Dios y al Sr. Presidente". De Carlos Pellas Chamorro su "lo que estamos haciendo en Nicaragua es revolucionario". De Rosario Murillo la referencia pública a Carlos Pellas Chamorro, en una asamblea, con sus seguidores, como "el compañero Carlos" [y no, no se refería al fundador del FSLN, Carlos Fonseca Amador].

El trato con la oligarquía postcolonial fue diáfano: los grupos económicos principales, enlazados (y enfrentados) por vínculos comerciales y familiares,[109] cedían al clan Ortega-Murillo, con muy pocos bemoles, la administración política del poder, a cambio de una colaboración estrecha en el diseño de las reglas económicas, para beneficiar sus intereses comerciales, los cuales, además, se iban ya entrelazando con los intereses comerciales del clan y sus allegados más cercanos. Como consecuencia, el empleado de Pellas, José Adán Aguerri Cha-

109 Una reunión ocurrida a inicios del 2019, cuando las gestiones iniciales del llamado "diálogo nacional" habían fracasado en regresar al país a la calma social, da cinco nombres claves en el liderazgo de esta clase durante el período aquí comentado: Carlos Pellas Chamorro, Ramiro Ortiz Mayorga, Roberto Zamora Llanes, Juan Bautista Sacasa y José Antonio Baltodano.

morro, Presidente de Cosep[110] durante todo el período de "diálogo y consenso", llegó a fungir como ministro de Economía de facto. Y como consecuencia, el creciente endurecimiento de la represión, que incluyó asesinatos selectivos en el campo y la ciudad, más obstáculos injustificados a las manifestaciones de los movimientos sociales, aun en eventos puramente celebratorios como el Día Internacional de la Mujer, dejó de ser "motivo de preocupación" para los grupos económicos dominantes de Nicaragua, que a su vez silenciaron, por medio de su dominio del Cosep, a los medianos y pequeños empresarios.

No estaban desinformados, Pellas y compañía, del sufrimiento de sus conciudadanos, ni de la esclerosis autocrática del poder. Su reacción, si puede dársele ese rango a la racionalización cínica que hicieron del pacto con el tirano, fue expresar privadamente[111] que "el problema de Ortega" sería resuelto por "la biología". Es decir, habría que esperar a que "el Sr. Presidente" pasara "a otro plano de vida"[112] para que acabaran los asesinatos de los ciudadanos y la represión contra los actos de estos exigiendo de manera pacífica que sus derechos fueran respetados. Y en el juego malévolo de los poderosos, la respuesta del tirano exhibió una vez más la crueldad de la apuesta de ambas partes: Ortega recordó a un entrevistador que él, a sus setenta y pico de años, estaba lejos de cumplir los noventa y tantos que vivió su madre.

Todo esto lo ha visto y vivido el ciudadano, y ha visto cómo, después del 2018, Pellas y su peña feliz han gastado e incluso donado fortunas (en su país no practican tal generosidad) para que Estados Unidos no imponga sanciones económicas al régimen; han permitido, sin actuar ni protestar, la masacre de cientos de ciudadanos, en su mayoría jóvenes pobres, en las calles de Nicaragua; han obstaculizado por cuanto medio han podido, desde la extorsión hasta la maniobra diplomática, cualquier esfuerzo de organizar una oposición beligerante; y, han llegado al extremo de sacrificar como peones a sus propios empleados y servidores políticos. Estos ya han sufrido detención y prisión arbitrarias y han sido colocados bajo la espada de Damocles de sentencias kafkianas a espera de que Ortega y Murillo les concedan clemencia, o quizás de que "la biología" les abra las puertas de la cárcel.

De esta manera el enemigo de la paz y la democracia emerge en la humareda del campo de batalla: asoma, no solo el rostro demoníaco de Ortega (o antes de él, Somoza), sino un engendro que recuerda al Coloso de Asencio Juliá, sombra de las sombras de Emiliano Chamorro y Somoza García; el Frankenstein de una clase oligárquica que vive en función de sus viejos privilegios y la pandilla que, en la generación que toque, hace de la política una guarida del crimen.

110 Consejo Superior de la Empresa Privada, organización emblema de la patronal nicaragüense.

111 Reportado ampliamente por empresarios salvadoreños.

112 La manera frecuente de referirse a la muerte empleada en los discursos de Rosario Murillo.

Siempre hay individuos y grupos así. En Nicaragua transan protección por ganancia con los herederos-propietarios postcoloniales, al margen, claro está, de la legalidad que ambos neutralizan.

¿Por qué sufre Nicaragua este patrón estremecedor? Una de las facetas de su historia que hay que explicar con más urgencia es cómo una clase cuya fuerza económica es abrumadora entre la población ha sido incapaz de estructurar poder político propio, que administre el Estado con un mínimo de legitimidad y no tenga, para sobrevivir, que hacer genuflexión ante el matón de turno, que sea capaz de tejer al menos un disfraz más grueso y resistente y vestir su influencia de guante blanco, como ocurre en otras latitudes desde que se han vuelto de mal gusto en las galas del poder la mano de hierro y el garrote vil. Pero este fracaso, que por hoy hace más cruel el resultado, lo hace menos opaco a la conciencia, y abre la puerta a la verdad, y por tanto a la libertad.

Nicaragua e Hispanoamérica

En esto los nicaragüenses tienen una ventaja triste con relación al resto de los países que fueron una vez colonia de España. Solo la crueldad extrema, la torpeza y la arrogancia sin soporte intelectual de las élites de Nicaragua han hecho posible que la bruma ideológica de la dominación de clases pueda observarse a ojo desnudo, en medio de los campos cubiertos de cadáveres y miseria de su guerra contra el pueblo. A través de Hispanoamérica, sin embargo, en los patrones de violencia social, opresión económica y exclusión étnica subyacen muchos elementos y afloran muchas manifestaciones que delatan la raíz común de los problemas. Nuestras naciones son resultado del fenómeno violento y traumático de la conquista, de una separación posterior de la corona imperial europea vendida a los pueblos como independencia, pero que en la práctica fue una apropiación por parte de una pequeña minoría entre los colonizadores, precisamente la minoría más cercana al poder económico del imperio, incómoda con las restricciones de la metrópolis. Fue el primer y gigantesco fraude contra las grandes mayorías en los países (más bien colecciones de feudos) formados por los presuntos libertadores. "Veinte años no es nada" dice el famoso tango de Carlos Gardel y Alfredo Le Pera, y en la historia humana, doscientos años son muy poco; pueden ser apenas segundos, y en segundos el ser humano responde por hábito, por costumbre, en otras palabras, por ese englobar que llamamos "cultura". Esta cambia, evoluciona gradualmente en grandes trechos a cortos pasos, aunque a veces los golpes históricos, colisiones con nuevas realidades tecnológicas o realineamientos de poderes externos logran sacudir sus cimientos, abrir rendijas por las cuales se infiltran nuevas ideas que luego se encarnan en los nervios de la sociedad para crear nuevos modos y reflejos. Hay oportunidad de eso en Nicaragua, y hay en Hispanoamérica oportunidad de aprender de Nicaragua, de ver en la vivisección del cuerpo de esta lo que hay en el interior de los demás. Ojalá sirvan, estas páginas, a ese propósito.

EPÍLOGO

Cuando un cadáver visita a un muerto [la tragedia como pesadilla]

I

En Nicaragua los sentidos nos dicen siempre que todo está, siempre, a punto de ocurrir, que lo que no ha ocurrido es lo único posible, porque lo que viene pasando contraría el orden real del universo: en Nicaragua es lo que *no puede ser.* Como en los peores sueños, en los momentos de terror onírico, la pesadilla que solo puede ser actual es a la vez permanente, el momento final se esfuma a cada paso y la puerta de salida se esconde cada vez que la encontramos. Llega un punto en que creemos saber que soñamos, que el desenlace será un despertar y toda la angustia quedará reducida a una fría humedad en el cuello y la espalda. Tal semiinconsciencia es a la vez terrorífica y liberadora. ¿Cuánto más habrá que soñar para salir del horror?

II

El anciano y su mujer llegan juntos a un lugar público. Es de noche, la iluminación es tenue y deja a la penumbra llenar el alma de la escena. Hay gran soledad alrededor de ambos. Y hay una gran soledad entre ellos. Caminan alejados el uno del otro. Él, con paso débil, lento, lerdo. Cada movimiento de sus piernas parece iniciado por un movimiento de brazos en busca de equilibrio para un cuerpo agarrotado, que más que cumplir entorpece sus órdenes. Mira fijamente hacia adelante, donde un puñado de personas, entre ellas una vestida de policía, observa a la pareja, como esperando el momento de auxiliarlos sin poner en evidencia el trance del anciano que se esfuerza por llegar; logra con ligero temblor escalar la pequeña elevación de un andén en dirección a su objetivo; ya ha recompuesto sus músculos para el siguiente trecho cuando, unos cinco metros atrás, su mujer golpea el aire por lo bajo con un abanico, en gesto de impotencia y furia, da lentamente la vuelta, arrastrando al girar la pierna izquierda, y empieza a andar en dirección opuesta al anciano.

III

Si Ucrania se impusiera en esta batalla, el nazismo se impone en el mundo. Europa es la madre maldita de la esclavitud. Hemos escuchado el Canto de la alegría, donde se invoca y se repite la invocación soñando el día en que todos volvamos a ser hermanos en este planeta. En el que todos lleguemos a ser herma-

nos aquí en nuestra tierra, Nicaragua. Es una invocación, es un sueño que luce distante porque es difícil encontrar paz, hermandad, fraternidad, en la familia humana y hay guerras, sanciones, agresiones, bloqueos, prácticas terroristas de los países que se dicen civilizados. En Europa, aquí en América Latina, también, el fanatismo es tan fuerte, que ha llevado muerte... Está bien que cada quién tenga simpatía con equipos, pero de eso a linchar a los otros porque le ganaron a su equipo... Y eso se produce en países que se dicen muy civilizados en Europa, sobre todo en el fútbol. La música, el arte, es la que realmente trasciende a la confrontación y acerca el alma de los pueblos. Pero si hay algo que realmente acerca a la especie humana, que los hace realmente tratarse como hermanos, son las tragedias, las hecatombes. Ahí sí, las diferencias (desaparecen). Las tragedias provocadas sobre todo por la naturaleza, porque hay tragedias terribles provocadas por el hombre, qué tragedia más terrible que las bombas que lanzaron los Estados Unidos.

IV

La Presidencia de la República y el Gobierno de Reconciliación y Unidad Nacional, informan a nuestro Pueblo que la noche del 23 de diciembre recién pasado, inmediatamente después del hermoso Acto de Recordación, en el Cincuentenario del Terremoto que destruyó Managua, el Comandante Daniel, nuestro Presidente, en Espíritu Humanista, Fraternal y Solidario, visitó en su casa, al General en Retiro, Humberto Ortega Saavedra, quien ha sufrido muy graves afectaciones de salud, con consecuentes fragilidades y agudos padecimientos colaterales. Asimismo, expresan que tal visita se dio animado por los vínculos de familia sanguínea. El Comandante Daniel quiso saludar a su hermano, quien está muy debilitado, sin ninguna pretensión o intercambio político, que nunca fue el objetivo de su visita, pues en ese plano no existe, ni se prevé, comunicación alguna.

V

¿Cuánto más habrá que soñar para salir del horror? En el orden real del universo, el orden lógico de la naturaleza, el de la gran comedia del gran dramaturgo, un deus ex machina desciende y hace desaparecer a la señora, porque no hay posibilidad alguna de que el drama cambie de rumbo mientras ella perviva. Lo sabe ella, lo sabe el anciano, lo sabe el universo. Lo saben los actores que buscan, desesperadamente, sobrevivir, llegar con privilegios al acto siguiente. Para eso cuidan todavía los pasos del anciano. Han hecho su apuesta por él, mientras ocurre lo que está a punto de ocurrir. Después vendrán los coros vestidos de blanco entonando, desde la misma skené, himnos de libertad, cantos de reconciliación y paz. Un ligero arreglo de escenario, y adelante, ¡que siga la función! Este es un sueño del cual los actores de la tragedia nacional quieren impedir que salgamos. Nos quieren adentro, en inconsciente encierro; nos saben angustiados, a punto de abrir los ojos; saben que estamos aún en el limbo onírico del que somos presos. ¿Cuánto más habrá que soñar para, por fin, despertar, despertar definitivamente, para que la pesadilla termine, y no regrese?

Post Scriptum
Fin de ciclo

11 de febrero de 2023

A manera de gran final sinfónico, el aire de fin de ciclo que arrastraba las últimas secciones del libro se volvió, ya casi en prensa, un torbellino, girando sobre sí mismo, expandiéndose con furia y llenando de disturbio su espacio; reviviendo y agitando todos los traumas de lo vivido por la sociedad en el alma de los nicaragüenses, para quienes la rebelión de los autoconvocados de 2018 creó un mundo posible, un mundo paralelo. Un mundo que, por inalcanzado aún, es fuente de dolor y de esperanza a la vez.

Que sea un fin de ciclo, por tanto, no significa, ni el fin de la esperanza, ni el fin del dolor. De hecho, el 9 de febrero ambas emociones hicieron incendio de lo que en muchos parecían brasas de letargo y cansancio. ¿Qué ocurrió? Lo predecible, más bien lo predicho: un acuerdo entre las que hay que llamar fuerzas oscuras, porque viven alejadas de la luz ciudadana y deciden sobre la vida de los ciudadanos, que convirtió a 222 secuestrados políticos en desterrados. ¿Cómo ocurrió esto? A pesar de la intencional opacidad y secretismo de los poderes fácticos, sus silencios y las incoherencias retóricas del Vaticano, de la Casa Blanca, y del Departamento de Estado de Estados Unidos, dejan al Ciudadano X entrever las sombras que se mueven de un lado a otro, distinguir sus siluetas, escuchar los susurros, recibir, incluso, información, de un compatriota u otro que, privilegiado en su acceso a los estrechos círculos de poder, vive el agotamiento moral que produce un mundo de fraude y manipulación.

Doscientas y veintidós personas, la mayoría de ellas directamente desde prisiones inhumanas, otras desde sus casas convertidas en prisiones, invadidas por la brutalidad del Estado, sometidas a una sanción ilegal y anacrónica. Tanto así, que la ley internacional lista oficialmente el destierro como un crimen de lesa humanidad desde hace más de dos décadas. Antes había sido esporádicamente impuesto a ciertos individuos en Nicaragua; muy poco en los últimos cien años. Nunca había sido practicado de manera masiva, como en este nuestro trágico inicio del siglo XXI.

La gran mayoría de estos compatriotas descendió del avión en el mismo anonimato en el que entró. Llegan a Estados Unidos sin compañía, ni familia, ni recursos. Muchos jamás habían (o habrían) abandonado el terruño de manera voluntaria. Son los héroes que no tendrán prensa ni monumento, y sufrirán las penurias del pobre a quien la crueldad del mundo desarraiga. Otros, una pequeña minoría, pertenecen a familias de mejor condición económica, estatus político y conexiones. Habrá entre ellos quienes logren la supervivencia financiera sin mayor angustia, aunque seguramente sus bienes en Nicaragua están bajo la mira saqueadora del Estado criminal.

Algo que tienen en común todos estos compatriotas es que ya no son, según decreta el régimen, "nicaragüenses". Esta monstruosa ficción legal es, por más que esté en contravención de todo principio jurídico, parte de la realidad impuesta por el absolutismo que reina desde El Carmen.

A nuestros más recientes desterrados también les es común la incertidumbre que se abre ante sus vidas como fauces oscuras. Para los pobres, la del diario vivir y comer. Para los que no lo son, y aspiraron "cuando eran nicaragüenses" a ejercer sus legítimos derechos ciudadanos, la pregunta es qué harán, ahora que han llegado a territorio estadounidense bajo la tutela (y la complicidad) del Estado gringo, para revertir la sentencia de muerte civil que les ha dictado la tiranía en Nicaragua. Y, por su visibilidad política, una pregunta relacionada es qué intentarán (o si intentarán algo) para contribuir a que acabe la pesadilla dictatorial en Nicaragua.

Pero la frontera de hierro, el muro que erige la tiranía entre los nuevos desterrados y Nicaragua lo erige también entre los antes desterrados, la enorme masa de exilados, y su país de origen. Lo erige entre la legalidad y la barbarie, entre la libertad y la opresión absolutista, entre el pasado reciente y el futuro, que Ortega y su clan intentan controlar de manera totalitaria.

Espeluznante escenario que en la mente astuta y el alma perversa del tirano es su anhelada cortina de hierro estalinista, y con un guiño: no solo impide salir, sino entrar; no solo reafirma su anulación del derecho a formar partidos opositores, sino que anula también a su propio partido, y destroza cualquier remanente de *res publica*: nunca antes en la historia brutal del autoritarismo nica hubo una mayor claridad en la relación de poder entre el monarca (en todo lo es, menos en nombre) y el resto de la población, desde el último plebeyo hasta el más encumbrado miembro de la clase de aspirantes nobiliarios que está ahora, más que nunca. obligada a cruzar bajo el yugo si quiere sobrevivir.

Quienes quieran ignorar esa relación de poder lo harán a riesgo propio. Quienes quieran continuar actuando como si enfrente tuvieran un régimen modificable, una voluntad moldeable por el diálogo, necesitarán más que cerrar los ojos; necesitarán cerrar la memoria y apagar su discernimiento.

Porque el viaje de los políticos desterrados (eximamos de este juicio a los ciudadanos anónimos que los acompañan) en un vuelo fletado, de Managua a Washington, D.C., es el símbolo más elocuente de su derrota; de la derrota de la estrategia que, de acuerdo con el Departamento de Estado y otros poderes fácticos, intentaron aplicar para resolver la crisis política del sistema de poder.

Erradamente, el supuesto explícito de la estrategia era que los grupos de poder serían capaces de establecer un arreglo con Ortega que tuviera al menos visos democratizantes. A través de estos cinco años buscaron, contra toda lógica y evidencia, pactar una salida que llamaron con frecuencia "aterrizaje suave". Después de tantas idas y venidas, del exilio de diez por ciento de la población, de cientos de muertos, de una destrucción económica solo comparable a la que la primera dictadura sandinista causó en los años 1980, y que está aún en marcha, *el único aterrizaje suave que ha sido posible hacia una democracia fue el que condujo al destierro a 222 compatriotas*, entre ellos algunos políticos aliados a Washington y al gran capital.

Hay que añadir que el papel del gobierno de Estados Unidos en este drama es a la vez cínico y patético. Cínico, porque la evidencia (los actos, algunos pronunciamientos) sugiere que, en un giro verdaderamente irónico de la historia, Ortega es por hoy para la política internacional estadounidense (en realidad, lo ha sido desde hace un buen rato), "*un hijo de perra, pero nuestro hijo de perra*". La visión geopolítica que antes justificó la defensa de dictaduras militares contra la *desestabilización soviético-comunista* muta sin cambiar; la búsqueda de la "estabilidad", el apoyar o negociar con quien parezca en mejor posición de garantizarla, siempre y cuando no hiera los intereses vitales de Estados Unidos (y para proteger estos), es el principio que guía la acción diplomática del Departamento de Estado hacia la región centroamericana. ¿Y la democracia? ¿Y los derechos humanos? No hay que ser, reclaman los representantes criollos de la visión estadounidense, desde Arturo Cruz y Humberto Belli hasta *La Prensa*, "maximalistas", "cabezas calientes" o "radicales". "Se hace lo que se puede" pareciera decir el gigante del norte, y pareciera que "lo que se puede" está reducido a una agenda muy estrecha expresada en comunicados que tienen por propósito hacer constar frases que, más que revelar, ocultan.

No es, por supuesto, que el gigante haya sido doblegado por Ortega. El gigante tiene y obtiene lo que necesita, y en eso coincide perversamente con Ortega: han llenado las noticias internacionales de "progreso" en el tema de Nicaragua. Se ha "liberado" a los políticos presos, que eran una fuente ineludible de fricción en los foros internacionales. Ambas partes, la tiranía sandinista y el gobierno de Estados Unidos, quedan en libertad, por supuesto, de lanzarse, uno a otro, excomuniones, pero pueden ahora avanzar hacia una relación de mayor normalidad, en la que, al mejor estilo estadounidense, "harán lo necesario para hacer avanzar los intereses de Estados Unidos reservándose el derecho de criticar las violaciones de derechos humanos". La frase es de cajón; debe estar, imagino, en la primera página de los manuales de instrucción de los novicios de la diplomacia. Y, a riesgo de desbordar la copa de cinismo, hay que añadir que ahora que, según menciona un reporte de la Casa Blanca al Congreso, el "gobierno de Nicaragua" ha dado un "paso positivo y bienvenido" al desterrar a los secuestrados, desde las nobles cortes de la Organización de Estados Americanos intentarán ir tras Ortega, no como un criminal de guerra, sino como un novio o novia que se escapa, para empezar de nuevo a negociar, a hablar de reformas electorales y "otros avances", ahora que el "paso positivo y bienvenido" fue dado (y enfatizan "unilateralmente") por el tirano. Es final de ciclo cuando caen las máscaras, cuando cae a tal punto la ética que un gobierno jactanciosamente democrático califica al destierro de los oponentes de una tiranía sanguinaria como "un paso positivo, y bienvenido".

Es final de ciclo también porque, ¿cómo negarlo?, el gobierno de Estados Unidos no puede confundir por medio de la prestidigitación retórica este simple hecho: han sido incapaces (más por carencia de voluntad que por escasez de poder) de forzar a un régimen mísero en un país que se cae de pobre y dependiente, sobre el cual y en el cual tienen influencia financiera y militar directa, a que deje en libertad *dentro del territorio* a quienes son sin lugar a dudas políticos que se sentían, creían ser, y eran, protegidos del gobierno norteamericano.

Qué espectáculo más bochornoso que sea el más insignificante de los "gobernantes" de la América Latina el que haga que el imperio envíe a recoger a los cautivos, o visto desde otra perspectiva, que sirva de transporte para que un tiranuelo decadente deposite como basura a los aliados de Estados Unidos en la propia capital del país. Esto es humillante, espeluznante por el irrespeto a los derechos humanos que ilustra, y por la impotencia manifiesta del gigante, que sucumbe ante las consecuencias de su propia política. Aunque no sucumbe con gran tristeza, porque la humillación es simbólica, y no cree que sus intereses de fondo sean afectados. Sin embargo, debe ser una lección para los nicaragüenses, y para todos aquellos que en nuestro continente aspiramos a libertad y necesitamos, por vida o muerte, conocer bien a amigos y enemigos, medir su grado de compromiso y lealtad.

Es fin de ciclo. Hasta donde da el entendimiento del Ciudadano X, junto a los compatriotas pasajeros en el avión fletado por Estados Unidos volaban los restos del intento de liberación nacional y democrática que arrancó con la revuelta de los autoconvocados en abril de 2018 que fue cooptado, deformado y decapitado por las élites.

Llegaron a Washington el 9 de febrero de 2023. Pero no es su fúnebre ruta el destierro de la esperanza ni la última temporada de esta saga. Atrás quedaron treinta y ocho secuestrados. Entre ellos, quien hasta hoy ha demostrado ser el más auténtico exponente de la lucha noviolenta en Nicaragua, Monseñor Rolando Álvarez Lagos. En el más ejemplar espíritu gandhiano, Monseñor Álvarez se negó a abordar el avión, reclamando, más bien retando, que cumpliría "la condena de los otros".

Monseñor Álvarez, sea dicho sin exceso, cumple la condena de Nicaragua. En el ciclo que arranca, porque un ciclo termina y la historia, que no se detiene nunca, inaugura otro, la historia que escribamos, el nuevo libreto, tendrá que responder por él, sobre él, y alrededor de él.

La lucha sigue. Nicaragua será libre. La causa de la libertad es eterna.

Contenido

Dedicatoria 7
Nota histórica 9
Prólogo 13
Nicaragua: el triste inventario de la traición 20
Nicaragua: ¿A quién sirve el diálogo? 22
Hablar mientras Ortega mata 24
De zopilotes, revoluciones, y la necesidad de dispersar el poder 26
La falacia del "aterrizaje suave" 28
¿A qué le temen más los grandes empresariosa? 31
Después de Ortega: Dispersar el Poder 33
Postal de barricadas 35
No más segundas oportunidades 36
Las victorias de Ortega-Murillo 37
Regresa el legítimo propietario: el pueblo nicaragüense 39
Aterrizaje suave: segundo intento, después del genocidio 40
Ortega expulsa a las Naciones Unidas de Nicaragua 41
Marx y el poder (y la pobreza del nuevo "marxismo") 43
El Ciudadano X no está aquí (¿De verdad queremos libertad?) 44
Nicaragua: la dictadura Ortega-Murillo es insostenible 45
Política social y económica en la Nicaragua democrática 47
Los dejaron solos, ahora los dejan fuera 50
El chiste cruel del Güegüense (o Cüecüence) 51
¿Tiene sentido la marcha del COSEP? 53
La lucha por los DD. HH. y el fantasma del comunismo 56
#NIPERDÓNNIOLVIDO: ¿Es incorrecto mirar hacia atrás? 57
El comandante galáctico, la dignidad, la ceguera, y las moscas 61
Libertad en el camino hacia la libertad 63
Un video revelador: cómo la dictadura FSLN-Gran Capital 65
¿Ni perdón ni olvido? Una Respuesta 70
No hay igualdad sin libertad, no hay libertad sin igualdad 75
El "diálogo" con Ortega: ¿cuál es el precio? 78
La "estrategia secreta" de la oposición 80
La "soberanía", último refugio de la falsa "izquierda" 82
¿Qué ocurrió el 16 de febrero de 2019? 89
La farsa antidemocrática del "dialogo" 91
La triste historia del diálogo de cúpulas 93
La danza macabra de Ortega y el pudín de la Alianza 97
¿Puede haber democracia sin derrocar a la dictadura? 99
Aprendiendo a contar 103
Diálogo" contra democracia? 105

Borgia y las negociaciones en INCAE 107
La traición de la Alianza: ¿viene un "autogolpe"? 108
Un meme inquietante, una respuesta preocupante 112
¿Cuál es la ruta? 115
Abecedario de una negociación 121
El dinosaurio todavía está ahí 123
Ni triunfalismo, ni pesimismo 124
¿Quién ganó, qué pasó el 16 de Marzo? 127
¿Qué nos enseña la controversia sobre el Nuncio? 128
La solución 130
¿Endulzando el camino del pacto? 131
Las lecciones del asco 134
Algunas reflexiones sobre la situación de la lucha en Nicaragua 136
Tras el fracaso de la Alianza: ¿quién acepta el reto? 138
La elegancia del erizo 140
La ética del llamado #ALaCalle 144
Y, sin embargo, se mueve 147
Monseñor Báez, la dictadura y el pactismo 150
El "Adultismo", el Poder, y la "Alianza Cívica" 151
Diálogo y genocidio 153
Entrevista a Mario Arana, negociador de la Alianza 155
Crónica de un despertar: lo viejo, lo nuevo, el dilema 158
El 18 de junio y la trampa de "elecciones" con Ortega 163
¿Compartir el poder con el FSLN? 166
Hacia la desobediencia total: un pacto ciudadano 169
Los motivos de Almagro 172
Elogio de la ambición (¿quién abandera la agenda democrática?) 180
Los *chayopalos* y el psicoanálisis 186
19 de Julio 188
Carta al PEN Internacional/Nicaragua 189
¿Cuándo? 192
"¡Dejá de andar jodiendo!" (El país murillizado y Chespirito) 194
Los escritores y el poder (El caso del PEN) 196
De este lado de las barricadas 198
"Traigo división" 203
¿En serio? 205
¿Hay Censura en el PEN? 207
Elogio de la desconfianza 209
La Prensa y el *Nuevo Diario*: el salario del pecado 210
Attonitus 211
De cómo las élites, en su pánico, suplican al Ejército 214
¿Quién gana con el pactismo-eleccionismo? 216

La historia de la crisis nicaragüense desde Mayo de 2018 217
La corrupción como método de lucha del gran capital 218
Los dilemas de la UNAB 221
#Cambalache en la embajada 226
¿No importa la moral? 229
No, Cristiana, Ortega no tiene tanto derecho 230
Bolivia y Nicaragua 232
¿El plan Alianza/Arana?: elecciones "con o sin reformas" 234
Después de Bolivia, ¿por qué no responde la UNAB? 235
La mentira perfecta: el caso Brenes y el problema de la verdad 240
Los motivos de Brenes, el periodismo nicaragüense 245
La idea que no dejan morir: "la solución es elecciones" 247
Invitado especial: el olvido ("¡ni perdón, ni olvido!") 251
El terror de la dictadura, el miedo de las élites 254
Contra el demagogo 255
Una foto en las tripas del poder 256
El optimismo de un *pesimista* 259
No es la "unidad", ni la "separación": es la desconfianza 263
Valentina (In Memoriam) 264
¿Elecciones con el FSLN: farsa de mafias? 266
El reto de la verdad, el mercadeo de engaños, y un gatito 267
Preguntas de vida o muerte para los políticos 271
El candidato Pedrarias Dávila 273
"Después desaforamos" [Mentiras perversas] 274
La decisión inevitable: ¿Cuánto me importa el genocidio? 275
¿Mató a 600? "No importa, inscriba su candidatura" 276
Un cuento (¿un cuento?) 278
Algunas ideas sobre verdad, coraje y Libertad 280
El caso Belli (la casa robada que es Nicaragua) 282
Las excusas de la indecencia 285
Pedro Joaquín Chamorro Cardenal, y un dilema 290
Michael Jackson y la propuesta de orteguismo sin (¿o con?) 292
La Coalición Nacional y la política del avestruz 295
¿Puede servir la Coalición Nacional? 297
Ernesto Cardenal: algunas reflexiones sobre su papel y su legado 303
La profanación de la misa de Cardenal y el cruel engaño 306
Capitalismo, socialismo, y el sandio borracho 309
Ni perdón ni olvido (¿excepto para el FSLN y el Ejército?) 310
El monstruo, la Coalición Nacional, y algunas propuestas 312
La propuesta de tregua de Maradiaga 315
10 preguntas sobre la "tregua política" 321
Un mensaje ciudadano al Incae sobre su "Mensaje a la nación" 323

Trumpismo y orteguismo, dos variedades del mismo virus 326
China, Trump, y el encantador de serpientes 328
El reclamo inextinguible 332
En Venezuela, "colectivos", en Nicaragua, "turbas" 334
Las culpas de P.J. Chamorro, Sandino, Darío y Fonseca 335
La locura del rey Donald [Lysol y los votantes Republicanos] 337
El doble discurso de los políticos versus las metas 339
La quema de libros, un vuelo de langostas, y otras reflexiones 341
Aritmética del sueño democrático (y un tanque de guerra) 347
La primavera del patriarca, Acto I [Teatro: El Salvador] 350
Dos editoriales infames (dictadura, gran capital, y...) 352
Carta a una escritora española 355
Brenes, Estado Laico y el aplastamiento de la Rebelión 357
Pestes del siglo XXI [fanatismo, el regreso del 'hombre fuerte'] 359
¿Otra vez, el canto de sirenas del Diálogo? 362
El asesinato de George Floyd 365
Sobre pólvora y esbirros (democracia y liberalismo político) 368
Un meme revelador, un diálogo 371
El Innombrable clon, y el infierno 374
Esta vez no hablo de Groucho:34 "¡uníos!" 377
Apuntes sobre "la unidad" en la lucha democrática 379
El escupitajo de la Coalición en tu cara 382
Nicaragua: momento de barbarie, hora de la verdad 385
Sobre una propuesta de exorcismo 387
Una propuesta de lucha noviolenta contra la dictadura 388
¿Cómo? II —[Desobediencia Civil y Noviolencia] 392
El fantasma del orteguismo sin (o con) Ortega 394
La crisis de Estados Unidos 397
Contra el terrorismo de estado en Nicaragua 398
Para la dictadura y sus colaboracionistas electoreros 401
La bestia y los buenos [¿quién será el próximo dictador?] 403
Pollux, de Sid Hart 405
Obligación del político democrático: escuchar con humildad 409
Te respeto, no respeto tu opinión 410
El Minotauro [Las paredes invisibles] 411
En defensa de Almagro 417
La expulsión de Ronald Reagan, la "lucha contra el aborto" 420
¿Existe el "abortismo"? Carta a un amigo sobre el tema 423
El orteguismo del Norte y sus turbas 428
Historia de un día profundo [¿sobrevivirá la democracia?] 429
A rey muerto, rey puesto ["sépalo", el monstruo vive] 433
Estados Unidos: ¿peligra la república? 436

Sobre los temores de golpe de EE.UU., y sobre la guerra 438
Unidad Nacional Azul y Blanco: un comunicado vergonzoso 440
La pesadilla autoritaria de EE.UU. 443
El faro de Abril en la distancia 447
¿Hay prensa independiente en Nicaragua? 449
La tierra no es plana 453
Sobre la carta de diez senadores estadounidenses 455
¿Muerte de la razón? 457
Nicaragua no puede respirar 458
Controversia sobre una controversia 460
A los muchachos de AUN 462
El Tango del Repacto 464
El año 2018 comenzó en enero de 1990 469
"Suspensión de operaciones" y lucha no violenta 472
La nueva consigna de la oposición pactista: "convivir" 475
El asalto contra Amaya Coppens 478
Un manifiesto ciudadanosobre el "realismo brutal" 483
¿Cómo destruir el sistema dictatorial? 490
¿Qué esperar de "la comunidad internacional"? 496
Qué hacer entre Abril y Noviembre 498
¿Hay "salida digna"? ["Que coman queque"] 502
Doce preguntas para la oposición electorera 506
Un video revelador, más algunas ideas y esperanzas 508
El ultimátum de Maradiaga 512
La víspera [un retrato de Abril y la esperanza] 518
Cómo rescatar a Nicaragua de la Contrarrevolución Sandinista 521
Sobre la necesidad de un proceso Constituyente 526
La unidad: ¿somos compatriotas? 527
El dedo en la llaga y el futuro en la memoria 528
Contra el colaboracionismo electorero 533
El llamado de Félix Maradiaga 536
El poder, los derechos ciudadanos, y el drama de Palestina 537
Basta de disparates 539
Qué hacer, pase lo que pase 541
¿Cómo? 550
En defensa de la ciudadanía de Cristiana Chamorro 553
Organización y lucha ciudadana independiente 557
Por un programa político libertario y democrático 560
Ortega y su "noche de cuchillos largos" 569
"Nicaragua en manos de una loca" 572
Reflexiones sobre las virtudes necesarias en la res publica 575
¿Renacer? 578

The Unknown Soldier de Salomón de la Selva 581
La bestia herida agrede a sus antiguos socios 582
La estupidez de plantear la lucha como "izquierda Vs. derecha" 584
Verdad y estrategia: la entrevista de Carlos Fernando Chamorro 587
Silvio Rodríguez y el ocaso 592
La izquierda mutante y las monarquías del Siglo XXI 594
"Mirá al pajarito" ["Hay que verificarse, por si acaso"] 601
El silencio del COSEP: cómplices de Ortega 604
El péndulo perverso 607
Independencia y república 612
¿De qué se sorprenden? [Los comentarios del Agregado Militar] 615
Algunas notas sobre la *realpolitik* y "la excepción Nicaragua" 618
Suazo versus Fley [¿Quién tiene la razón?] 620
Ética, unidad opositora, y república democrática 622
Sobre nuestros compatriotas secuestrados: ¡no al chantaje! 626
Las lágrimas de cocodrilo de los "compasivos" 629
A pasos del abismo: impasse mortal entre la dictadura 631
Para la oposición nicaragüense, un solo camino: 634
Ucrania y la guerra mundial [notas para un ensayo] 640
El editorial orteguista de *La Prensa* 644
Ortega "expulsa" a la OEA [¿Qué significa?] 647
El Gran Capital contra los empresarios, el pacto 650
Fabián Medina, *La Prensa*, y su campaña de demonización 653
El pacto infernal: entre OrMu y Gran Capital 656
Sobre la lucha ejemplar de Monseñor Álvarez y la vergonzosa 659
Ortega vs. la Iglesia Católica 662
Los nervios de la política en Nicaragua 665
Acción, Acción en Unidad (para la Unidad en Acción) 670
¿Cuál es el objetivo final de la lucha? 677
"Hasta la vista, baby" [Boris Johnson, *Terminator* y Nicaragua] 680
La Prensa y el golpe de estado 684
¿Qué pasa en la Conferencia Episcopal de Nicaragua? 694
El "paseo" de Brenes a "la residencia" de Monseñor Álvarez 699
El trino del Papa es una trampa más: la misma 701
El huso de la necesidad 704
Fuera de la punta de la pirámide, nadie está a salvo 707
¿Es posible la libertad incondicional de los presos políticos? 708
Ximenita y De Santis 710
Sobre la Asamblea Constituyente (Parte I): ¿Por qué hace falta? 713
¿Hay que excluir a antiguos "sandinistas" de la lucha? 716
La propuesta de la llamada Justicia Transicional 719
Sobre la Asamblea Constituyente (Parte II): lecciones de historia 722

Sobre las trampas de la oligarquía para impedir la revolución 725
El grito de la dictadura: ¡muera la inteligencia! 728
Conclusión 731
Epílogo 737
Post Scriptum Fin de ciclo 741
Contenido 745
Índice 753

Índice

Agüero, Fernando 93, 565,
Aguerri, Chano (ver Aguerri Chamorro, José Adán) 108, 127, 160, 219, 226, 256, 262, 299, 465, 516, 567, 583,
Aguirre Sacasa, Francisco 18, 214, 215, 229, 256, 310,
Alemán, Arnoldo 10, 36, 277, 299, 449, 463, 466, 468, 563, 566, 576,
Alemán, Lesther 78, 292, 321, 341,
Alianza (ver Alianza Cívica por la Justicia y la Democracia)
Alianza Cívica (ver Alianza Cívica por la Justicia y la Democracia)
Alianza Cívica por la Justicia y la Democracia 11, 41, 65, 78, 91, 96, 101, 103, 107, 113, 117, 125, 127, 130, 132, 147, 150, 151, 152, 155, 156, 158, 159, 161, 163, 164, 173, 174, 175, 176, 179, 189, 193, 194, 195, 196, 197, 200, 205, 210, 217, 218, 221, 222, 223, 230, 232, 234, 235, 237, 238, 242, 245, 257, 262, 263, 267, 268, 282, 283, 295, 296, 306, 307, 310, 340, 352, 387, 388, 412, 440, 441, 604, 620, 637, 666, 691, 720,
Almagro, Luis 28, 29, 31, 172, 175, 176, 247, 388, 401, 417, 447, 505, 514, 649,
Álvarez, Rolando 11, 663, 668, 695, 696, 732, 744,00
Arana, Mario 101, 103, 108, 132, 153, 155, 173, 176, 189, 190, 191, 195, 196, 197, 200, 214, 219, 221, 229, 264, 236, 242, 261, 268, 270, 307, 313, 315, 342, 403, 414, 504, 509, 513, 516, 720,
Arce, Bayardo 20, 677,
Arellano, Jaime 63,
Artavia, Roberto 323, 324,
Asamblea Constituyente 347, 534, 595, 713, 722, 726,
Aterrizaje suave 18, 26, 28, 29, 30, 40, 58, 68, 113, 149, 150, 218, 340, 341, 342, 343, 364, 398, 440, 465, 489, 508, 530, 558, 573, 618, 627, 632, 634, 635, 653, 657, 689, 690, 726, 742, 743,
Autoconvocado 10, 15, 16, 17, 63, 65, 72, 89, 95, 105, 124, 137, 156, 180, 184, 191, 193, 217, 224, 389, 741, 744,
Báez Bone, Adolfo 638, 639,
Báez, Silvio 22, 203, 263,
Baltodano, Álvaro 257, 332, 403, 516, 543, 583,
Baltodano, Mónica 188, 226,
BCIE 588, 591,
Belli, Gioconda 70, 71, 189, 194, 196, 226, 242, 270, 276, 282, 303, 472, 473, 517,
Belli, Humberto 18, 130, 194, 211, 214, 229, 303, 310, 345, 395, 475, 481, 482, 483, 484, 487, 490, 644, 743,
BID 588, 591,
Biden, Joe 410, 428, 433, 434, 436, 445, 446, 453, 455, 475, 476, 570, 571, 617,
Bolaños Abaunza, Enrique 323,

Bolaños, Enrique 466, 575, 576,
Bolsonaro, Jair 360, 537,
Borge, Tomás 70, 272, 283, 303, 304, 305, 486, 555, 640, 646,
Borges, Jorge Luis 640, 646,
Borgia 107,
Bosch, Hieronymus 376,
Bravo Bañón, María Teresa 355,
Brecht, Bertold 130, 224, 248, 360, 599,
Brenes, Leopoldo 11, 17, 18, 20, 22, 58, 59, 63, 91, 94, 96, 103, 128, 161, 240, 242, 243, 244, 245, 246, 357, 387, 590, 659, 660, 691, 695, 696, 697, 699, 700, 701, 702, 704, 732,
Bronstein, Lev D. 670,
Bukele, Nayib 190, 350, 351, 360, 537, 560, 561,
Bush, George H. W. 421, 436,
Camus, Albert 265, 670, 674,
Cardenal, Ernesto 303, 305, 306, 308, 572,
Cardenal, Nina 405,
Cardenal, Sebastián 405,
Castillo, Haydée 236, 237,
Castro, Edwin 51, 178, 563,
Castro, Fidel 70, 283, 390, 560,
Catalunya 43,
CEN 11, 17, 18, 20, 24, 25, 91, 109, 121, 128, 131, 357, 362, 364, 659, 660, 661, 694, 695, 696, 697, 698, 699, 701, 732,
Cenidh (Centro Nicaragüense de Derechos Humanos) 251,
César, Alfredo 239, 269, 342, 513,
Chamorro Barrios, Pedro Joaquín
Chamorro Cardenal, Pedro Joaquín 290, 414, 565, 638, 654,
Chamorro Cardenal, Xavier 210,
Chamorro, Carlos Fernando 251, 589, 590, 591,
Chamorro, Cristiana 229, 230, 231, 256, 278, 466, 472, 473, 481, 482, 486, 489, 494, 502, 503, 504, 505, 506, 510, 516, 519, 527, 398, 539, 543, 546, 551, 553, 554, 555, 557, 558, 566, 645, 691, 693,
Chamorro, Emiliano 372, 564, 735,
Chamorro, Fruto 9, 656, 682,
Chamorro, Juan Sebastián 127, 173, 193, 194, 221, 226, 267, 269, 270, 272, 273, 313, 315, 340, 400, 403, 415, 513, 653,
Chamorro, Pedro Joaquín 213, 246, 353, 684,
Chamorro, Xavier 210,
Chávez, Hugo 390,
Chayo (ver Murillo, Rosario)
Chile 411, 608, 632,

Churchill, Winston 667, 681, 682,
Ciudadanos por la Libertad 217, 234, 238, 249, 271, 276, 321, 322, 342, 412, 536, 539, 551, 555, 570,
Ciudadano X 17, 18, 19, 37, 44, 276, 427, 731, 733, 741, 744,
Coalición Nacional 273, 278, 282, 295, 296, 297, 298, 306, 310, 312, 315, 320, 339, 371, 372, 382, 495, 637,
Cole, Byron 86,
Conferencia Episcopal de Nicaragua (ver CEN)
Confidencial 19, 82, 88, 97, 103, 243, 244, 353, 413, 605, 606,
Congreso de Estados Unidos 37, 310, 423, 578, 743,
Conrado, Alvarito 230, 400, 460, 501, 509, 720,
Conrado, Álvaro (ver Conrado, Alvarito)
Consejo Supremo Electoral 27, 78, 110, 500,
Constituyente (ver Asamblea Constituyente)
Constituyente Democrática (ver Asamblea Constituyente)
Contra 40, 256, 469, 518, 521, 678, 679, 692, 723,
Coppens, Amaya 267, 478, 479, 480, 481, 482,
Coronel Urtecho, José 65, 66,
Cortés Domínguez, Guillermo Osvaldo 398,
Cosep 20, 25, 26, 32, 41, 47, 53, 54, 57, 59, 63, 69, 100, 105, 113, 118, 126, 132, 140, 141, 148, 150, 151, 159, 160, 169, 170, 183, 193, 217, 223, 242, 299, 313, 340, 341, 342, 412, 465, 494, 545, 548, 562, 563, 567, 604, 605, 606, 735,
Costa Rica 9, 12, 36, 40, 60, 198, 256, 411, 450, 530, 601, 612,
Cristiana (ver Chamorro, Cristiana)
Cruz, Arturo 18, 218, 220, 229, 256, 258, 268, 269, 278, 342, 403, 412, 465, 475, 488, 489, 491, 502, 510, 513, 515, 519, 521, 527, 528, 536, 543, 544, 546, 555, 558, 559, 563, 743,
CSE (Ver Consejo Supremo Electoral)
Cuadra, Joaquín 566,
Cuadra, Pablo Antonio 66, 353,
CxL (ver Ciudadanos por la Libertad)
Da Costa Lima Rocha, Raynéia Gabrielle 207,
Dalton, Roque 350,
Dávila, Tamara 572, 574, 582,
Departamento de Estado 417, 496, 571, 687, 721, 726, 741, 742,
Doña Francisca 400,
Dylan, Bob 96, 298, 522,
Ejército de Nicaragua 18, 45, 54, 86, 101, 110, 194, 210, 214, 216, 256, 688, 689,
El Carmen 89, 107, 122, 136, 140, 151, 165, 167, 169, 170, 176, 179, 186, 192, 234, 240, 256, 310, 316, 317, 318, 320, 352, 385, 389, 410, 412, 466, 473, 479, 481, 489, 502, 573, 582, 595, 597, 622 631, 635, 645, 649, 651, 654, 662, 663, 674, 689, 696, 718, 721, 728, 729,

El Chipote 57,
El Nuevo Diario 210, 707,
Embajada de Estados Unidos 226, 227, 346, 417, 458, 666,
Escobar, Pablo Emilio 70, 134, 166, 167, 266, 283, 717,
Escorcia, Vilma Núñez de 226,
Esta Semana 97, 103,
Estado de Derecho 15, 214, 247, 290, 363, 380, 399, 400, 402, 431, 464, 470, 471, 475, 485, 494, 543, 545, 547, 554, 630, 632, 665, 682, 686, 713, 720, 724,
Estados Unidos 11, 37, 40, 45, 50, 51, 54, 82, 83, 84, 85, 86, 87, 88, 93, 98, 133, 156, 160, 167, 175, 176, 177, 190, 200, 208, 214, 235, 259, 278, 304, 310, 326, 327, 328, 334, 337, 338, 342, 355, 359, 364, 365, 366, 368, 369, 374, 376, 397, 410, 416, 417, 420, 422, 423, 424, 427, 428, 429, 430, 431, 432, 433, 434, 436, 437, 438, 439, 440, 441, 442, 443, 444, 445, 446, 451, 453, 454, 456, 458, 464, 473, 474, 475, 479, 481, 496, 518, 524, 533, 542, 546, 552, 559, 570, 578, 579, 581, 587, 588, 591, 591, 596, 598, 609, 610, 612, 615, 616, 617, 618, 619, 634, 637, 638, 640, 642, 665, 666, 667, 684, 687, 688, 689, 693, 704, 705, 710, 711, 723, 726, 735, 738, 741, 743, 744,
Estrada, Bayron 218, 219, 220,
Evers, Medgar 474,
FAD 110, 388,
Fajardo, Cristhian 400,
Fajardo, Santiago 473,
Fauci, Anthony 359,
Fley, Luis 371, 372, 620, 621,
Flores, María Fernanda 10, 269, 298, 299, 583,
Floyd, George 365, 366, 367,
FMLN 350,
Fondo Monetario Internacional 9,
Fonseca Amador, Carlos 38, 335, 638, 734,
Franco, Francisco 61, 66, 354, 397, 560,
FSLN 9, 10, 11, 12, 16, 18, 20, 30, 36, 37, 38, 40, 54, 65, 66, 67, 70, 71, 78, 79, 87, 94, 95, 106, 110, 113, 124, 134, 135, 156, 164, 165, 166, 167, 168, 170, 174, 176, 177, 180, 181, 190, 192, 193, 194, 205, 210, 213, 217, 220, 223, 238, 239, 251, 256, 257, 266, 267, 268, 269, 270, 271, 274, 276, 278, 282, 283, 284, 286, 287, 289, 290, 296, 299, 300, 303, 307, 309, 310, 313, 315, 316, 319, 332, 341, 342, 345, 362, 363, 381, 382, 385, 395, 396, 398, 399, 402, 412, 415, 428, 442, 464, 465, 466, 468, 469, 470, 475, 488, 491, 494, 502, 503, 507, 516, 522, 528, 529, 533, 545, 548, 555, 559, 566, 572, 591, 597, 601, 610, 611, 621, 635, 638, 645, 648, 678, 679, 682, 690, 705, 713, 714, 717, 721, 722, 723, 725, 732, 733, 734,
Fujimori, Alberto 101,
Galeano, Eduardo 608,
Gandhi 146, 224, 474, 744,

Gates, Bill 359, 360, 434,
Genie, Jean Paul 40, 475, 647, 67, 673,
Gioconda (ver Belli, Gioconda)
Godoy, Virgilio 502,
Gran Capital 11, 12, 15, 31, 36, 47, 48, 65, 67, 111, 121, 169, 173, 176, 205, 217, 218, 219, 220, 234, 239, 282, 290, 292, 298, 307, 313, 319, 341, 352, 362, 363, 364, 379, 381, 387, 388, 389, 390, 398, 411, 414, 417, 431, 446, 464, 465, 468, 488, 496, 497, 505, 512, 533, 544, 559, 570, 573, 578, 582, 583, 588, 591, 595, 601, 602, 605, 617, 629, 637, 641, 650, 651, 652, 653, 656, 657, 663, 669, 670, 673, 675, 686, 690, 705, 721, 725, 743, 744,
Granera, Aminta 57, 71, 194,
Granera, Violeta 269, 412,
Güegüense 51, 52, 153, 242, 243,
Gutiérrez Blandón, Valentina 264,
Harris, Kamala 410, 428, 436, 445, 712,
Healy, Michael 247, 261, 389, 399, 562, 605,
Hernández, Zayda 395,
Human Rights Watch 12, 510,
INCAE 105, 107, 128, 129, 147, 152, 159, 323, 324, 388, 563, 670,
Indio Maíz 9, 10,
Jáuregui, Ramón 353, 355, 508, 509, 514,
Jefferson, Thomas 594,
Jiménez, José Alfredo 382,
Johnson, Lyndon B. 422, 496,
Johnson, Boris 680, 681,
Juventud Sandinista 10, 53, 57, 160, 610,
Kapoor Cardenal, Siddharta Sebastián (ver Cardenal, Sebastián)
Kennedy, John 422,
Kennedy, Robert 280,
Keynes, John Maynard 336,
Kupia Kumi 93, 217, 219, 239, 247, 260, 262, 415, 546, 559, 563, 565, 656,
La Prensa 18, 747, 59, 130, 194, 210, 211, 213, 214, 229, 230, 237, 241, 244, 245, 256, 307, 310, 338, 344, 345, 353, 355, 388, 399, 413, 451, 482, 644, 645, 646, 647, 649, 650, 653, 654, 656, 657, 659, 680, 684, 685, 686, 692,
Lacayo (ver Lacayo, Toño) 363, 741, 743, 746, 749,
Lacayo, Antonio (ver Lacayo,Toño)
Lacayo, Toño 40, 256, 418, 462, 466, 468, 469, 471, 475, 476, 502, 503, 520, 559, 563, 566, 588, 596, 615, 679,
Lady Macbeth 9,
Lenin 56, 151, 299, 377, 438, 443, 585, 722,
Lewis, John 474,
López Pérez, Rigoberto 638,

Lula 666, 667,
Luther King, Martin 224, 422, 474, 496,
Maduro, Nicolás 82, 88, 309, 328, 334, 360, 488, 510, 537, 608,
Mairena, Medardo 263, 267, 299, 300, 315, 511, 519,
Mandela, Nelson 506, 667,
Mao Tse Tung 443, 560, 596,
Maradiaga, Félix 108, 221, 222, 236, 237, 238, 267, 268, 269, 272, 273, 278, 299, 300, 306, 310, 311, 313, 315, 316, 317, 318, 319, 320, 321, 322, 341, 394, 412, 449, 450, 458, 460, 461, 473, 481,
Marenco, Nicho 314, 512, 513, 519, 536,
Martínez, Pio 675,
Marx, Groucho 377, 492,
Marx, Karl 43, 56, 82, 87, 377, 492, 539, 607, 722,
Mata (ver Mata, Abelardo)
Mata, Abelardo 11, 128, 395, 653,
McGrath, Campbell 35,
Medal, José Luis 352,
Medina, Fabián 653, 654,
Miskito 93, 283,
Moncada Colindres, Denis 103,
Moncada Lau, Nestor 12,
Monimbó 35, 178, 365,
Monseñor Abelardo Mata (ver Mata, Abelardo)
Monseñor Álvarez (ver Álvarez, Rolando)
Monseñor Báez (ver Báez, Silvio)
Monseñor Brenes (ver Brenes, Leopoldo)
Monseñor Rolando Álvarez (ver Álvarez, Rolando)
Monseñor Silvio Báez (ver Báez, Silvio)
Montaner, Carlos Alberto 369, 410,
Monterrey, Kitty 269, 403, 513, 519,
Montes, Eddy 163, 178, 179, 400, 719,
Mora Ubago, Dolly 219, 220,
Morales, Evo 222,
Morazán, Yaser 220, 303,
Movimiento Campesino 22, 24, 25, 63, 183, 223, 290, 447, 466, 511,
MRS 30, 90, 91, 110, 112, 196, 341, 388, 411, 466, 559,
Mujica, José 37, 667,
Murillo (ver Murillo, Rosario)
Murillo, Rosario 12, 15, 26, 29, 61, 103, 174, 191, 212, 247, 301, 304, 305, 316, 317, 318, 321, 324, 326, 331, 332, 336, 353, 363, 385, 482, 519, 529, 567, 598, 610, 645, 649, 665, 698, 734,
Mussolini 61, 66, 255, 328, 350, 397, 422, 429, 439,

Naciones Unidas 41, 704,
Navidad Roja 70,
Nicaragüenses Libres 623, 668, 678, 713,
Novoa, Marcos 509,
Nuncio (ver Sommertag, Waldemar Stanislaw)
Obando Bravo, Miguel 37, 58, 362, 567, 734,
Ocasio-Cortez, Alexandria 375,
OEA (ver Organización de Estados Americanos)
Omar, Ilhan 376,
ONU (ver Naciones Unidas)
Operación Espalda Mojada 374,
Organización de Estados Americanos 28, 31, 38, 50, 82, 87, 110, 177, 224, 232, 3211, 388, 464, 579, 637, 638, 647, 648, 649, 704, 743,
Ormu 91, 92, 281, 498, 656, 663, 669, 670, 673, 675,
Orozco, Norwin 400,
Ortega-Murillo 26, 27, 28, 29, 37, 38, 40, 45, 53, 55, 60, 69, 72, 78, 81, 101, 117, 121, 122, 123, 167, 231, 220, 261, 267, 268, 269, 315, 323, 324, 380, 385, 388, 390, 411, 486, 536, 551, 555, 556, 581, 583, 589, 601, 624, 626, 627, 630, 650, 652, 656, 657, 662, 669, 673, 687, 688, 734,
Ortega, Daniel 12, 15, 18, 26, 28, 29, 30, 36, 40, 61, 174, 230, 231, 237, 251, 261, 267, 268, 274, 301, 310, 317, 321, 324, 332, 353, 388, 422, 441, 442, 449, 466, 469, 470, 476, 486, 488, 495, 502, 506, 516, 519, 533, 559, 562, 566, 567, 570, 578, 598, 607, 610, 645, 649, 665, 679, 698, 723, 734, 738,
Ortega, Humberto 40, 158, 218, 219, 256, 303, 305,
Ortega, Juan Carlos 446, 342, 471, 475, 477, 481, 502, 505, 527, 543, 544, 566, 570, 647, 738, 743,
Ortega, Laureano 205, 226,
Ortiz Mayorga, Ramiro 18, 215, 262, 468, 485, 492, 543, 583, 602, 627, 635, 644, 652, 707, 734,
Orwell, George 241, 251, 296, 563,
Pactismo 150, 216, 227, 239,
Pacto de los Generales 131, 340, 564, 595,
Padilla, Harvin 659, 660,
Pallais Arana, José 173, 174, 268, 269, 272, 307, 313, 315, 389, 412, 414, 509,
Papa Francisco 245, 393, 588, 590, 700, 701, 702, 703, 704, 732,
Partido Liberal Constitucionalista 10, 20, 36, 40, 238, 349, 271, 276, 299, 342, 382, 383, 388, 412, 440, 441, 442, 449,
Pastora, Edén 12, 134, 371,
Pellas Chamorro, Carlos 18, 28, 57, 68, 174, 256, 262, 414, 465, 475, 476, 485, 462, 516, 542, 543, 544, 563, 567, 583, 635, 644, 652, 656, 734, 735,
Pellas, Carlos 28, 232, 342, 475, 547, 734,
PEN 189, 190, 194, 196, 197, 199, 200, 207, 208, 226, 242, 270, 474,

Pérez Baltodano, Andrés 82, 83, 84, 85, 88, 332,
Pinochet, Augusto 27, 101, 411, 501, 560, 579, 587,
Platón 14, 425, 704,
PLC (ver Partido Liberal Constitucionalista)
PODEMOS 37,
Polis 19,
Porras, Gustavo 321, 602,
Protocolo de Transición 40, 205, 469, 679
Proud Boys 422,
Putin, Vladimir 537, 634, 637, 640, 641, 642, 643,
Ramírez Mercado, Sergio 30, 159, 242, 251, 300, 539, 610, 723,
Ramírez, Francisca (ver doña Francisca)
Reagan, Ronald 420, 421, 436,
Revista Abril 19, 101, 189, 200, 207, 220, 221, 269, 270, 315, 440, 446, 455, 460, 469, 478, 490, 503, 508, 509, 556, 562, 626, 728,
Revolución democrática 93, 106, 126, 231, 673, 678, 679, 688, 692, 693, 705, 713, 725, 726, 727,
Rincón, Fernando 587, 591,
Rivas, Roberto 37, 466, 720,
Robelo, Glauco 12,
Rocha Urtecho, José Luis 88, 509,
Rodríguez, Maximino 20,
Rodríguez, Silvio 592, 750,
Román, Edwin 243, 244, 395, 591, 699,
Romero, Arnulfo 350,
Sacasa, Juan Bautista 644, 652,
Sándigo, René 11, 697, 732,
Sandinismo 40, 175, 176, 220, 251, 278, 340, 524, 591, 611, 649, 716, 717,
Sandinista 9, 10, 15, 20, 27, 30, 38, 39, 53, 57, 117, 128, 151, 161, 194, 219, 220, 223, 224, 232, 251, 257, 269,
Sandino, Augusto C. 47, 48, 271, 272, 274, 278, 282, 305, 310, 319, 341, 362, 371, 387, 398, 400, 470, 474, 479, 486, 491, 502, 521, 533, 566, 569, 597, 610, 613, 635, 689, 716, 722, 723, 743,,
Santos Discépolo, Enrique 226, 440,
Saramago, José 259,
Shakespeare, William 16, 422, 647,
Sófocles 670,
Solís, Azahálea 272, 313,
Solís, Rafael 70, 71,
Sommertag, Waldemar Stanislaw (ver Nuncio)
Somoza (ver Somoza Debayle, Anastasio)
Somoza Debayle, Anastasio 38, 93, 94, 105, 131, 134, 181, 343, 475, 565,

Somoza García, Anastasio 9, 38, 66, 134, 416, 564, 663, 735,
Soros, George 429, 434, 453,
Stalin / Stalinista 16, 24, 56, 248, 255, 299, 363, 429, 450, 523, 548, 568, 585, 592, 596, 597, 599, 635, 643, 722, 742,
Suazo, Yubrank 184, 620,
Trump, Donald / Trumpismo 190, 255, 309, 326, 327, 328, 329, 334, 337, 338, 351, 359, 360, 368, 369, 370, 397, 420, 421, 428, 433, 434, 436, 437, 444, 445, 446, 455, 560, 617,
Tünnermann Bernheim, Carlos 103, 108, 131, 159, 251, 303, 304, 528, 529, 530,
UAM 201, 207,
Ucrania 634, 638, 640, 641, 642, 670, 737,
UNAB (ver Unidad Nacional Azul y Blanco)
Unamuno, Miguel de 259, 641, 728,
UNAN (Universidad Nacional Autónoma de Nicaragua) 264,
Unidad Nacional Azul y Blanco 63, 78, 89, 100, 118, 138, 149, 150, 162, 163, 217, 221, 222, 224, 225, 229, 265, 235, 236, 237, 238, 259, 261, 262, 263, 267, 268, 269, 271, 278, 282, 284, 295, 296, 306, 340, 341, 387, 400, 440, 495, 544, 546, 551, 637,
Unión Europea 259, 278, 304,
Valentina (ver Gutiérrez Blandón, Valentina)
Vargas Llosa, Mario 240, 304, 405, 608,
Vargas, Óscar René 245, 728,
Vaticano 128, 156, 245, 357, 417, 537, 590, 591, 617, 700, 702, 703, 704, 741,
Venezuela 23, 61, 82, 190, 232, 294, 309, 334, 351, 523, 597, 608, 609, 666, 748,
Vivanco, José Miguel 510,
Vivas, Bosco 11, 88. 179, 697, 723, 732,
Voltaire 460, 461, 482,
Walker, William 86,
Walmart 596,
Washington D.C. 176, 219, 220, 224, 282, 369, 410, 437, 454, 479, 497, 511, 528, 529, 552, 558, 559, 616, 710, 711, 742, 743, 744,
Zamora Llanes, Roberto 68, 174, 485, 492, 543, 627, 635, 644, 652, 734,
Zamora, Daisy 645,
Zancudismo 495, 564,
Zancudo 45, 196, 222, 238, 249, 262, 266, 276, 342, 382, 418, 463,
Zelaya, José Santos 109, 413, 488, 602, 603, 629,
100% Noticias 97, 103,

Francisco Larios, nicaragüense, es uno de los intelectuales más destacados de su país. En su adolescencia se involucró en actividades revolucionarias contra la entonces dictadura somocista, pero tuvo que huir de su patria cuando el FSLN comenzó a reprimir a quienes —desde dentro de la revolución— reclamaban autonomía y democracia. En el exilio, obtuvo un doctorado en Economía, profesión que ha ejercido como investigador, consultor y docente, practicando, a la vez, el oficio de la literatura. Ha publicado varios poemarios, entre ellos *Sobre la vida breve de cualquier paraíso*, y *Parece una república*, este último ganador del Florida Book Award. Su obra de traducción es importante. Seleccionó y tradujo al castellano *Los hijos de Whitman* — Poesía norteamericana en el siglo XXI; y el libro ganador del Pulitzer del 2013, *3-Sections*, del estadounidense Vijay Seshadri. Es autor de la primera traducción al inglés de *El soldado desconocido* de Salomón de la Selva (*The Unknown Soldier,* Casasola editores, Brimfield, Massachusetts, 2021). El estallido de la rebelión de los autoconvocados lo arrastró una vez más a la lucha política. Es crítico radical en su oposición al régimen orteguista y al sistema de poder oligárquico postcolonial, al que atribuye la persistencia del autoritarismo en Nicaragua a través de dos siglos. La interpretación de la historia y postura política de Larios ha chocado violentamente con la mantenida por las figuras y grupos de poder convencionales, algunos provenientes de la oligarquía, otros del sandinismo disidente, que desde abril de 2018 buscaron lo que llamaban el "aterrizaje suave" del sistema, una presunta transición democrática pactada con el dictador. Es fundador y editor general de *Revista Abril* [revistaabril.org].

Impreso en Estados Unidos
para Casasola LLC
Primera Edición

xxxxmmxxi

UNIÓN
EDITORIAL
CENTROAMERICANA

Made in the USA
Columbia, SC
27 October 2023

25045335R00457